Protest!

Literatur um 1968

PROT

9. Mai
bis 30. November 1998
täglich von 9 bis 17 Uhr
im Schiller-Nationalmuseum
Marbach am Neckar

vor »Linksfaschismus«; der Bruch der antiautoritären Studentenbewegung mit der »Frankfurter Schule« bahnt sich an – Fritz Teufel und Rainer Langhans werden der Aufforderung zur Brandstiftung angeklagt (Freispruch erst am 22. März 1968) – Theodor W. Adorno spricht auf Einladung des Literaturwissenschaftlers Peter Szondi über Goethes ›Iphigenie auf Tauris‹ in Berlin (7.7.) – Vortragszyklus über das ›Ende der Utopie‹ mit Herbert Marcuse im Audimax der Freien Universität Berlin (10.–13.7.) – Gründung der Kommune 2 (August) – Adornos »Rettung« des Werkes von Walter Benjamin wird in Frage gestellt: die Zeitschrift ›alternative‹ will den Beweis führen, er habe dessen marxistische Seite verdrängt – Im Gasthof Pulvermühle trifft sich die Gruppe 47 zum letzten Mal: man erklärt der Springerpresse den Boykott, doch der politische Riß zwischen den Dichtern ist unübersehbar – Aktionen auf der Frankfurter Buchmesse gegen Stände des Springer-Konzerns – Ernst Bloch wird mit dem Friedenspreis des Deutschen Buchhandels ausgezeichnet und spricht in der Frankfurter Paulskirche über ›Widerstand und Friede‹ (15.10.) – Kritische Universität im Audimax der FU Berlin gegründet (1.11.) – Rektoratsübergabe in Hamburg: Studenten tragen ein Spruchband voran: »Unter den Talaren – Muff von 1000 Jahren« – ›Spiegel‹-Umfrage: ›Ist eine Revolution unvermeidlich?‹

1968 CSSR: Alexander Dubček wird erster Sekretär der kommunistischen Partei (5.1.): Beginn des »Prager Frühlings« – Tet-Offensive des Vietcong (30.1.) – Internationaler Vietnam-Kongreß an der TU Berlin (17./18.2.) – Massaker von My Lai (16.3.): zwischen 300 und 500 vietnamesische Zivilisten werden von US-Soldaten getötet – Besetzung der Philosophischen Fakultät der Sorbonne in Nanterre: Beginn der »Bewegung des 22. März«; mit dabei Daniel Cohn-Bendit – Kaufhausbrand in Frankfurt am Main: Brandstiftung durch Andreas Baader, Gudrun Ensslin, Thorwald Proll und Horst Söhnlein (3.4.) – Ermordung Martin Luther Kings in Memphis (5.4.): schwere Rassenunruhen in amerikanischen Großstädten – Attentat auf Rudi Dutschke (11.4.); anschließend: Osterunruhen und »Springer-Blockaden« – Sondersitzung des Bundestags zum Thema Studentenunruhen (30.4.) – Besetzung der Sorbonne durch die Polizei (3.5.): Beginn der Pariser Maiunruhen; Arbeiter solidarisieren sich mit den Studenten; bis 24.5. sind 10 Millionen Arbeiter im Ausstand; Charles de Gaulle macht Zugeständnisse – Sternmarsch nach Bonn gegen die Verabschiedung der Notstandsgesetze (11.5.) – Robert F. Kennedy stirbt an den Folgen eines Attentats (9.6.) – CSSR: »Manifest der 2000 Worte« (27.6.) und Einmarsch von Truppen der Warschauer-Pakt-Staaten (20.–21.8.) – DKP in Offenbach gegründet (16.9.); »K-Gruppen« entstehen – »APO-Schlacht am Tegeler Weg« in Berlin (3.11.) – Auf dem CDU-Parteitag ohrfeigt die französische Journalistin Beate Klarsfeld Bundeskanzler Kiesinger wegen seiner NS-Vergangenheit (8.11.)

Hans Magnus Enzensberger gibt ein amerikanisches Stipendium zurück und geht nach Kuba – Erste große Frauenversammlung an der Technischen Universität Berlin; Gründung der ersten Kinderläden (26.1.) –

Fortsetzung ▷▷▷ siehe hinteres Vorsatzpapier

Klaus Wagenbach gründet seinen Verlag – Erste Einzelausstellung von Andy Warhol – Rudi Dutschke wird in den politischen Beirat des SDS gewählt – Seit 10. Juni gibt Enzensberger die Zeitschrift ›Kursbuch‹ im Suhrkamp Verlag heraus; in München erscheint die Zeitschrift für Literatur und Kritik ›Kürbiskern‹ – Alexander Trocchi initiiert ein Treffen europäischer Künstler in der Londoner Royal Albert Hall: »ein Ergebnis humaner Solidarität« (11.6.) – Hans Werner Richter und Autoren der Gruppe 47 engagieren sich für die SPD – Wahlkontor deutscher Schriftsteller in Berlin; Günter Grass veröffentlicht seine Reden unter dem Titel ›Dich singe ich Demokratie!‹ – Das Konzert der Rolling Stones auf der Berliner Waldbühne endet in Krawallen (September) – Peter Zadek inszeniert in Bremen Schillers ›Räuber‹ (Spielzeit 1965/1966)

1966 Bei einer Vietnamdemonstration in Berlin wird das Amerikahaus mit Eiern beworfen – An der Universität Frankfurt am Main findet der Kongreß »Vietnam – Analyse eines Exempels« statt: Im Anschluß große Vietnamdemonstration (22.5.) – »Große Proletarische Kulturrevolution« von Mao Tse-tung ausgerufen (6.6.) – Bertrand Russell wird Ehrenpräsident des Vietnam-Tribunals in London (16. November) – Große Koalition (1.12): Kurt Georg Kiesinger wird Bundeskanzler, Willy Brandt Vizekanzler und Außenminister – Vietnam-Woche in Berlin: Dutschke fordert zur »Außerparlamentarischen Opposition« (APO) auf (Dezember)

›Publikumsbeschimpfung‹ von Peter Handke wird in Frankfurt am Main uraufgeführt (8.6.) – Von Frank Zappa erscheint die LP ›Freak Out‹, die der Protestbewegung auch ein neues Erkennungswort schenkt – Die Gruppe 47 folgt einer Einladung des Germanisten Victor Lange nach Princeton – Hubert Fichte liest im Hamburger »Star-Club«: Experiment zwischen Beat und Literatur – Martin Walser gründet das »Büro für Vietnam« – Erich Frieds Gedichtband ›und Vietnam und‹ erscheint und provoziert Grass' Polemik in einem kleinen Gedichtzyklus ›Zorn Ärger Wut‹ (1967)

1967 Kommune I plant das sogenannte »Puddingattentat« auf den US-Vizepräsidenten Hubert Humphrey (April) – Der Student Benno Ohnesorg wird während des Schah-Besuchs von einem Polizisten erschossen (2.6.) – Israel: Sechstagekrieg (5.-10.6.) – Rassenunruhen in den USA: erstmals tauchen Stadtguerilla-Gruppen der »Black Panther« auf – Auf dem tschechoslowakischen Schriftstellerkongreß Angriffe gegen die Parteiführung (Juni) – Festnahme und Ermordung Che Guevaras in Bolivien (9.10.)

Kommune I in Berlin gegründet (1.1.) – Republikanischer Club (RC) von etwa 200 Linksintellektuellen in Berlin eröffnet (30.4.) – Der SDS distanziert sich von einem »Bürgerkrieg« in dem April-Heft der ›Neuen Kritik‹ – Nach der Brandkatastrophe im Brüsseler Kaufhaus »A l'Innovation« verteilt die Kommune I ihre provozierend-spielerischen Flugblätter (24.5.): ›Wann brennen die Berliner Kaufhäuser?‹ – Im Anschluß an die Beerdigung von Benno Ohnesorg findet in Hannover der Kongreß »Hochschule und Demokratie« (9.6.) statt: dort warnt Jürgen Habermas

1960 Beginn der Sit-ins in den Südstaaten der USA gegen Rassendiskriminierung (Februar) – Nach der »Campaign for Nuclear Disarmament« in England (1959) findet in Deutschland der erste Ostermarsch statt (Demonstration gegen die Stationierung von Atomraketen) – Studentenunruhen und Massenstreiks in Tokio (Juni) – Walter Ulbricht wird Staatsratsvorsitzender der DDR (12.9.) – Deutsche und arabische Studenten protestieren gegen den Algerienkrieg Frankreichs (5.11.) – In Vietnam schließen sich die einzelnen Widerstandsgruppen zur Nationalen Befreiungsfront FNL (=Vietcong) zusammen (20.12.)

1961 John F. Kennedy wird Präsident der USA (20.1.) – Mauerbau in Berlin (13.8.) – SPD trennt sich vom Sozialistischen Deutschen Studentenbund (SDS) (8.11.) – Kuba wird sozialistische Republik auf der Grundlage des Marxismus-Leninismus (Dezember) – Südvietnam erhält von den USA militärische Hilfe gegen den Vietcong (Dezember) – Eichmann wird in Jerusalem zum Tode verurteilt (15.12.)

Erster Künstlerskandal der Bundesrepublik: Anklage der Gruppe »Spur« wegen Pornographie und Gotteslästerung (November)

1962 Schwabinger Krawalle (Juni) – Beginn der ›Spiegel‹-Affäre (Oktober) – Kuba-Krise (Oktober/November)

1963 Kennedy in Deutschland (Juni) – Die Bürgerrechtsbewegung in den USA organisiert den Marsch auf Washington – Martin Luther King: »I had a dream ...« (28.8.) – Rücktritt von Bundeskanzler Konrad Adenauer (15.10.) – Ludwig Erhard wird neuer Bundeskanzler (16.10.) – Ermordung von John F. Kennedy in Dallas durch Lee Harvey Oswald (22.11.)

Die »Subversive Aktion« konstituiert sich – Gudrun Ensslin wirbt für einen Sammelband mit Stimmen deutscher Schriftsteller ›Gegen den Tod‹, der in dem von ihr und Bernward Vesper gegründeten »studio neue literatur« erscheint – Der Suhrkamp Verlag begründet seine Reihe ›edition suhrkamp‹ – Die Beatles treten erstmals im Fernsehen auf: die »Pilzköpfe« werden zum Symbol des Jugendprotestes gegen alle Autoritäten (Oktober)

1964 Beginn der Flächenbombardements in Südvietnam durch die USA (Juni) – Studentenunruhen in Berkeley (September bis Dezember) – Martin Luther King erhält den Friedensnobelpreis (10.12.) – Protestaktionen in Berlin und München gegen Moise Tschombé (Kongo), den Mitverantwortlichen an der Ermordung des ehemaligen Ministerpräsidenten Patrice Lumumba (18.12.)

Beginn des »Wiener Aktionismus« (ritualisierte Formen des Happenings) – Hannah Arendt kritisiert Hans Magnus Enzensbergers Vergleich von Auschwitz und Hiroshima in dessen Buch über ›Politik und Verbrechen‹

1965 Bombenkrieg gegen Nordvietnam beginnt (Februar) – Ermordung des schwarzen Bürgerrechtlers Malcolm X (21.2.) – Auschwitz-Prozeß gegen ehemaliges Lagerpersonal wird nach 181 Tagen beendet (19.8.) – Bundestagswahl (20.10.): Ludwig Erhard erneut Bundeskanzler

EST!

Literatur um 1968

**Eine Ausstellung
des Deutschen Literaturarchivs
in Verbindung mit dem
Germanistischen Seminar der
Universität Heidelberg und
dem Deutschen Rundfunkarchiv
im Schiller-Nationalmuseum
Marbach am Neckar**

Marbacher Kataloge 51
Herausgegeben von Ulrich Ott
und Friedrich Pfäfflin

Ausstellung und Katalog:
Ralf Bentz, Sabine Brtnik, Christoph König,
Roman Luckscheiter, Ulrich Ott,
Brigitte Raitz

Photoarbeiten: Bernd Hoffmann

Der Umschlag wurde unter Verwendung eines SDS-Flugblattes gegen Theodor W. Adorno (Kapitel 7) und eines Briefes von Yaak Karsunke an Joseph Breitbach gestaltet (Seite 46).

ISBN 3-929146-69-X

Gesamtherstellung: Wilhelm Gulde, Tübingen

Vorwort

Überblickt man die Marbacher Jahresausstellungen von 1956 an, so ordnen sich die Themen zu drei Strängen: Meist sind sie einzelnen Namen gewidmet. Daneben treten Fragestellungen hervor, die Epochenzusammenhängen gelten, ›Literatur im Industriezeitalter‹ etwa von 1987. Schließlich gibt es den Typus des Zeitpunktes, durch den ein Querschnitt gelegt wird, um Literatur und literarisches Leben in ihrem damaligen Spektrum erscheinen zu lassen, ›Als der Krieg zu Ende war‹ (1973) zum Beispiel oder ›Konstellationen. Literatur um 1955‹ (1995). Nicht so sehr wegen der dreißig Jahre, die seit 1968 vergangen sind, schien uns das diesjährige Thema wichtig zu sein, sondern weil es nach der ›Konstellationen‹-Ausstellung über ein bedeutendes Epochenjahr der Nachkriegszeit schlüssig folgen mußte, wenn die Marbacher Ausstellungen denn auf ihre eigene Weise Literaturgeschichte darstellen wollen.

Nun läßt sich Geschichte, je näher die Ereignisse beim Betrachter liegen, desto schwerer schreiben. Die Leidenschaften sind, solange die Beteiligten leben, noch virulent. Nicht umsonst hat man es in Marbach konsequent vermieden, lebenden Autorinnen oder Autoren einzelne Ausstellungen zu widmen. Das wird auch künftig so sein. – Aber sogar die Ständige Ausstellung zur Literatur des 20. Jahrhunderts endet deshalb bisher beim Jahr 1950! Dies soll sich allerdings zu Beginn des 21. Jahrhunderts ändern, das 20. Jahrhundert ganz erscheinen. Als Expedition in bisher unbegangene Zonen möge denn verstanden werden, was sich dem »Protest« der Achtundsechziger-Bewegung dreißig Jahre später ablesen läßt.

Daß dies Thema für Marbach »an der Reihe« war, ergibt sich auch aus der Bestandsentwicklung des Archivs. Im letzten Jahrzehnt sind viele Sammlungen aus der Zeit um 1968 in die Magazine gekommen: Jörg Schröders März-Archiv, die Registraturen der literarischen und soziologischen Abteilungen des Luchterhand Verlags, die Redaktions-Papiere des ›Kürbiskern‹, dazu die »Vorlässe« und Sammlungen von Uwe Friesel, Günter Herburger, Peter Rühmkorf, Hannes Schwenger. Die einschlägigen Zeitschriften- und Minipressendrucke unserer Bibliothek sind erfreulich dicht, und vieles findet sich bei den Zeitungsausschnitten, den Theater-, Rundfunk- und Fernsehmaterialien der Dokumentationsstelle, in der Plakatsammlung der Bildabteilung. Aber auch anderwärts sind die Flugblätter, ist die Untergrundliteratur jener Zeit mit großem Eifer zusammengetragen worden, am Hamburger Institut für Sozialforschung ebenso wie bei der Stuttgarter Bibliothek für Zeitgeschichte und von vielen privaten Sammlern.

Im Gespräch mit dem Heidelberger Germanisten Helmuth Kiesel und nach der Sichtung der Befunde im Archiv entwickelte sich die Fragestellung, wie denn Literatur und literarisches Leben um 1968 auf die literarische Strömung unserer Gegenwart, auf die Postmoderne, eingewirkt habe. Dieser Begriff wird, wohlgemerkt, nicht in dem heute so oft begegnenden trivialen Sinne stilistischer Beliebigkeit genommen, sondern in dem philosophisch fundierten Sinn, wie er von Jean-François Lyotard mit der Programmschrift ›Das postmoderne Wissen‹ (1979) inauguriert wurde und wie ihn besonders Wolfgang Welsch in mehreren Schriften expliziert hat. In dem Essay am Schluß des Katalogs zieht Helmuth Kiesel die Summe dieses Aspekts.

Wäre aber das Augenmerk ausschließlich auf diese Fragestellung gerichtet geblieben, hätte sich notwendig ein perspektivisch verkürztes Bild ergeben, denn die »Kritische Theorie« der Frankfurter Schule von Horkheimer und Adorno wäre dann nur die Folie gewesen, nicht jedoch die Motivationslinie von höchstem Eigengewicht, die sie war – von einer Prägekraft, der ich mich bis heute nicht entziehen will. So ist der Gegensatz zum Bestimmenden der Konzeption geworden, von dem sich die Zeit um 1968 mit wechselnder Stärke in den politischen Aktionen der Studenten charakterisiert findet, während die Literatur, die mit der Studentenbewe-

gung zusammenhängt, durchgehend in seinem Spannungsfeld steht: der Gegensatz zwischen einer ästhetisch eher abstinenten, von politischer Rigidität getragenen Seite und einer ästhetisch üppigeren, auf der sich die Beteiligten Mühe geben, die Grenzen zwischen Aktion und Kunst, etwa im Happening, zwischen Phantasie und Erlebnis, etwa im Drogenrausch, zwischen gegenbürgerlicher Subkultur und den hohen Ansprüchen literarischer Moderne, etwa in Leslie A. Fiedlers »case for postmodernism« aufzuheben. In der Präsenz dieses Grundgegensatzes verbinden sich die Teile der Ausstellung untereinander und mit Kiesels Essay zum Ganzen.

Ein Ganzes muß nicht notwendig auf ein Unisono gestimmt sein. Das wäre schon dem Thema dieser Ausstellung, der Literatur um 1968 – geschweige denn der gesamten Bewegung jener Jahre – unangemessen. An der Ausstellung und dem Katalog haben fünf, rechnet man den essayistischen Beitrag hinzu sechs Personen geschrieben. Bei einem Gegenstand wie diesem bedeutet das notwendig auch Differenzen in der Perspektive; sie einzuebnen, wäre nicht redlich gewesen.

Brigitte Raitz und ich sind mehr oder weniger im Strom der damaligen Ereignisse gestanden, wir waren in unterschiedlichem Ausmaß von Provokationen fasziniert, von Emanzipationen ergriffen, von Protestformen schockiert, von Gewaltfolgen abgestoßen. Bei Helmuth Kiesel und Christoph König sind es eher analytische Distanz und historische Kritik, die ihren Blick auf 1968, wenn auch jeweils in verschiedener Weise, bestimmen. Ralf Bentz und Roman Luckscheiter sind aus einem Seminar, das ich über die »Literatur um 1968« im Wintersemester 1996/97 an der Universität Heidelberg gehalten habe, zum Ausstellungsteam gestoßen. Für sie ist es also der aus dem Abstand einer Generation gewonnene, selbsterarbeitete Überblick, von dem aus sie an die Arbeit gegangen sind. Daß für alle Beteiligten, auch für das Heidelberger Seminar, der zehnte Band von ›Hansers Sozialgeschichte der deutschen Literatur‹ (Gegenwartsliteratur seit 1968, herausgegeben von Klaus Briegleb und Sigrid Weigel. 1992) und das 1993 erschienene Buch ›1968. Literatur in der antiautoritären Bewegung‹ von Klaus Briegleb (edition suhrkamp. 1669) wichtige Grundlagen gewesen sind, sei dankbar anerkannt.

In ihrer Disposition sind Ausstellung und Katalog nicht von einer chronologisch-linearen Abfolge bestimmt. Die Vielschichtigkeit der Studentenbewegung und der mit ihr verbundenen Literatur findet ihr Abbild darin, daß sich Elemente, die der Entwicklung der Zeit folgen, mit thematischen Hauptkapiteln, die gewissermaßen quer dazu stehen, überschneiden. Um die Übersicht zu erleichtern, gibt eine Chronik Orientierung. Die politischen Ereignisse evoziert eine von Sabine Brtnik gestaltete Photocollage.

An Bildschirmen lassen sich bewegte Bilder, aber auch reflektierende Interviews und literarische Szenen aufrufen: die Studentenproteste hätten sich ohne die Resonanz der Medien Rundfunk und Fernsehen kaum zu einer veritablen Bewegung, ja Revolte ausgeweitet. Vier Themenkomplexe führen dann chronologisch von 1963 an auf die Ereignisse von 1967/1968 zu; beim Höhepunkt dieser »Escalation« (verfaßt von Ulrich Ott), dem »Pariser Mai« und dem »Prager Frühling« mit seinem tragischen Ende im August 1968 ist dem, was nun folgt, zeitlich ein Stück vorgegriffen. Denn das erste von vier querschnittartigen Hauptkapiteln (»Berliner Gemeinplätze«, verfaßt von Christoph König) gilt der Literatur im Wider- und Zusammenspiel mit der Studentenbewegung, also den Reflexen der Revolte im gleichzeitigen literarischen Geschehen und der Frage, ob die Literatur aktiv daran beteiligt war. Dabei ist der Schauplatz im wesentlichen auf Berlin als einem symbolischen Ort für »1968« eingegrenzt – wie ja überhaupt bei diesem Unterfangen überall Grenzen wegen der Überfülle der Ereignisse und der Dokumente gezogen werden mußten.

Das zweite Hauptkapitel, »Avantgarde und Subkultur«, verfaßt von Ralf Bentz, beginnt mit seinem Querschnitt wiederum ein gutes Stück vor dem Vorausgehenden, bei den Situationisten der fünfziger Jahre. Der Weg führt hier zu Rolf Dieter Brinkmann und

Ralf-Rainer Rygulla mit ›ACID‹, der Anthologie der neuen amerikanischen Szene, und zu Hubert Fichtes ›Palette‹. Das nächste querschnitthafte Hauptkapitel, »Der postmoderne Impuls«, verfaßt von Roman Luckscheiter, könnte daran unmittelbar anschließen, zumal Rolf Dieter Brinkmann auch hier, in der Debatte um Leslie A. Fiedlers Plädoyer für eine Postmoderne, eine Hauptrolle spielt. Solche Wiederkehr derselben Autoren mit verschiedenen Aspekten ihrer Verbindung zu 1968 ergibt sich aus der Disposition des Ganzen und wurde als ringkompositorisches Element angestrebt.

Zwischen »Avantgarde und Subkultur« und den »Postmodernen Impuls« schiebt sich indessen das Kapitel »Kunst als Ware in der Bewußtseinsindustrie«, verfaßt von Ulrich Ott. Beginnend mit Peter Steins Bremer ›Tasso‹-Inszenierung von 1969, wird hier ein Hauptmotiv von Walter Benjamin und Theodor W. Adorno aufgegriffen und über die »Literaturproduzenten«-Bewegung auf die aufregende Erscheinung des März Verlages zugeführt. Im vierten Hauptkapitel, »Re-visionen«, untersuchen Roman Luckscheiter und Brigitte Raitz Auswirkungen der Achtundsechziger-Bewegung auf die Literatur der siebziger Jahre, in einem kontrastiven Ringschluß zu den »Berliner Gemeinplätzen« gewissermaßen. Brigitte Raitz stellt schließlich mit »Emanzipationen« gesellschaftliche Entwicklungen dar, die mit dem literarischen Leben der späten sechziger und der siebziger Jahre in enger Wechselwirkung stehen.

Wenn im Zentrum der Ausstellung dem Besucher Joseph Beuys entgegenschreitet (Lichtpause auf Polyesterfolie 191 x 100 cm, eine Produktion der Edition Staeck), so ist auch darin die Gegenspannung verkörpert, in der Individuum und Masse in jener Zeit stehen. Das Bild von Joseph Beuys ›La rivoluzione siamo Noi / Wir sind die Revolution‹ ist 1972 entstanden. Die Wiedergewinnung des Individuums ist im Gange. In diesem Fall allerdings nicht als Abwendung, als Revision des revolutionären Antriebs, sondern als Steigerung.

Wir verdanken die Leihgabe der Galerie Bernd Klüser München. In ihr kommt der Heidelberger Graphiker Klaus Staeck mit zu

Wort, der die Zeit mit seinen satirischen Plakatcollagen begleitet hat.

Bei einem so vielschichtigen Unterfangen wie dieser Ausstellung ist auch vielfältiger Dank zu sagen. Er hat in erster Linie jenen zu gelten, die sich zum Vorbereitungsteam zusammengeschlossen haben: Ralf Bentz, Sabine Brtnik, Christoph König, Roman Luckscheiter, Brigitte Raitz. Mit Helmuth Kiesel für vorbereitende Gespräche und den Essay sei zugleich dem Heidelberger Germanistischen Seminar gedankt, das die Mitarbeit von Ralf Bentz und Roman Luckscheiter auch finanziell unterstützt hat. In den Dank sind die Studentinnen und Studenten einzubeziehen, deren lebhaftes Interesse in der Seminarveranstaltung des Wintersemesters 1996/1997 Erkenntnis und Motivation vorangetrieben hat. Klaus R. Scherpe, der Berliner Germanist, hat mit Ratschlägen und Hinweisen geholfen. Die Möglichkeit, audiovisuelle Dokumente in der Ausstellung zu verwenden, verdanken wir dem mäzenatischen Sinn des Hauses Adolf Würth GmbH, Künzelsau, und dem Deutschen Rundfunkarchiv mit seinem Vorstand Prof. Dr. Joachim Felix Leonhard und der Mitarbeiterin Christina Voigt.

Vielfältige Hilfe haben wir aus den Marbacher Häusern selbst erfahren, von allen Abteilungen, im besonderen aber von Friedrich Pfäfflin und Petra Plättner, von Beate Küsters und Susanne Boehme, von Bernd Hoffmann und Eva Dambacher, von Peter Ströbel und Bernd Birr.

Schließlich gilt es, die Leihgeber dankbar zu erwähnen, auf deren Hilfe wir in besonderem Maße angewiesen waren – im einzelnen sind sie am Schluß des Kataloges genannt –, und ein gleicher Dank sei all jenen gesagt, die Zitaten aus ihren Texten für diesen Katalog zugestimmt haben. Dazu gehören auch die Rundfunk- und Fernsehanstalten, die uns audiovisuelle Aufzeichnungen zur Verfügung gestellt und abzuspielen erlaubt haben.

Ulrich Ott

»Escalation«

Escalation – das Wort hat in anderem als dem militärischen Gebrauch erst seit den siebziger Jahren Karriere gemacht. Die sechziger Jahre hindurch begleitet es – als strategische Bezeichnung für die stufenweise Verschärfung feindlicher Handlungen – den Vietnamkrieg, von der ersten Militärhilfe der Vereinigten Staaten für Südvietnam im Dezember 1961 bis zum Waffenstillstand 1973. Parallel dazu wächst der Protest gegen den Krieg in den USA und in anderen Teilen der Welt. Gleichzeitig hat sich anderes Unruhepotential aufgestaut: In Amerika gegen die Diskriminierung der Schwarzen, in der Dritten Welt gegen post-koloniale Abhängigkeiten von kapitalistischen Märkten und imperialistischen Machtstrukturen. In der Bundesrepublik Deutschland gibt es darüber hinaus besondere Motive des Protests: Die von vielen Jüngeren vermißte Auseinandersetzung der Vätergeneration mit ihrer Vergangenheit im Dritten Reich – der Auschwitz-Prozeß von 1964/1965 setzt dafür erneut Zeichen – und die Modifikation des Grundgesetzes durch eine Notstandsverfassung.

In den sechziger Jahren erlebt das Dokumentartheater einen neuen Aufschwung. Es verwendet Stilformen der Weimarer Republik, vor allem jene der Neuen Sachlichkeit aus den späteren zwanziger Jahren. Rolf Hochhuths ›Stellvertreter‹ (Uraufführung unter der Regie von Erwin Piscator an der Freien Volksbühne Berlin am 20. Februar 1963) nimmt dokumentarische Elemente bei sonst konventioneller Dramaturgie auf, um das Schweigen des Papstes zum Genozid an den Juden zu geißeln. Peter Weiss (1916–1982) bearbeitet den Stoff des Auschwitz-Prozesses in der ›Ermittlung‹, die Erwin Piscator 1965 an der Freien Volksbühne Berlin aufführt. Er habe, sagt Weiss 1965 in der Nachbemerkung zur Erstausgabe im Suhrkamp Verlag, zur Ergänzung und Überprüfung seiner Aufzeichnungen vom Frankfurter Auschwitz-Prozeß Artikel aus zahlreichen Tageszeitungen und Zeitschriften benutzt. Der Vietnamkrieg und die Geschichte Vietnams bilden den Stoff des ora-

torienhaften Stückes ›Viet Nam Diskurs‹, ebenfalls von Peter Weiss, das 1968 von Harry Buckwitz an den Städtischen Bühnen Frankfurt am Main uraufgeführt wird. Max von der Grün (Jahrgang 1926) greift in ›Notstand oder das Straßentheater kommt‹, uraufgeführt 1969 in Castrop-Rauxel, satirisch auf Elemente des Straßentheaters zurück, das im Vorfeld der Studentenbewegung populär geworden ist (eine Aufführung in der Aufführung bildet hier gewissermaßen den dokumentarischen Hintergrund), und dramatisiert die Differenz zwischen Studenten und Arbeitern während der Studentenproteste in Deutschland.

Die Ereignisse überstürzen sich: Unser Spiel, das vorgestern begonnen hat, hat schon das Übermorgen erreicht: Der Notstand ist da! *(Max von der Grün: Notstand oder das Straßentheater kommt. Eine Revue. Neuwied: Luchterhand o.J. Seite 62)*

Auszüge aus Fernsehsendungen über diese Aufführungen werden im Vorraum der Ausstellung gezeigt.

1 ›Gegen den Tod‹

Ein Paradox: Die Darstellung einer Jugendrebellion beginnt mit dem Bild eines Vierundneunzigjährigen! – Die pazifistischen Traditionen Europas, für die Bertrand Russell hier steht, gehen in den späten fünfziger Jahren in die Bewegung gegen die Atombewaffnung, in den Sechzigern dann in die Kampagnen gegen den Vietnamkrieg über. Nach der Ermordung von John F. Kennedy am 22. November 1963, einer entscheidenden Zäsur, wenden sich viele europäische Intellektuelle von den bis dahin eher bewunderten Vereinigten Staaten ab. Vielleicht ist in der damit auch auf der linken Seite des politischen Spektrums wachsenden Skepsis gegenüber der Westbindung der Bundesrepublik der Hauptnenner zu sehen für ein anderes Paradox, das freilich noch weniger verallgemeinert werden kann als das lebenslange Engagement des englischen Lords Bertrand Russell für den radikalen Pazifismus: Der Sohn des in den Jahren 1933 bis 1945 einflußreichen Zeitschriftenherausgebers und Dichters Will Vesper (1882–1962), Bernward Vesper (1938–1971), setzt sich zwischen 1963 und 1965 gemeinsam mit der Studentin Gudrun Ensslin (1940 bis 1977) ebenso nachdrücklich für das Werk seines Vaters ein – und propagiert es über rechte Presseorgane – wie für ein progressives Verlagsprojekt, das »studio neue literatur«, das den Namen der von Will Vesper zwischen 1931 und 1943 herausgegebenen »kritischen Monatschrift« ›Die neue Literatur‹ zu adaptieren scheint, in Wirklichkeit aber eher an Kurt Wolffs literarischen Almanach dieses Namens aus dem Jahr 1916 anknüpft. Herkunft und Zukunft Bernward Vespers, in seinem Roman ›Die Reise‹ (1977) schroffe Gegensätze, überschneiden sich eine Zeit lang. Aus dieser paradoxen Überschneidung eine Diagnose ableiten zu wollen, die Achtundsechziger seien »Hitlers Kinder« gewesen, wäre freilich verfehlt. Denn das Programm des »studio neue literatur« weist eindeutig in die Zukunft: Neben dem pazifistischen Ziel treten Bernward Vesper und Gudrun Ensslin für sexuelle

Emanzipation ein und suchen republikanisch-progressive Essays vergangener Zeiten der Vergessenheit zu entreißen.

1 Bertrand Russell

London, 16. November 1966
Photographie. (Reproduktion)
Leihgabe: dpa, Stuttgart

Bertrand Russell (1872–1970) referiert auf der Pressekonferenz in der Londoner Caxton-Hall über amerikanische Verbrechen während des Vietnam-Krieges. Er wird am gleichen Tag zum Ehrenpräsidenten des Vietnam-Tribunals gewählt, als dessen Hauptankläger Jean-Paul Sartre vorgesehen war.

Finally, during the last decades of his life (just as he felt himself in danger of becoming respectable by sheer weight of years), he became an inspiration to idealistic youth throughout the world in his active opposition to the manufacture of H-bombs and to the war in Vietnam. *(Rupert Crawshay-Williams über Russell in der New Encyclopædia Britannica, 15th edition, vol. 16. Chicago: Benton 1982. Seite 34)*

Das Tribunal, das sich in der Erinnerung bis heute mit dem Namen dieses englischen Lords, des großen Mathematikers, Philosophen und Literatur-Nobelpreisträgers des Jahres 1950 verbindet, tagt in Stockholm im Mai 1967, in Roskilde im November des gleichen Jahres. Die USA werden wegen des Vietnam-Krieges der Aggression und des Völkermords schuldig gesprochen. Außer Jean-Paul Sartre gehören ihm Günther Anders, Stokeley Carmichael, Wolfgang Abendroth und Peter Weiss an.

»Das Volk von Vietnam zeigt uns, wozu Menschen in der Lage sind, wenn sie von Idealen geleitet werden« heißt es in der Grußadresse Russells zu Beginn der zweiten Sitzungsperiode. (Bertrand Russell, Jean-Paul Sartre: Das Vietnam-Tribunal 2 oder die Verurteilung Amerikas. Reinbek: Rowohlt 1969. Seite 9. Der erste Band ist 1968 erschienen.) »Ich wäre in jenen Jahren sehr gerne jung genug gewe-

sen, um bei den Demonstrationszügen mithalten zu können«, schreibt Russell in seiner 1968 englisch, 1971 beim Insel Verlag in Frankfurt am Main deutsch erschienenen Autobiographie (Seite 141) über die Kampagnen der von ihm in den späten fünfziger Jahren initiierten Bewegung gegen die Atombewaffung und Atomtests. In der Bundesrepublik schlossen sich viele Autoren der Anti-Atomtod-Bewegung mit ihren Ostermärschen an.

1 Buttons der Ostermarschbewegung (1.2)

2 Drei Buttons mit dem Zeichen der Ostermarschbewegung

Leihgabe: Bibliothek für Zeitgeschichte, Stuttgart

Die britische, von Bertrand Russell inspirierte, »Campaign for Nuclear Disarmament« demonstrierte zum ersten Mal an Ostern 1959 mit einem 80 Kilometer langen Marsch. In der Bundesrepublik findet der erste »Ostermarsch« ein Jahr später statt. Während der sechziger Jahre gewinnt die Ostermarschbewegung, an der sich viele Autoren und Autorinnen beteiligen, zunehmend an Gewicht. Ihre Zielsetzung erweitert sich 1967 zur »Kampagne für Abrüstung« und 1968, während der Auseinandersetzungen um die Notstandsgesetze, zur »Kampagne für Demokratie und Abrüstung«, die sich als Teil der Außerparlamentarischen Opposition versteht.

3 Gudrun Ensslin als Script-Girl

1957 bei den Dreharbeiten zu Ottomar Domnicks Film ›Jonas‹ in Stuttgart mit dem Hauptdarsteller Robert Graf (3. von links), Andor von Borsy (abgewandt) und Ottomar Domnick (rechts)
Photographie von Eta Lazi
Leihgabe: Heimo Bachstein

Gudrun Ensslin, Studentin der Philosophie, Anglistik und Germanistik in Tübingen, jobt im Sommer 1957 als Script-Girl bei den

Dreharbeiten zu Ottomar Domnicks Film ›Jonas‹, dessen Kommentartext von Hans Magnus Enzensberger stammt.

2 Auf der gegenüberliegenden Seite:
Gudrun Ensslin als Script-Girl (1.3)

1963 wendet sie sich an Autorinnen und Autoren, um sie für einen Sammelband ›Reden wider den Tod‹ zu gewinnen, der in dem von ihr und Bernward Vesper gegründeten »studio neue literatur« erscheinen soll. Der in Ostberlin lebende Dichter Johannes Bobrowski (1917–1965) wird am 18. Oktober 1963 folgendermaßen eingeladen:

das kürzlich von Studenten, Publizisten und Lesern gegründete »studio neue literatur« wird als Band 1 seiner ›studio bibliothek‹ ein Buch ›Gegen den Tod – Rufe, Aufsätze, Gedichte‹ veröffentlichen, das alle wesentlichen, warnenden Stimmen deutscher Schriftsteller aus Ost und West zum Thema der Rüstung enthalten wird. ... Gabriele Wohmann, St. Hermlin, Arnold Zweig, Nelly Sachs und andere haben bereits ihre Mitarbeit zugesagt und Manuskripte übersandt.

Bobrowski hat keinen Beitrag geliefert.

4 Gudrun Ensslin an Stefan Andres

Stuttgart-Ca [d.i. Bad Cannstatt], [1963]. Brief, 1 Blatt
Mit handschriftlichem Zusatz von Bernward Vesper

Stefan Andres (1906–1970), der vielgelesene Autor der Erzählung ›Wir sind Utopia‹ und zahlreicher Romane, lebt damals in Rom. Er gehört zum Kuratorium der deutschen Ostermarschbewegung und empfiehlt sich besonders durch seine am 11. Januar 1959 in der Paulskirche in Frankfurt am Main gehaltene Rede ›Der Glaube an die Machtlosigkeit‹ für eine Mitarbeit.

Wir haben den Wunsch, in einem Sammelband, der den Arbeitstitel hat ›Reden wider den Tod‹ die bedeutendsten Beiträge derjenigen deutschen Schriftsteller zu sammeln, die seit Jahren im [!] »Kampf dem Atomtod«-Aktion stehen. Da wir Sie als einen der ersten Vorkämpfer gegen die Atomwaffen kennen, ... so bitten wir Sie sehr, uns in unserer Arbeit durch Ihren Beitrag zu unterstützen.

Diese Einladung geht laut dem Brief auch an Günther Anders, Hans Magnus Enzensberger, Christian Geissler, Gertrud von Le Fort, Erich Kästner, Earl Bertrand Russell, Ernst von Salomon, Paul Schallück, Günther Weisenborn, Leo Weismantel, Gerhard Zwerenz.

Bernward Vesper fügt nach der Unterschrift von Gudrun Ensslin eigenhändig hinzu: »die Sache wird gut und findet auch hoffentlich Ihre Zustimmung!« Er hat Stefan Andres einige Jahre zuvor in seinem Haus an der Mosel besucht. In seinem Tagebuch hält er fest, was ihm Andres, wohl auch als dem Sohn eines von Hitler faszinierten Dichters, sagte:

Gehen Sie einmal davon aus, welche Stellung heute ein Großteil der Bevölkerung zu den Ereignissen des Dritten Reiches einnimmt. Die Jugend wird zu den alten Vorstellungen erzogen. Das hat verschiedene Gründe, aber hauptsächlich den der Selbstliebe. Was meinen Sie wohl, kann ein Vater seinem Sohn sagen, wenn er ins Alter kommt, es zu verstehen? Er muß ihm sagen: Hör mal, mein Lieber, ich habe in dieser Entscheidung geirrt. Ich habe zuerst Gutes darin erblickt und zu spät die Fehler eingesehen. Und dann hatte ich nicht mehr die Kraft, mich zu lösen, ich bin mitgelaufen bis zum bitteren Ende; aber heute – müsste er sagen; – habe ich das Unrechte eingesehen und bin entschlossen, neues zu verhüten. Ich glaube, daß in ganz Deutschland keine 1000 Väter so zu ihren Söhnen gesprochen haben.

Neben der Arbeit an der Anthologie ›Gegen den Tod‹ geht Bernward Vespers und Gudrun Ensslins Propaganda für das Werk Will Vespers weiter, das im Rahmen der »privat-presse-triangel« (Triangel war das bei Lehrte im Hannoverschen liegende Gut von Will Vesper) und eines »Verlags Dr. Bertil Petrei« mit dem Band ›Geschichten von Liebe, Traum und Tod‹ 1963 zu erscheinen beginnt.

5 Bernward Vesper an Bernhard Zeller

Triangel, 6. Oktober 1963. Brief, 1 Blatt

Vesper bittet Zeller als Leiter des Deutschen Literaturarchivs um Rat, was mit dem umfangreichen Briefnachlaß seines Vaters geschehen könne und erklärt, er »habe kein Interesse daran, irgendwelche Äußerungen, die historisch gewesen sind, zu verschleiern«:

Wie Sie wissen, ist im vergangenen Jahr der Schriftsteller Will Vesper gestorben. ... Es ist ... beabsichtigt, im Laufe der Zeit eine Gesamtausgabe, die etwa 7 Bände umfassen wird, und deren erster Band in diesem Herbst bereits erschien, zu veröffentlichen. Im Anschluß daran, oder im Zusammenhang damit sollen die sehr wichtigen Briefe erscheinen. ... Wenn im Augenblick auch wohl die frühen Briefe am meisten interessieren, so sind doch auch die Briefe der mittleren und späten Zeit nicht ohne Belang. Es sind weit über 200 Namen, die hier auftauchen. Dazu käme noch das gesamte Archiv der Neuen Literatur, das in Stuttgart sich befindet. Über die Literatur im NS-Reich wird man wohl kaum arbeiten können, ohne diese Quellen zu kennen.

Gudrun Ensslin und Bernward Vesper gehören beide der »Studienstiftung des Deutschen Volkes« an. Einer der Tübinger Vertrauensdozenten ist Walter Jens. Seine Kolloquien über die zeitgenössische Literatur am Donnerstagabend sind damals berühmt und faszinieren auch Bernward Vesper.

An Dieter Sauberzweig, den Referenten in der Geschäftsstelle der Studienstiftung, berichtet Vesper am 6. Februar 1964:

Anbei zwei kleine Zeugnisse meiner Tätigkeit, die Jens-Kritik (Neue Deutsche Hefte) und eine Korr.-Fahne des Vorabdrucks meiner Diego-Übersetzungen (auf Studienstiftungskosten vor anderthalb Jahren in Sevilla gelerntes Spanisch!) Ferner befasse ich mich mit einem Thema: Spiegelung der Atombombe in der modernen deutschen Literatur (weil ich ein Nachwort zu einem Buch schreiben soll, das diese Zeugnisse sammelt).

Der hier erwähnte spanische Lyriker Gerardo Diego Cendoya (1896–1987) gehörte der Gruppe »Ultraismos« an und erhielt zusammen mit Jorge Luis Borges 1979 den Premio Cervantes. Vesper wollte, einer Tagebuchnotiz vom 8. November 1962 zufolge, seinen Spanienaufenthalt in einem autobiographischen Roman, ›Die Reise nach San Lucar‹, literarisch verarbeiten:

Damit eine Einheitlichkeit der Bewegung erreicht wird, müssen die Gestalten, die ihm begegnen, umgeschmolzen werden zu der einen, Magdalena. In den Gesprächen der Stimmen kann eine Unwissenheit über den augenblicklichen Zustand, den Tod Magdalenas, enthalten sein: es wird die Geschichte der Eltern, die eine unglückliche Ehe geführt, miteinbezogen. *(Überlegungen zu ›Die Reise nach San Lucar‹).*

Ob die »Geschichte der Eltern« sich auf seine eigenen Eltern bezieht, die später in der ›Reise‹ eine so unheilvolle Rolle spielen, muß offen bleiben.

Für die ›studio bibliothek‹ des »studio neue literatur« , deren Briefkopf 1965 lautet: »studio neue literatur/Avantgarde/Streitschriften/Wissenschaft«, waren zunächst vier Publikationen angekündigt. Zwei davon sind erschienen.

6 Gegen den Tod

Stimmen deutscher Schriftsteller gegen die Atombombe
Stuttgart-Cannstatt: studio neue literatur gudrun ensslin [1964]
(studio bibliothek. 1)
Buchausstattung: Peter Busch
Mit gedruckter Widmung: »in memoriam Hans Henny Jahnn«

Im Vorwort, datiert »Tübingen, März 1964«, erklärt Bernward Vesper-Triangel nach vorausgehenden Motti von Albert Einstein, Albert Schweitzer, Papst Pius XII. und Papst Paul VI.:

Der Schriftsteller, Bürger unter Bürgern eines Staates, scheint ohne jene Macht, die denjenigen gegegeben ist, die die Führungspositionen der wirtschaftlichen, politischen, gesellschaflichen Institu-

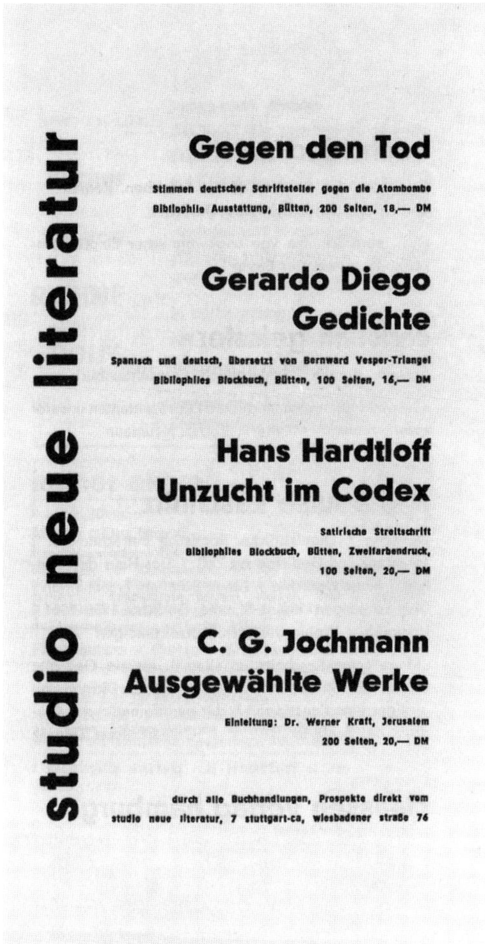

tionen innehaben. Außer durch seine Stimmabgabe bei der Wahl kann er – so scheint es weiter – nicht Einfluß nehmen auf die Entscheidungen. Der Schein trügt. Der Schriftsteller gehört zu einer Gruppe, deren Meinung jederzeit zur öffentlichen Meinung werden kann, und dadurch zum wichtigen Faktor in allen Fragen, die der demokratischen Entscheidung offen sind. »Die öffentliche Meinung ist noch immer eine Macht, an der die Regierenden nicht vorübergehen können.« (Albert Schweitzer) Die humanitär ge-

3 Schutzumschlag (1.6)

4 Anzeige der Vorankündigungen des »studios neue literatur« (1.7)

stimmte Meinung des Schriftstellers, der sich bewußt als Antipode des »Plans« begreift, kann, als öffentliche Meinung, zu einem entscheidenden Druckmittel gegen totalitäre Verplanung werden. *(Seite 8)*

Vesper stellt sein Vorhaben in eine »alte, erlauchte Tradition«:

Sie wird angeführt durch den Roman ›Perrudja‹ von Hans Henny Jahnn, der im Jahre 1929, elf Jahre nach den Rutherfordschen Entdeckungen und neun Jahre vor der Hahn-Straßmannschen Uranspaltung erschien. »Der Autor hatte für die Zukunft der kriegerischen Menschheit mit Atom-Waffen gerechnet; es finden sich hie und da Andeutungen in dem Buch ... Die Atom-Energie vermutete er, werde sich zu sogenannten O-Waffen verwenden lassen, also ausschließlich als Sperrmittel gebraucht werden. In einem Kapitel ›Die unsichtbare Mauer‹ hat er Wirkung und Anwendungsart beschrieben. Die Atombombe erledigte seine Phantasie – und zugleich die Hoffnung, daß die Menschheit als solche dauernd davonkommen werde,« heißt es im Vorbericht zur Neuausgabe (1958). In seinem letzten Werk, dem Drama ›Der staubige Regenbogen‹, hat Hans Henny Jahnn noch einmal die Stimme erhoben: mahnend, beschwörend, klagend und anklagend. *(Seite 9)*

Unter den Mitarbeitern finden sich, neben den schon genannten, die Namen von Erich Arendt, Georg Maurer, Anna Seghers, Wolfgang Weyrauch, Hans Magnus Enzensberger, Oskar Maria Graf, Marie Luise Kaschnitz, Nelly Sachs, Dagmar Nick, Erich Fried, Peter Huchel, Walter Jens, Gabriele Wohmann, Max Brod, Ludwig Marcuse, Heinrich Böll, Bertolt Brecht, Arnold Zweig. Das Nachwort stammt aus der Feder von Robert Jungk.

Die Verlagsannoncen am Schluß des Bandes sind Sympathieanzeigen, in einem Fall sogar unter der Schlagzeile »Dieser Band enthält Beiträge unserer Autoren«. Da stehen die Verlage C. H. Beck und List neben Hanser, Szczesny, S. Fischer, Claassen und dtv, Hans Henny Jahnns Werkausgabe bei der Europäischen Verlagsanstalt neben der ›Streit-Zeitschrift‹ und ›Pardon‹.

Das »studio neue literatur« kündigt drei weitere »bibliophile Neuerscheinungen« an:

7 studio neue literatur

Ankündigung des Verlagsprogramms
Aufgeschlagen ist der Anzeigenteil eines zweiten Exemplars von ›Gegen den Tod‹ (1.6).
Leihgabe: Jochen Meyer

Angekündigt werden als nächste Bände eine Gedichtsammlung des spanischen Lyrikers Gerardo Diego in der Übersetzung von Bernward Vesper, eine Neuauflage der bereits 1927 erschienenen »satirischen Streitschrift« ›Unzucht im Codex‹ von Hans Hardtloff und ›Ausgewählte Werke‹ von Carl Gustav Jochmann.
In einem Informationsblatt des »studio neue literatur« heißt es zu der Broschüre von Hardtloff:

Das studio hat einen Fund gemacht: Hans Hardtloffs UNZUCHT IM CODEX. Wir haben sofort für unsere Mitglieder die Rechte an dieser herrlichen satirischen Streitschrift erworben. Die bevorstehende Strafrechtsreform lenkt die Aufmerksamkeit gerade jetzt auf die §§ 180 f. des StGB (Beischlaf zwischen Unverheirateten, Kuppelei usw.)! Hardtloffs bissige Attacke auf die Unmoral »moralischer« Gesetze kommt zur rechten Zeit. Schon einmal wurde das Buch von der Bayrischen Staatsregierung beschlagnahmt. Wir sind auf alles gefaßt.

Der vierte Titel, Carl Gustav Jochmanns ›Ausgewählte Werke‹, erfährt in einer späteren Anzeige eine bezeichnende Änderung. In ›Gegen den Tod‹ wird das Buch noch angekündigt mit einer Einleitung von Dr. Werner Kraft, Jerusalem, später dann »mit einem unveröffentlichten Essay von Walter Benjamin«. Werner Kraft (1896–1991) hatte Jochmann (1789–1830), 1932 wiederentdeckt; er lieh Walter Benjamin sein Arbeitsexemplar des anonym publizierten Werkes ›Über die Sprache‹, das Benjamin sich sofort

5 Auf der gegenüberliegenden Seite: Hans Henny Jahnn (1.8)

für einen Essay in der ›Zeitschrift für Sozialforschung‹ (Jg 9, 1939, Heft 1/2: ›Die Rückschritte der Poesie von Carl Gustav Jochmann‹) zunutze machte und so den Eindruck erweckte, er, Benjamin, habe Jochmann wiederentdeckt. Der Wechsel von Kraft zu Benjamin in der Annonce des »studio neue literatur« zeigt die damals beginnende, für 1968 so bedeutsame Wiederentdeckung Walter Benjamins an. Kraft trägt am 16. Dezember 1964 in sein Tagebuch ein:

Jochmann. Es ist wieder einmal aus. Aber ich habe meine Arbeit wieder gelesen. Unpublizierbar, gleichzeitig ungeheuer spannend. Nicht nur die Zitate. Ja, das habe ich geschrieben.

1967 erscheint eine erste Auswahl von Jochmanns Schriften mit dem Essay von Werner Kraft in der ›sammlung insel‹, nachdem 1963 in der Zeitschrift ›das argument‹ die Entdeckungsgeschichte richtiggestellt worden war. (Jg 5, 1963, Heft 26, Juli)
Vespers Spürsinn für literarische Entdeckungen ist durchaus entwickelt, wenn er auch in dem schon zitierten Brief an Sauberzweig vom 6. Februar 1964 einräumt:

Ja, zum Lesen komme ich auch: Tieck, Schiller, Heinse, – im Grunde sind unsre germanistischen Aussagen Hochstapeleien: über was urteilen wir, und wie wenig kennen wir wirklich! Und was für herrliche Dinge gab es da, die heute kein Mensch mehr kennt, während über die plattesten und albernsten Minnesänger dicke Dissertationen geschrieben werden.
Oder C. G. Jochmann, von dem Walter Benjamin in irgend einer, längst verschütteten Zeitschrift behauptete, er wäre seiner Zeit hundert Jahre voraus gewesen. Offenbar mehr, denn seit 1828 harrt sein Werk des Neudrucks, der fachgerechten Edition, das sind 136 Jahre, – und jetzt erst rührt es sich, aber nicht auf den Hochschulen, da ist Jochmann wohl nicht föin genug.

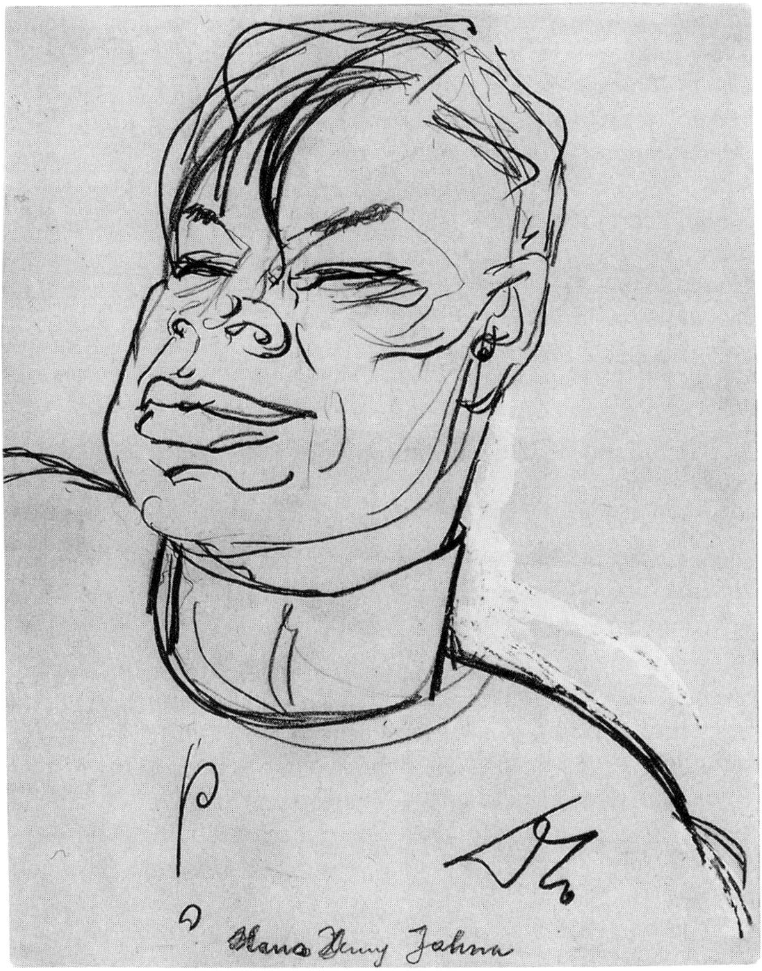

8 Hans Henny Jahnn

Bleistiftzeichnung von Fred Dolbin. 1926. 24,3 x 19,0 cm

Die Widmung von ›Gegen den Tod‹ an Hans Henny Jahnn (1894 bis 1959) ist nicht nur dadurch veranlaßt, daß er in den fünfziger

6 Auf der gegenüberliegenden Seite: Verlobungsanzeige Ensslin/Vesper (1.9)

Jahren zu den Protagonisten im Kampf gegen das atomare Wettrüsten gehört hat. Sie hat auch einen mehr persönlichen Grund: Gudrun Ensslin arbeitet 1964 in der Berliner Freien Universität – sie hat gemeinsam mit Bernward Vesper Ende 1963 den Studienort Tübingen mit Berlin vertauscht – an einer Dissertation über die Romantrilogie ›Fluß ohne Ufer‹ von Hans Henny Jahnn, neben ›Perrudja‹ das Hauptwerk des Dramatikers und Romanciers. Der Titel sollte lauten: ›Mythos und Utopie in Hans Henny Jahnns Fluß ohne Ufer‹. Das zunehmende Engagement für die eigenen Utopien ließ die Dissertation nicht zum Abschluß kommen.

9 Verlobungsanzeige Gudrun Ensslin / Bernward Vesper

Stuttgart-Bad Cannstatt, 28. März 1965. 1 Blatt

Merkwürdig bei den Frühdrucken Vespers und Ensslins ist ihr Anspruch des Bibliophilen, der sich auch in der Akzidenz der Verlobungsanzeige zeigt:

Unseren Freunden zeigen wir die Verlobung unserer Tochter Gudrun mit Bernward Vesper an • Pfarrer Helmut Ensslin und Frau Ilse • Stuttgart-Bad Cannstatt • Wiesbadener Strasse 76 • meinen Freunden zeige ich die Verlobung meines Sohnes Bernward mit Gudrun Ensslin an • Frau Rose Vesper • Gut Triangel • Kreis Gifhorn • unseren Freunden zeigen wir unsere Verlobung an • Gudrun Ensslin • Cannstatt/Berlin • Bernward Vesper • Triangel/Berlin

10 dcf: Möglichkeiten und Mut

Das »Studio Neue Literatur« findet seinen Platz abseits des Geschäftsbetriebes
Ausschnitt aus: Spandauer Volksblatt. Berlin. 24. Juli 1965
Leihgabe: Jochen Meyer

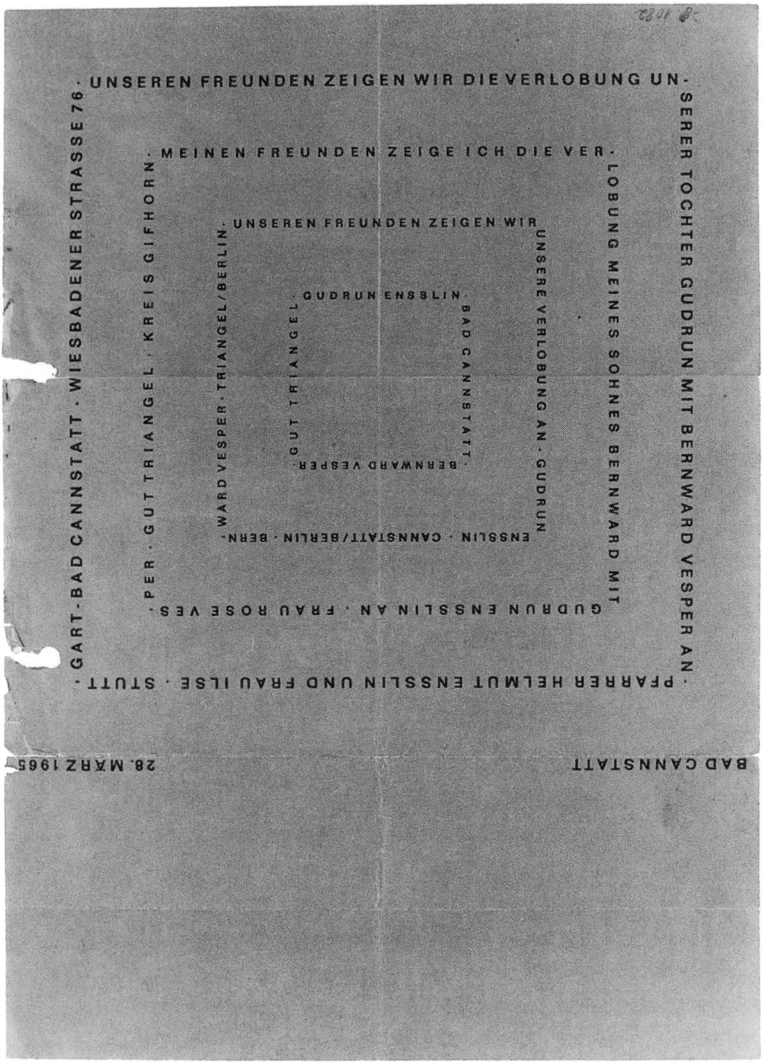
· UNSEREN FREUNDEN ZEIGEN WIR DIE VERLOBUNG UNSERER TOCHTER GUDRUN MIT BERNWARD VESPER AN · PFARRER HELMUT ENSSLIN UND FRAU ILSE · STUTTGART-BAD CANNSTATT · WIESBADENER STRASSE 76 ·

· MEINEN FREUNDEN ZEIGE ICH DIE VERLOBUNG MEINES SOHNES BERNWARD MIT GUDRUN ENSSLIN AN · FRAU ROSE VESPER · GUT TRIANGEL · KREIS GIFHORN ·

· UNSEREN FREUNDEN ZEIGEN WIR UNSERE VERLOBUNG AN · GUDRUN ENSSLIN · CANNSTATT/BERLIN · BERNWARD VESPER · TRIANGEL/BERLIN ·

· GUDRUN ENSSLIN · BAD CANNSTATT · BERNWARD VESPER · GUT TRIANGEL ·

BAD CANNSTATT

28. MÄRZ 1965

Das ›Spandauer Volksblatt‹ spielte in den sechziger Jahren die Rolle einer nonkonformistischen »Gegen-Zeitung«, wie sie später von der Berliner ›taz‹ eingenommen wird. Der junge Verlag stelle exklusive Ansprüche:

Bei der Auswahl der Bände stützt man sich auf die Vorschläge der Mitglieder, die sich aus Lesern aller Schichten zusammensetzen. Um dem Buchhandel keine Konkurrenz zu machen – die Erzeugnisse werden ja auch durch ihn vertrieben – soll die Mitgliederzahl 1000 nicht überschreiten. Bisher sind es ca. 400 ... Das Studio will verhindern helfen, daß nicht immer wieder die Vorwärtsentwicklung mit den Aesten und Knüppeln erkämpft wird, die man gleichzeitig hinter sich absägt. Es muß etwas da sein, was über die eingeweihten Kreise der Experten hinaus den Kulturbegriff prägt. »Gäbe es 1000 solcher Studios, wäre uns schon gedient.«

Kurt Pinthus (1886–1975), der Verlagslektor bei Ernst Rowohlt und Kurt Wolff , der Anthologist des literarischen Expressionismus (›Menschheitsdämmerung‹, 1920) – er lebte nach dem Exil bis zu seinem Tod in Marbach –, hat Gudrun Ensslins Projekt ›Gegen den Tod‹ schon früh begrüßt. Er schreibt ihr am 16. Oktober 1963:

Ihr Projekt interessiert mich sehr und ebenso Herrn Dr. Zeller, den Direktor des Deutschen Literaturarchivs im Schiller National Museum (das ja bereits Mitglied Ihres Studios ist). Könnten Sie in der zweiten Hälfte der nächsten Woche einmal nach Marbach herüberkommen? Dann schreiben Sie mir bitte eine Zeile, sodass wir telefonisch etwas verabreden könnten.

Bernward Vesper engagiert sich 1965 im »Wahlkontor deutscher Schriftsteller« und gibt von 1966 bis 1968 die ersten ›Voltaire-Flugschriften‹ heraus, welche das Programm des »studio neue literatur« in politisch akzentuierter, oppositionell verschärfter Form fortführen.

2 ›Dich singe ich Demokratie‹

Ein großer Teil der Intellektuellen in der Bundesrepublik, voran viele Literaten, erhoffen sich von der Bundestagswahl am 19. September 1965 den lange ersehnten Regierungswechsel. Aber das Ergebnis erlaubt ihn noch nicht, und als im gleichen Jahr eine Wirtschaftskrise einsetzt, verschärft sich die Opposition der Linken, bis sie nach der Bildung der Großen Koalition unter Bundeskanzler Kurt Georg Kiesinger und dem Verschwinden einer nennenswerten parlamentarischen Opposition im Dezember 1966 in die »Außerparlamentarische Opposition« übergeht.
Unruhig waren die sechziger Jahre allerdings auch schon vorher: In den USA Rassenunruhen und, seit dem militärischen Einsatz in Vietnam (1961, Bombeneinsatz seit Februar 1965), Demonstrationen dagegen, 1964 Studentenunruhen in Berkeley/Kalifornien, von 1965 an auf Berlin übergreifend – zunächst gegen den »Bildungsnotstand«. Mit dem Frankfurter Auschwitz-Prozeß, der im August 1965 abgeschlossen wird und den viele aus der Vätergeneration so gerne als einen Schlußstrich unter die Abrechnung mit der NS-Vergangenheit verstanden hätten, gewinnt die Auseinandersetzung in der Bundesrepublik Motive eines Generationenkampfes hinzu.
Das politische Engagement der Künste, im besonderen der Literatur, ein Ziel der Gruppe 47 seit ihrem Bestehen, erreicht mit der ›Spiegel‹-Affäre, in der die Pressefreiheit bedroht erscheint, 1962 seinen Höhepunkt. Ende 1963 opponiert Alain Robbe-Grillet, der Schöpfer des nouveau roman, bei einem internationalen Autorentreffen in Edinburgh dagegen und löst eine Debatte in der Pariser Wochenzeitung ›L'Express‹ aus. Erich Fried berichtet aus Edinburgh in der ›Zeit‹ vom 3. Januar 1964:

[Robbe-Grillet] sekundierte Madame Marguerite Duras bei ihrer Warnung vor der Brecht-Gefahr. »Wir«, erklärte Madame Duras, »haben uns zusammengetan, um dem verderblichen Einfluß Halt zu gebieten, den Brecht auf so viele junge französische Dramatiker ausübt« ... Nun aber klagt er wieder laut und verallgemeinernd, daß man »uns mit Brechtscher Lehrhaftigkeit die Ohren volltönt«.

Marcel Reich-Ranicki verteidigt im ›L'Express‹ das unmittelbare politische Engagement der Literatur, das sich auf Brecht beruft, Fried in seinem ›Zeit‹-Artikel sucht nachzuweisen, daß auch der nouveau roman keineswegs unpolitisch sei.

In der Bundesrepublik erregt 1965 eine publizistische Welle kritisch engagierter Literatur Aufmerksamkeit: Klaus Wagenbach, bis dahin Lektor bei S.Fischer und – daneben – Lektor und Freund von Günter Grass – gründet mit tatkräftiger Unterstützung seiner Autoren einen Verlag und beginnt mit der Reihe ›Quarthefte‹; sie knüpfen äußerlich an die berühmteste Schriftenreihe der klassischen Moderne, Kurt Wolffs Reihe ›Der jüngste Tag‹, an, und mit autobiographischen Aufzeichnungen dieses Verlegers wird die Folge eröffnet. Bei Suhrkamp beginnt Hans Magnus Enzensbergers ›Kursbuch‹ mit drei bis vier Heften pro Jahr zu erscheinen, in München die Zeitschrift für Literatur und Kritik ›Kürbiskern‹; sie wird herausgegeben von Christian Geissler, Friedrich Hitzer, Yaak Karsunke, Hannes Stütz und Manfred Vosz.

1 Wahlkontor deutscher Schriftsteller in Berlin

während des Bundestagswahlkampfs 1965
Reproduktion einer Photographie aus ›Fintentisch‹. Ein Almanach. Geschichten, Bilder und Gedichte aus 20 Jahren. Herausgegeben von Klaus Wagenbach. Berlin: Wagenbach 1984. Seite 31.
Von links: Marianne Eichholz, Martin Kurbjuhn, Hermann Peter Piwitt, Nicolas Born, Klaus Roehler, Klaus Wagenbach

Für die Wahl am 19. September 1965, in der Willy Brandt als Kanzlerkandidat gegen Ludwig Erhard antritt, bildet sich, als Idee wohl in einem Gespräch zwischen Fritz Erler (SPD), Hans Werner Richter und Günter Grass geboren, im Mai das Wahlkontor deut-

scher Schriftsteller, das sich in den folgenden Wochen erweitert. Am 15. Juni bezieht es Quartier bei der SPD in der Berliner Hardenbergstraße.

Grass am 18. Juni 1965 an Günter Herburger:

Der eigentliche Zweck dieses Briefchens ist die Information, daß jenes geplante Wahlkontor deutscher Schriftsteller, von dem wir vor Wochen nur geplaudert oder geträumt haben, seit zwei Tagen hier in Berlin installiert ist. Klaus Roehler und Klaus Wagenbach sind die Oberkontoristen. ... Kommen Sie bitte bald mit vielen gespitzten Federn.

Die Schriftsteller entwerfen Wahlreden, Slogans und Kurztexte. Unter der Überschrift ›Lautsprecher-Texte für zwei Stimmen‹ wird zum Beispiel vorgeschlagen:

I: Herr Adenauer wünscht sich eine neue deutsche Politik.

II: Deshalb ruft er nicht nach Herrn Erhard, deshalb ruft er nach den Sozialdemokraten.

I: Wir freuen uns auch über den ältesten Sünder, der Reue zeigt.

(Das Wahlkontor Deutscher Schriftsteller in Berlin 1965. Versuch einer Parteinahme. Berlin: Transit-Buchverlag 1990. Seite 70)

Mitwirkende waren Nicolas Born, Hans Christoph Buch, Hubert Fichte, Rolf Haufs, Peter Schneider. Günter Herburger folgt der Einladung von Grass, dann auch Friedrich Christian Delius. Weiter können Gudrun Ensslin, Martin Kurbjuhn, Hermann Peter Piwitt, Bernward Vesper und Wolfgang Werth gewonnen werden, Peter Härtling und Reinhard Lettau stoßen einige Wochen später dazu. Erhard und die CDU reagieren nicht gelassen. Vom Wirtschaftstag der CDU/CSU in Düsseldorf ist folgendes Dictum Ludwig Erhards überliefert:

Meine Damen und Herren,
ich habe keine Lust,
mich mit Herrn Hochhuth zu unterhalten
über Wirtschafts- und Sozialpolitik,

...
Die sprechen von Dingen, von denen sie
von Tuten und Blasen keine Ahnung haben.
Die begeben sich auf die Ebene
...
eines kleinen Parteipolitikers
und wollen auch noch ernst genommen werden.
...
Nein, so haben wir nicht gewettet.
Da hört der Dichter auf,
da fängt der ganz kleine Pinscher an.

(F.C.Delius: Wir Unternehmer. Über Arbeitgeber, Pinscher und das Volksganze. Eine Dokumentar-Polemik anhand der Protokolle des Wirtschaftstages der CDU/CSU 1965 in Düsseldorf. Unter wissenschaftlicher Mitarbeit von Karl-Heinz Stanzick. Berlin: Wagenbach 1966. Seite 77f.)

Delius hat in seiner Dokumentarpolemik für Wagenbachs ›Quarthefte‹ den Protokollwortlaut durch den Zeilenfall in Versform gebracht und mit anderen Äußerungen der Redner, die in Düsseldorf auftraten, kontrastiert. Die letzten drei Zeilen des obigen Zitats fehlen im offiziellen Sitzungsprotokoll, sind aber nach dem Bericht der ›Zeit‹ vom 30. Juli 1965 von Delius ergänzt worden. Erhards Ausspruch hat damals hohe Wellen geschlagen.

Günter Grass, vor kurzem erst von einem längeren USA-Aufenthalt zurückgekehrt, stellt seine eigenen Wahlreden, die er auf zwei Reisen durch zahlreiche Groß- und Universitätsstädte der Bundesrepublik hält, unter ein Motto nach einem Vers des amerikanischen »Barden der Demokratie« Walt Whitman (1819–1892), der selbst 1840 als Wahlkämpfer für den nachmaligen Präsidenten Martin Van Buren eingetreten war.

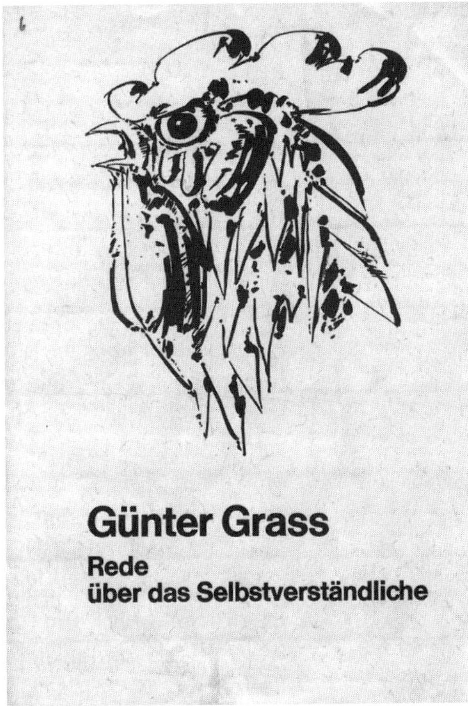

2 Günter Grass: Ich klage an!

7 Umschlag (2.2)

8 Umschlag

Neuwied, Berlin: Luchterhand 1965
(Günter Grass: ›Dich singe ich Demokratie!‹ [5])
Umschlagzeichnung: Günter Grass

Insgesamt sind sechs Hefte mit Reden von Grass (Jahrgang 1927) erschienen: [1] Was ist des Deutschen Vaterland; [2] Loblied auf Willy; [3] Es steht zur Wahl (darin auch: Karl Schiller. Politik in dieser Gesellschaft); [4] Des Kaisers neue Kleider; [5] Ich klage an! Das sechste Heft enthält keine Wahlrede, sondern die ›Rede über das Selbstverständliche‹, mit der sich Günter Grass für den Darmstädter Georg-Büchner-Preis 1965 bedankt.

Ich habe noch nie Wahlreden gehalten und verspüre seit Wochen etwas mir Neues: Lampenfieber. … Geholfen hat mir ein ameri-

kanischer Kollege: Walt Whitman. Er ... hinterließ das Buch ›Grashalme‹. ... Walt Whitman, ein Lincoln der Sprache. Jemand, der die Demokratie besungen hat. Mut und Humor ließen ihn sagen: »O, was für Themen, Gleichheiten! O göttlicher Durchschnitt!« Walt Whitman soll unser Podest sein. Auf ihn gestützt, als Bürger zwischen Bürgern, gilt es, den Mund aufzumachen: »Dich singe ich, Demokratie!«. Dieses Motto, mit dem meine Freunde und ich eine aufregende Reise beginnen, habe ich dem folgenden Walt-Whitman-Zitat abgewandelt: »Für dich dies von mir, o Demokratie, dir zuliebe, ma femme. Für dich, für dich zwitschre ich diese Lieder.« Das Plakat für unsere Wahlreise habe ich entworfen. Der ES-PE-DE-krähende Hahn wittert Morgenluft und steht, was nur geahnt werden kann, auf einem Komposthaufen.
(Loblied auf Willy, Seite 3)

Grass scheint die radikale Polarisierung und die Fundamentalkritik an der bundesrepublikanischen Demokratie vorauszuahnen, welche viele seiner literarischen Wahlkampfgefährten in die Reihen der außerparlamentarischen Opposition führt, als die SPD nach der Wahl nicht entschieden gegen die Notstandsgesetze eintritt. Er selbst bezieht demgegenüber in einem Brief an den Dichter Albrecht Goes (Jahrgang 1908) klare Position für die parlamentarische Verfassung. Die Wahl liegt drei Monate zurück:

3 Günter Grass an Albrecht Goes

Berlin, 14. Dezember 1965. Brief, 1 Blatt

Es ist gut zu wissen, daß uns nur Tonart und Stimmlage trennen. Aber warum sollten wir auch gleichgestimmt tönen, wenn wir ohnehin die nämliche Wunde offenzuhalten versuchen.
Sollte es Sie einmal nach Berlin führen, würde ich mich über Ihren Besuch freuen. Erschrecken Sie dann bitte nicht, wenn ich sogleich versuchen werde, Sie für den nächsten Wahlkampf, der uns in vier Jahren blühen wird, zu gewinnen; denn da wir allent-

halben nicht vorhaben, auf revolutionäre Weise die Verhältnisse zu ändern, sondern der Evolution vertrauen, bleibt uns nur die schlichte, zwar anstrengende, aber dennoch ertragreiche Kleinarbeit beim Wahlkampf.

Sein Beharren auf der parlamentarischen Demokratie hat Grass bei den radikaleren Linken viel Gegnerschaft eingebracht.

Die zweite Regierung Erhard, die aus der Wahl vom 19. September 1965 mit knapper Koalitionsmehrheit für die CDU/CSU und FDP hervorgegangen war, besteht nur ein Jahr lang, bis zum 20. November 1966. Es ist das Jahr, in dem die seit 1963 in den USA virulente Protestbewegung auf die restliche Welt überzugreifen beginnt.

Schon im Juni 1966 formulieren Mitglieder des einstigen Wahlkontors in einem offenen Brief an Willy Brandt ihre große Sorge, die SPD könne im Bundestag für die Notstandsgesetze und die dafür erforderliche Verfassungsänderung stimmen:

Schwerwiegender ... ist der Schaden, den diese Gesetzgebung im inneren Gefüge unserer Demokratie anrichten würde. Es ist inzwischen bekannt geworden, daß die bereits verabschiedeten und die noch anstehenden Gesetze dem Bürger schon im Frieden eine Reihe von Rechtsverlusten zufügen: 1. Verlust der freien Wahl des Arbeitsplatzes. 2. Verlust des Streikrechts. 3. Allgemeine Gehorsamspflicht. 4. Grundrechtseinschränkung im »besonderen Gewaltverhältnis«. *(Typoskript im Bestand Herburger)*

4 Bernward Vesper an Günter Herburger

Berlin, 1. Juni 1966. Brief, 1 Blatt

... bitten wir Sie lediglich um eine kurze briefliche Einverständniserklärung ... Bisher haben unterzeichnet: Hans Christoph Buch, Nicolas Born, F.C. Delius, Hubert Fichte, Rolf Haufs, Martin Kurbjuhn, Hermann Peter Piwitt, Peter Schneider, Bernward Vesper-Triangel.

Willy Brandt verteidigt in seiner Antwort im wesentlichen die auf eine Konvergenz mit der CDU/CSU bedachte Politik Herbert Wehners.

Schon im November 1962 hat die Studentenzeitung ›konkret‹ – die ›Spiegel‹-Affäre, bei der Rudolf Augstein und der leitende Redakteur des ›Spiegel‹, Conrad Ahlers, wegen Landesverrates verhaftet, die Redaktionsräume durchsucht worden waren, stand auf dem Höhepunkt – Stellungnahmen deutscher Autoren und Intellektueller gegen eine Notstandsgesetzgebung gesammelt und in der Nummer 11 unter der Überschrift ›Notstandsgesetz? Nein!‹ veröffentlicht. Martin Walser:

Die Gefahr liegt natürlich in den Situationen des »drohenden Verteidigungsfalles«. So könnte sich der Staat genau jene Vollmachten zuspielen, die ein deutscher Staat fast nur mißbrauchen kann. *(Seite 7)*

5 Grundsatzprogramm der Sozialdemokratischen Partei Deutschlands

Beschlossen vom Außerordentlichen Parteitag der Sozialdemokratischen Partei Deutschlands in Bad Godesberg vom 13. bis 15. November 1959
Herausgeber: Vorstand der Sozialdemokratischen Partei Deutschlands, Bonn
Köln [1959]: Deutz
Exemplar aus der Bibliothek von Theodor W. Adorno. Mit handschriftlichen Notizen
Aufgeschlagen: Seite 1
Leihgabe: Theodor W. Adorno-Archiv, Frankfurt am Main

Adornos Notizen gehen mit dem sogenannten Godesberger Programm von 1959, mit dem sich die SPD zur Volkspartei reformiert hatte, kritisch ins Gericht. So notiert er beim ersten Absatz, wo es heißt, es sei der Widerspruch unserer Zeit, daß der Mensch die Urkraft des Atoms entfesselte und sich jetzt vor den Folgen fürch-

tet: »Der Rückfall auf ›den‹ Menschen!« und »angegeben werden Widersprüche, nicht der *Widerspruch.« Zum folgenden Abschnitt, in dem beklagt wird, daß nicht alle einen gerechten Anteil an den durch gemeinsame Leistung angesammelten Reichtümern hätten: »zweideutig, d. h. formuliert, als ob das ohne Vergesellschaftung der Prod.mittel möglich, bloße Sache der* Verhandlung *wäre«. Zur Bedrohung der Freiheit durch »totalitäre Systeme«: »ja. Aber diese Wahrheit kann durch ihre Abstraktheit unwahr werden«. Im vierten Absatz wird die Möglichkeit einer Selbstvernichtung* durch menschliches Versagen *angesprochen. Adorno notiert: »wiederholt den Anfang« und »eben nicht, sondern durch den objektiven Widerspruch«. Zur Forderung eines »Wohlstands für alle« merkt er an: »klingt immer wie im Rahmen der bestehenden Produktionsverhältnisse«. Zur »Entfaltung der ›Persönlichkeit‹: »das ist 1) ein schlecht bürgerlicher Begriff. 2) er ist nicht invariant«. Im Satz des Programms »Diesen Widerspruch aufzulösen, sind wir Menschen aufgerufen« unterstreicht Adorno das »aufgerufen« besonders kräftig und notiert: »1) der Jargon zeugt gegen die Sache. 2) wiederholt vom Anf[ang], das Passivische«. Lediglich der vorletzte Absatz, »Nur durch eine neue und bessere Ordnung der Gesellschaft öffnet der Mensch den Weg in seine Freiheit«, erhält von Adorno ein bestätigendes »sicher«. Beim Schlußsatz, »Diese neue und bessere Ordnung erstrebt der demokratische Sozialismus«, fragt er: »innerhalb des bestehenden Demos?«*

In einem Brief an Max Horkheimer vom 8. Dezember 1966 erbittet sich Adorno Rat:

Vielleicht erinnerst Du Dich, daß ich vor längerer Zeit den Plan hegte, eine Kritik des Godesberger Programms zu schreiben; ich habe diesen Plan damals auch Enzensberger gesagt (wir nahmen dessen ›Kursbuch‹ als Ort des Erscheinens in Aussicht), und er war von der Idee sehr begeistert. … Mir sind aber sehr ernste Bedenken gekommen, ob das der richtige Zeitpunkt ist. Wenn man heute die SPD angreift – und darauf müßte, wie man es auch

9/10 Auf den folgenden Seiten: Grundsatzprogramm der SPD mit Anmerkungen von Theodor W. Adorno (2.5)

GRUNDSATZ PROGRAMM

DER SPD

Das ist der W i d e r s p r u c h unserer Zeit,
daß der Mensch die Urkraft des Atoms entfesselte und
sich jetzt vor den Folgen fürchtet;

daß der Mensch die Produktivkräfte aufs höchste entwickelte,
ungeheure Reichtümer ansammelte, ohne allen einen
gerechten Anteil an dieser gemeinsamen Leistung zu verschaffen;

daß der Mensch sich die Räume dieser Erde unterwarf,
die Kontinente zueinander rückte, nun aber
in Waffen starrende Machtblöcke die Völker mehr
voneinander trennen als je zuvor und totalitäre Systeme
seine Freiheit bedrohen.

Darum fürchtet der Mensch, gewarnt durch die Zerstörungskriege
und Barbareien seiner jüngsten Vergangenheit, die eigene Zukunft,
weil in jedem Augenblick an jedem Punkt der Welt
durch menschliches Versagen das Chaos der Selbstvernichtung
ausgelöst werden kann.

Aber das ist auch die H o f f n u n g dieser Zeit,
daß der Mensch im atomaren Zeitalter sein Leben erleichtern,
von Sorgen befreien und Wohlstand für alle schaffen kann,
wenn er seine täglich wachsende Macht über die Naturkräfte
nur für friedliche Zwecke einsetzt;

daß der Mensch den Weltfrieden sichern kann, wenn er
die internationale Rechtsordnung stärkt,
das Mißtrauen zwischen den Völkern mindert
und das Wettrüsten verhindert;

daß der Mensch dann zum erstenmal in seiner Geschichte
jedem die Entfaltung seiner Persönlichkeit in einer gesicherten
Demokratie ermöglichen kann zu einem Leben in kultureller
Vielfalt, jenseits von Not und Furcht.

Diesen Widerspruch aufzulösen, sind wir M e n s c h e n
aufgerufen. In unsere Hand ist die Verantwortung gelegt für eine
glückliche Zukunft oder für die Selbstzerstörung der Menschheit.

Nur durch eine neue und bessere Ordnung der Gesellschaft
öffnet der Mensch den Weg in seine Freiheit.

Diese neue und bessere Ordnung erstrebt
der demokratische Sozialismus.

machte, jene Arbeit hinauslaufen –, so lieferte man damit Wasser auf die Mühlen all derer, die an der schwer erschütterten Demokratie rütteln. Mir steht vor Augen, daß Angriffe, die Leute wie Robert Neumann und der an sich sehr anständige Nossack von *links* gegen die Gruppe 47 richteten, mit Gusto von der Soldatenzeitung und ähnlichen Blättern zitiert werden. Ich möchte nicht zu dem Unheil beitragen, wie es seinerzeit durch die Parole vom Sozialfaschismus geschah.
Nun sind aber eine ganze Reihe gerade uns nahestehender Menschen, wie Enzensberger, [Karl] Markus Michel, und einige, denen ich noch größeres Gewicht zuerkennen möchte, der Ansicht, daß jetzt, angesichts der großen Koalition, die Zeit sei, etwas Derartiges zu schreiben. Nur eine äußerst geschärfte kritische Selbstbesinnung könne der SPD helfen, daß sie nicht in dieser combine sich völlig verschleißt. Ich muß Dir gestehen, daß mich der politische Instinkt im Stich läßt – ich fühle mich überhaupt nicht mehr so sicher im politischen Urteil wie früher und solange wir zusammen waren. Auf der einen Seite ist offenbar, daß die große Koalition die Gefahr bedeutet, daß die SPD sich um die fast sicheren Chancen eines Wahlsieges 1969 bringt, und daß ein rechtskonservativer Kurs à la Strauß dann als Rettung vorm Neonazismus resultiert, die recht ähnlich dem wäre, wovor sie zu retten vorgibt. Andererseits sehe ich in der großen Koalition die wirkliche Chance eines Übergangs zum Zweiparteiensystem, so wie es Dir vorschwebt, und damit für die Ausschaltung der NPD, die ich trotz aller Beschwichtigungen genau so ernst beurteile wie Du. So wenig dauerhaft die große Koalition sein dürfte und so bedenklich ihre Implikationen sind, kommt mir der gegenwärtige Zustand so akut gefährlich vor, daß das zeitlich Nächste den Vorrang verdient. Und unter diesem Aspekt zögere ich, die Sache über Godesberg zu schreiben. Aber es wird ein so massiver Druck auf mich ausgeübt, daß es gar nicht leicht sein wird, zu widerstehen, zumal ich ja ursprünglich auf den Gedanken verfallen bin. Wenn wir es zusammen schreiben könnten, sähe die ganze

Sache vielleicht anders aus, aber dazu ist wohl unmittelbar keine Aussicht. Und à fond perdu möchte ich die Sache keinesfalls machen; entweder so etwas wird sogleich veröffentlicht, oder es ist ihm schon das Rückgrat gebrochen. Bitte gib mir also einen weisen Rat; und es wäre lieb, wenn Du nicht lange damit zögertest.

(Max Horkheimer: Gesammelte Schriften. Bd 18: Briefwechsel 1949–1973. Hrsg. von Gunzelin Schmidt Noerr. Frankfurt am Main: Suhrkamp 1996. Seite 630f.)

Horkheimer rät, den geplanten Aufsatz nicht zu veröffentlichen. Adorno läßt den Plan denn auch fallen.

6 Die Regierung Kiesinger/Brandt nach der Vereidigung am 1. Dezember 1966

Photographie von Sven Simon

Vor der Villa Hammerschmidt in Bonn. Untere Reihe von links: Innenminister Paul Lücke (CDU), Landwirtschaftsminister Hermann Höcherl (CSU), Gesundheitsministerin Käte Strobel (SPD), Bundespräsident Heinrich Lübke, Bundeskanzler Kurt Georg Kiesinger (CDU), Außenminister und Vizekanzler Willy Brandt (SPD), Verkehrsminister Georg Leber (SPD); mittlere Reihe von links: Familienminister Bruno Heck (CDU), Gesamtdeutscher Minister Herbert Wehner (SPD), Bundesratsminister Carlo Schmid (SPD), Postminister Werner Dollinger (CSU), Schatzminister Kurt Schmücker (CDU), Vertriebenenminister Kai-Uwe von Hassel (CDU), Wirtschaftsminister Karl Schiller (SPD), Arbeitsminister Hans Katzer (CDU), Verteidigungsminister Gerhard Schröder (CDU); obere Reihe von links: Justizminister Gustav Heinemann (SPD), Minister für wirtschaftliche Zusammenarbeit Hans-Jürgen Wischnewski (SPD), Wohnungsbauminister Lauritz Lauritzen (SPD), Finanzminister Franz Josef Strauß (CSU), Wissenschaftsminister Gerhard Stoltenberg (CDU)

Kurt Georg Kiesinger war 1933 in die NSDAP eingetreten und gehörte ihr bis 1945 an. Die deutsch-französische Journalistin Beate Klarsfeld (Jahrgang 1939), verheiratet mit Serge Klarsfeld, dessen Vater in Auschwitz umkam, weist die Öffentlichkeit in Demonstrationen und Publikationen auf die Parteimitgliedschaft und

11 Die Regierung Kiesinger/Brandt, 1. Dezember 1966 (2.6)

12 Auf der gegenüberliegenden Seite: Handzettel. Vorder- und Rückseite für die Abbildung zusammengezogen (2.7)

die Funktion Kiesingers während des Krieges im Auswärtigen Amt hin (Leiter der Rundfunkstelle), die sie aufgrund dokumentarischer Quellen als eine Art Verbindungsstelle zum Goebbelschen Propagandaministerium sieht. Im November 1968 ohrfeigt sie den Bundeskanzler auf einem CDU-Kongreß in Berlin öffentlich und wird zu einem Jahr Gefängnis ohne Bewährung verurteilt. In Verbindung mit dem Jüdischen Aktionskreis erscheint 1969 beim ›Extra-Dienst‹ Berlin die Broschüre ›K. oder der subtile Faschismus‹ von Beate Klarsfeld und Joseph Billig; im gleichen Jahr legt Beate Klarsfeld bei Melzer in Frankfurt eine Dokumentation ›Die Geschichte des PG 2 633 930 Kiesinger‹ vor. Beide Schriften haben das gleiche Vorwort von Heinrich Böll:

Die deutsche Presse in ihrer Gesamtheit hätte diesen Kanzler Kiesinger verhindern müssen, und sie hätte es gekonnt: *diese* Zumutung war zu groß.

Der Faschismusvorwurf mancher Achtundsechziger gegen die Bundesrepublik, sicherlich überzogen, hat in dieser Zumutung eine seiner Wurzeln.

7 Organisieren wir den Ungehorsam

gegen die Nazi Generation
Handzettel. Um 1967
Sammlung Hannes Schwenger

Organisieren wir den

UNGEHORSAM

gegen die Nazi-Generation.

Ehemalige Nazi-Richter wollen über uns „Recht" sprechen. Ausgerechnet der Moabiter Amtsrichter Gente – einst Mitglied der Nazipartei – will unsere Kommilitonen „verurteilen", die gegen den faschistischen Rassenhetzerfilm „africa addio" protestiert haben.

Aber wir haben noch schlimmeres als diesen Gente: Wir haben sogar einen ehemaligen Nazipropagandisten als Bundeskanzler!
Unsere Geduld muß jetzt ein Ende haben: Machen wir Schluß damit, daß nazistische Rassenhetzer, daß die Juden-Mörder, die Slawen-Killer, die Sozialisten-Schlächter, daß die ganze Nazi-Scheiße von gestern weiterhin ihren Gestank über unsere Generation bringt.

Holen wir nach, was 1945 versäumt wurde: Treiben wir die Nazi-Pest zur Stadt hinaus. Machen wir endlich eine richtige Ent-Nazifizierung. Heizen wir ihnen so ein, daß ihnen die fetten Gehälter, Dividenden und Pensionen, die sie für ihre Verbrechen von gestern verschlingen, im Halse stecken bleiben!

Nazi-Richter, Nazi-Staatsanwälte, Nazi-Gesetzgeber aller Coleur,
Nazi-Polizisten, Nazi-Beamte, Nazi-Verfassungsschützer,
Nazi-Lehrer, Nazi-Professoren, Nazi-Pfaffen,
Nazi-Journalisten, Nazi-Propagandisten, Nazi-Bundeskanzler,
und nicht zuletzt gegen
Nazi-Kriegsgewinnler, Nazi-Fabrikanten, Nazi-Finanziers.

Verweigern wir uns total den Nazis. Befolgen wir keine ihrer Anweisungen. Sagen wir ihnen, daß wir sie bestenfalls ignorieren können. Damit legen wir den gesamten Apparat dieser miesen Gesellschaft lahm, denn er besteht – bezeichnenderweise! – zu einem lebenswichtigen Teil aus den alten Nazis.

Mobilisieren wir die permanente

ANTI - NAZI - KAMPAGNE

Bereiten wir den

AUFSTAND

gegen die Nazi-Generation vor.

8 Zwei Aufkleber gegen die Notstandsgesetze

Um 1967/1968

13 Aufkleber (2.8)

14 Auf der gegenüberliegenden Seite: Aufkleber (2.8)

15 Aus einem Programm zum Ostermarsch 1967 (2.9)

Wie alljährlich seit 1960 ruft die Kampagne für Demokratie und Abrüstung 1966 und 1967 zu ihren Ostermärschen auf. Der zentrale Ausschuß bereitet das Programm in Arbeitsmappen sorgfältig vor und gibt Slogans aus, säuberlich sortiert in »Pflicht- und Wahlslogans«. Vietnam und die Notstandsgesetzgebung stehen in diesen Jahren im Vordergrund. Die Kampagne gegen die Notstandsgesetze erreicht ihren Höhepunkt am 11. Mai 1968 mit einem Sternmarsch auf Bonn, einer Demonstration ungeahnten Ausmaßes. Dennoch werden am 30. Mai 1968 die für das Notstandsrecht nötigen Verfassungsänderungen vom Bundestag mit zwei Drittel Mehrheit verabschiedet.

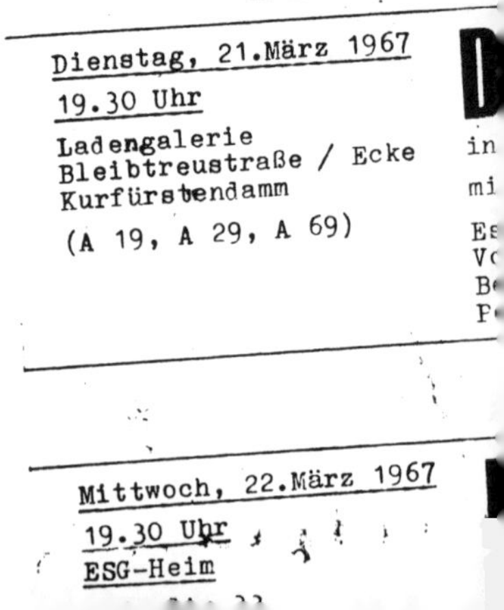
OSTER-P

Dienstag, 21.März 1967
19.30 Uhr
Ladengalerie
Bleibtreustraße / Ecke
Kurfürstendamm
(A 19, A 29, A 69)

Mittwoch, 22.März 1967
19.30 Uhr
ESG-Heim

9 Oster-Programm der Kampagne für Abrüstung

März 1967, 1 Blatt
Angekündigt werden u.a. Lesungen von Volker von Törne, Bernward Vesper-Triangel, Peter Paul Zahl sowie Informationsveranstaltungen, Dokumentations- und Diskussionsrunden, eine Kundgebung, Kabarett und Folksong
Leihgabe: Bibliothek für Zeitgeschichte, Stuttgart

Yaak Karsunke (Jahrgang 1934), von 1965 bis 1968 neben Friedrich Hitzer Herausgeber der Zeitschrift ›Kürbiskern‹, schreibt an

PROTEST UND FOLK-SONG

Etwa 15.30 Uhr
Hohenzollernplatz

Kundgebung

Redner:

Stanley Orme

(engl.Labour-Abgeordneter)
Prof.Dr. C.Wolfgang Müller
Prof.Dr. Helmut Gollwitzer DD.
Prof.Dr.Dr. Ossip K.Flechtheim

Mitwirkende:
Reiner Rowold
Susanne Tremper
Reiner Wischniewski
Joachim Stechow
Ulrich Weixer
Mike Ramruch

16 Aus einem Programm zum Ostermarsch 1967 (2.9)

Silvester 1966 an den in Paris lebenden Schriftsteller Joseph Breitbach (1903–1980) und leitet das Jahr 1967, das entscheidende Jahr der Studentenbewegung, mit einer heiteren Zeichnung ein, die auf der Umschlag-Rückseite dieses Katalogs wiedergegeben wird. Breitbach, ein linksliberaler Großbürger, hatte die Gewohnheit, großzügige Buchgeschenke zu machen. Seine Erzählung ›Brief des Pharisäers‹ war 1966 in Heft 3 des ›Kürbiskern‹ erschienen.

München, den 31.12.66

Lieber Herr Breitbach

:vom »König der Normandie« fürstlich beschenkt, schmilzt mein proletarisches Bewußtsein auf das kulinarischste zwischen Büchner und Berg, Mozart und Mead – das einzig betrübliche an den Geschenken, daß es Abschiedsgeschenke sind. Ich bin aus dem Alter heraus, in dem man Väter sucht, Sie haben also keinen »père Joseph« von mir zu gewärtigen, aber bei dem in meinem Land so gründlich gestörten Verhältnis zwischen den Generationen (das meinen Jahrgang oft in eine ungute Autonomie gedrängt hat), sind Gespräche wie die mit Ihnen eben doch ein zu seltenes Vergnügen, als daß man sie nicht vermissen würde. Noch die Idee, Nicht-Weihnachts-Geschenke unter einem Tannenbaum landen zu lassen, ist eine listenreiche Lektion in Toleranz (was eben eine französische Tugend ist!) Ich wünsche mir, daß Sie noch viele gute neue Jahre haben, bedanke mich herzlich und verabschiede mich höchst ungern von Ihnen,

Ihr Yaak Karsunke

3 ›Ist eine Revolution unvermeidlich?‹

Jetzt stellen wir das Buch zu den andern Büchern ins Regal, neben ›Eichmann in Jerusalem‹, ›Die Endlösung‹, ›The Crisis of India‹, ›Die Kinder Sanchez‹, ›Die Politik der Apartheid‹, ›Über den lang andauernden Krieg‹, ›Die Verdammten dieser Erde‹, ›A Vietnam Reader‹. Das Regal füllt sich. Wir wissen Bescheid. Und unsere Repräsentanten, die wir demokratisch gewählt haben, in Bonn und London, und vor allem in Washington, die werden es schon recht machen, die haben die Haare auf dem Haupt des Schahs gezählt, und kein Sperling kann von den Dächern Persiens fallen, ohne daß sie es wüßten. Sie wissen Bescheid. Jetzt stellen wir das Buch zu den anderen Büchern ins Regal. Dann betrachten wir sorgfältig unsere Hände. Sie sind völlig leer, und merkwürdig weiß.

So schließt ›Nacherinnerung‹ mit dem Titel ›Unsere weißen Hände‹, die Hans Magnus Enzensberger unter dem Datum vom Juli 1966 (Tjøme, Norwegen) dem im März 1967 erscheinenden Buch von Bahman Nirumand: ›Persien, Modell eines Entwicklungslandes oder Die Diktatur der Freien Welt‹ (Reinbek: Rowohlt 1967. Seite 153f.) beigegeben hat. Dem Buch vorangestellt ist ein Zitat von Bertrand Russell:

Ich mache den Vorschlag, den Iran als Studienfall dafür zu nehmen, was der Westen unter »Freier Welt« versteht. Ich hoffe, daß Bürger des Westens zu untersuchen beginnen werden, warum ihre Steuern und Armeen dazu verwendet werden, Tyrannei und Korruption in der ganzen Welt zu unterstützen.

Am 2. Juni 1967 wird der Berliner Student Benno Ohnesorg bei einer Demonstration gegen den Besuch von Schah Reza Pahlevi von einem Polizisten erschossen. Von diesem Zeitpunkt an entwickelt sich die Studentenbewegung zu einer regelrechten Revolte. Neben Cuba, das sich 1959 unter Fidel Castro und Che Guevara von einer durch die Vereinigten Staaten gestützten Diktatur befreien konnte, und neben Persien unter seinem dem Westen ver-

pflichteten Schah wird der offene und ständig eskalierende Krieg in Vietnam für die Linke zum sichtbarsten Zeichen für die Unterdrückung jedweder Emanzipation der Dritten Welt durch die USA.

Am 21. Oktober 1967 demonstrieren in Berlin und vielen Hauptstädten der Welt Demokraten, Intellektuelle, Studenten und Künstler, gegen den barbarischen Völkermord der Vereinigten Staaten in Vietnam. Am gleichen Tag besucht der amerikanische Regisseur Josef von Sternberg Berlin; ... er glaubt, Johnsons Politik führe in Vietnam zu einer »guten Lösung«. (*Aus einem Flugblatt ›Josef von Sternberg: Public-Relations für Johnsons Krieg in Vietnam?‹, unterzeichnet von Hartmut Bitomsky, Ulrich Knaudt, Helke Sander, Holger Meins und dem Studentenrat der DFFB, der Deutschen Film- und Fernsehakademie Berlin)*

Die Kontroversen haben sich im Lauf des Jahres 1967 verschärft, Behörden und Polizei reagieren gewalttätig auf die zunächst noch ulkhaften Aktionen der Kommune I, die am 1. Januar 1967 gegründet worden war, so etwa das geplante »Pudding-Attentat« beim Besuch des amerikanischen Vizepräsidenten Hubert Humphrey am 5. April 1967. Am 9. Oktober wird Che Guevara in Bolivien von Soldaten ermordet, während in der Bundesrepublik die Darstellung solcher Vorgänge in der Springer-Presse zu immer gewaltsameren Reaktionen führt. Beim Internationalen Vietnam-Kongreß in Westberlin am 17. und 18. Februar 1968 erreichen die Vietnam-Demonstrationen in der Bundesrepublik ihren Höhepunkt.

1 Rudi Dutschke

auf dem Weg zum Sammelplatz Bezirk Charlottenburg für die Vietnam-Demonstration in Berlin am 18. Februar 1968
Photographie
Leihgabe: Landesbildstelle Berlin

Nun aber ergaben sich in letzter Minute, verursacht durch die weltpolitische Lage, bzw. die Lawine, die ins Rollen gekommen ist, für das März-Heft neue Schwierigkeiten: wir *müssen* eine Ar-

beit über Vietnam bringen, und wir müssen noch einmal auf 10–12 Druckseiten auf die Studentenunruhen eingehen. Das ist genau der Raum, den wir für Dali disponiert hatten. Es tut uns wirklich sehr leid.

17 Rudi Dutschke (3.1)

18 Einband (3.2)

schreibt die Redaktionsassistentin I. Diederichs des ›Merkur‹, der »deutschen Zeitschrift für europäisches Denken«, am 16. Februar 1968 an Gerd Klaus Kaltenbrunner. Uwe Johnson gibt in seinem Brief an den DDR-Autor Fritz Rudolf Fries vom 23. Februar 1968 Eindrücke von den Protestdemonstrationen wieder, enttäuscht vom Mißtrauen der Studenten gegenüber Kritikern des Vietnamkrieges aus dem »Establishment«. Dabei fällt der Szene-Slogan der Zeit: »Trau keinem über dreißig«, der wohl auf die Möglichkeit einer

NS-Vergangenheit anspielt, aber auf vertrackte Weise auch auf Goethes 52. ›Venezianisches Epigramm‹: »Kreuzigen sollte man jeden Propheten im dreißigsten Jahre; / kennt er nur einmal die Welt, wird der Betrogne der Schelm.«

In einem kurzen Beitrag zum ›Kursbuch‹ 9 vom Juni 1967, ›Über eine Haltung des Protestierens‹, hatte Johnson rein moralisch motivierte Proteste gegen den Krieg verworfen, weil sie nichts an den Ursachen ändern:

Auch diese guten Leute werden demnächst ihre Proteste gegen diesen Krieg verlegen bezeichnen als ihre jugendliche Periode, wie die guten Leute vor ihnen jetzt sprechen über Hiroshima und Demokratie und Cuba. Die guten Leute sollen das Maul halten. *(Seite 177f.)*

Ein Rückblick sei gestattet: 1966 war, als Nummer 14 der Wagenbachschen ›Quarthefte‹, ein Gedichtband erschienen:

2 Erich Fried: und VIETNAM und

Einundvierzig Gedichte
Berlin: Wagenbach 1966
(Quarthefte. 14)

Exemplar aus der Bibliothek von Peter Rühmkorf. Mit handschriftlichen Notizen

Rühmkorf bespricht den Band im ›Spiegel‹ vom 24. Januar 1967:

Hier, möchte man sagen, kann das von den Meinungstrusts zum Analphabeten zweiten Grades herabgewürdigte Landeskind zum zweiten Male das Lesen lernen. *(Seite 168)*

Auch mit Günter Grass rechnet Rühmkorf hier ab – und schärfer noch in ›konkret‹, in dem er mit Blick auf Grass fragt, »haben wir zuviele Vietnam-Gedichte?«:

Mithin möchten mich die Aktivitäten von Günter Grass auf dem Felde deutscher Politik und Kulturpolitik nicht gerade als das bedünken, was sie deutscher Quasiopposition scheinen, ein belebendes Element, sondern ein verunklärendes. ... Der Versuch, einer bloßen Apposition der Regierungspartei (und das war die SPD wohl seit langem) die Opposition anzudichten, lenkte und lenkt berechtigten Unmut an den eingespielten Verhältnissen zurück in die Kanäle des Establishments. *(1967, Heft 5, Seite 36)*

Grass hatte nämlich in seinem Gedichtband ›Ausgefragt‹ (Neuwied, Berlin: Luchterhand 1967) in einem kleinen Zyklus ›Zorn Ärger Wut‹ die wachsenden »Märkte für Antikriegsgedichte« bitter kommentiert:

Wie Stahl seine Konjunktur hat, hat Lyrik ihre Konjunktur.
Aufrüstung öffnet Märkte für Antikriegsgedichte.
Die Herstellungskosten sind gering.
Man nehme: Ein Achtel gerechten Zorn,
zwei Achtel alltäglichen Ärger
und fünf Achtel, damit sie vorschmeckt, ohnmächtige Wut.
Denn mittelgroße Gefühle gegen den Krieg
sind billig zu haben
und seit Troja schon Ladenhüter.
(Mach doch was. Mach doch was.
Irgendwas. Mach doch was.)

(Aus: ›Irgendwas machen‹)

Und er zieht das Fazit:

Es liegt ein Antrag auf Unterlassung vor:
Nie mehr soll ohne Macht protestiert werden.

(Aus: ›Der Epilog‹)

19 Aufkleber (3.3) *Der in Stuttgart lebende Kritiker Helmut Mader resümiert später den Streit in der ›Zeit‹ vom 4. Oktober 1968:*

Eine der bezeichnendsten Literaturkontroversen der letzten Jahre war die zwischen Fried und Grass. In Frieds ›konkret‹-Kritik des Gedichtbandes ›Ausgefragt‹ von Günter Grass nannte er diesen »einen stellenweise entsetzlich selbstzufriedenen Verseschmied« und wurde nicht müde, ihm Redseligkeit und Trivialität vorzuwerfen. Er riet ihm zu Kürzungen und Weglassungen … Fried sollte sich nicht zu schade sein, von seinen kollegialen Ratschlägen selber zu profitieren. Auch seine Liste unwesentlicher Gedichte wäre beträchtlich. *(Seite 27)*

Trotz diesem nicht unberechtigten Einwand werden Erich Frieds Vietnam-Gedichte ihren Platz in der Protest-Lyrik (wenn es eine solche literarische species denn gibt) behalten.

3 Aufkleber und Handzettel gegen den Vietnamkrieg

20 Aufkleber (3.3)

Einladungen zu Demonstrationen und Teach-ins in Berlin am 14./15. November 1967 und am 17./18. Februar 1968. Mit den Parolen: »Die Revolution in Vietnam unterstützen!« »Von der Revolution in Vietnam lernen!« »Der Kampf für die vietnamesische Revolution ist Teil des Kampfes für die Befreiung aller Menschen von Unterdrückung und Ausbeutung.«

Sammlung Hannes Schwenger

Worum handelt es sich bei den Studenten-Aktionen? Um Protest, um Revolte oder bereits um Revolution? Im nachhinein gesehen bestenfalls um Revolten. Aber die panischen Reaktionen von Bürgern, Presse, Behörden und Polizei resultieren damals aus der Angst vor einer Revolution.

›Vermutungen über die Revolution/Kontroversen über den Protest‹ ist das Thema in Heft 9 der von Hans Magnus Enzensberger im Suhrkamp Verlag (von Heft 21/1970 an im Kursbuchverlag/Wagenbach und später bei Rotbuch) herausgegebenen Zeitschrift ›Kursbuch‹. Das Heft erscheint im Juni 1967, also in dem Augenblick, in dem die Protestbewegung durch den Tod Benno Ohnesorgs zur Revolte anschwillt.

Den Auftakt bildet ein Interview, in dem der in den Vereinigten Staaten lebende Philosoph Herbert Marcuse (1898–1979) auf vier Fragen von Günther Busch antwortet. Weil es die ideologische Grundlage der Studentenrevolte umreißt, wird es hier vollständig wiedergegeben.

Ist die Idee der Revolution eine Mystifikation? Herbert Marcuse antwortet auf vier Fragen

1. Frage. Der Begriff der Revolution, wie wir ihn bei Marx formuliert finden, hält den neuen Tatsachen der Industriegesellschaft nicht stand. Er ist zu einem Anachronismus geworden; er hat keinen Adressaten mehr. Die Arbeiterklasse, Marxens Meinung nach das geschichtliche Subjekt aller künftigen sozialen Umwälzungen, hat sich als *Klasse* aufgelöst; der Wunsch, eine qualitativ andere Gesellschaftsordnung herzustellen, ist dem Bedürfnis nach besseren Arbeitsbedingungen, mehr Freizeit und mehr materiellen Gütern gewichen. Unter diesen Verhältnissen erweist sich die alte Theorie der Revolution, die das wirtschaftliche Elend einer Klasse artikuliert und Unterdrückte sprechen gelehrt hat, als ohnmächtig und weltfremd; sie steht mit dem Rücken zur Wirklichkeit. – Leistet, wer heute von Revolution spricht, nicht einer Mystifikation Vorschub?

Antwort. Die Idee der Revolution ist eigentlich nie »Mystifikation«. Das Bestehende war immer als Ganzes schlecht: im Kampf gegen die realen Möglichkeiten der Bewältigung des Elends und der Grausamkeit. Daß sie keine identifizierbaren »Adressaten« mehr hat, keine organisierte Bewegung, auf die sie sich stützen könnte, annulliert nicht die Notwendigkeit von Revolution. Und hat sie heute wirklich keine »Adressaten«? Weder der ideologische Schleier der pluralistischen Demokratie noch der materielle Schleier verschwenderischer Produktivität ändert etwas an der Tatsache, daß im Bereich des Spätkapitalismus das Schicksal des Menschen bestimmt ist durch den aggressiven und expansiven Apparat der Ausbeutung und der mit ihm verfilzten Politik. Die in diesem Herrschaftssystem erlaubten und verwalteten Freiheitsrechte vermindern nicht die Gewalt einer Herrschaft, welche die Welt zur Hölle gemacht hat. Gegenwärtig ist die Hölle auf den Schlachtfeldern von Vietnam und den anderen Opferländern des Noekolonialismus konzentriert; dort ist freilich auch die Menschheit konzentriert: nicht unmittelbar, in den Guerillakämpfern, die dem Grauen der Eroberer mit dem Grauen der Verteidigung begegnen, sondern, sehr vermittelt, in der Chance, daß sie, die in ihrer extremen Armut und Schwäche schon seit Jahren die reichste und technisch höchstentwickelte Zerstörungsmaschine aller Zeiten in Schach halten, die innere Grenze des Systems markieren. »Innere« Grenze, weil es im globalen System des Spätkapitalismus kein Außen mehr gibt; weil selbst die Entwicklung der sozialistischen Länder, bei allem Gegensatz in den Produktionsverhältnissen, dem Zwang der globalen Konkurrenz und den Geboten der Koexistenz gehorcht. Aber jede romantische Idee der Befreiungsfront ist falsch. Der Guerillakampf als solcher stellt keine fatale Bedrohung des Systems dar: auf die Dauer kann er der technischen »Endlösung« nicht standhalten. Das System behält sich die Entscheidung vor, ob und wann es den »Sieg« durch totale Verbrennung und totale Vergiftung beschließen wird. Die »Endlösung« in Vietnam wäre die endliche Sicherung der Macht des Kapitals, das seine Interessen mit Hilfe von

Militär- und Besitzdiktaturen weiter ausdehnen und die sozialistischen Länder zu immer anstrengenderer Verteidigung (oder zu ohnmächtiger Neutralität) zwingen würde. Diese Tendenz kann nur gebrochen werden, wenn der Widerstand der Opfer des Neokolonialismus eine Stütze findet in der »Gesellschaft im Überfluß« selbst, in der Metropole des Spätkapitalismus und in den von der Metropole in ihrer Selbständigkeit bedrohten schwächeren kapitalistischen Ländern. (Auf die Opposition in der Metropole werde ich in meiner Antwort auf die Frage 4 zurückkommen.) In den kapitalistischen Ländern des europäischen Kontinents jedenfalls bleibt die politische Reaktivierung der Arbeiterbewegung im internationalen Rahmen Voraussetzung für die Wirksamkeit der Gegenbewegung.

2. Frage. Zu den Merkwürdigkeiten unserer Zeit gehört die allmähliche wechselseitige Angleichung von Kapitalismus und Sozialismus. In beiden Systemen hat die fortgeschrittene Industrialisierung den Gesellschaftsprozeß und die Produktionsweise verändert. In dem Maße, in dem die Technologie den Gang der Dinge und die gesellschaftlichen Beziehungen der Menschen bestimmt, können Herrschaftsverhältnisse nur noch in technischen Ausdrücken definiert werden. Die Macht liegt beim Apparat, der die gesellschaftliche Arbeit verwaltet und die Anpassung organisiert: Herrschaft, übersetzt in Manipulation, gibt sich kaum noch als politische und wirtschaftliche Herrschaft zu erkennen. Im guten Glauben, aus eigenem Willen zu handeln, handelt jedermann den allgemeinen Zwängen nach. Die Vorstellung von Freiheit, von der sich Revolutionäre und Revolutionen inspirieren ließen, ist, so scheint es, in den modernen kapitalistischen *und* sozialistischen Staaten außer Kurs gesetzt. Hat in der »gelenkten Massengesellschaft« der Begriff der Freiheit seine revolutionäre Kraft endgültig eingebüßt?

Antwort. Die »allmähliche wechselseitige Angleichung von Kapitalismus und Sozialismus« hat in dem häufig gebrauchten Begriff der »technologischen Gesellschaft« oder »entwickelten Industriegesellschaft« Ausdruck gefunden. Die gängige entrüstete Kritik an diesem Begriff ist selber ideologisch. Es sollte nicht mehr nötig sein zu betonen, daß nicht die Technik, sondern die gesellschaftliche Organisation der Produktivkräfte für die Differenz der Systeme entscheidend ist; aber es scheint immer noch nötig zu wiederholen, daß die Abschaffung des Privateigentums an den Produktionsmitteln und deren kollektive Kontrolle nicht diese Differenz ausmachen, auch dann nicht, wenn diese Kontrolle von einer Arbeiterklasse ausgeübt wird, deren Bedürfnisse und Aspirationen dem kapitalistischen System der Bedürfnisse in Nachahmung und Anpassung verhaftet sind. Die Koexistenz mit dem Spätkapitalismus treibt die sozialistischen Gesellschaften zu einer Konkurrenz auf Leben und Tod – zu einer Konkurrenz, in der die Entwicklung der Produktivkräfte und der Bedürfnisse weitgehend diplomatisch-politischen und militärischen Erfordernissen unterworfen ist. So wird, hier wie dort, Technik zu einem in den Produktionsprozeß eingebauten Herrschaftsmittel. Und als solches schreibt die Technik, die noch nicht zum Mittel der Befreiung gemacht ist, bestimmte Verhaltensweisen im und zum Herrschaftsapparat vor – hier wie dort. Trotzdem bleibt bestehen, daß die Chance der Befreiung dort liegt, wo die Produktionsmittel vergesellschaftet sind. Die politische Ökonomie der sozialistischen Länder bedarf des Friedens, nicht der aggressiven Expansion.

Aber der technisch-politische Wettbewerb in der Entwicklung der Produktivkräfte löst noch eine andere Tendenz der Angleichung aus, die für die Zukunft noch unheilvoller erscheint. Die gegenwärtige internationale Konstellation führt zu einem Interessengegensatz zwischen den »alten«, stabilisierten, technisch fortgeschrittenen und industrialisierten sozialistischen Ländern einerseits und den »neuen« und ärmeren andererseits. Die ersteren rücken in die Kategorie der Besitzenden auf; ihnen mag der revolutionäre Kommunismus der Armen jenseits der Grenze sehr wohl als eine neue »Revolution von unten« und daher als eine Gefahr vorkommen. Und nicht nur ihnen allein, denn auch die »Gesellschaft im Überfluß« wittert hier eine Gefahr: aus dem amerikanischen »Kampf gegen den Kommunismus« ist längst ein Kampf gegen den Kommunismus der Ärmsten geworden.

Wenn in den entwickelten Industrieländern mit ihrem steigenden Lebensstandard die »Vorstellung von Freiheit, von der sich Revolutionäre und Revolutionen inspirieren ließen«, unterdrückt ist, so ist sie um so akuter und offener dort, wo die Unterdrückten gegen das System rebellieren. Hier fällt der revolutionäre Begriff der Freiheit mit der Notwendigkeit, die nackte Existenz zu verteidigen, zusammen: in Vietnam genauso wie in den Slums und Ghettos der reichen Länder.

3. Frage. In der zeitgenössischen Industriegesellschaft ist die Ökonomie nicht mehr die Basis der politischen Entscheidungen, sondern selber eine Funktion der Politik. Die ökonomischen Prozesse sind heute nachdrücklicher politisch vermittelt als vor fünfzig Jahren. Darin deutet sich eine neue, bislang ungekannte Form des Totalitarismus an. Die Gesellschaftstheorie scheint diesem Tatbestand nicht gewachsen: sie redet ihren eigenen Kategorien nach dem Mund und überläßt die Fakten sich selbst. Die Praxis hat, so sieht es aus, mit den Ideen gebrochen. Kann die gegenwärtige Entwicklung der Gesellschaft noch mit Begriffen wie »Entfremdung«, Verdinglichung«, »Ausbeutung«, »Existenzminimum«, »Verelendung« interpretiert werden?

Antwort. Es ist nicht richtig, daß in der »zeitgenössischen Industriegesellschaft ... die Ökonomie *nicht mehr* die Basis der politischen Entscheidungen (ist), sondern selber eine Funktion der Politik«. Im *engen* »ökonomischen« Sinne war die Ökonomie nie die Basis; auch heute ist sie »politische Ökonomie«: der Prozeß der Produktion und Distribution wird weitgehend von der Politik bestimmt und bestimmt seinerseits die Politik, in der sich die großen oligopolistischen Interessen durchsetzen (sie sind keineswegs immer in Harmonie). Und mehr als zuvor ist die politische Meinung und Stellungnahme der Produzenten und Konsumenten ein ökonomischer Faktor: Element im Tauschprozeß, im Kauf und

Verkauf der Arbeitskraft, im Warenabsatz. Man muß politisch »allright« sein, um im Geschäft, im Bureau, in der Fabrik konkurrieren zu können. Politische Propaganda und kommerzielle Reklame koinzidieren. Die politische Ökonomie des Spätkapitalismus ist auch »psychologische Ökonomie«: sie produziert und verwaltet die vom System erforderten Bedürfnisse – auch die Triebbedürfnisse. Es ist diese Introjektion der Herrschaft, die, mit der wachsenden Befriedigung der Bedürfnisse, Begriffe wie Entfremdung, Verdinglichung, Ausbeutung suspekt macht. Ist der Nutznießer der »Gesellschaft im Überfluß« nicht wirklich bei sich selbst im Anderssein? Findet er nicht tatsächlich sich selbst wieder in seinen »gadgets«, seinem Auto, seinem Fernsehgerät? Aber wiederum: beseitigt die falsche Subjektivität den objektiven Sachverhalt?

4. Frage. In einem Aufsatz aus dem Jahr 1965 haben Sie die These vertreten, dem Kapitalismus sei es gelungen, seine Widersprüche in eine »manipulierbare Form« zu bringen; er habe das »revolutionäre Potential« absorbiert. Bedeutet das, daß unter den gegebenen Umständen kritische Theorie und politische Praxis nicht mehr zusammenzubringen sind? Mit anderen Worten: Was heißt »revolutionär« angesichts einer Gesellschaft, die den Gedanken der Revolution und das Bedürfnis nach ihr gewaltlos stillgelegt hat?

Antwort. Die Manipulation der spätkapitalistischen Widersprüche hat ihre eigene Dynamik, deren sprengende Kraft heute in der Eskalation des Krieges in Vietnam und in der Expansion des amerikanischen Kapitals in Europa, Südamerika und Asien wirksam ist. Es ist sinnlos, in dieser Tendenz die Keime eines bewaffneten Konflikts zwischen den kapitalistischen Mächten zu entdecken: das Gesamtinteresse gegenüber dem gemeinsamen Gegner zwingt die Rivalen zusammen. Aber innerhalb der Nationen bestehen durchaus partikulare Interessen an der Zurückdrängung des amerikanischen Kapitals; nationale Unabhängigkeit wird wieder zum progressiven Faktor. Ein Rückzug des amerikanischen Kapitals könnte – im Zusammenhang mit der durch die fortschreitende Automation entstehenden Arbeitslosigkeit – zu schweren Erschütterungen führen; sie würden die Gleichschaltung der antagonistischen Kräfte in den USA auflockern. Es ist möglich, daß dann die neofaschistischen Intentionen triumphieren und daß die Majorität der organisierten Arbeiter ihnen folgt oder neutral bleibt; es ist jedoch auch möglich, daß die Gegenbewegung wächst und sich organisiert.

In dieser Situation könnte die Opposition der amerikanischen Jugend zu politischer Wirkung gelangen. Diese Opposition ist ideologiefrei oder von tiefem Mißtrauen gegenüber aller Ideologie (auch der sozialistischen) durchdrungen; sie ist sexuelle, moralische, intellektuelle und politische Rebellion in einem. In diesem Sinne ist sie total, gegen das System *als Ganzes* gerichtet: sie ist der Ekel vor der »Gesellschaft im Überfluß«, das vitale Bedürfnis, die Spielregeln eines betrügerischen und blutigen Spiels zu verletzen – nicht mehr mitzumachen. Wenn diese Jugend das bestehende System der Bedürfnisse und seine stetig sich mehrende Warenmasse verabscheut, so des-

halb, weil sie beobachtet und weiß, wieviel Opfer, wieviel Grausamkeit und Dummheit täglich in die Reproduktion des Systems eingehen. Diese Jungen und Mädchen teilen nicht mehr die repressiven Bedürfnisse nach den Wohltaten und nach der Sicherheit der Herrschaft – in ihnen erscheint vielleicht ein neues Bewußtsein, ein neuer Typus mit einem anderen Instinkt für die Wirklichkeit, fürs Leben und fürs Glück; sie haben die Sensibilität für eine Freiheit, die mit den in der vergreisten Gesellschaft praktizierten Freiheiten nichts zu tun hat und nicht zu tun haben will. Kurz: hier ist die »bestimmte Negation« des Bestehenden – aber ohne wirksame Organisation und an sich selbst unfähig, entscheidenden politischen Druck auszuüben. Nur im Bündnis mit den Kräften, die dem System »von außen« widerstehen, kann eine solche Opposition zu einer neuen Avantgarde werden; wenn sie isoliert bleibt, läuft sie Gefahr, der Verharmlosung und damit dem System selbst zu verfallen.

Interview: Günther Busch ***(Seite 1–6)***

Eine »Stimme aus der Dritten Welt«, anonym, aber als Bahman Nirumand erkennbar, setzt in einem anderen Beitrag des Heftes zur ›Kritik der progressiven Intelligenz in Deutschland‹ an.

Dieses Land kann es sich leisten, alles in Frage zu stellen: Studenten kritisieren ihre Professoren, Laien die Kirche, Arbeiter ihre Vorgesetzten, die Regierten die Regierenden, die Opposition ist parlamentarisch instituiert, die Kommunikationsmedien sind frei. … Kein Tag ohne Demonstrationszüge, Flugblätter und öffentliche Streitgespräche über alle anstehenden Themen. Man weiß hier kaum noch, was man tun soll vor lauter Freiheit! *(Seite 181)*

Er hält der europäischen Gesellschaft den Spiegel der um Emanzipation kämpfenden Entwicklungsländer vor:

Die entscheidende Frage ist dabei die, ob es gelingt, der Masse zu zeigen, daß ihre Freiheit und ihr Glück der falsche Schein ihrer Unterdrückung sind. *(Seite 185)*

Es ist Herbert Marcuses Theorem von der Repressivität von Toleranz, das hier zu dem Schluß führt:

Die Opposition muß in jede ihrer Aktionen den bevorstehenden Umschlag der versteckten Gewalt in die offene miteinbeziehen, indem sie Aufklärung vervollständigt durch Vorbereitung zu gewaltsamem Widerstand. ... Die Opposition muß auf Umsturz drängen und auf Gewaltanwendung vorbereitet sein; in allen anderen Formen – den gegenwärtig praktizierten – dient sie dem eigenen Gegner. *(Seite 199)*

Günter Herburger rezensiert das Heft für den ›Spiegel‹ vom 31. Juli 1967 und zieht den Schluß:

Hat man das Kursbuch 9 ... gelesen, so kommt einem Belletristik völlig belanglos vor. ... Wir haben, diese Dokumentation in der Hand, keine Zeit mehr für Ästhetik. In Berlin wird geknüppelt, in Amerika mehren sich die Rassenaufstände, in Vietnam herrscht Kolonialkrieg. *(Seite 82)*

Im ›Times Literary Supplement‹ vom 28. September 1967 zeichnet Hans Magnus Enzensberger unter der Überschrift ›The writer and politics‹ ein Gesamtbild der Literatur in Deutschland seit 1945. Das politische Engagement der Gruppe 47 habe seinen Höhe- und Wendepunkt 1962 während der ›Spiegel‹-Affäre erreicht und sei nach dem Wahlkampf 1965 unter Bildung der Großen Koalition bedeutungslos geworden.

»Since then there has been no organized opposition in Germany ... The end of the second German democracy may be in sight.« Dieser Situation sei die Opposition der Autoren, die ohnedies eigene radikale Reformkonzepte nie gehabt hätten, nicht mehr gewachsen. »From the moment this development set in German literature lost its political coherence.«

Peter Weiss habe als erster mit der Gruppe 47 gebrochen und sich dem kruden Leninismus zugewandt:

A minority of authors, who had had the wit to grasp the implications of events in Bonn and Berlin during the preceding twelve months, adopted a far more radical approach.(The line taken by magazines and newspapers like ›Konkret‹, ›Kürbiskern‹ and ›Kursbuch‹ provides a pointer here.)

Bezeichnend dafür sei die Kontroverse zwischen Günter Grass, dem durch die ›Blechtrommel‹ (1959) bekanntesten jungen deutschen Schriftsteller, und dem in London lebenden Emigranten Erich Fried. Britische Leser mögen erstaunt sein, daß eine solche Kontroverse durch einen Gedichtband entzündet worden sei. Es sei aber nicht überraschend, daß linke Autoren heutzutage ihre Orientierung an den revolutionären Prozessen der Dritten Welt nähmen.

For in fact, what we are faced with today is not communism but revolution. The political system in the Federal Republic is quite beyond repair. We can agree with it, or we must replace it with a new system. *Tertium non dabitur.*

Freilich bleibe die Revolution in absehbarer Zukunft unmöglich. »And it was not the writers, but the students who first faced up to the alternative and who bear its scars.« Die Tage einer diffusen, halb konformistischen, literarischen Opposition seien vorüber. Die Aussichten deutscher Politik, deutscher Literatur, vor allem aber der Beziehung zwischen Literatur und Politik seien düster.

Daß es Enzensberger tatsächlich nicht um Kommunismus, sondern um Revolution geht, ist am ›Kursbuch‹ 9 durchaus ablesbar. Es werden darin auch Revolutionsbewegungen gegen bürokratisch festgefahrenen Kommunismus dokumentiert: so der Kronstädter Aufstand von 1921, die »Große Kulturrevolution« in China, die Bewegung in der polnischen Arbeiterpartei von 1965.

Der Kampf gegen die Diktatur der Bürokratie hilft der Arbeiterbewegung in der Welt, sich von deren Vormundschaft zu befreien. Die siegreiche antibürokratische Revolution wird dieser Vormundschaft ein Ende bereiten; sie ist der natürliche Verbündete der revolutionären Bewegung in der Welt. *(Jacek Kuron und Karol Modzelewski: Offener Brief an die Polnische Arbeiterpartei (1965). In: Kursbuch. Frankfurt am Main. 1967. Heft 9, Seite 44).*

4 Walter Busse an Günter Herburger

Hamburg, 3. November 1967. Brief, 1 Blatt

Die ›Spiegel‹-Redaktion macht Enzensbergers Behauptung über das politische System der Bundesrepublik zum Gegenstand einer Umfrage:

Tatsächlich sind wir heute nicht dem Kommunismus konfrontiert, sondern der Revolution. Das politische System in der Bundesrepublik lässt sich nicht mehr reparieren. Wir können ihm zustimmen, oder wir müssen es durch ein neues System ersetzen. Tertium non dabitur.

Beteiligt werden 50 Autoren und alle AStA-Vorsitzenden der deutschen Hochschulen. Im ›Spiegel‹ selbst erscheint nur ein knappes Resümee des Umfrage-Ergebnisses. Vollständig sind die Antworten, die 26 Autoren und eine Autorin – Gabriele Wohmann – sowie 15 AStA-Vorsitzende geben, in einer Broschüre gedruckt worden, die heute ein Rarissimum ist.

5 Der ›Spiegel‹ fragte: Ist eine Revolution unvermeidlich?

42 Antworten auf eine Alternative von Hans Magnus Enzensberger
Verantwortlich: Walter Busse
Hamburg: Spiegel-Verlag [1968]

Die Frage hatte gelautet: »Was halten Sie von dieser Alternative, die Hans Magnus Enzensberger in ›Times Literary Supplement‹ formuliert hat«? Geantwortet haben Carl Amery, Reinhard Baumgart, Jürgen Becker, Bazon Brock, Paul Celan, Erich Fried, Günter Grass, Peter Härtling, Rudolf Hagelstange, Helmut Heissenbüttel,

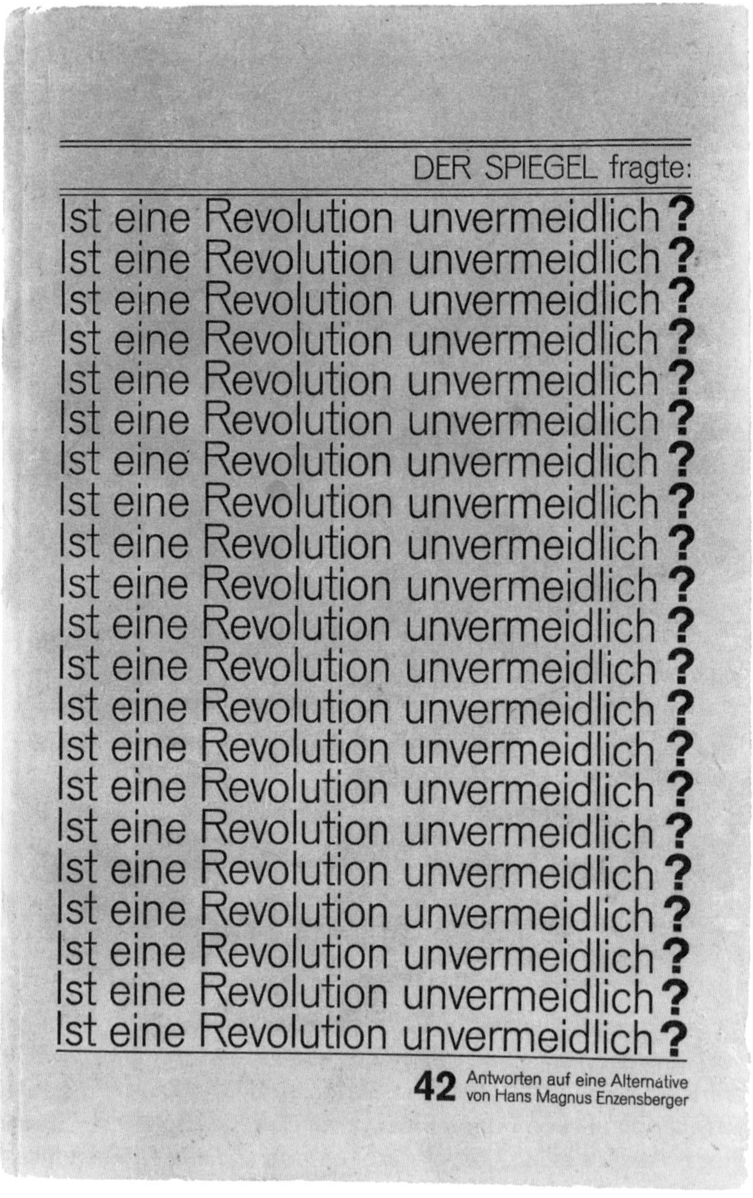
DER SPIEGEL fragte:

Ist eine Revolution unvermeidlich?
Ist eine Revolution unvermeidlich?
Ist eine Revolution unvermeidlich?
Ist eine Revolution unvermeidlich?
Ist eine Revolution unvermeidlich?
Ist eine Revolution unvermeidlich?
Ist eine Revolution unvermeidlich?
Ist eine Revolution unvermeidlich?
Ist eine Revolution unvermeidlich?
Ist eine Revolution unvermeidlich?
Ist eine Revolution unvermeidlich?
Ist eine Revolution unvermeidlich?
Ist eine Revolution unvermeidlich?
Ist eine Revolution unvermeidlich?
Ist eine Revolution unvermeidlich?
Ist eine Revolution unvermeidlich?
Ist eine Revolution unvermeidlich?
Ist eine Revolution unvermeidlich?
Ist eine Revolution unvermeidlich?
Ist eine Revolution unvermeidlich?
Ist eine Revolution unvermeidlich?

42 Antworten auf eine Alternative von Hans Magnus Enzensberger

66 »Escalation«

Günter Herburger, Richard Hey, Rolf Hochhuth, Hans Egon Holthusen, Walter Jens, Hermann Kesten, Reinhard Lettau, Robert Neumann, Ernst von Salomon, Paul Schallück, Wolfdietrich Schnurre, Günter Seuren, Friedrich Torberg, Martin Walser, Dieter Wellershoff, Gabriele Wohmann, Gerhard Zwerenz. Walter Busse stellt ›Einleitendes‹ voraus: 21 Auf der gegenüberliegenden Seite: Einband (3.5)

Auf den folgenden Seiten geht es daher wenig[er] darum, ob Demokratie eine gute Sache sei oder nicht … Plädiert und argumentiert wird eher, ob eine Revolution gegen die »komfortable … demokratische Unfreiheit« (Marcuse) riskiert werden müsse oder ob der Versuch Chancen hat, … die Demokratie doch noch herzustellen. *(Seite 3 f.)*

Die Titelfrage wird in keiner der Antworten umstandslos bejaht. Ganz überwiegend wird dem Ausschluß des Tertium widersprochen und eine Evolution des im Grundgesetz angelegten freiheitlichen Gehalts für möglich gehalten. Enzensbergers Ansicht kommt Reinhard Baumgart nahe:

Dann muß man tatsächlich darauf hoffen oder sogar daran glauben, daß es einer außerparlamentarischen und der außereuropäischen Opposition gelingt, eine konkret demokratische Alternative zu formulieren und gegen die alte Formaldemokratie durchzusetzen, nicht von heute auf morgen, doch spätestens übermorgen. *(Seite 6)*

Erich Fried:

Den Versuch, alle, denen die Revolution vorstellbar wird, als leichtfertige Schwätzer oder komische Figuren abzuschreiben, sollte man also Unwissenden wie Graß überlassen, dem es selbst an komischer Begabung nicht fehlt.

Und:

Doch keine Bange, bitte: Auch Revolutionäre verachten nicht den Kampf um Reformen. *(Seite 10 f.)*

Günter Grass:

Dabei kommt es nach wie vor darauf an, die Ursachen der Krise unserer Demokratie zu erkennen, zu benennen und zu beheben, es kommt darauf an, die parlamentarische Demokratie endlich zu etablieren; das macht Mühe, verlangt einen langen Atem. Der Ruf nach der Revolution hingegen verlangt, wenn er nicht in Bolivien ausgestoßen wird, also hierzulande, allenfalls Gratismut, eine treffliche Wortprägung, die wir Hans Magnus Enzensberger verdanken. *(Seite 12)*

Günter Herburger:

woher eine Revolution nehmen ohne Krise. ... Bleibt nur übrig, die eigenen Kinder zu ganz hochmütigen, lärmenden und fröhlich süchtigen Leutchen zu erziehen. *(Seite 17)*

Walter Jens:

Tertium datur: Kleine, vom Willen zur Veränderung im Großen geleitete Schritte ... die, stimmt man ihnen zu, an einem Punkt zu einer qualitativen Metamorphose führen, oder, wenn sie ... verweigert [werden], jene »revolutionäre« Situation ... schaffen, von der im Augenblick nicht die Rede sein kann ... Tertium datur aut nihil. *(Seite 24)*

Reinhard Lettau:

Ich gebe Enzensberger völlig Recht. *(Seite 27)*

Ernst von Salomon:

Der Protest der zutiefst beunruhigten Jugend gegen die Atombombe und die Barbarei der in den Bürgerkrieg in Vietnam eingreifenden Amerikaner mag der ehrlichen Empörung Ausdruck geben, die der Jugend zusteht, zu einem revolutionären Signal würde dieser Protest erst reifen, wenn er den Willen zu einem Bürgerkrieg in sich schlösse. *(Seite 29f.)*

Und Gerhard Zwerenz:

Die Alternative Revolution – Reform beziehungsweise hie Enzensberger, hie Graß, verrät heute nichts mehr als die Schlichtheit ihrer Verkünder. Die Revolution ist unmöglich, die Reform zu wenig. ... Von Zeit zu Zeit werden sich Enzensberger und Dutschke wohl erinnern jener aufgeregten Periode von 67/68: Wißt ihr noch, damals, als wir drauf und dran waren, eine Revolution zu entfesseln ... mit Worten ... eine deutsche Revolution. *(Seite 39f.)*

6 Paul Celan: Ich hoffe, nicht nur im Zusammenhang …

Antwort auf die ›Spiegel‹-Umfrage ›Ist eine Revolution unvermeidlich?‹
Handschriftlicher Entwurf, 1 Blatt

Celan antwortet anders: Er nimmt den Einzelnen in die Pflicht. Ersatzsysteme machen ihm, im Rückblick auf 1933 und die Folgen, Angst:

Ich hoffe, nicht nur im Zusammenhang mit der Bundesrepublik 22 Paul Celans Antwort (3.6)
und Deutschland, immer noch auf Änderung, Wandlung. Ersatzsysteme werden sie nicht herbeiführen, und die Revolution – die soziale und zugleich antiautoritäre – ist nur von ihr her denkbar. Sie fängt, in Deutschland, hier und heute, beim Einzelnen an. Ein Viertes bleibe uns erspart.

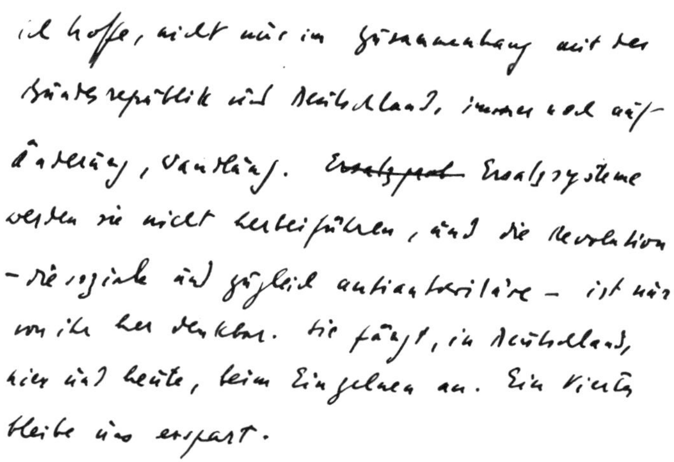
ich hoffe, nicht nur im Zusammenhang mit der Bundesrepublik und Deutschland, immer noch auf Änderung, Wandlung. ~~Ersatzsyst~~ Ersatzsysteme werden sie nicht herbeiführen, und die Revolution – die soziale und zugleich antiautoritäre – ist nur von ihr her denkbar. Sie fängt, in Deutschland, hier und heute, beim Einzelnen an. Ein Viertes bleibe uns erspart.

7 Wolf Biermann: 4 neue Lieder

Drei Kugeln auf Rudi Dutschke. Ermutigung. Es senkt sich das deutsche Dunkel. Noch
Berlin: Wagenbach 1968
(Wagenbachs Quartplatte. 3)
Umschlaggraphik und Plakat von Arwed Gorella

23 Plattenhülle (3.7) *Mit den Schüssen auf Rudi Dutschke am 11. April 1968 sinkt ein großer Teil der revolutionären Hoffnungen in sich zusammen. Wolf Biermann (Jahrgang 1936) hat es von der DDR aus diagnostiziert. Uwe Johnson zeigt die Gesine Cresspahl seiner ›Jahrestage‹ am 14. April 1968 in New York im Telefongespräch mit ihrer Freundin Anita Gantlik:*

– In der New York Times steht, daß mehrere Tausend Studenten gestern abend den Kurfürstendamm blockierten, daß die Polizei Pferde und Wasserkanonen einsetzt –

– Ja. Heute auch. Etwa viertausend. Ich hab es gesehen…
Die laufen da gegen die Polizei an und rufen HO! HO! Hotshi-minh! …

- … Und wieso Ho-tshi-minh? Geht es nicht um den Anschlag auf Herrn Dutschke?
- Um Rudi Dutschke, und um Herrn Professor Dr. Springer. Der soll es mit seinen Zeitungen gemacht haben.
- Die New York Times sagt: Der Mord an Martin Luther King war das Vorbild des Täters.
- Ist es doch auch!
- Anita, dann versteh ich es nicht.
- Der Präsident der Republik Nord-Viet Nam als Symbol des revolutionären Befreiungskrieges, und ein Zeitungsverleger als Symbol der Unterdrückungsmacht. So ungefähr, Gesine. *(Uwe Johnson: Jahrestage. Bd 2. Frankfurt am Main: Suhrkamp 1988. Seite 988f.).*

Von Paris aus kommentiert Josef Breitbrach in einem Brief an den Suhrkamp-Lektor Walter Boehlich schon am 27. Januar 1968 die Radikalisierung der Anti-Springer-Kampagne. Er hält »das Geschrei gegen Springer« für »nachgerade unerträglich als undemokratische Handlung«:

Die Deutschen haben, mit einer überwältigenden Mehrheit, drei Parteien ihre Stimmen gegeben in geheimer und freier Wahl, von denen keine weder eine Räteherrschaft noch sonstwie von Affekten herbeigewünschte Enteignungen auf ihrem Programm stehen hatte.

Und Boehlich antwortet am 30. Januar 1968:

Jetzt aber Springer. Es geht dabei nicht unbedingt darum, daß Springer enteignet werden soll. … Auch ich glaube nicht, daß man Springer enteignen kann, man kann höchstens die Mittel unserer ein wenig debilen Demokratie nutzen, um zu verhindern, daß Springer diese Demokratie mehr gefährdet als derselben zuträglich wäre.

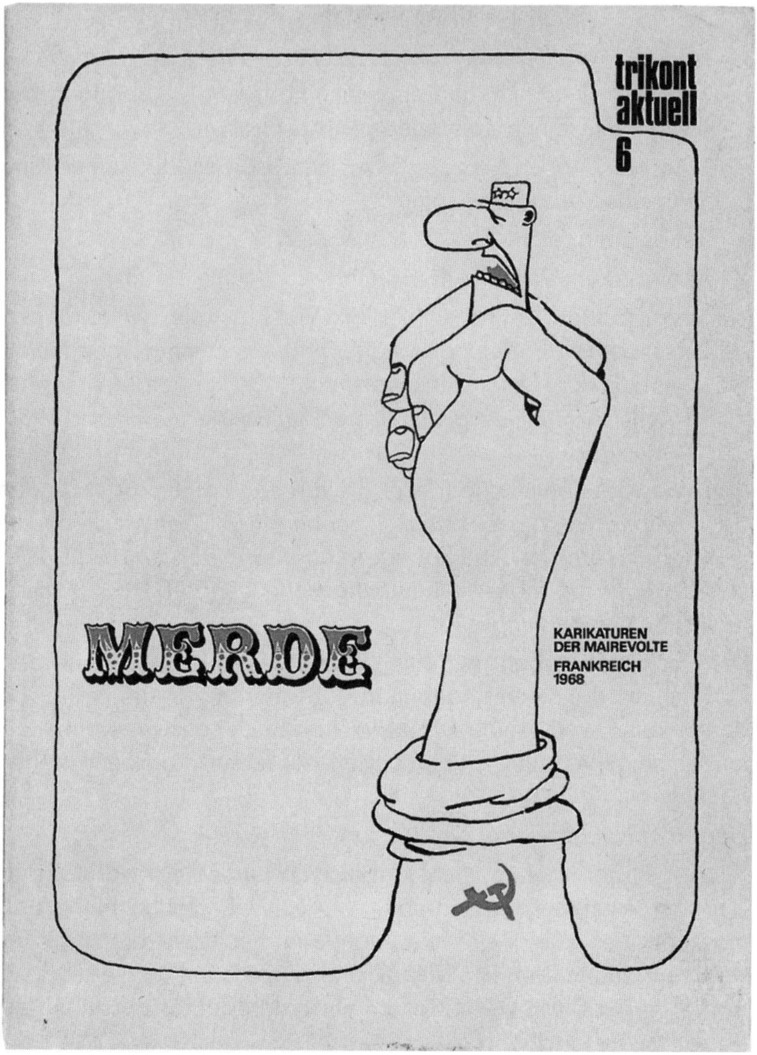
trikont
aktuell
6
MERDE
KARIKATUREN
DER MAIREVOLTE
FRANKREICH
1968

4 Pariser Mai – Prager Frühling

Mögen die Studentenrevolten in der Bundesrepublik Deutschland eigene Voraussetzungen und Motive gehabt haben – die Bewegung ist weltweit:
In Washington demonstrieren am 21. Oktober 1967 über 250 000 Menschen vor dem Pentagon gegen den Vietnamkrieg. Nach den Massakern von My Lai am 16. März 1968 gibt es erste Signale der US-Regierung, den Vietnamkrieg beenden zu wollen.
In Madrid stürmen am 27. Oktober 1967 Studenten die Juristische Fakultät. Nach Räumung durch die Polizei demonstrieren 20 000 Personen für Freiheit und Demokratie. Die Endphase des Franco-Regimes kündigt sich an: Das Ende wird mit Francos Tod am 20. November 1975 erreicht.
In Prag wird am 31. Oktober 1967 eine Studentendemonstration von der Polizei gewaltsam aufgelöst. Mit dem Rücktritt von Antonín Novotný, dem Ersten Sekretär der KP, und der Wahl von Alexander Dubček beginnt der »Prager Frühling«.
Am 4. Juni 1967 fordern Studenten in Belgrad eine Demokratisierung des Bildungswesens.
In Italien und der Türkei, in Tokio und Rio de Janeiro, in Montevideo und Santo Domingo, in Warschau, kurz vor den Olympischen Sommerspielen 1968 auch in Mexico City – überall sind Studentenunruhen zu verzeichnen.
Es gibt auch schon erste Anzeichen für Terror und Gegenterror, die dann in den siebziger Jahren das politische Klima belasten und die schwerste Krise in der Geschichte der Bundesrepublik herbeiführen sollten:
Am 3. April 1968 legen Andreas Baader, Gudrun Ensslin, Horst Söhnlein und Thorwald Proll Feuer in einem Frankfurter Kaufhaus – Personen kommen nicht zu Schaden.
Am 5. April 1968 wird Martin Luther King in Memphis/Tennessee ermordet, nur sechs Tage später Rudi Dutschke in Berlin durch

24 Auf der gegenüberliegenden Seite: Einband (4.1)

einen Kopfschuß schwer verletzt. Beim Versuch, die Auslieferung von Springer-Zeitungen zu verhindern, sterben in München am 15. April 1968 zwei Menschen an den Folgen von Steinwürfen. Am 3. Juni 1968 wird der Maler Andy Warhol bei einem Attentat durch fünf Schüsse der Feministin Valerie Solanas schwer verletzt, zwei Tage später, am 5. Juni, Robert Kennedy ermordet. Bei den Studentenunruhen in Mexico City finden zahlreiche Menschen durch Schüsse der Polizei den Tod.

An zwei Brennpunkten des Geschehens übersteigen die Ereignisse den Charakter von Revolten und scheinen, im Sinne von Enzensbergers Artikel im ›Times Literary Supplement‹, revolutionären Charakter zu gewinnen: In Paris und in Prag. In Paris, weil sich Studenten und – in der damaligen Wirtschaftskrise – Teile der Arbeiterschaft miteinander verbünden und die Studentenunruhen am 15. Mai 1968 in einen Generalstreik münden lassen. Vom 25. Mai an grenzen sich die Gewerkschaften allerdings gegen die Linksextremen wieder ab. In Prag, weil unter Alexander Dubček ein Sozialismus mit menschlichem Gesicht Wirklichkeit zu werden verspricht.

1 MERDE

Karikaturen der Mairevolte. Frankreich 1968
Herausgegeben von V. H. Brandes und H. Sylvester
München: Trikont-Verlag 1968
(Trikont aktuell. 6)
Titelgestaltung: Hansjörg Langenfass

25 Karikatur zu den Pariser Maiunruhen (4.1)

Die Trobadora Beatriz aus Irmtraud Morgners Roman (s.Seite 465–468) informiert sich während ihres Aufenthaltes in der Provence anhand der französischen Presse über die Pariser Unruhen:

Das Papier wurde ihr wieder und wieder in die Hände gezwungen, wegwerfen widerstrebte ihr aus umweltästhetischen Gründen, also daß sie schließlich das Blatt zu besichtigen begann. Es nannte sich ›France Soir‹.

Beatriz liest zum Beispiel:

»Im Quartier Latin und im Quartier Saint-Germain-des-Prés gingen Tausende von jungen Leuten sechzehn Stunden lang gegen die Ordungskräfte vor. Bilanz: 460 Demonstranten und 205 Polizisten verwundet und in Krankenhäuser aufgenommen. 475 Verhaftungen, darunter 35 Ausländer. 7 Autobusse und rund 20 Personenwagen beschädigt. Die Geplänkel zwischen Studenten und Polizisten begannen gegen 9 Uhr morgens und dauerten den ganzen Tag an. Gegen 20 Uhr arteten sie plötzlich zu einer regelrechten organisierten Schlacht aus. Mehrere hundert behelmte und mit Schlagstöcken bewaffnete Schutzleute und Mobilgardisten mit ihren Karabinern, CRS und Spezialeinheiten, die Brotbeutel voll Granaten, sahen mit einemmal etwa zehntausend junge Demonstranten gegen sich anbranden, die vom Meeting auf der Place Denfert-Rochereau zurückkehrten. ... Das letzte Karree der Demonstranten in Stärke von 200 Studenten, unter die sich eine Gruppe von schwarzen Lederjacken gemengt hatte, hielt noch den oberen Teil der Rue de Rennes besetzt. Da tauchten vom Boulevard Saint-Germain her mit Sirenengeheul etwa 30 Polizeiwagen auf und bewegten sich auf die Demonstranten zu. Bevor sie sich endgültig zurückzogen, schleuderten die Hüter der Ordnung noch einige Tränengasgranaten gegen die Fenster der Wohnungen, aus denen man sie während des ganzen Abends mit diversen Wurfgeschossen bombardiert hatte.« War die schöne Melusine verschollen, weil sie an solchen Straßenschlachten teilnahm? Fanden solche Straßenschlachten nur in Paris statt? Beatriz lehnte sich über die heiße Mauer, starrte ins Wasser und betrachtete grübelnd die Strudelmuster. *(Irmtraud Morgner: Leben und Abenteuer der Trobadora Beatriz nach Zeugnissen ihrer Spielfrau Laura. Berlin, Weimar: Aufbau-Verlag 1974. Seite 43 f.).*

A PARIS, ON JETTE LES ORDURES A LA RUE !

Wie hingerissen auch abgeklärtere Beobachter von dem Geschehen sein konnten, zeigt der Brief von Himmelfahrt 1968, den der zweiundachtzigjährige Kurt Pinthus in Marbach am Neckar von seinem Freund Kurt Ehrlich aus Aix-en-Provence erhält – dort scheint es allerdings nicht ganz so kriegerisch zugegangen zu sein wie in Paris:

Die derzeitige Atmosphäre hier wäre das Richtige für Sie, verehrter ehemaliger Präsident des Magdeburger Soldatenrats im Jahre 1918,: Sie wären bei all den Umzügen und Manifestationen der Professoren und Studenten wieder vorneweg in der ersten Reihe und bei den andauernden Diskussionen und Debatten stets mittendrin, ungeachtet dessen, daß Sie inzwischen ein halbes Jahrhundert älter geworden sind, und Sie würden bei Ihrer erstaunlichen Aktivität und Frische bestimmt zu den Wortführern gehören, die zu den Verhandlungen mit der Regierung über die notwendigen Reformen von den Professoren und Studenten erwählt werden.

Ein anderer Beobachter des Geschehens, Paul Celan, geht in diesen Maitagen durch die Straßen von Paris, von seismographischer Sensibilität für alles, was ihn an das Dritte Reich – »ein Viertes bleibe uns erspart« – erinnert.

2 Aux dizaines de milliers d'étudiants …

Flugblatt der ›Union Nationale des Etudiants de France‹, [Mai 1968]
Mit handschriftlichen Randnotizen von Paul Celan

26 Auf der gegenüberliegenden Seite: Karikatur zu den Pariser Maiunruhen (4.1)

27 Flugblatt (4.2)

In diesem Flugblatt rühmt sich die französische Studentenvereinigung, ihre Forderungen seien in siebenstündigen Demonstratio-

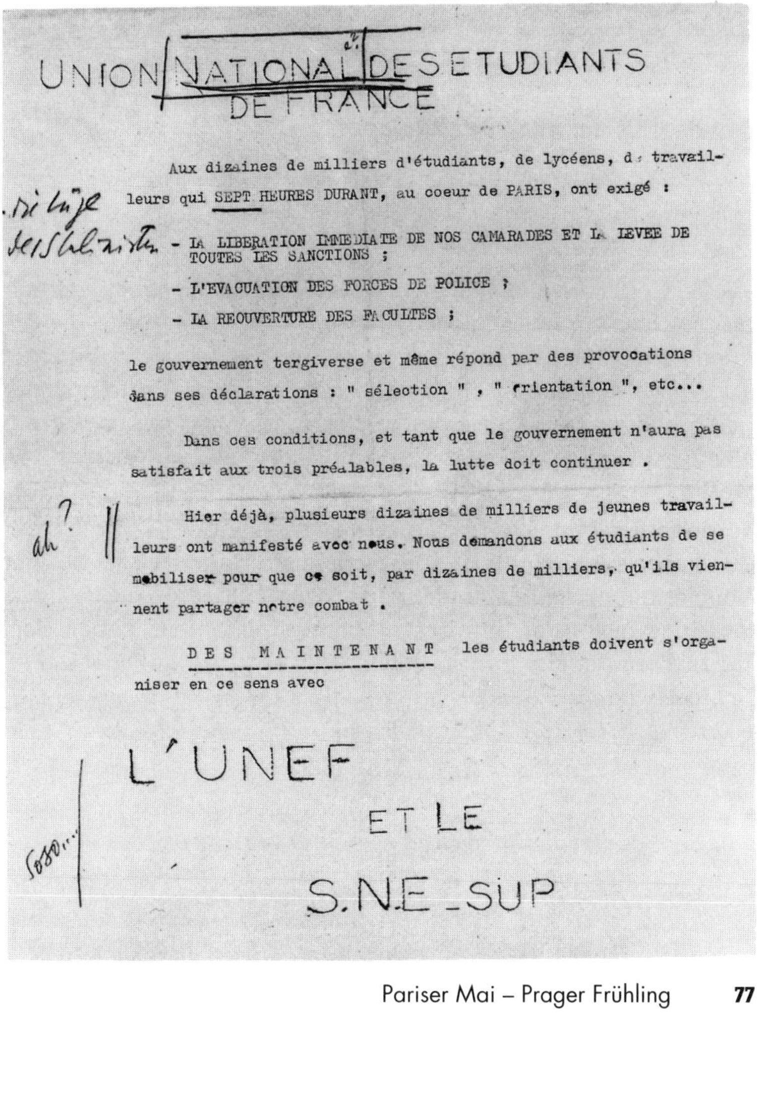
UNION NATIONALE DES ETUDIANTS DE FRANCE

Aux dizaines de milliers d'étudiants, de lycéens, de travailleurs qui SEPT HEURES DURANT, au coeur de PARIS, ont exigé :

- LA LIBERATION IMMEDIATE DE NOS CAMARADES ET LA LEVEE DE TOUTES LES SANCTIONS ;
- L'EVACUATION DES FORCES DE POLICE ;
- LA REOUVERTURE DES FACULTES ;

le gouvernement tergiverse et même répond par des provocations dans ses déclarations : " sélection " , " orientation ", etc...

Dans ces conditions, et tant que le gouvernement n'aura pas satisfait aux trois préalables, la lutte doit continuer .

Hier déjà, plusieurs dizaines de milliers de jeunes travailleurs ont manifesté avec nous. Nous demandons aux étudiants de se mobiliser pour que ce soit, par dizaines de milliers, qu'ils viennent partager notre combat .

DES MAINTENANT les étudiants doivent s'organiser en ce sens avec

L'UNEF ET LE S.N.E.SUP

nen von Zehntausenden Studenten und Arbeitern vorgebracht worden.
Celan notiert unter anderem: »Die Lüge der Stalinisten«.
In einer Notiz vom 4. Mai 1968, die im Nachlaß erhalten ist, zeigt sich Celan der Person von Rudi Dutschke gegenüber als scharfer Kritiker. Er wirft ihm vor, im auch von Celan für richtig gehaltenen Aufbegehren gegen »repressive Toleranz« die Atmosphäre demagogisch verdorben zu haben.

3 Paul Celan: Auch der Runige

Gedichtentwurf. Typoskript vom 4./5. Mai 1968, 1 Blatt
Mit handschriftlichen Korrekturen und Anmerkungen vom 14. Mai 1968, dem Tag nach dem Generalstreik

Wollte Celan das Gedicht am 14. Mai ganz streichen? Oder nur die zweite Strophe? schwer zu sagen, jedenfalls haben die am Rand vermerkten Ereignisse ihm das Gedicht vom 4./5. Mai am 14. Mai zunächst fraglich gemacht, ehe er es am Abend doch für gültig erklärte: In ›Schneepart‹ ist es in der Fassung vom 4./5. Mai 1968 aufgenommen. Celan hat auf dem Entwurfsblatt vermerkt:

Vorgestern 12. nacht, Contrescarpe der junge PC – Mann, der den linken Nationalsozialismus verteidigte gestern, 13., bei der Manifestation, die »ironischerweise« zum Hitlergruß ausgestreckten Arme hinter der schwarzen Fahne – außerdem: neben dem Trotzki-Portr. im Hof der Sorbonne: CRS = SS (SS in Runenschrift)
(vgl. dazu: Lesarten. Beiträge zum Werk Paul Celans. Hrsg.von Axel Gellhaus, Andreas Lohr. Köln, Weimar: Böhlau 1996. Seite 192–196)

4 Les murs ont la parole

Journal mural Mai 68. Sorbonne Odéon Nanterre etc ... Citations recueillies par Julien Besançon
Paris: Tchou 1968

Es gibt keine schlimmeren Vergiftungen als die, die Eure Industriekultur hervorruft, als die durch Eure Universität, Eure Massenmedien und das von Euch praktizierte Theater. Behaltet Eure subventionierten Mausoleen ... wir brauchen hier und jetzt eine Poesie in Aktion, eine Kunst des Kampfes, die sich nicht damit begnügt zu reden, sondern handelt. Im übrigen sind die lebendigen Kräfte der Poesie nicht zu institutionalisieren, sie entgleiten Euch, Ihr könnt keine Konsumprodukte daraus machen. Die Poesie ist weder Freizeit, noch Vergnügen, noch Sand für die Augen. Sie ist eine Weise zu handeln und zu leben, sie ist Ausdruck des Bewußtseins, sie ist Hinausgehen über die Grenzen des Seins und der Gesellschaft. Sie IST. Gegen Euch und trotz Euch. *Venceremos!*
(Aus einem Flugblatt vom 20. Februar 1968, zitiert nach: La Chienlit. Dokumente zur französischen Mai-Revolte. Hrsg. im Auftrag eines Komitees der Bewegung des 22. März von Jean-Jacques Lebel, Jean-Louis Brau und Philippe Merlhès. Aus dem Franz. von Bernhard Blankenhorn [u. a.] Darmstadt: Melzer 1969. Seite 176)

In der Tat brillieren viele der Pariser Graffiti jener Tage durch Poesie und Witz. Ein paar Beispiele:

Dessous les pavés c'est la plage... *(Les murs ont la parole. Seite 30)*

»Voire Nanterre et vivre.«

Allez mourir à Naples avec le Club Méditerranée. *(a. a. O., Seite 85)*

Belle, peut-être pas, mais ô combien charmante.

La vie contre la survie. *(a. a. O., Seite 88)*

Laissons la peur du rouge aux bêtes à cornes. *(a. a. O., Seite 135)*

Während dessen schaut die Welt nach Prag. Wird diesmal das Experiment eines demokratischen Sozialismus gelingen? Wird es durch die Beton-Struktur der in zwei Machtblöcke geteilten Welt,

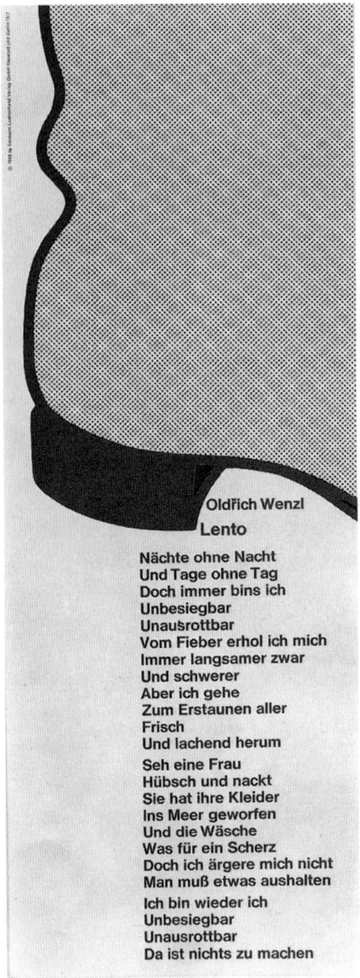

wie 1956 in Ungarn, wieder vereitelt? Es waren vor allem auch die Schriftsteller in der Tschechoslowakei, die einen Sozialismus mit menschlichem Gesicht forderten. So erheben viele von ihnen auf dem Schriftstellerkongreß im Juni 1967 ihre Stimmen gegen die wirtschaftlichen, politischen und sozialen Zustände und gegen die Parteiführung.

5 Oldřich Wenzl: Lento

Gedicht. Übertragen von Franz Peter Künzel
Neuwied, Berlin: Luchterhand 1968
(Luchterhand Loseblatt Lyrik. 13/6)
Graphik: Dieter Masuhr

Nächte ohne Nacht
Und Tage ohne Tag
Doch immer bins ich
Unbesiegbar
Unausrottbar
Vom Fieber erhol ich mich
Immer langsamer zwar
Und schwerer
Aber ich gehe
Zum Erstaunen aller
Frisch
Und lachend herum

Seh eine Frau
Hübsch und nackt
Sie hat ihre Kleider
Ins Meer geworfen
Und die Wäsche
Was für ein Scherz
Doch ich ärgere mich nicht
Man muß etwas aushalten

Ich bin wieder ich
Unbesiegbar
Unausrottbar
Da ist nichts zu machen

Über dem Gedicht ist als Illustration ein stilisierter Stiefel zu sehen, wohl ein Symbol des im Text angedeuteten Strandgangs, Frühlingsstimmung und Optimismus vermittelnd. Oder ist der Stiefel schon eine Ahnung des Kommenden? Auf dem Umschlag der Mappe, in der das Gedicht kurz nach der Besetzung Prags durch die Truppen des Warschauer Pakts erscheint, findet sich der Hinweis:

Während diese Lieferung vorbereitet wurde, rückten am 20. August Armeen aus der Sowjetunion, der Deutschen Demokratischen Republik und aus den Volksrepubliken Bulgarien, Polen und Ungarn in die Tschechoslowakische Sozialistische Republik ein. Es war deshalb nicht möglich, Bio- und Bibliografien der Autoren dieser Lieferung vollständig aufzuführen. … die Autoren waren, aus Sorge vor Verhaftungen, nicht erreichbar.

In der DDR regen sich um 1968 antiautoritäre und subkulturelle Tendenzen, die vom Staat zwar mißtrauisch beobachtet, aber im privaten Bereich nicht von vornherein unterdrückt werden. Das ist erst durch die Ausstellung ›Bohème und Diktatur in der DDR. Gruppen, Konflikte, Quartiere 1970–1989‹ des Deutschen Historischen Museums Berlin vom 4. September bis zum 16. Dezember 1997 in den Blick gerückt worden.

28 Auf der gegenüberliegenden Seite: Luchterhand Loseblatt Lyrik. 13/6 (4.5)

29 Auf der gegenüberliegenden Seite: Wolf Biermann: In Prag ist Pariser Kommune (4.6)

Die Prager Entwicklungen im Spätjahr 1967 und im Frühjahr 1968 wecken Erwartungen, es könne eine Liberalisierung innerhalb der sozialistischen Systeme möglich werden; die Beteiligung von Truppen der DDR an der Unterdrückung der Prager Hoffnungen lösen gerade hier viel Wut und – in Erinnerung an die deutsche Besetzung der Tschechoslowakei 1938/39 – Scham aus. Wolf Biermann verbindet in einem seiner Chansons zu 1968 die Erinnerung an die Pariser Kommune von 1871, worin natürlich auch eine Anspielung an den Pariser Mai von 1968 steckt, mit der Prager Aufbruchstimmung.

6 Wolf Biermann: In Prag ist Pariser Kommune

Gedicht. Manuskript, 1 Blatt
Nachlaß Walter Janka

Als die anderen Warschauer Paktstaaten (außer Rumänien) im »Warschauer Brief« vor Konterrevolution in der CSSR warnen, erhält der tschechoslowakische Botschafter in Berlin folgendes Schreiben vom 25. Juli 1968:

Sehr geehrter Genosse Botschafter,
Ich möchte Ihnen sagen, wie sehr ich diese Tage als unerträgliche Belastung empfinde, wie sehr ich den Mut, die Würde, die Disziplin der tschechoslowakischen Staats- und Parteiführung bewundere.

Ich empfinde als deutscher Kommunist die Drohungen gegenüber einem Volk, in dessen Schuld wir weiter stehen und stehen werden, die – nicht dementierten – Falschmeldungen, die erzwungenen, bestellten Erklärungen mancher Bürger der DDR als persönliche Schmach.
Ich wünsche dem ganzen tschechoslowakischen Volk weiter Mut und Festigkeit.
Ich spreche in niemandes Namen – allein in meinem eigenen.
Ihr ergebener
Stephan Hermlin *(Nachlaß Stephan Hermlin)*

IN PRAG IST PARISER KOMMUNE

In Prag ist Pariser Kommune, sie lebt noch
Die Revolution macht sich wieder frei
Marx selber und Lenin und Rosa und Trotzki
stehen den Kommunisten bei

Der Kommunismus hält wieder im Arme
die Freiheit und macht ihr ein Kind das lacht,
das Leben wird ohne Bürokratenplanten
von Ausbeutung frei und Despotenmacht

Die Pharisäer, die Fetten, sie zittern
und wittern die Wahrheit. Es kommt schon der Tag
Am Grunde der Moldau wandern die Steine
Es liegen v i e r Kaiser begraben in Prag

Wir atmen wieder, Genossen. Wir lachen
die faule Traurigkeit raus aus der Brust
Mensch, wir sind stärker als Ratten und Drachen
Und hatens vergessen und immer gewußt

7 Heinrich Böll

auf dem Wenzelsplatz in Prag am 25. August 1968
Photographie von Hilmar Pabel

Während die Truppen des Warschauer Paktes am 21. August 1968 Prag besetzen, um die angebliche Konterrevolution niederzuschlagen, hält sich Böll dort auf. Als Gast des Tschechoslowakischen Schriftstellerverbandes wird er Augenzeuge. Sein Brief wird am 8. September 1968 bei einer vom Basler Theater veranstalteten Matinée, auf der Peter Bichsel, Friedrich Dürrenmatt, Max Frisch, Günter Grass und Kurt Marti sprechen, vorgelesen:

Am 20. August abends kam ich auf Einladung des tschechoslowakischen Schriftstellerverbandes in Prag an. Auf der telegrafischen Einladung hatte u. a. gestanden »Unser Bestreben ist, daß Sie sich an Ort und Stelle über den würdigen Verlauf unseres Erneuerungsprozesses überzeugen und nach Rückkehr die Öffentlichkeit Ihres Landes unterrichten«. Rückwärts betrachtet wirkt nun der Text dieser Einladung wie mörderische Ironie. Ich hatte die Einladung ohne Zögern angenommen, weil ich im tschechoslowakischen Modell eines demokratischen Sozialismus eine große Hoffnung für den Westen und für den Osten sah; von dort, von Prag und Bratislava aus, hätte sich nach Osten und Westen verbreiten können, was bis zum Januar 1968 als Utopie galt: sozialistische Freiheit. ...

Es war *sichtbar*, daß wir Zeugen eines historischen Ereignisses waren, dessen Folgen noch nicht auszudenken sind. Sichtbar war auch, daß hier der von Moskau zentral gelenkte Sozialismus seinen moralischen Bankrott erklärte und daß es sich um eine unverhohlene Unterdrückung einer ganzen Nation handelte. Das Modell einer Hoffnung, die hier acht Monate lang verwirklicht worden war, wurde zerstört. ... Da auch wir in erstarrten Systemen leben, kann, was in diesen acht Monaten verwirklicht wurde, für uns ein Vorbild bleiben. Zunächst haben auf beiden Seiten die Reaktionäre gesiegt, und so manche westliche Träne ist eine Kro-

30 Auf der gegenüberliegenden Seite: Heinrich Böll in Prag, 25. August 1968 (4.7)

NEUTRALITU
BODA-DUBCEK-ČERN

kodilsträne. ... Die jungen Menschen, die in Chicago gegen den Krieg in Vietnam protestiert haben und zusammengeschlagen worden sind, haben gleichzeitig *für* die Tschechoslowakei demonstriert. Die Tschechoslowakei hat bewiesen, daß Freiheit nicht in eine westliche und östliche geteilt werden muß, ihre Freiheit ist unsere, wie die Freiheit der amerikanischen Demonstranten und Kriegsgegner. *(zitiert nach: Tschechoslowakei 1968. Die Reden von Peter Bichsel, Friedrich Dürrenmatt, Max Frisch, Günter Grass, Kurt Marti und ein Brief von Heinrich Böll. Zürich: Verlag der Arche 1968. Seite 9f.)*

Berliner Gemeinplätze

Berlin ist der deutsche »lieu de mémoire« für 1968 geworden. Auch in anderen Städten haben sich Studenten und Künstler gegen autoritäre Lebensformen und Institutionen empört und auf den »Faschismus« der NS-Zeit gezeigt, den ihre Eltern verdrängen wollten. Doch die Erinnerung hat gern einen schönen Schein und der Revolte in Berlin haftet anfänglich etwas Unwirkliches und geradezu Spielerisches, etwas Enggeführtes, Umgrenztes, Experimentelles an, das sich – von 1967 auf 1969 – verliert, von dem man jedoch andernorts, vielleicht aufgrund der Verspätung, mit der die Revolte dort ankommt, weniger gespürt hat. Reinhard Lettau läßt Hans Magnus Enzensberger erzählen:

Wie es in Muenchen aussehe, sei bekannt, und von Frankfurt und Hamburg koenne man absehen. »In Frankfurt«, sagt er, »ist eben dieser Flugplatz.« Das Fiktive an Berlin, faehrt er fort, sei kein Einwand, z. B. spreche man immer von der Hauptstadt, das sein ein wunderbares Beispiel von Fiktion. Etwas sei schon dran, wie an jeder Fiktion. »Man merkt schon«, sagt er auf Befragen, »da war mal so was, aber zum Leben ist mir das gegenwaertige eher angenehmer, als wenn da wirklich Paraden durchs Brandenburger Tor durchlaufen wuerden und alles wär' so wie der Anspruch es will.«

(Tykoskript im Nachlaß Reinhard Lettau)

Nicht umsonst wird eine bestimmte Stadt zum Erinnerungsort für »1969«. Auf engem Raum entsteht in Berlin eine einzige große Öffentlichkeit. »Berlin« kann zum Symbol für Ereignisse werden, durch die man alle gesellschaftlichen Räume politisiert und ihre alten Grenzen aufgehoben sieht. In der Literatur kann der »Gemeinplatz«, welcher der Agora, dem Markt, zugedacht ist, eine neue kritische Würde erlangen, doch das Wort hat einen Beigeschmack. Gemeinplätze sind ästhetisch nicht lange haltbar. Von heute aus sieht man, daß vieles, was sich politisch gab und stritt, eher kulturell zu verstehen ist, und daß die Erinnerung, wenn sie sich nur an die Gemeinplätze von damals hält, gern trügt.

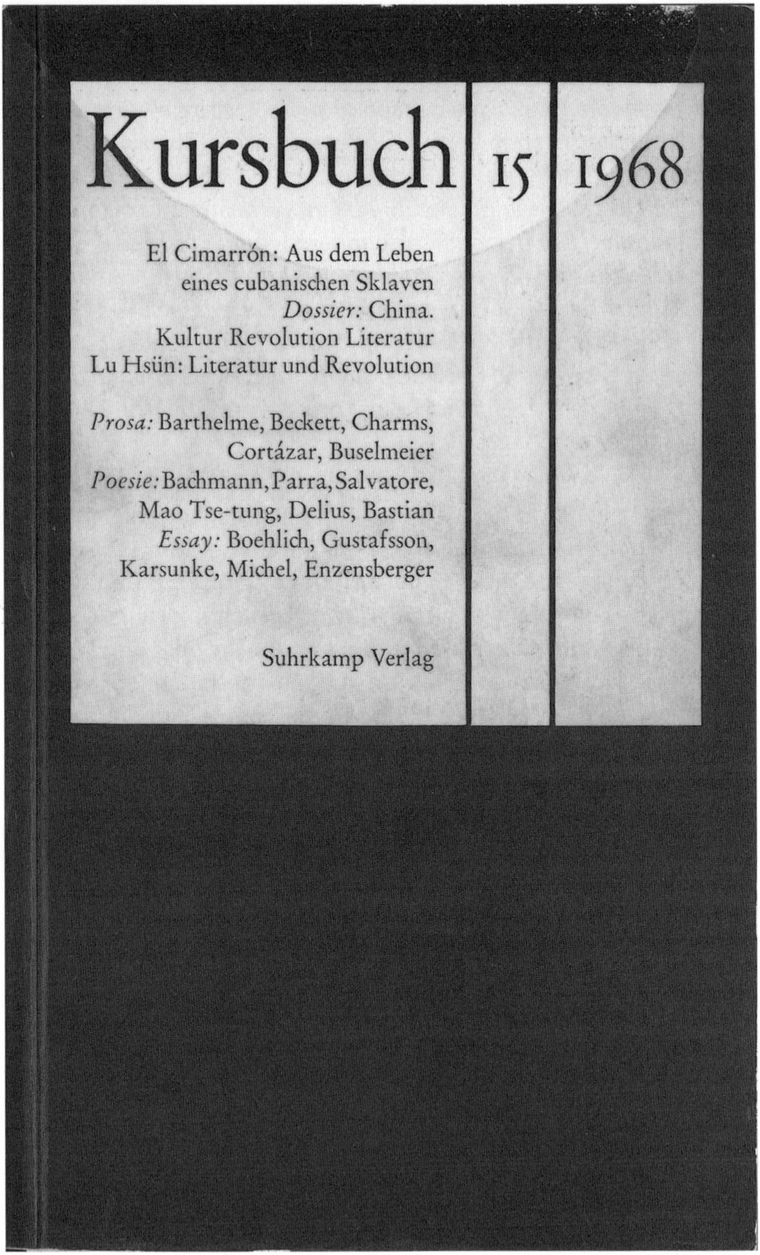

Kursbuch 15 1968

El Cimarrón: Aus dem Leben eines cubanischen Sklaven
Dossier: China.
Kultur Revolution Literatur
Lu Hsün: Literatur und Revolution

Prosa: Barthelme, Beckett, Charms, Cortázar, Buselmeier
Poesie: Bachmann, Parra, Salvatore, Mao Tse-tung, Delius, Bastian
Essay: Boehlich, Gustafsson, Karsunke, Michel, Enzensberger

Suhrkamp Verlag

5 Wozu Dichter?

»Wozu Dichter?« fragen sich Schriftsteller und Kritiker um 1968 und erinnern an Hölderlins Zweifel in ›Brod und Wein‹: »und wozu Dichter in dürftiger Zeit.« Vermißt dieser die Götter, die zu preisen seien, so jene die Gesellschaft, die sich die Kritik der Literaten gefallen lasse und sich verändere – eine Utopie brauchen diese Dichter allemal. 1968 gilt Gesellschaftskritik vielen als dringendste Aufgabe der Literatur nach dem Faschismus des Dritten Reiches, den man auf dessen kapitalistisches Wesen zurückführt. Damals war der Dichtung eine fatale Rolle im Überbau zugewachsen. Und selbst die Moderne erwies sich als ohnmächtig gegenüber politischem Mißbrauch. Theodor W. Adornos Analyse der Kulturindustrie erklärt warum und sieht doch keine Lösung. Schon am 24. August 1956 schreibt ihm Hans Magnus Enzensberger:

Der Essay über die Kulturindustrie scheint aus ihr jeden Akt der Versöhnung auszuschließen, da, was sich in ihre Reichweite begibt, unter sie subsumiert und bereits dadurch in sein Gegenteil verkehrt wird. ... Es ist zweifellos wichtig, die illusionären Haltungen, die vorgeblich Widerstand, in Wahrheit dem System Vorschub leisten, als illusionär zu enthüllen; aber nicht jeder Widerstand ist illusionär.

Wie aber sollte die gesellschaftskritische Literatur beschaffen sein, wenn die bisherige Dichtung für die Revolution unnütz (»tot«) ist? In der 15. Ausgabe des ›Kursbuch‹ vom November 1968 fragt Enzensberger daher: Verzichtet, wer versucht, diese Welt poetisch zu gestalten, darauf, sie zu verändern? Und wenn diese Gestaltung gesellschaftskritisch ist: Wie kann der Autor die Kritik haltbar machen, »daß der Gebrauchswert seiner Arbeit ihrem Marktwert über den Kopf wächst«?

Als Autor *entzieht sich Enzensberger (bis heute) der Welt und wählt die Anthologie: Er läßt andere sprechen – in Zeitschriften und Buch-*

31 Auf der gegenüberliegenden Seite: Umschlag (5.4)

reihen etwa, denn seine Welt ist die der Sprache und der literarischen Tradition. Darin bewegt er sich wie Rumpelstilzchen, dessen Namen niemand wissen soll. Wenn der Dichter selbst auch stumm bleibt, so soll doch wahr sein, was er nicht sagt, dafür aber in der Konstellation zeigt. Statt zu dichten, reflektiert er und bereitet vor. Er begleitet das in der »Anthologie« versammelte Material mit Reflexion (›Gemeinplätze‹ nennt er sie im ›Kursbuch‹ und ›Glossen‹ in ›Der kurze Sommer der Anarchie‹ (Frankfurt am Main: Suhrkamp 1972)) und gestaltet es so, daß der Leser in einem Moment kritischer Evidenz den Sinn erfaßt. Selbst in ›Der Untergang der Titanic‹ (Frankfurt am Main: Suhrkamp 1978), gern als Ausdruck postmoderner »Tiefe« gelesen, sind die Teile gesellschaftskritisch zugeschliffen.

Alles hängt von der Zuversicht ab. Ein Vergleich von 1968 und 1984 zeigt es, als er seine ›Erinnerungen an einen Tumult‹ ordnet, Revision macht – wie es wenige andere getan haben:

Das Gedächtnis, ein Sieb. 1968, eine Jahreszahl, in der sich das Imaginäre eingenistet hat. Ein Gewimmel von Reminiszenzen, Allegorien, Selbsttäuschungen, Verallgemeinerungen und Projektionen hat sich an die Stelle dessen gesetzt, was in diesem atemlosen Jahr passiert ist. Die Erfahrungen liegen begraben unter dem Misthaufen der Medien, des »Archivmaterials«, der Podiumsdiskussionen, der veteranenhaften Stilisierung einer Wirklichkeit, die unter der Hand unvorstellbar geworden ist. *(Text und Kritik. München. 1985, Heft 49, 2., erweiterte Auflage, Seite 6)*

Die Erfahrungen sollen von den Deutungen befreit und neu zusammengesetzt werden.

Es war nicht möglich, das alles gleichzeitig zu »verstehen«, sich »einen Vers darauf zu machen«, es »auf den Begriff zu bringen«. Die Widersprüche schrien zum Himmel. Jeder Versuch, den Tumult intelligibel zu machen, endete notwendig im ideologischen Kauderwelsch. Die Erinnerung an das Jahr 1968 kann deshalb nur eine Form annehmen: die der Collage. *(Seite 8)*

Hat man das Richtige montiert, entspringt aus dieser Collage der Erinnerung ein »Moment ... unbearbeitet und enigmatisch, von

32 Hans Magnus Enzensberger (5.3)

dem ich nicht angeben könnte, was er bedeutet«. In solchen Augenblicken kann sich der Sinn des Tumults dennoch offenbaren. Aber nur unter bestimmten Voraussetzungen wird die Collage wahr. Diese Voraussetzungen findet Enzensberger 1968 beim Prager Maler Jiří Kolář, der unermüdlich die Materialien neu zusammensetzt, die ihm von außen zugespielt werden, von dort, wo seine Landsleute die Freiheit zu retten versuchen.

Seine Entschlossenheit, alles zu verarbeiten, nahm es mit der Unterdrückung auf. Das Utopische dieses Moments lag darin, daß die unbewaffnete Produktivität des Künstlers damals kein isoliertes Phänomen war: sie fand ihre Entsprechung im tausendfältigen Rumor einer ganzen Nation. *(Seite 8)*

Der Künstler will protestieren und verwendet nur Materialien, die den Protest in sich tragen. Über sie steht er mit der revolutionären Bewegung in unmittelbarer Verbindung. Ihre Ordnung verbürgt den poetischen Sinn, der – wie die Revolution – dialektisch sein soll. So auch Enzensberger als Herausgeber des ›Kursbuch‹. Je-

der Text, der dieser Denkform gehorcht, ob Essay oder Gedicht, ob Reportage oder Brief, ist zugelassen und mag in die »Collage« eingehen. Der Dichter selbst darf dann – wie in einem bisher unveröffentlichten Neujahrsgedicht von 1960 – ankündigen: »mein letztes wort in seinem versteck rührt sich nicht«.

1 Hans Magnus Enzensberger: kommen und gehen

Gedicht. Typoskript, 1 Blatt

Unterschrieben: »mit herzlichen grüßen/hmenzensberger«. In einem schwarzen Steckumschlag mit dem Aufdruck: »alle guten wünsche zum neuen jahr«

Nachlaß Beda Allemann

kommen und gehen

gorillas stechen in see. es kommen rumpelstilzchen
auf einsamen holzbeinen an. tintentrinker, glucksend,
gehn ihrer wege. gasmasken stellen sich ein.
außenminister suchen das weite. vor anker
gehn flaschenzüge und kannibalen.

die taubenfeder verharrt am rande der rollbahn
humpelnd enteilen blaugeäderte detektive.
bulldozer wühlen sich durch die warenhäuser.
raketen und störche finden sich ein. hampelmänner
machen sich auf. damenorchester langen an,
damenorchester entschwinden. heuschrecken schwärmen aus.

in der schublade schlummert die stumme murmel.

es packen sich glockengießer. rubel rollen.
diakonissen rücken rudelweis an. herrenreiter
hüpfen auf und davon. saurier gehen an land.
reißaus nehmen erzengel, puffmütter, generale.
jahrzehnte sprinten vorbei. kometen kommen und gehn.

mein letztes wort in seinem versteck rührt sich nicht.

Doch der Dichter scheint sein Versteck schon verlassen zu haben.

2 Hannah Arendt an Hans Paeschke

New York, 5. Februar 1965. Brief, 1 Blatt
Redaktionsarchiv ›Merkur‹

1964 werden bei Suhrkamp neun seiner politischen Essays gesammelt unter dem Titel ›Politik und Verbrechen‹ herausgegeben. Enzensbergers Verständnis von Politik ist ästhetisch, sein Stilwille prägt die politischen Essays. Er vergleicht Hiroshima mit Auschwitz und sieht die Gemeinsamkeit im Verbrechen, das zum Phänotyp der Politik wird, die sich nach innen wie nach außen gleich verhält. Daher sei Auschwitz ein »Ereignis, das die Wurzeln aller bisherigen Politik bloßgelegt hat«. (Frankfurt am Main: Suhrkamp 1964. Seite 19) Hannah Arendt, deren Eichmann-Buch 1963 erschienen war, schlägt Hans Paeschke die Bitte ab, das Buch zu besprechen, und schreibt Enzensberger am 30. Januar 1965:

Was aber zwischen uns zur Debatte steht, ist Ihre Gleichsetzung vom »Megatod« mit der »Endlösung«, und ich fürchte, Sie haben sich zu dieser Gleichsetzung einfach durch das ominöse Wort »Endlösung« verführen lassen. Der Megatod wäre in der Tat eine Art endgültigster Lösung aller Fragen, aber die Endlösung war »nur« die »Endlösung der Judenfrage«; ... Das Fatale an Auschwitz ist doch gerade, daß eine Wiederholung möglich ist ohne katastrophale Folgen für alle Beteiligten. ... Die Politik des Dritten Reiches war verbrecherisch. Kann man darum sagen, es gäbe seither den Unterschied zwischen Verbrechen und Politik nicht mehr ... Dies scheint mir ein Kurzschluß zu sein. *(Merkur. Köln, Berlin. Jg 14, 1965, Heft 4, Seite 384 f.)*

Als Gefahr des Dichter-Metiers erkennt sie den

scheinbaren Radikalismus, der nicht so sehr das Kind mit dem Bade ausschüttet als vielmehr durch Parallelen, bei denen sich irgendein Generalnenner darbietet, vieles Partikulare unter ein Allgemeines subsumiert, wobei das konkret Sich-Ereignende als Fall unter Fällen verharmlost wird.

In einem unveröffentlicht gebliebenen, abschließenden Brief an Paeschke vom 5. Februar 1965 wendet sie sich in großer Deutlichkeit gegen poetischen Profit in der Sache; ihre Aversion gegen Adorno überträgt sie auf Enzensberger:

Ich stimme mit Ihnen ganz überein. Ich bin betont freundlich geblieben, weil mir schien, dass an gutem Willen hier nicht zu zweifeln ist. Sachlich, und nun ganz entre nous, hätte ich sagen müssen: »Ich habe Ihnen ja nicht vorgeworfen, dass Sie leugnen, dass die Deutschen an Auschwitz schuld sind, sondern dass Sie sich dafür noch eine Feder an den Hut stecken«. Was mich an dem Buch unangenehm berührt hat, ist, dass er mit gewissen Sentimentalitäten oder einem gewissen Pathos dem sachlichen Kern ausweicht.

3 Hans Magnus Enzensberger

Portraitphotographie von Axel Carp. 1968

Seit 10. Juni 1965 gibt Hans Magnus Enzensberger die Zeitschrift ›Kursbuch‹ heraus. Nicht eine Ganzheit, sondern die Konstellation von Texten, die Partei nehmen, mochte die Zeitschrift von Anfang an bringen. Enzensberger erläutert in seinem Editorial den programmatischen Titel, der sich an Benjamins Konfigurationen anlehnt: Kursbücher nennen Verbindungen, die – in damaliger Bewußtseinsgeographie – oft in die Länder der dritten Welt führen. Indem die Kursbücher über die Verbindungen aufklären, können diese fallen gelassen und revidiert werden. Ausgerechnet der Literatur überträgt man, vor allen anderen, dieses Geschäft. Das Vertrauen kommt aus einer alten deutschen Tradition.

»Die Zeitschrift steht neuer Poesie und neuer Prosa offen«, doch

Wo die literarische Vermittlung versagt, wird das Kursbuch den unvermittelten Niederschlag der Realien zu fassen suchen: in Protokollen, Gutachten, Reportagen, Aktenstücken, polemischen und unpolemischen Gesprächen. *(Prospekt ›Ankündigung einer neuen Zeitschrift‹, Seite 2)*

Deren Form und ästhetische Wirkung soll sich dann dem politischen Interesse verdanken.

4 Kursbuch 15

Herausgegeben von Hans Magnus Enzensberger
Frankfurt am Main: Suhrkamp, November 1968
Aus der Bibliothek von Peter Rühmkorf. Mit Anstreichungen
Aufgeschlagen: Seite 196/197 mit dem Schluß des Aufsatzes ›Gemeinplätze, die Neueste Literatur betreffend‹ von Hans Magnus Enzensberger

Das ›Kursbuch‹ 15, das den »Tod der Literatur« verkündet haben soll, enthält Gedichte, eine Erzählung, Prosa, Essays und ein Dossier über China, besorgt vom Sinologen Joachim Schickel. Zu Beginn steht, von Enzensberger herausgegeben, ›Der Cimarrón. Aus den Erzählungen eines ehemaligen Sklaven‹. Dem Dokument des auf Cuba entsprungenen Sklaven folgt der politisch-systematische Kommentar, der sich auf das naive Erlebnis des Verfolgten verläßt:

Sein politisches Urteil ist unbestechlich. Es gründet nicht in Theorien, sondern in Erfahrungen. Esteban berichtet nicht nur von den politischen Ereignissen seiner Zeit. Er spricht auch vom Spiel, von der Zauberei, von den Frauen, vom Wald. Was er sagt, ist zugleich historisches Zeugnis und elementare Poesie. *(Seite 16)*

Von Ingeborg Bachmann sind vier Gedichte abgedruckt. »Mein Teil, es soll verloren gehen« notiert sie am Ende des ersten Gedichts ›Keine Delikatessen‹, das sich abkehrt von preziosen Metaphern, raffinierter Syntax und Synästhesie:

Ich habe ein Einsehn gelernt
mit den Worten,
die da sind
(für die unterste Klasse)
Hunger
        Schande
                Tränen
und
                        Finsternis.

Die vier Gedichte beschreiben eine dialektische Bewegung (daher sind sie wohl ausgesucht worden) und wissen am Ende nichts mehr vom Klassenkampf: in dem Gedicht ›Böhmen liegt am Meer‹ kommt die Dichterin in ein Böhmen, eine verallgemeinerbare Heimat, die ihre Konturen verloren hat.

> Ich grenz noch an ein Wort und an ein andres Land,
> ich grenz, wie wenig auch, an alles immer mehr,
>
> Ein Böhme, ein Vagant, der nichts hat, den nichts hält,
> begabt nur noch, vom Meer, das strittig ist, Land meiner Wahl zu sehen.

Enzensbergers acht kleine ›Gemeinplätze, die Neueste Literatur betreffend‹ (Seite 187–197) schließen an die politischen ›Berliner Gemeinplätze‹ aus früher erschienenen ›Kursbüchern‹ an; nun ironisiert er die Rede vom Tod der Literatur (»pompes funèbres«), die gerade deren Existenz sichere, begründet sein eigenes poetisches Verfahren und gibt schließlich bescheidene Anregungen für eine künftige Literatur. Sie soll sich vorerst an die Reportage halten. – Rühmkorfs Anstreichungen sind in den folgenden Auszügen kursiv wiedergegeben:

2. *Bedenkfrist.* ... Liefern schlucken liefern schlucken: das ist der Imperativ des Marktes; wenn Schreiber und Leser bemerken, daß, wer liefert, geschluckt wird und wer schluckt, geliefert ist, so führt

das zu Stockungen. Gerade der elitäre Charakter unserer Literatur macht sie anfällig für solche Anwandlungen. *Störungsfrei kann sie nur operieren, solang ihr Bewußtsein von der eigenen Lage gestört ist.* Da sie von wenigen für wenige gemacht wird, genügen wenige, um sie aus dem Gleichgewicht zu bringen. …

4. *Die alten Fragen, die alten Antworten.* … Die Surrealisten erhoben die Quadratur des Kreises zu ihrem Programm. Sie verschrieben sich rückhaltlos der Sache der kommunistischen Weltrevolution und beharrten zugleich auf ihrer intellektuellen Souveränität, auf der Autonomie ihrer literarischen Kriterien. …

5. *Allesfresser. … Bis heute geben mithin die Hervorbringungen der bürgerlichen Epoche in der Weltliteratur den Ton an; … Der Imperialismus hat … so mächtige Instrumente zur industriellen Manipulation des Bewußtseins entwickelt, daß er auf die Literatur nicht mehr angewiesen ist.* Umgekehrt ist auch ihre kritische Funktion immer mehr geschrumpft. Schon in den dreißiger Jahren konnte Benjamin konstatieren, »daß der bürgerliche Produktions- und Publikationsapparat erstaunliche Mengen von revolutionären Themen assimilieren, ja propagieren kann, ohne damit seinen eigenen Bestand … ernstlich in Frage zu stellen.« … *Damit hat eine Äquivokation ein Ende, die fünfzig Jahre lang die progressive Literaturtheorie beherrscht hat: die Parallelisierung oder gar Gleichsetzung von formaler und gesellschaftlicher Innovation. …*

6. *Für Garderobe wird nicht gehaftet. … Für literarische Kunstwerke läßt sich eine wesentliche gesellschaftliche Funktion in unserer Lage nicht angeben.* Daraus folgt, daß sich auch keine brauchbaren Kriterien zu ihrer Beurteilung finden lassen. Mithin ist eine Literaturkritik, die mehr als Geschmacksurteile ausstoßen und den Markt regulieren könnte, nicht möglich.

Zwei weitere Beiträge haben das Bild dieses ›Kursbuch‹ bis heute bestimmt: Karl Markus Michels Essay ›Ein Kranz für die Literatur. Fünf Variationen über eine These‹ (Seite 169ff) und das ›Autodafé‹ von Walter Boehlich. Sie sind unter dem Rubrum »Tod der Literatur« im literarischen Gedächtnis abgelegt und nicht auf En-

zensbergers Ästhetik oder auf die Anthologie hin, der sie angehören und die auch schöne Poesie bringt, gedeutet worden.

5 Walter Boehlich: Autodafé

›Kursbogen‹ zum ›Kursbuch‹ 15, November 1968

Seit diesem Band erscheinen sogenannte ›Kursbogen‹ als Beilagen, die als Poster Bildmotive oder typographisch gestaltete Deklarationen enthalten zum privaten »Plakatanschlag«. Walter Boehlich, bis Ende 1968 Cheflektor bei Suhrkamp und ein gefürchteter Kritiker, schließt mit seinem Kursbogen ›Autodafé‹ an Enzensbergers sechsten ›Gemeinplatz‹ an. »trágala, trágala, trágala, perro!« lautet das Motto; spanische Liberale sollen so gerufen haben, als sie für die Verfassung (»Schlucks runter ...., du Hund«) kämpften. Boehlich verkündet bedingungsloser als die anderen den »Tod« der Kritik, und agitiert, statt – wie Enzensberger – auch die eigene Rolle zu betrachten.

Die Kritik ist tot./Welche?/Die bürgerliche, die herrschende./Sie ist gestorben an sich selbst, gestorben mit der bürgerlichen Welt, zu der sie gehört hat, gestorben mit der bürgerlichen Literatur, die sie schulterklopfend begleitet hat ... Können wir keine Kritik haben, deren Autorität sich darauf gründet, daß der Kritiker sich über die Funktion klar ist, die Literatur hat, und daß von dieser Funktion abhängen muß, was über Literatur gesagt wird?

Enzensberger faßt hingegen seine Argumente so zusammen:

7. *Ja das Schreiben und das Lesen.* ... Was uns heute zur Hand liegt, wirkt ... *allerdings bescheiden:* beispielsweise *Günter Wallraffs* Reportagen aus deutschen Fabriken, Bahman *Nirumands* Persien-Buch, *Ulrike Meinhofs* Kolumnen, Georg *Alsheimers* Bericht aus Vietnam. Den Nutzen solcher Arbeiten halte ich für unbestreitbar. ... *Die politische Alphabetisierung Deutschlands ist ein gigantisches Projekt. Sie hätte selbstverständlich ... mit der Alphabetisierung der Alphabetisierer zu beginnen.* ... Vielleicht er-

33 Auf den folgenden Seiten: Kursbogen (5.5)

AUTODAFÉ

trágala, trágala, trágala, perro!

Die Kritik ist tot.
Welche?
Die bürgerliche, die herrschende.
Sie ist gestorben an sich selbst, gestorben mit der bürgerlichen Welt, zu der sie gehört hat, gestorben mit der bürgerlichen Literatur, die sie schulterklopfend begleitet hat, gestorben mit der bürgerlichen Ästhetik, auf die sie ihre Regeln gegründet hat, gestorben mit dem bürgerlichen Gott, der ihr seinen Segen gegeben hat.
Aber werden dem toten Gott nicht immer neue Kirchen gebaut?
Hilft die tote Ästhetik nicht nach wie vor, das zu annihilieren, was lebendig ist?
Blüht die tote Literatur nicht prächtiger als je?
Entfaltet die tote Welt nicht eine unvorhersehbare Macht?
Findet die tote Kritik nicht den größten Glauben?
Ist das wirklich alles tot?
Nicht nur scheintot?
Es ist scheinlebendig.
Was wie Leben aussieht, ist Agonie.
Was wie Agonie aussieht, ist Tod.
Die bürgerliche Kritik ist zum Gesellschaftsspiel geworden.
Die bürgerliche Welt zerstört sich selbst, indem sie sich zu verteidigen glaubt.
An die bürgerliche Literatur glauben nicht einmal mehr die bürgerlichen Literaten.
Die bürgerliche Ästhetik unterhält sich mit sich selbst über ihre eigenen Fiktionen.
Die Kirchen des bürgerlichen Gottes stehen leer.
Die Füße derer, die den toten Gott begraben haben, sind vor der Tür und werden die Kritik hinaustragen.
Man weiß das.
Man weiß das längst.
Man weiß es seit spätestens vierzig Jahren.
Aber die Herrschenden, die über die Kommunikationsmittel verfügen, sträuben sich.
Da sie ein Monopol besitzen, stellen sie die Welt dar, die sie gern hätten, und hoffen, daß die dargestellte Welt sich durch Reproduktion als reale erweist.
Ihr Monopol bröckelt.
Das Neue, das Nichtbürgerliche, das Lebendige findet Unterstützung, Zustimmung.
Es artikuliert sich, es wirkt.
Das Unbehagen wächst, und mit ihm die Angst.
Wie tot ist die bürgerliche Kritik?
Sie ist so tot, daß sie nicht einmal mehr hervorbringt, was die bürgerliche Welt allemal hervorgebracht hat: „Größe".
Es gibt keine „großen" Kritiker mehr.
Es gibt höchstens Großkritiker.
Die bürgerliche Kritik wirkt nicht mehr über den ersten Tag hinaus. Sie bewirkt ihr eigenes Vergessen. Sie produziert Eintagsfliegen. Jeder Kritiker produziert seine eigenen. Alle widersprechen einander, alle sind unglaubwürdig.

Wo die bürgerliche Kritik für die Dauer zu produzieren vorgibt, nicht auf Zeitungspapier also, sondern zwischen Buchdeckeln, schauderts selbst die Bürger.
Wird nach drei Jahren, oder nach fünf Jahren, oder nach zehn Jahren glaubwürdiger, was Glaubwürdigkeit schon im ersten Augenblick nicht besaß? Was sogar innerhalb des Systems, dem es sich geliehen hat, desavouiert ist durch Widerspruch, durch Veränderung, durch den schleichenden Tod?
Die bürgerliche Kritik hält Kultur für Kultur. Sie hält Kunstwerke für Kunstwerke. Sie hält Politik für das eine und die Welt des Geistes für das andere.
Sie ist nicht fähig, zu verstehen, daß es einen politikfreien Raum nicht länger gibt, daß auch Geist politisch ist, wenn er Geist ist, daß auch das vorgeblich Unpolitische politische Folgen hat.
Sie ist nicht fähig, zu begreifen, daß sie selbst dem Geist, den zu verteidigen sie vorgibt, im Wege steht.
Sie ist nicht fähig, einzusehen, daß sie mit toten Begriffen von toten Dingen redet.
Sie glaubt noch immer, daß der Geist das Höchste sei, daß Geist sich ohne Macht verwirklichen könne, daß Geist Macht sei; sie hat ihre eigene Entmachtung dankbar hingenommen. Sie hat sich verbannen lassen auf die letzten Seiten der Zeitungen, der Wochenschriften, der Zeitschriften. Sie nimmt hin, daß die Politik, die auf den ersten Seiten gemacht wird, selbst in ihren eigenen Augen der Kritik widerspricht, die sie auf den letzten Seiten übt.
Sie glaubt immer noch, daß sie trotzdem etwas bewirken könne. Sie nimmt sich hin als liberalen Flitter einer längst nicht mehr liberalen Gewalt. Sie läßt sich jeden Tag demütigen, weil sie ja jeden Tag ihre Meinung sagen darf. Ihre bürgerliche Meinung. Dürfte sie auch ihre Bürgermeinung sagen?
Dürfte in der bürgerlichen Welt Kritik sich politisch verstehen, das Leben gegen den Tod ausspielen?
Dürfte in der bürgerlichen Welt Kritik aufhören, mit einem nutzlosen und hilflosen, längst dem Gelächter preisgegebenen Vokabular das Sterbende, das Tote, für lebendig auszugeben und mit einem neuen Vokabular, gewiß tastend, gewiß experimentierend, gewiß den Versuch nur einen Versuch nennend, das Unbürgerliche, Gegenbürgerliche als das Neue und Künftige verstehen?
Können wir keine Kritik haben, die nicht um Jahrzehnte hinter der Praxis zurück ist, die alles über Bord wirft, was sie hindert, zu verstehen, was noch nicht verstanden ist, aber verstanden werden muß, wenn die Agonie nicht noch Jahrzehnte dauern soll?
Können wir keine Kritik haben, die den fadenscheinig gewordenen Kunstwerk-Begriff über Bord wirft und endlich die gesellschaftliche Funktion jeglicher Literatur als das Entscheidende versteht und damit die künstlerische Funktion als eine beiläufige erkennt?
Können wir keine Kritik haben, deren Scheinautorität sich nicht länger darauf gründet, daß der Kritiker mehr gelesen hat als seine Leser, Fachmann im Lesen ist, ein besseres Gespür hat, seine Ästhetik studiert hat?
Können wir keine Kritik haben, deren Autorität sich darauf gründet, daß der Kritiker sich über die Funktion klar ist, die Literatur hat, und daß von dieser Funktion abhängen muß, was über Literatur gesagt wird?
Können wir keine Kritik haben, die nicht vom überzeitlichen Charakter des Kunstwerks ausgeht, sondern vom jeweils zeitlichen Charakter, die Literatur nicht länger als das begreift, was sie angeblich ist, sondern als das, wozu sie dient und was mit ihr geschieht?
Diese Kritik wäre lebendig; sie ließe keine Trauer über die tote Kritik aufkommen.

Walter Boehlich

KURSBOGEN

zu Kursbuch 15

reicht der Alphabetisierer eines Tages sogar, was ihm versagt bleiben mußte, solang er auf Kunst aus war: *daß der Gebrauchswert seiner Arbeit ihrem Marktwert über den Kopf wächst.* *(Kursbuch 15. a.a.O., Seite 196f.)*

6 Hans Magnus Enzensberger: Der kurze Sommer der Anarchie

Buenaventura Durrutis Leben und Tod
Roman
Frankfurt am Main: Suhrkamp 1972
Umschlag: Willy Fleckhaus

Die »politische Alphabetisierung« nimmt Enzensberger in einem Roman vor, der die Geschichte Buenaventura Durrutis (1896–1936), des Monteurs und Anarchisten, zum Vorwand nimmt. Durruti war der Held der CNT (Confederación Nacional del Trabajo), der Gewerkschaft der spanischen Anarchisten, und kam im Bürgerkrieg ums Leben. Enzensberger hat im Amsterdamer Institut für Internationale Sozialgeschichte recherchiert und Originaldokumente zum Roman montiert, zum Beispiel H. E. Kaminskis Bericht über Durrutis Begräbnis:

Um halb elf Uhr verließ Durrutis Sarg, bedeckt von einer schwarzroten Fahne, auf den Schultern von Milizsoldaten seiner Kolonne, das Haus der Anarchisten. Die Massen erhoben die Faust zum letzten Gruß. ... Es war ein Ding der Unmöglichkeit, in diesem Tumult einen Zug zu formieren. Die beiden Orchester spielten dasselbe Lied noch einmal, noch mehrere Male. Sie hatten alle Versuche, sich aufeinander abzustimmen, aufgegeben. Man hörte die Töne, aber es war keine Melodie mehr zu erkennen. Immer noch sah man auf allen Seiten erhobene Fäuste. Endlich verstummte die Musik, die Fäuste sanken, und nur noch das Brausen der Menge, in deren Mitte Durruti auf den Schultern seiner Genossen ruhte, war zu hören. ... Nein, das war nicht die Beisetzung eines Königs, es war ein Begräbnis, das das Volk in die

34 Auf der gegenüberliegenden Seite: Buenaventura Durruti (5.7)

Hand genommen hatte. Es gab keine Anordnungen, alles geschah spontan. Das nicht Vorhersehbare beherrschte den Tag. Es war einfach ein anarchistisches Begräbnis, und darin lag seine Majestät. Es hatte seine sonderbaren Seiten, aber seine Größe, eine eigenartige, düstere Größe, verlor es nie. *(Seite 9 f.)*

Enzensberger hat auch die überlebenden Revolutionäre aufgesucht und sie aus ihrer Erinnerung sprechen lassen:

Ihre Höflichkeit ist proletarisch. Ihre Würde ist die von Leuten, die nie kapituliert haben. Sie haben sich bei niemandem zu bedanken. Niemand hat sie »gefördert«. Sie haben nichts genommen, kein Stipendium verzehrt. Wohlstand interessiert sie nicht. Sie sind unbestechlich. Ihr Bewußtsein ist intakt. Das sind keine kaputten Typen. Ihre physische Verfassung ist ausgezeichnet. Sie sind nicht ausgeflippt, sie sind nicht neurotisch, sie brauchen keine Drogen. Sie bedauern sich nicht. Sie bereuen nichts. Ihre Niederlagen haben sie keines Schlechteren belehrt. Sie wissen, daß sie Fehler gemacht haben, aber sie nehmen nichts zurück. Die alten Männer der Revolution sind stärker als alles, was nach ihnen kam. *(Seite 283 f.)*

Aus den Materialien und Berichten komponiert Enzensberger eine Dokumentation, wie sie im ›Kursbuch‹ 15 steht, unterbrochen nur durch acht Geschichts-Glossen von ihm selbst. Die Glossen (aus der letzten stammt das Lob der Revolutionäre) deuten den Sinn des Materials und geben ihm den Nutzen, den er in den ›Gemeinplätzen‹, ohne weitere Gründe dafür zu nennen, für »unbestreitbar« hält. Das politische Programm des Dokumentars vermittelt und soll verhindern, daß die falschen Schlüsse gezogen werden. Das Buch über die Anarchisten will es besser machen als diese, es gehört schon in die Zeit nach 1968, als der spontane provozierende Spaß nicht mehr genügte:

Es ist ein alter Fehler der Anarchisten, daß sie das eigentlich politische Medium, nämlich die Vermittlung zwischen Prinzipientreue und taktischer Notwendigkeit, beharrlich ignorieren. … Einmal vom »richtigen Pfad« der revolutionären Unmittelbarkeit abgewichen, gab es kein Halten mehr. Die Konzessionen der CNT-FAI an

ihre politischen Gegner im eigenen Lager wurden zur katastrophalen Deroute. Ihre Prinzipienfestigkeit schlug in einen grenzenlosen Opportunismus um. *(Seite 233)*

7 Buenaventura Durruti mit Arbeitskollegen

in der Metallwerkstatt von Antonio Mijé. Léon 1915
Photographie von Abel Paz
Leihgabe: Hans Magnus Enzensberger

Das Spezifische an Durruti ist als individuelle Besonderheit nicht zu fassen. Was am anekdotischen Detail hervortritt, ist bis in die privatesten Handlungen hinein ein gesellschaftlicher Gestus. *(Seite 259)*

Süddeutsche Zeitung Nr. 314

SZ am Jahresende

S I L V E S T E R - B E I L A G E   D E R   S Ü D D E U T S C H E N

8 Unsere Silvester-Umfrage: Was hat sich für mich 1968 verändert?

Ausschnitt aus: Süddeutsche Zeitung. München. Nummer 314 vom 31. Dezember 1968 mit der Antwort von Alfred Andersch
Nachlaß Alfred Andersch

35 Titelzeile (5.8) *Andersch hat im Oktober 1955 Hans Magnus Enzensberger als Redaktionsassistent in die Redaktion des Nachtstudio beim SDR geholt und 1958 enthusiastisch den Gedichtband ›verteidigung der wölfe‹ (Frankfurt am Main: Suhrkamp 1957) in den ›Frankfurter Heften‹ gepriesen:*

Endlich, endlich, ist unter uns der zornige junge Mann erschienen, der junge Mann, der seine Worte nicht auf die Waagschale legt, es sei denn auf die der poetischen Qualität. ... Eine Begabung wie diejenige Enzensbergers wird immer gefährdet sein. Was wird mit ihm geschehen, wenn der Zorn einmal nachläßt, wenn nicht mehr Empörung die leichte Hand regiert? *(Jg 13, 1958, Heft 2, Seite 144f.)*

Und – möchte man ergänzen – wenn das Einverständnis mit den Seinen brüchig wird? Dann versucht der Dichter, seine Rolle als Revolutionär »wissenschaftlich« zu bekräftigen. Das politische Programm verfestigt sich. Enzensberger hat dann auch das Streitgespräch mit ungebärdigen Genossen gesucht und eher dogmatisch sich ihres Denkens versichern wollen. Am 1. Oktober 1974 debattiert er eine Stunde lang mit Andersch im Norddeutschen Rundfunk (Redaktion Hanjo Kesting) über ›Die Literatur nach dem Tod der Literatur‹; er findet sich nur ungern mit dem Rückzug des alten Kommunisten ins Tessin ab. Auch Privates ist politisch zu rechtfertigen.

Andersch: Praxis hat mich gelehrt, daß ich nur etwas zustande bringe, wenn ich mich konzentrieren kann, wenn ich meine Ruh' hab. Es ist ein furchtbares Wort, ich wende es aber jetzt mal an. Wenn ich etwas halbwegs Anständiges zustande bringen will, darf ich mich nicht stören lassen, d.h. ich bin also der Mann, der am Schreibtisch sitzt und da irgend etwas wie z.B. im vorliegenden Fall einen Roman von 682 Schreibmaschinenseiten produziert, man kann das natürlich sehr in Frage stellen: wozu das alles? er soll das doch lassen, nicht?

Enzensberger: Was denkst Du Dir jetzt dabei, das ist ja jetzt der Punkt?

Andersch: Und ich kann's halt nicht lassen. Ich kann's nicht lassen und …

Enzensberger: Das führt ja wieder auf das Moment der Distanz …

Andersch: Wir leben in einer, darüber sind wir uns einig, in einer arbeitsteiligen Gesellschaft, nicht? Und innerhalb dieser arbeitsteiligen Gesellschaft übernimmt der Künstler die Arbeit der Herstellung beispielsweise eines langen Romans und kann nicht andere Arbeiten übernehmen, weil er diese Arbeit hat.

Enzensberger: Dazu braucht er Distanz, die verschafft er sich. Das was Du Deine Ruh' nennst, das hat auch erkenntnistheoretischen Sinn, nicht nur im praktischen Sinn. Du brauchst dazu eine Distanz. Das erkärt vollkommen den Rückzug ...

Andersch: Das ist ja selbstverständlich, aber jetzt ist die Frage die, ob diese durch die Arbeitsteilung erzwungenen Funktionen, ob man die gelten lassen will, und da hat man heute den Eindruck, daß die neue Linke das nicht gelten lassen will. *(Auszug aus der Abschrift des Gesprächs. Typosksript, 26 Blatt. Nachlaß Alfred Andersch)*

Zum ›Kursbuch‹ 15 geht Andersch entschieden auf Distanz und wird – in seinem Trotz – Enzensberger nicht gerecht. Die Gewaltbereitschaft der Studenten schreckt ihn überhaupt, und wer den »Tod der Literatur« betreibe, raube ihm seine Existenz; Andersch meint, die Gewalt gegen Kultur gelte ihm. Er nennt das in seiner Antwort auf die Silvester-Umfrage der ›Süddeutschen Zeitung‹ »eine maoistische Revolution«:

Im neuen Heft des *Kursbuch*, dieser geschliffenen Lanzenspitze der *Neuen Linken*, lese ich ein Gedicht eines gewissen Friedrich Christian Delius, in dem im Ton großen Vergnügens geschildert wird, wie ein Pulk junger Revolutionäre die Bibliothek und die Schallplattensammlung eines Intellektuellen konfisziert. ... Da ich einmal habe zusehen müssen, wie mir meine Bücher konfisziert wurden, gestehe ich, daß mir der Sinn für den satten Humor dieses Gedichtes fehlt. ... wenn Enzensberger mir zu einer *Literatur der kleinen Schritte* rät – denn genau das hast Du getan, Hans Magnus, im letzten Absatz deiner *Gemeinplätze*! –, dann wende ich mich gequält ab. Wohin? Zum noch nicht wieder konfiszierten Inhalt meiner Bücherregale. Ich lese dann *Flechtenkunde* oder *Lachesis lapponica*. Die Literatur wird das Kursbuch 15 schon überleben.

In Prag registriert und montiert der 54jährige Schriftsteller und Maler Jiří Kolář die Proteststimmen gegen den sowjetischen Überfall; Enzensberger erinnert sich und gibt Kolářs Collagen die Dignität ästhetisch-politischer Unmittelbarkeit: »Ich war im Zentrum dessen angelangt, was damals in Prag vorging.« *(Hommage à Jiří Kolář. Tagebuch 1968. Ausstellungskatalog. Nürnberg: Kunsthalle Nürnberg 1984. Seite 11)*

Kolář kommentiert seine Collagen. Das erste Blatt einer Serie zum Überfall steht unter dem Titel: ›An alle Bürger der Tschechoslowakischen sozialistischen Republik! (21. 8. 1968)‹

Gestern, am 20. 8. 1968, gegen 23 Uhr abends, haben die Armeen der Sowjetunion, der Volksrepublik Polen, der Deutschen Demokratischen Republik, der Volksrepublik Ungarn und der Volksrepublik Bulgarien die Staatsgrenze der Tschechoslowakischen sozialistischen Republik überschritten. Dies ist geschehen, ohne das Wissen des Präsidenten der Republik, des Vorsitzenden der Nationalversammlung, des Regierungsvorsitzenden und des ersten Sekretärs des ZK der KPT und all dieser Organe.« *(Hommage à Jiří Kolář, a. a. O., Seite 100)*

Das dritte Blatt ›Záběr‹ (›Die Aufnahme‹) ist auf den 23. 8. 1968 datiert:

»Vernichtet die Verzeichnisse aller Abonnenten von Zeitschriften wie ›Literární Listy‹, ›Reportér‹ sowie weitere Zeitungen! Sie werden gesucht, damit man auf Grund von ihnen Massenverhaftungen vornehmen kann!!! Gebt niemandem Kartotheken oder Verzeichnisse in die Hände, die Anhaltspunkte sein könnten für Verräter, Kollaborateure und deren Auftraggeber!« *(Hommage à Jiří Kolář, a. a. O., Seite 104)*

Das vierte Blatt ›Mladý svět‹ (›Junge Welt‹) vom 24. 8. 1968:

»Nur der verdient sich Freiheit wie das Leben, / Der täglich sie erobern muß! J. W. Goethe.« *(Hommage à Jiří Kolář, a. a. O., Seite 106)*

Proletáři všech zemí, spojte se!
É PRÁVO
OMUNISTICKÉ STRANY ČESKOSLOVENSKA
RICI SVĚTA K MNICHOVSKÉ SMLOUVĚ
cky o mezinárodní politice
Všemu lidu Československé
socialistické republiky!
Včera dne 20. 8. 1968 kolem 23. hod. večer překročila vojska Sovětskéh
svazu, Polské lidové republiky, Německé demokratické republiky, Ma-
ďarské lidové republiky a Bulharské lidové republiky státní hranic
Československé socialistické republiky. Stalo se tak bez vědomí presiden-
ta republiky, předsedy Národního shromáždění, předsedy vlády i první-
ho tajemníka ÚV KSČ a těchto orgánů.
V těchto hodinách zasedalo předsednictvo ÚV KSČ a zabývalo se
přípravou XIV. sjezdu strany. Předsednictvo ÚV KSČ vyzývá všechny
občany naší republiky, aby zachovali klid a nekladli postupujícím vojskům
odpor. Proto ani naše armáda, Bezpečnost a Lidové milice nedostaly
rozkaz k obraně země.
ty, ale za popření základníc
i Národní fronty zůstávají v
tavitelé lidu a členů svých or
norem, platných v Českoslo
zasedání Národního shromáž
ředního výboru KSČ svolává
ce.
NICTVO ÚV KSČ
kční kolektiv Rudého práva

ZA SVOBODU - ZA DUBČEKA!

ZÁBĚR

čtrnáctideník českoslovens

ZVLÁŠTNÍ VYDÁNÍ 23.

NOVĚ ZVOLENÝ ÚV KSČ

1. Dubček Alexander
2. Černík Oldřich
3. Svoboda Ludvík
4. Špaček Josef
5. Císař Čestmír
6. Smrkovský Josef
7. Šimon Bohumil
8. Kriegel František
9. Černý Josef
10. Hájek Jiří
11. Hrdinová Libuše
12. Kadlec Vladimír
13. Krejčí Josef
14. Slavík Václav
15. Starý Oldřich
16. Šik Ota
17. Kabrna Vladimír
18. Šabata Jaroslav
19. Ondráček Karel
20. Příbyl Josef
21. Vojáček Bohumil
22. Zuda Josef
23. Pavlíšťík Karel
24. Vojáček Bořivoj
25. Petránek František
26. Salák Libor
27. Klága Petr
28. Doležal Zdeněk
29. Soukalová Olga
30. Mrázek Karel
31. Šmidke Vlado
32. Ploss Jiří
33. Mára Josef
34. Rybář Jaroslav
35. Polívka Miloš
36. Bejček Karel
37. Hlaváček Mojmír
38. Králík Bedřich
39. Hašek Josef
40. Zelenková Jiřina
41. Svoboda Jaroslav
42. Částečka Jan
43. Smolík Zdeněk
44. Matějíček Vojtěch
45. Dejl Ladislav
46. Kábele Antonín
47. Faloušek Rudolf
48. Káninský Josef
49. Černý Rudolf
50. Klinger Miloslav
51. Jindřich Václav
52. Sýkora Jaroslav
53. Loskot Josef
54. Paulus Zdeněk
55. Svoboda Josef
56. Troják Vojtěch
57. Šauer Břetislav
58. Šimeček Václav
59. Stoklasa Jiří
60. Klánský Jan
61. Koubek Josef
62. Kratochvíl Zdeněk
63. Tousa Václav
64. Jeřábek Jan
65. Němcová Jarmila
66. Jarolím Rudolf
67. Šimek Miroslav
68. Kargel Vladimír
69. Frank Jaromír
70. Oldina Josef
71. Popluda Jaromír
72. Falc Jaroslav
73. Plšer Josef
74. Hejzlar Zdeněk
75. Hrobek Antonín
76. Jelínek Jan
77. Haur Josef
78. Burián Václav
79. Smidka Josef
80. Galuška Miroslav
81. Goldstücker Eduard
82. Hanzelka Jiří
83. Pavel Josef
84. Erban Evžen
85. Pelikán Jiří
86. Hübl Milan
87. Litera Jaromír
88. Pavlíček František
89. Šilhan Věnek
90. Brož Bohumil
91. Judl Jiří
92. Kosík Karel
93. Kratěna Josef
94. Moc Zdeněk
95. Němčanský Miloš
96. Sochor Lubomír
97. Vorel Karel
98. Záruba Antonín
99. Vodsloň František
100. Vaculík Martin
101. Mlynář Zdeněk
102. Topek František
103. Šišovský Jozef
104. Husák Gustav
105. Hladký Milan
106. Colotka Peter
107. Pavlenda Viktor
108. Zrak Jozef
109. Kočtúch Hvezdoň
110. Novomeský Ladislav
111. Števček Pavol
112. Sádovský Štefan
113. Sedláková Mária
114. Klokoč Ondrej
115. Turček Július
116. Valo Ján
117. Neovesky Kliment
118. Malý Jozef
119. Opavský Jozef
120. Har Jozef
121. Jankech Anton
122. Ťažký Anton
123. Pepich Egyd
124. Repáš Milan
125. Dzúr Martin
126. Skalka Jozef
127. Belaj Jaroslav
128. Koscelanský Ján
129. Batta Alojz
130. Beder Jozef
131. Pirč Ján
132. Faraga Michajl
133. Sabolčík Juraj
134. Varga Pavol
135. Pezlár Otto
136. Puzlová Pavlína
137. Marko Ján
138. Petruňa Fedor
139. Trömi Augustín
140. Prachárka Ján
141. Graca Bohuslav
142. Zamek Andrej
143. Machačová Božena
144. Borůvka Josef
145. Pavlovský Josef
146. Ploskot Josef

NIČTE SEZNAMY VŠECH PŘEDPLATITELŮ ČASOPISŮ JAKO JSOU LITERÁRNÍ LISTY, REPORTÉR A DALŠÍCH NOVIN!
JSOU HLEDÁNY, ABY PODLE NICH MOHLO BÝT PROVEDENO HROMADNÉ ZATÝKÁNÍ!!! NEDEJTE DO RUKOU NIKOMU ŽÁDNÉ KARTOTÉKY A SEZNAMY, KTERÉ MOHOU BÝT VODÍTKEM PRO ZRÁDCE, KOLABORANTY A JEJICH ZAMĚSTNAVATELE!

VĚRNI Z

V těchto pro nás tak tragických okamžicích, kdy jsme naráz ztratili doslova vše, čím jsme po léta žili, čemu jsme věřili, zač jsme bojovali, jsme získali však zpět hodnoty, které v životě národů jsou nejcennější: jednotu, společnou vůli, pospolitost, hrdost, odvahu, odhodlání. Do našich srdcí se vrátilo heslo: Věrni zůstaneme! Nejen Svobodovi, Dubčekovi, Smrkovskému, Černíkovi a všem, kterým jsme od ledna tolik věřili a kteří vrátili našim národům důstojnost, svobodu, rovnou páteř, ale to symbolické heslo Věrni zůstaneme! má kořeny daleko hlubší. Sahají daleko do naší minulosti k Nerudovi, Havlíčkovi, Husovi, Žižkovi, Komenskému. Při myšlence na jejich životy a dílo, na jejich osudy, víme dnes

VÝZVA

K TECHNIKŮM A PROMÍTAČŮM ČS. KIN

UMOŽNĚTE VYUŽITÍM ZESILOVAČŮ — REPRODUKTORŮ A MAGNETOFONŮ V KINECH, V HALÁCH KIN A REPRODUKTORŮ INSTALOVANÝCH PŘED KINY, POSLECH ZPRÁV LEGÁLNÍCH ČS. VYSÍLAČŮ.

ÚSTŘEDNÍ PŮJČOVNA FILMŮ

REZOLUCE FILMU

Pracovníci ÚPF, vedení podniku, představitelé strany i odborové organizace zaujímají dne 23. 8. k současné politické situaci toto stanovisko:

Stavíme se plně za výsledky zasedání mimořádného XIV. sjezdu KSČ.

Pokládáme za jediné povolané mluvčí našeho lidu zákonně ustavené orgány — presidenta republiky Ludvíka Svobodu, Národní shromáždění v čele s J. Smrkovským, vládu vedenou Ing. O. Černíkem, nově zvolený ÚV KSČ, jeho předsednictvo a prvního tajemníka A. Dubčeka.

Žádáme pro tyto soudruhy naprostou osobní svobodu, aby se mohli ujmout svých funkcí. Neuznáváme žádná opatření, vynucená okupanty, neuznáváme nikoho, kdo se jim dává k dispozici, kdo jedná pod ochranou jejich zbraní. Jakémukoli diktátu budeme odporovat všemi legálními prostředky. Hluboce pohrdáme všemi kolaboranty. Zatěžují své svědomí nejčernější špínou zrady všeho lidského a národního.

Došli jsme k závěru, že našim národům, žijícím na osudové křižovatce evropských dějin, nesvědčí účast v jakýchkoli blocích. Pokládáme proto za východisko ze současné situace jednání o neutralitě naší země. Nechtěli jsme vystoupit z bratrského svazku socialistických zemí, chtěli jsme se opírat o spojenectví a ochranu Sovětského svazu. Okupací Československa však nynější představitelé SSSR, NDR, Polska, Maďarska a Bulharska roztrhali všechny spojenecké smlouvy, pošlapali naše upřímné city přátelství. Nezbývá nám jiná možnost, než spoléhat sami na sebe a žádat celý svět, aby respektoval spontánní vůli našich národů.

UČME SE SAMI ROZHODOVAT!

V kratičkém období od 5. ledna do 20. srpna jsme měli možnost samostatně myslit a svobodně jednat. Byla to pro nás všechny veliká škola, která předčasně končí skládáním zkoušek. Ačkoliv by se zdálo, že každý bude jednat podle svých zájmů, ukázal se pravý opak. Uvědomujeme si, co nás spojuje a sjednocuje. Mnozí z těch, kteří váhali a kolísali, kteří byli zvykli poslouchat cizí rozum a instrukce, v této chvíli zaujali správné stanovisko. Jen jednotlivci se vyřadili z národa, jen jednotlivci se podřizují okupantům. Víme dobře, kdo říká pravdu a kdo lže, komu můžeme věřit a komu ne. Může se stát, že spojení, které máme mezi sebou, bude přerušeno. Budou nás chtít rozdělit. Budou přesvědčovat, budou vyhrožovat. Může se stát, že každý z nás bude muset sám zaujmout stanovisko, sám rozhodnout. Nechť zkoumá své svědomí, aby neučinil nic, za co by si zasloužil všeobecné opovržení!

ZPRÁVY Z KRAJŮ

ČESKÉ BUDĚJOVICE

Krajský národní výbor a Krajský výbor Komunistické strany Československa v Českých Budějovicích jednaly včera tj. 22. srpna 1968 s velitelstvím jednotek okupační armády. Na základě tohoto jednání odjely sovětské tanky ze středu města, z náměstí a z mostu, zatím neznámo kam. Je obsazeno pouze letiště. Sovětské okupační velitelství mělo požadavek, aby nebyly tištěny letáky, přestala vycházet Jihočeská Pravda a aby bylo zastaveno vysílání legálního československého vysílače. Tento požadavek byl jednoznačně odmítnut.

OV KSČ, MV KSČ, KNV a MNV se staví za legální vládu v čele s presidentem Svobodou a Al. Dubčekem. Česko-budějovický rozhlas stále legálně vysílá.

V celém městě jsou organizovány podpisové akce za neutralitu Československa.

PLZEŇ

Pracovníci a zaměstnanci plzeňských kin. Dnes večer všechna představení budou přerušena a bude přečtena rezoluce zaměstnanců kin, stavících se plně za vládu Dubčeka, Svobody, Smrkovského, Černíka a žádající odchod okupantů z území Československé republiky. Rezoluce bude zakončena zahráním čs. hymny.

S Bratislavou je přerušeno telefonické spojení.

rozvahy a duševní vyspělosti, který je našim národům vlastní a s nímž má své historické zkušenosti.

ZVLÁŠTNÍ VYDÁNÍ

ZVLÁŠTNÍ VYDÁNÍ Č. 3

mladý svět vždycky svobodný!

Tomuto chlapci, kterého okupanti zabili v Praze na Václavském náměstí pod sochou sv. Václava, bylo čtrnáct let.

mladý svět

...du, že bude i nadále pracovat na přípravě federace a neustoupí od svých rozhodnutí dovršit toto dílo k 28. říjnu 1968.

...shromáždění, tedy poslancům, osobně referovat ti, kteří se jednání zúčastnili. Národní shromáždění, jako nejvyšší ústavní orgán ČSSR, si vyhrazuje právo zaujmout

Jen pak jsi hoden svobody a žití, když rveš se o ně den co den.

(J. W. Goethe)

Švédská cestovní kancelář Folkturist zrušila všechny zájezdy do SSSR, které se měly v těchto dnech uskutečnit. Sami turisté odmítli do SSSR odcestovat.

6 Die Gruppe 47 am Ende

Selbst Jochen Kaiser steht schon links von mir, von Hans Mayer und anderen Denkbeweglichen ganz zu schweigen. Eine solche Entwicklung macht einsam und führt zur Zurückgezogenheit. Man sitzt auf einem Berg von linken Erfahrungen und muß es sich gefallen lassen, wenn ein Student, Sohn eines Generaldirektors, einen mit dem Satz abfertigt: »Erfahrungen machen reaktionär, Herr Richter.« *(Hans Werner Richter: Briefe. Hrsg. von Sabine Cofalla. München, Wien: Hanser 1997. Seite 671)*

Hans Werner Richter klagt Fritz J. Raddatz sein Leid und lädt ihn zur nächsten Tagung ein, die, als 21. der Gruppe 47, vom 3.-6. Oktober 1968 in Prag stattfinden soll. Weil die Truppen des Warschauer Paktes am 21. August einmarschieren, wird es nicht dazu kommen. So endet die Gruppe 47, und es charakterisiert sie, daß ihr Ende mit politischen Ereignissen verflochten ist. Vom Ende der Tagungen spricht man beinahe seit ihren Anfängen. Doch bei den letzten Treffen 1966 in Princeton und 1967 im Gasthof ›Pulvermühle‹ in der Fränkischen Schweiz hat man nicht nur mit den üblichen gruppenpsychologischen Krisen zu tun. Die Rivalität von Fraktionen (die Verleger samt ihren Autoren, die Kritiker, die Berliner etc.) oder von Generationen weiß Richter, der seine eigenen Ambitionen als Autor zurücknimmt, noch stets auszubalancieren. Und niemand kann an der Auswahl der Geladenen rütteln – sie ist allein die Sache Richters, »denn,« schreibt er an Erich Fried am 18. Juli 1966, »und dies mag überheblich klingen, es hängt allein von mir ab, ob es die Gruppe 47 in den nächsten Jahren noch gibt, oder nicht gibt. Ich brauche nur nicht mehr einzuladen, dann gibt es sie nicht mehr. Dann sind alle wieder ›Einzelgänger‹ und die ›fiktive Macht‹, die da entstanden ist, wird sich wie Rauch im Wind verflüchtigen.« (Richter, a.a.O., Seite 616.) Zuletzt bekommt die Gruppe Risse, weil man einen Grundsatz mißachtet, der zwanzig Jahre lang gegolten hat: nicht über Prinzipielles zu diskutieren.

Die Grundlage der Gruppe 47 ist ein politischer Konsens, den Richter »linken Humanismus« nennt und der die Lehren aus Diktatur, Krieg und dem rechten »Corps«-Geist in der Weimarer Republik ziehen will. Wenn sich nun die linken »Einzelgänger« zusammentun, soll alles Alte fernbleiben, auch, mit wenigen Ausnahmen, die Emigranten. In solchem Konsens findet die eigentliche Arbeit während jeweils dreier Tage statt: die spontane Kritik vorgelesener Texte. Manches unverständige Urteil, etwa gegenüber der Lyrik Paul Celans 1952, ist auf den Wunsch zurückzuführen, einfach neu anzufangen, weil neu anfangen so viel hieß wie politisch neu anfangen. Doch es genügt nicht, die Vergangenheit politisch zu reflektieren, wenn man nicht auch die kulturellen deutschen Traditionen kritisiert, in denen man – gerade als Dichter – steckt. Eine merkwürdige Doppelung ergibt sich: Das politische Thema vorausgesetzt, prüft man nach innen eher Talent und Handwerk, während die politische Kritik nach außen in die Öffentlichkeit gerichtet wird. Richter zieht 1967 die ›Bilanz einer Generation‹: »Das politische Engagement aber in der Publizistik, in der Literatur, in der Beeinflussung der öffentlichen Meinung, ist stärker als es jemals in der deutschen Geschichte war.« (Akademie der Künste, Berlin. Typoskript im Nachlaß Hans Werner Richter, Seite 21) Eine Öffentlichkeit ist geschaffen worden, in der man den Intellektuellen noch vernimmt.

Als die Frage aktuell wird: »Wozu Dichter?«, beruhigt man sich damit, daß jede gelungene Literatur auch engagiert sei. Schon dieser Gedanke, den Hans Mayer in Princeton pointiert vorträgt und den die meisten lachend von sich weisen, verstößt gegen die bisherige Regel, in der Literaturkritik nicht theoretisch – und damit politisch – zu werden. Doch die Jüngeren, die seit Beginn der sechziger Jahre dabei sind (Peter Weiss, Erich Fried, F.C. Delius und Reinhard Lettau etwa), fordern eine reflektierte Literatur, die mit der Politik vermittelt ist, und sie wollen die üblichen öffentlichen Noten, unterschrieben von Autoren der Gruppe 47 (gegen die Atombewaffnung der Bundeswehr 1958, zur ›Spiegel‹-Affäre, über den Krieg in Vietnam 1965, gegen die Springer-Presse),

durch handgreiflichere Formen des Protests ergänzen, durch Demonstrationen, sit-ins, durch das Schwenken roter Fahnen, Agitation und das Zerreissen von Zeitungen.
Weil die Gruppe seit jeher politisch verfaßt ist, beginnt sie jetzt zu divergieren. Den Riß, der durch sie hindurchgeht, deuten die Älteren eher politisch, die Jüngeren auch »literarisch«, und Richter sucht 1968 daher in einer gemeinsamen politischen Formel das Heil. An Lettau schreibt er am 31. März (Richter, a. a. O., Seite 663):

Vielleicht, sehr vielleicht, gehen wir nun im Herbst doch nach Prag. Die Einladung liegt ja immer noch vor. Alle sind dafür. Peter Weiss war vorgestern bei mir, lange, mit Gunnilla, und eigentlich haben wir festgestellt, daß wir uns alle – sogar Günther Grass – auf eine Formel einigen können: Sozialismus und Demokratie. Es ist endlich, endlich, die solange verschüttete Zauberformel.

1 Plädoyer für eine neue Regierung oder Keine Alternative

Herausgegeben von Hans Werner Richter
Reinbek: Rowohlt 1965
(rororo aktuell. 782)

Der Band gibt Richters Engagement für die SPD Gestalt und erscheint im Juni, in hoher Auflage, noch vor der Bundestagswahl; er enthält Porträts von Ministern für ein mögliches neues Bundeskabinett, die von Autoren der Gruppe 47 geschrieben sind, von Peter Rühmkorf (Gustav Heinemann) etwa, von Walter Jens (Carlo Schmid) und Siegfried Lenz (Helmut Schmidt), oder von Günter Grass (Willy Brandt). Hans Werner Richter vergleicht den Berliner Wirtschaftssenator Karl Schiller, den er gut kennt, mit Kennedy:

Der Grundsatz, der für Kennedy galt, gilt auch für Schiller: Ohne Konzeption keine Politik, ohne Idee, ohne Geist, ohne Ethos und Moral keine Politik. Jede Politik, die diesen Namen verdient, geht von der Menschenwürde aus und muß auf sie hin gemacht werden. *(Seite 90)*

39/40 Einband. Vorder- und Rückseite (6.1)

Die Sicht der Bundestagswahl aus verschiedenen, Richter wichtig erscheinenden Nachbarländern geben: Peter Weiss (Schweden), Robert Havemann (DDR), Erich Fried (England) und Reinhard Lettau (USA):

Welche Nachrichten sind es nun, die in Amerika das Mißtrauen gegenüber der Bundesrepublik stärken konnten? … In einem Land, in dem die Pressefreiheit seit 189 Jahren nie ernstlich bedroht wurde, haben die damaligen Ausschreitungen der Bundesregierung einen ungeheuren Schock ausgelöst. Über die *Spiegel*-affaire wurde wahrscheinlich ausführlicher berichtet als über irgendein anderes Ereignis der deutschen Nachkriegsgeschichte … Als ich das letzte Mal aus Deutschland zurückkam, stürzte mir ein Student entgegen und fragte mich, mit dem Ausdruck des

Ekels, ob es wirklich wahr sei, was er über die Deutschen gehört habe. Ich fragte ihn, was er meine. Es kann doch nicht stimmen, rief er zurück, es ist doch nicht möglich. Was denn? fragte ich. Ich habe gehört, rief er, daß in Deutschland bei Rotlicht tatsächlich kein Fußgänger über die Straße geht. *(Seite 130f.)*

41–46 Fünf Seiten aus dem Gästebuch von Victor und Frances Lange (6.2)

2 Gästebuch von Victor und Frances Lange

mit Einträgen von Dezember 1942 bis August 1995
Gezeigt wird die Seite mit der Überschrift: ›Beginn der *Gruppe 47* / Tagung / 21 Ap 66‹ und den Unterschriften von Hans Werner Richter, Toni Richter, Marcel Reich-Ranicki, Peter Bichsel, Hans Mayer, Siegfried Unseld, Erich Fried, Bernhard Blume

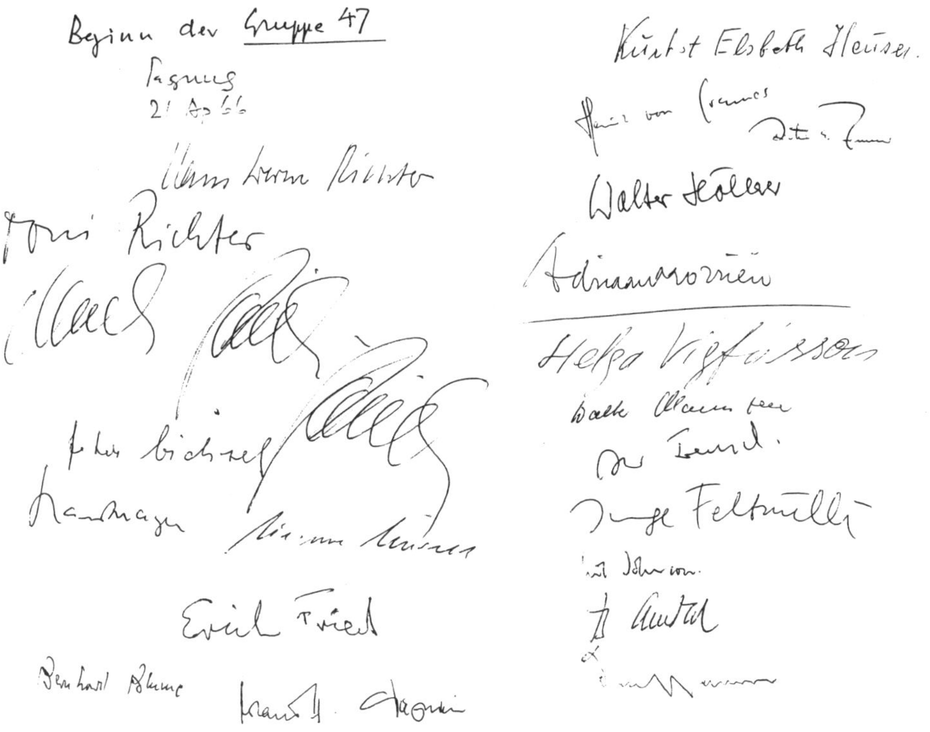

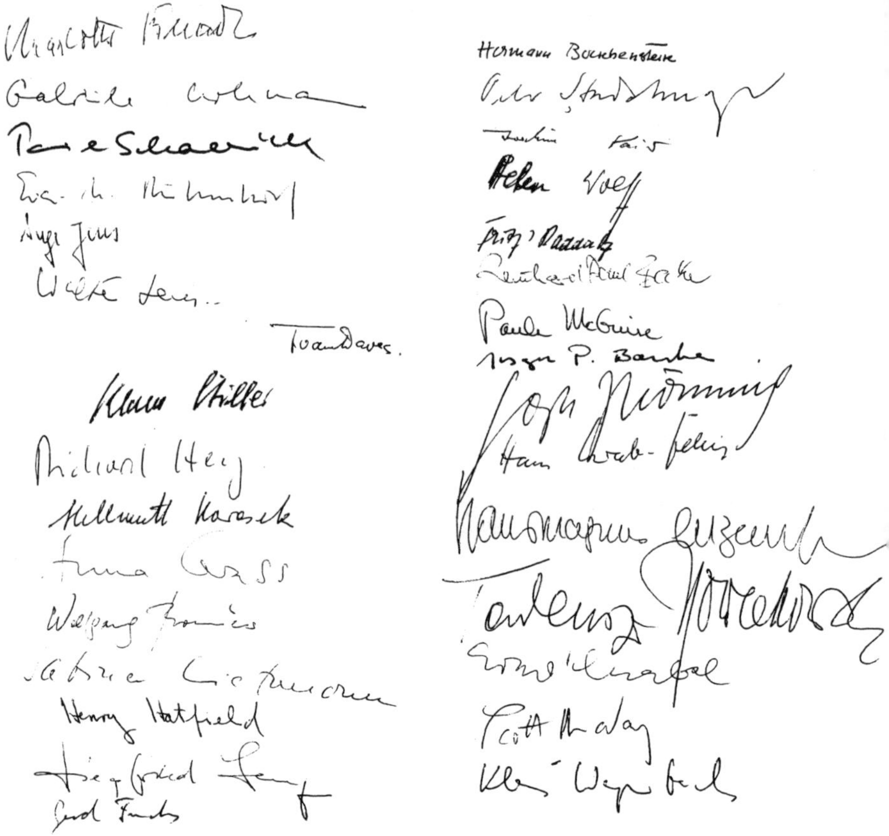

Seit den sechziger Jahren fahren die deutschen Germanisten gern nach Amerika, und keiner hat soviel dafür getan wie Victor Lange (1908–1996), der 1934 in Leipzig als Anglist promoviert und schon seit 1932 in Toronto unterrichtet: Eberhard Lämmert ist 1966, als Gastprofessor, das erste Mal zu Besuch und trägt sich mit seiner Frau Luise am 19. April in das Gästebuch der Langes ein (»Der Tag, an dem man dieses Haus als Gast betritt, ist nicht verloren«); zwei Tage später folgen die Autoren der Gruppe 47. Für einige ist es nicht leicht gewesen, der Einladung des Professors zu folgen und für die 19. Tagung vom 22.-24. April 1966 nach Princeton zu fahren: weder will man – dem Bolschoi-Ballett

ähnlich – die Bundesrepublik repräsentieren, noch Gast des kapitalistischen Landes sein, gegen dessen Vietnamkrieg man zuhause Sturm läuft. Peter Weiss faßt ein früheres Gespräch bei Richter in Berlin am 28. November 1965 zusammen:

Ich würde vorschlagen, dass den Teilnehmern an der Tagung

1.) die Garantie gegeben wird, dass die Einladung ausschliesslich von der Princeton University erteilt wird, und dass das zur Verfügung gestellte Reisegeld auch ausschliesslich von dort kommt, oder von den Teilnehmern selbst getragen wird,

2.) dass die Tagung unter Ausschluss der Presse stattfindet,

3.) dass der Besuch ausgeführt wird mit besonderer Beziehung zu den Kräften an der Universität, die sich gegen die amerikanische Vietnam-Politik richten. *(Richter, a. a. O., Seite 579)*

Hans Magnus Enzensberger, Reinhard Lettau und Peter Weiss nehmen hernach – zum Entsetzen Richters, der diplomatischen Zwist befürchtet – an einem teach-in über die amerikanische Vietnampolitik teil; die meisten Dichter und Kritiker besuchen, nach der Tagung der Gruppe 47, am 25. April 1966 eine »Princeton Conference« zum Thema ›Der Schriftsteller in der Wohlstandsgesellschaft‹.

Auf seine Weise löst Lettau (1929–1996), aus Erfurt gebürtig und amerikanischer Staatsbürger, der seit 1965 in Berlin lebt und 1967 (dank der Vermittlung von Herbert Marcuse und Angela Davis) in San Diego Professor für Vergleichende Literaturwissenschaft wird, die Antinomie von Poesie und politischem Engagement. Zwar trennt er den gesellschaftlichen vom literarischen Raum und handelt darin jeweils anders, aber in seinen Werken zerstört das Literarische, das einer absurden, an Samuel Beckett geschulten Logik streng und daher manieriert folgt, den herkömmlichen Sinn. Lettau liest ein kurzes szenisches Prosastück über das Militär und spielt auf Vietnam an: den auftretenden Figuren fehlen Distanz und Kritik dem gegenüber, was ihnen widerfährt und woran sie gewohnt sind. Auch der Dichter, das gehört mit zu jener Logik, hilft ihnen nicht weiter:

3 Reinhard Lettau: Der Feind

Ausschnitt aus: Stuttgarter Zeitung. Nummer 232 vom 8. Oktober 1966, Seite 75

Leihgabe: Akademie der Künste, Berlin. Nachlaß Reinhard Lettau

Draußen regnet es. Der General kommt zurück.
»Haben Sie gewonnen?« wird er gefragt.

»Ich habe den Feind nicht gefunden«, antwortet der General. Neben ihm stehen die Herren, die mit ihm hereingekommen sind, in triefenden Paletots. Pfützen auf der Diele.
»Der Gegner wurde nicht sichtbar. Wir fanden ihn nirgends«, sagt der General.
Unterdessen ist der Feldmarschall eingetreten, man hat ihn geweckt. Er setzt sich auf den Stuhl, den man ihm hinrückt. Dort knüpft er die Uniformjacke bis obenhin zu, dann sagt er: »Berichten Sie von der Schlacht.« – Der General schlägt die Augen nieder. »Ich hatte eben den Herren schon mitgeteilt, daß die Auffindung des Gegners schwierig war. Zum Beispiel glaubten wir einmal, auf eine feindliche Patrouille gestoßen zu sein. Bei dem Nebel ist es schwierig. Es sind alles Schemen.« Er zeigt hinter sich. Der Feldmarschall ist jetzt aufgestanden und ans Fenster getreten. Knarren der Dielen, der Feldmarschall bewegt sich am Fenster. Die Anwesenden beobachten ihn dort. Ein Soldat tritt neben den Feldmarschall und hält die Gardine beiseite, damit der Feldmarschall nach draußen blicken kann. Der Feldmarschall beugt sich gegen das Glas. Im Zimmer herrscht Ruhe. Nach einer Weile sagt der Feldmarschall: »Draußen ist wirklich nichts zu sehen.«
Der Feind ist ein kleiner Mensch, der schnell und schief läuft und Pickel hat.
»Haben Sie den Feind berührt?« fragt der Feldmarschall.
»Ich selbst habe ihn angefaßt.«
»Wie faßt sich der Feind an?« fragt der Feldmarschall.
Der Leutnant berührt seinen Nebenmann.
»Er faßt sich an wie der Herr hier. Nur muß man sich bücken, um ihn anzufassen.«
»Wie tief etwa?«
Der Leutnant geht in die Knie.
»So tief schon«, sagt er.
Die Herren kauern jetzt, unterhalb der Fenstersimse, Köpfe in Tischhöhe, und betasten sich.

Nach der Lesung, die ein Erfolg ist, benennen die Zuhörer das Literarische am Text: Anti-militaristisch sei die Groteske. »Nein, antwortete Enzensberger, das sei vielmehr ›postmilitaristisch‹. Nicht wütend kritisiert werde da, es gehe vielmehr um einen Nachruf aufs Militär, das der Autor unterlaufe.« (Joachim Kaiser: ›Drei Tage und ein Tag‹. Zitiert nach: Die Gruppe 47. Hrsg. von Reinhard Lettau. Neuwied, Berlin: Luchterhand 1967. Seite 221)

4 Ho Chi Minh-Fahne

je zur Hälfte aus rotem und grünem Stoff mit einem aufgenähten gelben Stern. 86 x 90 cm

Leihgabe: Akademie der Künste, Berlin. Nachlaß Reinhard Lettau

Lettau agitiert in Berlin, oft mit seiner Vietcongfahne in der Hand; ihm droht sogar die Ausweisung. An Hans Werner Richter schreibt er am 28. Juni 1967:

zu nichts habe ich Zeit gehabt seit ueber einem Monat. Zuerst die Ausweisungsgeschichte (ich danke Dir *sehr* fuer Deine Hilfe, die ja wirklich genutzt hat), dann die Oper, seitdem 24stuendig Agitation auf dem Kuhdamm, in Betrieben, Schulen, Akademien, Vorbereitungen von Veranstaltungen, Formulierung von Resolutionen, Flugblättern, zuletzt der Hungerstreik und nun eingeschriebene Briefe von Roehler und 10 Std. taeglich erneute Arbeit am Handbuch, ... Ich habe viel gelernt (politisch) – alles Sachen, die Du in Deiner Berliner Zeit in den Zwanziger Jahren schon hinter Dir hast. *(Akademie der Künste, Berlin. Nachlaß Hans Werner Richter)*

5 Reinhard Lettau: Von der Servilitaet der Presse

Typoskript (Durchschlag), 5 Blatt
Ausgestellt: Blatt 1

Leihgabe: Akademie der Künste, Berlin. Nachlaß Reinhard Lettau

Am 19. April spricht er im Auditorium Maximum der Freien Universität Berlin ›Von der Servilitaet der Presse‹; zu der Informationsveranstaltung des AStA sind 2000 Studenten gekommen:

In der ganzen Welt, ausser in Westberlin, weiss man, dass die hiesige Presse polizeihoerig und servil ist und im Zweifelsfall immer auf der Seite der Autoritaet steht, anstatt, wie jede andere demokratische Presse, ihrer Verantwortung nachzukommen, die darin bestuende, jede Autoritaet immer und ueberall und unentwegt in Frage zu stellen und zu kontrollieren. ... Unsere Alternativen sind also: Diskutieren, wie man es uns empfiehlt. Dann hoert allerdings niemand unsere Argumente. Oder: Provozieren, Demonstrieren. Dann schreit hysterisch Rektor Lieber, wir praktizierten »direkte Demokratie«. Mit den Rezepten des Polizeipraesidenten, des Rektors und der Westberliner Presse haette man allerdings nie die Tuillerien erstuermt und man haette in Boston den englischen Tee nicht in den Hafen geworfen. ... Verzeihen Sie, wenn ich das Resultat meiner Berliner Presseanalyse dadurch mitteile, dass ich hier jetzt die Berliner Zeitungen zerreisse. *(Akademie der Künste, Berlin. Typoskript aus dem Nachlaß Reinhard Lettau)*

6 Gabriele Wohmann an Hans Werner Richter

Darmstadt, [1967]
Die Ansichtskarte zeigt Gasthof und Pension ›Pulvermühle‹ in Waischenfeld/Fränkische Schweiz
Leihgabe: Akademie der Künste, Berlin. Nachlaß Hans Werner Richter

7 Helga M. Novak

während ihrer Lesung in der ›Pulvermühle‹ im Oktober 1967
Photographie von Toni Richter
Leihgabe: Akademie der Künste, Berlin. Nachlaß Hans Werner Richter

Nach der Tagung in Princeton erhält Richter etliche Briefe mit Vorschlägen, wie man die Gruppe 47 aus den »Produktionsverhält-

47 Postkarte (6.6)

nissen« des literarischen Lebens wieder herauslösen könnte. Erich Fried nennt am 1. Juli 1966 neun Punkte: »Also: nicht wiederholen aus demselben oder aus einem ›gleichen‹ Werk! Zweitens, den Charakter einer Arbeitstagung intensivieren! ... Fünftens: Bisher werden Gedichte, Prosaarbeiten, Dramen vorgelesen. Warum nicht auch Essays? Meinetwegen sogar auch Predigten. ... Achtens: Wir brauchen uns vor nichts zu fürchten! Ich halte es für grundfalsch, sich vor linken, kommunistisch oder sonstwie organisierten ... Autoren zu scheuen«. (Richter: Briefe. a.a.O., Seite 610f.) *Und Enzensberger nennt am 26. August 1966 aus dem norwegischen Tjöme »eine einzige regel ... eingeladen wird nur, ohne jede ausnahme, wer selber etwas liest. damit scheiden alle verleger, lektoren, beobachter aus, auch wenn es alte bekannte sind. die kritiker müßten sich ihrerseits der kritik stellen.«* (Richter, a.a.O., Seite 630) *Auf der Jubiläumstagung vom 5.-8. Oktober 1967 in der ›Pulvermühle‹ geht es dann auch literarischer zu als zuvor.*

8 Resolution

gegen die Pressepolitik des Springer-Konzerns, verabschiedet auf der Tagung der Gruppe 47 vom 5. bis 8. Oktober 1967. Mit den Unterschriften von 110 Teilnehmern und Teilnehmerinnen
Typoskript. Gezeigt wird Blatt eins mit den ersten 24 Unterschriften.
Leihgabe: Akademie der Künste, Berlin. Nachlaß Hans Werner Richter

Die Pressekritik vereint die Geister; diese Dichter nutzen und beobachten feinfühlig die Medien, und wehren sich schnell gegen deren Mißbrauch. Nicht nur weil die Gruppe 47 – ein flüchtiger »Hauptstadtersatz« (Fritz J. Raddatz) einmal im Jahr – dank der Presse in Erinnerung bleibt (Lettaus ›Handbuch‹ enthält fast nur Tagungsrezensionen), sondern weil man sie benötigt, um eine politische Öffentlichkeit zu schaffen. Zwar gelingt es SDS-Studenten aus Erlangen nicht, in den Gasthof einzudringen und, wie beabsichtigt, die Notstandsgesetzgebung zu diskutieren, aber in der ersten Nacht schon wird eine Resolution gegen den Springer-Konzern formuliert, die 110 Gruppenmitglieder unterschreiben bzw. unterschreiben lassen:

Der Springer-Konzern kontrolliert 32,7 % aller deutschen Zeitungen und Zeitschriften. Dadurch ist die zuverlässige Information der Öffentlichkeit gefährdet. Die Schriftsteller der Gruppe 47 halten diese Konzentration für eine Einschränkung und Verletzung der Meinungsfreiheit und damit für eine Gefährdung der Grundlagen der parlamentarischen Demokratie in der Bundesrepublik Deutschland.

1. Wir haben deshalb beschlossen: Wir werden in keiner Zeitung oder Zeitschrift des Springer-Konzerns mitarbeiten.

2. Wir erwarten von unseren Verlegern, daß sie für unsere Bücher in keiner Zeitung oder Zeitschrift des Springer-Konzerns inserieren.

3. Wir bitten alle Schriftsteller, Publizisten, Kritiker und Wissenschaftler, die Kollegen im PEN und in den deutschen Akademien, zu überprüfen, ob sie eine weitere Zusammenarbeit mit dem Springer-Konzern noch verantworten können.

Man unterzeichnet gemeinsam, geht aber später verschiedene Wege. Helga M. Novak kommt aus Island angereist und schreibt an Fritz Rudolf Fries (DDR) am 15. Juni 1968:

Inzwischen bin ich also kräftig beim SDS engagiert, habe eine Uni mitgestürmt und mitbesetzt, habe versucht mir das Leben zu nehmen, bin eine Weile im Irrenhaus gewesen, habe mein ganzes Geld versoffen und nichts, aber auch gar nichts geschrieben. Nun wirst Du wieder sagen, Literatur sei wichtiger als Revolution, aber wenn man eine solche Wut auf die Verhältnisse hat wie ich, geht man bei aller Angst oft doch lieber auf die Strasse. ... Goldstücker (von Prag) hat mir Asyl in der Cssr angeboten, sollte mir Westdeutschland über den Kopf wachsen. Ich habe ihn gefragt, wie er sich verhalten würde, ersuchten DDR-Dichter um Asyl. Er zuckte ein bißchen zusammen und meinte, es ginge nur, wenn sie tschechoslowakische Staatsangehörigkeit annehmen würden. Die Gruppentagung wird diesen Herbst in Prag sein, kriegt Ihr da Reiseerlaubnis? Vielleicht sehen wir uns dann.

(Archiv Fritz Rudolf Fries)

9 Hans Werner Richter an Reinhard Lettau

München-Pasing, Berlin-Grunewald, [31. März 1968]. Brief, 1 Blatt
Leihgabe: Akademie der Künste, Berlin. Nachlaß Reinhard Lettau

An Richter ist die Vermutung herangetragen worden, Gaston Salvatore, Hans-Peter Krüger und Lettau hätten die Störungen der Erlanger SDS-Studenten geplant. In seinem Brief unterscheidet Richter nochmals zwischen (Welt)Revolution und linker Politik, die aber meist beide hinter der Lust der Literaten, über andere Literaten zu sprechen, zurücktreten müssen. Daher verrät ihm Richter ein Rezept seiner Gruppendiplomatie:

Was Gaston Salvatore auf einer Party bei Hans Werner Henze erzählt hat, ist natürlich bekannt, auch mir bekannt. Ich habe es aber nicht ernst genommen, oder besser, ich war nicht bereit dem nachzugehen. Grund? Ich bin zu oft mit solchen Erzählungen, Gerüchten und Nacherzählungen hereingefallen. Außerdem ist mir die Gruppe 47 zu schade, um sie durch irgendein Geschwätz zerstören zu lassen. Hätte ich auch nur einmal in den vergangenen zwanzig Jahren solchen Dingen nachgegeben, existierte sie nicht mehr. Darum habe ich geschwiegen, auch Hans Peter Krüger gegenüber, der gestern abend bei mir war. Dieses Nichtwissenwollen ist eine Taktik, auch eine politische Taktik. Sie beruht auf langen Erfahrungen. Wie soll ich jemandem glauben, den ich nicht kenne, und warum soll ich an jemandem zweifeln, den ich nun schon viele Jahre kenne. Gaston Salvatore, der angegeben haben soll, er sei selbst in der Pulvermühle dabei gewesen, hat auf die Frage »Warum das alles?« geantwortet: »Es war unsere Pflicht gegenüber der Weltrevolution«. Soll ich das ernst nehmen? Entschuldige, lieber Reinhard, das kann ich nicht. Es ist für mich schlicht albern. Ich habe keinen Grund anzunehmen, daß Du mir aus Pflicht gegenüber der Weltrevolution in den Hintern trittst, mit welchem Fuss auch immer. Das hieße die revolutionäre Pflicht am falschen Ort und sicherlich auch zur falschen Zeit überstrapazieren. Was Gaston Salvatore betrifft, so sollte er mit solchem Gerede etwas vorsichtiger sein, besonders als Weltrevolutionär – Revolutionäre schweigen und reden nicht – denn hundert Literaten und Literaturbeflissene bilden ein sensibles Nervennetz, in dem jedes hineingeworfene Wort Kreise bildet, ständig wächst, und sich schließlich zu einem handfesten Skandal entwickeln kann. Sie sind, unter uns gesagt, doch alle intellektuelle Kaffeetanten, sie reden gern, sie stricken gern, sie schwätzen gern, am liebsten über den lieben nächsten Literaten.

SDS SDS SDS SDS SDS SDS SDS SDS SDS SDS SDS SDS SDS SDS SDS

Herr Professor Adorno, dieses unentbehrliche Requisit kultureller Veranstaltungen, das auf Festspielen, bei Dritten Programmen, Akademien etc. kritische Ohnmacht verbreitet, will heute abend auch uns zu einer feierlichen Stunde verhelfen. Ehe wir aber in den Gestus erstarrter Nachdenklichkeit verfallen, der diesem Schauspiel angemessen ist, sollten wir uns eines andern Schauspiels erinnern, in dem Prof. Adorno ebenfalls einen kleinen Part übernommen hat. Der Brandstiftungsprozess gegen Fritz Teufel, Dokument des Irrationalismus der losgelassenen Justiz, kann nur mit einem Sieg der Studenten enden, wenn durch ein Netz sich ergänzender Gutachten dem Gericht jeder auch nur scheinbar vernünftige Argumentation unmöglich gemacht wird. Herr Prof. Adorno war für ein solches Gutachten prädestiniert, hausierte er doch mit Begriffen wie "Warenstruktur der Gesellschaft", "Verdinglichung", "Kulturindustrie", seinem Repertoire, mit dem er seinem Auditorium gehobene Verzweiflung suggeriert. Aber die Bitten von Kollegen und Schülern blieben fruchtlos, der Prof. Adorno liess sich nicht herbei, das Flugblatt der Kommune als satirischen Ausdruck einer Verzweiflung zu deuten. Er lehnte ab. Diese Haltung ist wahrhaft klassizistisch in ihrer Bescheidenheit, denn Spässe wie die von der Kommune angeregten haben die Adornoschen Unveränderbarkeits-Theoreme zur Voraussetzung.

Herr Prof. Adorno ist jederzeit bereit, der Gesellschaft der Bundesrepublik einen latenten Hang zur Unmenschlichkeit zu bezeugen. Konfrontiert mit der Unmenschlichkeit, die in der abstrusen Anklage gegen Teufel steckt, lehnt er es ab sich zu äussern. Er leidet lieber still an den Widersprüchen, die er zuvor konstruiert hat und für die es bekanntlich keine Lösung gibt. Kommilitonen! Wir wollen mit Prof. Adorno über seine Weigerung sprechen.

Sollte sich Prof. Adorno weigern, mit uns zu diskutieren, so verlassen wir den Saal und überlassen Prof. Adorno einer einsamen EKStase an seinem Text!

SDS SDS SDS SDS SDS SDS SDS SDS SDS SDS SDS SDS SDS SDS SDS SDS

7 Autoritäten

Den letzten Brief vor seinem Tod schickt Theodor W. Adorno an Herbert Marcuse, am 6. August 1969:

Die Meriten der Studentenbewegung bin ich der letzte zu unterschätzen: sie hat den glatten Übergang zur total verwalteten Welt unterbrochen. Aber es ist ihr ein Quentchen Wahn beigemischt, dem das Totalitäre teleologisch innewohnt, gar nicht erst – obwohl dies auch – als Reperkussion.

Adorno würdigt die Studenten, auch wenn sie zu erbitterten Gegnern geworden sind, die sich gegen eine Autorität von früher durchaus gewaltsam wenden.

Von dem Maß an Haß, das sich auf Friedeburg, Habermas und mich konzentriert, machst Du Dir offenbar keine Vorstellung.

Das ist mit Takt gesprochen, weil für Adorno die Aufklärung ein dialektischer Prozeß ist, den auch die Studenten ein Stück weit bewegt haben. Sein Gedanke lautet: Das Subjekt emanzipiere sich dank des Zivilen, aber die zivilen Regeln und Satzungen verfestigen sich und gefährden die Emanzipation, so daß das Subjekt sich nur erhalten kann, wenn es – gegen die Satzungen – seine Individualität schafft. Die Studenten haben sich zwar gegen die »total verwaltete Welt« gewandt, doch nicht als partikulare Einzelne, sondern im »Wahn«, einzelne Sätze ihrer Leitfiguren der Welt als Satzung aufdrängen zu können. Das Eklektische der Studenten ist früh bemerkt worden. Grass nennt das Treiben der Studenten eine »angelesene Revolution«, und Peter Szondi will Adorno, als er am 7. Juli 1967 über Goethes ›Iphigenie auf Tauris‹ im Auditorium Maximum der Freien Universität vorträgt, vor Leuten schützen, »die heute Mao-Sprüche nicht anders zitieren, als es einst ihre Grossväter mit den Sprüchen des Weimarer Dichterfürsten taten«. Das An- und Zusammengelesene hat eine unmittelbare Autorität. Weder die Rede noch die Tat dulden Widerspruch oder Verzögerung, die Aktion ersetzt das Gespräch und die Gewalt wächst.

48 Auf der gegenüberliegenden Seite: Flugblatt (7.5)

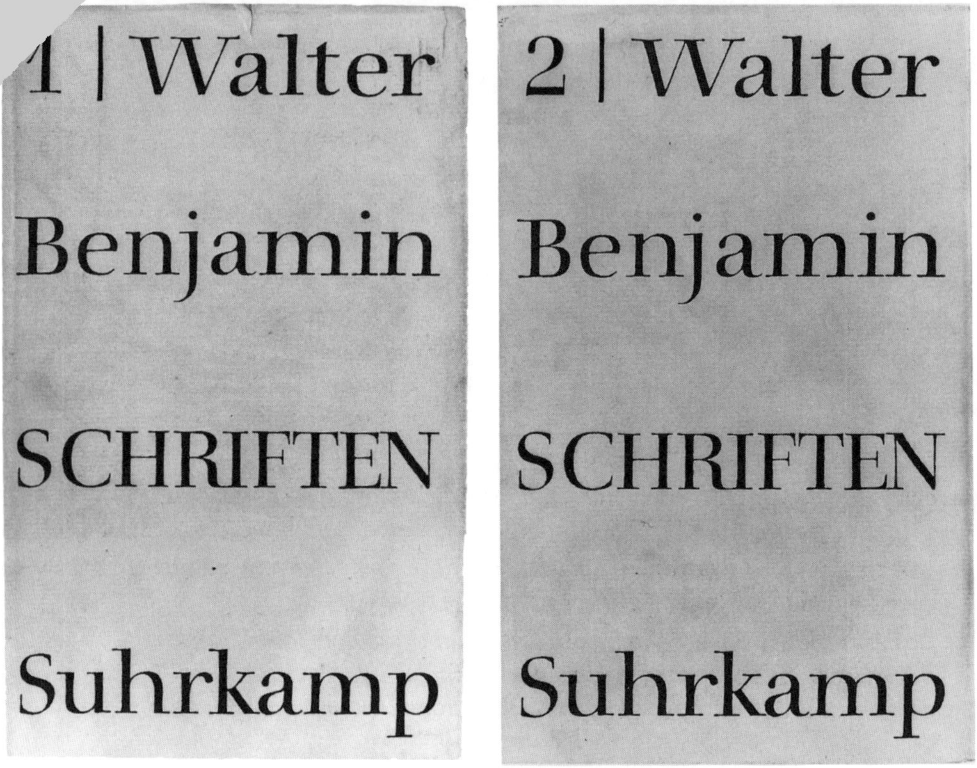

49/50 Schutzumschläge (7.1)

Die »Wut auf die Verhältnisse« (Helga M. Novak) rührt von den Nazi-Eltern, die schweigen, und einer Staatsgewalt, die keinen Spaß versteht, und verschont erst recht den Lehrer nicht, »Teddy den ganz Anderen« (Jürgen Habermas über Adorno), der im höflichen Stil sich und seine Theorie zu bewahren sucht. Marcuse ist da einfacher gewesen.

1 Walter Benjamin: Schriften

Herausgegeben von Theodor W. Adorno und Gretel Adorno unter Mitwirkung von Friedrich Podszus. Band 1–2
Frankfurt am Main: Suhrkamp 1955
Umschlagzeichnung: Hermann Zapf

Walter Benjamin hat sein Archiv dreigeteilt, als er Paris im Juni 1940 verlassen muß. Was er in der Wohnung läßt, gerät in die Hände der Gestapo, wird aber, dank eines widerständigen Bearbeiters, nicht vernichtet. Die Papiere (vorwiegend Rundfunkarbeiten und Briefe) kommen über Berlin in die UdSSR und von da 1960 ins Zentralarchiv Potsdam – dort bleiben sie bis 1983 der Forschung vorenthalten. – Georges Bataille werden die Handschrift des ›Passagenwerkes‹ und alle ungedruckten Manuskripte anvertraut; er versteckt sie in der Pariser Bibliothèque Nationale und läßt sie – über Pierre Missac – 1947 Adorno zukommen, den Benjamin zum Nachlaßverwalter bestellt hat. – Adorno hatte schon 1941 den dritten Teil des Nachlasses, den Benjamin bei einem anderen Bekannten in Paris zurückgelassen hat, erhalten. 1950 erscheint das erste Buch Walter Benjamins im Nachkriegsdeutschland im soeben gegründeten Suhrkamp Verlag; es ist der Band ›Berliner Kindheit um neunzehnhundert‹, von Adorno herausgegeben, nachdem er eben, 1949, aus dem Exil zurückgekehrt ist. Adorno und seine Frau Gretel bemühen sich damals lange vergeblich um einen Verlag, bis Peter Suhrkamp und sein Lektor Friedrich Podszus, der Benjamin 1921 schon begegnet war, der zweibändigen Werkauswahl der ›Schriften‹ zustimmen. Mehr als ein Jahrzehnt später kommt ebenda die von Adorno und Gershom Scholem edierte Auswahl der Briefe in zwei Bänden heraus (1966). Aus dem von Verlagen und Buchhandlungen Verschmähten ist inzwischen der Kultautor einer ganzen Generation geworden.

2 Walter Benjamin

Photographie von Germaine Krull. 1926
Leihgabe: Gary Smith

3 Paul Klee: Angelus Novus

Duplikat des Originals
Lavierte Tuschfederzeichnung mit farbiger Kreide, 1920
Leihgabe: Fanja Scholem

Die Geschichte ist Gegenstand einer Konstruktion, deren Ort nicht die homogene und leere Zeit sondern die von Jetztzeit erfüllte bildet. So war für Robespierre das antike Rom eine mit Jetztzeit geladene Vergangenheit, die er aus dem Kontinuum der Geschichte heraussprengte. Die französische Revolution verstand sich als ein wiedergekehrtes Rom. Sie zitierte das alte Rom genau so wie die Mode eine vergangene Tracht zitiert. Die Mode hat die Witterung für das Aktuelle, wo immer es sich im Dickicht des Einst bewegt. Sie ist der Tigersprung ins Vergangene. *(Walter Benjamin: Gesammelte Schriften. Band 1.2. Herausgegeben von Rolf Tiedemann und Hermann Schweppenhäuser. Frankfurt am Main: Suhrkamp 1974. Seite 701)*

Das Zitat entstammt Benjamins siebzehn Thesen ›Über den Begriff der Geschichte‹, seiner letzten Arbeit (1940), die Adorno schon 1942 veröffentlicht. Viele sehen in den sechziger Jahren darin ein sakrales Dokument für Benjamins Marxismus; Formulierungen wie »Tigersprung ins Vergangene« scheinen das nahezulegen. Doch steht weniger eine geschichtsphilosophische als eine hermeneutische Frage im Zentrum: Geschichte könne unmittelbar (im »Tigersprung«) erkannt werden, weil sie eine Summe von Ausnahmezuständen sei, die alle von der gegenwärtigen Unterdrückung her verstanden werden können. Der »Tigersprung« finde immer »in einer Arena statt, in der die herrschende Klasse kommandiert«. Wenn sich die Bedingungen nicht ändern, erzeugt der »Fortschritt« einen Trümmerhaufen. Benjamin zieht für die Allegorie historischer Erkenntnis ein Bild heran:

Es gibt ein Bild von Klee, das Angelus Novus heißt. Ein Engel ist darauf dargestellt, der aussieht, als wäre er im Begriff, sich von etwas zu entfernen, worauf er starrt. Seine Augen sind aufgerissen, sein Mund steht offen und seine Flügel sind ausgespannt. Der Engel der Geschichte muß so aussehen. Er hat das Antlitz der Vergangenheit zugewendet. Wo eine Kette von Begebenheiten vor *uns* erscheint, da sieht *er* eine einzige Katastrophe, die unablässig Trümmer auf Trümmer häuft und sie ihm vor die Füße schleudert. Er möchte wohl verweilen, die Toten wecken und das Zerschlagene zusammenfügen. Aber ein Sturm weht vom Paradiese her, der sich in seinen Flügeln verfangen hat und so stark ist, daß der Engel sie nicht mehr schließen kann. Dieser Sturm treibt ihn unaufhaltsam in die Zukunft, der er den Rücken kehrt, während der Trümmerhaufen vor ihm zum Himmel wächst. Das, was wir den Fortschritt nennen, ist dieser Sturm. *(Walter Benjamin: Gesammelte Schriften. a.a.O., Seite 697f.)*

Kritisch notiert Adorno 1967/68 in sein Manuskriptheft ›Z‹ die Forderung: »Übergang zur Geschichtsphilosophie durch Aufgeben der bloßen Unmittelbarkeit.«

4 alternative

Zeitschrift für Literatur und Diskussion
Herausgegeben von Hildegard Brenner
Berlin: Verlag der alternative
Jahrgang 10, 1967, Doppelnummer 56/57, Oktober/Dezember. Themenheft: ›Walter Benjamin‹

1967 wird in der Literaturkritik (weniger an den Universitäten) der Vorwurf erhoben, Adorno habe in Benjamins Werk den Marxisten unterdrückt und auch im Spätwerk die frühe theologische Seite forciert. Statt philosophisch zu argumentieren, versuchen einige Kritiker – vor allem Helmut Heißenbüttel und Peter Hamm –, den Editionen und dem Editor anzulasten, was ihnen an Benjamin fehlt. Dabei vermissen sie nicht, was tatsächlich fehlt: die Frühschriften, die Kritiken, das ›Passagenwerk‹ (vgl. Peter Szondi: Briefe. Frankfurt am Main: Suhrkamp 1993. Seite 258 f.). Manche sprechen Adorno zudem das Recht ab, das Herausgegebene auszulegen. Heißenbüttel rezensiert im ›Merkur‹ (Jg 11, 1967, Heft 3, Seite 232 – 244) die Briefausgabe:

Das Werk erscheint in einer Uminterpretation, in der der überlebende kontroverse Briefpartner seine Auffassung durchsetzt. *(Seite 240)*

Diese Bemerkung ist eine infame Unterstellung; sie mußte Adorno verletzen. Adorno wendet sich am 14. März 1967 an Heissenbüttel, der von diesem Brief eine Abschrift nimmt und sie am 19. Mai 1967 Hans Paeschke zukommen läßt:

Sie scheinen zu argwöhnen, ich hätte Benjamins marxistische Intentionen, aus welchem Grund auch immer, coupieren wollen. Mein Motiv in der Kontroverse war aber viel komplexer. Während ich nämlich einerseits die metaphysischen Impulse von Benjamin gegen ihn selbst verteidigte, wollte ich ebenso den dialektischen Materialismus gegen ihn verteidigen, den er mir, auf eine kurzschlüssige Weise, zu mißdeuten schien. Nicht er allein, sondern ebenso Brecht. Ich bilde mir ein, ein sehr genauer Kenner von Marx zu sein, wie Sie es mir ja wohl auch implizit zubilligen. Darum konnte ich nicht übersehen, daß Benjamin sich zwar zum Marxismus bekannte, aber den wesentlichen Gehalt der Marxschen Theorie nicht verstanden hatte. Brechts Meriten schlage ich weiß Gott hoch genug an, aber seine Unkenntnis des Marxismus, bis in die allbekanntesten Dinge wie die Mehrwerttheorie hinein, war geradezu unbeschreiblich. Beide hatten Marx nicht im Ernst studiert, sondern, das Wort von Hobbes über die Religion zu variieren, wie eine Pille geschluckt; und eben dies schien mir das Bedenkliche: heteronom und irrational, im Gegensatz zur materialistischen Dialektik als Theorie. Hätte Benjamin diese wirklich erfahren, so wäre es seiner eigenen Konzeption besser bekommen. Daß er aber, bis zum letzten Augenblick, an seiner metaphysischen Konzeption festgehalten hat, bitte ich Sie dem guten Gedächtnis sowohl von Scholem wie von mir zu glauben. Wenn Sie das nicht mögen, so lesen Sie daraufhin bitte die Thesen über den Begriff der Geschichte nach, die in den Schriften stehen, und die übrigens aus dem Passagenkomplex, soweit er überhaupt realisierbar ist, wohl das Wichtigste darstellen, was er noch unter Dach und Fach brachte. *(Redaktionsarchiv ›Merkur‹)*

In den zwei Benjamin gewidmeten Heften der Zeitschrift ›alternative‹ erscheinen die Vorwürfe im Gewand der Editionskritik. Hildegard Brenner, Helga Gallas und Rosemarie Heise vermissen in den zweibändigen ›Schriften‹ die erste Fassung von Benjamins Baudelaire-Studie, ›Das Paris des Second Empire bei Baudelaire‹, die Adorno nicht in der ›Zeitschrift für Sozialforschung‹ hat drucken wollen. Benjamins Umarbeitung unter dem Titel ›Über einige Motive bei Baudelaire‹ (1940 veröffentlicht) erkläre sich durch seine finanzielle Abhängigkeit vom exilierten Institut für Sozialforschung, von Max Horkheimer und von Adorno. Als Wolfram Schütte diesen Vorwurf in der ›Frankfurter Rundschau‹ vom 19. Januar 1968 aufnimmt, entgegnen Siegfried Unseld und Rolf Tiedemann am selben Ort (24. Januar 1968 und 7. Februar 1968); die ›alternative‹ bringt Gegendarstellungen von Tiedemann und Unseld, die dann, gemeinsam mit Adorno, einen »Interimsbescheid« unter dem 6. März 1968 an die Zeitschrift schicken. Dort heißt es:

Da wir der Auffassung sind, daß die Polemik gegen die Editionen Benjamins von der ›Alternative‹ ohne jede Sachkenntnis, allein aus Publizitäts- und Geschäftsinteresse geführt wird, beanspruchen wir für den Nachdruck unserer drei Beiträge ein Honorar von je DM 50,00. Den Gesamtbetrag von DM 150,00 wollen Sie auf das Konto »Republikanische Clubgesellschaft mbH, Sonderkonto Rechtshilfe, 1000 Berlin 15, Wielandstraße 27, Postscheckkonto Nr. 2035 45 Berlin West« überweisen; den Überweisungsbeleg wollen sie an uns senden. *(alternative. Berlin. Jg 11, 1968, Heft 59/60, Seite 90)*

1970 bekräftigt Tiedemann im ›Kursbuch‹ 20: »Erst das Verfahren der zweiten Baudelaire-Arbeit ist dialektisch.« (Seite 8)

5 Herr Professor Adorno…

Flugblatt des SDS zu dem angekündigten Vortrag von Theodor W. Adorno ›Zum Klassizismus von Goethes Iphigenie‹ am 7. Juli 1967 im Auditorium Maximum der Freien Universität Berlin

Nachlaß Peter Szondi

Adorno hat es vermieden, auf Vorwürfe zu antworten oder politisch aktuell Stellung zu nehmen; auch zu den Flugblättern der Kommune I wollte er kein Gutachten schreiben (s. Seite 164ff.). Dagegen polemisieren der SDS und die Kommune 2 in ihren Flugblättern, das eine spöttisch und im suggestiven »wir« gehalten:

Sollte sich Prof. Adorno weigern, mit uns zu diskutieren, so verlassen wir den Saal und überlassen Prof. Adorno einer einsamen Ekstase an seinem Text!,

das andere in der Sprache des Unmenschen:

Und wir, was machen wir mit dem feisten Teddy? Er soll alleine quatschen vor leerem Saal, soll sich zu Tode adornieren. So meint er's ja wohl. Also: Adorno findet nicht statt; aber die Revolution. »Seine Worte mögen ihm im Munde verfaulen«. (Chinesisches Sprichwort über die Sowjet-Revisionisten)

In einem Interview der ›Süddeutschen Zeitung‹ vom 26./27. April 1969 begründet Adorno später seine Zurückhaltung:

Versuche, Gewissenszwang zur Aktion auszuüben, wie vor zwei Jahren, als man von mir ein Gutachten in der Angelegenheit Teufel erzwingen wollte, lassen mich unberührt. Sie dienen jener Art von Kollektivierung, die ich als die Nötigung empfinde, schlechterdings zu unterschreiben, nämlich mit Haut und Haaren sich selbst zu verschreiben. Eben das nicht zu tun, liegt in dem Begriff von Aufklärung, an dem ich festhalte. ... Als mir 1967 erstmals in Berlin mit einer Demonstration begegnet wurde, die einen Vortrag verhindern wollte, hatte ich kein anderes Gefühl als das maßlosen Staunens.

6 Peter Szondi: Meine Damen und Herren ...

Vorrede zum Vortrag von Theodor W. Adorno ›Zum Klassizismus von Goethes Iphigenie‹ am 7. Juli 1967 im Auditorium Maximum der Freien Universität Berlin
Typoskript, 4 Blatt. Mit handschriftlichen Korrekturen
Ausgestellt: Blatt 2
Nachlaß Peter Szondi

Selten hat Szondi frei gesprochen. Es wäre der Schärfe seiner Gedankenführung abträglich gewesen. Auch für Adorno, der am 7. Juli über Goethes ›Iphigenie‹ vorträgt, hat er einen Einleitungstext verfaßt. Szondi bekennt sich darin zu ihm als Schüler und weist auf Adornos ›Noten zur Literatur‹ hin,

in denen über Dichter wie Eichendorff, Mörike, Heine, aber auch Goethe und Hölderlin so ganz anderes steht, als was Germanisten zu schreiben und zu lesen pflegen, und zwar anderes in der Weise, dass es zugleich die bestimmte Negation dessen ist, was sie von Hause aus tun oder tun würden.

Das zunächst niedergeschriebene Lob studentischer Kritik im letzten Absatz streicht er und notiert dafür rasch und handschriftlich:

Zu dem Flugblatt des SDS, das Sie wohl alle gesehen haben, sei mir ein Wort erlaubt: Ich habe Professor Adorno mit eingeladen, und ich habe gestern vor dem Landgericht ein 14seitiges Gutachten verlesen. Störungen des Vortrags muss ich als Honorierung meiner Bemühungen verstehen, einerseits den Studenten der FU zu ermöglichen, anderes zu hören, als sie sonst in Berlin hören; andererseits einem Staatsanwalt· unmöglich zu machen, was er nicht hören will, mit Zuchthausstrafe zu beantworten. Ich bitte diejenigen unter Ihnen, meine Damen und Herren, die sich den Vortrag nicht anhören wollen wie sie es angekündigt haben, genauer: wie es ihnen der SDS empfohlen hat, den Saal zu verlassen. Nach einigen Minuten wird dann Professor Adorno das Wort ergreifen und zum Klassizismus Iphigenies weniger Klassizistisches sagen, als es die Leute wahrhaben wollen, die heute Maos Sprüche nicht anders zitieren als es ihre Grossväter mit den

Sprüchen des Weimarer Dichterfürsten taten. Wenn *ich* aber Adorno zitieren darf: in den Minima Moralia heisst es: Bange machen gilt nicht. Dabei solls bleiben.

Daraufhin gehen einige, andere entrollen Spruchbänder, als Adorno zu sprechen anfängt: »Iphigenianer aller Länder, vereinigt euch!« und, Habermas' Vorwurf Dutschke gegenüber aufgreifend, »Berlins linke Faschisten grüßen Teddy den Klassizisten«. Die Transparente werden ihnen von anderen Studenten weggenommen und zerknüllt.

7 Johann Wolfgang von Goethe: Iphigenie auf Tauris, Torquato Tasso, Die natürliche Tochter

Mit Einleitungen und Anmerkungen von Albert Köster
Stuttgart, Berlin: Cotta o.J.
(Sämtliche Werke. Jubiläums-Ausgabe in 40 Bänden. Bd 12)
Exemplar aus der Bibliothek von Theodor W. Adorno. Mit Anstreichungen
Leihgabe: Theodor W. Adorno-Archiv, Frankfurt am Main

Auf Seite 75 streicht Adorno die Verse 1834–1836 an:

Ein andres spricht zu mir, ein älteres,
Mich dir zu widersetzen, das Gebot,
Dem jeder Fremde heilig ist.

Es ist Iphigenies Antwort auf Thoas' Gebot, zum Brauch zurückzukehren, jeden der Göttin Artemis zu opfern, den es auf Tauris verschlägt.

Ein alt Gesetz, nicht ich, gebietet dir.
(v. 1831)

Der Adel von Agamemnons Tochter bürgt, gegen das Natürliche, Barbarische und – so in Adornos Vortrag – Bürgerliche, für Humanität, die sich zuerst dem Fremden gegenüber erweist.

8 Theodor W. Adorno: Klassizismusvortrag

Manuskript, 4 Blatt. Datiert: »Sylvester 1966«
Ausgestellt: Blatt 1
Leihgabe: Theodor W. Adorno-Archiv, Frankfurt am Main

In sein Entwurfsschema fügt Adorno ein:

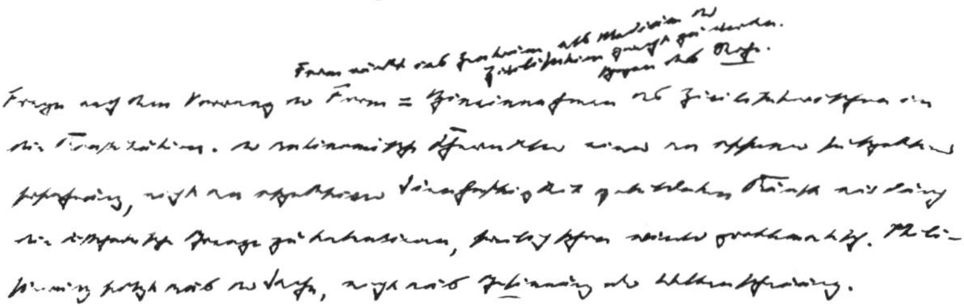

51 Theodor W. Adorno: Klassizismusvortrag. Ausschnitt aus Blatt 2 (7.8)

Form rückt ins Zentrum als Medium der Zivilisation gerecht zu werden. Gegen das *Rohe.*

Gegen das Rohe ist der Klassizismusvortrag von Anfang an gerichtet: Adorno weiß jedoch, daß die Formen der Zivilisation erstarren und ihren ursprünglichen Zweck, das Subjekt zu befreien, zunichte machen können. Den Klassizismus deutet er als Stil, der vom Subjekt wieder in die Hand genommen und gegen das Erstarrte gerichtet wurde. So kann der Stil natürlich sein, aber er hat keinen Bestand, weil der Adel lediglich eine historische Erscheinung ist. Die Klassenzugehörigkeit als Grund für die Antinomie des Klassischen wird Adorno im Vortrag betonen: das Schema enthält seine kulturellen Gedanken und Werte deutlicher. (Die Ziffern verweisen auf seine Notizbücher.)

Klassizismus vom Inhalt her. Dafür steht der in der I. herrschende Begriff der Humanität. Aber diese ist nicht, wie bei Schiller, einfach das Ideal, so eindeutig auch die I. für dieses spricht. NB Nietzsches Satz. Es geht um die Erfahrung einer Antinomie. Denn das Subjekt, das *im* zivilisatorischen Prozeß sich emanzipiert hat, wird *als* emanzipiertes der Zivilisation inadäquat. Was dem Klassizismus Stilisierung, Heteronomie, aber nicht klassisch, ist Ausdruck dieser Inadäquanz, gleichsam ein Überhang an Objektivität, die mit dem S. sich *nicht* versöhnt – wie bei Hegel. Eben der Konflikt des zivilisierten, erstarkten Subjekts mit der Zivilisation ist im Tasso unmittelbar thematisch. Tragik hier soviel wie Antinomik der bürg. Gesellschaft. T. stärker *und* schwächer. Das Recht des Subjekts im Untergang.

4. Januar 67

Form rückt ins Zentrum als Medium der Zivilisation gerecht zu werden. Gegen das *Rohe*.

Frage nach dem Vorrang der Form = Hineinnehmen des Zivilisatorischen in die Konstitution. Der antinomische Charakter einer an offener subjektiver Erfahrung, nicht an objektiver Sinnhaftigkeit gebildeten Kunst nur durch die ästhetische Grenze zu balancieren, freilich schon wieder problematisch. Stilisierung folgt aus der Sache, nicht aus Gesinnung oder Weltanschauung.

Werden diese Gedanken auf die Klassen angewandt, braucht der Bürger den Adeligen, um den prekären humanen Ausgleich zu finden, der privilegiert und von kurzer Dauer ist.

Klassizismus als dialektische *Konsequenz* der Jugendwerke. Problem des Nominalism = Verzicht auf Sinngebung von oben. Dem widerspricht das sprachliche Pathos. Die germanistische Rede. ... Fortschreitender Nominalismus stellt vor Antinomie. Mit dem Verzicht auf den Schein der Einheit zergeht das Wozu des Augenblicks. Klassizismus die prekäre Antwort darauf. Vielleicht hierher die Stellen über das Begrenzende der Humanität, das Privilegierte – in ihrem *Begriff*. NB Wieland. ›Umgangssprache‹. Belege: 98, 30, 62. Das Moment des Geselligen nicht der Dichtung äußerlich. Funktion des Höfischen dabei: Distanzierung. Geselliges integriert, zugleich *nicht* kommunikativ. Einheit des Griechischen (31), 35, 69 und der Umgangssprache. Was G mit ›natürlich‹ meint.

Solche Dialektik ist nicht unbedingt historisch oder materialistisch, denn der Adel wird zu einer Funktion, und die Vorstellung einer Ganzheit, die sich dem Stil verdankt, kennt den geschichtlichen Fortschritt nicht. Adorno konstruiert die Zeit Goethes nach einer Aporie seiner Zeit, und bietet eine Lösung an, die die Studenten mit Recht als ihnen fremd empfinden: statt die fehlende Praxis zu beklagen, hätten sie besser daran getan, auf kulturkonservative Momente in Adornos Theorie hinzuweisen, die der gesellschaftlichen Ausweglosigkeit den freien Raum von Poesie und Sprache entgegenhält. In den Vorträgen über Stefan George und Rudolf Borchardt, in jener Zeit geschrieben, war es deutlich zu hören.

Adorno diskutiert zwei Tage nach seinem Vortrag, am Sonntag, 9. Juli 1967, mit SDS-Studenten im »Republikanischen Club«. Der ›Spiegel‹ hat das, in einem Bericht über die ›Macht des Negativen‹ (Jg 21, 1967, Heft 30, Seite 97f.), als Canossagang Adornos gedeutet; ein Leserbrief, den Adorno entwirft und Rolf Tiedemann schreibt, erscheint nicht. Im Entwurf heißt es zunächst:

Gesprochen wurde, durchaus sachlich, über die Frage des Verhältnisses von Theorie und Praxis. Ich habe dabei meine Ansicht wiederholt, daß die theoretische Freiheit und Konsequenz durch keinen praktischen Zweck gesteuert werden dürfe. Weder kamen in der Unterhaltung die Vorgänge vom 7. Juli überhaupt vor, noch stand meine Haltung insgesamt zur Diskussion. *(Theodor W. Adorno-Archiv, Frankfurt am Main)*

9 Podiumsdiskussion auf der Frankfurter Buchmesse 1968

Photographie von Barbara Klemm
Von links: Theodor W. Adorno, Hans-Jürgen Krahl, Karl-Dietrich Wolff, Jürgen Habermas

Wolff war Bundesvorsitzender des SDS, Krahl im politischen Beirat (neben Herbert Lederer und Bernd Rabehl).

10 Vietnam – Die Dritte Welt und die Opposition in den Metropolen

Diskussionsveranstaltung im Auditorium Maximum der FU Berlin am 13. Juli 1967
Photographie von Michael Ruetz
Am Tisch sitzend von links: Klaus Meschkat, Herbert Marcuse, Jacob Taubes, Bahman Nirumand; hinten links: Bernward Vesper (mit Sonnenbrille); rechts: Marianne Enzensberger

52 Podiumsdiskussion. Von links: Theodor W. Adorno, Hans-Jürgen Krahl, Karl-Dietrich Wolff, Jürgen Habermas (7.9)

Die Veranstaltung beschließt eine viertägige Diskussion mit Herbert Marcuse im stets überfüllten Auditorium Maximum: 10. Juli ›Das Ende der Utopie‹; 11. Juli ›Das Problem der Gewalt in der Opposition‹; 12. Juli ›Moral und Politik in der Überflußgesellschaft‹; 13. Juli ›Vietnam – Die Dritte Welt und die Opposition in den Metropolen‹. Anders als Adorno, der abreist, als Marcuse eintrifft, rechnet der amerikanische Professor für Sozialphilosophie, von 1934 bis 1942 gleichfalls am Institut für Sozialforschung tätig, mit der Möglichkeit gesellschaftlicher Veränderungen; intensiver als Adorno empfindet er die Verbindungen zwischen erster und dritter Welt. Der Vortrag am 10. Juli 1967 gibt einer Dokumentation den Titel: ›Das Ende der Utopie. Herbert Marcuse diskutiert mit Studenten und Professoren Westberlins an der Freien Universität Berlin über die Möglichkeiten und Chancen einer politischen Opposition in den Metropolen in Zusammenhang mit den Befreiungsbewegungen in den Ländern der Dritten Welt‹. Herausgegeben von Horst Kurnitzky und Hansmartin Kuhn (Berlin: von Maikowski 1967).

Gerade weil die sogenannten utopischen Möglichkeiten gar nicht utopisch sind, sondern die bestimmte geschichtlich-gesellschaftliche Negation des Bestehenden darstellen, verlangt die Bewußtmachung dieser Möglichkeiten und die Bewußtmachung der sie verhindernden und der sie verleugnenden Kräfte von uns eine sehr realistische, eine sehr pragmatische Opposition. Eine Opposition, die frei ist von allen Illusionen, aber auch frei von allem Defaitismus, der schon durch seine bloße Existenz die Möglichkeiten der Freiheit an das Bestehende verrät. *(Seite 20)*

Die Studenten nehmen Marcuse in ihre Mitte, auch wenn er weniger radikal als sie denkt und wohl auch humaner, denn sein Protest kommt aus geschichtlicher Erfahrung, aus der Weimarer Republik und aus der amerikanischen Bürgerrechtsbewegung. 1967 ist noch nicht 1968, auch wenn schon sichtbar wird, wie die Wege sich dann trennen: nach der Frage, ob man das »System« zwingen solle, seine »Gewalt«-Struktur zu zeigen, um so eine allgemeine revolutionäre Situation zu schaffen, oder nicht. Rudi Dutschke beteiligt sich an den Debatten mit seinem väterlichen Freund; der »süße Demagoge« (Herbert Marcuse) wirkt auch, weil er die Sprache der anderen spricht, ein Bastler mit Begriffen:

Ein prinzipieller Pazifismus bedeutet gerade an dem Beispiel der Dritten Welt und in bezug auf den Kampf der Völker in der Dritten

Welt eine Identifikation mit der Konterrevolution; denn ein prinzipieller Pazifismus macht nämlich das, was er vermeiden will, er nimmt Partei gegen die Opfer. Das aber ist keine – und das muß auch gesagt werden – das ist keine Akzeptierung der Notwendigkeit revolutionärer Gewalt in den Metropolen. Wir haben eine prinzipielle Differenz in der Anwendung der Methoden in der Dritten Welt und in den Metropolen. Die volle Identifikation mit der Notwendigkeit des revolutionären Terrorismus und des revolutionären Kampfes in der Dritten Welt ist unerläßliche Bedingung für den Befreiungskampf der kämpfenden Völker und die Entwicklung der Formen des Widerstandes bei uns, die im wesentlichen gewaltsamen Charakter tragen ohne diesen speziellen Aspekt, den schlimmen Aspekt des Hasses und des revolutionären Terrors. *(Rudi Dutschke in der Podiumsdiskussion. Zitiert nach: Herbert Marcuse: Das Ende der Utopie. a. a. O., Seite 148 f.)*

Anläßlich des Vietnam-Kongresses im Februar 1968 fordert er dann einen »europäischen Cong«, eine Art Stadtguerilla. Schon auf dem Kongreß ›Hochschule und Demokratie‹, der im Anschluß an die Beerdigung von Benno Ohnesorg in Hannover am 9. Juni 1967 stattfindet und in der ›Voltaire-Flugschrift‹ Nr 12 dokumentiert wird, hat Jürgen Habermas von Rudi Dutschke wissen wollen, ob er diese Gewaltprovokation beabsichtige; er selbst schätze die Situation ganz anders ein. Eine revolutionäre Situation gebe es nicht, denn die Studentenbewegung könne allenfalls als Korrektiv innerhalb der deutschen Demokratie gewürdigt werden; daher bleiben revolutionäre Aktionen »voluntaristische« Akte Einzelner. Habermas fragt:

Herr Dutschke hat als konkreten Vorschlag, wie ich zu meinem Erstaunen nachher festgestellt habe, nur vorgetragen, daß ein Sitzstreik stattfinden soll, das ist eine Demonstration mit gewaltlosen Mitteln. Ich frage mich, warum nennt er das nicht so, warum braucht er eine dreiviertel Stunde, um eine voluntaristische Ideologie hier zu entwickeln. Ich bin der Meinung, er hat eine voluntaristische Ideologie hier entwickelt, die man im Jahre 1848 utopischen Sozialismus genannt hat, und der unter heutigen Umständen, jedenfalls ich glaube, Gründe zu haben, diese Terminologie vorzuschlagen, linken Faschismus nennen muß. Es sei denn, daß Herr Dutschke aus dem, was er an Überbau hier entwickelt hat, praktisch keine Konsequenzen zu ziehen wünscht. Das hätte ich gerne geklärt. Ich hätte gerne geklärt, ob er nun willentlich die manifeste Gewalt herausfordert nach dem kalkulierten Mechanismus, der in diese Gewalt eingebaut ist, und zwar so, daß er das Risiko von Menschenverletzung, um mich vorsichtig auszudrücken, absichtlich einschließt oder nicht. *(Bedingungen und Organisation des Widerstandes. Der Kongreß in Hannover. Frankfurt am Main: Edition Voltaire 1967. Seite 101)*

Am 5. Mai 1969 schreibt Adorno an Marcuse, zu dem er nun, wie schon angedeutet, Verbindung sucht und den er nach Frankfurt einladen will:

Das Stärkste, was Du anzuführen hast, ist, die Situation sei so grauenhaft, daß man versuchen müsse auszubrechen, auch wenn man die objektive Unmöglichkeit erkenne. Ich nehme das Argument schwer. Aber ich halte es für falsch. Wir, Du nicht anders als ich, haben seinerzeit eine noch viel schauerlichere Situation, die der Ermordung der Juden, aus der Entfernung, ertragen, ohne daß wir zu Praxis übergegangen wären; einfach deshalb, weil sie uns versperrt war. Ich halte es für eine Sache der Selbstbesinnung, daß man sich über das Moment der Kälte in einem selbst klar ist. Schroff gesagt: daß Du wegen der Dinge in Vietnam oder Biafra einfach nicht mehr leben könntest, ohne bei den studentischen Aktionen mitzumachen, betrachte ich als eine Selbsttäuschung. Reagiert man aber wirklich so, dann müßte man nicht nur gegen das Grauen der Napalmbomben protestieren, sondern ebenso gegen die unsäglichen Folterungen chinesischen Stils, welche die Vietcong dauernd verüben. Denkt man das nicht mit, so hat der Protest gegen die Amerikaner etwas Ideologisches. Auf eben jenen Punkt legt Max [Horkheimer] mit vollem Recht großen Wert. Gerade ich, der ja schließlich von drüben wegging, dürfte ein gewisses Recht zu meiner Meinung haben. Du beanstandest Jürgens Ausdruck »linker Faschismus« als contradictio in adiecto. Aber Du bist doch ein Dialektiker. Als ob es solche contradictiones nicht gäbe – als ob nicht eine Bewegung, kraft ihrer immanenten Antinomik, in ihr Gegenteil umschlagen könnte. Kein Zweifel scheint mir daran, daß die Studentenbewegung in ihrer hiesigen Gestalt, und zwar recht unmittelbar, auf eben die Technokratisierung der Universität hinausläuft, die sie angeblich verhindern will. Ebenso fraglos scheint es mir, daß Verhaltensweisen wie die, welche ich beobachten mußte, und deren Beschreibung ich Dir und mir erspare, wirklich etwas von jener begriffslosen Gewaltätigkeit haben, die nun einmal zum Faschismus dazugehört. *(Herbert Marcuse-Archiv, SUB Frankfurt am Main)*

11 Gründungsversammlung des »Republikanischen Clubs e.V. Berlin« am 30. April 1967

Photographie von Michael Ruetz. Aus dem Zyklus ›Deutsche Charaktere‹, abgebildet in »Sichtbare Zeit«. Frankfurt am Main: Zweitausendeins 1995.
Am Rednerpult: Urs Müller-Plantenberg (mit Mikrophon); daneben: Dr. Ekkehart Krippendorf, Assistent am OSI (Otto-Suhr-Institut der FU Berlin); zwischen beiden: Dr. Klaus Meschkat, SDS, Assistent am Philosophischen Seminar; links am Tisch: Herta Daeubler-Gmelin, SPD; dahinter stehen: Lothar Pinkall, IG Metall; rechts am Tisch im Vordergrund mit randloser Brille: Ulrich K. Preuß, SDS; rechts hinter ihm mit Hornbrille: Rechtsanwalt Horst Mahler, SDS

Der »RC« entwickelt sich rasch zum Zentrum der Außerparlamentarischen Opposition (APO) in Berlin und findet Nachahmung in anderen Städten Deutschlands. 1968 schnellt die Zahl der Mitglieder von 200 auf 800. Klaus Meschkat berichtet in der 2. Mitgliederversammlung am 25. Mai 1968:

Der Republikanische Club wird von seinen Mitgliedern, von denen, die mit ihm sympathisieren, aber auch von seinen Gegnern, als Kern oder als Keimzelle einer Art von Gegenmacht außerhalb

der bestehenden politischen Strukturen angesehen *(Protokoll. Sammlung Hannes Schwenger)*

53 Gründungsversammlung des Republikanischen Clubs (7.11)

Die Ablehnung der parlamentarischen Demokratie führt in das Dilemma, Aktionen zu fordern, die – solange sie friedlich bleiben – keine gesellschaftliche Wirkung haben. Die Gewaltfrage wird – parallel zur Eskalation auf der Straße – allgegenwärtig. Das ›RC-Bulletin‹ Nummer V vom 5. Dezember 1968 enthält Beiträge zur Beurteilung der »Schlacht am Tegeler Weg«. Sie entspinnt sich am 4. November 1968, als im Landgericht ein Ehrengerichtsverfahren gegen Horst Mahler verhandelt wird, und auf der Straße davor – auf Initiative des SDS – Studenten mit Pflastersteinen die Polizei, für diesen einen Tag, in die Defensive drängen. Das Vorstandsmitglied Marianne Regensburger hat eine zum RC »abweichende Meinung«:

Auch sind vorab einige Behauptungen aus der Vorstandserklärung richtig zu stellen. Es wird zur Verteidigung von Gewaltanwendung auch gegen Menschen behauptet, unsere Gesellschaft wäre demokratischer, »hätte man 1945 ff. Gewalt gegen Personen angewandt«. Das ist eine reine Zweckbehauptung, die sich historisch widerlegen läßt. ... Welchen Grund gibt es eigentlich, mit massiver Gewaltanwendung gegen Menschen etwas erzwingen zu wollen, wofür Liberale ohnehin sich einsetzen, weil sie es immer noch als selbstverständlich ansehen? *(Seite 3)*

Radikal formuliert hingegen Bernhard Blanke:

Es sei taktisch falsch, eine Eskalation von der APO-Seite zu erzwingen etc. Was will uns dieser »Realismus« sagen? Die Verhältnisse sind nicht revolutionär und werden es auch in absehbarer Zeit nicht sein. Müssen wir aber nicht, um als Handelnde zu reden, fragen, *wie* werden die Verhältnisse revolutionär und *was* können wir dazu tun? *(Seite 5)*

Und um zwischen »blinder« und »revolutionärer« Gewalt zu unterscheiden, wird das Gebräu psychoanalytisch gewürzt:

Denn der fundamentale Fehler der Kritiker ist, daß *sie* gerade das *moralische* Problem revolutionärer Gewalt unterschätzen. Moral ist nämlich als revolutionäre keine der Gesinnung, sondern ist eine Frage des Könnens, sie muß produziert werden, man muß sie im Kampf erst erlernen. Und nur der kollektive Kampf ist die Ebene, in der individuelle Aggressivität politische Dimension und strategische Ausrichtung erhalten kann. Anderenfalls verewigt man die »kulturellen« Leistungen der repressiven Gesellschaft, die jene der Möglichkeit nach revolutionären Aggressionen in »sinnvoller« Tätigkeit gebunden hat. *(Seite 7)*

Die Führungsgremien im »Republikanischen Club«, dem »RC«, sind besorgt, daß die »Massen« nicht mehr mitmachen, und einige erkennen an sich selbst, daß die neue Ohnmacht sie aggressiv macht. Den Weg in die Gewalt kann man an Horst Mahler, Studentenanwalt und Vorstandsmitglied im »RC«, studieren, der um 1970 eine militante Stadtguerilla plant und den Terror von Andreas Baader, Gudrun Ensslin und Ulrike Meinhof mitmacht. Man ist radikal, aber nicht politisch und »links«, Einsamkeit wirkt als

Nährboden für radikale Unmittelbarkeit. Peter Rühmkorf notiert 1968 über Ulrike Meinhof:

Als Gewalt-Theoretikerin war sie ja auch erst in dem Moment hervorgetreten, als sie selbst die vollkommene gesellschaftliche Isolierung in Tateinheit mit erzwungener Tatenlosigkeit am eigenen Leib verspürte – auf dieses Paradox aber war die ganze Gegengesellschaft getauft, die sich antiautoritäre Bewegung nannte und deren zentripetale Kreiselbewegung sich mit Öffentlichkeitsarbeit verwechselte. *(Peter Rühmkorf: Die Jahre die Ihr kennt. Reinbek: Rowohlt 1972. Seite 227)*

12 Neue Kritik

Zeitschrift für sozialistische Theorie und Politik
Herausgegeben vom Bundesvorstand des Sozialistischen Deutschen Studentenbundes (SDS)
Frankfurt am Main: Verlag Neue Kritik
Jahrgang 9, 1968, Nummer 47, April

Mit dem Attentat auf Dutschke und den darauf folgenden Springer-Blockaden verschärfen sich Stimmung und Argumentation: doch einem Bürgerkrieg will der SDS (dem Dutschke seit 1965 angehört) nicht dienen. Karl-Dietrich Wolff und Frank Wolff schreiben im Vorwort zur Aprilausgabe der ›Neuen Kritik‹:

Welche Aufgabe wir in den kommenden Aktionen haben, ist aus der veränderten Situation abzuleiten: Nicht ständig die Demonstrationen quasi existentiell zu radikalisieren, sondern sie zu organisieren und sie praktisch, auf der Straße, und politisch mobil zu machen. *(Seite 6)*

Doch schon die eigenen Autoren wollen sich daran nicht mehr halten, zum Beispiel Oskar Negt:

Es ist Aufklärung darüber notwendig, daß es einen Unterschied zwischen progressiver Gewalt und reaktionärer Gewalt in der Geschichte gibt. *(Seite 20)*

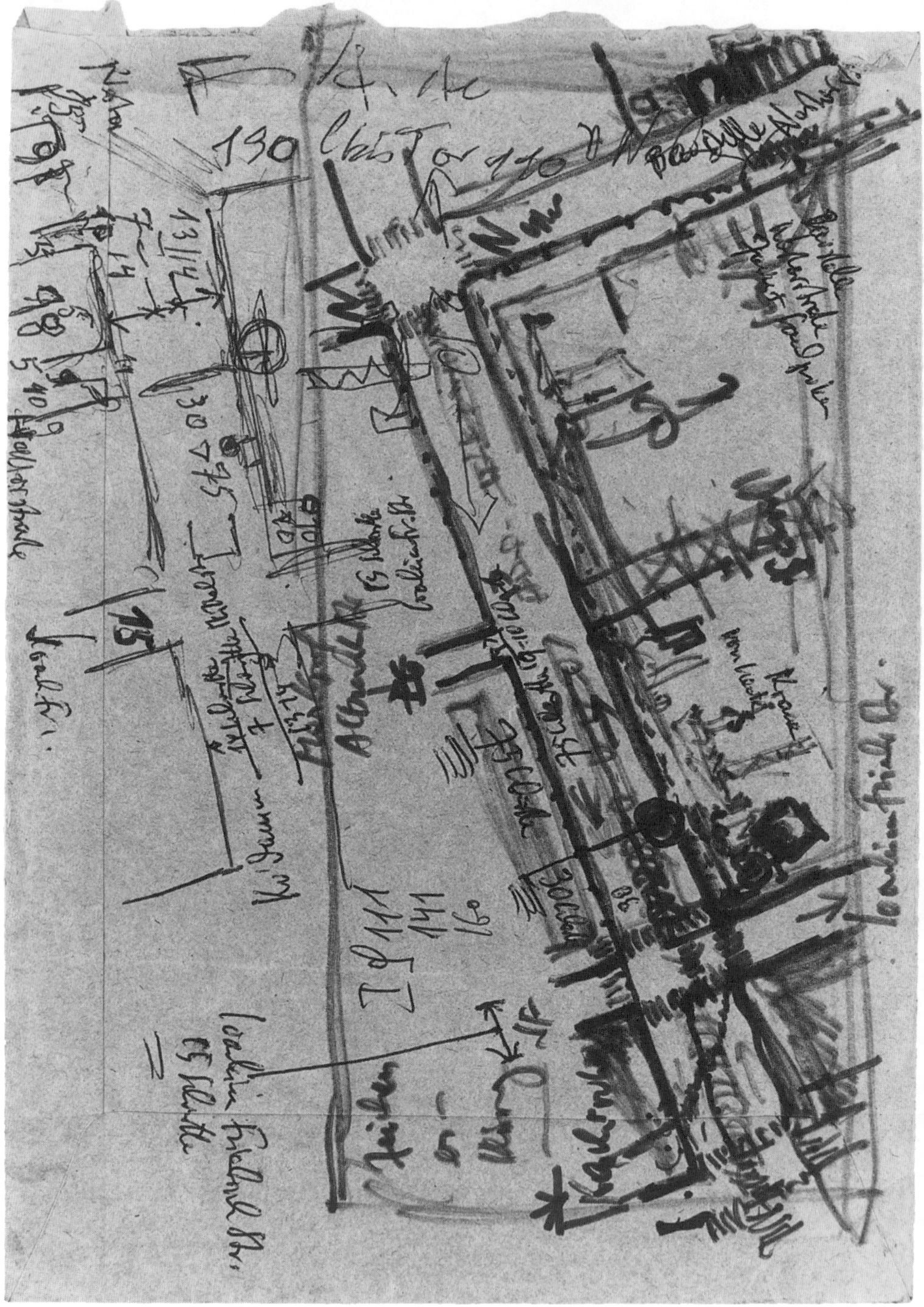

13 Franz Tumler: Straßenskizze zum Attentat auf Rudi Dutschke in Berlin

Auf einem gebrauchten Briefumschlag mit Poststempel vom 13. Juli 1972

Der Südtiroler Schriftsteller Franz Tumler (Jahrgang 1912) lebt seit 1950 in Berlin. Kurz nach dem Attentat auf Dutschke kommt er zum Ort des Geschehens. Er ist sich als Erzähler der Mittel des Erinnerns und des Schreibens bewußt und zeichnet die Erinnerung auf, die in ihm und öffentlich wächst. In der Erzählung ›Die Schüsse auf Dutschke‹ heißt es:

Nun, nach den 10 Minuten, als wir kamen, war er von der Rettung, die der Zeitungsverkäufer angerufen hatte, schon abtransportiert worden; auch Polizei war schon dagewesen, das erkannten wir später an den Kreidestrichen, die um ein neben der Bordkante auf dem Damm liegendes Fahrrad gezogen waren; später – das war nur wenige Minuten danach, als uns der Zeitungsverkäufer gesagt hatte: Da hat einer auf den Dutschke geschossen. Er verkaufte schon wieder Zeitungen, er sagte uns auch diese Stationen: den Angeschossenen hergeschleppt, die Bank, und *er* aus dem Kiosk telefoniert, die Rettung, die Polizei.
Aber die Polizei war nicht mehr da. Wo war die Polizei jetzt? – das fragten wir uns auf der für uns dann *dritten* Station. Die *erste* war der Kiosk gewesen, als wir Auskunft erhielten; die *zweite* gehört zu denen, die der Grund sind, warum ich dies aufschreibe: wir standen vor dem Fahrrad, ein altes Fahrrad, wie es eingegrenzt von den Kreidestrichen neben dem Bordstein lag. Dann ein Paar abgetragener Sandalen, jede für sich in einem Kreidestrichkreis; ein kleinerer Kreis um einen Aufwurf Sand, dann mehrere solcher Sandwische unbezeichnet; aber auf dem Bordstein und in Abständen bis zum Kiosk weitergetropft Blutflecken, wieder bezeichnet. Ich notiere mir zweierlei von der Wirkung in uns: das erste den Grad unserer Betroffenheit: von Befremden beim Anblick der in Kreide kleingefaßten Gegenstände bis zu einer Ab-

54 Auf der gegenüberliegenden Seite: Franz Tumler: Straßenskizze (7.13)

wehr wie von Unglaubwürdigem vor diesen abgenutzten Sandalen mit schäbigem Staub und in einem wie zufälligen Abstand, daraus sich ein Vorgang nicht erkennen ließ, dazu der Abstand in der Nennung des Namens; dann aber Betroffenheit bis zu einem Stoß Erschrecken und Ausruf: Blut, bei dieser Wahrnehmung. Das zweite: mir fällt der unangemessene Ausdruck »Stilleben« ein. So hatten wir es, kleines Format, zu unseren Füßen, während dicht daneben die Autos schnell fuhren, niemand das sah; aber auch Fußgänger auf dem Trottoir wie, ohne es zu bemerken, vorübergingen; und die es bemerkten, blieben nicht stehen, sie sahen etwas, vermutlich dachten sie: ein Verkehrsunfall, aber Polizei war schon dagewesen – ich schreibe es auf, weil es wie ein Nichts ist an diesem Anfang, eine halbe Stunde später war es kein Nichts mehr, zwei Stunden später war es die Neuigkeit der Stadt, und drei Stunden später eine Veränderung der Stadt, Demonstrationszüge auf dem Kurfürstendamm, Polizeiaufgebot, Verkehr umgeleitet, Veranstaltungen abgesagt; von diesem letzten Stück Absage erlebten wir etwas mit, das uns zeigte, wie eine Sache scheinbar schon wieder aus dem ersten Zenith war. Aber *am Anfang war sie das Nichts* von Fahrrad, Sandalen und Kreidestrichen, kaum beachtet. *(Typoskript im Archiv Franz Tumler)*

Skizzen entstehen nach dem Text, um ihn zu überprüfen. Das Kuvert enthält zwei: die erste notiert die »Entfernungen und Orte nach Schritten«, der zweiten gibt Tumler folgenden Kommentar:

Skizze II/auf ihr gestrichelt rot meinen Weg von der Karlsruher Straße schräg über den Ku'damm und dann weiter zu den wichtigen Punkten:/roter Kreis: der Zeitungskiosk, dahinter/schwarzes Viereck: die Hausruine mit dem Heim des SDS; dann vorn/schwarzer Kreis rot umrandet: die Stelle, wo auf Dutschke geschossen wurde, dann weiter die/gestrichelte Linie: den Ku'damm entlang und um die Ecke in die/Nestorstraße bis zur Baustelle von damals mit/Zaun und Sandgruben, in die sich der Attentäter/geflüchtet hatte; dazu auch das Wort:/Krane von heute: ihre Zeichnung für die Baustelle von heute

8 Audimax

Wie ein Forum nutzt man den größten Hörsaal der Freien Universität Berlin um 1968. Das Auditorium Maximum, das »Audimax«, wird eine Art öffentlicher Raum, in dem sich Studenten und Dichter, Professoren, Revolutionäre und Politiker treffen: Erich Fried, Hans Magnus Enzensberger, Reinhard Lettau und Peter Schneider, F. C. Delius und Horst Christoph Buch sind häufig zu sehen. Weder vorher noch nachher hat eine Aula diese Bedeutung. Die Wege im eingegrenzten West-Berlin sind besonders kurz. Eine andere, alte Grenze scheint dagegen aufgehoben, die zwischen Universität und der Welt draußen.
Die Universität ist seit ihren Anfängen der Politik entgegengesetzt. Gemäß der protestantischen Zweiweltenlehre, in der von der sicheren Kanzel aus der Fürst gerügt werden darf, der seinen Pastor bezahlt, hat sich die Universität stets als einigermaßen autonome Institution verstanden, die ihre Unabhängigkeit nur dann gefährdet, wenn die eigenen Mitglieder die wissenschaftlich gebotene kritische Distanz zur Politik und den eigenen Werten aufgeben. Doch gerade das taten die Professoren fast alle in der NS-Zeit und vermittelten den Eindruck, als ob die Einrichtung selbst gesellschaftlich abhängig sei. Beispiele wie Walther Rehm zeigen, daß den Gelehrten nicht viel geschah, wenn sie ungebärdig blieben. 1968 wird die erforderliche Grenze zwischen Wissenschaft und Politik erst recht nicht erkannt und auch gar nicht gewollt; die Berliner Freie Universität als politische Gründung von 1948 befördert das durch ihre Satzung. Die NS-Vergangenheit der akademischen Väter deckt man auf, doch weil die Studenten glauben, daß die Universität vom Kapital abhängig sei, scheint ihnen die Universitätsreform nur als Gesellschaftsreform möglich – anstatt die Autonomie der Universität nach der Einsicht in ihre mögliche kulturelle Abhängigkeit zu stärken und in diesem Sinn den »NS-Professoren« Verrat an ihrer Wissenschaft vorzuwerfen. Manche der Studenten lesen das ›Kapital‹ und andere schwierige

Texte der neuen Autoritäten. Sie schärfen ihren Verstand und üben das geschliffene Diskutieren. Heil versprechen sich indes die meisten allein von der »Politisierung« der Universität. Darin treffen sie sich mit den politisierten Dichtern und den politisierten Gelehrten. Innerhalb der Freien Universität Berlin strebt der AStA (der »Allgemeine Studentenausschuß«) eine »Kritische Universität« (KU) an zwecks »Intensivierung politischer Praxis«. Eine neue Auffassung soll manifest werden: Wissen, das nicht die eigene politische Rolle mitdenke, zeuge, so heißt es damals, von »falschem Bewußtsein«: Das traf auf poetisches Wissen ebenso zu wie auf kulturelles oder universitäres. Wer das eigene Metier der Politik öffnet, verzichtet indes auf den eigenen Raum. Das sieht man heute deutlicher. »Politisierung« mündet in einer Unmittelbarkeit, welche die Dichter und die Studenten eint – und die das Audimax erleben läßt. In einem Arbeitsgruppenbericht der KU steht:

Die Gefahr, daß die durch fehlende institutionelle Autorität erzielte Diskussionsoffenheit durch neuetablierte Sachautorität wieder verloren ginge, konnte meist vermieden werden. *(Kritische Universität. Sommer 68 – Berichte und Programm. Berlin 1968. Seite 107)*

Den meisten Professoren paßt das nicht: den konservativ-reaktionären, weil sie ihre Werte nicht enthüllt haben wollen, den liberal-progressiven, weil sie in der (am besten: historischen) Kritik der Wissenschaft die Möglichkeit sehen, sie zu verbessern. Eine Übertragung demokratischer Prozeduren auf die Universität scheint als Rezept allzu simpel, weil den Studenten das Wissen fehlt. Peter Szondi schreibt einen Aushang am Institut:

Egoismus. Professor S., befragt, was er denn von der »Kritischen Universität« halte, antwortete: »Viel. Drum mache ich sie selber.« *(Peter Szondi: Über eine »Freie (d. h.freie) Universität«. Frankfurt am Main: Suhrkamp 1973. Seite 83)*

Im Prozeß um die Flugblätter Nr 6 bis 9 der Kommune I treten manche dieser Professoren – Eberhard Lämmert, Jacob Taubes, Peter Wapnewski und Peter Szondi etwa – als Gutachter auf. Die Philologen wenden strikt ihr eigenes stilanalytisches und literar-

historisches Instrumentarium an und heben in ihren Gutachten hervor, daß die inkriminierten Flugblätter – satirisch parodierend – ästhetischer Natur seien. So agieren sie politisch. Doch entgehen sie nicht immer der Gefahr, ihre Fachkenntnisse in den Dienst einer Strategie (der Kommunarden, ihres Anwalts) zu stellen. Günter Grass geht in diesem Casus einen anderen Weg.
Man kann den Besuch von Paul Celan im Berliner Dezember 1967 als Negation deuten. Szondi führt ihn nicht an die Stätten von 1968, sondern zu den Orten, die an die Ermordung von Rosa Luxemburg und Karl Liebknecht erinnern. Dann liest der Dichter, der wie kaum ein anderer die Geschichte dieses Jahrhunderts in seiner Poesie kritisch zurückgewiesen hat, im Schutz des stillen Seminars. Weit weg vom Audimax und den aktuellen politischen Ereignissen.

1 Kritische Universität

Freie Studienorganisation der Studenten in den Berliner Hoch- und Fachschulen
Provisorisches Verzeichnis der Studienveranstaltungen im Wintersemester 1967/68. Herausgegeben vom AStA der Freien Universität Berlin, Hochschulabteilung
Berlin: Oberbaumpresse [1967]
Nachlaß Peter Szondi

Die ›KRITISCHE UNIVERSITÄT‹ stellt sich auf den Umschlagseiten der Broschüre als »BEFREIUNGSUNI«, »POLITUNI«, »UNI des 2. Juni« – das ist der Todestag von Benno Ohnesorg –, als »GEGEN-UNI« und »FREIE UNI« aus und wendet sich an Arbeiter, Schüler, Studenten:

1. Permanente Hochschulkritik und praktische Studienreform, 2. Verbreiterung und Intensivierung politischer Praxis, sei es in spontanen Aktionszentren, politischen Hochschulgruppen oder in der Studentenvertretung, mit Hilfe wissenschaftlicher Analyse und Kritik, 3. Vorbereitung der Studenten auf die Praxis der Wissen-

55 Einband Rück- und Vorderseite (8.1)

schafts- und Gesellschaftspolitik in ihren künftigen Berufen und Unterstützung der kritischen Intelligenz in diesen Berufsbereichen.

Damit avanciere die KU »zu einer Komponente außerparlamentarischer antiautoritärer Opposition.« (Seite 7)

Seit dem 18. Juni 1967 berät der AStA über die Hauptaufgaben der KU und kündigt unter der Rubrik ›Sprache und Literatur‹ auch ein Seminar über ›Verschüttete Aufklärung – der affirmative Charakter der gegenwärtigen Literaturwissenschaft‹ an. Es solle eine kritische Wissenschaftsgeschichte mit Gervinus als Maßstab erarbeitet und »dann nach den Gründen gefragt werden, die in der folgenden Entwicklung bis zur Gegenwart den vorwiegend affirmativen, wenn nicht restaurativen und schließlich faschistoiden Charakter der Germanistik bestimmten.« (Seite 19)

Der Akademische Senat beauftragt den Klassischen Philologen Georg Nicolaus Knauer und den Erziehungswissenschaftler Fritz Borinski mit einem Gutachten und entscheidet, nach einer Stellungnahme des AStA, am 25. Oktober 1967, daß die FU mit der KU nichts zu tun habe und man ihr auch nicht generell Räume zur Verfügung stellen wolle, weil sie von außerhalb politisch gesteuert werde. Das stößt bei zahlreichen Professoren auf heftigen Widerspruch, die – nach den Erfahrungen von 1933 – an die politische Aufgabe der Hochschule erinnern. Alexander Schwan vom Otto-Suhr-Institut bereitet, gemeinsam mit Szondi, Wilhelm Weischedel und Erich Loos, für den ›Tagesspiegel‹ eine ›Zwölf-Punkte-Erklärung von Professoren der Freien Universität‹ vor, die am 28. Oktober 1967 erscheint, und deren Entwürfe sich in Szondis Nachlaß erhalten haben:
Seit einiger Zeit – in einem ersten Entwurf stand das von Szondi gestrichene: »insbesondere seit den Ereignissen des 2. Juni 1967« –

ist ein großer Teil der Studenten in wachsendem Maße von kritischer Unruhe erfaßt, der die akademischen und politischen Autoritäten oft eher hilflos ... begegnet sind. Wir sind von der Notwendigkeit tiefgreifender Reformen überzeugt. ... Reform der Hochschule und Reform der Gesellschaft sind miteinander verknüpft. Beide Bereiche bedürfen einer besseren Verwirklichung der Demokratie im Ganzen und in ihren Teilen. ... Wir setzen uns für einen Ausbau des Berliner Modells unter verstärkter Mitbestimmung des akademischen Mittelbaus und der Studenten in allen Gremien und Institutionen der Universität ein. ... Das Projekt einer »Kritischen Universität« wird von Studenten als Beitrag zur Hochschulreform betrachtet. Wir begrüßen alle studentischen Veranstaltungen, in denen die Tendenz zur wissenschaftlichen Kritik und zum methodischen Experiment sichtbar wird. Nicht in die Universität gehören jedoch Veranstaltungen, die Wissenschaft in bloße Legitimation vorab festgelegter Meinungen und Aktionen verfälschen. ... Wir warnen vor einer Versteifung in extreme Haltungen,

56 Auf den folgenden Seiten: Gründungsvollversammlung der Kritischen Universität (8.2)

die beide Seiten isolieren und schließlich zur Gewaltanwendung führen muß.

Um eine Eskalation des Konflikts zu vermeiden, stellt der Akademische Senat das Audimax für die »Gründungsvollversammlung der Kritischen Universität« am 1. November 1967 zur Verfügung.

2 Gründungsvollversammlung der »Kritischen Universität«

im Auditorium Maximum der Freien Universität Berlin am 1. November 1967
Photographie von Michael Ruetz. Abgebildet in »1968. Ein Zeitalter wird besichtigt«. Frankfurt am Main: Zweitausendeins 1998. Seite 120
Leihgabe: Michael Ruetz

3 Gründungsvollversammlung der »Kritischen Universität«

im Auditorium Maximum der Freien Universität Berlin am 1. November 1967
Plakat [Kopie]

Vor über 2000 Studenten sprechen Professor Wilfried Gottschalch (PH Berlin) über ›Wissenschaft und politisches Handeln‹; Bernhard Blanke (Republikanischer Club, SDS) über ›Das Springer-Tribunal, ein Beispiel‹; der FU-Konventsvorsitzende Wolfgang Lefèvre über ›Kritische Universität und Studienreform‹; Marno Brausdorf über ›Der Psychosomatische Arbeitskreis als Beispiel‹ und Wolfgang Nitsch (SDS) über ›Arbeitsweise und Ziele der Kritischen Universität‹.
Damals entstehen zahlreiche hochschulpolitische »Untersuchungen«, die sich neue Herstellungsformen zunutze machen; sie sind der Anfang einer Selbstreflexion der Universität. Drei Beispiele:

4 Braune Universität

Deutsche Hochschullehrer gestern und heute. Dokumentenreihe
Heft 4: Westberlin. Zusammengestellt und herausgegeben von Rolf Seeliger
München: Seeliger 1966
Nachlaß Peter Szondi

Während die deutsche Universität vom Zeitenwechsel 1945 kaum berührt wird, verändert sie sich in den Jahren um 1968 nachhaltig: weniger in ihren Strukturen als in ihrer Lebensform. Der Autoritätsanspruch der Professoren verträgt sich nicht mit ihrem Fehlverhalten und dem Schweigen danach. »Großordinarien« wie Benno von Wiese fordern besonders zur Kritik heraus, zumal man sich längst anderen Autoritäten zugewandt hat. Über die alten macht man satirische Plakate, wie jenes mit dem Titel ›Benno von Wiese – Bildnis eines Großordinarius‹, für das die Studentenvertretung des Instituts für Germanistik der FU Berlin verantwortlich zeichnet.

Die Frage nach dem Versagen der Universität im Dritten Reich und ihrer Lehrer, die sich bereitwillig den Ansprüchen der braunen Diktatur geöffnet haben, entspringt nicht der Lust an einer aktenschnüffelnden »Vergangenheitsbewältigung«, sondern der Sorge um unsere demokratische Gegenwart und Zukunft. Wie berechtigt diese Sorge ist, zeigt die immer deutlicher zu beobachtende Rückkehr der deutschen Universität zur Fiktion einer unpolitischen Wissenschaft und das Festhalten an einer autoritären Struktur, die dem demokratischen Bewusstsein widerspricht. Dass dabei die Krise an der Freien Universität Berlin, deren Modellcharakter bei ihrer Gründung 1948 auf eine Regeneration der überkommenen Universitätsstruktur hoffen liess, besondere Aufmerksamkeit erregte und erregt, ist nicht verwunderlich in einer Stadt, deren politische Situation die Blicke auf sich zieht. *(Seite 4)*

Rolf Seeliger sammelt Zitate aus im Dritten Reich veröffentlichten Schriften; sein viertes Heft ist den »heute an der Freien Universität

Berlin« lehrenden Professoren gewidmet (Karl C. Thalheim, Andreas Paulsen, Hans Knudsen, Emil Dovifat, Richard Beitl).

5 alternative

Zeitschrift für Literatur und Diskussion
Herausgegeben von Hildegard Brenner
Berlin: Verlag der alternative
Jahrgang 11, 1968, Nummer 61. Themenheft: ›Deutschunterricht und Germanistik‹

Aus Protest gegen die Notstandsgesetze besetzen eine »ad-hoc-Gruppe Germanistik« und Mitglieder des SDS das Germanische Seminar vom 27. bis 31. Mai 1968 und taufen es um in »Rosa-Luxemburg-Institut«. Am 30. Mai wird ein zehn Punkte umfassendes Forderungspaket beschlossen, in dem die Vision einer mystischen Integration der Gruppe ersteht, die nach innen unduldsam ist und es nicht verträgt, sich nach außen hin vermitteln zu müssen. Daher wird am 11. Juni noch eine elfte Forderung erhoben. Man verlangt die Autonomie des Instituts für Germanistik gegenüber der Fakultät.

1. Abschaffung der bisherigen Berufungspraxis; Berufung durch alle Mitglieder des Instituts nach öffentlicher Ausschreibung. 2. Abschaffung des hierarchischen Lehrstuhlaufbaus; Aufhebung persönlicher Lehrstühle. 3. Aufhebung des Grundstudiums. 4. Abschaffung der künstlichen Hierarchie von Proseminar, Hauptseminar, Oberseminar. 5. Veränderung des gegenwärtigen Leistungs- und Qualifikationssystems insbesondere der Bestimmung des Studienganges durch das Staatsexamen, d.h.: Kündigung der Verträge mit dem Prüfungsamt und neue Vereinbarungen. ... 6. Aufstellung eines von allen Gruppen erarbeiteten und beschlossenen langfristigen Arbeitsplans, der es möglich macht, das gemeinsame Interesse einer Wissenschaft als Widerstand in der Notstandsgesellschaft zu verwirklichen. 7. Kollektive Bestimmung von Forschungsvorhaben und wissenschaftlichen Publikationen. Aner-

kennung kollektiv angefertigter Examensarbeiten. 8. Zusammenlegung der finanziellen Mittel der einzelnen Lehrstühle zu einem kollektiv verwalteten Institutsfonds. 9. Bereitstellung von Institutsräumen und finanziellen Mitteln für alle Arbeitsgruppen, deren Arbeit und Forschungsziele in der öffentlichen Diskussion aller Mitglieder des Instituts gebilligt wurden. 10. Wissenschaftliche Kontrolle der Schulpraxis und der Ausbildung von Deutschlehrern. Das Institut steht allen Interessierten zur Verfügung. *(Seite 101)*

6 Kritische Universität

Sommer 68 – Berichte und Programm
Berlin: AStA der Freien Universität Berlin, Politische Abteilung [1968]
Leihgabe: Jean Bollack

Die »Kritische Universität« besteht inzwischen aus 31 Arbeitskreisen, die hier vorgestellt werden. Der Umschlag ist zugleich das »poster« für Deklarationen. Ein Kafka-Seminar und ein anderes über ›Das Problem der Entfremdung im Werk Georg Büchners‹ deuten den Kanon an. Außerdem gibt es ein Aktionskomitee zur Vorbereitung des Gegen-Germanistiktages, zu dem es aber nicht kommt; dafür wird die Tagung des Deutschen Germanistenverbandes vom 7.-12. Oktober 1968 mit solchen Slogans umfunktioniert: »Schlagt die Germanistik tot, färbt die blaue Blume rot!«
Auch an anderen Universitäten nehmen Basisgruppen die Herausgabe von Heften in die Hand:

7 Institutspolitik Sommer 1969

dokumente polemik information literarische politische analysen demagie[!] manipulationen berichte tatsachen aufklärung entschleierungen lügen verallgemeinerungen enthüllungen: *unipolitik*
Herausgegeben von der Basisgruppe Fachschaft Germanistik [an der Albert-Ludwigs-Universität Freiburg i.Br.]
[Freiburg i. Br. 1969]
Leihgabe: Rainer Noltenius

In einem Freiburger ABECEDARIUM ›special für newcomers‹ schlägt sich manches aus Berlin nieder: Professorenkritik, marxistische Gesellschaftsanalyse und vor allem eine neue Art zu leben. Noch hat der Spaß die Oberhand, der die Ordinarien und ebenso die Studenten selbst treffen kann. (Seite 1ff; s. Auswahl auf Seite 178–180) Die Zwänge, die sich aus dem Verlangen ergeben, programmatisch zu leben, fördern, von Jahr zu Jahr mehr, eine neue linke Doppelmoral. Chlodwig Poth ist ihr prominentester Kritiker:

8 Chlodwig Poth: Ein Tag in der K 3

Vierzehn Federzeichnungen. 1988. 37,7 x 26,3 cm
›1970 10 Uhr‹; ›11 Uhr‹; ›17 Uhr‹; ›18 Uhr‹; ›19 Uhr‹; ›20 Uhr‹; ›21 Uhr‹; ›22 Uhr‹; ›23 Uhr‹; ›24 Uhr‹; ›1 Uhr‹; ›2 Uhr‹; ›3 Uhr‹; ›4 Uhr und nun reicht's‹
Leihgabe: Chlodwig Poth

9 Jimi Hendrix an Uschi Obermaier

New York, 14. März 1969. Brief, 3 Blatt
Leihgabe: Uschi Obermaier

Seltsam immun, man möchte sagen: »natürlich«, bleibt Uschi Obermaier gegenüber ideologischen Zumutungen ans Geschlechtsleben in der Kommune I, der sie seit 1968 angehört. Zur Musik zieht es sie stärker hin. Fast eine Alma Mahler-Werfel der Rockwelt (sie ist befreundet mit Mick Jagger und Keith Richards) wird sie bald zur Ikone von Studentengenerationen. Am 23. Januar 1969 besucht sie das Konzert von Hendrix in Berlin und zeigt ihm am nächsten Tag die Kommune I, wo man sie wenig gut behandelt. Später erinnert sich Hendrix an sie und schreibt am 14. März 1969:

57 Briefumschlag (8.9)

Dearest Uschi

I Hope you still remember me. How are you doing? fine, I hope. I heard that You were in England not too long ago. I heard about some strange things happening in Berlin.

Maybe I was just really thinking to myself, that I should send for you if you *want* to come to me. I don't know How you feel about me. I know also that I promised to keep in touch with you but I didn't.

Uschi, I have been working on my new songs very very hard lately.

But the main reason I'm writing is because I have been thinking of You ever since I last seen you. You really made me happy then. I wasn't thinking about too many problems when I was with you. I hardley ever go anywhere anymore or talk to very maney people. As I said, I have been working very hard. But the thought of you ist very Fresh in my mind. And maybe in my heart. It's very hard for me to trust even my own feelings. I always get hurt. But then I feel something from you that is very real. I just want to know what it is. I really want to see you again. I may call you soon. I hope you will be there. We must record in New York for a while, maybe 2 weeks. I wish I could have spoken to your friends at your

58 Auf der gegenüberliegenden Seite: Flugblatt (8.10)

house more. But I didn't know what to say – I like them. I hope I see them again. I must leave now – Please write me. love to you ... I must leave now ...
yours Jimi

10 REVOLUTION IN ROSÉ REVOLUTION IN ROT

Flugblatt Nummer 9 der Kommune I, verteilt am 24. Mai 1967 vor der Mensa der Freien Universität in Berlin-Dahlem
Nachlaß Peter Szondi

Seit dem Februar 1967 bildet die Kommune I den Vorstand des Berliner SDS: Ulrich Enzensberger, Hans-Joachim Hamaster, Rainer Langhans, Dorothea Ridder und Fritz Teufel sind an der Universität immatrikuliert, Dagmar Seehuber, Dagrun Enzensberger und Dieter Kunzelmann hingegen nicht. Nach fünf Flugblättern, alle mit »SDS« gezeichnet, werden sie am 12. Mai 1967 aus dem Verband ausgeschlossen, da ihre satirischen Störaktionen, deren Höhepunkt das »Pudding-Attentat« auf Hubert Humphrey hätte werden können, in den Augen des Akademischen Senats die Förderungswürdigkeit des SDS gefährden, und dem harten Politdenken der Kommilitonen ebenfalls ein Ärgernis sind. Die Kommune I kommentiert den Ausschluß in ihrer hektographierten Broschüre ›Gesammelte Werke gegen uns‹ vom September 1967:

Die Ausschlußbegründung von Lefèvre lief über folgende Vokabeln (das Ding ist zu lang und unerträglich zu lesen): voluntaristische Praktiken/Pseudolinke/existenzialistische Entscheidung/ theorieloser Aktivismus/praxisfremde Theorie/Realitätsflucht/ grenzenlose Überschätzung der »revolutionären/Reife der studentischen Bevölkerung«/Hoffnungslosigkeit, sich überhaupt irgendjemand/verständlich machen zu können/falscher »Anarchismus«/Verzicht, etwas zu ändern/Aggressionen gegen den SDS ... bedürfte wohl einer/psychologischen Analyse/Gefährdung der Arbeit des SDS/usw./Armer SDS! *(Seite 16f.)*

REVOLUTION IN ROSÉ
REVOLUTION IN ROT

★ DURCH FLAMMENDES ROT FLIEGEN PELZE AUF DIE STRASSE ★ FÜR JEDE HAUSFRAU BRÜSSELS EINEN NERZ ★ INNOVATION ROSAROTE INVASION ★ DAS VÖLLIG NEUE REVOLUTIONIERENDE GEFÜHL ★ EINE FLASCHE PROPAN-GAS UND SIE KÖNNEN DASSELBE ERLEBEN ★ DIE HÖCHSTENTWICKELTE PROPAGANDA FÜR JOHNSON VIETNAM-POLITIK ★ AMERIKANISCHES KULTURGUT VON ROSÉ-GRAUEN WOLKEN UMSCHMEICHELT ★ DIE APO HAT'S [illegible] ★ VON BRÜSSEL KÖNNEN SIE SELBST ERLEBEN ★ DURCH REVOLUTION IN ROSÉ ★ PROPANGAS IN ROT ★ BEI KEPA UND KA-DE-WE H !

9

KOMMUNE I

Am 24. Mai 1967 verteilen sie vor der Mensa der Freien Universität in Berlin-Dahlem die Flugblätter Nummer 6 bis 9, die sich auf den Brand im Brüsseler Warenhaus ›A l'Innovation‹ am 22. Mai beziehen, bei dem 300 Menschen ums Leben gekommen sind. Nachdem ein Student die Kommunarden wegen Aufforderung zur Brandstiftung angezeigt hat, erhebt der Generalstaatsanwalt Anklage gegen Teufel und Langhans, sie hätten

gemeinschaftlich durch Verbreitung von Schriften zur Begehung strafbarer Handlungen aufgefordert ..., nämlich zum vorsätzlichen Inbrandsetzen von Räumlichkeiten, welche zeitweise dem Aufenthalt von Menschen dienen, und zwar zu einer Zeit, während welcher Menschen in denselben sich aufzuhalten pflegen. Die Aufforderung ist bisher ohne Erfolg geblieben. *(Kommune I. a.a.O., Seite 25f.)*

Die Flugblätter nutzen das Stilmittel der Übertreibung. Sie karikieren die Sprache der Zeitungen und der Werbung und erscheinen damit als Fiktion. Doch wechseln die Standpunkte: wenn die Verfasser ihren Gegnern Gewalttätigkeiten in den Mund legen (etwa in Flugblatt 7: »Mit einem neuen gag in der vielseitigen Geschichte amerikanischer Werbemethoden wurde jetzt in Brüssel eine amerikanische Woche eröffnet.«), ist der ironische Abstand deutlich – und Mitleid wäre möglich. Es ist der Abstand der Gegner zu den Unterzeichnern. Das gilt auch für das 9. Flugblatt in der barocken Wortspirale.

REVOLUTION IN ROSÉ REVOLUTION IN ROT – DURCH FLAMMENDES ROT FLIEGEN PELZE AUF DIE STRASSE – FÜR JEDE HAUSFRAU BRÜSSELS EINEN NERZ – L'INNOVATION ROSAROTE INVASION – DAS VÖLLIG NEUE REVOLUTIONIERENDE GEFÜHL – EINE FLASCHE PROPAN-GAS UND SIE KÖNNEN DASSELBE ERLEBEN – DIE HÖCHSTENTWICKELTE PROPAGANDA FÜR JOHNSON VIETNAM-POLITIK – AMERIKANISCHES KULTURGUT VON ROSÉ-GRAUEN WOLKEN UMSCHMEICHELT – DIE APOKALYPSE VON BRÜSSEL KÖNNEN SIE SELBST ERLEBEN – DURCH REVOLUTION IN ROSÉ – PROPANGAS IN ROT – BEI KEPA UND KA-DE-WEH

Wenn die Autoren indes ihre eigenen Werte übertreiben, fallen sie ihrem ironischen Ton ins Wort, mögen sie auch andere sprechen lassen – »Unsere belgischen Freunde haben endlich den Dreh heraus, die Bevölkerung am lustigen Treiben in Vietnam zu beteiligen; sie zünden ein Kaufhaus an, dreihundert saturierte Bürger beenden ihr aufregendes Leben und Brüssel wird Hanoi.« – dann wendet sich die Ironie auch gegen die Opfer (ihr »aufregendes« Leben), und am Ende steht, obwohl es sich um ein abgewandeltes Zitat von Rap Brown handelt, die wenig kunstvolle Schlußfolgerung: »burn, ware-house, burn!« Besonders grausam wirkt daher das Flugblatt Nummer 6: es gibt sich als Reportage und interviewt einen erfundenen prochinesischen Brandstifter »Maurice L. (21)«. Man spricht weniger von den Opfern, als von den Strategien der Brandstifter und der Polizei: darin besteht die Übertreibung.

In einem Großhappening stellten Vietnamdemonstranten für einen halben Tag kriegsähnliche Zustände in der Brüsseler Innenstadt her. … Über die Ursachen des Brandes wurden von der Polizei bisher noch keine genauen Angaben gemacht. Obwohl alle Anzeichen für dieses Großhappening sprechen, wie es Maurice L. schilderte, wagen Polizei und Öffentlichkeit bisher nicht, die Antivietnamdemonstranten offen zu beschuldigen, da dies einem Eingeständnis einer erfolgten weitgehenden Radikalisierung der Vietnamgegner gleichkäme. *(Kommune I. a.a.O., Seite 20)*

Es handelt sich nicht um eine Reportage, sondern um die Fiktion einer solchen. Aber die Fiktion endet dort, wo im Übertriebenen die Sympathien klar verteilt sind. Damit kommt auch die Trauer um die Menschenopfer nicht mehr zur Sprache, auf die in einer echten Strategiereportage die Aufmerksamkeit zuerst gefallen wäre.

11 Peter Szondi: Philologisches Gutachten über die Flugblätter Nummer 6 – 9 der »Kommune I«

und deren Interpretation in der Anklageschrift des Generalstaatsanwalts bei dem Landgericht gegen die Studenten Rainer Langhans und Fritz Teufel
Berlin, 2. Juli 1967. Typoskript, 14 Blatt
Ausgestellt: Blatt 1
Nachlaß Peter Szondi

FREIE UNIVERSITÄT BERLIN
SEMINAR FÜR ALLGEMEINE
UND VERGLEICHENDE
LITERATURWISSENSCHAFT

PROF. DR. PETER SZONDI

1 BERLIN 33 (DAHLEM)
KIEBITZWEG 33
TEL. 76 90 29 24

Philologisches Gutachten über die Flugblätter Nr. 6 - 9 der "Kommune I" und deren Interpretation in der Anklageschrift des Generalstaatsanwalts bei dem Landgericht gegen die Studenten Rainer Langhans und Fritz Teufel.

Es lebe Lübke!
Nieder mit der Kommune!

59 Briefkopf (8.11) *Am 6. und 7. Juli kommt es vor der 6. Großen Strafkammer in Moabit zum Prozeß: Rudi Dutschke, Peter Schneider und Reinhard Lettau sind unter den Zuschauern. Der Rechtsanwalt Horst Mahler hat, das drohende Strafmaß übertreibend, eine Reihe von Professoren und Dozenten (Fritz Eberhard, Wolfgang Fietkau, Helmar G. Frank, Theodor Hardtmann, Klaus Heinrich, Wolfgang Hochheimer, Walter Jens, Eberhard Lämmert, Michael Landmann, Charles H. Nichols, Irmela und Klaus Reimers , Peter Szondi, Jacob Taubes, Peter Wapnewski) und Schriftsteller (Reinhard Baumgart, Günter Grass, Alexander Kluge und Gerhard Zwerenz) als Gutachter gewinnen können. Am 6. Juli werden die Gutachten von Eberhard, Lämmert, Szondi, Taubes und Wapnewski verlesen; hektographiert verteilt man sie an der Universität, und bald kann man sie auch gedruckt lesen: die Gutachten von Lämmert,*

Szondi und Wapnewski in ›Sprache im technischen Zeitalter‹ (Jg 1968, Nr 28, Seite 321–342), das von Taubes im ›Merkur‹ (Jg 21, 1967, Heft 11, Nr. 236, Seite 1072–1079).

Peter Szondi, der in seinem Gutachten stets darauf bedacht ist, zu zeigen, wer spreche (denn nur wer spreche, könne auch angeklagt werden), schreibt zu Flugblatt Nummer 9:

Die fingierte Reklame ist diesmal auf kurze Slogans beschränkt wie »Das völlig neue revolutionierende Gefühl«, von denen einer, der den Anfang bildet und gegen Ende wiederkehrt, aus einer nicht erfundenen Reklame für das »Spülmittel neuer Art« PRIL übernommen wurde. Es ist der Slogan »Revolution in Rosé«, der in der PRIL-Werbung in den Satz »Man sieht Ihren Händen das Spülen nicht mehr an« übergeht. Die Verfasser des Flugblatts Nr. 9 führen die Reklamesprache wie in Nr. 7 ad absurdum. Verspricht der Werbetexter von PRIL der Hausfrau Hände, denen man das Spülen nicht mehr ansieht, so wird er von der fingierten Reklame des Flugblatts überboten: »Für jede Hausfrau Brüssels einen Nerz« – es sind die Pelze, die »durch flammendes Rot … auf die Straße« fliegen. Deutet schon der Ausgangspunkt, nämlich die Übernahme eines Slogans aus dem Vokabular der Werbetexter darauf, dass die Verfasser dieser fingierten Reklame ebenso wenig wie in Flugblatt Nr. 7 im eigenen Namen sprechen, so geht dies zwingend aus dem Satz hervor, der das Inbrandsetzen eines Kaufhauses als »die höchstentwickelte Propaganda für Johnsons Vietnam-Politik« bezeichnet.

Szondi will als Philologe über den Wortlaut, nicht aber die mögliche Wirkung der Flugblätter urteilen und bittet Reinhard Baumgart um ein Zusatzgutachten, das er im Anschluß an das eigene vorliest:

Die inkriminierten Flugblätter … sind literarische Erfindungen. Was schon heißt, daß sie nicht zu Aktionen auffordern, sondern Reflexionen herausfordern möchten. … Die Autoren der Flugblätter wenden sich nämlich gar nicht direkt an ihr Publikum, teilen nicht etwa unmittelbar ihre Meinungen mit. Sie bedienen sich vielmehr der Taktik satirischer Verstellung und Übertreibung. Historische Beispiele für diese Methode: Jonathan Swift empfahl dem irischen Proletariat die Züchtung, Mästung und den Verkauf schlachtreifer Säuglinge als Mittel zur Behebung seiner Armut. Bert Brecht besang in Chorälen à la Paul Gerhardt die Vernunft Hitlerischer Politik. Allen Ginsberg schrieb gegen die Atombombe das Gedicht ›I love the Bomb‹. Niemand kann den Scheinernst solcher Vorschläge und Bekenntnisse ernst nehmen. Es sind Simuliertexte. Genauso die Flugblätter der Kommune. *(3. Juli 1967. Typoskript-Durchschlag im Nachlaß Peter Szondi)*

Literaturwissenschaftler, die den Stil interpretieren oder literaturgeschichtliche Linien ziehen, bescheiden sich. Sie werten weder ästhetisch noch politisch und trennen deshalb diese Welten. Etwa Wapnewski, der ähnlich wie Baumgart an manieristische und absurde, insgesamt schockierende Verfahren der Moderne erinnert; der Philosoph Taubes vergleicht zwar den Spott der Surrealisten mit dem der Kommune I, doch er kommt zu dem Schluß, daß das Literarische allenfalls ein Skandalon sein könne, und schließt sein Gutachten politisch:

Die »Kommune I« kann für die, die eine konkrete Reorganisation der Lebensverhältnisse – sei's in der Universität, sei's in der Gesellschaft – anstreben, nichts anderes sein als ein Symptom der Selbstzersetzung der bürgerlichen Gesellschaft: eine Art Hofnarr. *(In: Merkur. Köln, Berlin. Jg 21, 1967, Heft 11, Seite 1079)*

12 Peter Szondi

Photographie von Marlene Schnelle-Schneyder. Um 1971

13 Günter Grass

auf der Frankfurter Buchmesse 1967
Photographie von Erica Loos

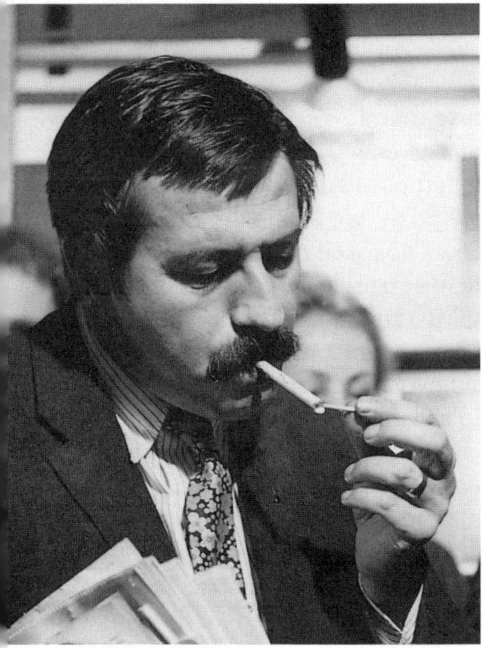

60 Günter Grass (8.13)

61 Peter Szondi (8.12)

Dagegen besteht der Schriftsteller Günter Grass auf seinem Metier. Er zeigt, literarhistorisch versiert, daß nur Texte, die ästhetisch gelingen, sich mit Wirkung politisch wehren, und daß sie gelingen, wenn sie sich von ihren Traditionen befreien – andernfalls bleiben sie blaß gegenüber der üblichen Trivialisierung jener Traditionen in den Medien. Er spricht von der »Harmlosigkeit« der Flugblätter in der »weitaus gefährlicheren Nachbarschaft der Werbeindustrie und der bewußt meinungsbeugenden Presse«. Während die Professoren keine literarische Kritik üben, so sind sie doch offen gegenüber Traditionen, die im spöttischen Spiel ihren Wert behalten können. Um futuristische, anarchistische Traditionen anzuerkennen, hätte Grass seine sozialdemokratisch temperierte ästhetische Abneigung überwinden müssen. Das tut er nicht. Er ist von Horst Mahler um ein Gutachten gebeten worden und schreibt am 5. Juli 1967 einen längeren Brief:

Die Flugblätter VI – IX der Kommune I geben – wie ich annehmen muß, unbewußt, – postfaschistische Züge frei. Deklamatorische

Aufrufe wie: »burn, ware-house, burn!« sind vergleichbar den futuristischen deklamatorischen Aufrufen zum Bildersturm. Gleichfalls erinnere ich an den wiederholten Aufruf der ›National- und Soldatenzeitung‹: »Schlagt die Sozis, wo ihr sie trefft.« Wenn diese offenen Appelle an die Gewalttätigkeit der Staatsanwaltschaft als zulässig erscheinen, ist nicht einzusehen, warum die Fiktionen des Studenten Fritz Teufel Anlass zur Anklage sein können. Das Dokument Nr. VII spricht im Zusammenhang mit dem Brand des Brüsseler Kaufhauses »A l'Innovation« von einem Großhappening. Hier fehlt der Raum, die seit einigen Jahren weltweit geübte Kunstform des Happenings als spätfuturistische Kümmerform zu analysieren. Dennoch möchte ich nicht versäumen, auch diesen Zusammenhang zu betonen, zumal alle Dokumente der Kommune I vieles mit Happening-Veranstaltungen gemeinsam haben: die lautstarke Unverbindlichkeit und die überhebliche Ausschließlichkeit einer Avantgarde, die von ihren Quellen, z. B. vom Futurismus, z. B. vom Dadaismus, keine Kenntnis hat oder keine Kenntnis nehmen will. Meiner Meinung nach ist die unter dem Namen Kommune I bekanntgewordene Sekte, so sehr sie sich auf Mao und die Chinesische Kulturrevolution beruft, zu allererst von der europäischen Tradition des ideologischen Anarchismus her zu verstehen, der bekanntlich nicht ohne politische Folgen geblieben ist, die weit über die Wünsche und Erkenntnisse seiner Initiatoren hinausreichten. Die Trivialsprache einiger deutschsprachiger Zeitungen ist heute noch von diesen Folgen gezeichnet. Aufrufe in der BZ an die Bürger der Stadt Berlin, den Studenten, Gammlern und Nichtstuern gegenüber zur Selbsthilfe zu greifen, desgleichen die Aktionssprache der Werbeindustrie »Pack den Tiger in den Tank!« lassen sich mit der bedenkenlosen Trivialität der Kommune-Aufrufe vergleichen. Werbesprache, BZ-Sprache und Kommune-Sprache zeigen gleichermaßen faschistische Symptome: Der Schrei nach Aktion (more power, more action) führt in der Tat, was den Tiger im Tank angeht, … zur reflektionslosen Aggressionsbereitschaft breiter Bevölkerungsschichten und auch der Polizei, führt in der Tat, was die Kommune I angeht, zu pseudorevo-

lutionären Flugblättern, deren Gefahr in der Verächtlichmachung der Demokratie zu suchen ist und nicht in dem bloss verbalen Spiel mit dem Feuer. *(Archiv des Hamburger Instituts für Sozialforschung)*

62 Im Landgericht Berlin, 6. Juli 1967 (8.15)

14 Rainer Langhans und Fritz Teufel

während der Verhandlung am 6. Juli 1967 im Landgericht Berlin
Photographie
Nachlaß Peter Szondi

15 Zuschauer während der Verhandlung

am 6. Juli 1967 im Landgericht Berlin
Photographie
1. Reihe von links: Peter Schneider und Rudi Dutschke; 2. Reihe: Veronique Springer, Reinhard Lettau, Wolfgang Neuss
Leihgabe: Ullstein Bilderdienst

Teufel muß nach dem Flugblatt-Prozeß im Gefängnis bleiben; er wird am 22. Dezember 1967 von der 8. Großen Strafkammer des Westberliner Landgerichts von der Anklage des Landfriedensbruches freigesprochen. Man hat ihm vorgeworfen, anläßlich des Schah-Besuches am 2. Juni 1967 als Rädelsführer aufgetreten zu sein und einen Stein nach einem Polizisten geworfen zu haben. Erst am 22. März 1968 werden er und Rainer Langhans von der Aufforderung zur Brandstiftung freigesprochen.

63 Flugzettel (8.16)

16 Treibt Moabit den Teufel aus!

Aufruf zur »Demonstration zu Teufels Prozeßbeginn gegen Justizwillkür und Terror!«
Flugzettel. 7 x 6 cm
Nachlaß Peter Szondi

17 Peter Szondi: Über eine »Freie (d.h.freie) Universität«

Stellungnahmen eines Philologen
Aus dem Nachlaß herausgegeben von Jean Bollack [u. a.]
Frankfurt am Main: Suhrkamp 1973
(edition suhrkamp. 620)

Peter Szondi begeht im Oktober 1971 Selbstmord; seine Eltern setzen Helmuth Becker, den Direktor des Max-Planck-Instituts für Bildungsforschung, sowie den Gräzisten, Übersetzer und Philosophen Jean Bollack als Erben des literarischen Nachlasses ein. Von Paris aus, nicht an Szondis Berliner Institut, das in den nächsten Jahren andere Ziele verfolgt, wird sein Werk tradiert: aus dem Nachlaß erscheinen, herausgegeben von Jean Bollack (in Verbindung mit Henriette Beese, Wolfgang Fietkau, Hans-Hagen Hildebrand, Gert Mattenklott, Senta Metz, Helen Stierlin) in rascher Folge Szondis ›Lektüren und Lektionen‹, ›Celan-Studien‹ (1972), ›Über eine »Freie (d. h. freie) Universität«‹, eine Studienausgabe der Vorlesungen in fünf Bänden (1973–1975) und schließlich in zwei Büchern die ›Schriften‹ (1978).

18 Paul Celan: Du liegst

Gedicht. Datiert: »Berlin, 22./23. 12. 1967«
Manuskript, 1 Blatt

Sagen die Studenten »Faschismus«, so denken sie weniger historisch als universal; damit sind die kapitalistischen Politsysteme insgesamt gemeint. Die Judenvernichtung prägt in ihren Augen die deutsche NS-Geschichte nicht zu allererst. Daher ist der Besuch von Paul Celan in Berlin bedeutsam und wie ein Kontrapunkt zum allgemeinen Aufruhr. Peter Szondi notiert in seinem Fragment gebliebenen und postum, zuerst in der ›Neuen Zürcher Zeitung‹ am 15. Oktober 1972 veröffentlichten Aufsatz ›Eden‹:

Celan traf am 16. Dezember 1967 in Berlin ein. Es war, sieht man von seiner Durchreise auf dem Weg nach Frankreich im Jahr

Du liegst im großen Gelausche,
umbuscht, umflockt.

Geh du zur Spree, geh zur Havel,
geh zu den Fleischerhaken,
zu den roten Äppelstaken
aus Schweden//–

Es kommt der Tisch mit den Gaben,
er biegt um ein Eden –

Der Mann ward zum Sieb, die Frau
mußte schwimmen, die Sau,
für sich, für keinen, für jeden –

Der Landwehrkanal wird nicht rauschen.
Nichts
stockt.

Berlin, 22./23.12.1967

1938 ab, sein erster und einziger Aufenthalt in der Stadt. Unmittelbarer Anlaß war eine von Walter Höllerer initiierte Lesung im Studio der Akademie der Künste. Am Tag danach las Celan vor einem kleinen Kreis von Studenten und Hochschullehrern im Seminar für Allgemeine und Vergleichende Literaturwissenschaft der Freien Universität Berlin Gedichte aus dem kurz zuvor erschienenen Band ›Atemwende‹. *(Peter Szondi: Schriften. Bd 2. Frankfurt am Main: Suhrkamp 1978. Seite 392)*

64 Auf der gegenüberliegenden Seite: Paul Celan: Du liegst (8.18)

Celan läßt sich von Szondi und anderen Freunden die Stadt zeigen. Noch in Berlin schreibt er das Gedicht ›Du liegst‹.

Szondi berichtet, wie die Eindrücke, die Celan in der Stadt gewonnen hat, am Anfang des Gedichts stehen, und wie die Art Celans wahrzunehmen, es schon ästhetisch vorbereitet hat. Auch der Cicerone hat, insofern er auf bestimmte Orte aufmerksam macht, seinen Anteil daran. Die Distanz zu den Protest-Bewegungen ist offenkundig, deren Kritik an der Bundesrepublik er teilt. Kein »rotes« Berlin von 1967, das ein »Eden« wäre, stellt Celan dem kapitalistischen Schweden entgegen, wie eine andere Zeitzeugin, Marlies Janz, meint, sondern er bezeichnet Orte der Folter von 1919 und 1944, den Kanal und den Hinrichtungsraum von Plötzensee.

Das Wort »rot«, nach dem »Fleischerhaken«, an dem die Opfer des 20. Juli hingen, bezeichnet nicht die rote Fahne – wie man weiß, bevorzugte Celan das Schwarz der Anarchisten nach der Devise »niemandem untertan« –, sondern das Blut der Opfer. Mag »rot« auch die Farbe kandierter Früchte oder die des Holzkranzes sein, auf dem sie an Stäben befestigt waren, so ist die Farbe doch vor dem Hintergrund des christlichen Ritus der Schlüssel zu dem, was der Apfel der Eva und der Stab im Kompositum »Äppelstaken« im Grunde meint: ein Paar jüdischer Verfolgter, die aus dem Paradies verjagt und blutig geopfert wurden. *(Jean Bollack: ›Eden‹ nach Szondi. In: Celan-Jahrbuch. Bd 2. Heidelberg: Winter 1988. Seite 86)*

Anzeige, **professorales Gegenargument ...**

Arschloch. **Einerseits gebräuchliche Anrede unter Arbeitern und Studenten, andererseits 400 DM teure »Beleidigung« gegen Beamte und andere Herrschende**

Baumann, Gerhart **Ordinarius, Neue Abteilung. – Musensohn und Ästhet; Verfasser mehrerer Trivialschriften ... Wir empfehlen den *einmaligen* Besuch seiner Weihestunden; dort sagt der Meister unter anderem: »Dichtung schreitet im Gewand der Zeit – Zeit schreitet im Gewand der Dichtung!«**

Basisgruppe. **Selbstorganisation kritischer Studenten am Arbeitsplatz. Ziel ist grundlegende Veränderung der Germanistik in Form, Inhalt und Methode durch Abschaffung der autoritären Strukturen in den Lehrveranstaltungen ... und in der Verwaltung des Deutschen Seminars ...**

Defloration. **Wichtiger Schritt zur Emanzipation; muß bis zur Zwischenprüfung nachgewiesen werden.**

Dialektik. **Meister Hegel lehrte: Alles, was ist, ist nur dadurch, daß es auch nicht ist, d.h. dadurch, daß es wird oder vergeht.**

Drittelparität. **Forderung aus dem Beginn der Hochschulrevolte Mai 68: Die Selbstverwaltungsorgane der Uni (Senat, Fakultät, Ausschüsse usw) setzen sich zu je einem Drittel aus Habilitierten, Assistenten und Studenten zusammen ... *Diese Forderung der kritischen Studenten ist überholt,* da sie von der Illusion ausging, die Universität sei grundlegend durch die Beteiligung von Studenten in Entscheidungsgremien zu verändern. Dies hat sich als falsch erwiesen, da die Uni in zunehmendem Maße direkt vom Staat und der Groß-Industrie bestimmt wird. ...**

Konsequenz: Eine Veränderung der Uni ist nur durch eine grundlegende Veränderung der Gesellschaft möglich.

Faschismus, autoritäres, gewaltsames Herrschaftssystem eines Einzelnen oder einer Clique (Hitler, Griechenland, Spanien) Jedoch ist nicht jedes autoritäre System faschistisch. Kriterien zur Begriffsbestim.: 1. System zur Aufrechterhaltung kapitalistischer Produktionsverhältnisse ... 4. Lenken der Massen in die gewünschte Richtung durch Ideologie. Ablenkung der Aggression auf Minderheiten (aber: nicht jeder faschistische Staat muß 5 Mill. Menschen umbringen, um sich zu erkennen zu geben). Gegen äußere Feinde wird die Parole der Volksgemeinschaft gestellt. – *Die Kriterien zeigen, daß der Faschismus in jedem kapitalistischen Staat latent vorhanden ist.*

go-in. Bei einem go-in sollen die Anwesenden gezwungen werden, über ein aktuelles Thema zu diskutieren, das trotz seiner Wichtigkeit oder Bedeutung unterdrückt oder nicht beachtet wird. Ein go-in gilt in der Rechtssprechung als Hausfriedensbruch. Die Bezeichnung kommt aus der amerikanischen Bürgerrechtsbewegung.

Habermas, Jürgen. ... Alles nur *mit Vorsicht!* und erst nach vorheriger Marx-Lektüre zu genießen.

Haschisch Hasch, Stoff, pot. Haschu Haschisch inne Taschen, haschu immer waschu naschen! – Preise 4 bis 8 DM pro Gramm – VORSICHT!

Liberal. Reformwilligkeit, die sich auf einzelne Mißstände bezieht, ohne deren Ursprung in der Widersprüchlichkeit der Gesellschaft zu sehen.

Parlamentarismus. 1922 riet Mussolini, um der Stabilität seiner Macht willen, das Parlament bestehen

zu lassen. Der Parlamentarismus erhält die Fiktion einer Demokratie aufrecht.

***SDS* ... In *Freiburg* wird spätestens seit der Initiierung von Basisgruppen durch SDS-Genossen (WS 68/69) die Hochschulpolitik fast ausschließlich vom SDS getragen.**

***Staiger, Emil.* Apostel der werkimmanenten »Methode«. Glorifizierte 1933 die Bücherverbrennungen. Hetzt heute gegen die »Pornographie« in der modernen Dichtung (Zürcher Literaturstreit). ... Von Staigers Büchern ist unbedingt abzuraten.**

Vencéremos – Wir werden siegen!

***Wiese und Kaiserswaldau, Benno von der* deutsche Germanistenpapst. Er verdrängt seine NS-Hetze gegen die »Verjudung der deutschen Literatur« durch Vielschreiberei.**

Zwischenprüfung ... Prüfungsangst ist letztlich Kastrationsangst.* Genau wie der Vater das Kind durch Strafandrohung an der Erfüllung seiner Triebwünsche hindert, *wird auch der Prüfling (durch die unbewußte Erinnerung an diesen Konflikt) dazu gebracht, sich den Wünschen des Prüfers (=Vaters) aus Angst vor dem Durchfallen (=Bestrafung) anzupassen.

Avantgarde und Subkultur

Utopien der Antikunst sind schon vor 1968 im Umlauf. Was in diesem Jahr als mächtige kulturelle Zeitströmung zutage tritt, hat seine Quellen auch in den avantgardistischen und subkulturellen Cliquen der Nachkriegszeit. In Europa sind es die den Surrealismus beerbenden Situationisten, in Amerika die Dichter der Beat-Generation, die als Gruppen das tragende Geflecht für innovative Aufbrüche bilden. Mit den avantgardistischen Künstlerbewegungen der Moderne verbindet sie das »Unbehagen an der Kultur« und die Haltung des »épater le bourgois«:

Es ist diesselbe Sehnsucht, die die Ausgestoßenen der Gesellschaft verbindet, seien sie nun ausgestoßen von der kaltherzigen Brutalität des Philistertums, oder seien sie Verworfene aus eigener, vom Temperament diktierter Machtvollkommenheit. Die Mitmenschen, die mit lachendem Munde und weinendem Herzen die Kaschemmen und Bordells, die Herbergen der Landstraße und die Wärmehallen der Großstadt bevölkern, der Janhagel und Mob, von dem selbst die patentierte Vertretung des sogenannten Proletariats weit abrückt – sie sind die engsten Verwandten der gutmütig belächelten, als Folie philiströsen Größenwahns spöttisch, geduldeten Künstlerschaft, die in ihrer verzweifelten Verlassenheit mit der Sehnsucht eines erhabenen Zukunftsideals die Welt befruchtet. Verbrecher, Landstreicher, Huren und Künstler – das ist die Bohême, die einer neuen Kultur die Wege weist. *(Erich Mühsam: Bohême. In: Die Fackel. Wien. Jg 7, 1906, Heft 202, Seite 10)*

Nach-modern allerdings sind die visionären Gegenkulturbewegungen der fünfziger und sechziger Jahre bei allen Unterschieden darin, daß sie ihre dissidente Energie innerhalb postmaterialistischer Gesellschaften entwickeln, in denen die neuen Medien immer mehr zum Motor des Fortschritts werden. Bereits 1967 weist der italienische Semiotiker und Romancier Umberto Eco bei einem Vortrag in New York darauf hin, daß die Kommunikation sich in eine Schwerindustrie verwandelt hat: Die neuen Formen des Massendissens – die Hippies, die Beatniks und die Studentenbewegung – erscheinen als Absagen an die Errungenschaften der technologischen Industriegesellschaft, ohne deren Mittel sie sich gleichzeitig nicht realisieren können. Das führt zu eigentümlichen Formen der Integration. Am Ende der verheißungsvollen Aufbrüche steht immer auch der Abschied von liebgewonnenen Utopien.

Dies allerdings als ein Scheitern zu bezeichnen, würde entschieden zu kurz greifen. Sicher, vieles von dem, was in euphorischen Phasen des Aufbegehrens an Flugblättern, Manifesten und Aufrufen produziert wird, ist nur für den Augenblick bestimmt und bald schon vergessen. Anderes aber hinterläßt Spuren, die zu entziffern und gegen das »Überlieferungsklischee ›1968‹« (Klaus Briegleb) geltend zu machen sind.

9 »Mikrorebellionen«

»In einem noch sehr verschwommenen Sinn« – so heißt es in der Oktober-Ausgabe der Zeitschrift ›internationale situationiste‹ von 1967 – haben die Aktionen der Genossen in West-Berlin etwas von der Denkbewegung der Situationisten aufgenommen. Was aber verbirgt sich hinter dieser Bewegung, die hier eine geistige Vaterschaft der Revolte beansprucht? Als schlagkräftige »Avantgarde der Avantgarde« wird die Gruppe 1957 von Guy Debord (1931–1994) in Paris gegründet. Ihre Mitglieder sind Künstler und dissidente Intellektuelle aus verschiedenen europäischen Ländern und den USA, die auch auf dem Höhepunkt ihrer Aktivitäten bequem in einer kleinen Wohnung zusammenkommen und -arbeiten können. Gemeinsam stellen sie sich dem Scheitern der avantgardistischen Künstlerprogramme der Moderne. Mal für Mal – zuletzt mit dem Surrealismus – sind deren Forderungen nach Aufhebung der Trennung von Kunst und Leben verwässert, banalisiert und schließlich in den Kunstbetrieb integriert worden. Das situationistische Fazit lautet deshalb, daß die Probleme der kulturellen Schöpfung nur in Verbindung mit der Umwälzung der gesamten gesellschaftlichen Verhältnisse gelöst werden können.

»Unser Zeitalter hat keine poetischen Losungen auszugeben, sondern es hat sie zu vollstrecken«, fordert Debord in der ersten und einzigen Ausgabe des deutschsprachigen Organs der Situationisten. *(Der deutsche Gedanke. April 1963, Seite 28)*

Die Diktion ihrer Texte, die den Marx'schen Analysestil mit der surrealistischen Mystifikation der Worte aussöhnen möchte, klingt in den Ohren der Zeitgenossen unerhört. Selbst Henri Lefebvre, der mit seinem unmittelbar nach dem Krieg begonnenen lebensreformerischen Entwurf einer »Kritik des Alltagslebens« zu den Stichwortgebern des Situationismus gehört, distanziert sich von diesem – wie er meint – revolutionären Romantizismus.

Die eigenwillige Intervention der situationistischen Bewegung bringt jedoch Bewegung in die theoretisch erstarrte Diskussion

65 Auf der gegenüberliegenden Seite: Flugblatt (9.1)

der Neuen Linken – und das nicht nur in Frankreich, sondern auch in der Bundesrepublik. Dort mündet Mitte der sechziger Jahre der »Seminarmarxismus« der Frankfurter Schule, die Revolutionierung der Köpfe durch Theorierezeption, in die Parole der »Aufklärung durch Aktion«. Dahinter steht ein Programm, das – vermittelt über die Person Dieter Kunzelmanns und dessen Aktivitäten in der »Gruppe Spur«, der »Subversiven Aktion« und der Kommune I – der »Situationistischen Internationale« entlehnt ist. Der frühen Aufforderung von Marx, die versteinerten Verhältnisse dadurch zum Tanzen zu bringen, daß man ihnen ihre eigene Melodie vorsingt, kommen diese Gruppen auf je eigene Weise nach. Für kurze Momente gelingt ihnen, was schon Bertolt Brecht als Anzeichen einer revolutionären Bewußtseinslage gedeutet hat: die »Literarisierung des Straßenbildes«.

1 Avantgarde ist unerwünscht!

Flugblatt der »Situationistischen Internationale«
München, Januar 1961
Leihgabe: Archiv Sohm in der Staatsgalerie Stuttgart

Das Flugblatt ›Avantgarde ist unerwünscht‹ wird im Januar 1961 von der »Gruppe Spur« in den Münchner Kammerspielen verteilt, wo Journalisten und Kulturkritiker öffentlich über die Avantgarde debattieren. Der seit 1957 bestehenden »Gruppe Spur« gehören im wesentlichen die Maler Hans Peter Zimmer, Heimrad Prem, Helmut Sturm und der Bildhauer Lothar Fischer an. Zeitweilig zählt auch Dieter Kunzelmann dazu. Die »Gruppe Spur« bildet in den Jahren von 1959 bis zu ihrem Ausschluß 1962 die deutsche Sektion der »Situationistischen Internationale«. Sie sind die Protagonisten des ersten Künstlerskandals in der Bundesrepublik: Im November 1961 werden die »Spur«-Zeitschriften beschlagnahmt, weil man sie der Obszönität und Religionsbeschimpfung verdächtigt. In einem Flugblatt vom 9. November 1961 nimmt die Gruppe empört Stellung:

Avantgarde ist unerwünscht!

(Flugblatt der SITUATIONISTISCHEN INTERNATIONA

1. Die heutige Avantgarde, die nicht geltende Mystifikationen wiederholt, ist gesellschaftlich unterdrückt. Die Bewegung, die von der Gesellschaft erwünscht ist, kann von ihr aufgekauft werden: das ist die Pseudoavantgarde.
2. Wer neue Werte schafft, dem erscheint das heutige Leben als Illusion und Fragment. Wenn die Avantgarde die Frage nach der Bedeutung des Lebens stellt, aber unzufrieden damit, ihre Folgerungen verwirklichen will, sieht sie sich von allen Möglichkeiten abgeschnitten und von der Gesellschaft abgekapselt.
3. Die ästhetischen Abfälle der Avantgarde wie Bilder, Filme, Gedichte usw. sind bereits erwünscht und wirkungslos; unerwünscht ist das Programm der völligen Neugestaltung der Lebensbedingungen, das die Gesellschaft in ihren Grundlagen verändert.
4. Nachdem man die Produkte der Avantgarde ästhetisch neutralisiert auf den Markt gebracht hat, will man nun ihre Forderungen, die nach wie vor auf eine Verwirklichung im gesamten Bereich des Lebens abzielen, aufteilen, zerreden und auf tote Gleise abschieben. Im Namen der früheren und jetzigen Avantgarde und aller vereinzelten, unzufriedenen Künstler protestieren wir gegen diese kulturelle Leichenfledderei und rufen alle schöpferischen Kräfte zum Boykott solcher Diskussionen auf.
5. Die moderne Kultur ist substanzlos, sie besitzt keinerlei Kraft, die sich den Beschlüssen der Avantgarde wirklich wiedersetzen könnte.
6. Wir, die neue Werte schaffen, werden von den Hütern der Kultur nicht mehr lauthals bekämpft, sondern auf spezialisierte Bereiche festgelegt, und unsere Forderungen werden lächerlich gemacht.
7. Darin sollen die Künstler die Rolle der früheren Hofnarren übernehmen, von der Gesellschaft bezahlt, ihr eine bestimmte kulturelle Freiheit vorzuspiegeln.
8. Der gesellschaftliche Dünkel will der Avantgarde ein Niveau vorschreiben, das sie nicht verlassen darf, wenn sie gesellschaftsfähig bleiben will.
9. Die Existenz des Künstlers ist das Ferment zur Metamorphose unserer absterbenden europäischen Kultur, einem Prozeß, der nicht aufzuhalten, sondern zu beschleunigen ist.
10. Die europäische Kultur ist ein krankes, altes, schwangeres Weib, das sterben wird. Sollen wir den absolut aussichtslosen Versuch unternehmen, die Mutter zu retten – oder soll das Kind leben? – Die Restaurativen wollen noch die Mutter retten – und töten damit auch das Kind. D.e Avantgarde hat sich entschieden: die Mutter muß sterben, damit das Kind leben kann!
11. Die Avantgarde von gestern ist comme il faut. Die künstlerische Linksfront ist heute ein Wahrheitsproblem: „Eine Wahrheit wird nur 10 Jahre alt". (Ibsen)
12. Künstler und Intellektuelle: unterstützt die situationistische Bewegung, denn sie jagt keinen Utopien nach, sondern ist die einzige Bewegung, die den gegenwärtigen kulturellen Zustand aufhebt.
13. Die Aufgabe der Avantgarde besteht einzig und allein darin, ihre Anerkennung zu erzwingen, ehe ihre Disziplin und ihr Programm verwässert worden sind. Das ist es, was die Situationistische Internationale zu tun gedenkt.

Herausgegeben von der GRUPPE SPUR als

DEUTSCHE SEKTION

der SITUATIONISTISCHEN INTERNATIONALE

Sturm · Prem · Fischer · Kunzelmann · Zimmer

der **SKANDINAVISCHEN SEKTION**

Steffan Larsson · Asger Jorn · Jörgen Nash · Katja Lindell

und der **BELGISCHEN SEKTION**

Maurice Wyckaert

München, Januar 1961

Zum ersten Mal seit 1945 werden bei Künstlern wieder Hausdurchsuchungen durchgeführt. Durch plumpe Drohungen sollen die SPURISTEN eingeschüchtert werden. Diese zynische Polizeiprovokation will uns mit Publikationsverbot, Prozeß und Gefängnis drohen. Agenten veralteter religiöser Institutionen oder der herrschenden Klassen müssen uns denunziert haben. Wir rufen alle Künstler und Intellektuellen, sowie alle, die für ihre Selbstverwirklichung durch eine menschliche Handlungsfreiheit kämpfen, zur Solidarität auf. Zusammen sind wir fähig, die heutige Zwangsbevormundung der menschlichen Ausdrucksfreiheit vonseiten nichtkompetenter Institutionen wie Bürokratie, Polizei, Kirche und Justiz zu zerbrechen. *(zitiert nach: Ein kultureller Putsch. Manifeste, Pamphlete und Provokationen. Hamburg: Edition Nautilus 1991. Seite 50)*

Von Frankreich aus kommt ihnen Guy Debord zu Hilfe. In seinem Brief an das zuständige Münchner Amtsgericht vom 28. April 1962 weist er darauf hin, daß in Deutschland die kreativen Potentiale der Kunst durch den Nationalsozialismus ausgelöscht worden seien:

Und seitdem ist nichts davon wieder aufgetaucht. Alle Welt muß feststellen, daß das Nachkriegsdeutschland durch eine totale kulturelle Leere und durch den dumpfesten Konformismus charakterisiert wird. Diese Schlußfolgerung ging sogar aus der neuesten Sammlung von Zeugnissen hervor, die eine Gruppe von deutschen Schriftstellern über ihr Leben in der Bundesrepublik veröffentlicht hat.

Für Debord gehören die »Spur«-Leute zu den ersten, die wieder Anschluß an die kulturelle Avantgarde Europas gefunden haben. Umso empörter zeigt er sich über den Anachronismus dieser »ungeschickten Affäre«:

In Paris haben wir einen Musterprozeß gegen Künstler wegen Pornographie und Unmoral gehabt: das war im 19. Jahrhundert. Baudelaire und Flaubert sind aus denselben Gründen verurteilt worden, deretwegen heute Prem, Kunzelmann, Sturm und Zimmer

in München angeklagt sind. Seit sehr langer Zeit bezieht man sich auf dieses Urteil, um die skandalöse Dummheit der Richter zu demonstrieren. Man sollte daran denken. Vor der Geschichte gewinnt die künstlerische Freiheit immer ihre Prozesse. *(zitiert nach: Nilpferd des höllischen Urwalds. Situationisten, Gruppe Spur, Kommune I. Ausstellungskatalog des Werkbund-Archivs Berlin. Hrsg. von Wolfgang Dreßen, Eckhard Siepmann, Dieter Kunzelmann. Gießen: Anabas-Verlag 1991. Seite 148)*

66 Hans Peter Zimmer und Dieter Kunzelmann (9.2)

2 Hans Peter Zimmer und Dieter Kunzelmann

in München um 1960 zusammen mit einem Unbekannten (ganz links)
Photographie von Gunther Radloff

Die künstlerische Freiheit, für die sich die »Gruppe Spur« im Biedermeier der Wirtschaftwunderrepublik einsetzt, ist Dieter Kunzel-

mann, dem einzigen Nicht-Künstler der Clique, bald nicht mehr genug. Der früh aus dem bürgerlichen Elternhaus in Bamberg ausgebrochene und in den europäischen Metropolen ziellos umherstreifende Kunzelmann (1939–1998?) verschickt nach der Trennung von der »Gruppe Spur« Einladungsschreiben an Gleichgesinnte. »Mit dieser Welt gibt es keine Verständigung: wir gehören ihr nur in dem Maasse an, wie wir uns gegen sie auflehnen.« Mit diesem Breton-Zitat eröffnet der »Stargammler« und »Kaffeehaus-literat« Kunzelmann seine politische Offensive:

Um einer endlos-unproduktiven Diskussion aus dem Wege zu gehen, wird bei allen Erscheinenden der Standort vorausgesetzt: der Worte sind genug gewechselt oder was not tut ist einzig die Aktion oder wir müssen eine Welle von Mikrorebellionen starten. Dieser Ausgangspunkt soll die gemeinsame Basis sein, und von dieser selbstgewählten Verpflichtung ausgehend sind Kritik und produktive Ideen erwünscht. Ansonsten ist noch nichts festgelegt und jeder, der sich an der neuen Bewegung engagiert, kann den Kurs mit seinen Intentionen bestimmen. *(Brief von Dieter Kunzelmann an Hans Peter Zimmer vom 5. November 1963. Zitiert nach: Nilpferd des höllischen Urwalds. a. a. O., Seite 155)*

Die »Subversive Aktion« ist aus der Taufe gehoben.

3 Unverbindliche Richtlinien

Herausgegeben von Christofer Baldeney, Rodolphe Gasché, Dieter Kunzelmann
München, Berlin: Selbstverlag
1963, Nummer 2, Dezember
Aufgeschlagen: Seite 114/115
Leihgabe: Archiv Sohm in der Staatsgalerie Stuttgart

Neben Kunzelmann gehören der psychonalytisch geschulte Christofer Baldeney sowie der Luxemburger Soziologiestudent Rodolphe Gasché zu den »Subversiven« der ersten Stunde. Sie zeichnen auch für die ›Unverbindlichen Richtlinien‹ verantwortlich. Der zweiten Nummer stellen sie ein noch druckfrisches Marcuse-Zitat programmatisch voran:

Die Mechanismen aufzudecken, die es der Gesellschaft ermöglichen, die Menschen bei der Stange zu halten, das Wissen und Gewissen dessen, was geschieht, zu erarbeiten und mitzuteilen, das Bewußtsein freizulegen, die Risse im Bestehenden aufzuspüren – das sind die (nicht mehr nur theoretischen!) Aufgaben für die Vorbereitung einer noch möglichen Zukunft. *(Seite 7)*

Auf Seite 21 heißt es: »Die SUBVERSIVE AKTION, bestehend aus Rädelsführern des organisierten Ungehorsams, ... definiert sich als eine direkt auf Aktion ausgerichtete Pariaelite.« Die von ihnen anvisierte »Entblößung gesellschaftlicher Repression« schließt die Kritik am bestehenden Zusammenhang von Kunst und Gesellschaft mit ein. Das Schlagwort vom Warencharakter der Kunst, das um 1968 auch die Literaturdebatte bestimmt, ist schon da. Der Ton wirkt forciert:

Was sich heute als avantgardistische Bewegung auf dem Markt feilhält, oder sich dem Markt entzieht durch die Spekulation als Kulturgutretter, verkanntes Genie oder intellektualistischer Nörgler vom Scheinwerferlicht der Öffentlichkeit entdeckt zu werden, muß demaskiert werden als eine noch festere Verstrickung in die bestehende Ordnung, weil ihre Opposition sich innerhalb der legalen Zone einer wohldosierten Narrenfreiheit vollzieht. Die Fragwürdigkeit künstlerischer Avantgarde ist offensichtlich: ihre Produkte verfallen in der industrialisierten Gesellschaft zwangsläufig dem Warencharakter, und eine Welt, deren Misere in sozio-ökonomischen Bedingungen gründet, kann nicht durch ästhetische Produktion überwunden werden. Der Parnaß der Künste ist das Schaufenster der Kaufhäuser und der Künstler sonnt sich im Dunkel seiner Integration. *(Seite 21)*

Frank Böckelmann zieht als Herausgeber der avantgardistischen Literaturzeitschrift ›texturen‹ die Konsequenz und stellt ihr Erscheinen 1964 mit Heft 9 ein. Die letzte Ausgabe enthält sein ›frühes Fazit‹, in dem es heißt, daß Kunst »sich als eines der wichtigsten

Ventile und Absorber der unbewussten Revolte des Individuums gegen die Verweigerung seiner Selbstentfaltung erweist«. Er fährt fort: »Denkt man an das pseudorevolutionäre Gebaren der Künstlergruppen ..., so scheint es legitim, von einer Sicherung der Gesellschaft zu sprechen ... Die Anklage der Enzensberger, G.B. Fuchs, Rühmkorf und Walser ist so schön, geschliffen und witzig, daß man ihnen allenfalls noch Haßliebe zugestehen kann.« Spöttisch rät er der Gruppe 47 wegen ihrer pseudorevolutionären Haltung zusammen mit der Kulturredaktion der ›Zeit‹ Kreisverbände zu gründen. Er folgert:

Indem auch ideologiefreie Poesie als gemanagte Ausnahme der Ideologie verfällt, demonstriert sie das unbedingte Scheitern aller auf ein bestimmtes Gebiet eingeschränkten Ausbruchsversuche aus dem geschlossenen System ... Widerstand oder Schweigen. An der Unerbittlichkeit dieser Alternative muß jeder Verfasser von Texten, jeder Künstler sich entscheiden, ob ihm seine Bewußtseinsstufe und Sensibilität nur Mittel zum Zweck eines schalen Prestiges oder mehr ist, ob er bereit ist, in die Resistance zu gehen gegen etwas, das gefährlicher, schleichender und unwiderstehlicher ist als Hunger, Furcht und offene Gewalt. Wenn auch er versagt, wer sollte dann noch jene schwerelose, abgründige Erinnerung und Erwartung vor dem endgültigen Vergessen und die Sprache vor ihrer Mutation in sublime Propaganda retten? *(Frank Böckelmann: Frühes Fazit. In: texturen. 1964. Heft 9)*

4 Dieter Kunzelmann an Frank Böckelmann

München, 13. April 1963. Photocollage, als Postkarte verschickt
Leihgabe: Verlag Neue Kritik, Frankfurt am Main

Die Collage von Kunzelmann führt augenzwinkernd die Technik der Zweckentfremdung vor. Das höhnische Spiel mit unterschiedlichen Stilen handhaben besonders die Situationisten in ihren Publikationen virtuos. Sie dialogisieren Comics neu, montieren Zita-

te in Bilder aus Werbung und Pornographie und setzen Texte aus sprachlichen Fertigteilen zusammen. Ihr Gewährsmann ist Lautréamont (1847–1870), der Vorläufer der Surrealisten: »Das Plagiat ist notwendig. Es ist im Fortschritt einbegriffen. Es geht dem Satz eines Autors zu Leibe, bedient sich seiner Ausdrücke, streicht eine falsche Idee, ersetzt sie durch die richtige Idee.« (Lautréamont: Das Gesamtwerk. Reinbek: Rowohlt 1963. Seite 183)

67 Postkarte (9.4)

5 Jürgen Ploog an Dieter Kunzelmann

Frankfurt am Main, 8. Februar 1964. Brief, 1 Blatt
Leihgabe: Frank Böckelmann

»Widerstand oder Schweigen« – drei Jahre vor dem ›Kursbuch‹ 15 antwortet Böckelmann mit dieser zugespitzten Alternative auf die vermeintlich totale Inbesitznahme der Literatur durch die Warengesellschaft.
Dem will sich auch unter den kritisch gesinnten Schriftstellern freilich nicht jeder beugen. Der Autor Jürgen Ploog (Jahrgang 1935) wundert sich in einem Brief an Kunzelmann über die Zusendung der zweiten Nummer der ›Unverbindlichen Richtlinien‹ und merkt an:

Sie tasten an allerhand Untergründigem, das in der Luft liegt. Nur, scheint mir, sind Sie sich noch nicht ganz im klaren darüber, ob Sie Ihren Ansprüchen theoretischen oder ästhetischen Ausdruck geben wollen. Es ist eine grosse Schwierigkeit, die richtige Form dafür zu finden, *wie* man denkt. »Zu allen Zeiten wurde zur Verbreitung der Wahrheit, wenn sie unterdrückt und verhüllt wurde, List angewandt.« – Sie kennen das Zitat. Ich meine, man sollte so konkret wie möglich daran gehen, seinen Erkenntnissen Ausdruck zu geben.

6 Dieter Kunzelmann an Theodor W. Adorno

München, 4. April 1964. Brief, 1 Blatt
Leihgabe: Frank Böckelmann

Theodor W. Adorno zählt ebenfalls zu den unfreiwilligen Empfängern der ›Unverbindlichen Richtlinien‹. Zum Mentor der Frankfurter Schule haben die »Subversiven« um Kunzelmann ein besonderes Verhältnis: So begeistert sie auch dessen Thesen zur Barbarei der Kulturindustrie teilen, so enttäuscht sind sie von seiner Feststellung, daß revolutionäres Handeln gegenwärtig unmöglich sei. Er ist – mit einem Wort – der geistige (Über-)Vater, den es vom Sockel zu stoßen gilt.

Sehr geehrter Herr Professor!
Mitte April halten Sie in München einen Vortrag. Vorausgesetzt, unserer Zeitschrift UNVERBINDLICHE RICHTLINIEN (1 u. 2) gelang es, Ihr Vorzimmer zu durchbrechen, ja wurde selbst von Ihnen durchgeblättert, kann Ihnen unser Wunsch nicht fremd sein: ein Gespräch mit Ihnen.

Um den Nebel Ihres Ruhmes – die Verehrer, die nach Sätzen lechzen, um sie auf dem Hausaltar der Resignation unverstanden zu opfern – nicht ungebührlich stören zu müßen, bitten wir um Privataudienz.

(Der burschikose Ton fällt auf den Schreiberling zurück: kann man ungehemmt den Vater um Inzest bitten, wenn die Ahnung von Impotenz an einem zehrt?)

7 Suchanzeige

Plakat der »Subversiven Aktion«. Mai 1964
Mit der fingierten Verfasserangabe: Theodor W. Adorno
Leihgabe: Frank Böckelmann

Der Versuch, mit Adorno persönlich ins Gespräch zu kommen, schlägt fehl. Daraufhin tauchen in mehreren Universitätsstädten Plakate auf, die dem Philosophen unterschoben werden. Prompt erstattet er Anzeige.

8 Dieter Kunzelmann an Frank Böckelmann

Berlin, 4. Januar 1964. Brief, 2 Blatt
Ausgestellt: Blatt 2
Leihgabe: Frank Böckelmann

Besonders Dieter Kunzelmann erweist sich als unermüdlicher Erfinder solcher politischer Happenings. Die Idee ist, daß sich selbst

SUCHANZEIGE

"MIT DIESER WELT GIBT ES KEINE VERSTÄNDIGUNG; WIR GEHÖREN IHR NUR IN DEM MASSE AN, WIE WIR UNS GEGEN SIE AUFLEHNEN."

"ALLE SIND UNFREI UNTER DEM SCHEIN, FREI ZU SEIN."

"DER KULTURINDUSTRIE IST DIE VERWANDLUNG DER SUBJEKTE IN GESELLSCHAFTLICHE FUNKTIONEN SO DIFFERENZLOS GELUNGEN, DASS DIE GANZ ERFASSTEN, KEINES KONFLIKTS MEHR EINGEDENK, DIE EIGENE ENTMENSCHLICHUNG ALS MENSCHLICHES, ALS GLÜCK DER WÄRME GENIESSEN."

"FREIHEITSBERAUBUNG WIRD ALS ORGANISIERTES VERGNÜGEN GELIEFERT."

"DIE ZIVILISATION MUSS SICH GEGEN DAS TRAUMBILD EINER WELT VERTEIDIGEN, DIE FREI SEIN KÖNNTE. KANN DIE GESELLSCHAFT IHRE WACHSENDE PRODUKTIVITÄT NICHT DAZU VERWENDEN, DIE UNTERDRÜCKUNG ZU VERRINGERN, SO MUSS DIE PRODUKTIVITÄT GEGEN DEN EINZELNEN GEWENDET WERDEN; SIE WIRD SELBST ZUM INSTRUMENT WELTUMFASSENDER LENKUNG."

"IM STILLEN IST EINE MENSCHHEIT HERANGEREIFT, DIE NACH DEM ZWANG UND DER BESCHRÄNKUNG HUNGERT, WELCHE DER WIDERSINNIGE FORTBESTAND DER HERRSCHAFT IHR AUFERLEGT."

DER DEUTSCHE INTELLEKTUELLE UND KÜNSTLER WEISS DAS ALLES SCHON LÄNGST. ABER DABEI BLEIBT ES.

"MAN WILL NICHTS TUN, UND MAN WIRD GETAN."

WIR GLAUBEN, DASS WISSEN NICHT BEWÄLTIGUNG IST. WENN AUCH IHNEN DAS MISSVERHÄLTNIS VON ANALYSE UND AKTION UNERTRÄGLICH IST, SCHREIBEN SIE UNTER KENNWORT

"ANTITHESE" an
8 München 23, postlagernd

verantwortlich: Th. W. Adorno, 6 Frankfurt/Main, Kettenhofweg 123 *entlarvt, wer mit Kanonen auf Spatzen schießt. Kunzelmann weiß, daß gerade die unverhältnismäßige Reaktion der provozierten Ordnung notwendiger Bestandteil einer geglückten Aktion ist. Dazu sollen auch »Monsterprozesse« gehören, wie sie sich Kunzelmann in dem Brief an Böckelmann vom 4. Januar 1964 ausmalt:*

68 Auf der gegenüberliegenden Seite: Plakat (9.7)

Wir stürmen z. B. ein Kaufhaus, nehmen alle Güter und verteilen sie auf der Strasse; der folgende Prozess müßte so frech-geschickt geführt werden, daß die Lüge der freien Wirtschaft selbst dem letzten Trottel bewußt wird. Oder wir inszenieren mitten auf dem Stachus eine Vögel-Szene (Du und Marion), und im Prozeß treten wir dann auf: »Warum nicht?«. In dem Moment, wo wir viele Leute zählen, können wir auf ein paar immer verzichten, die eben dann im Gefängnis die Bücher lesen müssen, die sie bis jetzt zu faul waren zu lesen.

Polizei und Justiz lassen auch nicht lange auf sich warten. Günter Maschke (der als Lyriker einen Gedichtband für den von Gudrun Ensslin und Bernward Vesper begründeten Verlag »studio neue literatur« vorbereitet, der aber nie erscheint, weil die Texte auf Toilettenpapier geschrieben sind und bei den häufigen Ortswechseln verlorengehen) wird als Neuling der »Subversiven Aktion« beim Plakatieren in Stuttgart erwischt und zusammen mit drei weiteren Aktivisten »wegen Verdachts der Gotteslästerung« in Untersuchungshaft genommen. In einem Brief an Frank Böckelmann vom 8. September 1964 berichtet er von seinem unfreiwilligen Besuch in »dem sehr konfortablen Stammheim«:

Man sprach von Geheimbündelei, Umsturzplänen etc. Ich habe dann so in etwa das Theoretische Programm erläutert, immer nur das ausgesagt, was die Herren wußten oder was für sie keinen Wert hatte. Namen, Drucker etc. naturellement verweigert. Das Unglück wollte, dass ich Deinen Einsatzzettel in der Tasche hatte, was ich erst bei der Polizei merkte. Man suchte eure Akten heraus und las mir dann eure Addresssen etc. vor. Kommentar: »Auch dahinter steckt immer ein Kunzelmann.« Natürlich habe ich ein Beteiligtsein Kunzelmanns geleugnet. Man wußte, wo wir Gruppen haben, und ein Staatsanwalt hier hat auch Interesse, den ganzen Verbindungen München – Tübingen – Berlin – Nürnberg etc. nachzugehen und die einzelnen Gruppen auszuheben. Bitte, geht alle auf Tauchstation. *(zitiert nach: Subversive Aktion. Der Sinn der Organisation ist ihr Scheitern. Hrsg. von Frank Böckelmann und Herbert Nagel. Frankfurt am Main: Verlag Neue Kritik 1976. Seite 215).*

9 Dieter Kunzelmann verteilt Flugblätter

auf einer Störaktion der Kommune I während der Trauerfeier für den verstorbenen ehemaligen Reichstagspräsidenten Paul Löbe in Berlin am 9. August 1967
Photographie von Paul Georg Herrmann
Leihgabe: Ullstein Bilderdienst

»Auf Tauchstation gehen«? Nichts liegt Dieter Kunzelmann ferner als das. Nach seinem Ausschluß aus der »Subversiven Aktion« wegen autoritären Gebarens, geht er nach Berlin, dem Zentrum des kulturrevolutionären Aufbruchs. In der Kommune I, die zum Jahresbeginn 1967 die leerstehende Dachwohnung des Schriftstellers Uwe Johnson bezieht, findet er neue Verbündete für seine aggressiven Polit-Happenings. Zwar kannte man Happenings bereits aus den Versuchen Allan Kaprows oder Wolf Vostells, Irrationales im scheinbar so Rationalen aufzudecken – erst im politischen Happening aber tritt die Aktion aus der begrenzten Sphäre des organisierten Schaubilds heraus:

Waren die Kunst-Happenings meist im relativ kleinen Kreis Eingeweihter und in geschlossenen Räumen gefeiert worden, so sollte jetzt »die Öffentlichkeit« am Geschehen teilhaben. Die »Aktion« wurde auf die Straße verlegt. Und jetzt wollten die einzelnen Szenen auch nicht mehr komplizierte psychische Prozesse bei den Zuschauern wecken; sie huldigten statt dessen einer Mischung aus Provokation und spaßiger Clownerie ... Als unlängst die Kommune und die, die ihr nahestehen, den Festakt zum Tode des ehemaligen Reichstagspräsidenten Paul Löbe vor dem Schöneberger Rathaus störten, indem sie einen kommunarden Sarg herbeitrugen, dem dann der Berufsrevoluzzer Kunzelmann im Leichenhemd entstieg, um »Freiheit-für-Teufel«-Zettel in die Menge zu schicken – da machte sich allgemeine Empörung gegen die Sitten- und Bräucheschänder breit. Die »Horror«-Kommune war von neuem ihrem Namen gerecht geworden. *(Gisela Stelly: Happening, Love-in, Sit-in, usw. In: Die Zeit. Hamburg. 3. November 1967)*

Peter Handke formuliert anläßlich des bunten Treibens der Berliner Kommune die Hoffnung, diese spiele in der Nachfolge Brechts neue Denkmöglichkeiten so lange durch, »bis auch die Wirklichkeit ein einziger Spielraum geworden ist«:

Das engagierte Theater findet heute nicht in Theaterräumen statt … , sondern zum Beispiel in Hörsälen, wenn einem Professor das Mikrofon weggenommen wird, wenn Professoren durch eingeschlagene Türen blinzeln, wenn von Galerien Flugblätter auf Ver-

69 Dieter Kunzelmann (9.9)

sammelte flattern, wenn Revolutionäre ihre kleinen Kinder mit zum Rednerpult nehmen, wenn die Kommune die Wirklichkeit, indem sie sie »terrorisiert«, theatralisiert und sicherlich zu Recht lächerlich macht, und sie nicht nur lächerlich macht, sondern in den Reaktionen in ihrer möglichen Gefährlichkeit, Bewußtlosigkeit und falschen Natur, falschen Idyllik, in ihrem Terror erkennbar macht. Auf diese Weise wird Theater unmittelbar wirksam. *(Straßentheater und Theatertheater. In: Theater heute. Velber. Jg 9, 1968, Heft 4, Seite 7)*

Ganz anders urteilt Hans Werner Richter in einem Brief an den Anwalt Horst Mahler vom 30. Juni 1967:

Gruppen dieser Art hat es immer gegeben, auch in der Weimarer Republik, auch in dem Berlin dieser Zeit. Man hat sie nicht beachtet. Warum beachtet man sie heute? … Begreift man denn nicht diese Art kleinbürgerlicher Provokation? Sie spielen Revolution und diskreditieren zugleich alle revolutionären Bestrebungen, sie spielen Revolutionäre und dienen den Reaktionären … Ich meine, man sollte diese Gruppen leben lassen wie sie leben, man sollte sie nicht beachten, sie sterben immer wieder ab, die Zeit ist ihr Totengräber und ihr einzig mögliches Gericht. *(Hans Werner Richter: Briefe. Hrsg. von Sabine Cofalla. München, Wien: Hanser 1997. Seite 648)*

10 Rainer Langhans / Fritz Teufel: Klau mich

StPO der Kommune I
Frankfurt am Main, Berlin: Edition Voltaire 1968
(Voltaire Handbuch. 2)

Nicht nur die Aktionen der Kommune I auf den Straßen Berlins haben Happening-Charakter, sondern auch ihre unter der Hand von Hand zu Hand wandernden Publikationen. Die hektographierten Kommune-Broschüren (›Gesammelte Werke gegen uns‹, ›Quellen zur Kommuneforschung‹ u. a.) sind ebenso wie der im Herbst 1968 erscheinende Band ›Klau mich‹ Collagen aus vorgefunde-

70 Vorsatzblatt (9.10)

nen Fertigteilen (Zeitungsausschnitte, Flugblätter, Comics u. a.), die der Ästhetik des Pop-Untergrunds nahestehen. Die auf der Frankfurter Buchmesse 1968 angebotenen Exemplare von ›Klau mich‹, die eine pornographische Bildbeilage enthalten, werden am zweiten Messetag beschlagnahmt. Zu dem Zeitpunkt sind von den 20 000 Exemplaren noch ganze 13 übrig. In einem Verlagsprogramm der Edition Voltaire aus dem Jahr 1968 heißt es:

In diesem Buch zeigen die Kommunarden ihren Weg durch die Berliner Gerichte anhand von Dokumenten, Anklageschriften, Prozeßprotokollen, Zeitungsausschnitten u. a. auf und geben Anleitungen zum erfolgreichen Verhalten vor diesen staatlichen Organen. Die Mitglieder der Kommune 1 unterlaufen in ihren provozierten Strafprozessen aus mehr oder minder nichtigen Anlässen das engmaschige Netz der deutschen Justiz. Ihr alle Konventionen sprengendes Verhalten führt die Gesetzmaschinerie und deren anachronistische Repräsentanten ad absurdum. ... Das Strafregister der Kommunarden umfaßt zumeist Ordnungsstrafen wegen »Ungebührlichen Verhaltens«, »Mißachtungen« verschiedener Institutionen und Persönlichkeiten in stattlicher Anzahl. Die zentrale Motivation des Franktireur-Angriffs auf die geheiligten Piedestale »unserer freiheitlich-demokratischen Grundordnung« wird durch die Lektüre des Bandes ›Klau mich‹ evident: Die bisher allgemein akzeptierte, Richter wie Angeklagte gleichermaßen verbindende, Basis wird negiert, der gesellschaftliche Rahmen gesprengt. Die Satire will hier nicht Justizkritik üben, sie ersetzt in ihrer Totalität die antiquierten Rechtsnormen bereits!

Die vollmundige Verlagsankündigung kann jedoch nicht darüber hinwegtäuschen, daß die Kommune mit dieser Dokumentation bereits in die Phase ihrer Selbsthistorisierung eintritt. So nah am Kern schöpferischer Subversivität ist man später nie wieder. In seinem in ›Klau mich‹ abgedruckten Schlußwort zur »Moabiter Seifenoper« bekennt Rainer Langhans:

Wir sind nicht mehr so aggressiv, wie am Anfang, eher melancholisch geworden im Verlauf des Prozesses. Wissen Sie warum: Weil man zwar seinen Spaß haben kann, aber irgendwann wird einem derselbe Spaß auch über. Mittlerweile kann ich mir interessantere Beschäftigungen vorstellen, als hier herumzusitzen und immer wieder dieselben Leute lächerlich zu machen. Das sieht man übrigens schon an unserer Kleidung, die ist auch einfacher geworden. Es ist hier alles so durchsichtig mittlerweile.

71 Umschlagmotiv (9.10)

10 »Der unsichtbare Aufstand«

Bereits in den frühen sechziger Jahren ist der Graben tief zwischen jenen Intellektuellen, welche die Literatur für überholt erklären und sich unmittelbar in die politischen Tageskämpfe einmischen, und jenen andern, die das Schreiben selbst als subversive politische Praxis betreiben. Einer, der den Brückenschlag versucht, ist der schottische Autor Alexander Trocchi (1925–1983). Als Mitglied der »Situationistischen Internationale« verkündet er, der Geist könne »der brutalen Gewalt nicht in einer offenen Schlacht die Stirn bieten. Unsere Aufgabe besteht vielmehr darin, klar und ohne Vorurteile zu begreifen, welche Kräfte in der Welt wirken und im Zusammenspiel die Zukunft bestimmen. Dann gilt es, ruhig und ohne Entrüstung mit einer Art geistigen Jiu-Jitsu, das uns auf Grund unserer Intelligenz zukommt, zu verändern, zu korrigieren, zu kompromittieren, abzuweichen, zu verderben, zu zersetzen, zu verwandeln, anzuregen, was wir den unsichtbaren Aufstand nennen können.« (In: ›internationale situationiste‹, Heft 8. Zitiert nach: Walter Hollstein: Der Untergrund. Neuwied, Berlin: Luchterhand 1969. Seite 80f.) Sein abenteuerlicher Weg führt Trocchi von den europäischen Situationisten zu den Beat-Literaten Nordamerikas. Mit ›Cain's Book‹ veröffentlicht er im selbstgewählten amerikanischen Exil 1960 einen autobiographischen Drogen-Roman (Frankfurt am Main: Insel 1967), der den Topos vom »Cosmonaut of Inner Space« prägt: Die erste Schlacht, die es zu schlagen gilt, ist, den Feind in seinem Hauptstützpunkt anzugreifen, in sich selbst. Er trifft sich darin mit mit dem US-Amerikaner William S. Burroughs (1914–1997), den eine ebenso exzentrische Bahn den umgekehrten Weg von West nach Ost führt. Burroughs bildet in den fünfziger Jahren mit Jack Kerouac (1922–1969) und Allen Ginsberg (1926–1997) das Dreigestirn der erstmals gegen den »american way of life« aufbegehrenden Beat-Generation, ehe ihn Sucht und kriminelle Delikte über den Atlantik nach Tanger, Paris und London führen. Beide, Trocchi und Burroughs, stehen an der

Wiege einer literarischen Gegenkultur-Bewegung, die den Kampf gegen das Establishment auf der Ebene der Symbole, der von außen aufgezwungenen Denk- und Wahrnehmungsweisen, aufnimmt und für die sich der Begriff des »Underground« durchsetzt. Eine unabhängige Untergrundpresse ist Burroughs zufolge »das einzige wirksame Mittel gegen die wachsende Macht und die immer raffinierteren Techniken, die von den etablierten Massenmedien eingesetzt werden, um Informationen, Bücher und Entdeckungen, die den Interessen des Establishments abträglich sein könnten, zu verfälschen, zu verdrehen, aus dem Zusammenhang zu reißen, rundheraus lächerlich zu machen oder ganz einfach zu ignorieren und unter den Teppich zu kehren.« (Die elektronische Revolution. Bonn: Expanded Media Edition 1971. Seite 31)

Seit Mitte der sechziger Jahre entwickeln sich in Europa und Nordamerika Underground-Zeitschriften zu einem dichten, länderübergreifenden Kommunikationsnetz, das die Grenzen der Kultur selbständig bestimmt und erweitert.

1 Alexander Trocchi an Hanns Sohm

London, Juli 1964. Brief, 1 Blatt
Leihgabe: Archiv Sohm in der Staatsgalerie Stuttgart

Von London aus plant Trocchi eine schleichende Kulturrevolution. Mit seinem Projekt »Sigma«, das er in einem Brief an den Kunstsammler Hanns Sohm erläutert, startet er den Versuch, »normale Kommunikationskanäle zu überlisten und eine internationale Untergrundkooperation mit Meinungen jenseits konventioneller Grenzen zu schaffen«. Der »unsichtbare Aufstand« soll durch Untergrund-Poster, die in U-Bahnstationen, Cafés und anderen öffentlichen Plätzen aushängen, vorbereitet werden. Das Einladungsschreiben endet mit der Erwartung:

The conventional media contain the seeds of their own ineffectuality. Our attack has to be an outflanking. And there can be no limit to our subversions.

Eine Zeit des Enthusiasmus folgt, von der Dieter Baacke, Historiograph der Underground-Bewegung, zu berichten weiß:

Am 11. Juni 1965 hatte der Londoner Untergrund seinen ersten Höhepunkt, als Dichter verschiedener Provenienz (neben den Beatniks Ginsberg, Corso, Trocchi und andere, die »Konkretisten« Jandl und Horowitz) vor 7000 jungen Menschen in der Royal Albert Hall auftraten – »ein Ergebnis humaner Solidarität«, wie Alexander Trocchi sagte. Auf einer Wandzeitung – mit schwarzer Kreide wurde auf braunes Packpapier geschrieben – mit dem Namen ›Felix Topolski's Chronicle‹ verglich Trocchi das Ergebnis mit einem Happening. Er schrieb: »Es lag in der Luft seit 1945, die gefühlte Notwendigkeit eines internationalen Zusammentreffens von Dichtern, Künstlern, denkenden Individuen, auf eine unmittelbare Weise, die jede Politik hinter sich läßt ... An anderer Stelle habe ich diesen wachsenden Protest und den immer wiederkehrenden Ruf nach irgendeiner Art direkter Aktionen unsichtbaren Aufstand genannt, und ich sagte, daß sich diese (R)Evolte dort, wo sie sich am deutlichsten artikuliert, gegen die ganze Skala überkommener Verhaltensweisen und Reaktionen richtet, die meist blind und bewußtlos bleiben, durch Konventionen geheiligt, und ganz und gar unangemessen sind für die komplexe Welt, uns aufgedrängt, durch unsere eigene, sich immer rascher entwickelnde Technologie. ... Der Impuls, all diese Menschen zusammenzubringen, war für einige von uns ein Experiment, ein Menschheitsfestival, die praktische Demonstration, daß kreative Menschen aus den verschiedensten Bereichen für die Idee eines kulturrevolutionären Experiments zur Verfügung stehen ... Und das Publikum zeigte, daß es wußte, was hier geschah, etwas Bedeutendes, Ergebnis humaner Solidarität ..., es war vor allem ein Happening, in Freude und Ernst, im Geist schöpferischen Spiels gedacht. Die (R)Evolution findet symbolisch statt, nicht unter den Bedingungen, welche die Kräfte der Reaktion uns aufzwingen wollen. Aber sie findet statt. Wenn du es merkst, bist du ipso facto beteiligt.« Der dabei gedrehte Film ›Wholly Communion‹ zeigt, daß dies Ereig-

72 Plattenhülle (10.3)

nis als sakramentale Urstiftung empfunden wurde. Der Schwung der Sprache, die eindringliche Naivität ihrer Botschaften erinnern an frühe Zeugnisse des Pietismus: wie dieser ist der Untergrund eine individualisierende, stark dynamische Erweckungsbewegung. *(Dieter Baacke: Beat – die sprachlose Opposition. München: Juventa Verlag 1968. Seite 121 f.)*

2 Alexander Trocchi: The Moving Times/Project Sigma

Plakat. London [1964]
Leihgabe: Archiv Sohm in der Staatsgalerie Stuttgart

3 Call me Burroughs

Paris: The English Bookshop 1965

Sprechplatte. William S. Burroughs liest Auszüge aus seinen Büchern ›The Naked Lunch‹ und ›Nova Express‹

Leihgabe: Archiv Sohm in der Staatsgalerie Stuttgart

Wie jede Erweckungsbewegung hat auch diese ihre »Hohenpriester«. Einer davon ist der bereits genannte amerikanische Schriftsteller William S. Burroughs. Er ist nicht nur Stichwortgeber für Trocchis Untergrund-Poster ›The Moving Times‹, sondern auch einer der wichtigsten Anreger der jüngeren Underground-Literaten. Auf der Schallplatte ›Call me Burroughs‹ liest er in knarzendem Südstaatenslang Auszüge aus seinem im Drogenrausch niedergeschriebenen Roman ›Naked Lunch‹, der 1962 – um einige vermeintlich Anstoß erregende Seiten gekürzt – erstmals beim Limes-Verlag in deutscher Übersetzung herauskommt. Karl O. Paetel, Herausgeber der ersten umfassenden Beat-Anthologie in deutscher Sprache, die 1962 bei Rowohlt erscheint, porträtiert den Roman und seinen Autor:

Hinter den wilden Phantasien der Sexual-Akrobatik, die die mannigfachen intellektuellen Assoziationen im ›Naked Lunch‹ immer wieder ablösen, steckt der Schrecken. Die sexuellen Orgien erscheinen als Symptom der Korruption der herrschenden Gesellschaft. In satirischen, überspitzten Typologisierungen brandmarkt er die Doppelbödigkeit einer Moral, die das Natürliche verdammt und im Geheimen in perversen Wunschträumen schwelgt ...: man sieht den »König, der keine Kleider anhatte« ... Burroughs ist dabei imgrunde, in der Mischung von Satire und Realismus, zwischen Verzweiflung und Aufruf zur Wandlung, ein – Moralist. Aber von einem ungewohnten Standort her, nämlich ... aus der bodenlosen Einsamkeit des zum ewigen Wandern verurteilten gesellschaftlichen »Flüchtlings«, den die herrschende Gesellschaft »exiliert« (für Rauschgiftsüchtige und Homosexuelle gilt das gleicherweise), wird das »Establishment« in seinen Bewegungsgeset-

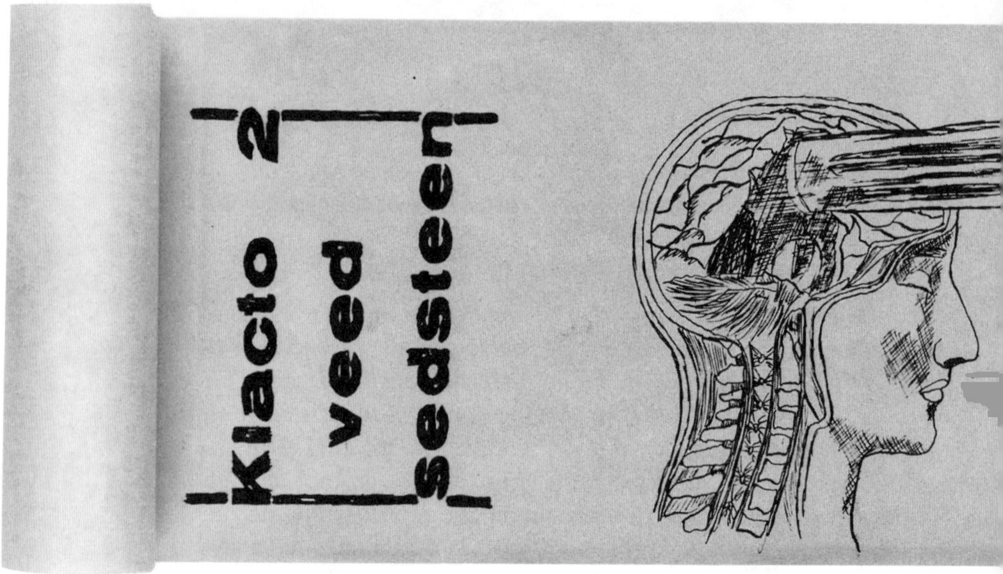

zen konsequent in Frage gestellt! *(Ein Profil. In: Frankfurter Hefte. Jg 19, 1964, Heft 12, Seite 88 ff.)*

4 Klactoveedsedsteen

[Herausgegeben von Carl Weissner]
Heidelberg: [PANic Press]
1965, Nummer 2, Oktober (Papierrolle)
Leihgabe: Archiv Sohm in der Staatsgalerie Stuttgart

In ›klacto‹, einer der ersten deutschsprachigen Underground-Zeitschriften, stellt der Schriftsteller und Übersetzer Carl Weissner (Jahrgang 1940) amerikanische Literatur jenseits des Mainstreams vor. Er ist damit neben dem früh verstorbenen Dichter Rainer Maria Gerhardt (1927–1954) und dem Berliner Literaturwissenschaftler, Zeitschriftenherausgeber, Erzähler, Essayisten und experimentellen Lyriker Walter Höllerer (Jahrgang 1922) einer der Pioniere des deutsch-amerikanischen Kulturtransfers. In der ersten Nummer seines Undergroundblatts vom 28. Februar 1965

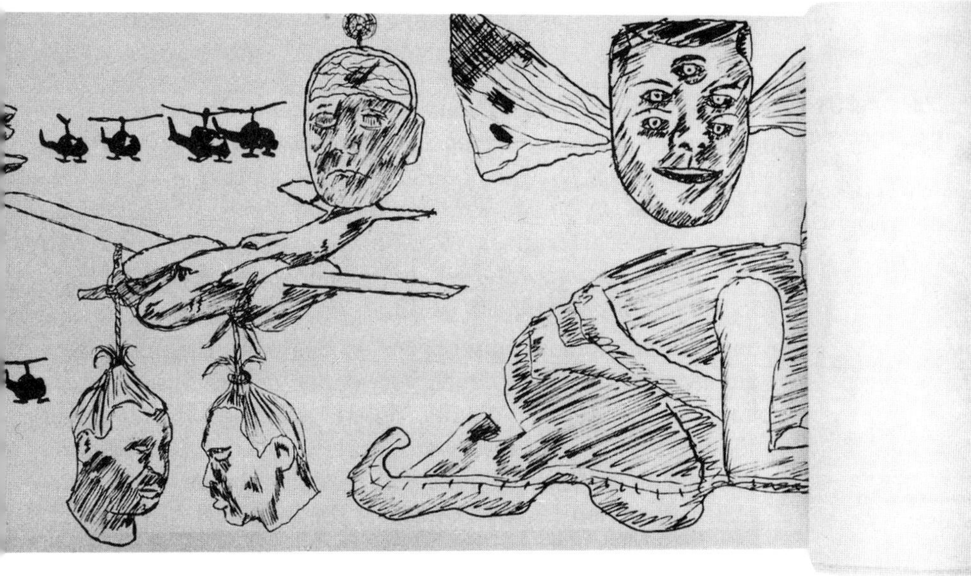

gibt Weissner in einem Statement den Kurs an: »gegen eine avantgarde, die nach deutscher eiche riecht«.

73 Ausschnitt aus einer Zeitschrift in Rollenform (10.4)

5 Rhinozeros

Kalligrammatische Literaturrevue
Herausgegeben von Klaus-Peter und Rolf-Gunter Dienst
Berlin: Dienst
1964, [Heft 9]
Aufgeschlagen: Seite [21/22]

Zu den frühen Bewunderern von Burroughs in Deutschland gehört Hubert Fichte (1935–1986). In einem handschriftlich überlieferten Entwurf, der Grundlage für einen Artikel in der ›Welt‹ vom 22. Februar 1964, versucht er sich der außerordentlichen Faszination zu vergewissern, welche die Bekenntnisse des homosexuellen Rauschgiftessers Burroughs bei ihm auslösen: die »einsame, kalte Schönheit, seine abgründigen Hymnen auf den Dreck, seine kreischende Komik«. Die Irritation, die von Burroughs' Texten aus-

74 Auf der gegenüberliegenden Seite: Umschlag (10.5)

geht, beruht nicht zuletzt auf einer – durch seine Drogenerfahrung angeregten – kontinuierlichen Durchbrechung gewohnter Wahrnehmungsweisen. Die Methoden des »Cut-up« und »Fold-in« helfen ihm dabei. In einem Text, den Burroughs auf dem Internationalen Schriftstellerkongress 1962 in Edinburgh verlesen hat und den die kleine Avantgarde-Zeitschrift ›Rhinozeros‹ in eigenwilliger Typographie abdruckt, heißt es dazu:

Brion Gysin, ein amerikanischer Maler, der in Paris lebt, hat, was er die »Messermethode« nennt, verwendet, um Schriftstellern die Collage zu ermöglichen, die der Malerei schon seit 50 Jahren zur Verfügung steht – Textseiten werden zerschnitten & umgeordnet, so dass sie neue Wort- & Bildkombinationen ergeben – In meinen 2 letzten Romanen NOVA EXPRESS & THE TICKET THAT EXPLOTED habe ich eine Erweiterung der »Messermethode«, die »Faltmethode«, angewandt – Eine Textseite, meine eigene oder die von sonst jemand, wird der Länge nach in der Mitte umgefaltet & auf eine andere Textseite gelegt – Der Komposittext wird dann abgelesen halb & halb – Die Faltmethode entspricht im Schreiben der filmischen Rückblende, mit ihr kann der Verfasser sich auf seiner Zeitbahn vor- & rückwärts bewegen … Wenn die Literatur eine Zukunft haben soll, müssen die Schriftsteller mit ihrer Materie experimentieren können – Mit Worten – Was sind Worte schon? – Die Antwort wird in Wortexperimenten offenbar – Es täte Autoren gut, wissenschaftlicher zu werden, & Wissenschaftlern gut, sich schöpferischer zu betätigen.

Die so entstehenden Texte sind »eine Art literarischer Veitstanz!« *(Carl Weissner auf einer Postkarte an den Melzer Verlag vom 14. Dezember 1968. März-Archiv)*

9, 1964

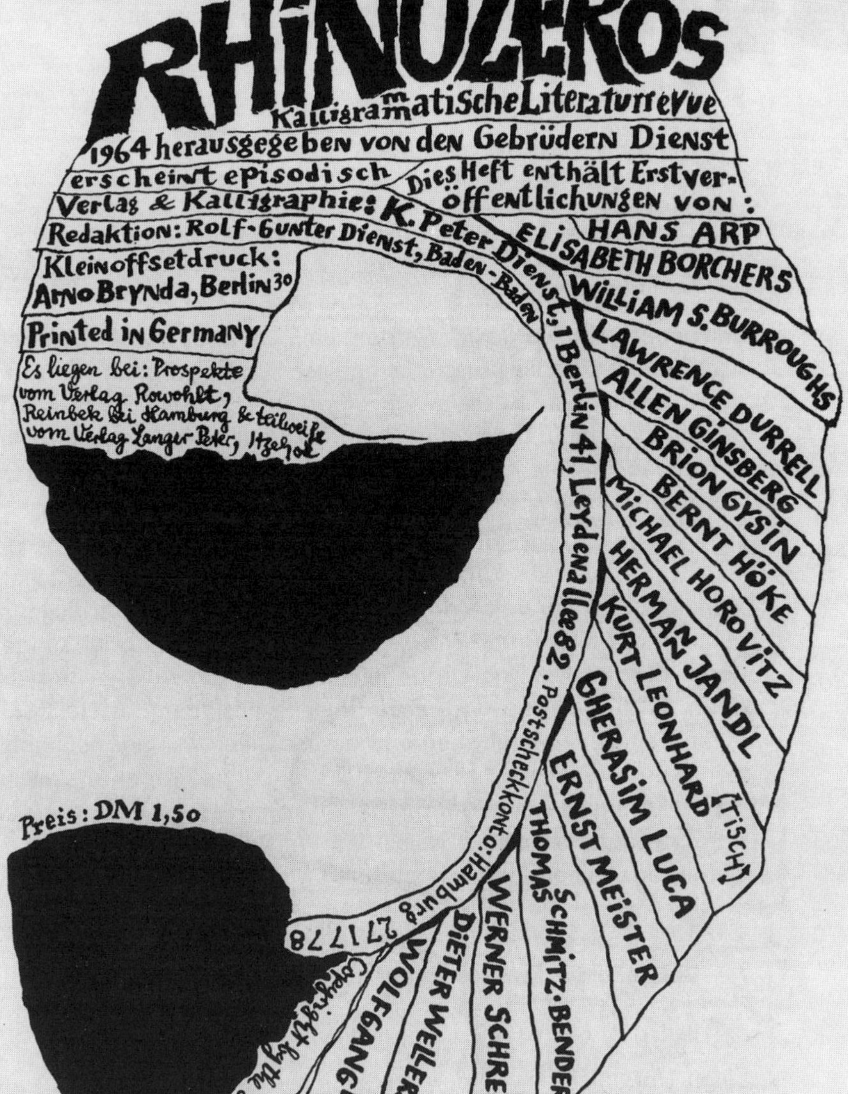
RHINOZEROS
Kalligramatische Literaturrevue
1964 herausgegeben von den Gebrüdern Dienst
erscheint episodisch
Dies Heft enthält Erstveröffentlichungen von:
Verlag & Kalligraphie: K. Peter Dienst, Baden-Baden
Redaktion: Rolf-Gunter Dienst, 1 Berlin 41, Leydenallee 82 . Postscheckkonto: Hamburg 271778
Kleinoffsetdruck: Arno Brynda, Berlin 30
Printed in Germany
Es liegen bei: Prospekte vom Verlag Rowohlt, Reinbek bei Hamburg & teilweise vom Verlag Langer Peter, Itzehoe
HANS ARP
ELISABETH BORCHERS
WILLIAM S. BURROUGHS
LAWRENCE DURRELL
ALLEN GINSBERG
BRION GYSIN
BERNT HÖKE
MICHAEL HOROVITZ
HERMAN JANDL
KURT LEONHARD (TISCH)
GHERASIM LUCA
ERNST MEISTER
THOMAS SCHMITZ-BENDER
WERNER SCHREIB
DIETER WELLERSHOFF
WOLFGANG WEYRAUCH
Copyright by the authors
Preis: DM 1,50

6 Cut up

Der sezierte Bildschirm der Worte
Herausgegeben und aus dem Amerikanischen übersetzt von Carl Weissner
Darmstadt: Melzer 1969
Schutzumschlag: Abraham Melzer
Sammlung Kurt Brandt

75 Umschlagmotiv (10.6) *Burroughs' ›Cut-up‹-Texte werden um 1968 auch als politisch wirksame Résistance-Botschaften gelesen und nachgeahmt. In seiner Einleitung zur ›Cut-up‹-Anthologie mit Beiträgen von Mary Beach, William S. Burroughs, Brion Gysin, Harold Norse, Jeff Nutall, Claude Pélieu, Jürgen Ploog und Carl Weissner, erläutert der Herausgeber die Methode:*

Durchbrechen doktrinärer linearer Denk- Rede- Schreib- & Vorstellungsweisen ... Demontage der klassischen d.h. bürgerlichen Wirklichkeit; einer von Staat/Kirche/Kapital und ihren Erfüllungsgehilfen in Literatur und Massenmedien verordneten oder suggerierten Realität ... Das Engagement der Cut-up Autoren besteht darin, zur Aufhellung der neuen Bewußtseinslagen des elektronischen Zeitalters beizutragen und die massiven Zwangsmechanismen einer offiziellen Information & Literatur in Frage zu stellen, deren Kontrollfunktion darauf beruht, den Leser/Hörer auf ein starres vorherbestimmtes System von Verstehen & Handeln zu fixieren, das seine Narkotisierung und Manipulation ermöglicht.

7 OBERBAUM – Linkeck Almanach 1965–1968

Berlin: RKL Presse EUPS [1968]

Einen Überblick des Underground, innerhalb dessen die Cut-up-Autoren nur eine kleine avantgardistische Fraktion bilden, gibt die hektographierte Dokumentation der Berliner Oberbaumpres-

se, des größten und ältesten westdeutschen Untergrundverlags. Das Heft enthält fast alle Oberbaum-Blätter, Faksimiles von Flugblättern, Pamphleten und Underground-Zeitschriften. Dazu Beiträge von Peter Handke, Rudi Dutschke, Che Guevara, Malcolm X, dem Amsterdamer Provo Roel van Duyn u. a. Ebenfalls abgedruckt ist ein undatierter Brief des Schriftstellers Rolf Dieter Brinkmann (1940–1975) an den Oberbaum-Verleger Hartmut Sander, in dem er sich abfällig über die bundesdeutschen Kleinverleger äußert:

In die negative Richtung hin gesehen, möchte ich meinen, daß sämtliche kleinen Verlage hier bei uns an einer höchst billigen, widerlichen Krankheit leiden, nämlich der: es möglichst perfekt und gehaltvoll den großen Verlagen nachzumachen. Die gedruckten Elaborate, ihre literarische Qualität ist so mies, weil diese kleinen Pipimännchen von Druckern und Verlegern hoffnungslos veraltete und verrottete Vorstellungen von Literatur haben und darin den Lektoren größerer Verlage in nichts nachstehen. Ihre Kriterien für ein Buch sind: es muß Dichtung sein, Metapherschwulereien, aftertiefe Gedanken in der Prosa, tendenzlose Modernität, Hausfrauenlyrik und Arbeiten irgendwelcher Leute, die auf Grund ihres Berufes mal mit Literatur zusammenkommen oder dann weitgehend Arbeiten von Dilettanten, ich würde sagen: Beatmusik ist in jedem Fall besser! Das ganze bekommt einen graphischen Anstrich! Seltenheitswert! Raritäten, nur weil das Heftchen oder Büchelchen handgesetzt ist, nein, nein, nein, solltest Du ähnliche Vorstellungen haben, fände ich es sehr traurig: Die Rixendorfer »Dichter und Maler« können kein Vorbild sein: alles was dort fabriziert [wird] ist Kunstgewerbe, Privates, das keinen objektiven Gehalt in sich verbirgt, allenfalls Plüschatmosphäre von Oma und Opa! Dabei können gerade kleine Verlage etwas leisten: nämlich auf Grund ihrer relativen Unabhängigkeit wider die schon konsumreife Literatur drucken, etwas an Texten zu publizieren, in denen nicht mehr der alte Scheiß von Dichtung herumwabert. Mir ist das aufgegangen, was für Chancen tatsächlich in einem Ein-

76 Auf der gegenüberliegenden Seite: Einband (10.7)

mannbetrieb stecken, seitdem ich mich näher mit der neuen amerikanischen Lyrik beschäftigt habe. ... Hier bei uns erhält jedes sofort den Kunstcharakter. Kunst aber ist immer schon, wenn etwas als Kunst bezeichnet wird, altes, totes, was im Augenblick, da es als das bezeichnet wird, längst nicht mehr stimmt. Die Innerlichkeit, die sich überall ausdrückt, ist beschissen, Bürgerlichkeit, die in sich verrottet ist, feiert ... heftig schwitzende Urständ!

8 Horst Bingel und Hans Imhoff

auf der »Literarischen Messe 1968« in den Frankfurter Römerhallen
Photographie von Hans Georg Puttnies
Reproduktion aus ›Der Spiegel‹. Hamburg. Jg 22, 1968, Heft 21, Seite 142

In den Texten der Literarischen Pfingstmessen 1963 und 1964 kündigte sich eine Aufsässigkeit der Jugend an, die heute Wirklichkeit geworden ist. In der heutigen »Literarischen Messe 1968« sind viele Texte ein politisches Stimmungsbarometer für die internationale Einschätzung unserer Republik, aus der Tatsache, daß wir uns einen alten Nazi als Bundeskanzler geleistet haben. Das beginnt jetzt zu wirken. *(Die Welt. Bonn. 14. Mai 1968)*

So leitet der Frankfurter Schriftsteller und Verleger Horst Bingel (Jahrgang 1933) die Pressekonferenz zur Eröffnung der »Literarischen Messe 1968« in den Frankfurter Römerhallen ein. Das Programm der vom 10. Mai bis zum 5. Juni stattfindenden Ausstellung umfaßt »Handpressen, Flugblätter, Zeitschriften der Avantgarde« aus dem Zeitraum zwischen 1964 und 1968. In die eigentliche Eröffnung, bei der John Willet vom ›Times Literary Supplement‹ über ›Zentrifugale Literatur‹ und der Konkretist Claus Bremer über ›Avantgarde und Aufstand‹ sprechen, platzt der Aktionskünstler Hans Imhoff. Das Ritual einer Eröffnung durchkreuzt er mit den Worten: »Sie gefallen mir alle nicht. Am besten gehen Sie nach Hause, es sei denn, Sie wollen mich hören; etwas anderes lohnt sich sowieso nicht.« Doch die Messe findet großes Interesse.

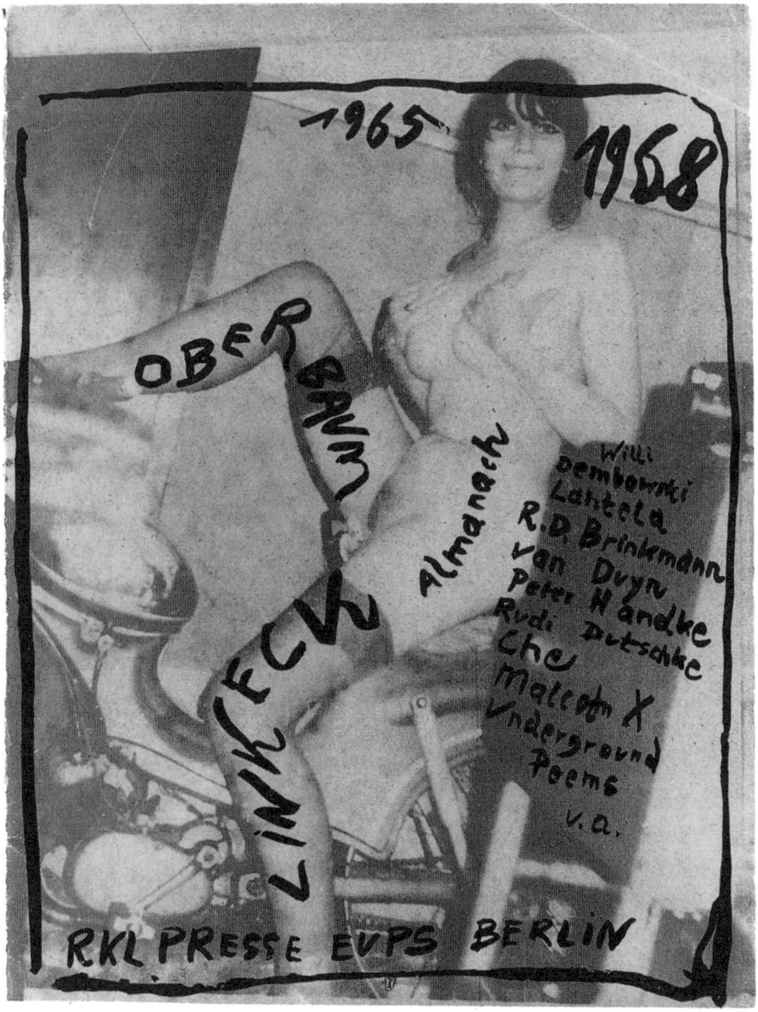
1965
1968
OBERBAUM
LINKECK
Almanach
Willi Dembowski
Lahtela
R.D. Brinkmann
van Duyn
Peter Handke
Rudi Dutschke
Che
Malcolm X
Underground Poems
u.a.
RKL PRESSE EUPS BERLIN

Gezeigt werden fünftausend Handpressendrucke, Zeitschriften, Flugblätter, Objektgedichte und Mappen von 200 Verlegern aus 19 Ländern: Druckerzeugnisse, die in Klein- und Kleinstverlagen erscheinen und im Buchhandel nur selten zu finden sind. Peter Iden berichtet über die »Avantgarde-Messe« in der ›Süddeutschen Zeitung‹ vom 24. Mai 1968:

Ein erster Rundgang läßt schnell erkennen, wie sehr diese Literatur politisch bestimmt ist. Die kleinen Pressen und Editionen etwa der Bundesrepublik beschäftigten sich noch vor wenigen Jahren vor allem mit dem ausgefallenen Experiment, versuchten sich als Grenzgänger zwischen den Künsten, dabei zumal angezogen von der bildenden Kunst. Das ist heute auch noch der Fall, und die angeschlossene Sonderdokumentation, die dem Happening, der Aktion und dem Gebiet Destruction in Art gilt, berücksichtigt diese Seite der Off-Literatur ebenso wie eine Abteilung, die sich mit der Beziehung zwischen Kunst und Technologie in Amerika befaßt. Aber besonders in den Plakaten und Manifesten dominieren jetzt doch mehr und mehr politische Inhalte. Rebellion gegen das Überkommene kann gelegentlich zwar groteske Formen annehmen – ein Berliner Pamphlet druckt einen Brief Fritz Teufels aus der Haft nach: »Nicht mal einen Furz kann man in der Zelle lassen« –, sie bleibt darum doch Artikulation einer politischen Absicht.

Einige jedoch sind skeptisch. Otto F. Best, der Cheflektor des Münchner Piper Verlags, nimmt die Messe zum Anlaß, über den Begriff der Avantgarde nachzudenken. Zwar räumt er ein, daß die Avantgarde, »besonders in ihren Erscheinungsformen Dadaismus, Surrealismus (ihrem vollendetsten Modell) und dem vielgestaltigen Expressionismus«, Einfluß und Wirkung gehabt hat. Jedoch:

Ob Avantgarde heute noch von Einfluß ist, ja, ob es sie überhaupt noch gibt, sei auf das entschiedenste bezweifelt. Zu keiner Zeit war die Produktion von Literatur, theoretisch, unter so günstigen Voraussetzungen möglich, freilich unter der Bedingung ihrer Konsumierbarkeit, ihrer Berechenbarkeit. Zugleich aber war Lite-

ratur (im extremen Sinne) wegen des fehlenden Widerstandes noch nie so sehr vom modischen Snobappeal abhängig. Ihre revolutionierende Kraft ist erloschen, ihre Behauptung im Verlagsprogramm wird zum reinen Kalkulationsproblem. Geben wir es endlich zu: Die Avantgarde ist tot; ihr Tod gehört zum Preis, mit dem die demokratische Massengesellschaft ihre Freiheit erkauft.
(Die Avantgarde ist tot. In: Die Welt. Bonn. 8. Juni 1968)

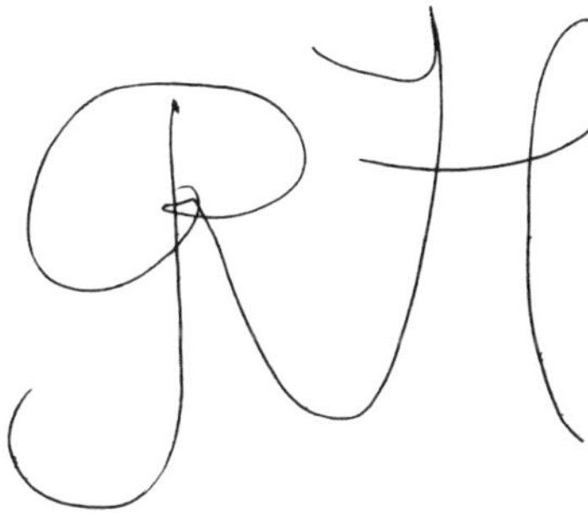

9 Raoul Hausmann: Manifest Morgenroete

Typoskript, 1 Blatt
Beilage zu einem Brief an Timm Ulrichs. Limoges, 17. März 1968
Leihgabe: Timm Ulrichs

Ähnlich skeptisch urteilt Raoul Hausmann (1886–1971) über die neo-dadaistischen Tendenzen in der Pop-Art und im Happening: »Alles schon dagewesen«, so lautet der kritische Tenor des Dadaisten der ersten Stunde angesichts der provokativen Gesinnung der jungen Generation. Dennoch sucht der greise »Dadasoph« Anschluß zu finden. Gehbehindert und nahezu blind und doch durch keinerlei Resignation geschwächt, ermuntert er den »Totalkünstler« Timm Ulrichs (Jahrgang 1940) »unser neues Manifest Morgenröte« weiterzuschreiben:

77 Initialen von Raoul Hausmann unter dem Brief an Timm Ulrichs (10.9)

MANIFEST MORGENROETE

Man muss sich von Allem befreien, was man schon kennt.
Was man kennt, war gestern.

Man muss das Heute sehen und das Morgen ahnen.
Was sein wird, ist nötig. Was ist, wird unnütz.
Gestern war, ist vorbei.
Heute ist grade noch, wird vergehen.
Morgen ist die Gegenwart des Jetzt!

Da-Sein ist: Morgen verwirklichen.

Das neue, grosse Morgen ist unser Material heute.

10 Jörg Fauser an seine Eltern

Göttingen, 1. März 1970. Brief, 5 Blatt
Leihgabe: Marie Fauser

Von solchem Aufbruchsgeist ist bei Jörg Fauser (1944–1987) kaum noch etwas zu spüren. Er gehört zu jener Handvoll Autoren, die sich hierzulande auf die Cut-up-Methode einlassen. Allerdings wendet er sich bald schon wieder davon ab und praktiziert nun einen hart realistischen Stil. Man könnte sagen: Dahinter verbirgt sich ein Wandel innerhalb des Underground zwischen den sechziger und siebziger Jahren: Charles Bukowski (1920–1994), der von Carl Weissner im kleinen Maro-Verlag bekannt gemacht wird, löst William S. Burroughs als Galionsfigur ab. Der Aufruf zu einem anderen, besseren Leben, reduziert sich beim »dirty old man« des amerikanischen Underground auf »Informationen für das tägliche Überleben« (Jörg Fauser). Das anregende Movens der Jahre 1966/67 geht auch in der alternativen Literaturszene verloren; der Underground tritt in seine »Blues-Phase« ein. In einem Brief an seine Eltern berichtet Jörg Fauser von den Schwierigkeiten, seine frühen, von Drogensucht und Außenseitertum geprägten Texte bei Verlagen unterzubringen.

Es gibt, ich weiß, eine Schar Jung-Schreiber, die auch Hasch-Poeme und LSD-Collagen machen, aber keiner von ihnen ist über Imitation der bekannten Beat-Amerikaner hinausgekommen, und jede Zeile, die ich schreibe und vor allem was ich beschreibe und in welchem Rahmen und mit welchen Intentionen, ist all diesen Gelegenheits-Kritzeleien und Modeleien der mir bekannten dieser Autoren diametral entgegengesetzt: um es grob zu sagen, was denen einfällt, wenn sie sich daran machen, eine Haschisch-Intoxikation zu beschreiben, liest sich für mich so banal und oberflächlich und unseriös, daß man eben merkt, wie wahr die Weisheit ist, daß nichts geweckt werden kann, wo nichts ist; und ich begreife nicht, wie man derlei … billige Attitüden und billigen Umgang mit der Sprache, die angeblich eine »halluzinative« Erfahrung beschreibt, vergleichen kann mit dem Tenor und der Grund-Haltung dessen, was ich beschreibe; was immer man diesen Texten vorwerfen kann – eine Menge, ich weiß – eines jedenfalls sicher nicht: daß ich mir nicht darüber im klaren wäre, daß es um eine überaus ernste Sache geht, solche Erfahrungen auszubreiten: daß ich nicht immer und durchgehend versucht habe, eine Sprache zu finden, die lieber an der Trauer und dem Ekel und dem vollkommenen Alleinsein dieser Vorgänge und Träume und Visionen, an der immensen Schwierigkeit, dies plastisch zu machen, bildhaft, direkt, die lieber mit Volldampf an fast allen Ecken kollidiert und ins Rutschen gerät, als mich irgendwo einzulassen auf eine fröhlich rosa Knautschlack-Sprache und Erzählung: und wem nicht aufgeht am Schluß, daß ich alles andere als Literatur-zum-Tag zu machen im Sinn hatte, sondern einfach mir eine Sprache erobern wollte, um was ich erlebte mir was wert zu machen, und daß ich diese meine Sprache an manchen Stellen wirklich selber spüre: und daß ich, um auch das noch zu sagen, dieses Thema, von dem ich ja ahnte, daß es en vogue kommen werde, von Anfang an mit allem Ernst und aller Vorsicht und aller Dunkelheit, die es ausmachen, anging, daß ich in Versuchung war, um es ja verkaufen zu können, Obszönitäten und/oder andere derzeit gefragte Sachen mit einzubauen, und dies aber in dem Augenblick

78 Jörg Fauser in Göttingen, 1969/70 Photographie aus Privatbesitz

nicht mehr konnte, als ich anfing, zum ersten Mal in meinem Leben mich voll zu identifizieren mit etwas, das ich selbst, ich alleine gemacht hatte.

Er beklagt sich über die Abweisung durch den Hanser-Lektor Michael Krüger, der seine Texte unoriginell findet:

Eine solche lässige Bemerkung wie »das machen andere doch tagtäglich so gut, davon haben wir die Schnauze voll, da lesen wir lieber ... oder berauschen uns selbst ...«, sowas hebt irgendwo irgendwas aus den Angeln: vor allem wenn man selbst ja niemand kennt, der es dauernd besser macht; und auf den einzigen Romancier, der mit diesem Thema – eingebettet in eine gewaltige Beschreibung und fantastische Satire der Gewalt- und Grausamkeit einer bis ins letzte manipulierten und mit allen nur denkbaren Arten von Abhängigkeit – Drogen, Sex, Gewalt, Geld etc – gelenkten Science-fiction-Welt, die man dann schaudernd als präzise Beschreibung der ganz realen heutigen erkennt – auf den Amerikaner Burroughs also kann er sich unmöglich beziehen; von dem habe ich eine Menge gelernt, aber den nachzuahmen, selbst wenn man es wollte – und es wollen viele – ist unmöglich, der ist singulär mit diesem Buch [›The Naked Lunch‹] – seine anderen sind alle schwächer und artifizieller – wie Swift oder Poe oder wer immer: wen also ahme ich da nach, ohne zu wissen, daß es denjenigen überhaupt gibt?? ... – Herrgott, ich mag einfach schreiben und ich habe eine Vorstellung von allem möglichen, was ich machen will, aber es sieht nicht so aus, als ob irgendeiner von denen, die die Macht in diesem Geschäft haben, mit dem was ich schreibe was anfangen könnte. Aber lieber gehe ich mit mir selbst in Übereinstimmung meinen Weg, so schwer der auch sein wird, als mit solchen Leuten Kompromisse zu schließen und Porno oder Mao oder sonstwas zu verherrlichen.

11 Jörg Fauser: Kalte Fakten, kühne Träume

In: Ulcus Molle. Info. Bottrop. Jahrgang 8, 1977, Heft 5/6
Aufgeschlagen: Seite 102/103

In ›Ulcus Molle Info‹ führt die Alternativpresse seit Beginn der siebziger Jahre ihre Selbstverständigungsdebatten. Der Reader wird von Josef Wintjes (1947–1995), dem Gründer des »Nonkonformistischen literarischen Informationszentrums« in Bottrop, herausgegeben. In der Doppelnummer 5/6 zieht Jörg Fauser ein ernüchterndes Fazit über die »Szene«:

Seit fünf, sechs Jahren habe ich mit dem zu tun, was man »Alternativ-Literatur«, »Gegen-Kultur«, »Klein-Verlage« etc. nennt. ... Hätte ich in diesen annähernd 6 Jahren nicht eine Reihe von Jobs wie Gepäckarbeiter oder Nachtwächter gehabt, würde ich nicht für Rundfunk/TV/bürgerliche Feuilletons/Nackedeimagazine u. a. schreiben, könnte ich mir die »Alternativ-Szene« gar nicht erlauben. Ich, und alle anderen, die schreiben, weil Schreiben das A und O ist und überleben sonst nicht lohnt. Diese Szene ist ein Luxus, sie ist unsere Villa in Ascona und unsere Opiumpfeife in Singapur und unsere blonde Nutte in Beverley Hills; indem wir ein paar Verlegern und Magazineuren und Promotern ein bescheidenes Dasein ermöglichen, leisten wir uns kühne Träume, eine Literatur ohne Zensor und Finanzamt, ohne Buchhalter und ohne Bankkonto, ohne Brot und ohne Preis.

Dabei, so Fauser, befinde man sich in guter Gesellschaft:

Denn die »Alternative« Literatur und ihre Szene ist sowenig neu wie irgendetwas unter den Sternen. Ich erinnere an die frühen Jahre Hemingways in Paris, an die potenten »little Magazines« dieser Zeit, an Sylvia Beach's Buchladen »Shakespeare & Co«, dem wir maßgeblich den ›Ulysses‹ verdanken (und es ist eine der genauesten Entwicklungen von Prä-Beat bis Post-Beat, daß ihre Nichte Mary Beach Lebensgefährtin von Claude Pélieu und ohne diese beiden Literaturbesessenen die alternative Szene unserer Tage gar nicht denkbar ist). Und Bukowski verdankt den engagierten Klein-Verlegern, die ihn entdeckten und ihm die Stange und die Bierdose hielten, so gut wie alles.

Schließlich gibt er zu bedenken:

ALTERNATIVLITERATUR, ALTERNATIVVERLAG, das klingt in meinen Ohren wie Reformhaus oder Diätbier, worum es sich dreht, ist ja einfach dies: brauchbare Literatur zu schreiben und zu verlegen, brauchbar zum Überleben in einer Welt, in der einen kaum noch was zum Überleben animieren kann; und ob diese Literatur, die ästhetisch und menschlich engagiert ist und der Seiche der Zeit einen ramponierten, aber immer noch intakten Spiegel vorhält, nun in einem Groß- oder Mittel- oder Klein-Verlag, in Mizzis-Mösen-Magazin oder in der Kreuzberger-Kneipen-Zeitung erscheint, ist denen, die sie brauchen, Jacke wie Hose. Wenn die Verlage … am Ball bleiben, werden immer einige von uns, solange Talent und Nerven reichen, sich den Luxus dieser »Szene« erlauben … wer braucht schon Ascona? *(Seite 122f.)*

79 Umschlagmotiv (10.11)

4
5
7
10
FRE OM
NOW
UNDERGROUND
POEMS
OBERBAUMPRESSE
BERLIN
and then there were none.

11 Kultureller Countdown

Mitte der fünfziger Jahre erscheint in Amerika ein Buch, das sich um 1968 wie eine allgemeine Philosophie des »Underground« liest: Herbert Marcuses ›Eros and Civilization‹ (Frankfurt am Main: Suhrkamp 1965). Es ist die Theorie einer Kultur jenseits des »Realitätsprinzips«. Ivo Frenzel resümiert:

Gegen Prometheus als Kulturhelden der Mühsal und des Fortschritts durch Unterdrückung stehen Orpheus und Narziß für eine andere Wirklichkeit. Rilkes Sonette, Gides sehnsüchtige Verse (»Das Paradies kann immer wieder von neuem geschaffen werden«), Valérys narzißtische Verzückung, Baudelaires großer Traum vom Leben (»Da ist alles nur Ordnung und Schönheit, Überfluß, Stille und Wollust«, für Marcuse der einzige Zusammenhang, in dem das Wort Ordnung seine repressive Bedeutung verliert!) verweisen auf die dionysischen Sehnsüchte der Moderne. »Das Klima dieser Sprache ist das der Tilgung der Spuren der Ursünde – ist die Auflehnung gegen eine Kultur, die auf Mühsal, Herrschaft und Triebverzicht gegründet ist« [Marcuse]. Mit dieser Auflehnung macht der Underground Ernst, alle seine Erscheinungsformen sind stets der Versuch, die Auflehnung nicht nur ästhetisch stilisiert auszudrücken, sondern sie auch tatsächlich zu praktizieren. *(Amerikas unterwanderte Zivilisation. In: Süddeutsche Zeitung. München. 19./20. Juli 1969)*

Einen Eindruck von der Vielfalt dieser Subkultur gibt im deutschen Sprachraum zum ersten Mal der 1969 von Rolf Dieter Brinkmann und Ralf-Rainer Rygulla herausgegebene Band ›ACID‹. »Die Absicht dieses Buches ist«, erklären die Herausgeber in ihrer ›Nachbemerkung‹, »ein Gesamtklima vorzustellen, das sich seit dem Auftreten der Beat Generation Mitte der fünfziger Jahre andeutete und von der nachfolgenden jüngeren Generation aufgegriffen, modifiziert und weiterentwickelt worden ist.« (ACID. Neue amerikanische Szene. Hrsg. von Rolf Dieter Brinkmann und Ralf-Rainer Rygulla. Darmstadt: März Verlag 1969. Seite 417) Dem weitgesteckten Ziel ent-

80 Auf der gegenüberliegenden Seite: Umschlag (11.3)

spricht die Machart des Bandes. Die Herausgeber setzen auf die »Neuartigkeit der Buchkonzeption als Gesamtes«. (Brief von Brinkmann/Rygulla an Jörg Schröder vom 10. Juli 1968. März-Archiv) ›ACID‹ nimmt die Medientheorie des Kanadiers Marshall McLuhan (1911–1980) beim Wort, wonach die junge Generation unter dem Einfluß neuer Medien völlig neue Wahrnehmungs- und Verhaltensweisen entwickelt, die sich grundlegend von denen des Schriftzeitalters, der »Gutenberg-Galaxis«, unterscheiden. Ein neuer »Jugendstil« wird sichtbar: bunt und chaotisch, aggressiv und in sich selbst verliebt.

1 Rolf Dieter Brinkmann und Ralf-Rainer Rygulla an Jörg Schröder

London, 26. März 1968. Postkarte
März-Archiv

Wenn auch der Betrieb hier größtenteils verkitscht ist inzwischen, so findet sich in dieser Stadt doch noch viel Material, matritzenabgezogen. Der Underground floriert, nach dem die Pop-Music voll verramscht ist. Seltsame Eindrücke von Literatur & Buchläden (Indica!). Schwierig. Die deutsche Ordnung hätte hier viel zu tun! Es tut gut, ihr für 10 Tage entflohen zu sein. In der jüngsten englischen Literatur deutet sich auch eine eigenständige Undergroundliteratur an (wir haben (nach deutscher Art) das Gelände sortiert – hahaha!). Was sonst? Daß Sie mit Fuck you & dem Lesebuch richtig liegen!

Schon einige Jahre vor dieser Sammlerreise hat Brinkmann die amerikanische Underground-Literatur für sich entdeckt. Den Anstoß verdankt er seinem Freund Ralf-Rainer Rygulla, der zeitweilig in London lebt und von dort die amerikanischen »little mags« mitbringt: kleine hektographierte Zeitschriften, in denen die künstlerische Untergrundbewegung ihr ideales Medium gefunden hat.

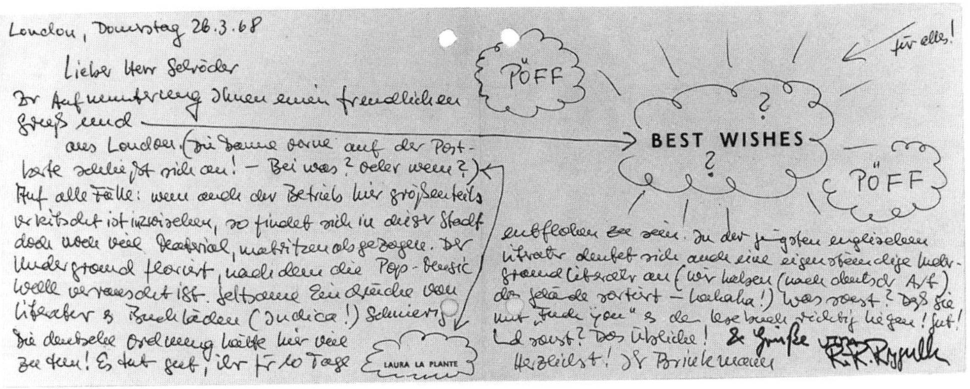

Fortan setzen die beiden Freunde ihre ganze Energie in die Beschaffung des neuen Materials.

81 Postkarte (11.1)

2 Rolf Dieter Brinkmann: To Lofty with Love

Gedicht. Manuskript, 1 Blatt
Mit der Widmung: »für ralf-reiner« und der Datierung: »11.4.65 / London 4 Talbot Road«
Leihgabe: Ralf-Rainer Rygulla

Bereits bei seinem zweiten Besuch in London notiert Brinkmann dieses frühe deutsche Pop-Gedicht auf einen Notizzettel.

3 UNDERGROUND POEMS / UNTERGRUND GEDICHTE

Letzte amerikanische Lyrik
Ausgewählt, übersetzt und mit einem Nachwort von Ralf-Rainer Rygulla
Berlin: Oberbaumpresse 1967

Die erste selbständige Publikation, mit der die neuentdeckte Literatur in Deutschland vorgestellt wird, bringt in knapper Auswahl Gedichte von Ed Sanders, Charles Olson, Frank O'Hara und anderen Dichtern des amerikanischen Underground. Es erscheint in der Berliner Oberbaumpresse im selben Pocket-Format, in dem auch Dokumente der amerikanischen Black-Power-Bewegung und

To Lofty with Love

für ralf reiner

*

Der Ajaxsuper-
mann hat
die Gasometer
aufgedreht

um
langsam
die eigene Schwere
loszuwerden –
und

dann
hielten die roten
Busse nicht
länger: die
Wimpybars

sind
überfüllt.

*

R. [illegible]

11.4.65

London 4 Talbot Rd.

der Brief Che Guevaras ›Schaffen wir zwei, drei, viele Vietnam‹ (mit einem Vorwort von Rudi Dutschke) herausgegeben werden. Die Aufmachung entspricht den meist hektographierten Originalen.

In seinem Nachwort gibt der Herausgeber zu bedenken,

daß diese Anthologie schnell gelesen werden sollte, denn schon gibt es Anzeichen für die Gesellschaftsfähigkeit, für die kommerzielle Etablierung, für den Verfall des Undergrounds. ... Auch der »New Radicalism« wird einkassiert von einer pluralistischen Konsum-Gesellschaft. Der kulturelle countdown muß beschleunigt werden. *(Seite 27)*

82 Auf der gegenüberliegenden Seite:
Rolf Dieter Brinkmann: To Lofty with Love (11.2)

4 FUCK YOU (!)

Underground Poems. Untergrund Gedichte
Ausgewählt, aus dem Amerikanischen übertragen, mit einem Nachwort von Ralf-Rainer Rygulla
Darmstadt: Melzer 1968
Schutzumschlagentwurf: Peter Kröger

Die erweiterte Fassung der ›Underground poems‹ läßt nicht lange auf sich warten. Sie kommt im Melzer Verlag in schicker glanzpapierner Pop-Aufmachung heraus. Die Textauswahl wird von Rygulla erläutert:

Gemeinsam haben die meisten Texte dieser Sammlung die groben Bilder, Motive, die undifferenzierten Statements. Die Voraussetzung für das ungebrochene Hereinnehmen von Material ist eine subtile Reflexion über die gesellschaftlichen Zustände. Die Scheiße, die als normal und gängig angeboten wird, wird genauso zurückgeworfen. Denn läßt man sich auf intellektuelle Verfeinerung und Analyse ein, erreicht man wieder nur akademische Kulturkritik, die der offiziell genormten Intellektualität als Bestätigung dient. ... Dort, wo zuerst & zuletzt der Anspruch erhoben wird Kunst zu machen, ist Literatur zum Vehikel der Anpassung geworden. Literatur als Kunst ist schon längst nur noch eine exquisi-

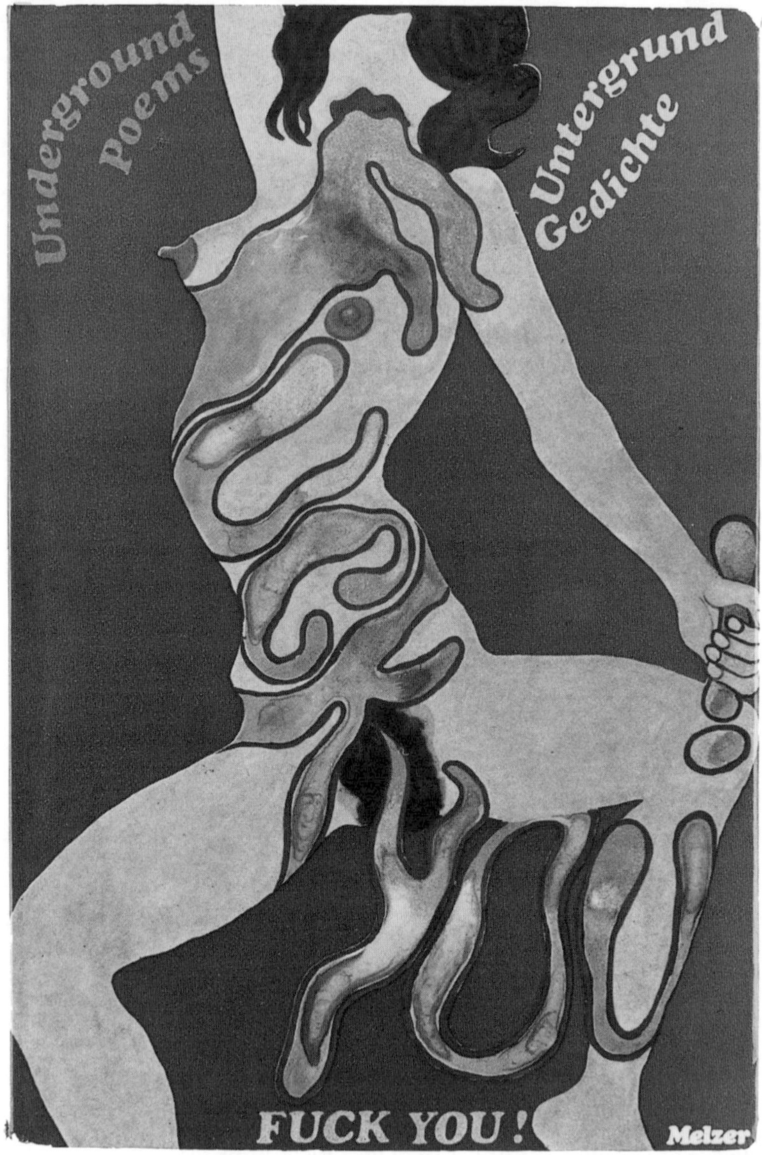
Underground Poems
Untergrund Gedichte
FUCK YOU!
Melzer

te Warenkategorie, die erst dann aufgebrochen wird, wenn sich ein Autor ganz auf seine Erfahrung verläßt und diese soweit wie möglich radikalisiert. Auch das politische Moment bleibt persönlich und wird nie objektiv und modellhaft formuliert. Der Dichter & Denker als Gewissen der Nation ist mit der Elfenbeinturm-Literatur spätestens in Vietnam begraben worden. Das persönliche Verhältnis der Autoren ist bestimmend – objektive Wahrheit is nich. *(Seite 133f.)*

83 Auf der gegenüberliegenden Seite: Schutzumschlag (11.4)

Sätze, deren salopper Ton Widerspruch hervorruft. In einem Brief an Brinkmann vom 25. März 1968 mokiert sich Hans Paeschke, Herausgeber der Zeitschrift ›Merkur‹:

Melzer schickte die ›Fuck you‹-Anthologie und reizt mich damit, zu unterstreichen, was ich in meinem letzten Brief zum Punkte Ironie sagte, nicht nur, weil man sowas doch nur im masturbatorischen Pubertätsalter wirklich ernstnehmen kann, ganz abgesehen davon, daß alle Institutionen von der Vorzeit bis heute, Kirche wie Staat, doch nichts heftiger wünschen, als daß kein Sperma daneben geht. Schon wegen der Soldaten und so. Und nebenbei unter uns gesagt, Venus und Mars sind die ältesten Verbündeten, lehrt die Mythe. Daran erinnerte ich neulich jemanden, der das make love not war zum Ei des Kolumbus erklärte. Pazifiziert wird diese Ehe bekanntlich durch die Romantik mit ihrer Einheit von Liebe und Tod und dem Schwert *zwischen* Tristan und Isolde statt in der Scheide. Doch dies nur nebenbei, und Grüße ohne Penis-Neid.

Im vorangegangenen Brief vom 12. März 1968, auf den hier angespielt wird, empfiehlt Paeschke:

Andererseits kann man four-letter-words ordinär, man kann sie auch so aussprechen, daß der Reiz an der Geschichte vom Ordinären nicht mit dem Holzhammer auf den Kopf geschlagen wird. Ich glaube, eine gehörige Portion freche Ironie täte der Behandlung des Stoffes gut. Henry Millers Pathos, von dem pädagogischen Ernst von D.H. Lawrence ganz abgesehen, liegt hinter uns. *(Briefdurchschläge im Redaktionsarchiv ›Merkur‹)*

Trotz seiner Distanz zu dieser »Schock-Literatur« (Brief an Brinkmann vom 14. Dezember 1967) möchte sie Paeschke im ›Merkur‹ diskutieren. Im August 1968 urteilt er in einem Brief an den avantgardistischen Lyriker Helmut Heißenbüttel:

Als Interpret ist Brinkmann nicht besonders differenziert, geht auf seinen Gegenstand wie ein begeisterter Bulle los, hat ja überhaupt etwas Stößiges in seiner Intelligenz. Aber das Material finde ich reich, interessant und größtenteils neu.

›Fuck you‹ stößt 1968 auf kein besonderes Interesse. Es bleibt ein Auftakt, dem ein Jahr darauf das immer wieder aufgeschobene Hauptstück ›ACID‹ folgt.

5 Tuli Kupferberg an Anne Hansal

New York, 28. Mai 1968. Brief, 1 Blatt
März-Archiv

Tuli Kupferberg (Jahrgang 1923) gehört zusammen mit Ed Sanders (Jahrgang 1939) zu den wichtigsten Anregern des New Yorker Underground. Beide fordern den »totalen Angriff auf die Kultur«. Kupferberg räumt dem Melzer Verlag, in dem ›ACID‹ ursprünglich erscheinen soll, das Abdrucksrecht für seinen Essay ›Wenn die Musik sich ändert, zittern die Mauern der Stadt‹ ein. Darin heißt es über den »alten Sozialismus«:

Er hat 100 Jahre lang versagt. Er hatte seine Chance gehabt und wurde überflüssig, und die Probleme, mit denen er sich beschäftigte, existieren nicht mehr ... Der Marxismus war zu mechanisch. Er war von der Maschine hypnotisiert. Er wurde in der Ära der Dampfkraft und der Kohle geformt. Er war vor-psychologisch, vor-anthropologisch, vor-elektrisch und vor-psychedelisch. Er war eine gute Gesellschaftstheorie – für das 19. Jahrhundert. Marx verschob die Lösung der wesentlichen menschlichen Probleme bis »nach der Revolution«. Aber es IST jetzt nach der Revolution.

Der psychedelische Aufbruch der »new people« hat begonnen:

Das ist unsere wunderbare Kraft. Damit brechen wir die Köpfe auf und neue Welten werden sichtbar. Unglaublich? Zerbrich die Muster! Zerschlag die Vorstellungen! Runter die Bilder! Befreie dich. Mach mit. Brich aus. Spiel nicht mit. Deine Spiele sind Betrug, langweilig. ... Der Mensch wurde gemacht, um sich zu verändern. Nichts ist ewig gültig. Kommt mit uns. Schnell kommt die stürzende Flut. ... Eines Tages wird die Vision einer Jugend für uns das Paradies entstehen lassen. Entweder das, oder wir sterben. *(ACID. a. a. O., Seite 128–130)*

Der Lyriker Dieter Leisegang (1942–1973) interpretiert diese »aggressive Heilslehre« als Auswanderungsversuch einer ganzen Generation aus den Zwängen der Technologie und zieht historische Parallelen:

Oswald Spengler hatte fast zwei Generationen zuvor geschrieben: »Man möchte aus dem Zwang seelenloser Tätigkeiten, aus der Sklaverei der Maschine, aus der klaren und kalten Atmosphäre technischer Organisation hinaus. Aus Lebensüberdruß flüchtet man aus der Zivilisation in primitivere Erdteile, ins Landstreichertum, in den Selbstmord. Okkultismus und Spiritismus, indische Philosophen tauchen wieder auf. Die Flucht vor der Maschine beginnt.« So Oswald Spengler 1931; heute heißen die Stichworte »Hippie« und »LSD«. *(Aggression als Heilslehre. Rückschau auf die sechziger Jahre. In: der literat. Frankfurt am Main. Jg 12, 1970, Heft 12, Seite 238)*

6 Andy Warhol: Hermann Hesse

Druck nach dem Original
Poster. 59,3 x 84 cm

Mit der Wiederkehr romantischen Empfindens bricht um 1968 in den USA ein wahrer Hermann-Hesse-Kult aus. Der in seinem Heimatland als apolitisch und epigonal etikettierte Dichter

(1877–1962) des ›Steppenwolfs‹ und des ›Glasperlenspiels‹ wird von der jungen amerikanischen Generation als Repräsentant konsequenten Außenseitertums verehrt. In seinem Werk glaubt sie Motive ihres Lebensgefühls wiederzufinden: Zivilisationsflucht, fernöstliche Philosophie, Bewußtseinserweiterung mittels Drogen und Pazifismus. Daran hat die Fürsprache des Autors Colin Wilson, der Hesse 1956 in seinem aufsehenerregenden Buch ›The Outsider‹ würdigt, ebenso Anteil wie die des Hippieapostels Timothy Leary, der 1963 einen Essay mit dem Titel ›Hermann Hesse, the Poet of the Interior Journey‹ publiziert. Die Stilisierung Hesses zur Pop-Ikone wird in der verführerischen Oberfläche von Andy Warhols psychedelischem Pop-Art-Portrait sichtbar.

7 Rolf Dieter Brinkmann und Ralf-Rainer Rygulla: Informationstext zu Brinkmann/Rygulla: ›ACID‹

Typoskript, 2 Blatt
Mit handschriftlichen Korrekturen von Rolf Dieter Brinkmann
Ausgestellt: Blatt 1
März-Archiv

Der Text ist einem Brief von Rolf Dieter Brinkmann und Ralf-Rainer Rygulla an Jörg Schröder (damals noch Verlagsleiter bei Melzer) vom 13. Juli 1968 beigelegt und mit handschriftlichen Korrekturen von Brinkmann versehen. In ihm wird ein Abriß des in Arbeit befindlichen Bandes gegeben:

Verdeckt von einem sinnlosen Vietnam-Krieg und von allzu modischen Kultursensationen hat sich in den USA seit Beginn der sechziger Jahre eine neue Szene in allen künstlerischen Bereichen herangebildet, deren Vielfältigkeit überrascht und ihren eigenen Ausdruck gefunden hat in der Underground-Aktivität.

Dieser *reader* versucht zum ersten Mal einen Überblick zu geben in Prosa, Lyrik und Essays sowie mit Interviews, Manifesten, Pop-Musik-Texten und Bildmaterial über die verschiedensten Richtungen und neuen Tendenzen.

Durchgehendes Motiv vieler hier vorgelegter Arbeiten ist eine Tabuverletzung, durch die eine gegenwärtige Erstarrung aufgebrochen wird. Es ist der Versuch, neue Perspektiven aus einem veränderten Kulturbewußtsein heraus zu schaffen. Ein Non-stop-LSD-Trip alltäglichen Lebens spiegelt sich bizarr und aggressiv wieder in den Gedichten eines Orlovitz, Kupferberg, Plymell oder Stanley, in den Anti-Comics eines Joe Brainard und den Songs der Acid-Rock-Gruppen sowie in den Erzählungen eines Ishmael, E.F. Cherrytree, Tom Veitch, Harold Norse. Besonders krass tritt die Profanisierung verinnerlichter Sexualität auf, wenn alles konventionelle Verhalten mit vulgär-sexueller Sprache charakterisiert wird – so in Ed Sanders Prosastück über das Treffen Elisabeth Barret[!] und Robert Browning, dem klassischen Liebespaar der englischen Literatur. Der *breakthrough-in-grey-room* (Burroughs) ist vollzogen: man befindet sich im Kopf eines Riesen.
Ob Seymour Krim über die ›Tageszeitung als Literatur‹ schreibt, oder ob Ted Berrigan in einer Geschichte wie ›Carols Traum – ein Hund‹ literarische Vorstellungen mit der klischeebesetzten Arbeitswelt der Hollywoodstars zu einem verrückten Konglomerat verschneidet – immer bedeutet das die Aufgabe vertraut gewohnter Ansichten von Literatur, die Abkehr von einem unbeweglich gewordenen Literaturverständnis und gleichzeitig die Erweiterung eines literarischen Bewußtseins auf »unliterarische« Materialien und Bereiche. Essays von Burroughs über die ›Unsichtbare Generation‹ und Battcock über Andy Warhols Filme oder Marshall McLuhan ›Über die Zukunft des Sex‹ machen die Veränderungen, die grundsätzlich zu nehmen sind, auch auf anderen Gebieten deutlich.
Neben den vorwiegend um 1940 geborenen Autoren treten einige ältere, die mit ihren Arbeiten Einfluß auf die neue Entwicklung genommen haben. Namen wie Leslie Fiedler, John Clellon Holmes, Michael McClure, Paul Blackburn, W. S. Burroughs oder Marshall McLuhan vertreten diesen Aspekt der Anthologie.
Mit diesem Buch soll nicht die lange Reihe hierzulande üblicher wahllos zusammengestellter, langweiliger Anthologien vermehrt

werden. Es ist eine Materialsammlung und Dokumentation. Darüber hinaus ist aber auch durch die beigefügten Bilder, Comics und Photocollagen, die zum Teil mit den Texten verschnitten sind, eine Art Lesebuch angestrebt von möglichst hohem Reizwert.
Die Quellen sind teilweise hektographierte Zeitschriften, Literaturmagazine und Underground-Zeitungen, aber auch Illustrierten und offizielle Publikationen ...
ACID heißt Säure. Gleichzeitig ist das Wort ein Synonym für LSD. Also der Titel kann in jeder Hinsicht wörtlich genommen werden.

8 ACID

Neue amerikanische Szene
Herausgegeben von Rolf Dieter Brinkmann, Ralf-Rainer Rygulla
Gesamtgestaltung: Rolf Dieter Brinkmann & Ralf-Rainer Rygulla & Jörg Schröder
Darmstadt: März Verlag 1969
Sammlung Kurt Brandt

Nach der Trennung des Verlagsleiters Jörg Schröder vom Joseph Melzer Verlag erscheint die Erstausgabe von ›ACID‹ in Schröders neugegründetem März Verlag. Von den zwanzigtausend Exemplaren der Startauflage hat die erste Bindequote einen schwarzen Umschlag, spätere Bindequoten sind mit dem für den März Verlag typischen gelben Umschlag versehen. Beide Ausgaben haben aufwendige quadratische Ausstanzungen im Einband. Während der sich lange hinziehenden Arbeit an der Anthologie, an deren Gesamtgestaltung Jörg Schröder maßgeblich beteiligt ist, wechselt der vorgesehene Titel mehrmals: Von ›Untergrund-Lesebuch‹ über ›USA -Ein Multimedia-Lesebuch‹ schließlich zu ›ACID‹. »Underground« im Untertitel scheint den beiden Herausgebern unpassend, weil »eine Reihe von den versammelten Autoren bereits bekannt sind« (Brief Brinkmann/Rygulla an Schröder. 10. April 1968. März-Archiv); außerdem ist die Bezeichnung 1969 alles andere als neu. Auch Hans Egon Holthusen, dem ein unmittelbares Interesse an derlei Stoffen kaum unterstellt werden kann, hat »das Gefühl, dass über Untergrund in Deutschland schon sehr viel geredet und geschrieben worden ist, und dass der Begriff – und die Praxis – doch schon sehr geläufig sind.« (Brief an Hans Paeschke vom 10. Oktober 1969. Redaktionsarchiv ›Merkur‹)

Umso mehr bemüht sich Brinkmann in dem programmatischen Essay ›Der Film in Worten‹ im Anhang des Bandes (Seite 381–399), *noch einmal die Besonderheit der neuen amerikanischen Literatur hervorzuheben und sie gegen die verhaßte deutsche auszuspielen. In einem wild assoziativen Stil, der das Propagierte im eigenen Schreiben bereits einlöst, heißt es:*

Bekannte literarische Vorstellungsmuster verwischen sich: Der Raum dehnt sich aus, veränderte Dimensionen des Bewußtseins. Das Rückkoppelungssystem der Wörter, das in gewohnten grammatikalischen Ordnungen wirksam ist, entspricht längst nicht mehr tagtäglich zu machender sinnlicher Erfahrung ... Dem Anwachsen von Bildern = Vorstellungen (nicht von Wörtern) entspricht die Empfindlichkeit für konkret Mögliches, das realisiert sein will. Für die Literatur heißt das: tradiertes Verständnis von Formen mittels Erweiterung dieser vorhandenen Formen aufzulösen und damit die bisher übliche Addition von Wörtern hinter sich zu lassen, statt dessen Vorstellungen zu projizieren – »Das Buch in Drehbuchform ist der Film in Worten« (Kerouac).

Das »Glaubensbekenntnis« des amerikanischen Beat-Autors Jack Kerouac, das Brinkmann sich hier zu eigen macht, veranlaßte Hans Magnus Enzensberger sieben Jahre zuvor zu einem kritischen Essay über ›Die Aporien der Avantgarde‹. Darin formuliert er: »Das Gesetz der zunehmenden Reflexion ist unerbittlich. Wer sich ihm zu entziehen sucht, endet im Ausverkauf der Bewußtseinsindustrie.« (Einzelheiten. Frankfurt am Main: Suhrkamp 1962. Seite 314)
Brinkmann kontert in seinem Essay:

Enzensbergers ablehnende Haltung gegenüber dem Statement Kerouacs kann symptomatisch genommen werden für die bekannte Unsinnlichkeit des Denkens abendländischer Intellektuel-

84 Auf der gegenüberliegenden Seite: Einband (11.8)

ler, die heute zu Recht sich ausgeschlossen sehen von einer Bewegung, die auf erweiterte Sinnlichkeit drängt, die ganz selbstverständlich auch das Denken, die Reflexionsfähigkeit in sich aufgenommen hat. Es ist tatsächlich nicht einzusehen, warum nicht ein Gedanke die Attraktivität von Titten einer 19jährigen haben sollte, an die man gerne faßt.

»Ist es wirklich nicht einzusehen?« – fragt Jost Nolte in seiner Rezension in der ›Welt‹ vom 8. Januar 1970 und fährt fort:

Ich denke, es gibt da beträchtliche Unterschiede, trotz Haschisch und LSD. Die Attraktivität von Sätzen unterscheidet sich von der Attraktivität von Körperteilen, weil sich Sätze von Körperteilen unterscheiden. Gedehnte Bewußtseinsräume, Verzicht auf die Rückkoppelungssytеme der Wörter, Aufstand gegen grammatikalische Ordnungen ändern daran nichts.

Die »Kampfschrift« (Jost Nolte) von Brinkmann und Rygulla polarisiert sowohl das literarische Publikum als auch die Literaturkritik. Dieter Wellershoff etwa, einst Mentor Brinkmanns in frühen Kölner Tagen, meint, das Phänomen mit dem Schlagwort von der »Öffentlichen Neurose« erledigen zu können. (Der Spiegel. Hamburg. Nr 31 vom 28. Juli 1969) Andernorts wird den Herausgebern vorgeworfen, den Underground gesellschaftsfähig zu machen (Wiener Tagebuch. Juli/August 1969) oder ihn gar zu verramschen (Die Zeit. Hamburg. 5. Dezember 1969). Der Autor Peter O. Chotjewitz, der selbst Anleihen bei Pop-Art und Underground macht, hingegen urteilt: »So kraß, brutal, deutlich und durch keinerlei versöhnende Ästhetik vermittelt wurde noch nie über sexuelle Erfahrung, Drogen, Konfrontation mit dem Phänomen einer Gesellschaft, die von der modernen Technologie deformiert wird, berichtet.« (Frankfurter Allgemeine Zeitung. 7. Oktober 1969) Der Pop-Theoretiker Heinz Ohff meint gar, ›ACID‹ sei ein Dokument, das »kulturhistorischen Bestand haben wird wie etwa die ›Menschheitsdämmerung‹«, Kurt Pinthus' klassische Anthologie expressionistischer Dichtung. (Tagesspiegel. Berlin. 22. Juni 1969)

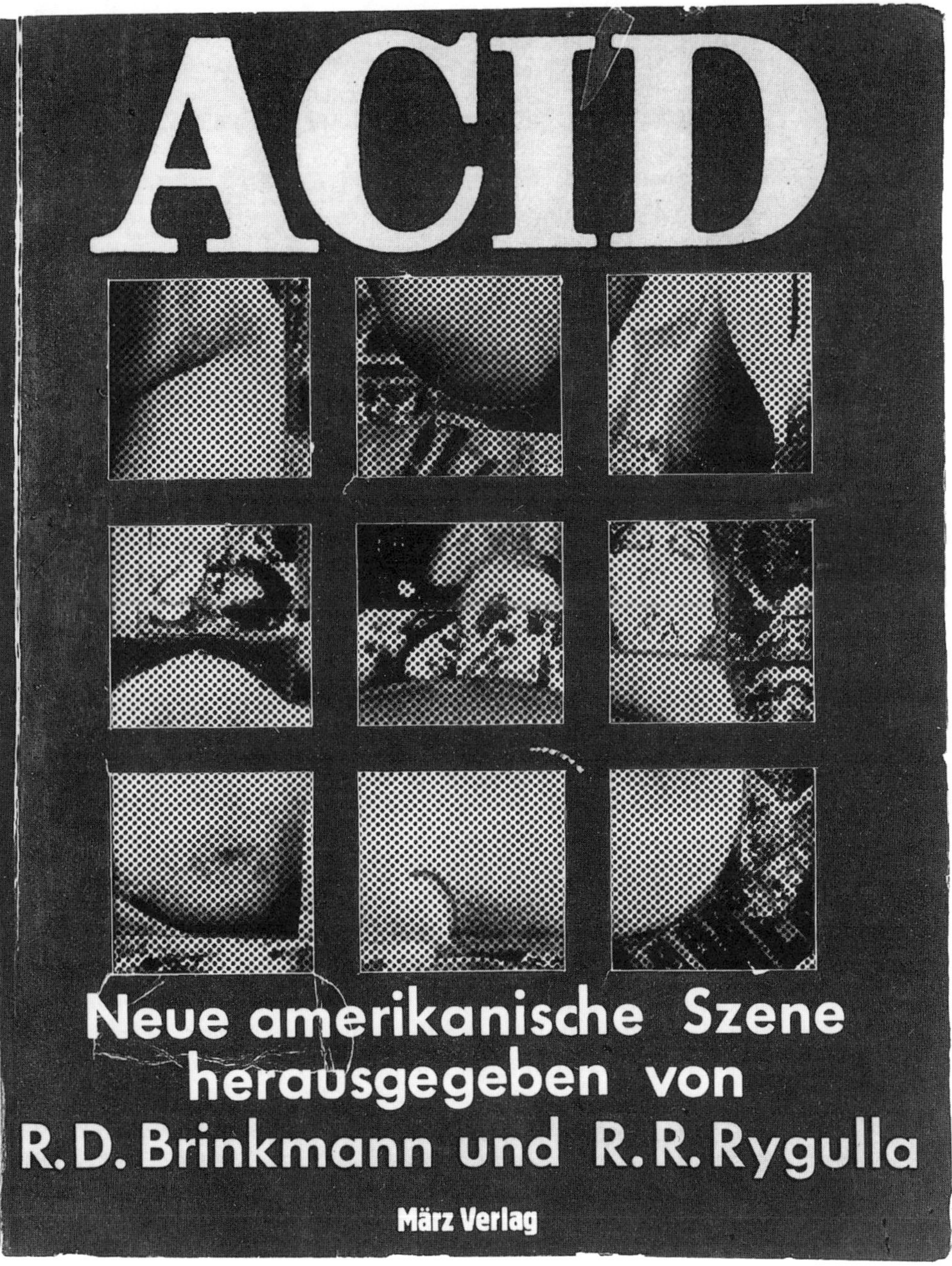
ACID
Neue amerikanische Szene
herausgegeben von
R. D. Brinkmann und R. R. Rygulla
März Verlag

9 Ralf-Rainer Rygulla und Rolf Dieter Brinkmann

Automatenphoto. 1966
Leihgabe: Ralf-Rainer Rygulla

10 FUCK THE FUGS

Das Buch der Fugs
[Herausgegeben] von Rolf-Ulrich Kaiser
Köln: Kinder der Geburtstagspresse 1969
Sammlung Kurt Brandt

Der für ›ACID‹ zeitweilig vorgesehene Untertitel ›Multimedia-Lesebuch‹ spielt auf ein bezeichnendes Merkmal der Untergrund-Literatur an. Sie verläßt den Bereich traditioneller Literatur und begibt sich in Grenzbereiche zur Malerei und Musik, die beide ihrerseits längst ihre Grenzen gesprengt haben. Der Schockeffekt wirkt doppelt: Was gesagt wird, ist ebenso provokativ wie die Art, auf die es gesagt wird. Allen Ginsberg, Beat-Ikone und Hippie-Priester, bietet seine aggressive Underground-Lyrik auf telefonisch abrufbaren Tonbändern an. Der New Yorker »Porno-Lyriker« John Giorno empfängt Gäste mit Marihuana-Zigaretten und LSD-Punch zu seinen Lesungen. Jim Morrison, Sänger der Rock-Gruppe »The Doors«, beschwört in seinen als »Gesamtkunstwerk« angelegten Bühnenauftritten in ödipaler Pose den Vatermord. Frank Zappa produziert die Schallplatten seiner »Mothers of Invention« privat und kann so jeden seiner Texte unzensiert auf die Plattenhülle drucken. Und auch »The Fugs« gebärden sich als »subversive Guerillas«. Die von Tuli Kupferberg und Ed Sanders ins Leben gerufene Gruppe verbindet in ihren Shows Musik, Text und Theater zu einer ätzenden Kritik an den bürgerlichen Werten. Fast immer – das zeigt die von Rolf-Ulrich Kaiser in einem Kölner Verlagskollektiv herausgegebene Textsammlung – geht es dabei um Politik und Sex. Für diese Verknüpfung ist das folgende Gedicht von Tuli Kupferberg typisch:

Bajonett Drill
Fick dich Präsident Johnson
Ne, ich meine lieb dich
Ich meine ist das nicht schon Krieg?
Ich glaube du kriegst zu wenig gute Liebe, stimmts
& ich übrigens auch
& Mao Tse Tung kriegt auch nicht genug
oder Ho Chi Minh
& man kann nicht gerade gut ficken bei einer
Schüssel Reis pro Tag
& was is mit McNamara?

Man müßte einen internationalen Fick Tag haben
& einen Trupp Beatnik F (für Frieden) Mädchen
Fickt für den Frieden
& nach all dem Liebe-machen
Herr Präsident
Herr Diktator
7 Frau Chiang Kai Nu
können wir uns vielleicht einigen
daß Brust an Brust
noch aufregender ist
als ein Bajonett
(Fuck you. a. a. O., Seite 35. Übersetzt von Ralf-Rainer Rygulla)

11 Silverscreen

Neue amerikanische Lyrik
Herausgegeben von Rolf Dieter Brinkmann
Köln: Kiepenheuer & Witsch 1969
Schutzumschlag: Rolf Dieter Brinkmann & EXIT, Köln

Im Jahr 1969 gibt Rolf Dieter Brinkmann eine weitere Anthologie amerikanischer Lyrik – diesmal im Kölner Verlag Kiepenheuer & Witsch – heraus. Ursprünglich sollte der Titel heißen: ›Rockma-

85 Einband (11.11)

86 Schutzumschlag von Rolf Dieter Brinkmann für sein Buch ›Die Piloten‹. Köln: Kiepenheuer & Witsch 1968

schine. Jüngste amerikanische Lyrik‹. In Brinkmanns Korrespondenz mit seinem Verlag zu ›Silverscreen‹, aber auch zu seinem bereits ein Jahr zuvor erschienenen Pop-Gedichtband ›Die Piloten‹, steht das Problem der graphischen Gestaltung seiner Bücher im Vordergrund. Brinkmann ist dabei unerbittlich. Er ist überzeugt, daß »der Buchtyp in den kommenden Jahren sicher sich wandeln wird«. (Brief von Brinkmann an Reinhold Neven DuMont vom 25. August 1969. Verlagsarchiv Kiepenheuer & Witsch) Den Umschlag von ›Silverscreen‹ hat Brinkmann zusammen mit dem der Kölner Künstlergruppe »Exit« angehörenden Berndt Höppner entworfen. Damit soll unverkennbar noch einmal die Atmosphäre des künstlerischen Underground, der mittlerweile mächtig nach oben drängt, beschworen werden. Die stilsichere Aufmachung kann jedoch – wie der Dichter Jürgen Theobaldy bemerkt – nicht darüber hinwegtäuschen, daß sich die inhaltlichen Gewichte verlagert haben:

Zwar sind die Texte ebenso subjektiv wie jene der Underground-Lyriker in ›Fuck you‹, doch die Subjekte sind andere: solche, die nicht (mehr) rebellieren. ... Die New Yorker Lyriker haben sich in einen Raum zurückgezogen, in dem sie sich alles erlauben können, weil sie sich im Grunde nichts erlauben. ... Was als »totaler Angriff auf die Kultur« begann, ist inzwischen ... nach den Worten Brinkmanns nur mehr »einfach da«; nicht als Kunst um der Kunst willen (hierzu sind die New Yorker zu sehr Pragmatiker), aber als Banalität um der Banalität willen. Die provokative Öffnung der Lyrik – begonnen von den Beatniks und radikalisiert von den Dichtern des Underground – hat Platz gemacht für raffiniert aufgezogene Geschwätzigkeit, für in Verse gesetztes Partygeplausche, für Probleme, die keine sind, für Slang aus Dichterclubs, die fernab von den »Schlachtfeldern der Epoche« (Born) bis in den frühen Morgen geöffnet sind. *(Nachbemerkung zur Poplyrik. In: Benzin. Heidelberg. 1973, Heft 4, Seite 21 f.)*

12 Rolf Dieter Brinkmann: Anhang, März-Texte 2, zu O'Hara-Beitrag

Typoskript, 1 Blatt
Mit handschriftlichen Korrekturen von Rolf Dieter Brinkmann
März-Archiv

Tatsächlich läßt sich an Brinkmanns Übersetzertätigkeit nach der Herausgabe von ›ACID‹ ein Rückzug auf genuin literarisches Terrain beobachten. Er macht keinen Hehl daraus, daß er unter den amerikanischen Künstlern den Lyriker Frank O'Hara (1926–1966) am meisten schätzt. O'Hara gehört gerade jener New Yorker Gruppe an, der Theobaldy gesellschaftskritische Relevanz abspricht. Seinen Band ›Lunch poems‹ übersetzt Brinkmann aus dem Amerikanischen und gibt ihn 1969 bei Kiepenheuer & Witsch heraus. Das Buch fällt bei Kritik und Publikum durch. Brinkmann zieht ein bitteres Fazit:

87 Auf der gegenüberliegenden Seite: Ralf-Rainer Rygulla und Rolf Dieter Brinkmann (11.9)

Hält die Metapher »Gedicht« *(und jede Metapher ist Voreingenommenheit!)* als die exklusivste literarische Form von einer Beschäftigung mit Gedichten ab, diesem *gewöhnlichsten* literarischen Ausdruck? Das scheint weitgehend der Fall zu sein, doch die Aura des Gepflegten, Edlen, Sonntäglichen, die man immer noch in der Öffentlichkeit einem Gedichtband angedeihen läßt, verschleiert kaum mehr den wirklichen Grund: daß nämlich Kritiker, unter der Hand zu Angestellten geworden, ... in ihrem Interesse besetzt sind von der jeweilig größeren oder geringeren wirtschaftlichen Verwertbarkeit eines Buches ... und die Aussicht auf größere wirtschaftliche Verwertbarkeit besitzt in jedem Fall Prosa ... so gibt es hier kaum eine bewußt ausgeprägte und intensive Kritik von Gedichtbänden. »Der Kritiker« scheut sich, Gedichtbände zu rezensieren (im Allgemeinen), weil es nicht sein Metier ist (was ist dann sein Metier?).

Im Anschluß zählt Brinkmann minutiös die Besprechungen in Zeitungen, Zeitschriften und Rundfunk auf und stellt fest, daß außer Karl Krolow sich von den »Kritiker-Profis« niemand für den O'Hara-Band interessiert habe. In den Notizen zu einer im März Verlag geplanten Anthologie mit »Kollaborationen« amerikanischer Autoren heißt es entsprechend verhalten: »Bisher ist diese Art des Schreibens in Deutschland nur in einzelnen Beispielen bekannt. Die vorliegende Zusammenstellung zeigt, daß es sich, wie bei der cut up Methode, um den ernsthaften Versuch handelt, das Schreiben aus individueller Befangenheit herauszuführen und zu erweitern.« Das Buch erscheint nicht mehr. Bald darauf stellt Brinkmann seine Übersetzertätigkeit ein. In einem Brief vom 15. November 1970 an Rygulla, der inzwischen Lektor im März Verlag geworden ist, begründet er die Zurücksendung von Übersetzungsmaterial lakonisch:

Es ist mir nicht möglich das Buch zu machen. Ich habe das Verständnis dafür verloren.

Proletarier aller Länder
zerstreitet euch

TEACH-IN
Die
Endlösung
der Studentenfrage
steht bevor!
Donnerstag 15°°h
Hörsaal 2

12 »Außerordentlich (und) obszön«

Gegenüber den Gedichten von Bukowski, Sanders und Kupferberg entpuppen sich jene von Bachmann, Eich, Krolow und Huchel als »Erbauungsliteratur für Studienräte« (Jürgen Theobaldy). Aber nicht nur in der Lyrik, sondern auch im Roman verschieben sich, angeregt durch die amerikanischen Vorbilder, die Grenzen dessen, was gesagt werden kann. Zwar deutete sich solches schon früher an – etwa wenn Hans Paeschke in einem Brief vom 16. Dezember 1965 an den englischen Kulturkritiker George Steiner davon berichtet, daß »anläßlich der letzten Tagung der Gruppe 47 von nichts anderem die Rede [war] als der geradezu infantilen Fixierung unserer jungen Autoren auf Sex-Szenerie«; – im allgemeinen aber gilt zu der Zeit noch, was Paeschke im selben Brief zum »Mängelverhältnis der deutschen Literatur zur Pornographie« bemerkt: »Wie wir wissen, liegen die Gründe in der Sprache, die in diesem Punkt bei uns zwischen medizinischer Abstraktheit und der Plumpheit von Studentenversen keine literarisch nur einigermaßen vertretbare Mitte hat.«
Um 1968 ist das anders. Auch in den etablierten Verlagen wird eine Literatur salonfähig, die beides ist: außerordentlich und *obszön.*

88 Auf der gegenüberliegenden Seite: Rolf Dieter Brinkmann (12.1)

Die Romane ›Keiner weiß mehr‹ von Rolf Dieter Brinkmann und ›Die Palette‹ von Hubert Fichte sind hierfür die herausragenden Beispiele. Beide suchen eine Sprache für das Abseitige und Untergründige. Denn nur von hier, dem gesellschaftlichen Draußen, läßt sich ihrer Meinung nach wirksame Kritik an der bürgerlichen Gesellschaft formulieren.

1 Rolf Dieter Brinkmann

auf einer »Aktions-Lesung« in der Kölner Universität 1968 oder 1969
Photographie von Candida Beatrice Höfer

Von links: Ralf-Rainer Rygulla, Rolf Dieter Brinkmann, eine unbekannte Person, Linda Pfeiffer, Michael Buthe und Monika Pieper

Leihgabe: Ralf-Rainer Rygulla

Brinkmanns Engagement bei der Verbreitung des amerikanischen Underground trägt wesentlich dazu bei, ihn auf die Rolle eines Pop- und Sexdichters festzulegen. In einem Portrait im ›Spiegel‹ vom 16. Juni 1968 heißt es:

Brinkmann, ein untersetzter Gesinnungsunrasierter mit schlacksigem Mundwerk, preist die »happy obscenity« der neueren, vor allem amerikanischen Pop- und Untergrund-Kultur, und er begrüßt Kommunarde Kunzelmanns öffentliches Bekenntnis seiner »Orgasmusschwierigkeiten« als einen »wahren politischen Akt«. Aber er wehrt sich auch gegen die Etikettierung als Pop- und Sex-Autor: »Als wenn ich einer wäre, der nur mit 'm Pint schreibt.« *(Seite 126)*

Das nun nicht. Gleichwohl gefällt sich Brinkmann in der Rolle des Bürgerschrecks.

2 Rolf Dieter Brinkmann an Hans Paeschke

Köln, [Frühjahr 1968]. Brief, 1 Blatt
Redaktionsarchiv ›Merkur‹

Dem Brief Brinkmanns an Paeschke liegt ein Auszug aus seinem im Frühjahr im Kiepenheuer & Witsch Verlag erscheinenden Roman ›Keiner weiß mehr‹ bei, der ihm geeignet zu sein scheint, das Thema des Romans einzufangen: »Schwierigkeiten zwischenmenschlicher Beziehungen, Ehe, Altern, SEX«. Zugleich weist er auf die Schwierigkeit hin, die sich aus dem geplanten Vorabdruck des zusammengeschnittenen Textes im ›Merkur‹ wegen der »Sex-Stellen, die in fast allen Sequenzen enthalten sind«, ergeben.

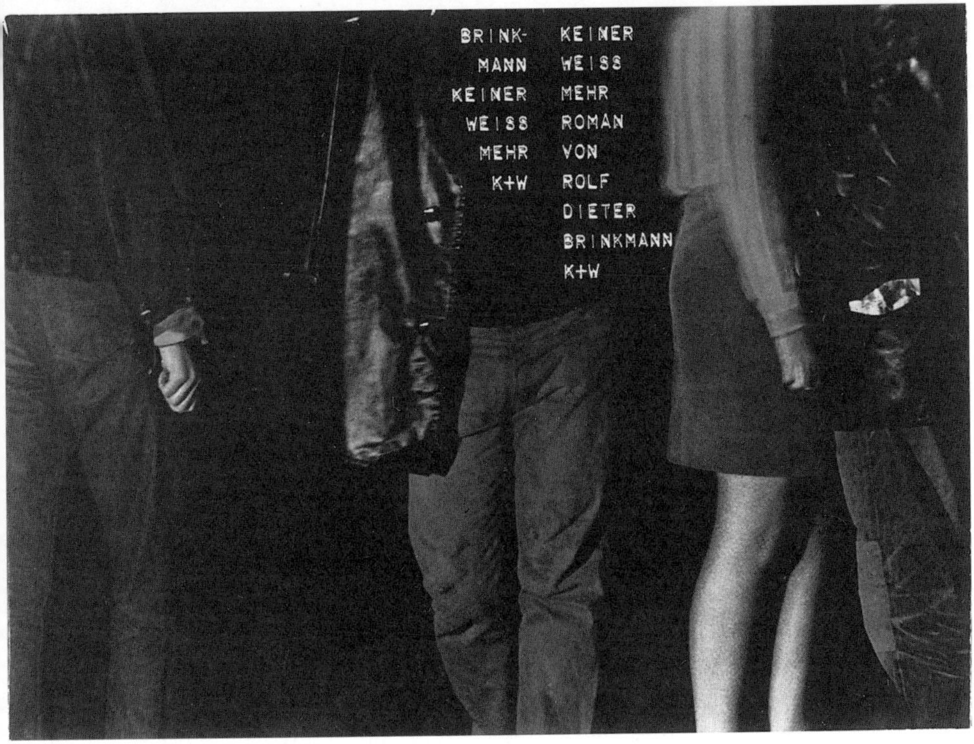

3 Rolf Dieter Brinkmann: Keiner weiß mehr

Roman
Köln: Kiepenheuer & Witsch 1968
Schutzumschlag und Einband: Hannes Jähn
Aufgeschlagen: Seite 222/223

Besser wäre … gewesen, wenn die andren nach Hitler das hier einfach ausgelöscht hätten. Und hoffentlich holten bald irgendwelche das mal nach und löschten das alles hier aus, endgültig, ein für allemal. Es wäre nicht schade. Kein Verlust. Man hört ein paar Pöffs überall platzen, so ein paar kleine knackende Geräusche, dann fiele man um. Nachher wird eingesammelt. Ein wenig ruhiger, stiller wäre es dann schon, das durfte man hoffen. All dieses gärende alte Gerümpel in den Köpfen. Hier war sowieso seit

89 Schutzumschlag, Rückseite und Vorderseite (12.3)

langem nichts mehr los. ... Zusammenficken sollte man das alles, zusammenficken.

Solchermaßen provozierende Stellen haben mit Obszönität im pornographischen Sinne kaum etwas zu tun, dafür umso mehr mit dem, was in einer Verlagsankündigung zu dem nie erschienen Brinkmann-Band ›Omnibus‹ als das »Verlöschen von Personen in einer Umwelt von Objekthäufungen, der sanfte Irrsinn fluktuierender Wahrnehmungen, die von latenter Gewalt durchsetzte Sexualität« beschrieben wird: »das große Kino des Bewußtseins«. (Programmheft des März Verlags. 1969) Ihre Intensität verdankt diese Prosa dem außerordentlichen Zorn des Autors auf die bundesrepublikanische Kulturszene. Bereits in einem frühen Brief von 1966 an Hartmut Sander, den Verleger der Oberbaumpresse, schlägt Brinkmann den schnoddrig-aggressiven Ton an, der ihn im Literaturbetrieb so gefürchtet wie unbeliebt macht:

Alles ist doch noch etwas mies, wie man so von Kulturleuten hin und her gewendet wird. Man traut wohl meiner Schreibweise nicht ganz, vermißt das »menschliche«, »humanitäre« Fluidum, wie ich immer wieder feststellen kann. Sie wollen schönes Geseiche haben, möglichst astrein, vermischt mit ein wenig Modernität, ein wenig Eigenwilligkeit, macht man aber Ernst und radikalisiert sich, d.h. seine Schreibweise, sieht einmal vom »Menschen als das Maß aller Dinge« ab, kann nicht mehr an Personen glauben, Psychologie und so'n Scheiß, dann wirds böse, du vereinzelst wirklich. Im Trüben läßts sich doch wohl noch am besten offenbar fischen, und was »Kultur« angeht, ist's eine einzige trübe Brühe. Ich bins leid, leid, leid. Sollen sie alle verrecken! Auf der Stelle! Sofort! *(zitiert nach: Oberbaum-Almanach. Berlin: RKL Presse EUPS 1968)*

Geronnen ist diese Verweigerungshaltung in einem Moment neosurrealistischer Drastik, als Brinkmann in der Westberliner Akademie der Künste im November 1968 eine Diskussionsrunde mit den Literaturkritikern Rudolf Hartung und Marcel Reich-Ranicki sprengt: »Wenn dieses Buch [sein Roman] ein Maschinengewehr wäre, würde ich Sie über den Haufen schießen!«

4 Verpflichtungsschein des Verlags Kiepenheuer & Witsch

Beigelegt der Erstausgabe von Rolf Dieter Brinkmanns Roman ›Keiner weiß mehr‹

Leihgabe: Verlag Kiepenheuer & Witsch, Köln

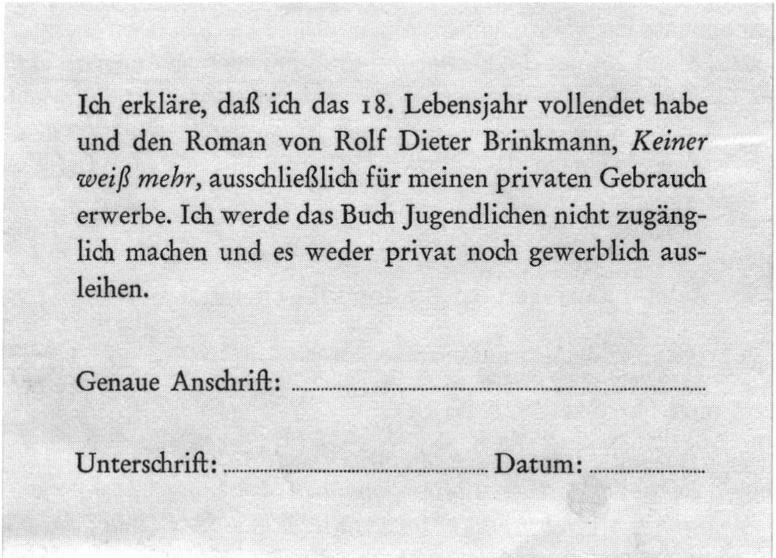

Ich erkläre, daß ich das 18. Lebensjahr vollendet habe und den Roman von Rolf Dieter Brinkmann, *Keiner weiß mehr*, ausschließlich für meinen privaten Gebrauch erwerbe. Ich werde das Buch Jugendlichen nicht zugänglich machen und es weder privat noch gewerblich ausleihen.

Genaue Anschrift: ....

Unterschrift: .... Datum: ....

Dem Eindruck des poète maudit leistet nicht nur Brinkmann selbst nach Kräften Vorschub. Der Erstauflage seines Romans hat der Verlag eine Karte beigefügt, mit der sich der Käufer verpflichten soll, das Buch Jugendlichen nicht zugänglich zu machen und es weder privat noch gewerblich auszuleihen. Ein Werbe-Effekt, der falsche pornographische Erwartungen weckt.

90 Verpflichtungsschein (12.4)

Endlich ist es soweit: Der Leitende Oberstaatsanwalt beim Landgericht Köln hat mich davon verständigt, daß eine Strafanzeige gegen mich als den verantwortlichen Herausgeber von ›Keiner weiß mehr‹ wegen Verstoßes gegen §184 StGB vorliegt. Er hat jetzt ein Exemplar des Buches angefordert, um die Anschuldigung zu überprüfen. Um ihm die Entscheidung etwas zu erleichtern, habe ich dem Staatsanwalt eine Reihe von Besprechungen mitgeschickt. Ich hoffe, die werden ihn überzeugen, sonst muß ich wegen Verbreitung unzüchtiger Schriften für ein Jahr in den Klingelpütz, und wenn ich Pech habe, werden mir neben der Gefängnisstrafe auch noch die bürgerlichen Ehrenrechte abgesprochen und ich werde unter Polizeiaufsicht gestellt. Als einziger Trost bleibt mir nur die Vorstellung, daß Sie mich im Knast ab und zu besuchen kommen wenn es mir zu langweilig wird – und mit einer Feile in der Hose. *(Brief des Verlegers Reinhold Neven DuMont an Rolf Dieter Brinkmann. 10. Oktober 1968. Verlagsarchiv Kiepenheuer & Witsch)*

5 Helmut Salzinger: Oswalt Kolle für Literaten

Rolf Dieter Brinkmanns ›Keiner weiß mehr‹
Ausschnitt aus: Der Tagesspiegel. Berlin. Jahrgang 24, Nummer 32 vom 11. August 1968, Seite 39

Ende Mai steht ›Keiner weiß mehr‹ auf der Bestsellerliste des ›Spiegel‹; die gebundene Ausgabe erlebt noch im Erscheinungsjahr vier Auflagen. Karl Heinz Bohrer bezeichnet ›Keiner weiß mehr‹ in seiner Besprechung als »den ersten genuin entwickelten deutschen ›Pop-Roman‹«; »Brinkmanns zwanghaftes Leit-Motiv, das sexuelle Experiment, die abgründig epidermische Erfahrung … forderte den brutalen Sound der Underground-Sprache geradezu heraus« (Frankfurter Allgemeine Zeitung. 4. Mai 1968). Auch der von Brinkmann geschmähte Marcel Reich-Ranicki kann sich der Suggestionskraft des Romans nicht ganz entziehen und hält sein Urteil in der Schwebe: »Außerordentlich (und) obszön«. (Die Zeit. Hamburg. 26. April 1968) Kritik kommt dagegen von ganz anderer Seite. Helmut Salzinger (1935–1995), seines Zeichens Musikkolumnist, Szene-Dichter und eigenwilliger Vermittler zwischen bürgerlicher und alternativer Kultur (von ihm stammt u. a. die Pop-Version der Kritischen Theorie: ›Swinging Benjamin‹), kanzelt Brinkmann ab:

Gewisse »Stellen« haben dem Buch den Ruf der Obszönität eingetragen, womit man ihnen jedoch ein Gewicht beimißt, das sie nicht besitzen. An sich ist ja die ungeschminkte Art, über Sexuelles zu reden, durchaus zu begrüßen. Doch schmälert die Tatsache, daß inzwischen selbst die Illustrierten schon von dergleichen voll sind, den angeblich dahinterstehenden Pioniergeist beträchtlich. Brinkmanns Buch spiegelt einen Bewußtseinsstand, der vor etwa zehn Jahren aktuell war; heute hingegen klassifiziert es seinen Verfasser als einen Oswalt Kolle für Literaten.

›Keiner weiß mehr‹ wird in der zeitgenössischen Kritik oft in einem Atemzug mit Hubert Fichtes ›Palette‹ genannt. Beide, so Karl Heinz Bohrer in der bereits erwähnten Rezension, »stehen für eine inzwischen auch in Westdeutschland sich abzeichnende radikale Abwendung einzelner Schriftsteller von Literatur als ›Kunst‹ und für eine neue, fast fanatische Hingabe an den ›Stoff‹ und sei es der Stoff, der Ekel und Verzweiflung verheißt.«

6 Hubert Fichte in seinem Arbeitszimmer

An der Wand: Notizen zum Roman ›Palette‹
Photographie von Leonore Mau. Hamburg, um 1965

Die Entstehungsgeschichte von Hubert Fichtes Gammler-Roman ›Die Palette‹ reicht zurück ins Jahr 1964, als der Autor in der ›Zeit‹ vom 9. Oktober 1964 auf einen Bericht über das gleichnamige Hamburger Kellerlokal stößt. In einem autobiographischen Roman aus dem Nachlaß geht Fichte darauf ein: Sein alter ego Jäcki, heißt es dort,

wollte jetzt endlich mit dem Artikel über die Palette anfangen. Er hatte sich über einen hingehudelten Bericht in der Zeit geärgert und wollte zeigen, daß er etwas mehr über die deutschen Gammler und das Kellerlokal an der ABC-Straße schreiben konnte … Soziologisch eher, stellte Jäcki sich vor. Keine Kommentare. Und

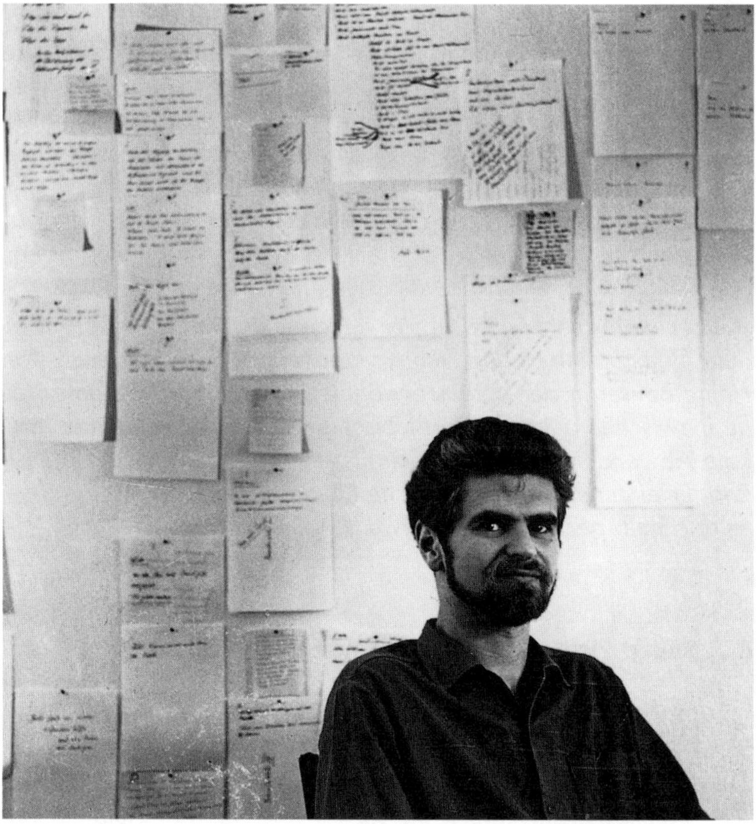

von außen. Nichts Nachempfundenes von Hochschulabsolventen mit Leihwagen. Nicht: On the Road. Jäcki wollte seinen Artikel gegen die ganze Beatnikliteratur setzen, die bei Hanser von Professor Höllerer herausgegeben wurde. *(Hubert Fichte: Eine glückliche Liebe. Frankfurt am Main: S. Fischer 1988. Seite 21)*

91 Auf der gegenüberliegenden Seite: Hubert Fichte (12.6)

Auf seinen Streifzügen durch die Unterwelt von St.Pauli sammelt Fichte fortan reiches empirisches Material. Darunter befinden sich auch Vokabellisten mit den auf der Reeperbahn umgehenden Slangausdrücken für Geld, Rauschgift und Sex. In den von Fichte als ›Palettendiktionär‹ geführten Blättern tauchen beispielsweise unter dem Stichwort »ficken« mehr als zwanzig Synonyme auf: von »pfeffern« über »bumsen« bis zu »hoppeln«.
Einer aus der ›Palette‹ erinnert sich an diese Erkundungsreisen Fichtes:

Wir waren »Gammler«, und er stieß eines Tages zu uns, sehr gut gekleidet, eine Art bärtiger Anthropolog, der offenbar schräge Vögel sammelte. Was Wunder, daß wir erst mal mißtrauisch waren – der Mann war fast dreißig, so alt wollte doch keiner werden aus unserer Clique! Wir waren Genies, die kräftigst von einem Konto abhoben, das künstlerisch noch nicht gedeckt war, und es machte eine Anfreundung nicht leichter, daß uns Fichte ewig mit seiner Notizzettelwirtschaft kam. Er schrieb alles auf, was nur so aus uns heraussprudelte, ob Erlebtes oder Erfundenes, ganz egal … Zappeliger Wilder, der ich war, kam ich mir wie aufgespießt vor, totes Präparat, Spezies »Palettianer«. Und er erschien mir wie ein Fliegenbeinzähler, obwohl er davon erzählte, daß er auch in Garagen geschlafen, als Knecht Kot ausgemistet, den Prügelknaben gespielt, den Imitator abgegeben hätte. *(Natias Neutert: Nachruf eines Palettianers. In: Frankfurter Rundschau. Osterbeilage 1986, Seite 2)*

7 Günter Herburger an Hubert Fichte

Stuttgart, 14. Mai 1966. Brief, 2 Blatt
Ausgestellt: Blatt 1

Leihgabe: Staats- und Universitätsbibliothek Hamburg, Nachlaß Hubert Fichte

Anders als Brinkmann, der der literarischen Subkultur entstammt, zählt Hubert Fichte – wie es im Szene-Jargon heißt – zu den Renomee-Autoren des Hauses Rowohlt. Er hat im Gegensatz zu 92 Plattenhülle (12.8) *Brinkmann, der sich literarischen Institutionen konsequent verweigert, etliche Male bei der Gruppe 47 gelesen. So auch bei der Ta-*

gung 1965, wo er aus dem in Arbeit befindlichen ›Palette‹-Roman vorträgt. Trotz seines von einigen als anstößig empfundenen Themas wird die Lesung Fichtes ihrer stilistischen Brillanz wegen als ein Höhepunkt der Tagung empfunden. (Hans Christoph Buch: Viel Schnee und rauchende Köpfe. In: Frankfurter Rundschau. 27. November 1965) *Auf dem darauf folgenden Treffen der Gruppe in Princeton allerdings fehlt Fichte. Sein Schriftstellerkollege und Freund Günter Herburger (Jahrgang 1932) beruhigt ihn indes:*

In Princeton hast du nichts versäumt, wenig, wenig, viele Formalisten, wir saßen in einer Ehrenhalle mit komischen Echoeffekten an bestimmten Plätzen, hinter H.W. Richter hing an einem Mast die schlappe amerikanische Fahne. Aber dann New York, Teufel noch eins, das ist ein Städtchen, ich war mit meiner Frau dort, bin nicht wie einige mit einem Billet durchs Land gehetzt, sondern wir haben das ganze Reisegeld dort umgesetzt, pro Tag zehn Kilometer zu Fuß. Aber New York ist nicht Amerika, ist die ganze Welt zusammen, viel Europa, nur die Bauweise ist amerikanisch. Diesem riesigen Haufen kann man nur mit Pop beikommen.

8 Beat und Prosa. Hubert Fichte im Star-Club

Live-Aufnahme einer Veranstaltung am 2. Oktober 1966 im Hamburger »Star-Club«
Hamburg: Philips o.J.
(Philips twen-serie. 56)
Leihgabe: Hubert Fichte Sammlung Georg Heusch, Köln

Herburgers Pop-Prosa (in: Der Monat. Berlin. Jg 18, Nr 213, 1966, Seite 31–35)*, die auf seinen Reiseerfahrungen mit der Gruppe 47 in den Vereinigten Staaten beruht, wirkt allerdings zahm im Vergleich zu Fichtes Wortkaskaden.*
Am 2. Oktober 1966 liest Hubert Fichte im »Star-Club« von St.Pauli im Wechsel mit Beat-Gruppen Auszüge aus dem ›Palette‹-Manuskript. Auf dem Plattencover der Live-Aufnahme wird Fritz J. Raddatz zitiert:

Das Experiment dieser Texte mit heißer Beat-Musik war eigentlich keines: genau der hämmernde, unerbittliche, gelegentlich weiche, gelegentlich rasend harte Rhythmus dieser Musik ist die spontane musikalische Artikulation dessen, was in Fichtes Prosa bedacht, nein analysiert wird. Der sensationelle Erfolg dieser literarischen Lesung auf Hamburgs Reeperbahn, an der Entstehungsstätte der Beatles, hängt mit diesem mühelosen Synchron zweier Medien zusammen.

Und Dieter E. Zimmer kommentiert in der ›Zeit‹ vom 7. Oktober 1966:

Hier, im »heiligen Sanktus-Paulus-Village«, erschlug der Beat die Prosa nicht; beide koexistierten, mehr: sie machten gemeinsame Sache, sie dementierten das angebliche Schisma zwischen der Sub-, der Pop-Kultur, die ihre Kleidung und Sprache und Umgangsformen hat, und der seriösen, der höheren, der dunkel gekleideten »eigentlichen« Kultur. Dichterlesungen ist sonst oft ein Element der Verlegenheit eigen, herrührend aus der Anstrengung, die es kostet, sich zu einer feierlichen Kulturtat aufzuschwingen ... Hier, im »Star-Club«, wurde eine andere Form ausprobiert, und sie funktionierte ... Die Diskrepanz schien fast ausgelöscht. Der Dichter fand zwanglos ein neues Publikum.

9 Hubert Fichte im »Star-Club«

Photographie von Leonore Mau. Hamburg, 2. Oktober 1966

Der Hamburger Autor, der in ›konkret‹ regelmäßig die Musik-Kolumne ›Hubert Fichtes Plattenragout‹ schreibt, teilt die Affinität zur populären Musik mit anderen jungen Autoren. Wie eng die Beziehungen zwischen Rockmusik und Literatur in den sechziger Jahren sind, zeigt eine Anthologie wie ›Supergarde. Prosa der Beat- und Pop-Generation‹ (herausgegeben von Vagelis Tsakiridis. Düsseldorf: Droste 1969), zu der u. a. Uwe Brandner, Rolf Dieter Brink-

mann, Peter O. Chotjewitz, Ulf Miehe, Helmut Salzinger und Wolf Wondratschek Beiträge liefern. Auch das Dritte Programm des Norddeutschen Rundfunks wittert den Trend. Es veranstaltet seit März 1968 eine im Abstand von vierzehn Tagen laufende Sendefolge unter dem Motto ›Autoren als Disc-Jockeys‹, über die Christel Buschmann in der ›Zeit‹ vom 24. Oktober 1969 berichtet:

Einiges mag diese Begeisterung für Pop und Beat beflügeln. Von jeher war der Hang zur Avantgarde groß und das Jungsein vor allem auch ein demonstrativer Akt. Wer heute modern sein will, hat sich einfach für Pop und Beat zu interessieren. Ein Schuß Subkultur ist sehr gefragt und ein attraktives Image die halbe Ladenmiete. Attraktiv ist man als Autor heutzutage mit Sicherheit, wenn man sich bewußt oder unbewußt umgibt mit modischen Accessoires aus dem Reich der Subkultur ... Die Autoren also porträtieren ... sich durch die Wahl ihrer Musik selbst. Sie zeichnen, absichtsvoll oder nicht, in der Zeit von ein bis zwei Stunden ein umfassenderes Bild von sich als in vielen ihrer Bücher oder in Interviews ... Bazon Brock ist immer vorne weg. Er spielt die Fugs und Andy Warhol so viel und so gern wie Gabriele Wohmann Procol Harums ›A wider shade of pale‹, und wenn er einmal Procul Harum bringt, dann, um hinzuzufügen: »Die Reaktion marschiert«. Brock zeigt als Disc-Jockey wie als Literat konsequentes Nonsens-Denken ... Kaum weniger aufschlußreich porträtiert sich Siegfried Lenz. Er allerdings verspürt wie auch Peter Bichsel, Gabriele Wohmann und viele andere den Hang zur Tradition. Alte Beat-Nummern vor allem der Beatles und fast vergessene Schlager aus den fünfziger Jahren entsprechen seinem sich nicht auf Experimente einlassenden Erzählstil ... Einen eher gegenteiligen Eindruck hinterläßt Peter Handke. Er entscheidet sich ausschließlich für Beat und Pop, spielt die Doors, Jimi Hendrix und die Electric Prunes, erweist sich also als Kenner, artikuliert sich aber, Melancholie in der Stimme, ausgesprochen vornehm ... Gerhard Rühm von der Wiener Gruppe entscheidet sich für den musiktheoretischen Kommentar mit persönlicher Färbung. Für ihn umfaßt

93 Auf der gegenüberliegenden Seite: Schutzumschlag (12.11)

Musik alles »Hörbare«, auch »das Zerbrechen einer Fensterscheibe«, und das »eigentlich Befreiende des Beat« scheint ihm zu sein, daß alle technischen und musikalischen Mittel der Jahrhunderte integriert und Klassenunterschiede innerhalb der Musik aufgehoben werden ... Chotjewitz betrachtet seine Disc-Jockey-Tätigkeit als gute Gelegenheit zu Werbezwecken. Er macht mit seinen Texten vor allem deutlich, daß sein Buch Die Insel erschienen ist ... Die Sendereihe ›Autoren als Disc-Jockeys‹ gehört alles in allem zum Interessantesten und Informativsten, das sich über unsere Gegenwartsautoren auftreiben läßt.

10 Karl Korn an Fritz J. Raddatz

Frankfurt am Main, 23. August 1967. Briefkopie, 1 Blatt
Leihgabe: Staats- und Universitätsbibliothek Hamburg, Nachlaß Hubert Fichte

Den populären Tendenzen zum Trotz tut sich das bürgerliche Feuilleton noch schwer mit der Entgrenzung von Sub- und Hochkultur. In einem Brief an Fritz J. Raddatz, der Fichte bei Rowohlt betreut, bezeichnet Karl Korn von der ›Frankfurter Allgemeinen Zeitung‹ ›Die Palette‹ als das »Pendant zu Döblins ›Alexanderplatz‹«.

Aber ich halte es für vollkommen ausgeschlossen, dass eine deutsche Tageszeitung dieses Buch in Fortsetzungen drucken wird. Wenn die Welt solches wagen sollte, dann würde ich nicht anstehen, diesem Mut meine Reverenz zu erweisen. Ich halte es für ausgeschlossen, dieses Buch in Tageshäppchen zu veröffentlichen. Das Buch steckt so voller Passagen, die von jeder Mehrheit der Leserschaft deutscher Tageszeitungen heute als obszön empfunden würden, dass ich jedenfalls für die FAZ frei heraus erklären muß: nicht möglich.

11 Hubert Fichte: Die Palette

Roman
Reinbek: Rowohlt 1968
Schutzumschlag und Einband: Werner Rebhuhn

Trotzdem – oder gerade deshalb – ist ›Die Palette‹ ein Verkaufsschlager und Fichtes erfolgreichstes Buch. Die Kritik jubelt: »Gut zehn Jahre nach Jack Kerouacs ›On the road‹ hat nun also auch die deutsche Beat-Generation ihren Roman« (Günter Blöcker. In: Merkur. Köln, Berlin. Jg 22, 1968, Nr 228, Seite 376). Lobend äußert sich auch Walter Jens, der ›Die Palette‹ als Entsprechung zum ›Treibhaus‹ interpretiert (»nach Koeppenscher Resignation die Fichtesche Provokation«): »Indem Fichte seinen puerilen Alt-Gammlern ein vieldimensionales Denkvermögen und, als Ausdruck dessen, vieldimensionale Wörter leiht ..., denunziert er die Eindimensionalität der bürgerlichen Gegenposition.« (Die Zeit. Hamburg. 5. April 1968) Gerade dies aber, die literarische Stilisierung des Slangs, wirft ihm die Kritik von links vor: »Der Autor verrät, worum sich anzunehmen er vorgibt; er macht den Slang für jene genießbar, die in der Sprache der Herrschaft zu Hause sind.« (Michael Scharang. In: Literatur und Kritik. Wien. Nr 38, 1969, Seite 508)

12 Kellerlokal »Why not«

vormals »Die Palette« in Hamburg
Photographie von Leonore Mau. Um 1979
Leihgabe: Leonore Mau

In Pissoirs geht man Stufen hinunter, in Bunker, in Krematorien, in die Pathologie, in Weinkeller. Es lassen sich mythologische Beziehungen zum Hinabsteigen herstellen. *(Hubert Fichte: Die Palette. a. a. O., Seite 11)*

13 Hubert Fichte: Tagebuch

mit Eintragungen von März bis September 1967
Ausgestellt ist ein undatiertes Blatt [Mitte September].
Leihgabe: Leonore Mau

Gegenüber der Tendenz zur politischen Inanspruchnahme der Literatur beharrt Hubert Fichte auf der Subjektivität des Schriftstellers. In das während der Endkorrektur der ›Palette‹ entstehende ›Rom-Tagebuch‹ notiert er:

Der anständige Fried zerreißt übrigens den anständigen Grass. Littérature engagée in der Bundesrepublik: Das heißt jeden Tag drei Manifeste unterschreiben und fünf Manifeste verfassen. Gar nichts werde ich machen, unterschreiben. Melville, Geijer, Zola – ja! Aber dies wirre Geplärr. Fragen Sie Günter Grass in allen Lebenslagen. Ich habe noch kein literarisch relevantes engagiertes Buch gefunden. Proust, Joyce, Kafka, Genet, Borges, Burroughs sind nicht politisch engagiert. Eher reaktionär. Wie Stendhal. Mit Absichten macht man die schlechteste Politik. *(Hubert Fichte: Alte Welt. Glossen. Frankfurt am Main: S. Fischer 1992. Seite 235)*

Die politisierte Studentenschaft betrachtet Fichte von einer gewissen Distanz aus; ihre dogmatisch-asketischen Züge bleiben ihm fremd. In der hier gezeigten Tagebuchaufzeichnung von 1967 heißt es:

Die ganze Welt wird von den Studenten noch einmal neu gedacht. Der Konsumzwang. Das stimmt. Aber es fällt so schwer, die Dinge zu verdammen und die Bewunderung der Dinge. Es ist ja nicht nur Rilke, an dem ich häng. Die Befreiung von den Nationalsozialisten durch die Amerikaner, die neue Literatur, das alles hing mit den Dingen zusammen ... Ich liebe die Dinge. Ich verstehe nur etwas von der Revolution sexueller Verhaltensweisen. *(a.a.O., Seite 185)*

Den von der Revolution schwärmenden Intellektuellen aus seinem Bekanntenkreis stellt Fichte seine Gretchen-Frage: »Würdest du foltern?« Mit dieser Frage nach der revolutionären Gegengewalt markiert Fichte die Scheidelinie, die fortan zwischen der gemäßigten Linken und denjenigen verläuft, die in den politischen Untergrund gehen werden.

»Kunst als Ware in der Bewußtseinsindustrie«

Die Rolle der Kunst in der kapitalistischen Gesellschaft ist eines der großen Themen der Kritischen Theorie um Theodor W. Adorno und Max Horkheimer. Die Frage danach steht hinter vielen der Diskussionen, Agitationen, Satzungskämpfe im kulturellen Bereich um 1968. Lange schon virulent und im Gegen-Markt, der Gegen-Öffentlichkeit der Alternativpressen, der Kleinverlage, der Untergrund-Zeitschriften, der Straßentheater eine eigene Antwort suchend, bricht sie sich mit dem Eklat der Buchmesse 1968, der »Polizei-Messe«, Bahn in eine breite Öffentlichkeit; sie bestimmt das ›Kursbuch‹ 15 vom November 1968 ebenso wie Peter Steins berühmte ›Tasso‹-Inszenierung von 1969. Vom Februar 1969 an verfolgt die »Literaturproduzentenbewegung« das Ziel, alle, die am Entstehen und Vermarkten von Literatur in abhängiger Stellung beteiligt sind, auch die Autoren, gewerkschaftlich zu organisieren. ›Kunst als Ware in der Bewußtseinsindustrie‹ heißt die Analyse der Berliner SDS-Gruppe »Kultur und Revolution«, die in der ›Zeit‹ vom 29. Dezember 1968 erscheint.

Wenn wir heute von Kunst ... sprechen, können wir es nicht so tun, als gebe es sie rein und unschuldig, ohne ihre jeweilige Relativierung auf den Vermittlungsmodus.

»Die Kulturindustrie«, heißt es weiter, »die diesen Vermittlungsmodus bestimmt, stellt eine Sparte im allgemeinen ökonomischen Prozeß dar. Regeln und Interessen der kapitalistischen Warenproduktion gelten auch für sie.« Der Artikel schließt mit dem Satz:

Um die Voraussetzungen für eine progressive Kunstproduktion, für die Beseitigung der Trennung Produzent-Konsument zu schaffen, müssen wir die gesellschaftlichen Bedingungen ändern, die diese Trennung möglich machen.

Auch hier hat Walter Benjamin Pate gestanden, mit seiner Ansprache im »Institut zum Studium des Fascismus« in Paris am 27. April 1934, über den ›Autor als Produzent‹. Benjamin beruft sich darin auf Brecht, der als erster Intellektueller die Forderung erhoben habe, den Produktionsapparat nicht zu beliefern, ohne ihn zugleich im Sinne des Sozialismus zu verändern. Dafür habe Brecht den Begriff der »Umfunktionierung« geprägt. Die Schlußfolgerung lautet:

Gelingt es dem Schriftsteller, die Vergesellschaftung der geistigen Produktionsmittel zu fördern? Sieht er Wege, die geistigen Arbeiter im Produktionsprozesse selbst zu organisieren? Hat er Vorschläge für die Umfunktionierung des Romans, des Dramas, des Gedichts? Je vollkommener er seine Aktivität auf diese Aufgabe auszurichten vermag, desto richtiger die Tendenz, desto höher notwendigerweise auch die technische Qualität seiner Arbeit.

Die Diskussion, die durch den SDS-Artikel in der ›Zeit‹ ausgelöst wird, zieht sich bis in die letzte Januar-Nummer 1969 hin. Bazon Brock, Dozent an der Hamburger Hochschule für Bildende Künste, hält in der letzten Nummer der ›Zeit‹ von 1968 den Versuch des Berliner SDS, Kunst und Literatur nicht totzusagen, sondern »umzufunktionieren«, gegen die Tendenz im ›Kursbuch‹ 15:

Wenn ich mich in der Sphäre bürgerlicher ästhetischer Praxis aufhalte, wird diese selber als eine historische aufhebbar. Das ist etwas anderes, als wenn man durchs Land läuft und verkündet, die Kunst sei tot. Ich finde es rühmenswert, daß die SDS-Autoren sich nicht auf dieses Idiotengeschrei eingelassen haben, das jetzt erzreaktionäre Herren wie Boehlich und Enzensberger und Michel anstimmen.

Aber nicht nur die Produktionsverhältnisse zeitgenössischer Texte stehen zur Diskussion, sondern auch die Art und Weise, wie Texte der Vergangenheit zu rezipieren seien. Neue Regiekonzepte zeichnen sich ab; in einer Schriftenreihe wie der ›sammlung insel‹ werden zu Unrecht vergessene Zeugnisse republikanischer Opposition zugänglich gemacht. Ja, die Welle von »Raubdrucken«, die mit der Studentenbewegung einhergeht, wird damit begründet, daß die linksorientierte Literatur und Theorie der zwanziger Jahre auf andere Weise und zu bezahlbaren Preisen nicht zu haben sei.

Ulrich Plenzdorf

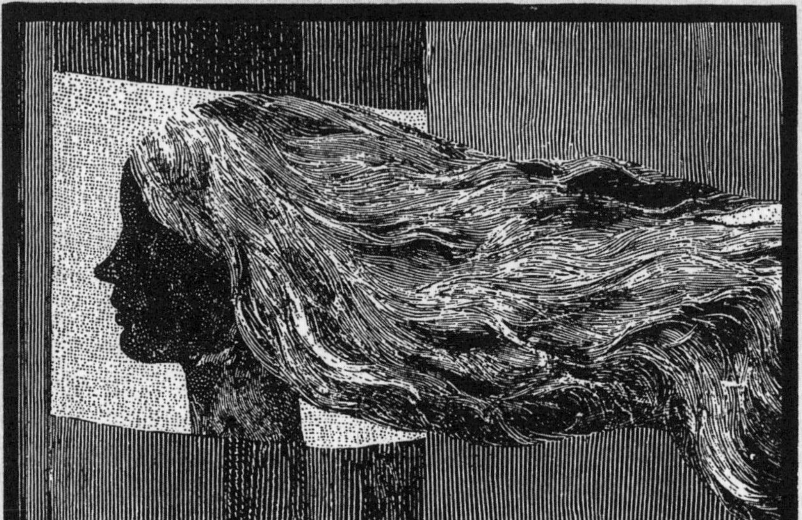

Die neuen Leiden des jungen W.

13 Klassiker – gegen den Strich

Würde hier Literaturgeschichte geschrieben, dem Theater um 1968 müßte dann mehr als nur ein kleines Kapitel gewidmet sein. Die Linien zu revolutionären Theatertraditionen, die um 1968 neue Aufmerksamkeit finden, werden auch von anderen Punkten dieser Ausstellung aus gezogen. So gleich am Anfang vom dokumentarischen Theater der sechziger Jahre zur Neuen Sachlichkeit und zu Bertolt Brecht. Mit Kindertheater und Agit-Prop-Stücken, oftmals auf der Straße gespielt, werden 1967 und 1968 Formen aus der Russischen Revolution aufgegriffen, das Kabarett knüpft an seine Blütezeit der Jahre nach dem Ersten Weltkrieg an.

94 Auf der gegenüberliegenden Seite: Einband (13.5)

Bei den drei Beispielen, an die hier erinnert wird, geht es nicht um die unmittelbare politische Aussage um 1968 entstandener Texte. Es geht um die Klassiker. Kann man so mit ihnen umgehen, daß die bestehenden Verhältnisse durch ihre »Konsumierung« nicht stabilisiert, sondern in Frage gestellt werden?

Gegen den Strich zu lesen, aufzuführen, »umzufunktionieren« im Brecht-Benjaminschen Sinne, dafür gibt es Beispiele genug, auf den Bühnen der Bundesrepublik, aber nach und nach (und manchmal versteckt) auch in der DDR. Dort entsteht 1968/1969, zunächst als Filmszenario, sogar eine Kontrafaktur von Goethes ›Werther‹, die nach der Inszenierung als Theaterstück in Halle 1972 in der Romanfassung fast zum Kultbuch der Jugend, und zwar im Osten wie im Westen Deutschlands, werden sollte: ›Die neuen Leiden des jungen W.‹ von Ulrich Plenzdorf.

Das Jahrbuch ›Theater 1968. Chronik und Bilanz des Bühnenjahres‹ (Velber: Friedrich 1968) erklärt zur Aufführung des Theaterjahres 1967/68 Samuel Becketts Inszenierung seines ›Endspiel‹ in der Werkstatt des Berliner Schiller-Theaters (Premiere am 27. September 1967), druckt als Stück des Jahres Peter Handkes ›Kaspar‹ ab und bringt eine Debatte ›Theater und Revolte‹, bei der die Regisseure Peter Stein und Peter Zadek das Wort führen. »Die politische Revolte der intellektuellen Jugend hat sich, die Theatergebäude für politische Demonstrationen benutzend, auch gegen das unpolitische Theater gerichtet« (Seite 25), *wird in der Einleitung zur Diskussion konstatiert. Aber weder Zadek noch Stein wollen das Theater zur unmittelbaren Agitation mißbraucht wissen:*

95 Auf der gegenüberliegenden Seite: Aus dem Programmheft (13.1)

Zadek: … Die Gesellschaft zu kritisieren, das ist bestimmt möglich im Theater. Aber das ist nicht das Wichtigste, mit dem ich ein junges Publikum konfrontieren möchte.
Stein: Ich bin in einem ganz ähnlichen Fall. Ich merke auch, daß ein Impuls, den ich unmittelbar aus der Tagespolitik empfange, auf die Qualität meiner Arbeit drückt. Andererseits: der unmittelbare Impuls, der mich trifft, die Wirkung von Vorgängen oder Meinungen, alles das, was sich in meinem Kopfe bildet aufgrund der Theatralik der Vorgänge, die mich umgibt – das alles ist nicht nur von großem Reiz, sondern drängt aufgrund des brennenden Interesses, das ich an den Vorgängen habe, zu unmittelbarer Artikulation in meiner Arbeit. *(Seite 26)*

1 [Johann Wolfgang von] Goethe: Torquato Tasso

Bremer Bühnenfassung
Bremen [1969]: Humburg
(Theater am Goetheplatz. Spielzeit 1968/69. Heft 14)
Programmheft
Aufgeschlagen: ›Stein's Tasso‹ von Peter Stein und Yaak Karsunke
Inszenierung: Peter Stein. Bühnenbild: Wilfried Minks. Kostüme: Wilfried Minks, Susanne Raschig. In den Hauptrollen: Wolfgang Schwarz, Jutta Lampe, Edith Clever, Bruno Ganz, Werner Rehm

Peter Stein hat während der Probenarbeit eine eigene Fassung des klassischen Textes von Goethe hergestellt. Diese Fassung, die hauptsächlich aus Umstellungen und Strichen besteht, haben wir im ›Tasso‹-Programmheft abgedruckt. *(Theater Bremen. Forum 15, Beilage zum Theaterprogramm)*

Grosherzogl. Sachsen Weimarischer
wirklicher Geheimerath und
Staatsminister
von Goethe.

TORQUATO TASSO

DRAMATIS PERSONAE:

ALFONS DER ZWEITE, HERZOG VON FERRARA	WOLFGANG SCHWARZ
LEONORE VON ESTE, SCHWESTER DES HERZOGS	JUTTA LAMPE
LEONORE SANVITALE, GRÄFIN VON SCANDIANO	EDITH CLEVER
TORQUATO TASSO	BRUNO GANZ
ANTONIO MONTECATINO, STAATSSEKRETÄR	WERNER REHM

INSZENIERUNG: PETER STEIN

BÜHNENBILD: WILFRIED MINKS

KOSTÜME: WILFRIED MINKS/SUSANNE RASCHIG

Bremer Bühnenfassung

Während Goethe Tasso an der Welt scheitern und gerade dadurch zu sich selbst als Dichter finden läßt (»Und wenn der Mensch in seiner Qual verstummt, Gab mir ein Gott zu sagen, wie ich leide«), parodiert Steins Inszenierung durch ironisches Überbieten der klassischen Sprache Goethes die Selbstfindung im Scheitern, weil ein Dichter im Abhängigkeitsverhältnis sich nicht selbst finden kann. Im Programmheft erklären Peter Stein und, hier in Dramaturgenfunktion, Yaak Karsunke:

Goethes ›Torquato Tasso‹ ist das Drama von dem überflüssigen (d. h. luxuriösen) Zuckerguß der Hohen Kunst, mit dem das unnötige Elend überzogen wird, um es genießbar zu machen. Hergestellt wird diese Konditorware von einem Produzenten, ... dem in der konventionell formalisierten Feudalgesellschaft die Rolle des Emotionalclowns zufällt. ... Eine unmenschliche Ordnung schafft sich in der Rolle des wahnsinn-nahen Genies ein Ventil ins allzu Menschliche. Ähnliche Erwartungen wie die höfische Gesellschaft ihrem Dichter, bringt die bürgerliche Gesellschaft ihrem Theater entgegen. Wir wissen, daß wir mit unserer Inszenierung diese Erwartungen befriedigen: wir verhalten uns dabei wie Goethes Tasso und wie Goethe selbst. ... Mit dem ohnmächtigen Publikum teilen wir die Unfähigkeit, die eigene Wut und die eigenen Schmerzen zu artikulieren – das Bewußtsein dieser Unfähigkeit haben wir ihm vielleicht voraus. Dennoch ist es uns nicht gelungen, unsere Zweifel am Sinn unserer Arbeit auf der Bühne deutlich zu machen.

In einer vom Theater der Freien Hansestadt Bremen herausgegebenen Dokumentation zur Inszenierung ist ein Essay von Ivan Nagel wiedergegeben, ›Epitaph und Apologie auf Peter Steins ›Torquato Tasso‹‹. Dort heißt es:

Am Premierenabend, dem 30. März, sah man erstaunt, wie das Spiel des Stückes sich zur Kritik am Stück steigerte, wie die Kritik am Stück sich zur Parodie des Stückes zuspitzte. Die Parodie aber wurde mit einer so hermetischen Ton- und Gestensprache abgedichtet (und einer so kalt-unerschütterlichen Weigerung, sich belachen zu lassen), daß ihre Elemente wieder autonomen Spielcharakter von Erlesenheit annahmen und in die Verkörperung des Goetheschen Textes, sie verwandelnd, durchsichtig machend, eingingen. Die Darstellung schloß sich, die erhellende Reflexion kreiste in ihrem Innern. – Bruno Ganz bot sofort, als er seine Rolle in der Anfangspantomime umriß, die ganze Struktur der Inszenierung. An einem Schreibtisch sitzend, in einem Kostüm von 1800, probierte sein Tasso die edlen Attitüden aus, wie sie an den Goethe- und Schiller-Denkmälern unserer Städte zu beobachten sind. Der Dichter wurde gezeigt in der Schönheit und Würde seines Berufs; doch er wurde gezeigt als ein bemüht Sich-Zeigender für andere: für die Gesellschaft, die ihren Produzenten von Schönheit schön, ihren Lieferanten von Würde würdig sehen möchte. Die Bewegungen des proletarisch sehnigen Körpers verhedderten sich unter diesem hohen Anspruch, und plötzlich saß der Dichter auf dem Boden.

2 Bruno Ganz als Tasso

in Peter Steins Inszenierung von Johann Wolfgang von Goethes Drama ›Torquato Tasso‹ im Theater am Goetheplatz in Bremen. Spielzeit 1968/69
Szenenphoto von Günter Vierow
Leihgabe: Franz Gauker

Wenn die Natur der Dichtung holde Gabe
Aus reicher Willkür freundlich mir schenkt,
So hatte mich das eigensinnige Glück
Mit grimmiger Gewalt von sich gestoßen;

Mit diesen Versen aus dem dritten Auftritt im ersten Aufzug von Goethes Stück beginnt die Bremer Fassung.
Die Premiere muß das Publikum hingerissen haben, und die ersten Kritiken verstanden die Absicht der Inszenierung vollkommen,

so daß die von Stein und Karsunke geäußerte Skepsis, ob man ihre Absicht erkenne, unbegründet schien.
Botho Strauß rühmt die Aufführung in der ›Stuttgarter Zeitung‹ vom 5. April 1969:

Im Gegensatz zu manch anderen Regisseuren, die sich in eine sogenannte kritische Konfrontation mit einem Stück begeben, benutzt Stein an der Stelle der hämischen Entlarvung das Verfahren der übergenauen Verdeutlichung, der klärenden Uebertreibung (so wie er das von Kortner gelernt hat) von offenbar unerhörten, paradoxen oder idiotischen Zuständen. Dazu stehen ihm differenzierte Mittel der Komik bereit: Don-Quichotte-Komik etwa in Tassos Hang zum körperlichen Ungeschick. Gleich zu Beginn, nachdem er sich in seine Genieposen hineingebetet hat, fällt er rücklings neben dem Sitz zu Boden; dort landet er ebenfalls, wenn er mit überschäumender Freundschaftlichkeit dem Antonio sich an die Brust werfen will und der betreten zur Seite weicht; oder wenn er in einer bizarren Anwandlung seiner Triebe die Prinzessin zu besteigen versucht. Das ist Tasso, der Narr, nicht dem hehren Wahnsinn, eher dem peinlichen Schwachsinn nahe. Das Geniebewußtsein aufrechtzuerhalten, währenddessen man in nüchterner Wahrheit nichts anderes als Schmuckwaren für das Ansehen des Herrschenden produziert, das muß in debiler Verwirrung enden.

3 Jutta Lampe als Leonore von Este und Bruno Ganz als Tasso

in Peter Steins Inszenierung von Johann Wolfgang von Goethes Drama ›Torquato Tasso‹ im Theater am Goetheplatz in Bremen. Spielzeit 1968/69
Szenenphoto von Günter Vierow
Leihgabe: Franz Gauker

Damit das Publikum die Kritik an der Abhängigkeit, in der Tasso verharrt, wirklich auch auf die Situation der Schauspieler über-

trägt – ihr in sich geschlossenes (nicht-episches) Spiel hätte das vergessen lassen können – wird es in der Pause direkt angesprochen. Botho Strauß berichtet darüber am Schluß seiner Kritik in der ›Stuttgarter Zeitung‹ vom 5. April 1969:

je mehr Tasso sich als von der Gesellschaft korrumpiert, benutzt erkennt, um so deutlicher nimmt Ganz das Posieren zurück, um so mehr ergibt er sich der verzweifelten Narretei; und dann trifft er mit dem unmittelbaren Ernst, der zum Schluß in dem Moment des Umschlags von Verzweiflung in stupide Affirmation aufkommt, unser aller unbehagliche Situation im Produktions- und Rezeptionsprozeß von schöner Kunst.
Zur Radikalität dieser Erkenntnis gehört notwendig, daß sie sich ihrerseits nicht vollends durch Kunst vermitteln läßt. Zu Beginn der Pause liefen Stein und seine Schauspieler an die Rampe und beklagten, daß sie bei weitem nicht alles, was sie anläßlich des ›Tasso‹ empfänden, in der Aufführung hätten unterbringen können; sie bezweifelten, daß unsere Bedürfnisse, die des Zuschauers, vom Stück, von der Aufführung überhaupt angesprochen würden, ja, ob wir denn überhaupt ein ernst zu nehmendes Bedürfnis hätten, ins Theater zu gehen, ob wir uns nicht vielmehr ziemlich langweilten.

Diese Skepsis – wohlgemerkt – wurde nicht inmitten eines mangelhaften, verkommenden Theaterabends laut, sondern während der durchdachtesten, aufregendsten Inszenierung, die seit langem dem Theater hierzulande vergönnt war. Die Skepsis wurde von den Produzenten geäußert und von den Zuschauern offenbar nicht geteilt. Es hat Ovationen gegeben.

4 Forum 16

Meinungen/Briefe/Berichte/Polemiken/Personenzettel. Theater Bremen, 1968/69
Redaktion: Dramaturgie. Burkhard Mauer, Angela Röhl, Barbara Krauss
Bremen 1969: Humburg

Das Heft aus der Spielzeit 1968/69, das als Beilage zum Aufführungsprogramm verteilt wurde, kündigt auf der Titelseite an:

Die Leitung der Theater der Freien Hansestadt Bremen lädt Sie ein, am 4. Mai 1969 um 11.00 Uhr im Theater am Goetheplatz an einer öffentlichen Diskussion teilzunehmen. Gegenstand der Diskussion sollen die auf der nächsten Seite abgedruckten Fragen des ›Tasso‹-Ensembles an das Publikum sein:

Fragen an das Publikum

Abend für Abend verkaufen wir Ihnen Kunst.
Brauchen Sie Kunst? Wenn ja: wozu?
Wenn nein: warum kaufen Sie Kunst?
Sie sind unsere Auftraggeber: womit beauftragen Sie uns?

Für Ihr gutes Geld wollen Sie eine gute Ware.
Was ist eine gute Aufführung?
Was ist eine schlechte Aufführung?
Wir wollen wissen: gut für wen? Schlecht für wen?

Würden Sie auf Proben kommen wollen?
Hätten Sie Spaß daran?
Langweilen Sie sich?
Haben Sie Interesse am Theater?
Vertritt das Theater Ihre Interessen?

Es heißt, daß im Theater die Schauspieler für die Zuschauer spielen.
Spielen wir für Sie?
Spielen wir gegen Sie?
Überspielen wir Sie?
Wir haben das Bedürfnis, Theater zu spielen.
Was für Bedürfnisse haben Sie?
Kennen Sie Ihre Bedürfnisse?

Die Abhängigkeit des Ensembles wurde in diesem Fall übrigens demonstrativ gemildert. Im Programmheft wird zur ›Bremer Bühnenfassung‹ angegeben: »Rechte: Edith Clever, Bruno Ganz, Jutta Lampe, Hans Jürgen Rapprich, Werner Rehm, Wolfgang Schwarz, Peter Stein.«

Botho Strauß blickt ein Jahr später in der Zeitschrift ›Theater heute‹ (Jg 11, 1970, Heft 10, Seite 62f.) auf die Aufführung zurück:

für die ästhetische und emanzipatorische Aktualität von Theaterspiel in dieser Zeit war [bei dieser Aufführung] entscheidend, daß die Schauspieler ... vermittels ihrer Darstellungsweise, durch die demonstrative Pointierung aller Expressionen, auf ihre Arbeitsprobleme und die zweifelhafte Rolle des Theaters in der spätbürgerlichen Gesellschaft hinzudeuten wußten.

In der Tat hat Peter Stein 1968, indem er die Absicht des Textdichters durch das Spiel in Frage stellt, ja destruiert, der Theaterästhetik lange nachwirkende, bis heute aktuelle Impulse gegeben. Ivan Nagel bringt die ästhetische Neuerung in der ›Dokumentation‹ zum Bremer Tasso auf den Begriff:

Die Frage, weshalb man Klassiker heute spielt, wandelt sich in die dringlichere, wie man sie spielen soll. Die Antwort heißt: aus jener größten Distanz zu ihrer Geschichtlichkeit, die für den Durchbruch zu ihrer Substanz die größte Anstrengung erfordert. Treue zum Klassiker heißt dann nicht mehr Treue zu jedem gedruckten Wort, sondern die Verpflichtung, jedes gespielte Wort mit kritischem Sinn zu durchdringen. ... Ob Stein allerdings tatsächlich mit der Inszenierung von Klassikern fortfährt – der Qualitätsunterschied zwischen seiner ›Kabale und Liebe‹ und seinem ›Torquato Tasso‹ ließe das auch im Interesse seiner Entwicklung wünschen –, wird vorerst von einem abhängen: ob es ihm gelingt, die Tendenzen innerer Dissoziierung zu bewältigen, die seiner Arbeit von der geistig-politischen Krise dieser Tage eingeimpft wurden. Fällt seine Entscheidung zugunsten eines Theaters der immanenten Kritik der Menschen und ihrer Gesellschaft, so wird die Reihe seiner Klassiker-Inszenierungen nicht abbrechen.

Fällt die weltanschauliche und ästhetische Entscheidung anders aus, so mögen seine einzelnen Inszenierungen ihr Modellhaftes und Beispielgebendes verlieren – die Linie seiner Entwicklung bliebe trotzdem vermutlich ein Gradmesser, an dem die Möglichkeiten (und Unmöglichkeiten) neuer, junger Theaterarbeit hierzu.

Zwanzig Jahre später vermerkt Ivan Nagel in seiner Lobrede auf den Regisseur Peter Stein anläßlich der Verleihung des Goethe-Preises 1988:

Wer die ›Tasso‹-Aufzeichnung sieht, dem geht auf: 1968 war die Jugend der Bundesrepublik. Man kann die Jugend fürchten, auch hassen: aber hätte dieses Land nicht seine Jugend, und noch so spät, nachgeholt – es wäre ein wüstes Land. *(Der schöne Haß. In: Die Zeit. Hamburg. Nr 36 vom 2. September 1988, Seite 43)*

Nur der Bundesrepublik? »Ein Gleichnis jugendlichen Denkens und Empfindens in unserer Zeit und in unserem Land« preist Karl-Heinz Jakobs in seiner Laudatio auf Ulrich Plenzdorf anläßlich der Verleihung des Heinrich Mann-Preises der DDR (1973) dessen ›Neue Leiden des jungen W.‹.

5 Ulrich Plenzdorf: Die neuen Leiden des jungen W.

Rostock: Hinstorff 1973
Einbandgestaltung: Horst Hussel

Wenn ich mich verflüssigen mußte, mußte ich auch immer ein Ei legen, da half nichts. Und kein Papier, Leute. Ich fummelte wie ein Irrer in dem ganzen Klo rum. Und dabei kriegte ich dann dieses berühmte Buch oder Heft in die Klauen. Um irgendwas zu erkennen, war es zu dunkel. Ich opferte also zunächst die Deckel, dann die Titelseite und dann die letzten Seiten, wo erfahrungsgemäß das Nachwort steht, das sowieso kein Aas liest. Bei Licht stellte ich fest, daß ich tatsächlich völlig exakt gearbeitet hatte. Vorher legte ich aber noch eine Gedenkminute ein. ... Nach zwei Seiten schoß ich den Vogel in die Ecke. Leute, das konnte wirklich kein

Schwein lesen. Beim besten Willen nicht. Fünf Minuten später hatte ich den Vogel wieder in der Hand. Entweder ich wollte bis früh lesen oder nicht. Das war meine Art. Drei Stunden später hatte ich es hinter mir. Ich war fast gar nicht sauer! Der Kerl in dem Buch, dieser Werther, wie er hieß, macht am Schluß Selbstmord. *(Seite 26)*

Fritz J. Raddatz entdeckt den Erstdruck des Textes in der Ostberliner Literaturzeitschrift ›Sinn und Form‹ (Jg 24, 1972, Heft 2, Seite 254 – 310) und hebt seine Bedeutung in der ›Süddeutschen Zeitung‹ vom 16./17. September 1972 hervor:

»Ich meine, Jeans sind eine Einstellung und keine Hosen. Ich hab' überhaupt manchmal gedacht, man dürfte nicht älter werden als siebzehn-achtzehn.« Das ist nun nicht mehr nur Modetick, das ist Verhaltensmuster, das ist Gegenweltanschauung der Gegenkultur, und darin wird nun gleichzeitig vielerlei deutlich, vor allem ... eine neue Beziehung zur Sprache; denn der Sprachgestus dieses Textes bricht aus allen bisherigen Kanons, gibt einen kruden Naturalismus, in seiner artistischen Raffinesse, der Zitatmontage von Redeweisen, aufgebrochenen Klischees und abgewerteten Unterstellungen erinnernd an Hubert Selby oder Hubert Fichte. Das Spezifische dieser Etüde, das wiederum gegen diese westlich ziselierten Hoffnungslosigkeiten Gesetzte liegt darin, daß unter dieser Haltung des Abwehrens, Aussteigens, Achselzuckens, Sozialismus liegt.

Noch deutlicher Hellmuth Karasek in der ›Süddeutschen Zeitung‹ vom 7./8. April 1973:

Zwischendurch aber repräsentiert dieser Edgar W. so etwas wie eine zornige, aufbegehrende Generation in der DDR, eine östliche Spielart der aufmüpfigen Jugend der Beatnik- und Beatgeneration – wenn auch viel zahmer, dann doch für DDR-Verhältnisse erstaunlich widerspenstig. *(Seite 145)*

6 Ulrich Plenzdorf

Photographie von Roger Melis. 1972

96 Auf der gegenüberliegenden Seite: Ulrich Plenzdorf (13.6)

Die in unsere Zeit geholte Werther-Handlung muß nicht systemkritisch verstanden werden. Aber ein bißchen unheimlich war den Literaturbehörden doch zumute angesichts von Aussteigertum und dem Pochen auf individuelle Selbstverwirklichung, das hier, nach Christa Wolfs ›Nachdenken über Christa T.‹ (1968), um diese Zeit zum zweiten Mal vernehmbar wird.

Ein Mitarbeiter der Hauptverwaltung Verlage und Buchhandel beim Ministerium für Kultur der DDR merkt in seiner Stellungnahme an:

Der Autor versucht in dieser Geschichte, literarisch ein Problem zu formulieren, das aus unserer Wirklichkeit genügend bekannt ist: obwohl objektiv alle Voraussetzungen für eine Entwicklung Jugendlicher in sozialistischem Sinne gegeben sind, gibt es Entwicklungen junger Menschen, die dem nicht entsprechen. Es kommt in einzelnen Fällen zu Konfrontationen zwischen Individuum und Gesellschaft. …

Ich würde dem Verlag empfehlen, mit dem Autor – dessen Begabung unbestritten ist – den vorliegenden Text in folgenden Punkten zu überarbeiten:

1. Um die Aussage unmißverständlicher zu machen, sollte der Autor versuchen, die auftretenden Personen und damit die Umwelt Edgars komplexer zu fassen und damit sozialistische Wirklichkeit vielfältiger und wahrer ins Bild bringen. Insbesondere wäre es gut, wenn die Arbeitergestalten mehr geistiges Profil erhielten.

2. Der Autor sollte versuchen, kritikwürdige Haltungen und Ansichten Edgars stärker als solche zu werten und damit auch das Versagen oder das Rechthaben der Erwachsenen deutlicher zu machen, um der Dialektik zwischen dem Anspruch des Einzelnen und der Notwendigkeit des Sich-Einfügens in die Gesellschaft gerecht zu werden.

3. Die sprachliche Gestaltung des Textes sollte noch einmal überprüft und von Geschmacklosigkeiten und Wiederholungen befreit werden.

[gez:] Horn *(Bundesarchiv, Abtlg. Berlin, Akte DR 1/2152)*

Der gleiche Gutachter empfiehlt seinem Vorgesetzten am 25. Oktober 1972 mit folgenden Zeilen die Druckgenehmigung:

M. E. sind diese Änderungen [gegenüber der in den ›Bemerkungen‹ kritisierten Fassung in ›Sinn und Form‹] jedoch so wenig durchgreifend, daß die ursprüngliche kritische Einschätzung nicht völlig aufzuheben ist. Zur Erteilung der Druckgenehmigung habe ich keine Einwände. *(a.a.O.)*

Das Aufsehen, das die Hallenser Inszenierung der Bühnenfassung im Mai 1972 erregt, und die Beachtung, die der erste Abdruck des Erzählungstextes in ›Sinn und Form‹ findet, sind Grund genug für eine ausführliche Debatte in der Akademie der Künste, die ihrerseits 1973 in ›Sinn und Form‹ wiedergegeben wird. Robert Weinmann, Literaturwissenschaftler in Potsdam und an der Humboldt-Universität, später dann erster Vizepräsident der Akademie der Künste, leitet ein:

›Die neuen Leiden des jungen W.‹ haben Furore gemacht. Diese rasche Wirkung hat mancherlei Ursachen, vor allem aber die eine: daß widersprüchliche Haltungen in der jungen Generation kunstvoll aufgezeichnet und konfliktreich zugespitzt, Aufnahme in unserer Literatur finden. *(Sinn und Form. Jg 25, 1973, Heft 1, Seite 222)*

»Der Text ist bewußt auf Auslegbarkeit geschrieben«, wehrt sich Plenzdorf gegen das Verlangen, sich festzulegen, ob er einen positiven oder einen negativen Helden geliefert hat. Das letztere ist für Wilhelm Girnus, den damaligen Herausgeber von ›Sinn und Form‹, sicher:

Gewiß, Plenzdorf hat offenbar den Schwebezustand zwischen ironischer Abwehr und wohlwollendem Begleitschutz für den »Helden« stellenweise bewußt hochgetrieben, um den Leser zu fordern … *(Sinn und Form. Berlin. Jg 25, 1973, Heft 6, Seite 1283)*

Konjunktur haben auf dem Theater um 1968 natürlich Schillers ›Räuber‹. Zwar warnt Hans Mayer in ›Theater heute‹ (Jg 9, 1968, Heft 10, Seite 1):

Es gibt keine Wiederkehr. Die Welt, worin Schillers ›Räuber‹ entstanden, bleibt unwiederholbar. ... Es gibt weder die Zurückdatierung noch die Aktualisierung. Schillers ›Räuber‹ auf einer deutschen Bühne des Jahres 1968 können nichts anderes präsentieren als Bilder aus einer deutschen Vergangenheit. Der Wert einer solchen Aufführung liegt, für den Zuschauer, in der *Nichtidentifikation*. Aktuell bleibt nicht die Revolte der Leipziger Studenten von 1781 unter Führung eines Grafensohnes, sondern die Tatsache, daß es keine Revolte war.

Joachim Kaiser kehrt sich daran in einer Kritik an der Hamburger Inszenierung von Egon Monk aber wenig:

Und lehrt uns nicht gerade die Gegenwart, wie wenig das Pathos ausgestorben ist? Wer hätte nicht, um beim Affekt zu bleiben, den Schrei, den sich überschlagenden Ingrimm eines Rudi Dutschke im Ohr? *(Süddeutsche Zeitung. München. Nr 224 vom 17. September 1968, Seite 14)*

7 Henning Harmsen: ›Die Räuber‹ als Gruselstück

Peter Zadeks Bremer Kanonenschlag erwies sich als Rohrkrepierer
Mit einem Szenenphoto vor dem Bühnenbild von Wilfried Minks
Ausschnitt aus: Mannheimer Morgen. 11. März 1966

Peter Zadek hat ›Die Räuber‹ in der Spielzeit 1965/66 am Bremer Theater am Goetheplatz als zeitgemäßes Pop-Spektakel inszeniert. Henning Harmsen verreißt es im ›Mannheimer Morgen‹:

Fast das gesamte Ensemble – abgesehen von Amalia, dem alten Moor und Karl – ist derart bis zur Unkenntlichkeit geschminkt und mit albernstem Faschingsdreß bekleidet, als wollten Tollhäusler zum Kölner Karneval fahren, um einmal richtig auf die Pauke zu hauen. Daß es wenigstens Bruno Ganz als Gruselmonstrum zwi-

Eine „stimmige" Welt

Nach Hansgünther Heymes Anschlag auf Schillers „Tell" in Wiesbaden legte jetzt im „Theater der Freien Hansestadt Bremen" Peter Zadek Hand an dessen „Räuber". Aus der Aufführung in den Bühnenbildern von Wilfried Minks bringen wir hier als Reproduktion aus dem Programmheft ein Szenenfoto, das einen ungefähren Eindruck der Bremer Aufbereitung gibt, von der der Regisseur Zadek sagt, sie sei der Versuch, „eine stimmige Welt" aufzubauen, in der „die Kolosse und Ungeheuer, die Bösewichte und Schwärmer, die Leidenschaftlichen und Wüteriche Schillers einkehren". Aus dem Programmheft

97 Zeitungsausschnitt (13.7)

schen einem Halbaffen und Dracula gelang, seinem Franz einige menschenähnliche Züge und Töne abzugewinnen, ist ein Beweis für das große Talent dieses jungen Darstellers, der sich nicht gänzlich zum Popanz dressieren ließ.

Allenthalben werden um 1968 die ›Räuber‹ inszeniert. Peter Zadek geht 1965/66 in Bremen voraus, fünf Inszenierungen sind es insgesamt in dieser Spielzeit; 1966/67 sind es bereits 14 Bühnen, welche die ›Räuber‹ ins Programm aufnehmen, in der nächsten Spielzeit zwölf, dann 1968/69 acht und 1969/70 zehn.

Selbst dort, wo man sich Hans Mayers Distanzgebot jedenfalls vordergründig zu eigen macht und wo das Premierendatum weit genug von 1968 entfernt ist, fällt es schwer, von der Studenten- und Jugendrevolte zu abstrahieren.

8 Friedrich Schiller: Die Räuber

Fassung für die Volksbühne [am Luxemburgplatz in Berlin], Spielzeit 1970/71
Programmheft
Regie: Manfred Karge, Matthias Langhoff. Bühnenbild und Kostüme: Pieter Hein. Regie-Mitarbeit: Lutz Günzel, Karl-Heinz Liefers. Technische Leitung: Manfred Fiedler. Darsteller und Darstellerinnen: Hans Teuscher, Arno Wyzniewski, Günter Junghans, Heide Kipp, Klaus Mertens, Egon Geißler, Harald Engelmann, Karl-Heinz Liefers, Werner Tietze, Bodo Krämer, Dieter Montag, Carl-Hermann Risse, Michael Narloch, Berko Acker, Albert Garbe, Klaus-Dieter Müller, Lutz Günzel, Kurt Goldstein, Wilfried Loll, Andreas Gebauer, Karlheinz Janowski, Gerhard Klisch, Arthur Schulz, Axel Werner, Helmut Straßburger

Bei den Vorbereitungsarbeiten der Dramaturgie für diese berühmteste der ›Räuber‹-Aufführungen jener Jahre in der DDR wird die Nicht-Aktualisierbarkeit des Bühnengeschehens immer wieder unterstrichen. Ungeachtet dessen »betonen Karge und Langhoff gerade die ideologische ›Unordnung‹ des Stücks als das historisch Bedeutsame, das in der Gegenwart nicht ignoriert werden sollte« wie Klaus R. Scherpe im Rückblick feststellt. (Der Deutschunterricht. Stuttgart. Jg 35, 1983, Heft 1, Seite 75) Es klingt geradezu der Satz von Joachim Kaiser über die Inszenierung von Egon Monk (1968) an, wenn Matthias Langhoff sagt:

Uns interessierten die Fragen: wie gestaltet man ein literarisches Pamphlet, wie benutzen wir Pathos und Stilisierung, um die Haupttugend des Stücks – den Atem großer Leidenschaft – spürbar zu machen, wie können wir Erkenntnis durch gesteigerte Emotion bis hin zur Überhitztheit ohne Distanz vermitteln, wie kann man die sentimentalischen Schauer- und Rühreffekte – ohne die das Stück fad bleibt – als Formen eines plebejischen Realismus für unser Theater wiedergewinnen. *(Theater der Zeit. Berlin. Jg 27, 1972, Heft 3, Seite 5)*

9 Friedrich Schiller: Die Räuber

Szenenphoto von Willy Saeger. Aus der Inszenierung von Manfred Karge und Matthias Langhoff an der Volksbühne am Luxemburgplatz in Berlin, Spielzeit 1970/71

98 Auf der gegenüberliegenden Seite: Szenenphoto (13.9)

Es fällt selbst 1972 noch schwer, eine ›Räuber‹-Aufführung zu sehen, ohne sich an die Studentenrevolte erinnert zu fühlen. Auch wenn die Regisseure die historische Distanz unterstreichen. So vermutet Ernst Schumacher bei einer Diskussion über die Aufführung in der Akademie der Künste der DDR, die Regisseure hätten in Karl Mohr »auch gewisse bestehende Illusionen bei den Jugendlichen über Typen wie Rudi Dutschke« abbauen wollen, »die subjektiv sicher lautere Charaktere sind, aber doch einer rebellischen Bewegung zum Verhängnis werden müssen, jedenfalls nicht fähig sind, diese Bewegung in eine Revolution hinüberzuführen«. (zitiert nach: Mitteilungen der Deutschen Akademie der Künste zu Berlin. Jg 10, 1972, Nr 1, Seite 8) Und Matthias Langhoff fragt in einem Gespräch über die Aufführung mit einer Betriebsgruppe: »Sehen Sie so etwas bei den ›Räubern‹, das Sie reizt, über sich selbst nachzudenken?«

Der Lehrling: Man kann die ›Räuber‹ mit der Aufsässigkeit der Jugend heutzutage vergleichen.

Langhoff: Wie stehen Sie selbst zu der Aufsässigkeit der heutigen Jugend, und inwieweit sind Sie selbst aufsässig?

Lehrling: Bei uns wird gesagt, wir sind ein Arbeiter-und-Bauern-Staat und es gibt keine Spießbürger. Aber nach meiner Meinung ist die Generation über 30 jeder Einzelne für sich ein Spießer. So extrem wie im Westen ist es bei uns nicht, aber da müssen auch gekauft werden: ein Fernsehapparat, ein Auto, nur, weil's vielleicht der Nachbar auch hat. Im Prinzip ist es aber genau das

gleiche. Im Film wird dann immer gezeigt, wie gut und schön alles in einer Hausgemeinschaft funktioniert, aber in Wirklichkeit ist das gar nicht so.

Langhoff: Was können Sie machen, um das zu verändern? *(Protokoll vom 23. September 1970. Typoskript, Seite 5 ff.)*

ARBEITSKREIS BERLINER JUNGBUCHHÄNDLER

Programm September 1967

Mittwoch 6.9.67
Klaus Roehler: Prosa

Mittwoch 13.9.67
Hans Magnus Enzensberger

Mittwoch 2o.9.67
Reinhold Böhm: Lyrik und Prosa

Mittwoch 27.9.67
R.W. Schnell liest aus seinem neuen Roman

Sonderveranstaltung:
1o.9.67
Ruth-Inge Heinze liest aus dem von ihr übersetzten Buch:
Lena Kuchler-Silbermann, Hundert Kinder.
Anschließend Diskussion.

Bitte beachten Sie die beiliegende Information über die Fahrt zur Buchmesse.

Beginn der Lesungen jeweils um 2o.3o Uhr.
Am Sonntag und Montag ist der Keller auch ab 2o.15 Uhr geöffnet.

1 Berlin-Friedenau, Görresstr. 9
(Am Friedrich-Wilhelm-Platz)

14 Märkte

Was heute stereotyp beklagt wird – die jungen Leute, selbst die Studenten literaturwissenschaftlicher Fächer, läsen nicht mehr gerne: Ende der sechziger Jahre war zu solcher Sorge kein Anlaß. Die bürgerliche Öffentlichkeit läßt sich durch die Unruhen an den Universitäten und in den Städten vom Fernsehen aufschrecken. Die revoltierenden Studenten aber lesen. Von der täglichen Flut vervielfältigter Flugblätter auf den Tischen der Mensa über den Untergrund-Markt der Minipressen und den grauen Markt der Raubdrucke bis hin zu einem bunten Angebot in den Schaufenstern der Buchhandlungen und den meist von Nuditäten strotzenden Kiosken: Die Märkte boomen.

99 Auf der gegenüberliegenden Seite: Flugblatt (14.1)

1 Programme und Einladungen

des »Arbeitskreises Berliner Jungbuchhändler«
Sechs Flugblätter aus den Jahren 1967 bis 1969
Leihgaben: Bernd Pfütze

Während die Flugblätter, die in den Universitäten verteilt und ausgelegt werden, in ihrer Gestaltung meist anspruchslos und in ihren Texten so laut wie langweilig sind, haben sich die Berliner Jungbuchhändler große Mühe gegeben – erfolgreich, wie man sieht. Ihr Stützpunkt ist der »Buchhändlerkeller« in der Görresstraße in Berlin-Friedenau, ein Treffpunkt des Buchhandelsnachwuchses, der schon in den fünfziger Jahren von Berliner Verlagen und Buchhandlungen eingerichtet worden ist.
Von den Berliner Jungbuchhändlern um K.P. Herbach und Hannes Schwenger geht eine Initiative aus, die auf die Organisation dieser Berufsgruppe in der Gewerkschaft Handel, Banken und Versicherungen im Deutschen Gewerkschaftsbund abzielt. Hannes Schwenger ist damals Journalist beim ›Extradienst‹, einem der zentralen Blätter der Achtundsechziger-Bewegung; wenig später

Arbeitskreis Berliner Jungbuchhändler

Juli 1968

Mittwoch, 3.7.68
Jürgen Böttcher: Das pluralistische Fernsehen, anschließend Vorführung des Fernsehinterviews über die Lage der Buchhändler

Mittwoch, 1o.7.68
Jörn Greve: Lyrik und Prosa

Mittwoch, 17.7.68
Edgar Berend liest Prosa

Mittwoch, 24.7.68
Hermann Peter Piwitt liest

Mittwoch, 31.7.68
Franz Tumler liest

Beginn jeweils um 2o.3o

Am Sonntag und Montag ist der Keller auch ab 2o.oo geöffnet
1 Berlin 41, Görresstr. 9
am Friedrich-Wilhelm-Platz

Graphik: Sigurd Kuschnerus

wechselt er als Geschäftsführer zur ›Edition Voltaire‹, deren Spiritus Rector Bernward Vesper ist. *(siehe Kapitel 1)*

100 Auf der gegenüberliegenden Seite: Flugblatt (14.1)

Im Zusammenhang mit diesen Bestrebungen wird die Bildung eines »Arbeitskreises republikanischer Verleger und Buchhändler« ins Auge gefaßt. Rudi Dutschke soll bei der Gründungsversammlung sprechen, muß aber aus persönlichen Gründen absagen. Er telegrafiert:

Unser Kind verursacht die ersten Schmerzen – die Geburtswehen der Revolution dauern länger und sind von Dutschke und anderen unabhängig subversiv tätig. Die Selbstorganisation der Buchhändler, des bewußtesten Teils, ist ein Wendepunkt in der deutschen Gewerkschaftsbewegung. Erstmals seit den Zwanziger Jahren nimmt eine Produzentengruppe ihre Interessen in die eigene Hand, vertraut sich nicht mehr den herrschenden Institutionen an. Ich solidarisiere mich damit. Rudi Dutschke – SDS. *(Extradienst. 1967)*

2 Neuerscheinungen aus den Jahren 1967, 1968 und 1969

Eine Auswahl

Aus der Vielfalt des in diesen Jahren Publizierten sind einige Titel ausgestellt. Unter das Rubrum »Achtundsechziger-Literatur« läßt sich kaum einer davon ohne weiteres zwingen. Es wäre auch ein Un-Begriff. Die Avantgarden, die Strömungen und Richtungen sind in jenen Jahren bunt gemischt. Surrealistisches (Ror Wolf), Absolute Poesie (Helmut Heißenbüttel, Gerhard Rühm), Grotesken (Reinhard Lettau), Dokumentarliteratur (Peter Weiss und andere) und das realistische Erzählen (von Christa Wolf bis Siegfried Lenz), alles behauptet sich in der Vielstimmigkeit dieser Zeit.

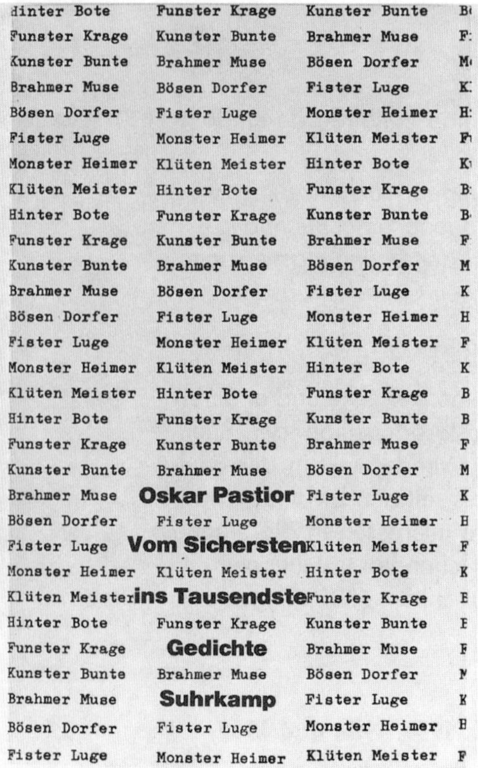

101 Oskar Pastior: Vom Sichersten ins Tausendste. Frankfurt am Main: Suhrkamp 1969. Einband.

102 Reihe Hanser. Band 15. München 1969. Schutzumschlag von Heinz Edelmann

3 sammlung insel

Frankfurt am Main: Insel Verlag 1965–1969
Beispiele aus den Jahren 1968 und 1969

4 edition suhrkamp

Frankfurt am Main: Suhrkamp 1963 ff.
Beispiele aus den Jahren 1968 und 1969

Das Licht der Aufklärung, aufgefächert in das vielfältige Spektrum des Regenbogens – das ist wohl der Gedanke, welcher der ›edition suhrkamp‹ zugrunde liegt und die Farbfolge der handlichen

103/104
Schutzumschläge von Willy Fleckhaus mit einem graphischen Element von Max Bill (14.3)

Bände bestimmt. Sie erscheint seit 1963 und erreicht 1979 die Nummer 1000, ›Stichworte zur Geistigen Situation der Zeit‹, zwei Bände – anknüpfend an die Nummer 1000 der ›Sammlung Göschen‹, in der Karl Jaspers 1931 ›Die geistige Situation der Zeit‹ zum Thema gemacht hat. Die neue Folge der ›edition suhrkamp‹ (1980ff.) hat mittlerweile die Nummer 1000 ebenfalls überschritten. Adorno, Brecht, Ernst Blochs ›Tübinger Einleitung in die Philosophie‹, Enzensberger und Szondi, Walter Benjamins ›Kunstwerk im Zeitalter seiner technischen Reproduzierbarkeit‹ gehören zu den profilbestimmenden Autoren und Bänden. 1968/69 finden sich in der Reihe, um nur ein paar Beispiele zu nennen, die Friedenspreisrede von Ernst Bloch ›Widerstand und Friede‹, die ›Antworten auf Herbert Marcuse‹ von Jürgen Haber-

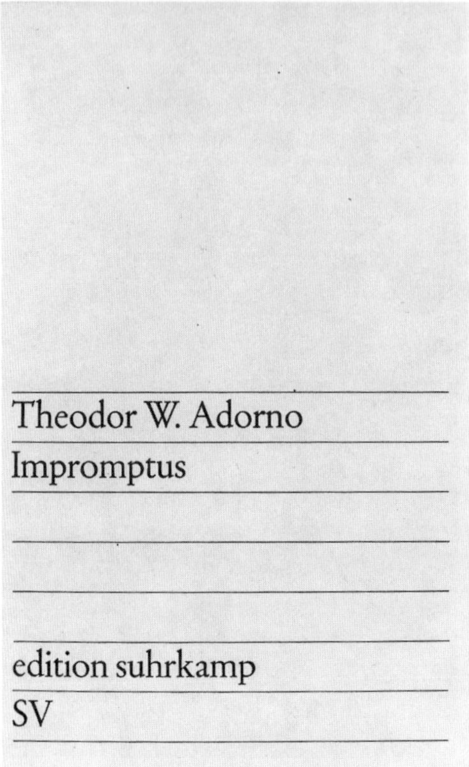

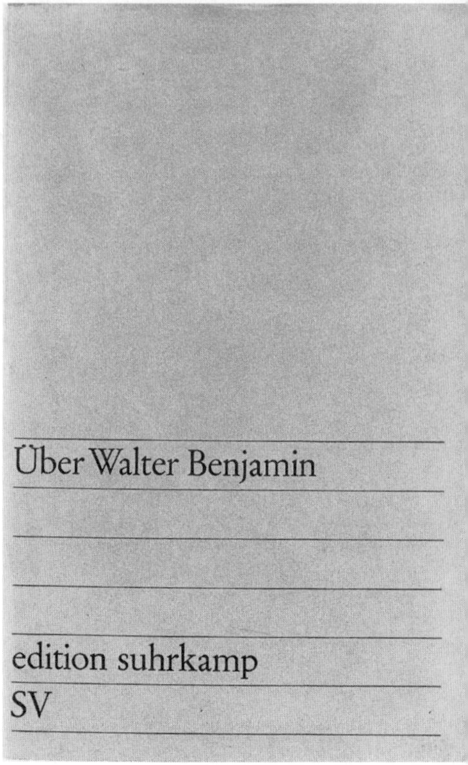

105/106 Schutzumschläge von Willy Fleckhaus (14.4)

mas, ›Impromptus‹ von Theodor W. Adorno, ›Die Bottroper Protokolle‹, herausgegeben von Erika Runge, ›Institutionalismus und studentische Opposition‹ von Ulrich Sonnemann, Bernd Wunders ›Geschichte der Bürokratie in Deutschland‹, das ›Toller‹-Stück von Tankred Dorst und von Jürgen Habermas ›Technik und Wissenschaft als »Ideologie«‹ und die ›Ideen zu einer kritischen Theorie der Gesellschaft‹ von Herbert Marcuse.

Der Insel Verlag, seit 1. Januar 1965 in Personalunion mit dem Suhrkamp Verlag geleitet, setzt ebenfalls durch eine Schriftenreihe neue Akzente, die ›sammlung insel‹. Schon ihr erster Band, der ›Sidereus Nuncius‹ von Galileo Galilei (1965) signalisiert, daß hier ein Gegen-Kanon wiederentdeckter Schriften der Aufklärung und des Republikanismus konstituiert werden soll.

Adolph von Knigge, Georg Friedrich Rebmann, Lessing, Gutzkow, Herwegh, Arnold Ruge, Tolstojs ›Rede gegen den Krieg‹, eine zweibändige Sammlung ›Von deutscher Republik. 1775 bis 1795‹, die ›Abhandlung über die Privilegien‹ von Abbé Sieyès, das ›Aschermittwochsmahl‹ von Giordano Bruno, Schriften aus dem Vormärz und Zeugnisse der Achtundvierziger – all das sind Beispiele aus den Jahren 1968 und 1969.

5 Zeitschriften und Magazine aus dem Jahr 1968

Eine Auswahl

›konkret‹, 1955 als ›Plädoyer‹ gegründet, vom zweiten Heft an als ›Studenten-Kurier‹ fortgeführt und 1957 mit dem Titel versehen, unter dem die »unabhängige Zeitschrift für Kultur und Politik« berühmt geworden ist, wird bis 1964 von einem »Arbeitskreis Progressive Kunst an der Universität Hannover« getragen. Von 1957, Heft 3 bis 1969/70 ist Klaus Rainer Röhl der Herausgeber. Er ist mit Ulrike Meinhof verheiratet, die als Kolumnistin der Zeitschrift gerade in den Jahren der Revolte das politische Gepräge gibt. Aber schon seit ihrer Gründung, also bemerkenswert früh, vertritt die Zeitschrift ein Programm studentischer Opposition und Emanzipation:

Herausgeber und maßgebende Mitarbeiter sind Studenten, die etwas aus der Vergangenheit gelernt haben: Verführung, Verbrechen, Knechtschaft und Drill bis zur Willenslosigkeit. Deshalb nehmen wir uns das Recht, alle Studenten aufzufordern, sich bewußt zu werden, daß unsere eigene akademische Zukunft von politischen Machtfaktoren maßgebend bestimmt wird! Wir wollen das nie vergessen! Wir wollen wach bleiben und unsere Meinung sagen, destilliert von Romantik und unwahrer Anmaßung! Wir wollen nüchtern und sachlich bleiben! Wo uns aber Propaganda überfällt, blenden und verbiegen will, werden wir auf die natürliche Leidenschaft unserer Jugend nicht verzichten, dann wird uns

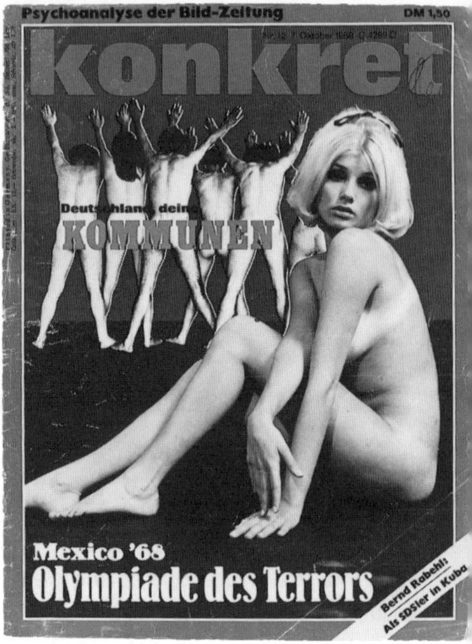

107/108 Umschläge (14.5)

jeder sarkastische und ironische Ton willkommen sein, sofern er das Thema fassen und treffen kann! Wir sind keine autoritätsgläubigen Untertanen! Da wir in einer Demokratie leben und demokratische Bürger werden sollen, werden wir uns dadurch am besten schulen und den demokratischen Forderungen entsprechen, wenn wir uns früh genug zu bewähren versuchen. Früh genug, um später reif genug zu sein. Früh genug, ehe es zu spät ist! Nur dann können wir verhüten, daß die deutsche »Verbeamtung« aller Kreise weitergeht! *(Das Plädoyer. Hamburg. 1955, Heft 1, Seite 2)*

Neben der Nummer 12 vom 7. Oktober 1968 von ›konkret‹, deren Titelblatt eine berühmt gewordene Photografie aus der Kommune I verwendet, sind Hefte von ›Pardon‹, ›Twen‹ und ›Underground‹ ausgestellt.

15 Messen

»Frankfurter Buchmesse 1967: Zur rechten Zeit ein Attentat auf Deutschlands Talisman«, titelt der ›Spiegel‹ vom 26. Oktober 1967 (Seite 174) unter ein Photo. Deutschlands größte Kulturveranstaltung, der Talisman des Kulturstaates Bundesrepublik, ist eben zu Ende gegangen. Es hat Unfrieden gegeben: wegen der Teilnahme jener enteigneten DDR-Verlage, denen im Westen namensgleiche Verlagshäuser entsprechen (z. B. Reclam, Gustav Fischer u. a.). Ihre Anmeldung wird zunächst vom Börsenverein des Deutschen Buchhandels (Frankfurt am Main) zurückgewiesen. Als allerdings der Börsenverein der Deutschen Buchhändler (Leipzig) mit dem Rückzug aller DDR-Verlage droht, werden sie doch zugelassen; die DDR wird auf den Wegweisern sogar zum ersten Mal ohne Anführungszeichen gesetzt. In einem ausgestellten ›Braunbuch‹ des Staatsverlags der DDR ›Naziverbrecher in der Bundesrepublik‹ (denen auch Bundespräsident Lübke subsumiert wird) sieht der Vorsteher des Frankfurter Börsenvereins, der Verleger Friedrich Georgi, einen Fall für den Staatsanwalt. Der Hessische Generalstaatsanwalt Fritz Bauer lehnt es zwar ab, einzugreifen, aber ein Frankfurter Amtsrichter läßt am letzten Messetag das Buch dann doch polizeilich beschlagnahmen. Auch Linkstendenzen artikulieren sich kräftig, und Anarchistisches regt sich. Den seit 1949 vergebenen »Friedenspreis des Deutschen Buchhandels« erhält am 15. Oktober – das Halbjahrhundertjubiläum der Oktoberrevolution steht vor der Tür – zum ersten Mal ein erklärter Marxist, der Tübinger Philosoph Ernst Bloch (1885–1977), der, wie Robert Havemann ihm 1975 »über die unsägliche deutsch-deutsche Grenze« hinweg in »Freundschaft und brüderlicher Verbundenheit und in Verehrung« schrieb, nach dem 13. August 1961 »von einer Reise nach Westdeutschland« nicht zurückkehrte. (Die Zeit. Hamburg. Nr 30 vom 18. Juli 1975, Seite 30)

1 Ernst Bloch

während seiner Rede ›Widerstand und Friede‹ anläßlich der Verleihung des »Friedenspreises des Deutschen Buchhandels« am 15. Oktober 1967 in der Paulskirche Frankfurt am Main
Photographie von Lutz Kleinhans
Leihgabe: Börsenverein des Deutschen Buchhandels, Frankfurt am Main

109 Auf der gegenüberliegenden Seite: Ernst Bloch (15.1)

Die große Friedenspreisrede von Ernst Bloch schließt mit dem Satz:

Und wenn die Verhältnisse die Menschen bilden, so müssen, sagt Marx, die Verhältnisse selbst erst menschlich gebildet werden. So lassen Sie mich schließen mit dem kämpferisch-friedlichen Ruf: Es lebe die praktische Vernunft. *(Ernst Bloch: Widerstand und Friede. Aufsätze zur Politik. Frankfurt am Main: Suhrkamp 1968. Seite 111)*

Der Messeleitung bleibt sie, die praktische Vernunft, weitgehend versagt, nicht nur beim ›Braunbuch‹:

Dem Westberliner Voltaire-Verlag zum Beispiel überbrachten zwei Herren der Ausstellungs- und Messe-GmbH die Weisung, den Stand unverzüglich zu schließen. Die Begründung: für zwei Mark das Stück waren hier ›Enteignet-Springer‹-Plaketten verkauft worden, und Verkäufe an das Publikum verbietet die Messeordnung. *(Die Zeit. Hamburg. Nr 42 vom 20. Oktober 1967, Seite 16)*

In- und ausländische Verleger protestieren gegen solche Eingriffe. Eine Gruppe um Siegfried Unseld ruft zu Reformen des Börsenvereins auf; ein Riß zwischen Konservativen und Progressiven tut sich auf. Emanzipatorische und anarchistische Aktionen erregen zuweilen schrille Aufmerksamkeit: ›Busen, Beat und Bücher‹ überschreibt die Züricher Wochenzeitung ›Die Tat‹ ihren Bericht in der Nummer vom 24. Oktober 1967. Der Verleger Lambert Schneider (1900–1970), der zwischen 1925 und 1944 in Berlin ansässig war – darunter von 1931 bis 1938 als Geschäftsführer des jüdischen Schocken-Verlags – seit 1945 in Heidelberg, beschwert sich in einem Leserbrief an die ›Süddeutsche Zeitung‹ vom 28./29. Oktober 1967:

Politische Demonstrationen junger Menschen verurteile ich nicht. Wenn sie ausarten, ist das unschön. Ich habe am Montagvormittag [dem letzten Messetag] meinen Stand abgebaut, weil an dem Nachbarstand am Abend zuvor eine Gruppe von 80 bis 100 junger Menschen grölend sich austobten unter Absingen ordinärer, schweinischer Texte. Da ich meine Frau, die den Verlag auf meinem Messestand vertritt, nicht erneut solchen Pubertätsemotionen aussetzen wollte, habe ich den Stand abgebaut. Ich lege Wert darauf, dies klarzustellen, denn ich möchte nicht in den Verdacht geraten, daß mich politische Demonstrationen zur Flucht aus der Messe veranlaßt haben.

Die linke Studentenzeitung ›konkret‹ ist mit täglich erscheinenden Messe-Sondernummern präsent. Die Berichterstattung der Springer-Presse und das Griechenland der Obristen-Diktatur sind heiße Themen. Ein ›Streiflicht‹ der ›Süddeutschen Zeitung‹ vom 17. Oktober 1967 stellt fest:

»Haut dem Springer auf die Finger« als Auftakt – das ging noch. Doch »Adolf Springer in den Zwinger«, »Haut dem Springer in die Fresse«, »Klaut die Bücher dieser Viecher« – das ist weder witzig noch überzeugend. Es erreichte das Gegenteil. Leider. Auch das anschließende »Sit in« vor dem polizeigeschützten Griechenstand mit Seifenblasen-Blasen und Ballwerfen, ... wurde dem beklemmenden Thema »Faschismus in Griechenland« kaum gerecht.

Nicht nur der Übersetzer Helmut Scheffel denkt besorgt an die nächste Buchmesse: »Aber ob sich die politischen Weiterungen im nächsten Jahr werden vermeiden lassen, ist eine noch offene Frage«. (Frankfurter Allgemeine Zeitung. Nr 237 vom 12. Oktober 1967, Seite 24)

Es kommt 1968 schlimmer als erwartet. Von der »Krawall-Messe« ist die Rede (Stuttgarter Zeitung. 24. September 1968), der »Grünen Messe« (Die Tat. Zürich. 28. September 1968), denn »zeitweilig dominierten auf dem Messegelände die grün uniformierten Polizisten«. Als »Polizeimesse '68« ist sie in den Annalen des Sozialistischen Deutschen Studentenbundes (SDS) verzeichnet. Die Frankfurter

Buchmesse gerät in ihre gefährlichste Existenzkrise, der Börsenverein des Deutschen Buchhandels droht auseinanderzubrechen.

2 Polizisten, Presse und Publikum

auf der Frankfurter Buchmesse 1968
Kopie einer Photographie von Barbara Klemm

Die Aufnahme ist wohl beim ersten Eklat auf dieser Buchmesse entstanden: Am Freitag, 20. September 1968, besucht der CSU-Vorsitzende Franz Josef Strauß den Stand des rechtsgerichteten Stuttgarter Seewald-Verlags, um sein Buch ›Herausforderung und Antwort‹ zu signieren. Der Stand ist von Presseleuten und Demonstranten umlagert. Messedirektor Sigfred Taubert läßt den Zugang durch 150 Polizisten freiräumen. Als Adolf von Thadden, der Vorsitzende der NPD, auf einem bei Politikern beliebten Messerundgang entdeckt wird, kommt es zu Krawallen mit Weiterungen. Die ›Stuttgarter Zeitung‹ vom 23. September 1968 stützt sich auf einen dpa-Bericht. Eugen Diederichs ist der Verleger des Friedenspreisträgers Léopold Sédar Senghor, den die Demonstranten als Exponenten des »Neokolonialismus« und des »Imperialismus« ablehnen:

Schwere Ausschreitungen junger Linksradikaler gab es am Samstagnachmittag auf der Internationalen Frankfurter Buchmesse bei Aktionen des Sozialistischen Deutschen Studentenbundes (SDS). Mehrere hundert, vom französisch-deutschen Studentenfunktionär Daniel Cohn-Bendit und von Frankfurter SDS-Funktionären angeführte Jugendliche stürmten in Gruppen durch die Halle der »schönen Literatur«. Sie vereinten sich zu einem »Teach-in« vor dem Eugen Diederichs-Verlag, wobei »Ho Tschi-minh«-Flugzettel und Verlagsprospekte mit Aktfotos in die Menge geworfen wurden. Der Tumult hatte begonnen, als einige Demonstranten Adolf von Thadden auf einem Messerundgang ausfindig gemacht und ihn mit »Nazi raus«-Sprechchören verfolgt hatten. Vorübergehend waren die Hallentore geschlossen und von Polizisten gesichert

110 Auf den folgenden Seiten: Polizeieinsatz auf der Frankfurter Buchmesse 1968 (15.2)

Eingang IV

worden. Starke Gruppen von Demonstranten hatten die Eingänge belagert und eine Glastür eingedrückt.

Daniel Cohn-Bendit, ein Meister der beweglichen Agitation, fordert die Aussteller zur Schließung ihrer Stände auf, um die Messeleitung zum Öffnen der Hallentore zu bewegen.

Eine Stunde nach Schließung der Hallen wurden die Türen wieder für das Messepublikum geöffnet, und neue Demonstranten strömten ein. Tätliche Auseinandersetzungen mit der Polizei gab es nicht.

Abends schwappt das Demonstrationsspiel auf die Lesungen, Empfänge, Verlagspräsentationen über. Suhrkamp-, Hanser-, Luchterhand-Empfänge wachsen sich zu happenings aus. Die ›Stuttgarter Zeitung‹ berichtet:

In eine Autorenbeschimpfung artete am späten Samstagabend eine Veranstaltung des Frankfurter Suhrkamp-Verlages im Theater am Turm aus, in der aus Anlaß der Buchmesse drei Autoren des Verlages ihre Bücher selbst vorstellen wollten. Mitglieder des SDS und andere Jugendliche erzwangen den Abbruch der Lesung und setzten die Veranstaltung dann mit einer »Diskussion« fort.

Von der Störung war vor allem der Arzt Dr. Erich Wulff betroffen, der nicht mehr aus seinem Buch ›Vietnamesische Lehrjahre‹ – dem unter dem Pseudonym Georg W. Alsheimer veröffentlichten Augenzeugenbericht über seine sechsjährige Tätigkeit an der Universität von Hué – lesen konnte. Zuvor hatten die Störer bereits Günter Eich [›Maulwürfe‹] und Martin Walser mehrfach unterbrochen.

Die Lesung hatte schon mit Verspätung begonnen: ein junger Mann hatte sich in Frauenkleidung auf die Bühne geschlichen und begonnen, sich dort auszuziehen und Publikum, Autoren und Suhrkamp-Chef Dr. Siegfried Unseld zu beschimpfen. Lediglich Walser, mit Rufen, wie »Jetzt kommt der schöne Martin« begrüßt, konnte später einigermaßen ungestört über den von ihm herausgegebenen Lebensbericht einer Mörderin (›Vorleben‹ von Ursula Trauberg) berichten – aber nur, weil die größten Krawallmacher inzwischen das kalte Büfett plünderten und die Getränke austranken, mit denen Unseld nach der Lesung seine Gäste hatte bewirten wollen. Bier und Wein wurden auch aus den Fenstern auf die Straße geschüttet, mit Zigaretten Löcher in den Teppich gebrannt und Asche und Bierdeckel achtlos auf den Boden gestreut.

Martin Walser über Ursula Traubergs ›Vorleben‹: »›Vorleben‹ ist der Bericht einer Sechsundzwanzigjährigen über ihr Leben bis zur Tat, geschrieben im Untersuchungsgefängnis. Ursula Trauberg ist keine Schriftstellerin, sie schreibt, was sie noch weiß. Sie hat einen Mord begangen, sagt das Schwurgericht, einen Totschlag, sagt der Bundesgerichtshof.« (Dichten und Trachten. Frankfurt am Main. 1968, Nr 30, Seite 50)

Als Unseld von der Plünderung und Verwüstung des Büffets erfährt, bricht er »kurz vor Mitternacht die Lesung ab. Seiner Aufforderung, das Theater zu verlassen, folgte aber niemand«. Martin Walser stellt sich dem Gespräch.

Der Autor brachte dabei eine wahre Engelsgeduld auf und versuchte, selbst auf die unsinnigsten Anwürfe – etwa dem, er habe Frau Trauberg gezwungen, Prostituierte zu werden und den Mord zu begehen, damit er dann das Buch schreiben könne – vernünftige Antworten zu geben. Die unsinnige Diskussion endete erst, als ein SDS-Funktionär seine »Genossen« an die am Sonntag bevorstehende Demonstration gegen die Friedenspreisverleihung in der Paulskirche erinnerte und aufforderte, schlafen zu gehen. (Stuttgarter Zeitung. Jg 24, Nr 222 vom 23. September 1968, Seite 2)

Wohl vorbereitet führt am Messesonntag, am 22. September, der Frankfurter SDS eine gewaltige Demonstration vor der Paulskirche an, wo der Friedenspreis an den Staatspräsidenten der Republik Senegal, Léopold Sédar Senghor – der auch als Dichter hervorgetreten ist – verliehen werden soll. Der SDS sieht in ihm den Hörigen der Weißen und des Westens; er hält diese Nachfolge des vorjährigen Preisträgers Ernst Bloch für eine schlichte Provokation. Wie die – später entstandene – Notiz zur Vorbereitung einer Diskussion im Kreis der »Literaturproduzenten« zeigt, geht es auch um die Abgrenzung von liberalen oder humanistischen Ideologemen des bundesrepublikanischen Kulturbetriebs.

3 Begründungen des Börsenvereins zur Verleihung des Friedenspreises seit 1950 in Auszügen

Typoskript, 2 Blatt
Ausgestellt: Blatt 2
Sammlung Hannes Schwenger

111 (15.3) *Der abschließende Kommentar ist gestrichen. Er lautet:*

Dieser abendländische Kultur-Schleim von Gesinnung, Humanität,
Harmonie und Ausgleich, Schicksal und sittlicher Ordnung, Glauben
und Versöhnung, ja von Urgrund, Geist und Gefühl xxxxxxxxxxxx
verkleistert die Antagonismen mit Sprache und soll alljährlich
einen Frieden vorstellen, für den der Kampf nirgendwo abgeschlos-
sen ist.
Dieser"Börsenverein des Deutschen Buchhandels" ist unter dem"Schicksal
des Monopolkapitalismus und xxxxxxx durch die sich emanzipierenden
Lohnabhängigen gezwungen, eine nüchterne Klassenpolitik zu betrei-
ben.

4 Bundespräsident Heinrich Lübke begrüßt Léopold Sédar Senghor

vor der Frankfurter Paulskirche am 22. September 1968
Photographie von Lutz Kleinhans
Leihgabe: Börsenverein des Deutschen Buchhandels, Frankfurt am Main

»Wer ist Senghor?« fragt der SDS in einem Flugblatt, in dem »zur Besetzung der Paulskirche« während der Verleihungsfeier und zu »einem Teach In … in der Halle 6 vor dem Diederichsverlag … der Senghor verlegt« aufgerufen wird.

– Senghor ist ein »sensibler Poet«, dessen lyrisierendes Geschwätz die weissen Werte der Faschisten, die Mystik von Blut und Boden als schwarze Kultur der Neger verkauft.

– Senghor ist ein »subtiler Philosoph«, dessen kulturimperialistisches Schwadronieren von der »Gesamtheit der Werte des Neger-Seins« in Wirklichkeit die Massen mit den längst auf den Hund gekommenen »abendländischen Werten« ideologisch betäubt, um sie in Abhängigkeit vom französischen Imperialismus zu halten und ihren revolutionären Befreiungskampf zu ersticken.

– Senghor ist ein »humanistischer Demokrat«, der seit dem 25. Februar dieses Jahres als unumschränkter Präsident so sehr Demokrat ist, dass nur noch die Maschinenpistolen seiner Ordnungstruppen regieren.

– Senghor ist ein »weiser Staatsmann«, der sich selbst als Anhänger eines »korrigierten Marxismus« bezeichnet, der so sehr korrigiert ist, dass er die brutale Niederschlagung der Studentenrebellion in seinem Staat zu legitimieren vermag, und statt von Marx und Engels von de Gaulle und Kiesinger stammt. So äusserte er zum Protest der Studenten:
»Kommunisten stehen dahinter! Ich fürchte sie nicht. Den Streik dulde ich nicht. Meine Armee zählt 10.000 Mann. Das Volk steht hinter mir. Die Streikführer sind verantwortungslose und völlig unintegrierte Elemente«. (zitiert in: Weltwoche, 27. 1. 1967)

– Senghor ist ein »sozialistischer Freund des Proletariats«, der die Interessen der Arbeiter seines Landes so sehr vertritt, dass er gegen den Streik der mit den Studenten verbündeten Proletarier gegen den unmenschlich hohen Reispreis französische Fallschirmeinheiten und Bomben einsetzte.

Polizeieinsatz, Krawall, Verhaftung von 23 »Rädelsführern« folgen. Unter ihnen Daniel Cohn-Bendit, eine in der Bundesrepublik und in Frankreich wirkende Zentralfigur der Studentenrevolte; Günter Amendt, der später für den März Verlag die ›Sex-Front‹ geschrieben hat (siehe Kapitel 30), Hans-Jürgen Krahl, der Frankfurter SDS-Vorsitzende und K.D. Wolff, der Bundesvorsitzende des SDS, denen in den folgenden Monaten der Prozeß gemacht wird.

Um ein Teach-in in Halle 6 – als Halle der belletristischen Verlage gerade am Messesonntag die meistbesuchte – zu verhindern, wird sie auf Veranlassung der Messeleitung kurzfristig geschlossen. Vor allem dieser Vorgang führt zu den heftigsten Auseinandersetzungen unter den Buchhändlern und Verlegern. Manche von ihnen schließen ihre Messestände aus Protest; ausländische Verleger, voran Giangiacomo Feltrinelli, protestieren und drohen, die Messe 1969 zu boykottieren. Am andern Tag, dem letzten Messetag, kann das Auseinanderbrechen des Börsenvereins nur mit knapper Not verhindert werden. Friedrich Weigend berichtet im Feuilleton der ›Stuttgarter Zeitung‹ vom 25. September 1968:

112 Auf der gegenüberliegenden Seite: Léopold Sédar Senghor und Bundespräsident Heinrich Lübke (15.4)

Die Pressekonferenz wurde von Stunde zu Stunde verschoben. Schließlich versammelten sich am Mittag in einem größeren Sitzungssaal die Herren des Börsenvereins und der Messeleitung zusammen mit den ausländischen Verlegerkritikern und einigen Protestierern, die sich zum Teil schlicht als Autoren legitimierten und die Frage eines deutschen Verlegers, welche konkreten Interessen denn sie zu vertreten hätten, mit Empörung zurückwiesen.
Aus der Diskussion wurde bald eine kulturrevolutionäre Kollektivbeschimpfung der Vertreter des Börsenvereins, die sich, so gut sie konnten, zu verteidigen versuchten. Feuer von beiden Seiten bekam Siegfried Unseld vom Suhrkamp-/Insel-Verlag. Er mußte sich die zum Teil unqualifizierten Vorwürfe mancher konkurrierender Verlegerkollegen anhören, daß er Kabinettspolitik betreibe, wenn er mit der Messeleitung um eine Regelung der Polizeianwesenheit überhaupt verhandle. Was ihm in der internen Sitzung des Börsenvereins und der Messeleitung von der anderen Seite erzählt wurde, läßt sich ausmalen. (Schon im Vorjahr hatte man Unseld dort einen »Maoisten« genannt.) Für die revolutionären Verleger ist dieser Mann ein Vertreter des »reaktionären Kapitalismus«. Siegfried Unseld pendelte zwischen der revolutionären Versammlung und dem konservativen Börsenverein hin und her. Als Mitglied des Messe-Aufsichtsrats gelang ihm schließlich die Formulierung eines Communiqués, mit dem er gegen 14 Uhr abgekämpft in der linken Protestversammlung erschien: Polizei wird abgezo-

gen, Diskussionsfreiheit garantiert – nur im Falle einer Gefahr von Leib und Leben, derer die Verleger an ihren Ständen nicht selbst Herr werden könnten, müsse man wohl oder übel wieder Polizei anfordern. *(Jg 24, Nr 222, Seite 3)*

Ein Flugblatt der Berliner »ça ira presse« und eines »c-informationskollektiv westberlin«, das zu einer »Gegen-Buchmesse« von über 70 engagierten Verlagen einlädt, sucht von links außen her Siegfried Unselds Taktik als Doppelstrategie zu denunzieren und ihm wie anderen Verlegern Profitmacherei mit systemkritischer Literatur vorzuwerfen:

Der Verlagsleiter von Suhrkamp setzt sich offen für den Frankfurter SDS-Vorsitzenden ein, um versteckt den Ausschluß der Verlage unter 80.000 Umsatz und 20.000 Stammkapital zu betreiben. ... Springer steckt natürlich auch im Linksgeschäft: In Berlin will er demnächst Cohn-Bendit ausliefern. ... Mit der Kritik, die das Geldmachen kritisiert, machen die Geld. Geld, um mehr Geld zu machen. ... Kritik verändert nicht mehr. Denn das zu Vermittelnde, die kritische Theorie, wird durch den kapitalistischen Vermittlungsapparat für die Praxis unwirksam.

Neben ideologisch begründeter Kritik an den Verlagen, am Vermarkten der Ware Kunst und Literatur, meldet sich immer lauter auch der Aufruf, die in Abhängigkeit am Produktionsprozeß der Literatur Beteiligten sollen sich organisieren.

5 Erklärung deutschsprachiger Schriftsteller zur Buchmesse 1968

»Die Verhältnisse im Buchhandel können den Schriftstellern nicht gleichgültig sein«.
Flugblatt der Gewerkschaft Handel, Banken und Versicherungen im DGB
Sammlung Hannes Schwenger

Nicht nur für Leser und Autor, auch für den Buchhändler ist eine materiell gesicherte Existenz Voraussetzung für selbständige geistige Arbeit. ... Uns Autoren kann es nicht gleichgültig sein, wenn der Buchhandel in der Öffentlichkeit nur durch seine Unternehmerverbände repräsentiert wird.

Die Unterschriften deutscher Autorinnen und Autoren ergeben eine eindrucksvolle Liste von 66 Namen. Sie reicht von Reinhard Baumgart bis zu Carl Zuckmayer. Dessen letztes Theaterstück, der ›Rattenfänger‹, an dem er seit 1965 arbeitet und das in Zürich 1975 uraufgeführt wird, gerät ihm zur Darstellung und Reflexion der Studentenbewegung, mit der er sich auch im Briefdialog mit Karl Barth anläßlich des Attentats auf Rudi Dutschke beschäftigt. Er schreibt ihm am 10./[11.] April 1968:

Mir hat das hektische Soziologen-Rotwelsch des Dutschke wenig bedeutet, noch weniger seine Anwendung des Begriffes ‹Revolution›, der bei ihm etwas durchaus Zielloses zu haben schien, ... Jetzt macht man ihn zum Märtyrer – wofür? *(Späte Freundschaft. Carl Zuckmayer, Karl Barth in Briefen. Zürich: Theologischer Verlag 1977. Seite 47)*

Frank Benseler, Rechtsanwalt und Leiter des soziologischen Lektorats im Luchterhand Verlag Neuwied, schickt gleich nach der Buchmesse im Oktober 1968 an über hundert Autoren, Kritiker, Verleger, Buchhändler einen Fragebogen, um sich über die Messe-Ereignisse exakt zu orientieren.

113 Auf der folgenden Seite: Flugblatt (15.5)

ERKLÄRUNG DEUTSCHSPRACHIGER SCHRIFTSTELLER zur Buchmesse 1968

Die Verhältnisse im Buchhandel können den Schriftstellern nicht gleichgültig sein.

Buchhändler sind nicht nur Verleger und Inhaber einer Buchhandlung, sondern auch ihre Angestellten und Lehrlinge. Wer deren Alltag nur ein wenig kennt, der weiß, welcher Abstand zwischen sozialer Leistung und sozialer Lage in diesem Beruf klafft. Unsere Bücher haben in den Buchhandlungen ihren festen Preis. Aber was ein Buchhändler wert ist, bestimmt sein Chef. Tarifverträge, die in anderen Berufen angemessene Bezahlung und erträgliche Arbeitsbedingungen sichern, sind im Buchhandel fast unbekannt.

Wir Autoren begrüßen es deshalb, wenn junge Buchhändler sich jetzt im Deutschen Gewerkschaftsbund organisieren. Wir möchten sie dazu ausdrücklich ermutigen. Nicht nur für Leser und Autor, auch für den Buchhändler ist eine materiell gesicherte Existenz Voraussetzung für selbständige geistige Arbeit.

Eine solche Organisation wird auch in der Lage sein, unseren gemeinsamen Problemen Gehör zu verschaffen, wie zum Beispiel der Gefährdung von Meinungs- und Publikationsfreiheit durch die Verlagskonzentration.

Uns Autoren kann es nicht gleichgültig sein, wenn der Buchhandel in der Öffentlichkeit nur durch seine Unternehmerverbände repräsentiert wird.

Reinhard Baumgart, Jürgen Beckelmann, Hans Bender, Horst Bingel, Gerald Bisinger, Nicolas Born, Uwe Brandner, Heinrich Böll, Hans Chr. Buch, Peter O. Chotjewitz, F. C. Delius, Karlheinz Deschner, Walter M. Diggelmann, Milo Dor, Ingeborg Drewitz, Hans Magnus Enzensberger, Peter Faecke, Christian Ferber, Hubert Fichte, Ossip K. Flechtheim, Erich Fried, Barbara Frischmuth, Otto Gmelin, Günter Grass, Max von der Grün, Rudolf Hartung, Günter Herburger, Ernst Herhaus, Wolfgang Hildesheimer, Rolf Hochhuth, Josef W. Janker, Walter Jens, Hellmuth Karasek, Ursula von Kardorff, Yaak Karsunke, Marie Luise Kaschnitz, Barbara König, Dieter Lattmann, Siegfried Lenz, Reinhard Lettau, Ludwig Marcuse, Christoph Meckel, Hans-Günter Michelsen, Horst Mönnich, Hans Noever, Hans Erich Nossak, Helga Nowak, Hermann Piwitt, Renate Rasp, Ruth Rehmann, Christa Reinig, Klaus Roehler, Günter Seuren, Joachim Seyppel, Paul Schallück, Marcel Reich-Ranicki, Uve Schmidt, Robert Wolfgang Schnell, Jörg Steiner, Volker von Törne, Vagelis Tsakiridis, Peter Weiss, Wolfgang Weyrauch, Karl Alfred Wolken, Jochen Ziem, Carl Zuckmayer.

Gewerkschaft Handel, Banken und Versicherungen im DGB

6 Zu Ihrem Fragebogen: ...

Handschriftliche Antwort vom 19. Oktober 1968, 1 Blatt
Luchterhand Verlagsarchiv

Benseler erkundigt sich unter anderem, ob die Halle 6 am 21. September für jedermann ohne Ausnahme geschlossen war, wie das Publikum, das innerhalb der Halle verblieben war, reagiert habe, wie sich die Polizei verhalten habe, ob die Protestaktion vieler, auch ausländischer, Verleger und ihre Drohung, die Messe zu verlassen, Einfluß auf die Messeleitung gehabt hätten und ob die am Vortag geschlossenen Stände am Montag wieder geöffnet hätten. Die ausgestellte handschriftliche Antwort:

[Punkt] 2: a) Durchlaß während der Schließung nur für Aussteller
b) reagierte vielschichtig, teils gelassen-heiter, teils aggressiv gegen beide Richtungen
d) ruhig und stur
f) Zurückziehung der Polizei sicher wegen Schließung wichtiger Messestände

...

[Punkt] 5: a) mit Ausnahme von Wagenbach, Bärmeier u. Luchterhand öffneten sämtliche am Sonntag geschlossen gewesenen Stände um 9 Uhr, so als ob nichts geschehen wäre.

Der Essayist und Dichter Helmut Heißenbüttel, damals Leiter des Nachtstudios beim Süddeutschen Rundfunk, kann in einem Brief an den ›Merkur‹-Herausgeber Hans Paeschke vom 28. September 1968 in den Polizeieinsätzen nicht nur das Motiv erkennen, den Messefrieden aufrecht zu erhalten: »Es ging«, schreibt er, »der Messeleitung insgeheim ja wohl auch darum, den progressiven Verlagen einmal zu zeigen, was eine Harke ist. Wie war Ihr Eindruck?«
Eine Gruppe von Verlegern und Verlagsmitarbeitern um Lothar Pinkall, den Geschäftsführer der Europäischen Verlagsanstalt, trifft sich am 14. Dezember 1968 in Frankfurt, um die Reform des Bör-

senvereins voranzutreiben, und lädt dann zu einer öffentlichen Arbeitskonferenz am 22. Februar 1969 ebenfalls nach Frankfurt ein.

Die durch die Messeleitung der Buchmesse 1968 veranlaßten Polizeieinsätze haben eine breite Diskussion unter in- und ausländischen Verlegern, Buchhändlern, Autoren und Messebesuchern hervorgerufen. Diese Diskussion, die seither nicht aufgehört hat, führte am 14. Dezember in Frankfurt a.M. eine Reihe Verleger, Buchhändler und Autoren zusammen, die einen Arbeitsausschuß bildeten. Dabei wurden folgende Forderungen gemeinsam festgehalten:
1.) Für künftige Buchmessen muß ein neues Statut aufgestellt werden, das selbstherrliche Machtausübung ausschließt.
2.) Das Statut des Friedenspreises des Deutschen Buchhandels muß in der Weise geändert werden, daß eine demokratische Entscheidung über die Person des Preisträgers gewährleistet ist.
3.) Die anachronistische, ständische Struktur des Börsenvereins muß der ökonomischen und sozialen Wirklichkeit angepaßt werden.
Der Arbeitsausschuß wurde beauftragt, zu einer öffentlichen Arbeitskonferenz am 22. Februar 1969 in Frankfurt a.M. einzuladen. Zu dieser Konferenz werden eingeladen: in- und ausländische Verleger, Buchhändler, Angestellte des Buchhandels und Autoren. Sie sollen auf dieser Konferenz ausgehend von den genannten Forderungen die Diskussion weitertreiben und entsprechende Aktionen beschließen.

gez. Helmut Kindler [Kindler-Verlag]
gez. Bernhard Doerdelmann [vom Verlag J. P. Peter]
gez. Heinrich Delp [Delp'sche Verlagsbuchhandlung]
gez. Renate Gerhardt [Gerhardt-Verlag]
gez. Willi Weismann [Parabel Verlag]
gez. Jörg Schröder [Joseph Melzer Verlag]
gez. Christian Hohoff

gez. Hartmut Dabrowski [Verlag Neue Kritik]
gez. Walmot Falkenberg [S. Fischer Verlag]
gez. Eckart Spoo
gez. Manfred Naber
gez. Yaak Karsunke [›Kürbiskern‹]
gez. Peter Weismann
gez. Theo Pinkus [ABC-Antiquariat Zürich]
gez. Lothar Pinkall [Europäische Verlagsanstalt]

(Luchterhand Verlagsarchiv)

7 Aufruf

an Autoren, Angestellte und Unternehmer im Verlags- und Sortimentsbuchhandel zur Bildung einer Literaturproduzenten-Bewegung während der Frankfurter Verleger-Arbeitstagung am 22. Februar 1969
Flugblatt
März-Archiv

für den vorbereitenden Arbeitsausschuß Lothar Pinkall, Europäische Verlagsanstalt, Jörg Schröder, Joseph Melzer Verlag, Hartmut Dabrowski, Verlag Neue Kritik,

114 Auf der folgenden Seite: Flugblatt (15.7)

Damit ist die Begrifflichkeit von Walter Benjamins 1934 gehaltenem Vortrag ›Der Autor als Produzent‹ auf eine Organisation übertragen. Zu ihren führenden Köpfen gehören Frank Benseler und der Berliner Buchhändler Hannes Schwenger, der 1970 zum Kollektiv des neu gegründeten Weismann Verlags gehört.

AUFRUF

**Autoren, Angestellte und Unternehmer
im Verlags- und Sortimentsbuchhandel:
Literaturproduzenten**

**Wir versammeln uns am 22. Februar 1969
um 14.30 Uhr im Haus Dornbusch,
Frankfurt, Eschersheimer Landstr. 248**

**Tagesordnung:
Einleitungsreferate
Frank Benseler, Walter Boehlich:
„Messe – Literatur – Ideologie"
Diskussion und Beschlüsse
künftige Arbeit**

**Wir fordern Demokratisierung
von Börsenverein,
Buchhandel und Verlagswesen:
der literarischen
Produktionsverhältnisse.**

für den vorbereitenden Arbeitsausschuß Lothar Pinkall, Europäische Verlagsanstalt,
Jörg Schröder, Josepf Melzer Verlag, Hartmut Dabrowski, Verlag Neue Kritik,

Anmeldung (aus organisatorischen Gründen) bis 15. Februar an: Lothar Pinkall,

6 Frankfurt 70, Metzlerstr. 25

16 Literaturproduzenten

In der Hauszeitschrift des Hermann Luchterhand Verlags ›ad lectores‹, und zwar in der dem Verleger Eduard Reifferscheid zum 70. Geburtstag am 16. Mai 1969 vom soziologischen Lektorat gewidmeten Nummer 8, veröffentlicht Frank Benseler seine Rede ›Über literarische Produktionsverhältnisse‹, die er vor dem Schutzverband Deutscher Schriftsteller am 10. Januar 1969 in der Amerika-Gedenkbibliothek in Berlin gehalten hat. Die Ereignisse bei den Verlagen Heine, Goldmann und Melzer, die Gründung des Verlags der Autoren und des März Verlages würden ihn in seinen Thesen nur bestätigen, bemerkt der Autor zum Abdruck.

Produktionsverhältnisse sind die wirtschaftlichen, die materiellen, die Eigentumsverhältnisse; sie bestimmen die Klassenlage.

Darüber ist notfalls im Vorwort zur Kritik der politischen Ökonomie von Marx nachzulesen.

Hier werden nicht sehr neue, aber esoterisch gebliebene und leider nicht praktisch gewordene Gedanken über Voraussetzungen und Möglichkeiten des Büchermachens in Erinnerung gerufen oder vorgestellt. Dabei ist vorausgesetzt: Was immer sonst ein Buch sein mag, die Arbeit, die auf allen Stufen darin steckt, wird mittels Kapital zum Tauschwert gemacht. Das Buch verwandelt sich auf dem Weg vom Schreibtisch des Autors zum Regal des Lesers in eine Ware, die den Marktgesetzen unterliegt.

Für die Richtigkeit solcher Einsichten der marxistischen Literatursoziologie stehen Namen ein. Alle Arbeiten von Walter Benjamin und das Lebenswerk von Bert Brecht sind durchzogen von dem Bewußtsein, auf dem Markt zu stehen. Von da ausgehend arbeiten heute Theodor W. Adorno, Hans G. Helms und Hans M. Enzensberger.

Es verdient angemerkt zu werden, daß die zugrunde liegenden Verhältnisse im aufsteigenden Bürgertum sehr wohl bekannt waren. Belege finden sich bei L. Tieck, F. Schlegel, A. Müller, J.G. Fichte zur Genüge. Insbesondere nach der gescheiterten deut-

115 Auf der gegenüberliegenden Seite: Von links: Klaus Wagenbach, Frank Benseler, Walter Boehlich und Jörg Schröder (16.1)

schen Revolution von 1918 dringt das Bewußtsein materieller Abhängigkeit von Literatur wieder vor. Das zeigt sich bei so unterschiedlichen bürgerlichen Autoren wie Carl Sternheim und Alfred Döblin; auf der anderen Seite der Gesellschaft im Bund proletarisch-revolutionärer Schriftsteller. In der Zeit des Nationalsozialismus lassen sich die literarischen Produktionsverhältnisse und ihre Konsequenzen dann sehr konkret an den exmittierten Schriftstellern und den Emigrantenverlagen studieren. *(Seite 61)*

In der Tat träumen Autoren seit der Aufklärung davon, ihre Bücher im eigenen Auftrag, selbst oder genossenschaftlich herzustellen und auf den Markt zu bringen. Bei Klopstock, bei Lessing, bei Herder und Schiller gibt es solche Pläne, und Schillers langjähriger Verleger Johann Georg Göschen machte sich selbständig, nachdem er vorher in der Dessauer Gelehrtenbuchhandlung, einem Autorenverlag des 18. Jahrhunderts, gearbeitet hatte. Im amerikanischen Exil gründet eine Kooperative um Wieland Herzfelde mit Berthold Viertel, Alfred Döblin, Oskar Maria Graf und Heinrich Mann, für die sich auch Bertolt Brecht, Lion Feuchtwanger und andere engagieren, 1943 den Aurora-Verlag. »wieland [herzfelde] führt einen winzigen markenladen, klagt nicht, plant neuen verlag und entwirft briefköpfe«, notiert Brecht damals in seinem ›Arbeitsjournal‹. (Zweiter Band 1942 bis 1955. Hrsg. von Werner Hecht. Frankfurt am Main: Suhrkamp 1973. Seite 568)

Autorenverlage hat es seit dem ausgehenden 18. Jahrhundert immer wieder gegeben; gegründet wurden sie aus den verschiedensten Anlässen: zur Durchsetzung politischer oder künstlerisch-literarischer Programme; kommerzielle Überlegungen der Autorenverleger spielten eine Rolle oder die Behauptung größerer Unabhängigkeit von einem Verleger … doch alle Autorenverlage seit dem 18. Jahrhundert müssen sich an zwei Kriterien messen lassen: Wer entscheidet über die Annahme und Ablehnung der Manuskripte, – wer bestimmt also das Programm? Und welche Abhängigkeit besteht zwischen dem Kapital und der Kooperative der Beteiligten als den Programmgestaltern? *(Tribüne und Aurora. Wieland Herzfelde und Berthold Viertel. Briefwechsel 1940–1949. Hrsg.*

von Friedrich Pfäfflin unter Mitarbeit von Heidemarie Gruppe. Mainz: von Hase & Koehler 1990. Seite 16f.)

1 Klaus Wagenbach, Frank Benseler, Walter Boehlich und Jörg Schröder

Der Inhaber des Wagenbach Verlags, der Lektor des Luchterhand Verlags, der Cheflektor des Suhrkamp Verlags und der Geschäftsführer des März Verlags
Photographie. 1969
Leihgabe: Frank Benseler

116/117 Auf den folgenden Seiten: Manuskript für Messeparolen. Vorder- und Rückseite (16.2)

Den »Literaturproduzenten« geht es indessen zunächst nicht – oder jedenfalls nicht in erster Linie – um die Autoren, sondern um das in regelrechten Arbeitsverhältnissen stehende Personal: um Mitbestimmung und Meinungsfreiheit innerhalb der Buchhandlungen und Verlage, um eine durch Statuten verbürgte Mitentscheidung der Lektoren an Verlagsprogrammen und Titelauswahl.

2 Haut dem Goldmann auf den Goldzahn

Handschriftlicher Entwurf mit Parolen für eine Demonstration auf der Frankfurter Buchmesse 1968. 1 Blatt
Sammlung Hannes Schwenger

Haut dem Goldmann
auf den Goldzahn!

Goldmann, Meurer & Konsorten
Schlägt man nicht mit schönen Worten

Willst du solidarisch sein,
tritt in die Gewerkschaft ein.

Meurer, Meurer,
Lehrlingsfeurer.

Schluß mit Unternehmerzwang
fangen wir bei Goldmann an.

Haut dem Goldmann
auf den Goldzahn!

Goldmann, Meurer & Konsorten
Schlägt man nicht mit schönen Worten

Willst du solidarisch sein ~~tritt in~~
tritt in die Gewerkschaft ein.

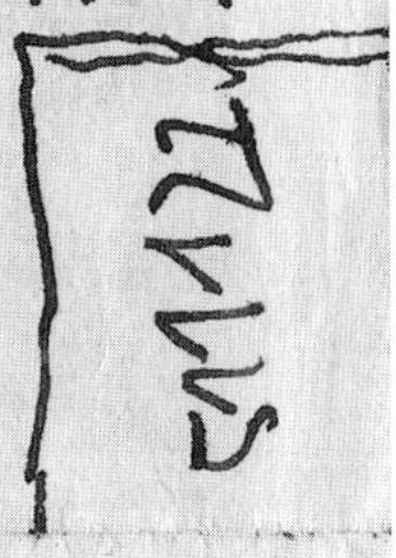

Meurer, Meurer,
Lehrling zu teuer.

Schluß mit Unternehmerzwang
fangen wir bei Goldmann an.
Früher oder später
trifft es alle Buchhändlerväter

~~Buchhändler, hört auf zu pennen~~

Goldmann + Meurer
Das Personal wird teurer

Stichnote, der Springer-Knecht
Machts den Unternehmern recht.

96.14.41

Helfen Sie uns helfen!

ALTKLEIDERSAMMLUNG

für die DEUTSCHE GEFANGENENGEWERKSCHAFT
6 Frankfurt am Main, Baseler Strasse 7, Postfach 16 267

Es werden gesammelt:

ANZÜGE – HOSEN – JACKEN – UNTERWÄSCHE
HEMDEN - PULLOVER - STRÜMPFE - SCHUHE
alte Bierkrüge, alte Uhren und auch nicht mehr brauchbare Textilien jeder Art für Männer, Frauen und Kinder

Ihre Spenden holen wir ab am kommenden **Dienstag** möglichst in Säcken oder Kartons verpackt, am Straßenrand vor Ihrer Haustür.

Wir sagen für ihre Unterstützung und Hilfe im voraus besten Dank. Durch Ihre Mitwirkung können wir die Ziele unserer Gewerkschaft schneller verwirklichen.
Bitte heften Sie dieses Flugblatt an das Sammelgut.

Früher oder später
Trifft es alle Buchhändlerverräter

Goldmann + Meurer
Das Personal wird teurer
Stichnote, der Springer-Knecht
Machts den Unternehmern recht.

Der Münchner Verleger Wilhelm Goldmann versucht im März 1969 ohne Rücksicht auf die Betriebsverfassung, seinen Mitarbeitern einen Betriebsrat zu verweigern und kündigt in der Auseinandersetzung darüber seinem Verlagshersteller Himmelreich.
Der renommierte und einflußreiche Berliner Buchhändler Kurt Meurer (1901–1991) hat im Juni 1969 zwei Lehrlinge »wegen Zellenbildung« entlassen und das, nach einer Lesung des Lyrikers Wolf Wondratschek bei Elwert & Meurer, mit den Worten begründet:

Ich habe vor dreiunddreißig die Zellenbildung der revolutionären Gewerkschaftsopposition erlebt. Ich habe vor 33 die Zellenbildung der NSPO erlebt und ich erlebe in diesem Betrieb *keine* politische Zellenbildung. ... Diejenigen, die so wahnsinnig waren, hinter den Fahnen mit dem Hakenkreuz herzulaufen ... genauso ist es jetzt, das waren auch junge Menschen, genau wie Sie.

So zitiert ihn ein Flugblatt von »Mitgliedern der Fachgruppe Buchhandel und Verlage in der HBV« (die Gewerkschaft Handel, Banken und Versicherungen) und der »Lehrlinge der Buchhändler- und Verleger-Berufsfachschule«, das von den »Autoren Wolf Wondratschek, Gerhard Rühm, Rolf Haufs, Klaus Roehler« unterzeichnet ist, die sich mit dem Inhalt solidarisch erklären. Werner E. Stichnote, der Verlagsleiter des Ullstein Fachverlags und des Taschenbuchverlags und, weil Ullstein zum Springer-Konzern gehört, von Axel Cäsar Springer abhängig, ist seit 1969 als Nachfolger von Friedrich Georgi Vorsteher des Börsenvereins des Deutschen Buchhandels.

Doch nicht bei Goldmann oder bei Elwert & Meurer wird die künftige Rolle der Autoren entschieden. Es sind diejenigen Verlags-

häuser, deren Programme die kritische Linke fördern, und sie geraten 1968/1969 in schwere Krisen. »Die Revolution frißt ihre Väter«, meint ›Christ und Welt‹ am 18. September 1969. Bei Suhrkamp führt das unter anderem zur Trennung vom Cheflektor Walter Boehlich (Jahrgang 1921).

3 Peter Iden: Was sich bei Suhrkamp verändert hat

Der Frankfurter Verlag benennt eine Reihe neuer Mitarbeiter
Ausschnitt aus: Frankfurter Rundschau. Jahrgang 25, Nummer 27 vom 1. Februar 1969

Walter Boehlich, Urs Widmer und Peter Urban scheiden aus dem Lektorat bei Suhrkamp aus, nachdem der Verleger ein Lektorenstatut, das in ihrem Sinne wäre, abgelehnt hat:

Der Suhrkamp-Verlag in Frankfurt hat jetzt mitgeteilt, welche neuen Mitarbeiter für die Ende des vergangenen Jahres ausgeschiedenen Lektoren Boehlich, Widmer und Urban gewonnen werden konnten. Demnach wird Dieter Hildebrandt, früher Berlin-Korrespondent des Feuilletons der ›Frankfurter Allgemeinen Zeitung‹ und zuletzt Theaterkritiker der katholischen Wochenschrift ›Publik‹, als Nachfolger von Walter Boehlich in den Verlag eintreten, und vor allem den Bereich der französischen und englischen Literatur betreuen. Das Amt des Cheflektors, das Boehlich innehatte, wird nicht wieder besetzt. Die Funktion eines Cheflektorats ist einer Lektorenversammlung übertragen, deren Statut allerdings nicht den im Herbst 1968 entwickelten, die Rechte der Verlagsleitung einschränkenden Vorstellungen einer Mehrheit der Mitarbeiter und Autoren des Verlags entspricht. Die Verfassung, auf die man sich jetzt geeinigt hat, stellt einen Kompromiß dar zwischen den Ansprüchen der Verlagsleitung und den Forderungen der Mitarbeiter. Entscheidender Einfluß auf die Geschäftspolitik des Hauses ist der Lektorenversammlung verwehrt. Die Bemühungen um die Möglichkeit einer solchen Einflußnahme hatten seinerzeit die Krise in den Beziehungen zwischen der Verlagsleitung und den wichtigsten Mitarbeitern ausgelöst. Für den ausscheidenden Urs Widmer wurde als Leiter des Deutschen Lektorats Thomas Beckermann (Jahrgang 1940) verpflichtet. ... Daß auch Karlheinz Braun als Leiter der Theaterabteilung bei Suhrkamp ausscheiden würde, war (siehe FR vom 21.1.) bereits bekannt. Der Verlag hat seine Kündigung mit Wirkung vom 31.3. dieses Jahres nun auch offiziell bestätigt, ohne allerdings deren Gründe anzugeben. Auch hier ist Ersatz noch nicht gefunden. Vorübergehend wird Martin Walser die Funktionen von Braun übernehmen. Die administrative Leitung der Theaterabteilung ist Ursula Bothe, einer Mitarbeiterin von Braun, übertragen worden.

Uwe Johnson gibt in einem Brief an Fritz Rudolf Fries vom 20. Januar 1969 seine Sicht der Krise:

Suhrkamps Lektoren haben sich im letzten Jahr konzentriert auf eine Demokratisierung der Entscheidungsprozesse und des Informationsflusses in der Arbeit des Verlages und über ihren Diskussionen die Produzenten vernachlässigt. ... Da die Verlagsleitung im Auge behalten musste in welcher Wirtschaftsform sie Gewinne erzielen muß, ... ist es nicht bei allen Beteiligten zu einem Kompromiss gekommen. *(zitiert nach: Die Katze Erinnerung. Uwe Johnson – Eine Chronik in Briefen und Bildern. Zusammengestellt von Eberhard Fahlke. Frankfurt am Main: Suhrkamp 1994. Seite 211)*

Beim Rowohlt Verlag in Reinbek bei Hamburg bricht 1969 die »Ballonkrise« aus. Mit Wissen des Verlegers Ledig-Rowohlt hat sein Vertriebsmann Karl Hans Hintermeier, der seit 1949 zur Verlagsmannschaft gehört, kommunismuskritische Dissidententexte an das Bundesverteidigungsministerium verkauft, das diese Fracht in die DDR transportieren läßt. Die Lektoren verlangen Mitspracherecht, auch in Fragen des Verkaufs. Einige kündigen, andere müssen gehen:

Nach der spektakulären Gründung des Holtzbrinck-Konzerns hat nichts so sehr den Buchmarkt in Bewegung gebracht wie das Geschäft des Rowohlt-Verlages mit dem Bundesverteidigungsministerium. Nachdem nun auch der Cheflektor Fritz J. Raddatz den Verlag verlassen wird – zuvor waren die Lektoren Neumann, Piwitt und Richter gegangen –, ist das Ende dieser Affäre noch gar nicht abzusehen. Der im folgenden wiedergegebene Briefwechsel dokumentiert die Streitpunkte: 1. Das dubiose antikommunistische Geschäft (manche möchten das Verteidigungsministerium hier allerdings auch als prokommunistischen Handlanger sehen). 2. Die daraus resultierende Forderung der Lektoren nach Mitbestimmung im Verlag, um eine Wiederholung solcher Machinationen zu verhindern. Diese Punkte sind in einem Papier niedergelegt, das einige Lektoren des Rowohlt-Verlages an Autoren des Verlages geschickt haben, um auch sie für die gewünschte Mitbestimmung zu gewinnen. So der Lektor Bernt Richter an Oswald Wiener, dessen erster Roman in diesem Jahr bei Rowohlt erschienen ist (›Die Verbesserung von Mitteleuropa‹). Richter mußte wegen des Versands des Papiers den Verlag verlassen. *(Frankfurter Rundschau. Nr 234 vom 9. Oktober 1969, Seite 6)*

4 Der Verlag der Autoren

in seinem ersten Domizil in der Staufenstraße 46 in Frankfurt am Main
Photographie von Sigrid Rothe. 1970 oder 1971
Links Wolfgang Wiens, rechts Karlheinz Braun, die beiden Geschäftsführer der ersten Stunde

Leihgabe: Verlag der Autoren, Frankfurt am Main

Der Streit zwischen Lektoren und Verlagsleitung bei Suhrkamp mündet 1969 in die Neugründung des Verlags der Autoren in Frankfurt am Main auf genossenschaftlicher Basis. Der »Verlag der Autoren« ist zunächst ein reiner Hörspiel- und Theaterverlag, dehnt 1970 aber durch die Gründung des »Filmverlags der Autoren« sein Tätigkeitsgebiet weiter aus. Beteiligt sind neben Karlheinz Braun und Wolfgang Wiens (bis dahin Dramaturg am Frankfurter »Theater am Turm«) die Autoren Peter Handke, Hartmut Lange, Martin Sperr, Dieter Waldmann, Jochen Ziem, Konrad Wünsche, Gerlind Reinshagen, Erika Runge, Bazon Brock, Gün-

ter Herburger, Wolfgang Deichsel. Der Verlag hat bis heute Bestand.

5 Mitglieder der AutorenEdition

Photographie von Yvonne Kranz. Um 1974 in München
Von links: Uwe Wandrey, Gerd Fuchs, Andreas Hopf, Christian Geissler, Richard Hey, Uwe Timm
Archiv Uwe Friesel

118 Mitglieder der AutorenEdition (16.5)

Die Autorenverlagsmodelle, Autorenbeiräte, Lektoratsstatute, Mitsprachemodelle, die bei Suhrkamp, Hanser, Luchterhand, Rowohlt gefordert und zu Teilen erreicht werden – von den Mustern in neuen Verlagen ganz abgesehen – machen deutlich, daß es mit der Durchsetzung bestimmter »Programme« selten getan ist: sie müssen auch verkauft werden. So kommt es zur Gründung der ersten Autorenbuchhandlung in München (1973) aus dem Kreis

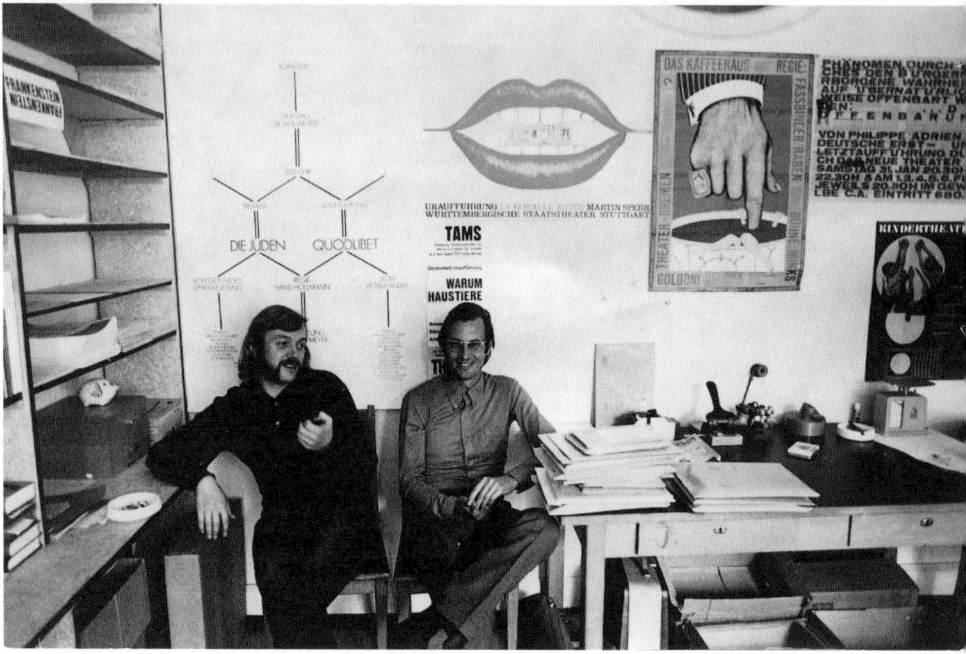

119 Im Verlag der Autoren: Wolfgang Wiens und Karlheinz Braun (16.4)

von Mitarbeitern, Autoren und Kritikern um den Hanser Verlag. Auch bei den Verlagsgiganten, etwa der Verlagsgruppe Bertelsmann, denkt man über Autorenverlagsmodelle mit beschränkter Haftung nach: 1972 schließt Bertelsmann mit den Autoren Gerd Fuchs, Heinar Kipphardt und Uwe Timm einen Vertrag über die Herausgabe einer ›AutorenEdition‹, der auch ein Mitbestimmungsrecht der beteiligten Schriftsteller vorsieht. Dieter E. Zimmer bezeichnet diese Lösung später in der ›Zeit‹ vom 18. Juni 1976 als »ökologische Nische« innerhalb eines Medienkonzerns. Zwei Jahre nach ihrer Gründung befragt Axel Poldner Andreas Hopf vom Bertelsmann Verlag über die Gründungsgeschichte:

Axel Poldner: Wann wurde erstmals über eine AutorenEditon gesprochen?

Dr. Andreas Hopf: Der Name ist erst spät hier im Hause entstanden. Ursprünglich gab es eine zwischen Uwe Friesel und mir gemeinsam ausgekochte Idee eines solchen Entscheidungs- und Verlagsmodells für junge deutsche Autoren mit einem zugleich auch literarischen Konzept.

Axel Poldner: Wann war das ...

Dr. Andreas Hopf: ... im Jahre 1971. Wir haben dann dieses Modell genau beschrieben – exposéartig – und haben es verschiedenen Verlagen vorgetragen, die daran auch interessiert schienen, aber damals vor dieser demokratischen Entscheidung, die in dieses Modell konstruktiv eingebaut war, große Angst hatten.

Axel Poldner: Wann wurde *Bertelsmann* erstmals mit diesem Modell konfrontiert?

Dr. Andreas Hopf: Bei einem Treffen zwischen Olaf Paeschke, Hartmut Panskus und Uwe Friesel auf – wie wir immer zitieren – dem Sofa von Panskus. Im November 1972 waren dann die Vorbereitungen soweit abgeschlossen, so daß die Arbeit aufgenommen werden konnte.

Axel Poldner: Der Kopf der AutorenEdition ist ein Redaktionskomitee, dem sich außer den genannten Mitgliedern noch ein Vertreter der Autoren anschließt. Sie sind der Vertreter des Verlages ...

Dr. Andreas Hopf: ... ja – und innerhalb des Redaktionskomitees hat jeder eine Stimme. Die einfache Mehrheit entscheidet. ...

Axel Poldner: Werden die Mitglieder des Redaktionskomitees vom Verlag honoriert?

Dr. Andreas Hopf: Auf der Basis freier Mitarbeiter bekommen die vier Mitglieder eine bloße Aufwandsentschädigung von achthundert Mark monatlich. Davon müssen sie aber die eigenen Kosten bestreiten, Telefon, etc., es kann also nur von einer Aufwandsentschädigung gesprochen werden.

Axel Poldner: Die Mitglieder sind also nicht am Erfolg oder an der Aufwärtsentwicklung beteiligt ...

Dr. Andreas Hopf: ... nein – das ist der einzelne Autor, der immerhin bis zum fünften Tausend zehn Prozent und danach zwölf Prozent vom Ladenpreis des verkauften Buches bekommt. Die ersten fünftausend Exemplare – inzwischen von allen Büchern so gut wie verkauft – bekommt der Autor in jedem Fall voll honoriert. Nach dem Schlüssel: 1/5 bei Vertragsabschluß, 3/5 bei Manuskript-Ablieferung und 1/5 bei Erscheinen des Buches. *(Axel Poldner: Das Verlags-Porträt: Die AutorenEdition. Ein Modell wird Praxis. In: der literat. Jg 16, 1974, Heft 3, Seite 59)*

Drei Jahre nach der Gründung, zieht Mitherausgeber Uwe Timm ein erstes Resümee und äußert sich dabei auch über konzeptionelle Prämissen:

In der bisher jedem Buch vorangestellten Programmatik heißt es: Angestrebt wird eine realistische Schreibweise. Diese realistische Schreibweise – inzwischen Gegenstand von Diskussionen, Polemiken und germanistischen Seminaren, wurde und wird von den Herausgebern und Autoren nicht im Sinn einer dogmatisch eingeengten Stilvorschrift verstanden. Literarischer Realismus gilt ihnen vielmehr als eine Methode, mit deren Hilfe Wirklichkeit erkannt und darstellbar gemacht werden kann.

Zu diesem Literaturverständnis gehört auch die Absicht, nicht nur für die wenigen Literaturprofis zu schreiben, sondern sich um größere Leserkreise zu bemühen und damit auch für jene wieder interessant zu werden, die ihre Interessen nur noch in Sach- und Theoriebüchern, aber nicht mehr in Romanen und Erzählungen artikuliert fanden. *(Uwe Timm: Drei Jahre AutorenEdition. In: Stichproben. AutorenEdition bei C. Bertelsmann. München: Bertelsmann 1975. Seite [3])*

Einige Titel, die im Rahmen der AutorenEdition erschienen sind:

Auf Anhieb Mord: Kurzkrimis. Hrsg. von der Wortgruppe München. 1975

Franz-Josef Degenhardt: Brandstellen. 1975

Gisela Elsner: Herr Leiselheimer und weitere Versuche, die Wirklichkeit zu bewältigen. 1973

Bernt Engelmann: Großes Bundesverdienstkreuz. 1974

Max von der Grün: Wenn der tote Rabe vom Baum fällt. 1975

Richard Hey: Engelmacher & Co. 1975

Stefan Heym (Hrsg.): Auskunft. Neue Prosa aus der DDR. 1974

Heinar Kipphardt: März. 1976

Uwe Timm: Heißer Sommer. 1974

Uwe Wandrey: Lehrzeitgeschichten. 1973

1978 wird die AutorenEdition in der Verlagsgruppe Bertelsmann aufgelöst, weil der Verlagsleiter Gerhard Beckmann gegen den Roman ›Die Herren des Morgengrauens‹ von Peter O. Chotjewitz literarische und juristische Bedenken hat. Sie wird jedoch vom 1. Oktober 1978 an im Athenäum-Verlag weitergeführt. In der zum 150. Geburtstag erschienenen Bertelsmann-Verlagsgeschichte wird die AutorenEdition nicht erwähnt. (1835–1985. 150 Jahre Bertelsmann. Die Geschichte des Verlagsunternehmens in Texten, Bildern und Dokumenten. München: Bertelsmann 1985)

Daß sich der Luchterhand Verlag endlich zu einem Autorenbeirat versteht, hat eine lange Vorgeschichte – und hängt vor allem mit seinem erfolgreichsten Autor zusammen, mit Günter Grass.

6 Hans Altenhein an die Autoren des Luchterhand Verlags

Darmstadt, 4. Juni 1976. Brief, 1 Blatt
Luchterhand Verlagsarchiv

Der Hermann Luchterhand Verlag Neuwied und Darmstadt hat mit Wirkung vom 1. Juli 1976 die Errichtung eines Beirates beschlossen, zu dessen Mitgliedern außer den Geschäftsführern Fritz Berger und Hans Altenhein und einem Vertreter der Mitarbeiter vier Autoren gehören sollen. Das ist in dieser satzungsmäßigen Form ein Novum im Verlagswesen. Für den literarischen Verlag in Darmstadt sind dafür Günter Grass und Peter Härtling nominiert worden, als Ersatzmitglied Gabriele Wohmann. Den Neuwieder Fachverlag werden zwei erfahrene Juristen und Verwaltungsfachleute als Autoren vertreten.
Der Mehrheitsgesellschafter des Verlages, Eduard Reifferscheid, dem der Verlag seine heutige Position verdankt, hat kürzlich sei-

nen 77. Geburtstag begehen können. Der jetzt nach gründlichen Vorbereitungen errichtete Beirat soll nicht zuletzt die Kontinuität seiner verlegerischen Leistung sichern. Dazu gehört nach unserer Auffassung die dauerhafte Verbindung mit den Autoren. Sie sollen bei wichtigen Entscheidungen, die alle Autoren betreffen, nicht länger ohne Stimme sein. Der Beirat soll zunächst eine Amtszeit von zwei Jahren haben. Nach Ablauf dieser Frist haben die Autorenvertreter ein Vorschlagsrecht für neue Berufungen.

Schon 1970, auf einer Arbeitstagung im April in München, wird von den Literaturproduzenten die Resolution verabschiedet, deren Anerkennung sich Eduard Reifferscheid lange widersetzt. Es heißt dort unter anderem:

Die gesetzlichen Regelungen sogenannter Urheberrechte und ihrer Verwertung bewirken im Kapitalismus, daß die Ergebnisse kollektiver Kulturarbeit unternehmerisch ausgebeutet werden. Mit der materiellen Ausbeutung verbindet sich die Manipulation von Kulturproduktion zur geistigen Bevormundung der Gesellschaft. Das wird in der westdeutschen Gesellschaft besonders spürbar, seit kulturindustrielle Konzerne die Produktion und Distribution von Literatur im weitesten Sinne monopolisieren. Die in wissenschaftlicher Literatur verkörperte Produktivkraft Wissenschaft muß gesamtgesellschaftlich nutzbar werden; darf nicht klassenbeherrscht bleiben. ... Die Literaturproduzenten regen zur Umgehung der bisherigen gesetzlichen Regelungen an, daß die Autoren wissenschaftlicher Literatur

– sich in Autorenverlagen organisieren und

– ihre Verwertungsrechte in den bestehenden Verlagen selber wahrnehmen, um die gesellschaftlich schädlichen Folgen kapitalistischer Arbeitsteilung zu verringern. *(Luchterhand Verlagsarchiv)*

1972 wird Frank Benseler wegen seines marxistischen Engagements, das sich im Programm wiederspiegelt, aber auch wegen rückläufiger Verkaufszahlen der von ihm betreuten soziologischen Abteilung gekündigt. Verlagsverkäufe – und damit die Verkäufe von Autorenrechten, die sich plötzlich in politisch unliebsamer

Umgebung wiederfinden, halten das Thema auf der Tagesordnung. So fordert im Herbst 1974 Günter Grass seinen Verleger auf, die Autoren künftig maßgeblich an den Verlagsentscheidungen zu beteiligen. Als Reifferscheid diese Forderung zunächst ablehnt, führt Grass 1975 Verhandlungen mit anderen Verlagen, unter ihnen Carl Hanser und S. Fischer. Am 4. Juni 1976 erklärt Grass erneut, diesmal öffentlich in einer Rede auf einer Tagung des Verbands deutscher Schriftsteller in Darmstadt, ein Wandel in der Autor-Verleger-Beziehung sei dringend nötig:

im Verhältnis der Verleger zu ihren Autoren hat sich ein Rest Leibeigenschaft gehalten. Vorkapitalistisch können nach wie vor Rittergüter in Verlagsgestalt, samt Gesinde und Althäuslern, verscherbelt werden, wobei der Käufer natürlich das Recht hat, die pauschal gekaufte Seelenmasse auf ihren Marktwert zu prüfen. *(Die Zeit. Hamburg. 18. Juni 1976)*

Zu diesem Zeitpunkt ist im Luchterhand Verlag ein Statut für einen Autorenbeirat beschlossene Sache. Er konstituiert sich am 25. August 1976. Vier Autorenvertreter, zwei Vertreter der Geschäftsleitung, ein Delegierter des Gesamtbetriebsrats gehören dazu. Erster Sprecher ist Peter Härtling.

Große Aufregung in der Presse und die erste Aktion des Luchterhand-Autorenbeirats veranlaßt 1976 die Veröffentlichung des Romans ›Der Einzelgänger‹ von Régis Debray (Jahrgang 1941), eines französischen Journalisten und Schriftstellers, der 1967 in Bolivien wegen revolutionärer Tätigkeit zu dreißig Jahren Gefängnis verurteilt worden war, sich nach seiner Begnadigung 1970 in Paris niederläßt und unter anderem François Mitterand politisch berät.

7 Régis Debray: Der Einzelgänger

Roman
Aus dem Französischen von Edwin Ortmann
Darmstadt, Neuwied: Luchterhand 1976
Umschlag von Kalle Giese, unter Verwendung eines Gemäldes von Diego Riveira
Leihgabe: Luchterhand Literaturverlag, München

Die Originalausgabe mit dem Titel ›L'Indésirable‹, die 1975 im Pariser Verlag Edition du Seuil erschienen ist, enthält unter anderem folgendes »Rezept der Revolution«:

Man nehme drei Teile Eisenoxyd und einen Teil pulverisiertes Aluminium, mische und komprimiere das Ganze, befeuchte es mit Alkohol und lasse es an der frischen Luft trocknen. Inzwischen rühre man in einem anderen Tiegel Kaliumnitrat, Schwefel und Sägespäne zusammen. Das Ganze kühl servieren und die Beine unter den Arm nehmen. *(zitiert nach der ungekürzten deutschen Ausgabe. Reinbek: Rowohlt 1979. Seite 44)*

Im Anschluß an diese Passage heißt es zwar:

Unempfänglich für die Ironie des anderen, setzt Armando ein gequältes Lächeln auf.

Aber Ironie hin, Ironie her – der Luchterhand Verlag entscheidet sich, diese und eine weitere Passage zu streichen, weil sie justiziabel sein könnten. Anlaß zu dieser Sorge geben die mit dem 14. Strafrechtsänderungsgesetz eingeführten §§ 88a und 130a (verfassungsfeindliche Befürwortung von Straftaten), die zu juristischen Maßnahmen gegen den nationalen und internationalen Terrorismus dienen sollten.

Auf den Eingriff in Debrays Roman war in einer Fußnote hingewiesen worden, aber diese Anmerkung ging beim Umbruch versehentlich verloren.

Der Autorenbeirat diskutiert den Vorgang und das Verhalten des Verlags und beschließt am 27. Oktober 1976 eine Erklärung, in der es heißt:

Der Beirat des Hermann Luchterhand Verlages ... ist zu der Erkenntnis gekommmen, daß die Paragraphen 88a und 130a StGB besondere Wachsamkeit in den Verlagen erfordern, da beide Paragraphen zum vorzeitigen Verzicht auf die Freiheit der Meinungsäusserung verleiten können. ... Der Beirat spricht sich mit dem Verlag für den Vorrang der im Grundgesetz festgelegten Meinungsfreiheit aus. Dieser Beschluss erfolgte mehrheitlich. *(Luchterhand Verlagsarchiv)*

Auch in weiteren Fällen interveniert der Autorenbeirat oder gibt Empfehlungen ab. Das wichtigste Ziel, das Günter Grass mit seiner Einrichtung verfolgt hatte, wird jedoch nicht erreicht, denn im August 1987 wird der Luchterhand Verlag ohne jede Rücksprache mit dem Autorenbeirat an die niederländische Verlagsgruppe Kluwer verkauft.

1969 organisieren sich die Schriftsteller, von verschiedenen Einzelgewerkschaften umworben, in einem eigenen Verband, von dem sie ihre Interessen vertreten lassen wollen. Erst später geht der Verband Deutscher Schriftsteller (VS) in der Gewerkschaft Druck und Papier, die sich in IG-Medien umbenennt, auf. Bei der Gründungsveranstaltung des VS am 8. Juni 1969 im Kölner Gürzenich referiert Dieter Lattmann, der zum Vorsitzenden gewählt wird, über das Thema ›Der Poet auf dem Supermarkt‹, und Heinrich Böll hält eine Ansprache mit dem Titel, der zum geflügelten Wort werden sollte: ›Ende der Bescheidenheit‹.

GEORG LUKÁCS

Wissenschaftliche Intelligenz, Schulung, Organisationsfrage

Frühe Aufsätze 1919–1921

SCHWARZE PRESSE

17 Raubdrucke

Die Raub- und Nachdrucker des 18. und frühen 19. Jahrhunderts, die Fleischhauer und Macklot, die Schmieder und Trattner, verfolgten durchaus kommerzielle Ziele, wenn sie die privilegierten Drucke deutscher Klassiker unerlaubt und unhonoriert nachdruckten. Der ihnen zugute gehaltene pädagogische Aspekt, durch ihre Billigdrucke die große Literatur popularisiert zu haben, ging zu Lasten der Autoren, auch zu Lasten der Verleger, deren »Druckvorlagen«, im wörtlichen Sinn, sie benutzten, wenn sie ihre Nachdrucke setzen ließen. Es ist noch keine 150 Jahre her, daß diesem Unwesen durch Urheber- und Verlagsrecht gesteuert worden ist.
Neue technische Entwicklungen haben die Druckverfahren in der Zeit nach dem Zweiten Weltkrieg vollkommen revolutioniert. Der Buchdruck, das auf mechanischen Satzverfahren beruhende, seit vierhundert Jahren geläufige Vervielfältigungsmittel, wurde durch ein auf der chemischen Trennung von Fett und Wasser beruhendes Flachdruckverfahren ersetzt, durch das fast jede geschriebene, gezeichnete, gemalte oder gesetzte Druckvorlage unbeschränkt (und vergleichsweise wohlfeil) vervielfältigt werden kann.
Der sogenannte Offsetdruck löst in den späten fünfziger und vor allem in den sechziger und siebziger Jahren eine wahre Flut von »Reprints« aus. Kriegsverluste der Bibliotheken können so zu einem gewissen Grad ersetzt, der Nachholbedarf der neu gegründeten Universitäten gedeckt werden. Rechtliche Einschränkungen gibt es bei Werken nicht, deren Verfasser vor mehr als fünfzig (seit 1967 siebzig Jahren) gestorben sind.

Die der Antiquariats- und Exportbuchhandlung Gustav Fock in Leipzig angeschlossene Akademische Verlagsgesellschaft (hatte) schon in den dreißiger Jahren seltene naturwissenschaftliche Werke im sogenannten Manulverfahren auf eigenes Risiko nachgedruckt, wenn der Originalverleger keine Neuauflage riskierte. Damals wurden Antiquare zum Verleger. Aus dem gelegentlichen

120 Auf der gegenüberliegenden Seite: Raubdruck ohne Erscheinungsvermerk

Rollentausch entstand nach dem Zweiten Weltkrieg eine Nachdruckindustrie, die mit dem traditionellen Versandhandel nur noch das Produkt gemeinsam hat. Es entstand der Reprint. (*Friedrich Pfäfflin: Das Ende eines Monopols. Der Reprint. In: Literaturbetrieb in Deutschland. München: Text + Kritik 1971. Seite 148*)

– Ein besonders gewinnbringender und risikoarmer Markt übrigens, wird doch erst produziert, wenn genügend Käufer subskribiert haben.

Das so bequem verfügbare Verfahren erleichtert es den Achtundsechzigern, zunächst zum inneruniversitären Gebrauch, jene Quellen als »sozialistische Drucke« oder »proletarische Reprints« nachzudrucken, die sie studieren und in ihren Zirkeln diskutieren wollen. Viele dieser Texte sind nicht mehr im Buchhandel erhältlich, denn 1933 sind ganze Ströme soziologischer, psychologischer, linkspolitischer und belletristischer Literatur zum Verstummen gebracht oder ins Ausland gelenkt worden; nach 1945 hat ihnen niemand ein neues Bett bereitet. Gerade aber auf die Bücher aus der Zeit der Weimarer Republik wollen die Studenten zurückgreifen. Walter Benjamin – viele seiner Werke kaum zu kaufen! Aufsätze aus der ›Zeitschrift für Sozialforschung‹, zumal während der Exilzeit publizierte – nur mühsam zu beschaffen! Aufsätze und Bücher zur Erziehungsdiskussion aus der Zeit nach dem Ersten Weltkrieg und der Russischen Revolution, als Reformpädagogik und antiautoritäre Erziehung viel diskutierte Themen gewesen sind – nicht auf dem Markt! Arbeiterliteratur aus der Zeit der Neuen Sachlichkeit – auch das nicht mehr zu haben. Selbsthilfe ist also eines der Motive.

Robert Leicht gibt in seinem Artikel ›Raubdrucke im öffentlichen Interesse? Zu einer neuen Theorie des Urheberrechts‹ in der ›Süddeutschen Zeitung‹ vom 19./20. Dezember 1970 ein Beispiel:

Adorno/Horkheimers ›Dialektik der Aufklärung‹ war lange Zeit vergriffen, und die Autoren zeigten, trotz großer Nachfrage, keine Bereitschaft, das Werk erneut auflegen zu lassen – sie hätten ihre Ansichten weiterentwickelt. Erst eine Serie von Raubdrucken zog im Sommer 1969 eine offizielle Neuauflage nach sich.

121/122 Raubdrucke ohne Erscheinungsvermerke

Verlage wie Suhrkamp, Rowohlt oder die Europäische Verlagsanstalt suchen durch preiswerte Taschenbuchreihen, in denen sie Texte der Kritischen Theorie vorlegen, gegenzusteuern.
Es bleibt aber nicht bei der pragmatischen Motivierung dieses Phänomens. Die Literaturproduzenten stellen bei ihrer dritten Arbeitstagung am 5. April 1970 in München in der Resolution, aus der oben (s. Seite 328f.) bereits zitiert wurde, zum Thema Raubdrucke fest:

Die Literaturproduzenten verstehen sozialisierte Drucke und proletarische Reprints (bisher diskriminierend »Raubdrucke« genannt)

- als Protest gegen die kapitalistische Verwertung und Monopolisierung von Kollektiveigentum;
- als zeitweise wirksames Gegenmittel gegen die Manipulation der Literatur durch Selektion und Unterschlagung;
- als eine Voraussetzung zur Bildung sozialistischer Kultur und proletarischen Klassenbewußtseins. *(Luchterhand Verlagsarchiv)*

Es läßt sich denken, daß die Wortführer dieser Richtung in ihren Verlagen schweren Stand haben, ja, wie Frank Benseler, Kündigungen gewärtigen müssen. Die Verleger wehren sich natürlich auch gerichtlich. Juristen wie der Freiburger Rechtsanwalt Albrecht Götz von Olenhusen, heute noch als Sammler, Historiograph und Bibliograph der Raubdrucke aktiv, analysieren die Problematik in ihren rechtlichen und pragmatischen Aspekten und sehen einen systemimmanenten Ausweg im Vorschlag von »Zwangslizenzen«, also der Pflicht für Verleger und Autoren, bei entsprechender Nachfrage Neuauflagen vorzulegen.
Wie in den Universitäts-Mensen jener Jahre sind in der Ausstellung Beispiele von Raubdrucken auf einem Tisch ausgelegt. Blättern ist erlaubt!
Einige Beispiele seien hier aufgeführt:
Karl Grünberg: Brennende Ruhr. Roman aus der Zeit des Kapp-Putsches. Hrsg. vom KAB(ML)

Die ›Brennende Ruhr‹ singt das Hohelied der kampfbewußten Arbeiterklasse und der revolutionären Aktionseinheit. Gemeinsam sind wir stark! Dies klingt immer wieder an. Genauso wie die unauslöschbare Wahrheit, daß die Arbeiterklasse nur siegen kann, wenn sie kämpft, den Betrug beiseite schiebt und Illusionen zu Grabe trägt. *(Aus der Einleitung der Herausgeber vom September 1971, Seite 12)*

Der Roman ist zuerst 1929 im Greifen-Verlag in Rudolstadt mit einem Vorwort von Johannes R. Becher erschienen.

Ilja Ehrenburg: Das Leben der Autos. Amsterdam: Paco-Press 1973 (Vertrieb: Hagen, Berlin).

Der dokumentarische Roman entstand im Paris des Jahres 1929. Die Übersetzung aus dem russischen Manuskript stammt von Hans Ruoff, der Einbandentwurf von John Heartfield. Das Buch ist in dieser Gestalt zuerst im Berliner Malik-Verlag Wieland Herzfeldes 1930 erschienen.

Ebenfalls aus dem Malik-Verlag kommt die Vorlage zu den Lebenserinnerungen der russischen Schriftstellerin Wera Figner

123/124 Raubdrucke ohne Erscheinungsvermerke

›Nacht über Russland‹. Das 1928 auf Deutsch erschienene Buch wird von einem »Verlag Klaus Guhl Berlin« nachgedruckt.

Frühe Aufsätze von Georg Lukács aus den Jahren 1919 bis 1921 sind in jetzt schwer zugänglichen Zeitschriften erschienen. Sie werden unter dem Titel ›Wissenschaftliche Intelligenz, Schulung, Organisationsfrage‹ von einer »Schwarzen Presse« zusammengedruckt. Raubdrucke von Büchern und Aufsätzen, die im Umkreis des alten Frankfurter Instituts für Sozialforschung vor der Emigration nach New York oder während der dreißiger Jahre dort in der ›Zeitschrift für Sozialforschung‹ erschienen sind, bilden die Hauptmasse des Angebots. Max Horkheimers Broschüre über die ›Anfänge der bürgerlichen Geschichtsphilosophie‹, 1930 im Stuttgarter Kohlhammer Verlag erschienen, gehört ebenso dazu, wie die mehrfach nachgedruckten Forschungsberichte aus dem Institut für Sozialforschung über ›Autorität und Familie‹, die 1936 in Paris erschienen waren und Erich Fromm, Max Horkheimer, Hans Mayer, Herbert Marcuse und andere zu ihren Verfassern haben.

Bestseller werden die Schriften zur Sozial- und zur Massenpsychologie von Wilhelm Reich. Seine ›Funktion des Orgasmus‹ (mit einem Fremdwörterverzeichnis!) wird in vielen verschiedenen Raubdrucken angeboten (s. auch Kapitel 30)*, ebenso die ›Massenpsychologie des Faschismus‹. Manchmal werden kommentierende Zusätze oder erweiternde Zitate beigegeben. So ist Reichs Studie über den ›Triebhaften Charakter‹, die im Internationalen Psychoanalytischen Verlag in Wien 1925 erschienen war, ein Blatt in Rotdruck beigefügt, mit Zitaten aus Reichs späterer Schrift ›Dialektischer Materialismus und Psychoanalyse‹ (1929). Der im Vorwort der Raubdrucker erklärte Mangel der Schrift, zu individualpsychologisch zu argumentieren, soll damit korrigiert werden; denn die Zitate binden die Schrift in einen gesellschaftspolitischen Zusammenhang ein.*

Ebenfalls aus dem Internationalen Psychoanalytischen Verlag stammt der Titel ›Sisyphos oder die Grenzen der Erziehung‹ von Siegfried Bernfeld, der um 1970 unter dem Stichwort »antiautoritäre erziehung« nachgedruckt wird, obwohl das Buch bereits 1967 im Suhrkamp Verlag wieder herausgegeben worden ist.

Nicht den Raubdrucken zuzurechnen, aber durch eine doch wohl fingierte Verlagsangabe dem grauen Markt zugehörig, ist das 1975 in einem »Zarah-Leander Verlag Nischni-Nowgorod« erschienene Werk ›Das Patriarchat‹ von Ernest Borneman, das vom »ZK der KPdSU. Institut für Feminismus unter der Schirmherrschaft von Frau Präsident Leonida Breschnewa« herausgegeben sein soll. Seine gedruckte Widmung lautet:

Das *Patriarchat* ist den Frauen gewidmet. Es soll der Frauenbewegung dienen, wie *Das Kapital* der Arbeiterbewegung gedient hat: als Analyse der Vergangenheit, als Schlüssel zur Zukunft, als Waffe im täglichen Kampf der Gegenwart. *(Seite [7])*

18 MÄRZ

Die Studenten-Revolte diskutiert sich mit dem fortschreitenden Jahr 1968, und erst recht danach, mehr und mehr in die literaturferne »K-Gruppen«-Dogmatik hinüber. Man liest gemeinsam die Werke von Marx und Engels, die Hochschulen wimmeln von kleinen politischen Gruppen, welche die von ihnen vertretenen Varianten des Marxismus gerne den drei Buchstaben KPD hinzufügen, an den Seminaren bilden sich »Basisgruppen« und »Rote Zellen«.
Dieser Entwicklung zum Trocken-Nüchternen hin, das bei Autoren, Verlagen, Zeitungen, Theatern seine Entsprechung in Diskussionen über Lektoratsstatute, Mitbestimmungs-Satzungen, gewerkschaftlichen Organisationsfragen hat, kommt an einer eher unerwarteten Stelle des Verlagswesens ein Eklat in die Quere, durch den für die Jahre zwischen 1969 und 1973 ein buntes Feuerwerk gezündet wird.
Vor die Frage, wer über das Verlagsprogramm zu entscheiden habe, der Eigentümer oder der dafür bestallte Lektor, sieht sich im Jahr 1968 der – bescheiden agierende, programmatisch argumentierende – Verleger Joseph Melzer gestellt, der Inhaber eines zunächst in Düsseldorf, dann in Darmstadt ansässigen, auf deutsch-jüdische Kulturzusammenhänge spezialisierten Verlages, der Leo Baeck und Moses Hess, Martin Buber und Franz Rosenzweig und schließlich auch eine Ludwig-Börne-Ausgabe herausgebracht hatte.
1965 engagiert er als Verlagsleiter und Lektor Jörg Schröder (Jahrgang 1938), der bei Kiepenheuer & Witsch von 1962 bis 1964 Werbeleiter und Pressechef war. Von der Achtundsechziger-Bewegung mitgerissen und einer der Initiatoren der »Literaturproduzenten-Bewegung«, gibt Schröder dem auf schwachen Füßen stehenden Melzer Verlag eine neue Richtung und verschafft ihm damit eine wirtschaftliche Basis: Erfolgreich ist u. a. der erotisch-pornographische Roman der Pauline Réage, ›Geschichte der O‹, dessen französische Originalausgabe 1954 beim Verlag

Pauvert in Paris erschienen ist und dessen deutsche Übersetzung Melzer 1967 verlegt.

Die Staatsanwaltschaft Darmstadt schickte die Kripo vorbei, wollte die ›Geschichte der O‹ einziehen. Ich mußte ein Gutachten bestellen, das Walter Jens zusammen mit seiner Frau schrieb, worin sie ... die ›O‹ zu einem mystischen Werk verklärten. Ach, wie weit war das noch entfernt von Leslie A. Fiedlers Porno- und Popeinsichten in seinem Essay über die Postmoderne! Aber es reichte, um die Staatsanwaltschaft eine Weile von ihren Nachforschungen abzulenken.« *(Jörg Schröder: Schröder erzählt. Folge 25. Fuchstal-Leeder: MÄRZ Desktop Verlag 1996. Seite 11 f.)*

Man könnte sagen: Schröders Beispiel hat Vorbilder und es hat Schule gemacht: Seit 1947 versucht etwa der Verleger Willi Weismann in München seinen literarischen Verlag mit Canetti, Jahnn und Broch durch einschlägige »Magazine« zu finanzieren, und 1970 stützt Lothar Pinkall die Europäische Verlagsanstalt durch »Nummernbücher« mit ähnlicher Thematik gegen den finanziellen Absturz. Auch Pinkall ist einer von den Literaturproduzenten, der freilich durch die Neugründung einer zweiten Firma den Probelauf für ein neues Bewußtsein gegenüber dem bisherigen Verlagsprogramm abschottet.

Was im Darmstädter Melzer Verlag zunächst wie ein Einzelfall erscheint – die erfolgreiche Réage, die als emanzipatorisches Werk gefeiert und verstanden wird – verändert indessen den Verlag von innen: Politisches, Bewußtseinserweiterndes, Sexuell-Emanzipatorisches wirkt in der amerikanischen Popszene oder bei holländischen Provos so vorbildhaft, daß man sich nun dort seine Autoren sucht. Es kommt zum Konflikt zwischen Verleger und Verlagsleitung. Es kommt zur »Darmstädter Sezession«, zur Kündigung Schröders am 18. März 1969.

Ein neuer Verlag entsteht. Der Geburtsmonat gibt ihm den Namen: MÄRZ. Schröder selbst, ein in der Wolle gefärbter Werbemann, entwirft das Signet in der »Fetten Block«, einer Plakatschrift aus den zwanziger Jahren, die signalrot die meist knallgelben Umschläge unverwechselbar ins Auge springen läßt.

MÄRZ

Die ›Frankfurter Allgemeine Zeitung‹ meldet am 20. März 1969 unter der Überschrift ›Sezession im Melzer Verlag. Die Angestellten gründen neuen Verlag‹:

125 Signet des März Verlags

Zu den Vorgängen im Melzer Verlag, Darmstadt, die mit der fristlosen Kündigung des Verlagsleiters Georg[!] Schröder sowie der Mitarbeiter (Vertriebsleiter, Herstellungsleiter, Sekretariat, Lehrling) endeten, gab Georg Schröder der Redaktion eine Darstellung, die wir in wesentlichen Punkten wiedergeben:
»Am 18. März 1969 hat Herr Joseph Melzer, Inhaber des gleichnamigen Verlages in Darmstadt, seinen Mitarbeitern fristlos gekündigt.
Herr Joseph Melzer hat Herrn Jörg Schröder seit dessen Eintritt in den Melzer Verlag im Mai 1965 die Stellung eines alleinig verantwortlichen Verlagsleiters vertraglich zugestanden. Diese Funktion schloß die Entscheidungsbefugnis über die Annahme oder Ablehnung angebotener Manuskripte ein.
Herr Melzer hat Herrn Schröder nunmehr am 6. März 1969 unter Berufung auf politische, literarische und philosophische Divergenzen die Entscheidung über die Annahme von Manuskripten entzogen. Er hat zugleich gegenüber sämtlichen Mitarbeitern für den Fall nicht näher bezeichneter Kompetenz-Überschreitungen nicht näher bezeichnete Konsequenzen in Aussicht gestellt.
Die Mitarbeiter haben daraufhin Herrn Melzer erklärt, daß das von Herrn Schröder vorgelegte Verlagsprogramm, an dessen Art, Umfang, Qualität und Zustandekommen Herr Melzer keinen Anteil hat, gefährdet ist, wenn Herrn Schröder die Lektoratsautono-

mie entzogen würde. Die Mitarbeiter haben außerdem Herrn Melzer auf die Existenz einer Buchhaltung aufmerksam gemacht, deren Studium seine Fragen jederzeit ohne weiteres beantwortet, und sie haben schließlich die umgehende Erstellung eines detaillierten Organisationsplanes erbeten, um die Möglichkeit von Kompetenzverfehlungen ausschließen zu können.
Herr Melzer hat diese Erklärung am 18. März 1969 mit der fristlosen Kündigung der Mitarbeiter beantwortet.
Um ihre Arbeit unabhängig fortsetzen zu können, haben die ehemaligen Mitarbeiter des Melzer Verlages den »März Verlag« in Darmstadt gegründet. Der neu gegründete Verlag wird von den Beteiligten als Maßnahme gegen prinzipalische Vormundschaft, als Möglichkeit kollektiver Selbsthilfe verstanden. Die künftige Gesellschaftsform des März Verlages sieht die Beteiligung aller Mitgleider des Kollektives vor. Mit der Entscheidung der März-Verleger haben sich folgende Autoren und Übersetzer, deren Bücher bisher im Melzer Verlag erschienen sind bzw. erscheinen sollten, solidarisiert:
Rolf Dieter Brinkmann, Bazon Brock, William S. Burroughs, Peter O. Chotjewitz, H.B. Corell, Jan Cremer, Manfred Esser, Hans Hermann, Jürgen Hillner, Leroi Jones, Jack Kerouac, Peter M. Ladiges, Heinz Liehr, Esteban López, Heinz Mangold, Dirk Mülder, Jochen Noth, Horst Peisker, Hugo Raes, Gunter Rambow, Karin Reese, Irving Rosenthal, Ralf Rainer Rygulla, Hartmut Sander, Jürgen Schimaneck, Uve Schmidt, H.G. Schmierer, Horst Schröder, Günter Seuren, Werner Sollors, Wulf Teichmann, Carl Weis[s]ner, Johannes Werres, O. P. Wilck.

Schröder schwebt für den März Verlag indessen kein genossenschaftlich oder syndikalistisch geführter Verlag vor, sondern eine GmbH & Co. Dabei sollen zunächst 70 Prozent des Gewinnes auf Schröder fallen, die übrigen 30 Prozent auf die mit ihm ausgeschiedenen Angestellten. Er denkt daran, am Ende 20 Prozent des Reingewinnes für Autoren und Übersetzer bereitstellen zu können.

Ein paar Tage später liest man in der ›Frankfurter Rundschau‹ vom 22. März 1969:

Der ehemalige Bundesvorsitzende des Sozialistischen Deutschen Studentenbundes (SDS), Karl-Dietrich Wolff, will mit dem in Darmstadt neu gegründeten März-Verlag zusammenarbeiten. Er hat seine ursprüngliche Zusage, im Joseph-Melzer-Verlag in Darmstadt ab 1. April als Lektor tätig zu sein, zurückgezogen. Der März-Verlag ist Anfang dieser Woche, wie berichtet, von ehemaligen Mitarbeitern des Melzer-Verlages gegründet worden.

1 Melzer Information

Aus: Börsenblatt für den Deutschen Buchhandel – Frankfurter Ausgabe
Jahrgang 25, Nummer 27, 3. April 1969, Seite 2089
Mit Anstreichungen von Jörg Schröder
März-Archiv

Joseph Melzer verteidigt noch einmal branchenintern, was die März-Gründer längst überregional publik gemacht haben:

Nach anhaltenden Auseinandersetzungen über die Gestaltung des Verlagsprogramms hielt Herr Melzer in einem an sämtliche Mitarbeiter der Verlages gerichteten Schreiben vom 6. März eine weitergehende Mitsprache bei der künftigen Annahme von Manuskripten und eine umfassendere Unterrichtung über die geschäftlichen Entscheidungen des Verlagsleiters für geboten. Dieses Ersuchen des Verlegers ist von Herrn Schröder und den Mitarbeitern des Verlages am 10. 3. vor der Abreise von Herrn Melzer zur Buchmesse in Jerusalem in ultimativer Form mit weitreichenden, für Herrn Melzer nach Inhalt, Form und Zeitpunkt unzumutbaren Forderungen beantwortet worden. Unter diesen Umständen war Herr Melzer gezwungen, den bisherigen Verlagsleiter und die übrigen Mitarbeiter des Verlages fristlos zu entlassen.

2 Jörg Schröder mit seinem Team

am Tag der Verlagsgründung, 19. März 1969
Photographie von Gunter Rambow
Von links: Jörg Schröder (mit Mütze), Adolf Heinzlmeier, Anne Hansal, Traudel Brand, Peter Beitlich

Reproduktion. Leihgabe: Barbara Kalender und Jörg Schröder

Zu den Abgebildeten kommt noch im März 1969 hinzu: Karl-Dietrich Wolff, bis dahin Bundesvorsitzender des SDS, als Lektor für Politisches.
Schröder erzählt gerne, gut und schandmäulig von sich und anderen. 1972 erscheint seine »Autobiographie« unter dem Titel ›Siegfried‹ (von ihm erzählt, von Ernst Herhaus geschrieben); sie löst Furcht und Vergnügen (und Prozesse) aus. Seit 1990 verbreitet er im Selbstverlag als Fortsetzungsstory: ›Schröder erzählt‹, jetzt bei der 27. Folge angekommen – daneben gibt es noch ›Sondernummern‹. Der Lebensbericht ist unter den Rückblicken auf die Zeit um 1968 weitaus der farbigste und interessanteste, »ein obszön und fröhlich schillerndes Sittenbild des Kulturbetriebs, der es ignoriert, so gut er kann. Wer sich als Schröderfigur wiederfindet, tut gut daran, sich bedeckt zu halten«, warnt Gerhard Henschel in der ›Frankfurter Allgemeinen Zeitung‹ vom 4. Oktober 1994.
Ein Meisterstück ist darin etwa der Bericht von einem »read-in«, bei welchem der Melzer Verlag auf der Frankfurter Buchmesse 1967 seine neuen holländischen Autoren, teilweise aus der Provo-Szene, vorstellen will. »Das gesellschaftliche Ereignis findet statt ... im ehemaligen Altersheim für Jungfrauen/höherer Stände/Röderbergweg 64 ... /Genever & holländische Spezialitäten/Jeans oder Smoking«, verkündet die gedruckte Einladung. Während gelesen wird, macht sich die eingedrungene »Wiener Gruppe« unter Führung des EDV-Fachmanns und Berliner Kneipiers Oswald Wiener (Jahrgang 1935), Autor des Romans ›die verbesserung von mitteleuropa‹ (Reinbek: Rowohlt 1969) und der Aktionskünstlerin Valie Export über das Buffet her, von dem nichts

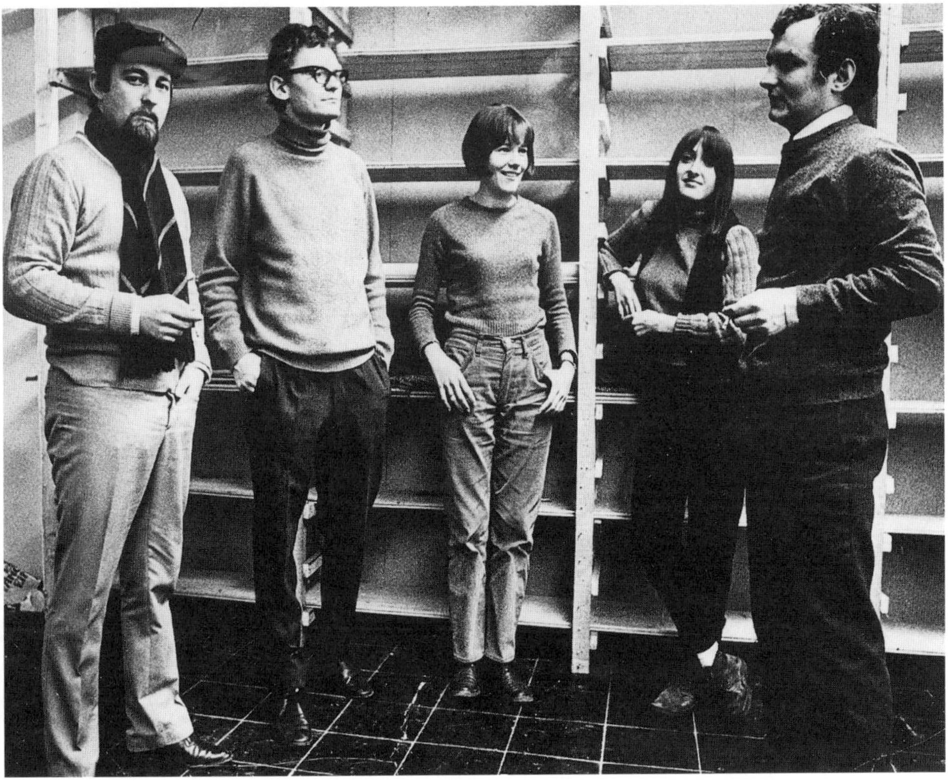

126 Jörg Schröder mit seinem Team (18.2)

übrig bleibt. Der Genever belebt die Gesellschaft so, daß die Autoren, die von einer Stehleiter aus zu lesen versuchen, nicht zu Wort kommen. Als Österreicher und Holländer in Streit geraten und sich mit den Farbkübeln aus Thomas Bayrles Siebdruckwerkstatt von nebenan traktieren, hat die Messe ihre Attraktion und Schröder die erwünschte Öffentlichkeit. *(vgl. Jörg Schröder: Schröder erzählt. Folge 24. a. a. O., Seite 43 ff.)*

Nach dem Ausschluß aus dem Melzer Verlag schart Schröder »seine« Autoren von Melzer um sich; gerichtliche Auseinandersetzungen nimmt er in Kauf. In einer ersten Erklärung heißt es:

Das Programm des MÄRZ VERLAGES wird bestimmt durch Publikationen deren Tendenzen die Erweiterung bestehender literarischer und politischer Bewußtseinsformen meint, Literatur und Politik sind

darin nicht voneinander abzugrenzen, sondern bedingen und ergänzen sich. Das Eine ist die Erweiterung des Anderen.
Der gemeinsame Hintergrund der vom MÄRZ VERLAG vorgelegten Titel ist eine neue Sensibilität, die sich in außerliterarischen Bereichen längst artikuliert hat.
Trotz häufig proklamierter Progressivität finden sich kaum Bücher, die dieses neue Bewußtsein demonstrieren. Im Gegensatz zu abstrakten Vorstellungen geht es uns darum, Belege und Anregungen zu schaffen für neue Verhaltensweisen, die sich aus den Zwängen traditionell wertender Kategorien befreit haben und für eine erweiterte Subjektivität und Spontaneität stehen.

Das gibt der März Verlag in einem vervielfältigten Handzettel am 11. April 1969 bekannt, der noch ein Signet trägt, das aus einem Barrikadenkampf-Motiv entwickelt ist.
Für Frühjahr/Frühsommer 1969 werden auf diesem Blatt angekündigt – und nur Versalien reichen in vielen Fällen aus, um das NEUE des Programms zu beschreiben:
›ACID‹, hrsg. von Rolf Dieter Brinkmann und Ralf-Rainer Rygulla. – Neue Gedichte aus England, unter dem Titel ›SHIT‹, von Rygulla herausgegeben (nicht erschienen). – ›SUBKULTUR BERLIN: Selbstdarstellungen, Text-Ton-Bilddokumente, Esoterik der Kommunen, Rocker, subversiven Gruppen‹ hrsg. von Hartmut Sander. – Bazon Brock: ›WAS WIRD. Zur Revolution des Ja‹ (nicht erschienen). – Hermann Nitsch: ›ORGIENMYSTERIEN/ORGIES-MYSTERIES‹. – Cathy Berberian: ›STRIPSODY‹, (nicht erschienen). – ›MÄRZ TEXTE‹, eine Art Verlagsalmanach. – ›TEXTE ZUR SOZIALISTISCHEN SCHÜLERBEWEGUNG 1925–1933‹ in einer eigenen Reihe ›MÄRZ ARCHIV‹.

Bücher des März Verlages liegen in dieser Ausstellung an vielen Stellen. Hier deshalb nur drei Beispiele:

3 Peter O. Chotjewitz: Vom Leben und Lernen

Stereotexte
Darmstadt: März Verlag 1969

Einer der Autoren, die Schröder von Melzer mitnimmt, ist Peter O. Chotjewitz (Jahrgang 1934). Sein ›Roman – ein Anpassungsmuster‹, mit Photographien des Graphikers Gunter Rambow, ist 1969 noch bei Melzer erschienen, sein »Stereotext«-Buch ›Vom Leben und Lernen‹ im gleichen Jahr schon bei März. Chotjewitz ist seit 1965 mit experimentellen Gedichten und Prosatexten in der Öffentlichkeit präsent. In den siebziger Jahren verteidigt er als Rechtsanwalt Andreas Baader und den (1971 in einen Schußwechsel mit Polizisten geratenen) Westberliner Schriftsteller Peter Paul Zahl ((Jahrgang 1944), der zunächst zu vier, in der Berufungsverhandlung aber zu fünfzehn Jahren Haft verurteilt wird.

127 Schutzumschlag (18.3)

128 Schutzumschlag (18.6)

1967/73 hält sich Chotjewitz in Rom auf; zunächst als Stipendiat der Villa Massimo. Von dort schreibt er am 19. März 1969 an Schröder über die bevorstehende Neugründung:

na, das sind ja Geschichten. Aber wenn Sie versprechen können und wollen, daß Sie das Buch (das ich schließlich extra für Sie vom Eremitenverlag losgeeist habe) im Herbst nicht nur machen, sondern auch schön machen und richtig vertreiben können, soll der neue März-Verlag es gerne haben.

Bei der Eremiten-Presse, vom Archegeten aller Gegen- und Kleinverleger, V. O. Stomps, 1949 gegründet, war das Gedichtbändchen ›Ulmer Brettspiele‹ von Chotjewitz 1965 herausgekommen.

›Vom Leben und Lernen‹ ist aus verschiedenen Texten von Chotjewitz montiert, die sich zu einer Art absurdem Entwicklungsroman zusammenfügen. Ein eingeschobenes, auf blauem Papier gedrucktes »Stück für drei bis vier Sprechgruppen und mehrere einzelne Sprecher« mit dem Titel ›Die Falle oder Die Studenten sind nicht an allem schuld‹ gehört mit Max von der Grüns Theatertext ›Notstand oder das Straßentheater kommt‹ (s. Seite 12) und der grotesken Allegorie ›Feinde‹ von Reinhard Lettau, die 1966 ursprünglich wohl als Parodie auf die amerikanische Generalität im Vietnamkrieg geschrieben (s. Seite 118f.), später aber auf die Ratlosigkeit der Berliner Universitätsleitung gegenüber den revoltierenden Studenten umgemünzt wurde, zu den ersten literarischen Darstellungen der Studentenrevolte.

Helmut Salzinger, selbst Lyriker und Erzähler, bespricht das Buch in der ›Zeit‹ vom 6. Februar 1970; seine Begeisterung hält sich in Grenzen:

Die darin enthaltenen Texte …, gar nicht zum Zweck dieses Buches geschrieben, vermitteln einen trefflichen Überblick über das, was in den letzten fünf, sechs Jahren unter kulturell Avancierten im Schwange war: James Bond und Sciencefiction, Italo-Western und linke Kulturkritik, Vietnam und Studentenunruhen, Bazon Brock und das wirkliche Leben (literarisch dokumentiert), Drogen und Rock-Musik, die Abschaffung der Literatur und ihre Unverwüstlichkeit, das gesunde Volksempfinden und die Befreiung von den sexuellen Tabus. All dies und vieles mehr hat Chotjewitz zu Literatur verarbeitet, und dagegen ist nichts einzuwenden. Einzuwenden habe ich dagegen nur, daß es allzuoft zu schlechter Literatur verarbeitet worden ist. *(Jg 25, Nr 6, Seite 18)*

Der hier erwähnte Kunsttheoretiker Bazon Brock hat eine »Strategie affirmativer Praxis« entwickelt, die in einer Art subversiver Bejahung der zu ändernden Herrschaftsverhältnisse besteht.

Die Politisierung der Lebensprozesse kann dadurch geleistet werden, daß die einzelnen Bürger die Realisation der Vorstellungen verlangen, die die Herrschaftsideologie entwickelt hat. Anstatt sich wie die Kulturkritik gegen die in der Werbung vermittelten Vorstellungen von Schönheit, Gesundheit, Verfügungsfreiheit zu wehren, sollen die einzelnen Bürger veranlaßt werden, zu verlangen, daß sie diese Schönheit, Gesundheit und Verfügungsfreiheit tatsächlich erhalten,

fordert er in seinem ›Gerüstgrundriß für Übersichtleser‹, einem Text, der ein geplantes Buch zusammenfaßt. (In: Mammut. März Texte 1&2. 1969–1984. Hrsg. von Jörg Schröder. 2. Aufl. Hubstein: März Verlag 1984. Seite 7–12) Schröder merkt in ›Mammut‹ an: »Was wird – Zur Revolution des Ja«, siehe 1. März-Bibliographie. Ob das Buch je erscheinen wird, ist von Bazon Brock nicht zu erfahren.« Später nennt ihn Schröder einen »Affirmationsnarziß«.

Über das Buch von Chotjewitz gibt es auch andere Urteile, so von dem Berliner Kritiker Wolfgang Maier im ›Tagesspiegel‹ vom 5. April 1970:

Chotjewitz ist geschickt und gescheit genug, das Sammelsurium unter einen theoretischen Aspekt zu stellen. In der Anlage ist es der Versuch zu einer neuen Spontaneität, der zunächst auf sich selbst, auf die eigene, im Persönlichsten sich darstellende Subjektivität zurückgreift. *(Jg 26, Nr 14, Seite 49)*

Und das ›Times Literary Supplement‹ fügt in einer sonst eher abfälligen Kritik hinzu: » … the pop literature aims he is setting him-

self are in themselves very interesting and worthwile«.(30. April 1970, Seite 485)

4 POTjewitz [Peter O. Chotjewitz] an Jörg Schröder

Rom, 5. September 1969. Postkarte

Auch im Umgang zwischen Autor und Verleger ist eine »neue Spontaneität« festzustellen; Chotjewitz hat aus Zeitungsausschnitten eine Bildpostkarte collagiert, die Kurt Georg Kiesinger, Franz Josef Strauß und andere Politiker bei einer Beerdigung zeigen. Schröder hatte von Chotjewitz vorgeschlagene Postkarten als Illustrationen für ›Vom Leben und Lernen‹ abgelehnt.

Schröder, Du dumpfe Sau, wegen der Postkarten, wenn ich nach Darmstadt komme, erschlagen wir Dich, Du qualitätsloser dumpfer Typ, von wegen der Postkarten, macht doch was ihr wollt, Dein POTjewitz

[An der Seite:] Die freuen sich so weil der Schröder beerdigt wird.

Daß das Medium die Botschaft sei – davon war schon die Rede. So entwirft der Verleger die Umschläge der März-Bücher selbst – er versteht sich als Verleger, Cheflektor und Gestalter des Verlagserscheinungsbildes.

5 Jörg Schröder: Umschlagentwurf

zu: Robert Crumb: HEAD COMIX. Einführung von Paul Krassner. Aus dem Amerikanischen übersetzt von Harry Rowohlt und Bernd Brummbär. Frankfurt am Main: Zweitausendeins 1970. (März bei Zweitausendeins)
März-Archiv

129 Auf der gegenüberliegenden Seite: Umschlagentwurf (18.5)

1973 meldet der Verlag Vergleich und 1974 Konkurs an und vertreibt dann, nach einer Zusammenarbeit mit Mailorder Kaiser, seine Bücher über die Frankfurter Versandbuchhandlung Zweitausendeins.

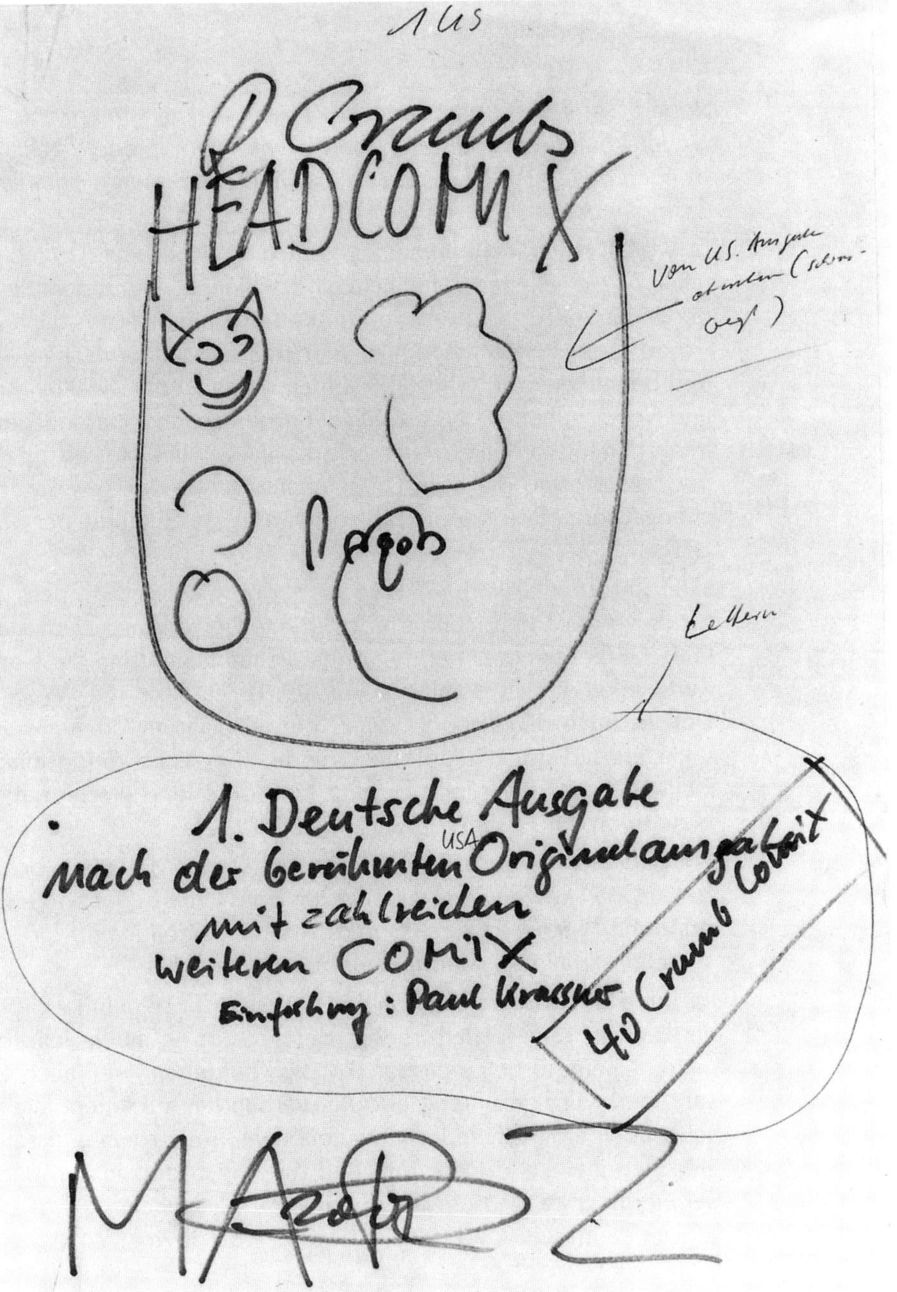

R Crumb
HEADCOMIX
1. Deutsche Ausgabe
nach der berühmten USA Originalausgabe
mit zahlreichen
weiteren COMIX
Einführung: Paul Krassner
40 Crumb Comix
MÄRZ

Robert Gernhardt (Jahrgang 1937) widmet dem »amerikanischen Underground-Cartoonisten Robert Crumb« im ›Spiegel‹, zehn Jahre nach der ersten Übersetzung ins Deutsche, einen ausführlichen Essay, in dem es u. a. heißt:

Es war nämlich nicht immer so, daß die Bücher vom Crumb fast unter Ausschluß der Öffentlichkeit erschienen. Im Gegenteil: Als der März-Verlag vor zwölf Jahren Robert Crumbs erstes Buch, die ›Head Comix‹ herausbrachte, war das Echo überraschend laut und bemerkenswert einhellig. »Noch selten ist die Zwielichtigkeit und Verlogenheit unserer Zivilisation derart schockierend genau festgehalten worden«, freute sich die ›FAZ‹. »Die Horror-Trips seiner Figuren sind die pure Entspannung gegen den gesellschaftlichen Alltags-Horror, den sie vorführen«, sekundierte der ›SPIEGEL‹.

»Der Zeichner Crumb will beweisen, daß nicht nur ein paar Verrückte verrückt sind, sondern das ganze Universum … Das kulturkritische Gequengel über den angeblichen Stumpfsinn der Comic-Kunst erledigt sich damit von selbst«, konstatierte die ›Welt‹. … Daß es nach den ›Head Comix‹ bei uns still um Crumb wurde, hatte erstmal ganz handfeste Gründe. Der März-Verlag machte Pleite, Crumbs Buch lief aus, und fünf Jahre lang erschien nichts Neues von ihm. *(Jg 36, 1982, Nr 30, Seite 132 f.)*

Ein gewisser Bernd Brummbär (das ist Bernd Malzahn), der neben Harry Rowohlt als Übersetzer von Crumb genannt wird, bringt im Nachwort zur Ausgabe von 1972 zeitgemäß LSD, Gesellschaftskritik und ›Headcomix‹ unter einen Hut:

Im Jahre 1943 schreibt dr. Albert Hofmann in seinem laboratoriumsbericht: »Am letzten freitag, dem 16. april, mußte ich nachmittags meine arbeit im labor plötzlich aufgeben, weil mich eine sehr merkwürdige unruhe erfaßte, verbunden mit einem leichten schwindelanfall. Ich verlor mein zeitbewußtsein; raum und zeit lösten sich mehr und mehr auf, und die angst, daß ich im begriff sei, verrückt zu werden, überfiel mich. Das schlimmste war, daß ich mir meines zustandes völlig bewußt war, obwohl ich nichts tun konnte, um ihn zu beenden. Gelegentlich kam es mir so vor, als befände ich mich außerhalb meines körpers. Ich dachte ich sei gestorben. Mein Ich schwebte irgendwo im raum und ich sah meinen körper tot auf dem sofa liegen.«

In diesen historischen aufzeichnungen über die entdeckung des lsd meint man über die wirkungen der droge zu lesen, in wirklichkeit erfährt man etwas über den zustand dr. Hofmanns und der gesellschaft in der er lebte. Dies ist sein und unserer alltäglicher zustand, lsd hat ihm nur das bewußtsein dieses zustandes vermittelt.

Die zeichnungen von R. Crumb machen auf ihre weise den »wahnsinn«, in dem wir leben, sichtbar. Er zerreißt die nebelschleier des in der »great society« zur harmonie verklärten sozialdarwinismus.

Unter den politischen Publikationen des Verlages macht ein Buch, das schon eine Generation alt ist, eine ganz unerwartete Furore:

6 Edgar Snow: Roter Stern über China

Aus dem Amerikanischen übersetzt von Gerold Dommermuth und Heidi Reichling
2. Auflage
Frankfurt am Main: März Verlag 1971
Die erste Auflage erschien 1970.

Der 1936 geschriebene, 1938, 1944 und 1968 in den USA erschienene Erlebnisbericht vom Großen Zug Mao Tse-tungs, der »das einzig existierende Fragment einer Art Autobiographie Mao Tse-tungs« enthält, ist wohl das am weitesten verbreitete Buch des März Verlags geworden. Snows Wirkung, die in den USA auch zu Nixons Interesse für China führte – Mao Tse-tung ließ 1972 durch Snow dem amerikanischen Präsidenten signalisieren, daß er an seinem Besuch interessiert wäre –, dürfte in der Bundesrepublik des Jahres 1970 im Zusammenhang stehen mit der Aufmerksam-

keit, welche Maos Kulturrevolution gerade bei den revoltierenden Studenten fand.

Für das politische Programm des Verlags ist K. D. Wolff zuständig. Er führt heute die Geschäfte des Verlages »Stroemfeld Roter Stern«, der vor allem durch die historisch-kritischen Editionen von Hölderlin (herausgegeben von Dietrich Sattler) und Kleist (herausgegeben von Roland Reuß und Peter Stängle) bekannt geworden ist – Editionen, die so angelegt sind, daß der Benutzer nicht der Autorität des herausgebenden Philologen unterworfen wird, sondern die Entstehung der Texte selbst mitvollziehen kann.

Fünfzehn Jahre nach der Gründung von März gibt Schröder unter dem Titel ›Mammut. März Texte 1 & 2. 1969 – 1984‹ eine umfangreiche Verlagsanthologie heraus. Der Dramatiker Rainald Goetz schreibt eine Rezension darüber im Auftrag des ›Spiegel‹. Sie trägt im Typoskript die Überschrift ›Das große Universum. Rainald Goetz über Jörg Schröder: Mammut‹. Doch die Redaktion des Magazins nimmt den Text nicht an; Schröder läßt ihn als Manuskript in seinem Verlagsprospekt für Juli bis November 1985 drucken. Darin heißt es:

Und, jetzt kommt's: Jörg Schöder ist beide.

- Wie beide? Welche beiden?
- Ja eben: Tom Wolfe und Andy Warhol.
- Das ist ja wohl sehr übertrieben. Vor allem der Schuh Warhol ist für Schröder definitiv zu groß.
- Ja ja ja, natürlich, klar. Aber wir sind ja auch nur wir, Bundesrepublik-Deutsche, und unsere Warhols sind eben die Schröders.

Auch einem zweiten Text, diesmal von einem gewissen Diedrich Diederichsen verfaßt, verweigert der ›Spiegel‹ seine Spalten. Schröder druckt ihn im gleichen Prospekt ab. Er hat keine Überschrift, aber ein Motto, ein Zitat des Verlegers: »Ich erzählte diesen Muff, weil sich kein Mensch vorstellt, was für eine Scheiße das ist, die man in den Feuilletons Kultur nennt.« Die Produktion von März wird damals so charakterisiert:

Als die Literatur starb, irgendwann zwischen 1956 und 1968, bäumte sie sich im Todeskampf noch einmal auf und schleuderte, im Aufsitzen, aus ihrem zersetzten, angefressenen, kranken und verwilderten Gedächtnis einen heftigen Sturzbach von aufregenden, billigen, prallen, monomanen, revolutionären, bigotten, lächerlichen und gleichzeitig luziden Wort- und Ideenverknüpfungen. In von den Beteiligten als glückhaft empfundener Regellosigkeit kotzte es: alte Beatniks, neue Acid-Heads, Strandgut eines gottlosen Kleinbürgertums, voreilige Weltverbesserer, Künstler und vor allem, ein letztes Mal: Dichter.

Ein Seitenblick: Um die (geldbringenden pornographischen) Verlagsaktivitäten abzusichern und auszubauen, hatten Joseph Melzer und Jörg Schröder Ende 1968 oder Anfang 1969 mit Maurice Girodias, dem Verleger der auf Erotika spezialisierten »Olympia Press Inc. New York« die Gründung eines deutschen Tochterverlags vereinbart – Schröder sollte zu einem Drittel beteiligt sein, Melzer zum andern, das dritte behielt sich Girodias vor. »Herr Girodias hatte es Herrn Schröder überlassen, sich für die Vorbereitungsarbeiten der Hilfe eines beliebigen Dritten seiner (Schröders) Wahl zu bedienen« – läßt Schröder in einer »Gegendarstellung« verlauten, als Melzer nach der Sezession öffentlich gegen seine Ausbootung protestiert.

7 Maurice Girodias an Jörg Schröder

New York, 9. März 1969. Telegramm

FOLLOWING YOUR REPORT CONCERNING JOSEF MELZER'S CHANGE OF ATTITUDE CONCERNING GERMAN OLYMPIAPRESS I HEREBY CONFIRM MY AGREEMENT TO GO AHEAD WITH VENTURE AFTER ELIMINATING MELZER FROM COMPANY AND DIVIDING HIS ONETHIRD BETWEEN DIRECT COLLABORATORS GOOD LUCK MAURICE GIRODIAS

Schröder und seine Verlagsmitarbeiter besaßen damit zusammen zwei Drittel der deutschen Tochter von Olympia Press.

8 Wie Sie aus der Presse entnommen haben …

Darmstadt: Olympia Press 1969
Infoblatt
März-Archiv

Nach einer beispiellosen Werbekampagne vor der Gründung der deutschen Olympia Press Anfang 1969 (bei der der Melzer Verlag noch als Auslieferer auftritt), in ›Börsenblatt‹-Anzeigen werden die Verkaufserfolge der Verlagsvertreter Woche für Woche mitgeteilt, wird jetzt in einem Akzidenzdruck bekanntgegeben:

Wie Sie aus der Presse entnommen haben, sollten den Olympia Press Verlag & Buchclub Darmstadt drei Gesellschafter, nämlich Maurice Girodias, Jörg Schröder und ein anderer Gesellschafter gründen. Aus wichtigem Grund ist dieser Gesellschafter auf Wunsch von Maurice Girodias, dem Lizenzgeber, und Herrn Jörg Schröder nicht mehr vorgesehen. Peter Beitlich, Traudel Brand, Anne Hansal und Adolf Heinzlmeier [ehemalige Melzer-Mitarbeiter] übernehmen den ursprünglich vorgesehenen Gesellschaftsanteil.

Als Auslieferer firmiert jetzt Olympia Press selbst. Die beiden ersten Titel werden für den 20. März 1969 angekündigt. Den Anfang macht ›Barbara‹ von Frank Newman:

Barbara, neben seiner Qualität als ultraerotischer Roman, zeigt in zwingender und extremer Form eines der Ideale der schlecht zu definierenden Avantgarde, nämlich »der internationalen Jugend«. Exzesse, totale Offenheit reflektieren die Tatsache, daß Freiheit nicht fragmentarisch sein kann, nicht qualifiziert oder eingedämmt.

Der zweite Titel, der im Verlagsprospekt, anders als der erste, ohne ideologisierenden Text angekündigt wird, heißt ›Der Pornograph‹ und erscheint unter dem Namen Norman Singer.

9 Wolfgang O. Metzger an Jörg Schröder

Stammheim/Calw, undatiert
Postkarte mit dem Eingangsstempel: 9. November 1969
Mit dem handschriftlichen Zusatz von Peter Beitlich, damals Lektor im März Verlag: »von mir schönen Gruß!«
März-Archiv

Lieber Genosse Schröder,

den folgenden Spruch von Dr. Jürgen Mackensen (auf der 4. Kranichsteiner) mußt Du K. D. [Wolff] auf den Schreibtisch nageln (in Goldlettern):

»Doch liegt die Gefährlichkeit so mancher besonders übler Pornographie gerade darin, daß sie Tabus zerstört und damit letztlich politische Wirkung erzielt.«

(Wir sind uns darüber einig, daß Tabus zerstören allein nicht genügt, aber trotzdem ..)

Gibt es auch auf die Club-Ausgaben Kollegenrabatt? Bitte 2 Ex. des Olympia-Verzeichnisses.

Rotfront, Wolfgang O. Metzger

Jürgen Mackensen ist damals Verlagsleiter bei Georg Westermann. Zu den Kranichsteiner Buchhändlertagen treffen sich alljährlich Sortimenter und Verleger.

10 Thore Schuech: 66 Sexspiele

[Darmstadt:] Olympia Press o.J.
(Olympia Press Sonderreihe)
Großformatige Spielkarten im Schuber
März-Archiv

Ausgestellt sind drei Karten, eine aufgedeckt (Nr 66, also die letzte): »Keines dieser Sex-Spiele spielen, sondern die gesellschaftlichen Ursachen für das Zustandekommen dieser Sex-Spiele reflektieren und verändern.«

130 Spielkarten (18.10) *In der 27. Folge von ›Schröder erzählt‹ blickt der Verleger auf 1969 zurück:*

Ich wollte ein geiles Programm machen, nicht spezifisch sexuell, aber auch. Retrospektiv ist es leicht, diese Mixtur aus Literatur, Comics, Pädagogik, Sex, Politik, Drogen als Experiment der Postmoderne zu definieren oder in diesem März Verlag »*den* kulturrevolutionären Verlag« zu sehen, wie Karl-Heinz Bohrer es bereits 1972 tat. Als es erst drei März-Titel gab, war das schwer … *(Jörg Schröder: Schröder erzählt. Folge 27. Augsburg: MÄRZ Desktop Verlag 1996. Seite 28)*

Der Artikel von Karl Heinz Bohrer, heute Professor in Bielefeld und Herausgeber des ›Merkur‹, erscheint in der ›Frankfurter Allgemeinen Zeitung‹ am 28. Oktober 1972. Er meldet, der März Verlag habe Vergleich beantragt.

Dem März Verlag, seinem Erfinder Jörg Schröder und einigen seiner literarischen Helfer, verdanken wir die Kenntnis eines spezifischen Teils der nordamerikanischen Literatur der sechziger Jahre, die mit dem Schlagwort »Neue Sinnlichkeit« nur ungenügend gekennzeichnet ist.
Heute schon steht fest, daß Titel wie ›Acid‹, der von Rolf Dieter Brinkmann und Rainer Rygulla herausgegebenen Dokumentation dieser Literatur, daß Titel wie ›Schöne Verlierer‹ von Leonhard[!] Cohen, ›Die Wiederkehr des verschwundenen Amerikaners‹ von Leslie A. Fiedler und auch Edgar Snows ›Roter Stern über China‹, um nur einige zu nennen, zu jenen Büchern gehören, die eine Epoche repräsentieren, die nicht zu den beliebigen Eintags- oder Jahresfliegen gehören, die nachwirken werden. Was den März Verlag im Gegensatz zu anderen, jüngeren, z. T. sogenannten »linken« Verlagen ausgezeichnet hat, war die Originalität, der künstlerische Instinkt und ganz und gar undogmatische Geist. … eine derart romantizistische Intensität [enthält] von vornherein etwas Selbstmörderisches … Der März Verlag ist *der* kulturrevolutionäre Verlag gewesen. … die hier skizzierte Bedeutung des März Verlages [ist] in erster Linie eine Leistung Schröders gewesen …, dessen zur Schau getragener Zynismus mit dazugehörte.

Jörg Schröder selbst apostrophiert 1993 in der 15. Folge von ›Schröder erzählt‹ Michel Foucault (1926–1984), den französischen Philosophen, der, auf der Suche nach einer »nachmodernen Lebenskunst« für die den Achtundsechzigern nachfolgende Generation an die Stelle Adornos tritt und wie jener Marx, so nun in einem Paradigmenwechsel Nietzsche wieder zur Leitfigur macht:

Einverstanden, Monsieur Foucault, es muß ununterbrochen gesprochen werden, aber vor allem muß ununterbrochen widersprochen werden, damit endlich das dusselige Gerede aufhört, alles sei Erzählung in der Postmoderne. Übrigens ein Begriff, der so dringend entsorgt werden muß wie eine leere Batterie auf der Sondermülldeponie der Ideengeschichte. Wie Leslie Fiedler die

Postmoderne 1968 definierte, stand sie mal für die Lockerung von den Fesseln der Moderne, eine Befreiung von zwanghafter Analyse, Rationalität und antiromantischer Dialektik, die letztlich auf Akademismus abzielten. Inzwischen ist das alles zum Synonym für Gegenaufklärung verkommen. *(Jörg Schröder: Schröder erzählt. Folge 15. Fuchstal-Leeder: MÄRZ Desktop Verlag 1993. Seite 31)*

Der postmoderne Impuls

Im Juni 1968 verkündet Leslie A. Fiedler auf einem Freiburger Symposium den Tod der Moderne, wie sie Thomas Mann und T. S. Eliot verkörpern. Der künftigen Kultur, die auf Trivialmythen basieren soll, gab er erstmals den Namen »Postmoderne«. Dieses »Plädoyer« für die Postmoderne nimmt die Wochenzeitung ›Christ und Welt‹ zum Anlaß für eine Literaturdebatte, die bis heute nachwirkt. Fiedlers Vortrag gilt für die Literaturgeschichte seither als Schlüsseltext der Postmoderne. Seine Rezeption verläuft in mehreren Etappen und ist stets von Neugierde und Kritik begleitet. Die heftigen, fast ausschließlich ablehnenden Reaktionen, die Fiedler unter deutschen Schriftstellern damals hervorruft, verdeutlichen die Ideale wie die Tabus der deutschen Literatur um 1968. Fiedlers schärfster Kritiker ist Martin Walser, sein größter Anhänger Rolf Dieter Brinkmann. Peter Handke, der sich nur in einem bisher unveröffentlichten Brief äußert, schwankt zwischen Sympathie und Skepsis.

cross the border, close the gap

current literary criticism, says an eminent literary critic, is suffering badly from a chronic case of pernicious irrelevancy that may shortly prove fatal unless it can contrive to pull its head out of its past

opinion By LESLIE A. FIEDLER ALMOST ALL today's readers and writers are aware that we are living through the death throes of literary modernism and the birth pangs of postmodernism. The kind of literature that had arrogated to itself the name modern (with the presumption that it represented the ultimate advance in sensibility and form, that beyond it newness was not possible), and whose moment of triumph lasted from just before World War One until just after World War Two, is *dead*; i.e., belongs to history, not actuality. In the field of the novel, this means that the age of Proust, Mann and Joyce is over, just as in verse, that of T. S. Eliot and Paul Valéry is done with.

Obviously, this fact has not remained secret and some critics have even been attempting to deal with its implications. But they have been trying to do so in a language and with *(continued on page 230)*

ILLUSTRATION BY KARL WIRSUM

19 Plädoyer für eine Postmoderne

Den Namen Fiedler verbindet man Ende der sechziger Jahre mit einer neuen amerikanischen Literaturkritik, die den ›New Criticism‹ abzulösen versucht. Hatte der ›New Criticism‹ sich fast ausschließlich um Sprache, Stil und Struktur eines literarischen Kunstwerks gekümmert, formiert sich die neue Strömung zu einer mythologischen Literaturkritik, die das Kunstwerk in seinen Kontext einbettet und sich besonders für Urbilder und Rituale interessiert.

Der gleichen Generation wie Leslie A. Fiedler (Jahrgang 1917) gehört Marshall McLuhan an, der 1967 die These »The medium is the message« geprägt und die Vision von einem elektronischen »global village« entwickelt hat. Beide beschäftigen sich mit dem neuen Phänomen einer Massenkultur und beziehen in ihre Überlegungen die jüngsten technischen Entwicklungen mit ein, insbesondere die der elektronischen Medien.

Die Zukunft gehört nach Fiedler einer Literatur, die den Graben zwischen hoher und niederer Kunst schließt und sich in den Genres der Science Fiction, des Western und der Pornographie ausdrückt. Fiedlers Literaturkonzept, das, auf den Erscheinungen der amerikanischen Subkulturen basierend, eine neue Literaturkritik fordert und von einer allgemein menschlichen Sehnsucht nach Traum, Vision und Ekstase ausgeht, gewinnt auch für die literarische Debatte in der Bundesrepublik Bedeutung. Denn in dieser Zeit wird auch hierzulande über das Ende der »bürgerlichen Literaturkritik« diskutiert, wie etwa in Peter Hamms Anthologie ›Kritik/von wem/für wen/wie‹ (München: Hanser 1968), und gleichzeitig der Trivialliteratur immer größere Bedeutung zugemessen; in den Kinos läuft derweil mit großem Erfolg Stanley Kubricks Science-Fiction-Film ›2001: Odyssee im Weltraum‹.

131 Auf der gegenüberliegenden Seite: ›Playboy‹ mit der ausführlichen Version von Fiedlers Thesen (19.6)

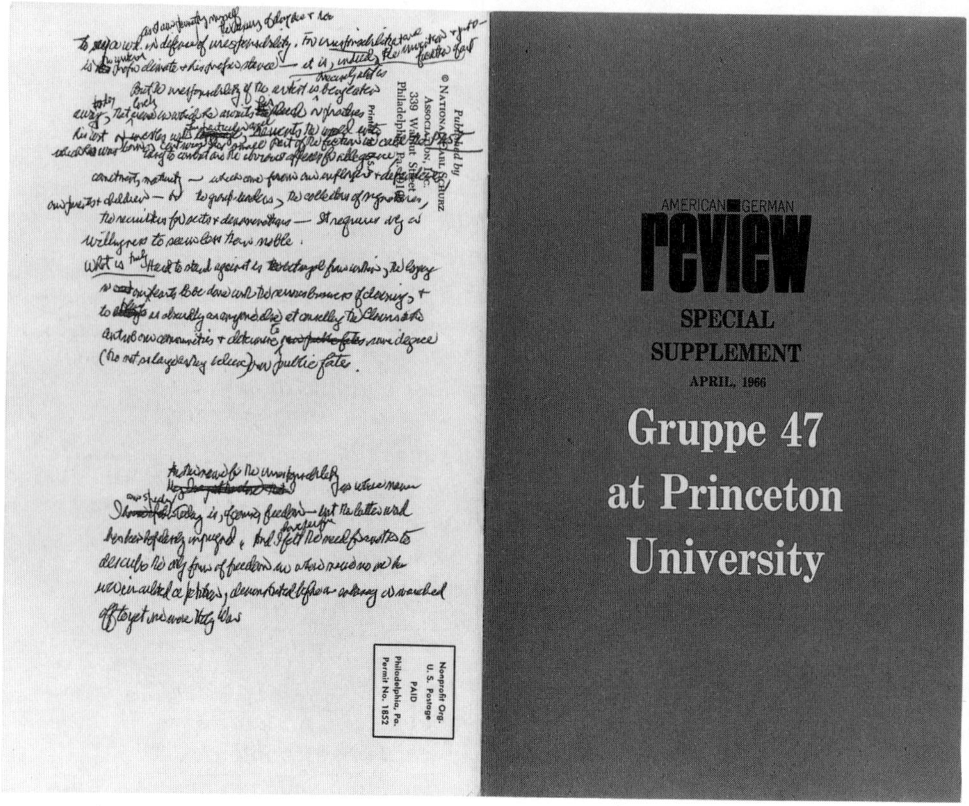

132 Sonderausgabe der American-German Review, April 1966. Rück- und Vorderseite (19.1)

1 Gruppe 47 at Princeton University

April 21–25, 1966
Philadelphia: National Carl Schurz Ass. 1966
(American-German Review. Special Supplement/April 1966)
Mit handschriftlichen Notizen von Leslie A. Fiedler
Leihgabe: Leslie A. Fiedler

Einigen deutschen Autoren ist Leslie A. Fiedler schon seit dem Jahrestreffen der Gruppe 47 in Princeton bekannt. Der Veranstalter der Tagung, Professor Victor Lange, hat ihn zusammen mit der Schriftstellerin und Kritikerin Susan Sontag (›Against interpretation‹. *1966) als Repräsentanten der neuen amerikanischen Literaturkritik zu einer Diskussion eingeladen und ihn in einem Brief gebeten, auf dem Podium zum Thema ›Die Wirksamkeit des Schriftstellers: Geheimrat oder Hofnarr?‹ zu reden. Günter Grass, Marcel Reich-Ranicki, Hans Magnus Enzensberger, Erich Fried und Peter Weiss sollen seine Diskussionspartner sein. Auf der Sonderausgabe der ›American-German Review‹ notiert sich Fiedler für seine Statements einige Bemerkungen über den Schriftsteller in der Wohlstandsgesellschaft, die hier – wie alle anderen Zitate Fiedlers – in deutscher Übersetzung wiedergegeben werden:*

Die Wohlstandsgesellschaft ist per Definition eine Gesellschaft, in der die gesamte Kultur dazu tendiert, zur Massenkultur zu werden – und das Leben des Schriftstellers selbst wird Teil der Massenkultur, auch wenn er einen Großteil seines Lebens damit verbringt, das zu beklagen. In der Tat ist das Beklagen der Massenkultur oder der Massenmedien zum Standard der Pop Art geworden; ebenso wie des literarischen Symposiums oder des internationalen Künstlertreffens.

Im Tagungsbericht heißt es über die Diskussion zwischen den deutschen und amerikanischen Schriftstellern:

... vier Podiumsdiskussionen zwischen Leuten aus der Gruppe und amerikanischen Literaten wie Eric Bentley, Susan Sontag und Leslie Fiedler ... über das Thema: ›Der Schriftsteller in der Wohlstandsgesellschaft‹. Die ersten fielen der Akustik des Saales zum Opfer, ...; die letzten endeten in einer Diskussion über das Thema Engagement, das doch noch lange nicht ausdiskutiert scheint, wie immer behauptet wird, sonst kehrten nicht so viele Gespräche zu ihm zurück, sonst entstünden nicht jedesmal so hoffnungslose semantische Verwirrungen. *(Die Gruppe 47. Bericht, Kritik, Polemik. Ein Handbuch. Hrsg. von Reinhard Lettau. Neuwied, Berlin: Luchterhand 1967. Seite 234)*

2 Für und wider die zeitgenössische Literatur in Europa und Amerika

Ein Symposium. Veranstalter: Amerika-Haus Freiburg und Institut für Atlantische Studien der Universität von Massachusetts in Freiburg. In Verbindung mit dem Deutschen Seminar und Englischen Seminar der Albert-Ludwigs-Universität
Samstag, 29./Sonntag, 30. Juni 1968
Veranstaltungsprogramm
Mit handschriftlichen Korrekturen des Veranstalters Peter Heller
Leihgabe: Peter Heller

Wie sich herausstellt, ist das Thema »Engagement« in der Tat noch lange nicht ausdiskutiert. Als der in Amerika lehrende Professor Peter Heller 1968 eine Gastprofessur am Anglistischen Seminar der Universität Freiburg wahrnimmt, lädt er Leslie A. Fiedler zu einem Symposium ein, das Ende Juni unter dem Titel ›Für und wider die zeitgenössische Literatur‹ stattfinden und den »Zürcher Literaturstreit« von 1966 fortführen soll. Das Programmheft zur Veranstaltung im Theatersaal der Alten Universität in Freiburg benennt Themen und Redner:

Samstag, 29. Juni 1968

Prof. Dr. Erich Heller: Die verantwortungslose Literatur

Prof. Dr. Peter Heller: Bekenntnis zum Thema

Prof. Dr. Leslie A. Fiedler: Close the Gap – Cross the Border: The Case for Post-Modernism

Prof. Dr. Victor Lange: Die Sprache als Gegenstand des modernen Erzählens

Sonntag, 30. Juni 1968

Dr. Reinhard Baumgart: Moderne, gegenwärtige, zukünftige Literatur

Dr. Hilde Domin: Lyriker und Leser in der Zerreißprobe. Zur Soziologie und Technik der Lyrik in der gesteuerten Gesellschaft

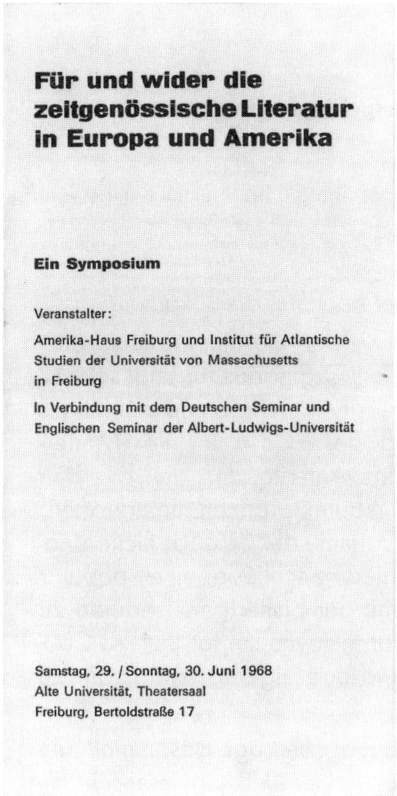

Für und wider die zeitgenössische Literatur in Europa und Amerika

Ein Symposium

Veranstalter:

Amerika-Haus Freiburg und Institut für Atlantische Studien der Universität von Massachusetts in Freiburg

In Verbindung mit dem Deutschen Seminar und Englischen Seminar der Albert-Ludwigs-Universität

Samstag, 29. / Sonntag, 30. Juni 1968
Alte Universität, Theatersaal
Freiburg, Bertoldstraße 17

Hans Werner Cohen: Die Frage nach der Verantwortung des Dichters

Dr. Martin Walser: Engagement als Pflichtfach für Schriftsteller

133 Programmheft (19.2)

134 Leslie A. Fiedler (19.3)

3 Leslie A. Fiedler

Photographie. Um 1968
Leihgabe: State University of New York at Buffalo

4 Annemarie Meckel: Literaturaspekte der Gegenwart

Ein Symposium in Freiburg
Ausschnitt aus: Badische Zeitung. Freiburg i.Br. Nummer 149 vom 2. Juli 1968, Seite 9
Leihgabe: Leslie A. Fiedler

Über den Freiburger Auftritt Fiedlers berichtet die Lokalzeitung:

Eine ungestüme Durchbrechung ... [der literaturwissenschaftlichen] Referate bewirkte Leslie Fiedler, Ordinarius für Englische Literatur an der New York State University in Buffalo und vielfältiger Prosaautor, mit seiner Darstellung des »Case for Post-Modernism«. Fiedler versteht darunter eine Anti-Literatur, die, aus den Träumen des Volkes aufsteigend, kaum Grenzen unterworfen, dem Pop, der Pornographie, den Comics, der Science Fiction nahe, den Spalt zwischen hoch und niedrig schließe; eine »popular culture«, die nicht das Geringste mit der bisherigen Tradition zu tun – die Moderne samt Proust, Mann, Joyce sei tot, nur zu Cooper gebe es eine dünne Linie – und ihre eigene Mythologie zu schaffen habe.

Ursprünglich ist vorgesehen, die Tagungsbeiträge gesammelt herauszugeben. Auch wenn es in manch einer literaturwissenschaftlichen Abhandlung zitiert wird: Das Buch ist nie erschienen. In der Ankündigung im Verlagsverzeichnis 1968/69 des Lothar Stiehm Verlags wird die folgende Passage aus der ›Badischen Zeitung‹ zitiert:

Die Fronten liefen kreuz und quer, nicht nur in der, freilich deutlich vorherrschenden, Linie zwischen den Generationen, von denen die ältere eine durch Wissen und Erfahrung disziplinierte Sehnsucht nach Verständnis für das Neue, die jüngere eine radikale Gleichgültigkeit für das Feststehende und die zuweilen tief verzweifelte Orientierung nach dem Unerweisbaren bezeugte.

5 Leslie A. Fiedler: Das Zeitalter der neuen Literatur

Die Wiedergeburt der Kritik. [Teil 1]
Ausschnitt aus: Christ und Welt. Stuttgart. Jahrgang 21, Nummer 37 vom 13. September 1968, Seite 9
Leihgabe: Universitätsbibliothek Mannheim

Wolfgang Ignée, damals Feuilletonredakteur der liberalen Wochenzeitung ›Christ und Welt‹, bittet Fiedler nach der Veranstaltung, seinen Vortrag zu einem Aufsatz umzuarbeiten. Ignée übersetzt diesen Aufsatz und läßt ihn zahlreichen deutschen Schriftstellern mit der Bitte zukommen, zu Fiedlers Plädoyer für eine Postmoderne Stellung zu nehmen. Er initiiert damit die sogenannte »Fiedler-Debatte«. Ignée verfaßt eine kurze Einleitung zu dem Eröffnungstext und stellt darin Fiedler vor:

Das Freiburger Podium betrat unter anderen auch ein bescheidener Mann in dunklem Anzug, mit buntem Hemd und hellwachen Augen. Er hielt anhand nur weniger Notizen einen Stegreifvortrag mit dem Titel ›The Case for Post-Modernism‹, zu deutsch etwa: ›Plädoyer für die nach-moderne Epoche‹. Der Redner zwang bereits mit den ersten Sätzen die Teilnehmer des Symposiums ... sowie das vorwiegend studentische Auditorium zu verschärfter Aufmerksamkeit und erregtem Zuhören: Das war Leslie A. Fiedler, ... in den Staaten als »the wild man of American literary criticism« bekannt. Fiedler stellte in Freiburg zunächst Todesbescheinigungen aus für nahezu die ganze würdige Galerie unserer literarischen Heroen, ... ehe er die Vision einer auch in Europa, aber vor allem in Amerika zum Licht drängenden neuen Literatur verspielter, frivoler und romantischer junger Köpfe ausbreitete.

Zu denjenigen Passagen im Vortrag des damals 51jährigen Fiedler, die besondere Aufmerksamkeit hervorrufen, gehört zunächst einmal seine Äußerung zur Lage der Literaturkritik:

Jedenfalls ist mir klar, daß Schriftsteller, die nicht das Glück haben, unter dreißig zu sein – oder fünfunddreißig oder wo man das kritische Alter heute auch ansetzen mag – , einer Art Neugeburt bedürfen, um in dieser Zeit und gegenüber denjenigen, die

CHRIST UND WELT
Deutsche Wochenzeitung

Feuilleton

Leslie A. Fiedler:

Das Zeitalter der neuen Literatur

Die Wiedergeburt der Kritik

Am letzten Juni-Wochenende dieses Jahres fand im Theatersaal der Alten Universität in Freiburg bei Hitzegraden nahe dem Siedepunkt ein so gut wie nicht beachtetes Symposium „Für und wider die zeitgenössische Literatur in Europa und Amerika" statt. Das Freiburger Podium betrat unter anderen auch ein bescheidener Mann in dunklem Anzug, mit buntem Hemd und hellwachen Augen. Er hielt anhand nur weniger Notizen einen Stegreifvortrag mit dem Titel „The Case for Post-Modernism", zu deutsch etwa: „Plädoyer für die nach-moderne Epoche". Der Redner zwang bereits mit den ersten Sätzen die Teilnehmer des Symposiums — darunter die Professoren Peter Heller, Erich Heller, Victor Lange, die Schriftsteller Martin Walser, Reinhard Baumgart, Hilde Domin — sowie das vorwiegend studentische Auditorium zu verschärfter Aufmerksamkeit und erregtem Zuhören: Das war Leslie A. Fiedler, Professor für Englische Literatur an der New York State University in Buffalo, Romanautor, brillanter Essayist und in den Staaten als „the wild man of American literary criticism" bekannt. Fiedler stellte in Freiburg zunächst Todesbescheinigungen aus für nahezu die ganze würdige Galerie unserer literarischen Heroen von Thomas Mann über Proust bis Robbe-Grillet, ehe er die Vision einer auch in Europa, aber vor allem in Amerika zum Licht drängenden neuen Literatur verspielter, frivoler und romantischer junger Köpfe ausbreitete. Wir baten Leslie A. Fiedler, die Freiburger Rede, die ihm mehr leidenschaftliche Gegner als Anhänger einbringen wird, für uns niederzuschreiben. Wir veröffentlichen sie in dieser und der folgenden Ausgabe.

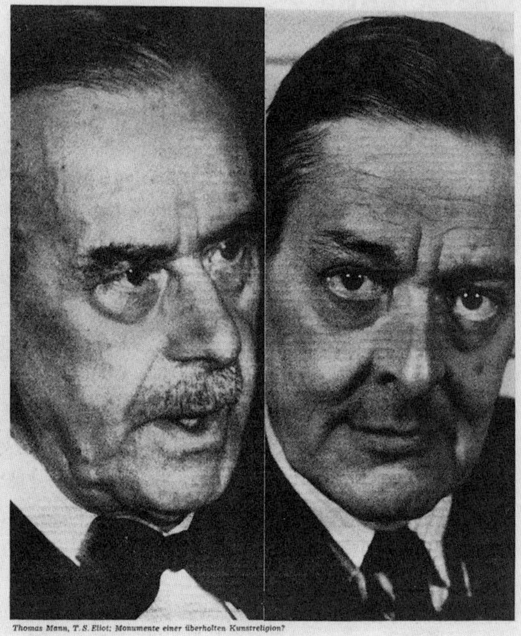

Thomas Mann, T. S. Eliot: Monumente einer überholten Kunstreligion?

135 Fiedlers Thesen im Feuilleton von ›Christ und Welt‹ (19.5)

sich in ihr wirklich zu Hause fühlen, also gegenüber der Jugend, glaubwürdig zu erscheinen. Doch kann niemand auch nur darauf hoffen, wiedergeboren zu werden, der nicht zuvor weiß, daß er tot ist – ich meine tot für andere;

Auch im Bereich des Politischen findet Fiedler Todeskandidaten:

Die Marxisten verteidigen die letzten Bastionen des Rationalismus und der Vormachtstellung des Politisch-Faktischen; sie sind daher die natürlichen Feinde des Mythischen und der Leidenschaften, der Phantasie und eines veränderten Bewußtseins.

Statt von einem Funktionsverlust der Literatur geht Fiedler von einem fruchtbaren Funktionswandel aus:

Man könnte sogar die Behauptung wagen, daß ein Medium erst in dem Augenblick den Charakter des Unterhaltsamen annimmt, da es aufgehört hat, ein notwendiges beziehungsweise primäres Kommunikationsmittel zu sein, wie die jüngste Entwicklung im Rundfunk – etwa das völlige Verschwinden tiefsinniger Kommentatoren – beweist. Die Studenten sind sich dessen im Hinblick auf die Universitätsvorlesung längst bewußt, und wehe dem Redner – von denen es leider noch viele gibt – , der das nicht weiß! *(Seite 10)*

Die Literatur der jungen Amerikaner bediene sich, so Fiedler, der Formen des Pop und verwende Stilformen, die »immun gegen falsche Lyrismen einerseits, gegen den selbstgerechten Gesellschaftskommentar andererseits« seien. Die diesen Schriftstellern »kongenialste Form« stelle der Western dar. Im zweiten Teil seiner Rede, die ›Christ und Welt‹ eine Woche später, am 20. September 1968, abdruckt, fährt Fiedler fort:

Aber nicht der Kampf als Kampf ist das innerste Motiv des neuen Westerns. Er ist gegründet in der tiefen Sehnsucht nach dem Stamm: nach einer Gesellschaftsform, die den Autoren wünschenswerter erscheint als den beengenden, bürgerlichen Familien, denen sie entstammen, und der seelenlose, unmenschliche, durch und durch bürokratisierte Staat, der sie zur Schule und zur Universität schickt und ihnen dann ihren Platz in der Gesellschaft anweist. *(Seite 14)*

Daß es einer modernen Massengesellschaft »einfach nicht mehr angemessen« sei, »zwischen hoher und trivialer Literatur zu unterscheiden«, zeige sich »insbesondere auf dem Sektor des Sex«, dort also, wo »die Menschen, in der Dunkelheit und im Schmutz, Gleiche unter Gleichen sind«.

Die Lücke schließen, den Abgrund überbrücken, heißt auch, die Trennwände zwischen dem Wunder und dem Wahrscheinlichen, zwischen Wirklichkeit und Mythos, der Welt des Schlafzimmers, der Börse und des Märchenhaften, das so lange beim Wahn siedelte, niederzureißen. *(Seite 15)*

Das fortgeschrittene technische Zeitalter bringe, so Fiedler, als Nebenprodukt einen neuen Mystizismus mit sich; so sei es auch kein Zufall, daß man in den Laboratorien nun LSD und Meskalin herstellen könne.

Um uns herum findet eine große religiöse Erweckungskampagne statt. ... Keine neue Kirchengründung bahnt sich heute an, sondern permanente religiöse Revolution. *(Seite 16)*

Fiedler hätte sich abschließend zu den Stellungnahmen seiner Kritiker äußern sollen, doch dazu kommt es nicht. Er bittet am 19. November 1968 in einem Brief an Wolfgang Ignée um etwas Zeit, da er sich gerade noch mit den »rather heavy going« Artikeln seiner Gegner beschäftige. Im Juli 1969 kommt er in einem weiteren Brief noch einmal auf die Angelegenheit zurück:

Lieber Herr Ignée,

es freut mich zu hören, daß es die Möglichkeit gibt, ein Buch über die Debatte zur Postmoderne, die ich in Freiburg begonnen habe, herauszubringen. Ich habe in letzter Zeit meinen eigenen Beitrag zu der Kontroverse überarbeitet; ich habe dabei nichts grundlegend geändert, nur verschiedene Punkte ausgeweitet. ... Ich wäre froh, ich könnte Ihnen die vier oder fünf Seiten eines abschließenden Kommentars schreiben, nach dem Sie fragen.

6 Leslie A. Fiedler: cross the border, close the gap

In: Playboy. Chicago. Jahrgang 16, 1969, Heft 12, Seite 151, 230, 252–258
Aufgeschlagen: Seite 151
Leihgabe: Playboy, Chicago

Die ausführlichere Version, die Fiedler in seinem Brief von 1969 erwähnt, erscheint in der Weihnachtsausgabe 1969 des amerikanischen ›Playboy‹. Die Titelseite des Essays ›cross the border, close the gap‹ ziert eine farbige Illustration von Karl Wirsum im Stil psychedelischer Kunst: Vor schwarzem Hintergrund bedrohen in roten, grünen und gelben Farben ein Cowgirl und eine Domina eine Puppe, die wie das Christuskind in der Wiege liegt. In ver-

schwimmenden Lettern ist zu lesen: »Condition is very critical. The ill literate«. Die Übersetzung der längeren ›Playboy‹-Version unternimmt der Verleger des ehemaligen März Verlags, Jörg Schröder, für die 1984 erscheinende Anthologie ›Mammut‹.

136 Playboy. Titelseite vom Dezemberheft 1969

7 Leslie A. Fiedler: Die Rückkehr des verschwundenen Indianers

Aus dem Amerikanischen übersetzt von Wolfgang Ignée und Michael Stone
Frankfurt am Main: März Verlag 1970
Ausgestellt: Entwurf der Titelseite von Bettina Böhmer
März-Archiv

1970 erscheint bei März Fiedlers Buch ›Die Rückkehr des verschwundenen Amerikaners‹. Die amerikanische Fassung war vor Fiedlers Freiburger Auftritt 1968 entstanden und in Amerika verlegt worden. Auf dem Entwurf ist zu sehen, daß ursprünglich daran gedacht war, das Buch ›Indianer‹ zu nennen. Fiedler analysiert darin populäre Filme und Märchen im Hinblick auf die in ihnen verborgenen »Grundmythen«. Die Kritik ist gespalten. Scharf ablehnend äußert sich beispielsweise 1972 Fritz J. Raddatz:

Amerikas Kulturphilosophen erobern noch immer »neue« Kontinente, die sie für das endlich entdeckte Indien halten. ... *Leslie A. Fiedler* ist ein solcher neuer Prophet, *ein* Marshall McLuhan der Literaturkritik. ... Fiedler argumentiert a-historisch, a-kausal ... Für ihn existieren lediglich phänomenologische, aber keine qualitativen Unterschiede. Kapitalistische, sozialistische, kommunistische Sozio-Strukturen – alles eins. Die neuen Heiligenbilder, die das mythologische Vakuum ausfüllen können – Marilyn Monroe, John Lennon, Charlie Chaplin, Hitler, John F. Kennedy – alles eins. ...Wo Herkommen nicht bedacht wird, bleibt Konsequenz ungedacht. Leslie Fiedler ... kann überhaupt nicht denken. *(Gegenkultur oder neuer Jugendstil? In: Merkur. Stuttgart. Jg 26, 1972, Heft 4, Seite 391–395)*

137 Auf der gegenüberliegenden Seite: Umschlagentwurf (19.7)

Dem Erscheinen der Rezension im ›Merkur‹ war eine lange Planungszeit vorausgegangen. Am 11. Dezember 1970 bittet der Herausgeber des ›Merkur‹, Hans Paeschke, Fritz J. Raddatz, Fiedlers Buch zu besprechen. Als Paeschke seine Bitte Anfang 1971 wiederholt, stellt er zu Fiedler fest:

LESLIE A. FIEDLER
INDIANER
Die Rückkehr
des verschwundenen Amerika
March
MÄRZ

Bei uns macht er doch vor allem deshalb Karriere, weil er uns von den Komplikationen der new critics zu erleichtern scheint. Ich dachte da also mehr an F.J.R. als Kulturkritiker denn als Literaturkritiker. Ist übrigens aus Ihrer Fernsehsendung zum amerikanischen Neo-Eskapismus etwas für den Merkur zu machen? *(Brief vom 5. Januar 1971. Redaktionsarchiv ›Merkur‹)*

Nicht nur der März Verlag interessiert sich für Leslie A. Fiedler, auch der Carl Hanser Verlag fragt bei Fiedler an, ob er Essays im Stile seines Beitrags zur ›Christ und Welt‹-Debatte für die gelbe ›Reihe Hanser‹ zur Verfügung stellen könne, in der auch Peter Hamms ›Kritik/von wem/für wen/wie‹ erschienen ist. Das Vorhaben kommt jedoch nicht zustande.

8 Trivialmythen

Herausgegeben von Renate Matthaei
Frankfurt am Main: März Verlag 1970
Umschlag von Jörg Schröder unter Benutzung eines Photos von Michael van de Sand. Es zeigt Renate Matthaei, Paulus Böhmer und Uve Schmidt.

1970 legt Renate Matthaei eine Anthologie mit dem Titel ›Trivialmythen‹ vor. Die Sammlung enthält Beiträge von Rolf Dieter Brinkmann, Peter O. Chotjewitz, Uwe Nettelbeck, Wolf Wondratschek, Ror Wolf, Elfriede Jelinek u. a. Im Vorwort verweist die Herausgeberin ausdrücklich auf Fiedlers Vorbildfunktion:

»der Schriftsteller hat es nicht nötig, Fiktion zu erfinden ... die Fiktion existiert schon«, diese Feststellung des englischen Science-Fiction-Autors J. G. Ballard ist die Grundthese dieser Anthologie. Sie ist entstanden als Beweis, daß Literatur möglich ist auch und gerade dann, wenn die allgemeine Fiktionalisierung der Umwelt ihr das Monopol auf Imagination streitig macht. Die »Bilder« des Konsums, mit denen Fernsehen, Film, Illustrierte, Zeitung, Mode, Sport oder Beatshow unser Gehirn füttern, zapfen der Literatur ständig Energie ab. Aber sie führen ihr gleichzeitig auch ständig neues poetisches Material zu. ... Die Absicht [der Anthologie] war nicht neu. Sie verdankt ihre Anregungen der pop art, Leslie Fiedler, Burroughs und Ballard, der amerikanischen und englischen Literatur überhaupt. Aber auch in Deutschland hat die Entdeckung der Zivilisationsstimulantien für die Literatur Konsequenzen gehabt: bei Brandner zum Beispiel, bei Chotjewitz, Brinkmann, Handke, Ror Wolf oder Wondratschek. Wellershoff und Friederike Mayröcker probierten in ihren letzten Arbeiten neue Effekte der Trivialstoffe aus, Elfriede Jelinek debutierte in ihrem ersten Roman mit einem »Trivialmythen«-Konzept. Das Thema war aktuell, es brauchte nur einen Kondensationspunkt, um als kräftige Tendenz innerhalb der augenblicklichen deutschen Literatur deutlich zu werden.

Der Publizist Lothar Baier bespricht Matthaeis Anthologie für die ›Frankfurter Allgemeine Zeitung‹ am 24. Juli 1971:

Nachdem der Kulturbetrieb die Existenz einer Trivialliteratur entdeckt hatte, galt es zunächst als arrogant, Trivialliteratur auch so zu nennen. Wegkommen wollte man von der alten Hierarchie des literarischen Höheren und Niederen, also durften auch die Begriffe nicht mehr verwendet werden, die auf die Unterscheidung einer Massenkultur von einer Elitekultur hinweisen. Doch seit kurzem ist es wieder erlaubt, die Trivialphänomene bei diesem Namen zu nennen, das Adjektiv »trivial« ist sogar zu einer Art Ehren-Attribut geworden, wie zum Beispiel die Anthologie *Trivialmythen* beweist ...

Der einzige Autor, der es geschafft hat zu kritisieren, ohne nur ein einziges Wort der Kritik abzuliefern, ist Uwe Nettelbeck; ... Nettelbeck verzichtete konsequent sowohl auf diskursive als auch poetisierende Beschäftigung mit Trivialstoffen und breitete auf dreißig Seiten dokumentarisches Material aus – nichts als Schallplattentitel (samt Bestellnummern) in der Reihenfolge, wie die Platten in seinem Schrank stehen. ... Uwe Nettelbecks Geste ... hat heute schon größere Bedeutung als das ganze Buch *Trivialmythen*.

9 Bruce Nauman: The True Artist Helps the World by Revealing Mystic Truths

Fenster- oder Wandzeichen. 1967
Neonröhren. 150 x 140 x 5 cm
Leihgabe: Bruce Nauman

Zu den Trivialmythen der Großstadtkultur gehören seit Anfang des Jahrhunderts die Leuchtreklamen aus Neon. In den sechziger Jahren entdecken einige amerikanische Künstler Neon als Material für ihre postmodernen »Illustrationen«. Bruce Nauman (Jahrgang 1941) bringt den Satz »Der wahre Künstler hilft der Welt, die mystische Wahrheit zu entdecken« zum Leuchten, läßt ihn – als Bildgedicht und Werbeslogan zugleich – in Form einer orange-blauen Spirale zum Kunstwerk werden und verbindet so »hohe« mit »niederer« Kultur. Der Spiralsatz windet sich nach außen – die mystische Wahrheit scheint unendlich zu sein.

20 Wider die »Neueste Stimmung im Westen«

Als schärfster Kritiker Fiedlers tritt, wie schon angedeutet, der damals 41jährige Martin Walser auf. Er bestreitet keineswegs die Notwendigkeit einer neuen Art der Literaturkritik; auf neue Mythen will er sich indessen nicht einlassen. Auf der Freiburger Tagung hält Walser einen bereits 1966 veröffentlichten Vortrag mit dem Titel ›Engagement als Pflichtfach für Schriftsteller‹. Darin legt er zunächst etwas ironisch dar, daß nach 1945 Elfenbeintürme nicht wieder aufgebaut worden seien und daß somit das Engagement zum gesellschaftlichen Standort des Schriftstellers geworden sei. Engagement will er als »Handlungen jener Außenseiter« verstanden wissen, »die provoziert sind von der Teilnahmslosigkeit unserer Gesellschaft«. Walser, einer der frühen Preisträger der Gruppe 47, war in den sechziger Jahren mit den ersten beiden Bänden seiner ›Kristlein-Trilogie‹ erfolgreich; politisch hatte er sich zunächst für die SPD engagiert. Unzufrieden mit der Haltung der SPD in den Debatten über den Vietnam-Krieg, gründet er ein »Büro für Vietnam«, das Informationen über Vietnam sammeln und verbreiten soll, um einer allzu einseitigen Berichterstattung der Medien entgegenzuwirken. In der Hoffnung auf einen europäischen Sozialismus sympathisiert er in der Folgezeit mit der DKP, von der er sich gegen Ende der siebziger Jahre wieder distanziert.

Der Streit zwischen Walser und Fiedler ist symptomatisch für den Konflikt zwischen einem Literaturverständnis, wie es die Gruppe 47 prägte, und dem »postmodernen« Literaturverständnis, das sich um 1968 abzuzeichnen beginnt.

1 Martin Walser an Fritz J. Raddatz

9. März 1967. Brief, 1 Blatt

138 Auf der gegenüberliegenden Seite: Martin Walser an Fritz J. Raddatz (20.1)

Für die Arbeit seines »Vietnam-Büros« ist Walser auf Geldspenden angewiesen, die er unter Verlegern – Heinrich Maria Ledig-Rowohlt, Siegfried Unseld und Rudolf Augstein vom ›Spiegel‹ – einzuwerben sucht. Fritz J. Raddatz ist zu der Zeit Cheflektor im Reinbeker Rowohlt Verlag:

Lieber Herr Raddatz, ich komme als Bettler! Mein Versuch bei bekannten Reichen Geld zu bekommen für das »Büro für Vietnam« ist gescheitert. Das Büro sollte aber noch arbeiten können bis September, dann hätten wir (hoffe ich) die Unterschriften zusammen. Die Geld-Verwendung wird kontrolliert von Prof. Habermas, W. M. Guggenheimer, K. H. Braun.
Beträge ab DM 1000.- wären besonders erwünscht. ...
Ich kann mich jetzt nur noch durch Sie an unseren verehrten Rowohlt wenden und an Unseld. Augstein hat schon gegeben. Alle anderen, an die ich mich wandte, haben verweigert. Wissen Sie noch jemanden?

2 Diskussion zu Fiedlers Vortrag

›Cross the Border, Close the Gap‹ auf dem Symposium in Freiburg i.Br. am 29. Juni 1968
Tonbandprotokoll. Typoskript, 15 Seiten
Ausgestellt: Seite 7
Leihgabe: Peter Heller

Zentrale Streitpunkte in der Diskussion mit Leslie A. Fiedler sind das Verständnis einer Massenkultur und vor allem Fiedlers Forderung nach neuen Mythen. Vielen deutschen Schriftstellern scheint die Literatur im Dienst der Aufklärung von Fiedler bedroht zu sein.

Walser: Ich hätte schon ein paar Fragen an Herrn Fiedler. Ihr Problem ist, daß Sie diese offenbar sehr schwer zu erfahrende Kluft

EINGANG 9. März 67
10. MRZ. 1967
Erledigt

Lieber Herr Raddatz

ich komme als Bettler! Mein Versuch bei bekannten Reichen Geld zu bekommen für das „Büro für Vietnam" ist gescheitert. Das Büro sollte aber noch arbeiten können bis September, dann hätten wir (hoffe ich) die Unterschriften zusammen.

Die Geld-Verwendung wird kontrolliert von Prof Habermas, W. Dr. Guggenheimer, K.-H. Braun.

Beträge ab DM 1000.– wären besonders erwünscht. (Büro für Vietnam / Kto-Nr. 73969) (Bank für Gemeinwirtschaft)

Ich kann mich jetzt nur noch durch Sie an unseren verehrten Rowohlt wenden u. an Unseld. Augstein hat schon gegeben. Alle anderen, an die ich mich wandte, haben verweigert. Wissen Sie noch jemanden?

Mit herzlichen Grüßen

Ihr Martin Walser

Anbei ein Blatt für Unterschriften. Davon sollten wir 5000 drucken lassen u. verschicken lassen. Dazu fehlt uns das Geld.

zwischen hoch und nieder schließen wollen. Ganz sicher, also das ist eine Annahme von mir, brauchen die Massen, in der von Ihnen zitierten Massendemokratie, den Lesestoff nicht, denn ... die Massen sind mit Perry Mason glänzend versorgt. ... *(Seite 3)*

Fiedler: ... Eines der größten Probleme der Massenkultur ist das Problem der unmittelbaren Erschöpfung ihrer Gegenstände. Und ich denke, daß ein Teil des Problems folgendes ist: Die Massenmedien sind erfunden worden als Antwort auf die neuen Bedürfnisse der Massen. Weil die Massen befreit sind, ist auch mehr und mehr Zeit von der Arbeit losgelöst. Das ist sozusagen ein Problem, das einmal als Privileg der Artistokratie existiert hat: das Problem des »ennui«, der Langeweile, wird nun zu einem Problem der Massen .... Der schwierigste Ort, an dem der Intellektuelle die Massen erreichen kann, ist das Buch. ... Aber genau in dem Moment, in dem sich die Intellektuellen auf die Massen zubewegen, bewegt sich erstaunlicherweise die Massenkunst auf die Intellektuellen zu. Wenn also der Schriftsteller als populärer Sänger – Bob Dylan – anfängt, beginnt er, mit immer ausgefeilterem Material zu arbeiten, ohne daß er dabei sein Publikum oder sein Konzept verliert. Wie Sie sehen, machen die Beatles genau dasselbe. *(Seite 3 f.)*

Walser: ... Meine Frage: Wenn die Literatur ihre Funktion in dieser Weise begreift, Sie haben sehr viel von Wunder, von privater Mythologie gesprochen, ich fürchte, daß das zumindest nach europäischen Begriffen genau das Gegenteil ist von dem, was Literatur, was Sprache allenfalls sein könnte, nämlich die Ableitung aller gesellschaftlichen Schwierigkeiten, die auch die Schwierigkeiten von einzelnen in gewissen Klassen sind, daß diese Schwierigkeiten abgeleitet werden in lauter private Unterhaltungsmythologien. Nicht umsonst sind die ganzen Heiligen dieser Mythologie lediglich Spielobjekte von Massenunterhaltungsindustrien. ... Nur scheint es mir das Blindeste und Gefährlichste für eine Gesellschaft zu sein, wenn eine größere Gruppe von Literaten, sozusagen als literarische und intellektuelle Zunft einer Gesellschaft, das blinde, sich selbst nicht mehr durchschauende Spiel mit solchen Unterhaltungsfetischen betreibt und nicht mehr die Lage dieser Gesellschaft reflektiert, sondern nun den großen Indianer einführt. ... Ja, das ist Gegenaufklärung im schlimmsten Sinn. *(Seite 4f.)*

Fiedler: ... Was Sie meines Erachtens nicht verstehen, weil Sie noch immer gewissen Klischees, die es schon seit Jahren nicht mehr zu geben bräuchte, über die Funktionsweise der Massenkultur unterliegen, ist die Tatsache, daß Massenkultur in jeder Gesellschaft subversiv wirkt. ... Wenn man gesellschaftliche Verhältnisse verändern will, muß man meiner Meinung nach die Träume der Menschen verändern. Und Träume kann man nicht mit der Vernunft verändern, auch wenn sie dabei eine Rolle spielen kann. Die Träume der Menschen verändert man, indem man ihr Unterbewußtsein berührt und ihnen radikale Antworten anbietet. Und genau das ist eine mythische Erfahrung – wenn Ihnen das Wort nicht gefällt, verwenden Sie ein anderes. *(Seite 5f.)*

Walser: ... was ich ... an und für sich meinte: ich glaube, daß da also auch Literatur beitragen sollte, in modernen Industriegesellschaften zur Entmythologisierung und nicht neue Mythen zu schaffen. *(Seite 6)*

Fiedler: Nein, niemand kann leben, ohne ein paar Träume zu haben.

Walser: Es ist ein großer Unterschied zwischen Träumen und intellektueller Mythologisierung, weil die ja sentimentalisch ist. ...

Fiedler: Ich denke, wir haben hier wieder ein grundlegendes Mißverständnis vorliegen. ... Für Sie bedeutet Mythos Lüge, für mich bedeutet es einen gemeinsamen Traum. *(Seite 7)*

Auch die streitbare Lyrikerin Hilde Domin (Jahrgang 1912), zwischen 1932 und 1954 Lehrerin und Lektorin in der italienischen, englischen, latein- und US-amerikanischen Emigration, greift in die Diskussion ein:

Domin: Es ist für mich sehr interessant, einen Amerikaner hier sprechen zu hören, der die Entwicklung in Deutschland nicht mitgemacht hat. Ich möchte sagen, nur wir, die wir immer noch mit dem Phänomen des Nationalsozialismus zu ringen haben, können überhaupt begreifen, wie gefährlich das ist, was Sie hier vortragen. *(Seite 7)*

Am Ende des Symposiums spricht Fiedler, dessen Familie vom Holocaust betroffen war, das Schlußwort und geht darin noch einmal auf Martin Walsers Kritik ein. Er stellt dabei klar, was er unter der politischen Funktion des Schriftstellers versteht. Fiedler unterscheidet dabei zwischen einem Engagement als Schriftsteller und einem Engagement als Bürger. Als Bürger stünde er in Amerika vor Gericht, weil er eine Studentenorganisation gefördert habe, die Straffreiheit für den Konsum von Marihuana verlangt. Des weiteren habe er eine Erklärung unterzeichnet, in der angekündigt wird, man werde im kommenden Jahr nicht die zehnprozentige Zusatzsteuer für den Vietnamkrieg zahlen:

Das sind politische Aktionen, zu denen ich mich verpflichtet gefühlt habe, gerade weil ich ein Bürger bin, und gleichzeitig, weil mir als Schriftsteller ein gewisser Grad an Ansehen zukommt. ... Insofern, als ich ein Schriftsteller bin, ich also eine besondere Begabung habe, glaube ich auch, daß ich eine besondere Verpflichtung habe. ... Ich betrachte es als meine Aufgabe als Schriftsteller, egal was passiert, immer nein zu sagen. ... Nun ist es leicht für Sie in Deutschland, nein zum Vietnamkrieg zu sagen. Vielmehr muß ich als Schriftsteller nein zu meinem eigenen Volk sagen. Wenn ich ein Jude bin, muß ich die Juden kritisieren; ... wenn ich Kommunist bin, die Kommunisten; ... Mein Nein muß von innen kommen, denn der Schriftsteller ist sich bewußt, daß es immer und bei jedem eine unvermeidliche Diskrepanz zwischen Wille und Ausführung gibt. ... Und jedes Gedicht ist, sobald es sich der Perfektion nähert, Kritik an jeder sozialen Organisation, an jeder Institution, insofern als seine Unvollkommenheit radikal ist. ... Daher lese ich immer, wenn ich mich erneuern will, wieder den ›Braven Soldaten Schweijk‹. Die Kritik dieses Buchs, der totale Nihilismus dieses Buchs – was die wesentliche Botschaft von Kunst ist – ist unerschöpflich und wird ewig andauern. Ich glaube, ich habe es 25mal gelesen. *(Mitschrift von Peter Heller, im Besitz von Leslie A. Fiedler)*

3 Martin Walser: Literatur aus Thermostat und Büffelhaut?

Typoskript, 3 Seiten
Mit handschriftlichen Korrekturen von Wolfgang Ignée
Ausgestellt: Seite 1
Leihgabe: Wolfgang Ignée

Walser arbeitet seine Entgegnungen auf Fiedler zu einem Beitrag für die ›Christ und Welt‹-Debatte aus. Das Typoskript schickt er an Wolfgang Ignée, der dem Beitrag den Titel ›Mythen, Milch und Mut‹ gibt.

Ich sollte Leslie A. Fiedler nicht mehr widersprechen. Ich habe ihm schon in Freiburg widersprochen, als ich seinen Vortrag sah und hörte. Ich hätte auch lieber geklatscht und mitgejubelt ... Dann widersprach ich. Kam mir schäbig vor. Bloß aus sozusagen politischen Gründen widersprichst du dieser Propheten-Show! Aber weil der SDS in Ferien war und ich daran dachte, daß Amerika seit Jahren dabei ist, die westliche Lebensart und -chance zu verderben, widersprach ich dem Schamanen-Gesang aus Neu-Wild-West. ... Sollte uns nicht an etwas Aufklärung mehr gelegen sein als an orgiastischen Fluchten in irgendwelche Büffelhäute und Sciencefiction-Schauer?

Walser faßt die Leitlinien seines eigenen Kunstverständnisses zusammen; ein neues »Mythensoll« ist ihm nach den Erfahrungen der deutschen Geschichte suspekt:

Ich pfeife also auf sein neues Mythensoll, stelle mich aber gern als Relais zur Verfügung zur Fortpflanzung und Verstärkung des neuen und hilfreichen Gerüchts: die Kunst ist tot, es lebe aber nicht die Antikunst (denn das ist doch nur ein ästhetischer Trick), sondern die demokratische Literatur. Die angemessene Ausdruckspraxis. Die nicht kanonisierte Schreibe. Die demokratische, mythenzerstörende, mutmachende Schreibe, in der sich der demokratische Befreiungsprozeß manifestiert. In diesem Prozeß werden heilige Kühe erzogen, Milch zu liefern. Denn was wir auf der Erde brauchen, ist ja vor allem mehr Milch und weniger Mythen. *(Seite 3)*

4 Martin Walser: Mythen, Milch und Mut

Ausschnitt aus: Christ und Welt. Stuttgart. Jahrgang 21, Nummer 42 vom 18. Oktober 1968, Seite 76

Leihgabe: Universitätsbibliothek Mannheim

In derselben Ausgabe von ›Christ und Welt‹, in der Walsers Essay erscheint, äußert sich auch der Lyriker und Essayist Wolfgang Hädecke (Jahrgang 1929), der Fiedlers Postmoderne als »aufgeblähten Romantizismus« abtut. Eine Woche zuvor hat an dieser Stelle der Romancier und Kritiker Reinhard Baumgart die Gültigkeit von Fiedlers Thesen für die deutsche Kultur bestritten. Zwar sei eine Kunst, »die selbst Kulturrevolution ist und macht« im Gegensatz zu einer Kunst, »die politisch zu sein glaubt, indem sie politische Themen ins Publikum schleppt«, so »aktuell wie richtig«, doch gebe es bei uns weder Indianer noch eine eigenständige Science-Fiction, während Pornographie längst nicht mehr »beißen« würde. Drei Romane, »die der Fiedlerschen Prophetie am ehesten gerecht werden«, nennt Baumgart dennoch: Hubert Fichtes ›Palette‹ (Reinbek: Rowohlt 1968), Uwe Brandners ›Innerungen‹ (München: Hanser 1968) und Peter O. Chotjewitz' ›Die Insel‹ (Reinbek: Rowohlt 1968).

An der Debatte zwischen dem 4. Oktober und dem 15. November 1968 beteiligen sich des weiteren Jürgen Becker, Helmut Heißenbüttel, Peter O. Chotjewitz, Hans Egon Holthusen, Rolf Dieter Brinkmann und Robert Neumann.

Die Freiburger Postmoderne-Debatte zieht ihre Kreise. Peter Härtling stellt sogar Zusammenhänge mit dem ›Kursbuch‹ 15 (vgl. Kapitel 5) her, in dem zur gleichen Zeit, im November 1968, das Ende der bürgerlichen Kritik und das Ende der bürgerlichen Literatur verkündet wird:

Wenn Fiedler, Boehlich, Michel und andere entdecken, daß sich Literatur nicht mehr »anwenden« lasse, wenn sie der Literatur ihre Fähigkeit, Haut einer bestimmten Wirklichkeit zu sein, absprechen, dann üben sie, unwissend, Widerstand gegen den Widerstand der Literatur. *(Das Ende der Literatur? In: Das Buch zwischen gestern und morgen. Hrsg.: Georg Ramseger, Werner Schoenicke. Stuttgart: Deutscher Bücherbund 1969. Seite 247–253, hier: Seite 252)*

Karl Heinz Bohrer, damals Feuilletonredakteur der ›Frankfurter Allgemeinen Zeitung‹, nennt die ablehnenden Reaktionen der deutschen Schriftsteller eine »Verteidigung des juste milieu« und prangert im ›Merkur‹ den »Snobismus des Juste-milieu« an:

Die notwendigen Einwände gegen Fiedlers Thesen brauchen nicht memoriert zu werden. In der Tat: wir haben keine Indianer. Wichtiger ist, daß charakteristische Repräsentanten der westdeutschen Literatur und Kritik über alle Einwände hinaus nicht bereit waren, Fiedlers Sätze fairer zu interpolieren. Dagegen wäre von Fiedlers angebotenen Stoffen zu abstrahieren, überhaupt von diesen oder jenen Pop-Inhalten, und nur festzustellen, ob und was sie für die alte surrealistische Forderung hergeben: »Erfahrungen und Experimente mit dem Innenleben«. *(Surrealismus und Terror. In: Merkur. Stuttgart. Jg 23, 1969, Heft 10, Seite 921–940, hier: Seite 934)*

5 Martin Walser: Über die Neueste Stimmung im Westen

In: Kursbuch. Frankfurt am Main. 1970, Heft 20, März, Seite 19–41

Ein Jahr später nimmt Martin Walser die Postmoderne-Debatte und die von Rolf Dieter Brinkmann und Ralf-Rainer Rygulla herausgegebene Anthologie ›ACID‹ (Darmstadt: März Verlag 1969) zum

Anlaß für einen ausführlicheren Artikel. Der Essay erscheint im März 1970 im ›Kursbuch‹, als Vorabdruck bereits 1969 in den ›Beiträgen zu den Sommerkursen‹ des Goethe-Instituts. Martin Walser über die Entstehungsgeschichte:

Im Dezember 68 polemisierte Peter Handke in der *Zeit* gegen die Sprache einer Berliner SDS-Gruppe. Im März 69 gaben R. D. Brinkmann und R. R. Rygulla *Acid* heraus. Jetzt arbeitete ich meine Freiburger Diskussionserfahrungen aus zu diesem Aufsatz, der dann im März 1970 im *Kursbuch* 20 erschien. H. M. Enzensbergers Kritik half mir, einige durchs Behaupten entstandene Fehler zu korrigieren. *(Martin Walser: Wie und wovon handelt Literatur. Aufsätze und Reden. Frankfurt am Main: Suhrkamp 1973. Seite 139)*

Rolf Dieter Brinkmann und Peter Handke gelten bei Martin Walser als typische Vertreter der »Neuesten Stimmung im Westen«. Zu ihnen zählt Walser ferner den Filmemacher Jonas Mekas, dessen ›Anmerkungen zu einigen neuen Filmen und zur Glückseligkeit‹ in der Anthologie ›ACID‹ veröffentlicht worden waren:

»Die wirkliche Arbeit, zuerst an deinem Selbst«. So klingt es aus vielen Aufsätzen und ekstatischen Bekundungen, mit regelmäßigen Anrufungen Krishnamurtis, Bodhisattvas und anderer Heiliger der schönen und reinen Innerlichkeit. Hier überrascht Hermann Hesse überhaupt nicht. Indischer und schwäbischer Weg nach innen werden *eine* Straße zur Erleuchtung. Und natürlich klingt das momentan viel besser als der gesellschaftskritische Cant, der bei uns selbst den ärgsten Ministern leicht vom Munde geht. Das ist eine Reaktion auf linke und rechte Heuchelei. Nur: diese Heuchelei hat es offenbar geschafft, Identifikation überhaupt verdächtig erscheinen zu lassen. Jeder wird zurückgeworfen auf sich selbst. *(Kursbuch. Frankfurt am Main. 1970, Nr 20, Seite 26)*

Der Schriftsteller, der eine gesellschaftliche Lizenz zum Narzißmus ausbeutet, ist auf die feinste Weise domestiziert, deshalb ist seine scheinbar wilde oder bizarre oder verachtungsreiche oder feindselige persönliche Aufführung samt seinen privilegierten Freiheitstänzen nichts als monströs. *(a. a. O., Seite 41)*

Die Studenten sieht Walser auf seiner Seite:

Die Studentenbewegung in der ganzen Welt findet auf jeden Fall nicht im Zeichen der Neuesten Stimmung statt. Was auch immer ihr an persönlichen, ja narzistischen Motiven diente, sie hat ihre Motive rationalisiert und sich von der sogenannten existenziellen Verweigerung zur politischen Theorie und Praxis weiterentwickelt. Ich glaube sogar, daß die Autoren dessen, was ich Neueste Stimmung nenne, auf den selben gesellschaftlichen Befund reagieren wie die Studenten. Nur sind ihre Autoren und ihr Publikum genau den entgegengesetzten Weg gegangen, um sich von der vorgefundenen bürgerlich-kapitalistischen Misere zu befreien. *(a. a. O., Seite 22)*

Gegen Walsers Äußerungen über die Rolle von Drogen in der »Neuesten Stimmung« polemisiert Bernward Vesper in seinem Romanfragment ›Die Reise‹:

Martin Walser im letzten Kursbuch: »Noch ist nicht gezeigt, wie einer, der vom Trip zurückkommt, etwas mitbringen kann, was ihm hier hilft. Es sei denn: Erinnerung. Und: Sehnsucht nach dem nächsten Trip.« Das ist der Bogen, den ein paranoider Alkoholiker um die Selbsterkenntnis herum schlägt. *(Bernward Vesper: Die Reise. Romanessay. Nach dem unvollendeten Manuskript herausgegeben und mit einer Editions-Chronologie versehen von Jörg Schröder. Frankfurt am Main: März bei Zweitausendeins 1977. Seite 104)*

6 Ursula Reinhold an Friedrich Hitzer

Berlin, 1. März 1972. Brief, 1 Blatt
Leihgabe: Friedrich Hitzer

Die Auseinandersetzung zwischen Walser und Fiedler bleibt auch in der DDR nicht unbeachtet. Die Redakteurin der ›Weimarer Beiträge‹, Ursula Reinhold, bittet den Mitherausgeber der in München erscheinenden Monatszeitschrift ›Kürbiskern‹, Friedrich Hitzer, er möge Martin Walser in einem Interview Fragen stellen, die für Leser in der DDR von großem Interesse seien:

- Wie sieht Walser seine Wirksamkeit als öffentliche Figur in der BRD?
- Wie ist sein sozialer Status beschaffen? ...
- Wie muß eine demokratische Literatur aussehen, die an die Massen herankommt?

In Leipzig beschäftigt sich 1976 die Amerikanistin Ursula Betz mit Walsers ›Kursbuch‹-Essay und den Thesen Leslie A. Fiedlers. Der Titel ihres Aufsatzes lautet: ›Leslie Aaron Fiedler – ein reaktionärer Mythenbildner oder: Die Metamorphosen eines Antikommunisten‹.

In einem programmatischen Vortrag über »das Zeitalter der neuen Literatur«, den er auf Einladung des Amerika-Hauses Freiburg und des Instituts für Atlantische Studien auf einem Symposium in Freiburg/Br. hielt, führte Leslie A. Fiedler aus:
»Heterosexuelle Beziehungen, branchenüblich oder gar dichterisch überhöht beschrieben, riechen nach Museum oder haben etwas unausgesprochen Lächerliches. Wir verlangen heute nach Fellatio, nach Geißelung, um ganz sicher zu gehen, daß wir es mit Pornographie und nicht mit irgendeiner albernen Liebesgeschichte zu tun haben.« ...

Dieser Vortrag wurde Anlaß zur Auseinandersetzung zwischen einem humanistischen Anspruch an die Literatur, zu deren Fürsprecher sich unter anderem Martin Walser machte, und dem Verteidiger einer Literatur der Gewalttätigkeit und der aggressiven Pornographie. ... Wir können Walser zustimmen, wenn er auf die Verwilderung und Asozialität, denen der spätbürgerliche Schriftsteller unterworfen ist, verweist, denn er ist, wie Walser erkennt, ebenfalls Produkt seiner Gesellschaft, deren echte Alternativen er nicht sehen kann oder sehen will. *(Zeitschrift für Anglistik und Amerikanistik. Leipzig. Jg 25, 1975, Heft 1, Seite 22 und 32)*

7 Martin Walser: Die Gallistl'sche Krankheit

Roman
Frankfurt am Main: Suhrkamp 1972
Ausgestellt: Ankündigung im Verlagsprospekt ›Suhrkamp Literatur, 1. Halbjahr 1972‹

Walsers intensive Beschäftigung mit Fragen der gesellschaftlichen Funktion von Literatur schlägt sich auch nieder in seinem literarischen Werk. In der Erzählung ›Fiction‹ (Frankfurt am Main: Suhrkamp 1970) und im Roman ›Die Gallistl'sche Krankheit‹ empfindet die jeweilige Hauptfigur ihre intellektuelle Tätigkeit als sinnlos und isoliert sich bis an die Grenzen des Autismus. Ein Flugblatt verursacht bei dem Schriftsteller Gallistl eine schwere Identitätskrise:

Gestern der Zettel von einer sozialdemokratischen Intellektuellengruppe. ... Fürchterliche Anklagen. Zitate aus Zeitungen. Gegen mich gerichtete Zitate. ... Man hat alles entdeckt, was ich je dachte. Man ist jedem meiner Pläne auf die Spur gekommen. Man hat alle meine Absichten bloßgelegt. ... Dadurch ist eine Nichtsnutzigkeit meinerseits zutage getreten, die mich selbst erschreckt hat. ... Eine hedonistisch-bürgerlich-literarische Ambition wird mir da nachgewiesen, die nicht mehr statthaft ist. *(Seite 75)*

Die Befreiung aus Isolation und Feindseligkeit erfährt Gallistl, als er sich einem kommunistischen Freundeskreis anschließen kann. Die sozialistische Utopie und das Fehlen von Konkurrenzverhalten bringen ihn wieder zu Kräften. In der Ankündigung des Suhrkamp Verlags wird das letzte Kapitel des Romans knapp zusammengefaßt:

Mit den alten Freunden käme er jetzt nicht weiter. Er sucht andere. Seine neuen Freunde erklären ihm die Praktiken des Kapitalismus, sie geben ihm eine neue Sprache, sie verhelfen ihm zu einem anderen Bewußtsein. ... Er ist süchtig nach Positivem. Immer wieder drohen Rückfälle in die alte Konkurrenz-Mentalität. Es bleibt ein Kampf, d.h. Gallistls Lage bleibt kritisch, aber er ist nicht mehr allein; er arbeitet mit anderen zusammen.

139 Autorenrunde des ›Kürbiskern‹ (20.8)

Die ›Gallistl'sche Krankheit‹ ist ein Schlüsselroman. Hinter den Personen des kommunistischen Freundeskreises verbergen sich Weggefährten Walsers aus den Jahren um 1970.

8 Autorenrunde in der Wirtschaft am Hasenbergl

Autorenrunde der Zeitschrift ›Kürbiskern‹ mit Vertretern der DKP in München
Photographie von Friedrich Hitzer. 1972
Von links: Oskar Neumann, Martin Walser, Erika Runge, Hannes Stütz, Gerd Dumlich, Klaus Konjetzky, Uwe Timm, Roman Ritter. Rechts vorne im Bild: Roland Lang
Leihgabe: Friedrich Hitzer

9 Martin Walser an Friedrich Hitzer

1. Oktober 1972. Brief, 1 Blatt
Leihgabe: Friedrich Hitzer

Sich für Wahlkampfzwecke der Partei in Dienst nehmen zu lassen, verweigert Walser. Vor allem die unkritische Haltung gegenüber den Folgen des »Prager Herbstes« veranlassen ihn zu immer größerer Distanz. Seinem Freund Friedrich Hitzer begründet er, warum er keine Wahlempfehlung für die DKP aussprechen kann:

Wir sprachen darüber, daß ich den inhaltslosen, abstrakten Einsatz von sogenannter Prominenz für blöde und schädlich halte (für alle Parteien). Aber warum kann ich im Aufsatz nicht ausdrücken: Wählt DKP! Weil die DKP sich von den Prager Prozessen nicht distanziert hat. Ich habe ab 65 wegen Vietnam nicht mehr für die SPD sein können, weil Brandt sich nicht distanzierte. Bitte sag das denen in der DKP, die es hören müssen. Ohne Bemühung um Selbständigkeit wird die DKP nichts werden. Wer das nicht glaubt und sieht, der wirkt parteischädigend!

10 Gegen Abhängigkeit hilft nur gemeinsamer Kampf

Herausgeber: Arbeitskreis Kulturindustrie, München. Verantwortlich: Martin Walser, Hannes Schwenger
Flugblatt
Sammlung Hannes Schwenger

Walser engagiert sich in den siebziger Jahren vor allem für die berufliche Absicherung der Schriftsteller. Nach dem ersten Kongreß des neu gegründeten Verbands deutscher Schriftsteller, auf dem Walser im Sommer 1970 seine Rede ›Für eine IG Kultur‹ gehalten hat, gründet er zusammen mit Friedrich Hitzer und Eckart Spoo den »Arbeitskreis Kulturindustrie«, in dem »wohl zum ersten Mal Kollegen aller Branchen des Kulturbetriebs zu Tagungen zusammenkamen, um ihre Erfahrungen zu kumulieren zum Zweck

FÜR GEWERKSCHAFTLICHEN ZUSAMMENSCHLUSS ALLER KULTURPRODUZENTEN

MARTIN WALSER: DAS IST DER WEG ZUR IG KULTUR

GEGEN ABHÄNGIGKEIT HILFT NUR GEMEINSAMER KAMPF

140 Schlagzeile eines Flugblatts (20.10)

der gemeinsamen Organisierung«. (Martin Walser: Wie und wovon handelt Literatur. Frankfurt am Main: Suhrkamp 1973. Seite 140)

Mit dem Flugblatt ›Gegen Abhängigkeit hilft nur gemeinsamer Kampf‹ werben Martin Walser und Hannes Schwenger als Verantwortliche des »Arbeitskreises Kulturindustrie« für eine Künstlergewerkschaft, die eine »allzu brutale Einverleibung« der Künstler und Publizisten »in den kapitalistischen Verwertungsprozeß« verhindern solle. Ein weiterer Grund, »warum die künstlerische und publizistische Intelligenz an die Seite der Gewerkschaften« gehöre, sei:

Mit den Interessen der Lohnabhängigen vertreten die Gewerkschaften die Interessen der überwiegenden Mehrheit unseres Volkes. Dieser Mehrheit werden durch das bürgerliche Bildungsprivileg Gebrauch und Genuß von Kultur weitgehend vorenthalten. In der Aufhebung dieses Privilegs liegt zugleich die große Zukunftsperspektive der künstlerischen Berufe. Die Mehrzahl der dort Tätigen spürt sehr wohl, daß die heute übliche *Massenkultur* nicht der Bildung und Kultivierung der Massen dient, sondern zutiefst antihumanistisch ist. Darum wird auch kein Intellektueller das einstige dünkelhafte Vorurteil über das Unverständnis der Massen mehr teilen; wir wissen heute, daß dieses Unverständnis nur Folge der Unterprivilegierung ist.

21 »Kosmonauten des Innern«

Rolf Dieter Brinkmann ist der einzige Autor, der sich 1968 uneingeschränkt für Fiedlers Thesen ausspricht. Für die Anthologie ›ACID‹ (vgl. Kapitel 11) hat er schon vor der Debatte in ›Christ und Welt‹ einen Essay von Fiedler übersetzen lassen, der unter dem Titel ›The new mutants‹ 1965 in der amerikanischen Zeitschrift ›Partisan Review‹ erschienen war. Mag er mit seinem Roman ›Keiner weiß mehr‹ (1968) der Protestbewegung zuzuordnen zu sein, so zeigt sich in den darauffolgenden Jahren ein Wandel an. Die Protesthaltung bleibt bei ihm wie bei wenig anderen lebendig; sie richtet sich in der Postmoderne-Debatte stark gegen die etablierten Autoren der Gruppe 47. Mit Beginn der siebziger Jahre dient sie aber auch dazu, seine Abkehr von der Studentenbewegung zu signalisieren. In seinen Notizbüchern und Briefen, die in Köln und Rom entstehen, entwirft er seine Vorstellungen eines totalen Wandels: die »Beschränkung der Welt«, die »brave Politisierung« und die »Blödheit der Revolutionäre« sollen aufgehoben werden durch die gesteigerte »Traumfähigkeit des Einzelnen« und eine »hellere Vorstellung von Gegenwart«. Brinkmanns Fotocollagen, seine Alltagsbeschreibungen, die Reise nach innen und die Auseinandersetzung mit der Romantik sind Aspekte einer Literatur, die sich zwar mehr und mehr von ihren subkulturellen Ursprüngen entfernt, aber doch einige Impulse der Postmoderne-Debatte fortführt.

1 Rolf Dieter Brinkmann: Ich hasse alte Dichter

Angriff aufs Monopol
Ausschnitt aus: Christ und Welt. Stuttgart. Jahrgang 21, Nummer 46 vom 15. November 1968, Seite 14

Leihgabe: Universitätsbibliothek Mannheim

Rolf Dieter Brinkmann liefert den letzten Beitrag zur ›Christ und Welt‹-Debatte über Leslie A. Fiedler. Dabei nutzt er den Vorteil, die Stellungnahmen der anderen Autoren zu kennen, weidlich aus.

Brinkmann schildert, wie er beim Tippen des Artikels eine Platte der Doors hört und überlegt, ob er sich nicht ganz dieser Musik überlassen sollte:

Ich habe das deutliche Empfinden, gegenüber der Arbeit, die für diese Musik notwendig war, sind deutsche Dichter Schlampen, ob es Helmut Heißenbüttel ist oder Jürgen Becker, Baumgart oder Walser – sie sind faul im Vergleich zu den Musikern, die probieren, die technische Apparaturen ausnutzen zur Realisierung ihrer Vorstellungen. *(Seite 14)*

Generell wirft er den deutschen Dichtern ein begrenztes Blickfeld vor. So sei ihnen nicht der Widerspruch aufgefallen, daß gerade in Amerika, wo Marshall McLuhan vom Ende der »Gutenberg-Ära« spricht, die literarische Aktivität zugenommen habe. Es könne also keinesfalls behauptet werden, daß die Postmoderne den Tod der Literatur mit sich bringe. Mit der Pop-Bewegung deute sich vielmehr ein Epochen-Stil an, der zum ersten Mal außerhalb der Prägungen des abendländisch-europäischen Territoriums liege:

Ein Vergleich macht deutlich, was das heißt: Man nehme einmal nur die Amerikanismen in der deutschen Sprache im Jahr 1955 zusammen und vergleiche sie mit den Amerikanismen, die heute, 1968, aufgefunden werden können. Der heutige Anteil wird ungleich höher sein. *(Seite 15)*

Er will aber nicht nur zu neuen Formen, sondern auch zu neuen Bewußtseinslagen vordringen:

Überdies haben wir seit kurzem die Entstehung einer neuen Form der Sozialpsychiatrie bemerken können, ... derzufolge einige Varianten der Bewußtseinsspaltung nicht mehr als zu heilende Krankheiten anzusehen sind, sondern als Ausbrüche in eine unbekannte psychische Dimension: ungezielte Vorstöße von Kosmonauten des Innern in ein anderes Land. Also müssen wir davon ausgehen, daß der Wahn zunimmt, völlig legitim. ... Wie vermag literarische Kritik ihres Gegenstandes noch habhaft zu werden? ... Der Vortrag Leslie Fiedlers ist nichts anderes als eine Tagesaktualität, die deutlich macht, wie sehr Literatur der Aktualität bedarf, will sie sich nicht selber aufgeben. ... so jedoch ist die Literatur, besonders hierzulande, noch überwiegend beherrscht von dem ungeschriebenen Gesetz: *Die Toten bewundern die Toten.* *(Seite 15)*

2 Rolf Dieter Brinkmann: Gras

Köln: Kiepenheuer & Witsch 1970
Angabe im Impressum: »Der Schutzumschlag wurde von Berndt Höppner (Exit), Köln, nach einem in der illustrierten Wochenzeitschrift ›Stern‹ veröffentlichten Photo neuer Gartenmöbel angefertigt.«

In der Tradition der Pop Art, wie sie in den Stilleben von Andy Warhol besonders markant zum Ausdruck kommt, beschäftigt sich Brinkmann von Anbeginn mit der Wahrnehmung des Alltäglichen. Berühmt wird sein Gedicht ›Einfaches Bild‹:

Ein Mädchen
in
schwarzen
Strümpfen
schön, wie
sie
herankommt
ohne Laufmaschen.
Ihr Schatten
auf
der Straße
ihr Schatten
an
der Mauer.
Schön, wie
sie
fortgeht
in schwarzen
Strümpfen
ohne
Laufmaschen
bis unter
den Rock.

141 Schutzumschlag (21.2) *(Rolf Dieter Brinkmann: Was fraglich ist wofür. Gedichte. Köln, Berlin: Kiepenheuer & Witsch 1967. Seite 18)*

Der Gedichtband ›Gras‹, entstanden von 1968 bis 1970, trifft dagegen auf wenig Resonanz.

Kaffee trinken (1)

Ich nehme etwas Milch und zwei Löffel Zucker und rühre in der Tasse, die vor mir steht. Dann nehme ich die Tasse hoch, trinke und setze sie wieder ab. *(Seite 13)*

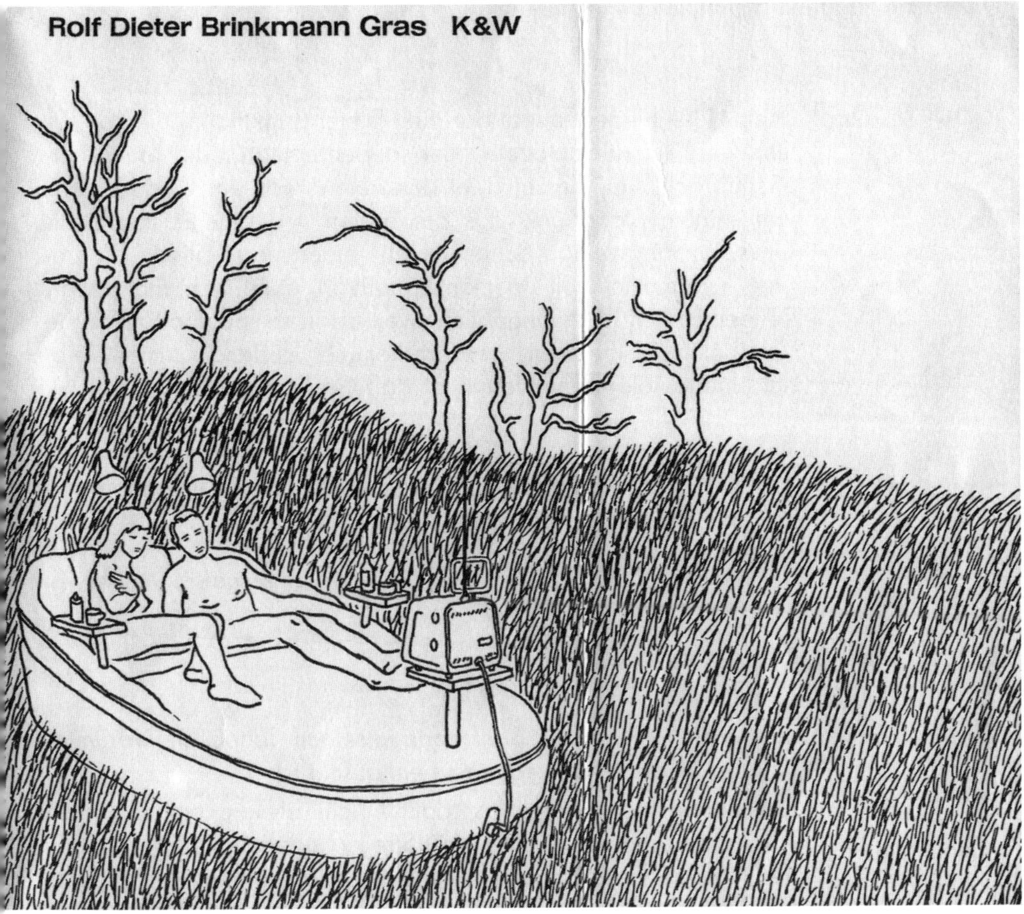

Kaffee trinken (2)

Es ist nachts. Das Wasser kocht. Auf dem Tisch stehen 5 Tassen. Ich komme mit der Kaffeekanne ins Zimmer und sehe dich vor diesen Tassen Geige spielen. *(Seite 14)*

Yaak Karsunke wünscht dem Gedichtband in der ›Frankfurter Rundschau‹ vom 27. Juni 1970, daß er bald wieder in Vergessenheit gerate:

Wie war in Köln es doch vordem/Mit Heinzelmännchen so bequem. Jetzt hingegen lebt dort Rolf Dieter Brinkmann, ein Vorgartenzwerg der US-Pop-Szene, der soeben einen Gedichtband herausgebracht hat, dessen Titel das nennt, was ein Gartenzwerg von seinem Standpunkt aus am besten und am meisten sieht: *Gras.* ... langweilige Schnipsel aus einer langweiligen Biographie – vermutlich soll's persönlich wirken, es ist nicht mal privat. Zeitgenössisch ist es angeblich, weil darin so fabelhaft moderne Vokabeln wie »Feincordhose« vorkommen dürfen . ... Hier bleibt nur eine tautologische Hoffnung: daß Gras über Gras wächst.

3 Rolf Dieter Brinkmann: Erkundungen für die Präzisierung des *Gefühls* für einen Aufstand:

Träume. Aufstände/Gewalt/Morde. Reise Zeit Magazin. Die Story ist schnell erzählt. (Tagebuch)
Reinbek: Rowohlt 1987
(das neue buch. 169)
Aufgeschlagen: Seite 134/135

Im Herbst 1971 notiert Brinkmann in seinem Tagebuch, warum er von der Studentenbewegung so enttäuscht ist:

Der Betrug: *Jetzt gehts los,* dachte ich, als die ersten wilden Aufstände anfingen/Kölner KVB Streik/angehaltene Straßenbahnen/Wasserwerfer später/sich duckende Gestalten/jetzt gehts los, überall, auf allen Gebieten eine Bewegung neue Filme, neue Bücher neue Malerei, neue Musik würde entstehen, die Redaktionen durchlässig für Bewegung, die alten Fetzen aus der Nachkriegszeit würden verschwinden, der ganze muffige Angstüberbau/alle diese vorsichtigen Muschlertypen und sterilen Phrasendreher in den Scha[l]tstellen des Geistes/(Redaktionen)/jetzt bricht endlich barbarisch die verschüttete Vitalität hervor/aber die zärtlicheren wilden Gefühle, die die Gegenwart übernehmen sollten, gingen in entsetzlichem politischen Geschwätz unter/mit der Abrichtung auf Politische Fragen, sind sie alle kaputt gegangen/keine Schönheit mehr/zerredete Träume/einkasernierte

Gedanken/verwaltetes Bewußtsein durch Begriffe/ein Krümel!/
(Seite 135)

4 Günter Herburger: Das Ende der Nazizeit

Gedicht. Um 1970
Zeitungsausschnitt
Vorlaß Günter Herburger

Während Brinkmann die Hoffnung, die »alten Fetzen der Nachkriegszeit« würden nun verschwinden, offenbar aufgegeben hat, verleiht ihr Günter Herburger in seinem Gedicht einen zuversichtlichen Klang. Der Rockmusik traut er zu – und das wäre ganz in Brinkmanns Sinne – , das »Ende der Nazizeit« herbeiführen zu können. Ursprünglich sollte das Gedicht ›Die Stones rocken die Nazis aus‹ heißen.

(wieder abgedruckt in: Martin Gregor-Dellin, Hrsg.: PEN. Prosa. Lyrik. Essay. Neue Texte deutscher Autoren. Tübingen, Basel: Erdmann 1971. Seite 152)

142 Erstdruck des Gedichts von Günter Herburger (21.4)

Das Ende der Nazizeit

Von Günter Herburger

Wenn die Rolling Stones die Rolling Stones

Wenn die Rolling Stones in den Trümmern
des Reichsparteitaggeländes von Nürnberg

Wenn die Rolling Stones in den Trümmern
des Reichsparteitaggeländes von Nürnberg
endlich zu spielen beginnen und Mick Jagger
hunderttausend deutschen Lehrlingen

Wenn die Rolling Stones in den Trümmern
des Reichsparteitaggeländes von Nürnberg
endlich zu spielen beginnen und Mick Jagger
hunderttausend deutschen Lehrlingen
die in Blumen sitzen und Gras lutschen
seine Megaverstärker zeigt und singt
und am selben Tag Rudolf Heß entlassen wird
und in einem weißen Flugzeug über dem Stadion schwebt

Dann winken wir zum letzten Mal der Erinnerung
an die zierlich silbrigen Greise
die Konzerte dirigierten auf tödliche Art
und wieder Geleekulturen züchten wollen

denn die Rolling Stones spielen in den Trümmern
des Reichsparteitaggeländes von Nürnberg
und in den Megaverstärkern frißt singend
Mick Jagger die Photos von Hitler und Heß

Denn die Rolling Stones spielen in den Trümmern
des Reichsparteitaggeländes von Nürnberg
und in den Megaverstärkern frißt singend
Mick Jagger die Photos von Hitler und Heß

Denn die Rolling Stones spielen in den Trümmern
des Reichsparteitaggeländes von Nürnberg

Denn die Rolling Stones spielen die Rolling Stones

Günter Herburger (38), in München lebender deutscher Texter mit Sanskrit-Kenntnissen, schrieb unter anderem den Roman „Die Messe", das Drehbuch zu dem Film „Tätowierung" und den Gedichtband „Ventile". Zur Frankfurter Buchmesse kam Luchterhand mit dem neuen Herburger-Roman „Jesus in Osaka" heraus. Das Gedicht „Ende der Nazizeit" entnahmen wir der Zeitschrift „twen". Es erschien unter der Überschrift „Die Stones rocken die Nazis aus". — Der euphorische Optimismus dieser Zeilen wurde bereits in Frage gestellt: Beim großen Open-Air-Pop-Festival in Altamont, USA, „rockten die Nazis die Stones aus": Vor den Augen des entnervten, hilflosen Mick Jagger erschlugen faschistoide Motorrad-Rocker einen Farbigen. R. W.

5 Rolf Dieter Brinkmann an Hermann Peter Piwitt

Köln, 11. Mai 1971. Brief, 1 Blatt
Leihgabe: Hermann Peter Piwitt

143 Auf der gegenüberliegenden Seite: Schutzumschlag

In der westdeutschen Literatur herrsche, so empfindet es Brinkmann, Stagnation. Für die damit einhergehende, zunehmende Einschränkung der Wahrnehmungsfähigkeit, macht er in dem Brief an Hermann Peter Piwitt äußere Umstände verantwortlich:

Warum ist das Empfinden so total paralysiert? Keine Zeitschriften mehr, keine Möglichkeiten auszuprobieren, leere »interessante« Zeichen in der Luft auf dem weißen Papier, das ist alles. Die Redaktionsstuben mit jemanden darin erloschen. Aber der ungeheure Verwaltungsapparat, Sie haben das ja in Köln gesehen, riesige Bauten, die immer noch erweitert werden, Kontrollstationen, Parasiten, tatsächlich. (Zuerst wird die Wahrnehmungsfähigkeit erledigt!)

6 Rolf Dieter Brinkmann: Rom, Blicke

Reinbek: Rowohlt 1979
(das neue buch. 94)
Umschlagentwurf: Manfred Waller
Ausgestellt: Druckvorlage des Buchumschlags mit einer angeklammerten Notiz von Waller für Delf Schmidt, Lektor beim Rowohlt Verlag
Leihgabe: Rowohlt Verlag, Hamburg

Von Oktober 1972 an hält sich Brinkmann als Stipendiat der Villa Massimo in Rom auf. Den Aufenthalt dokumentiert er in Tagebüchern und reich bebilderten Materialheften, die postum 1979 unter dem Titel ›Rom, Blicke‹ im Rowohlt Verlag erscheinen. Für den Buchumschlag wird eine der zahlreichen Rom-Pläne verwendet, die Brinkmann seiner Frau Maleen nach Köln geschickt hat: »... mit eingezeichneten Wegen, durch die ich bisher gegangen bin, so kannst Du Dir genauer vorstellen, was ich gesehen habe und wo das liegt.« (Seite 83)

Rolf Dieter Brinkmann

Rom, Blicke

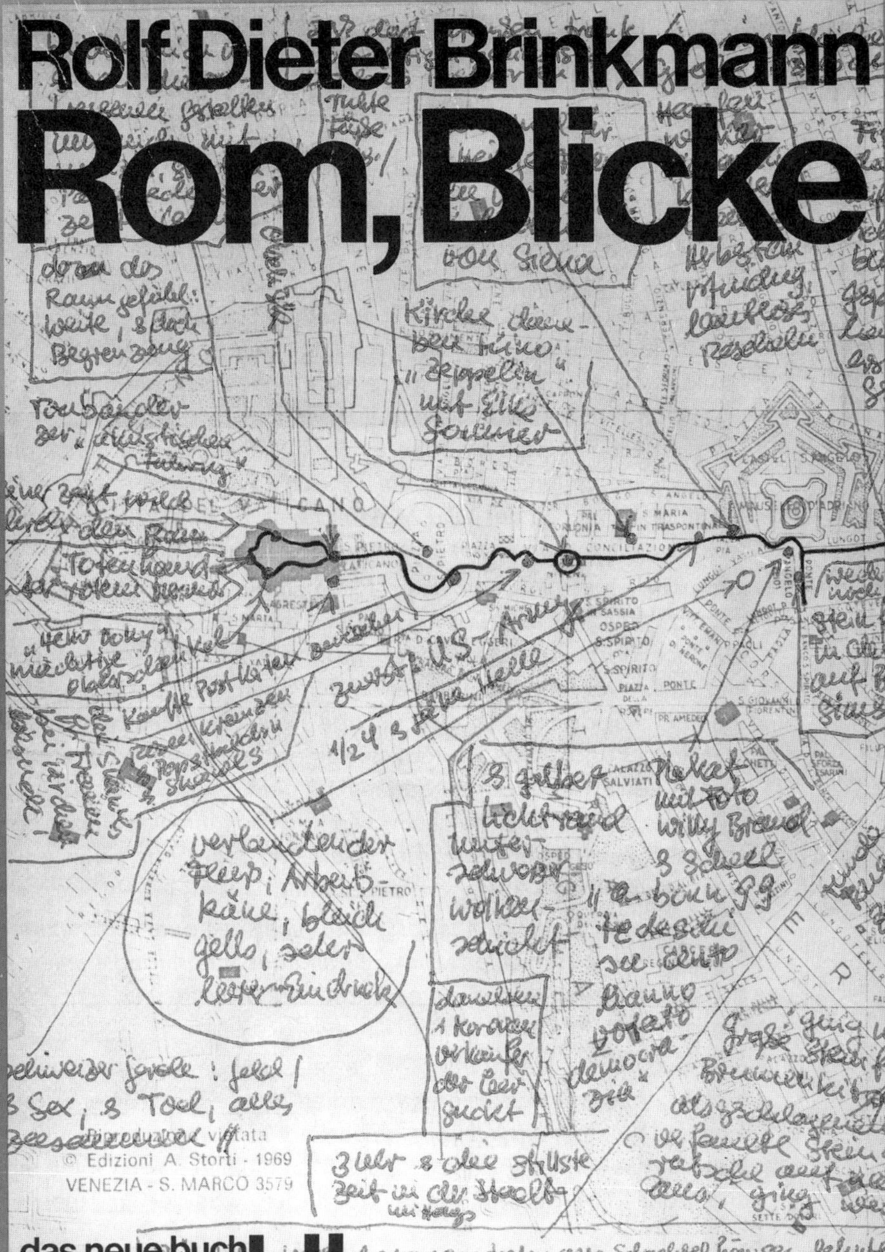

das neue buch
rowohlt

7 Rolf Dieter Brinkmann: Rom, Blicke

Druckfahnen
Aufgeschlagen: Bogen mit den Seiten 17 und 438
Leihgabe: Rowohlt Verlag, Hamburg

Auf dem zweiten Druckbogen, das ist die Seite 17 des Rom-Tagebuchs, sind Photos der Zugfahrt nach Italien abgebildet; der Bogen 28 mit der Seite 438 ist in derselben Druckform ausgeschossen. Diese Seite zeigt die Collage eines Rom-Planes mit Postkartenausschnitten. Die Reise nach Italien begreift Brinkmann als Möglichkeit, sich aus dem »Gefühl des Eingesperrtseins« zu befreien – und so empfanden es vermutlich auch die Stifter des Stipendiums. In einem Brief vom 22. Juli 1972 an Hermann Peter Piwitt, der 1971 in der Villa Massimo war, drückt Brinkmann aus, welche Hoffnungen er mit seiner Italienreise verbindet:

Rom wird, hoffe ich, vor allem für mich ein Abstandkriegen bedeuten. Wenigstens etwas. Schließlich ist deutsch schon eine Hölle. Auch darin sind sie wieder unsinnlich und radikal. Sie sind hier eben vorwiegend Denker und mögen sich denken, wenn schon Hölle, dann auch eine richtige Hölle, mit allen Schikanen! ... Mir rückt das, was ich täglich aufnehme, unversehens wieder zu nah heran. Aber genau genommen geht es immer wieder darum, eine Technik zu entwickeln, wie man sich inmitten dieser heruntergekommenen Kulisse, die rotiert und rotiert, in einen halbwegs vernünftigen Abstand bringen kann.

Rom wird für Brinkmann indessen zu nichts als dem schmutzigen »Schrott der Geschichte«, zum Sinnbild des schon längst untergegangenen Abendlandes. Seine Erfahrungen kontrastiert er mit der ›Italienischen Reise‹ Goethes 1786–1788.

»Auch ich in Arkadien!« hat Göthe geschrieben, als er nach Italien fuhr. Inzwischen ist dieses Arkadien ganz schön runtergekommen und zu einer Art Vorhölle geworden. *(Rolf Dieter Brinkmann: Rom, Blicke. Reinbek: Rowohlt 1979. Seite 16)* Man müßte es wie Göthe machen, der Idiot: alles und jedes gut finden/was der für eine permanente Selbststeigerung gemacht hat, ist unglaublich, sobald man das italienische Tagebuch liest: jeden kleinen Katzenschiß bewundert der und bringt sich damit ins Gerede. *(a. a. O., Seite 115)*

Dagegen werden andere Vorbilder gestellt – Jean Paul, Hans Henny Jahnn, Gottfried Benn, Friedrich Nietzsche – und Giordano Bruno, der Philosoph, den die Inquisition zum Ketzer erklärte und 1600 in Rom verbrennen ließ.

Die Figur des Giordano Bruno ist eines der ganz wenigen Symbole für die totale Individualität des Menschen, seine Einzelheit, die unverwechselbar gedacht sein wollte und in der Anlage als Möglichkeit gewiß vorhanden ist ... Als ich noch einmal abends die Stelle las, mit der er sich damals von Deutschland verabschiedete, hat mich die Haltung gerührt, daß Tränen kamen ... warum diese Rührung? Weil die Selbständigkeit und die ernsthafte persönliche Betätigung und der Ausdruck so selten geworden ist. *(a. a. O., Seite 129 f.)*

Weihnachten 1972 verbringt Brinkmann in Olevano, einem Dorf in der Nähe Roms, das vordem vielen Italienreisenden Aufenthalt geboten hatte. Vor allem waren es die Maler der Romantik, darunter Victor Emil Janssen und Joseph Anton Koch, die zu Beginn des 19. Jahrhunderts Olevano zum Anziehungspunkt für deutsche Künstler machten. Brinkmann ist begeistert und fühlt sich von den »prähistorischen und posthistorischen Landschaften« geradezu »entrückt«. Bei einem Spaziergang durch den Ort hört er aus einem Laden einen amerikanischen Schlager der fünfziger Jahre: ›Only you‹ von Elvis Presley.

Ich ging mit diesem alten sentimentalen Schlager im Kopf durch den Ort ... (:übrigens, warum mögen Kinder und, ist man selber zu sich ehrlich, auch Erwachsene viel lieber Kitsch?: ich meine, daß in dem Kitschigen noch viel mehr unausgeträumtes Material steckt, unausgeträumte Ecken, Stellen, die man selber noch mit etwas anderem als mit Denken füllen und austräumen kann! ... Und daß Schlager, daß Filme so ankommen, diese Tatsache sagt doch etwas, viel mehr als der Hinweis, ob es nun gut gemacht ist oder nicht und einen akzeptablen Inhalt besitzt. Also ist ein Traumverlangen vorhanden, eine Traum- und Rauschbereitschaft. *(a. a. O., Seite 377)*

Olevano wirkt inspirierend auf Brinkmann. Die Eindrücke läßt er wie durch ein Objektiv mit weit geöffneter Blende in sich eindringen. In einer Rezension der nachgelassenen Notizen aus Rom befürchtet Rolf Hosfeld in der Zeitung ›Die Neue‹ vom 23. Oktober 1979 angesichts dieser Methode Schlimmstes:

Wie die Bilder durch die Kamera jedoch anders werden als die Gegenstände, so gerät ihm alles zur Zustandsbeschreibung des Ich. Martin Walser hat in dieser Technik schon einmal früher den Funktionswandel von der Mitteilung zur Botschaft erblickt. Die Botschaft, als Verkündung, ist eine religiöse Form der Mitteilung. Was hier verkündet wird, ist die Niederkunft des neuen Übermenschen ... Brinkmanns neues Environment, das einmal eins der Subkultur war, ist jetzt eins des großen Einzelgängers mit einer leichten Sehnsucht nach dem gemütlichen bürgerlichen Wohnzimmer, ein problematisches deutsches Erbe. *(Seite 7)*

Je mehr sich die Euphorie der Studentenbewegung auflöst, bzw. sich in die abstrakten Begrifflichkeiten der K-Gruppen oder in den Terrorismus verlagert, meldet sich der Durst nach Sinnlichkeit, nach neuen poetischen Wahrnehmungswelten auch bei anderen Autoren. Zur gleichen Zeit wie Brinkmann hält sich 1972 der Schriftsteller Nicolas Born in Rom auf. Born (1937–1979) hatte sich in den sechziger Jahren im Wahlkontor deutscher Schriftsteller für die SPD engagiert und war für kurze Zeit auch an der Studentenbewegung aktiv beteiligt. Aber schon an den Texten im ›Kursbuch‹ 15 moniert er die Lähmung der Literatur.

8 Nicolas Born an Helmut Heißenbüttel

Nürtingen, 5. Januar 1969. Postkarte
Leihgabe: Archiv des Süddeutschen Rundfunks, Stuttgart

ich schreibe an einer Art Einleitung zu meinen Gedichten. Darin sage ich einiges Polemische gegen Kursbuch 15.

9 Nicolas Born: Das Auge des Entdeckers

Gedichte
Zeichnungen von Dieter Masuhr
Reinbek: Rowohlt 1972
(das neue buch. 21)

Im Jahr seines Rom-Aufenthalts veröffentlicht Born diesen Gedichtband. In den Gedichten finden sich Zitate aus älteren Reiseberichten, Science-Fiction-Romanen und klassischen Utopien. Schon auf der Titelseite wird dem Leser die unzeitgemäß wirkende Programmatik des Bandes erläutert:

»Das Auge des Entdeckers« sieht sich selbst (: dich und mich) als außengesteuerte Objekte des Tatsächlichen, aber auch als fremdartige Wesen, die mit Hilfe von Träumen, Phantasien und Wünschen aufbrechen in eine neue Dimension menschlichen Lebens. Oft habe ich versucht, aus dem Gedicht herauszutreten auf die Straße oder das Wort »Auge« mit einem wirklichen Auge zu bezeichnen. Ich gebe zu, daß ich »schöne Gedichte« schreiben wollte und einige sind zu meiner größten Überraschung »schön« geworden.

Den Aufbruch in eine neue Dimension illustriert die Zeichnung von Dieter Masuhr auf Seite 109 des Bandes (siehe Seite 408). *Daneben: Borns Beitrag zur Poetisierung des alltäglichen Kaffeetrinkens: »Ich trank Kaffee und .../... war nicht mehr derselbe«*

Es mag überraschen: Brinkmann läßt an den Gedichten des Mit-Stipendiaten der Villa Massimo kein gutes Haar. Am 21. Novem-

ber 1972 teilt er Hermann Peter Piwitt, der auch mit Born befreundet ist, seine Abneigung mit:

Ich meine, wenn jemand schon Das Auge des Entdeckers schreibt, dann hat er die Verpflichtung, auch Entdeckungen auf den Tisch zu legen ... Und da, auf einmal, sehe ich das Grauen, das auch so ein Elaborat darstellt, das es vermehrt, ich sehe die wahnwitzige Besessenheit nach Verwertung, ich sehe auch die Armut des Blicks, die Energielosigkeit – wie soll ich da den Entdecker ernst nehmen? Wie kann ich die Inflation des Begriffs Entdecken hinnehmen?

Ich bin nicht für die Bescheidenheit, ich bin für Ansprüche, sie hängen natürlich mit dem Einzelnen zusammen, und so erlaube ich mir, den Einzelnen anzusehen, was hat er mir, einem anderen Einzelnen, zu bieten? *(Rolf Dieter Brinkmann: Rom, Blicke. Reinbek: Rowohlt 1979. Seite 260/262)*

144 Illustration von Dieter Masuhr (21.9)

10 Rolf Dieter Brinkmann an Henning John von Freyend

29. Januar 1975. Postkarte
Leihgabe: Henning John von Freyend

Könntest Du die kunstmachenwollende Arroganz des Bildungsbürgers im Kopf ablegen, & ich denke Du kannst das, dann wären Deine Leinwände fein bemalt vom Stil her & nicht so pastos, mit dicken Farben, schon jetzt. Die Cleverness ist'n Betrug der industriellen Verwertung oder der Essays. Ich denke wir beide können einander nichts vormachen, »in der Kunst«. Ich bin kein Akrobat. Ich liebe den Boden. Wie gehts Deinem Kartoffelbild? Bedenke einmal die Aufteilung: (gut, realistisch!) vorne groß Kartoffeln, dahinter Mietshäuser (modern), Kartoffeln = alltägliches Leben = Vegetation usw. viel wichtiger als der Hintergrund, deswegen Deine Aufteilung.

John von Freyend, der gerade an dem »Kartoffelbild« arbeitet, hatte 1970 ein grün-blaues Bild mit dem Titel ›Das Hemd von Rolf Dieter Brinkmann‹ gemalt: »war auch'n schönes, intensives Hemd, sanfte abgestimmte Farben in lichtem Grün, und dann das ruhige, großzügige Blumenmuster«. (Rolf Dieter Brinkmann: Erkundungen. Reinbek: Rowohlt 1987. Seite 257) Immer wieder diskutieren sie in den darauffolgenden Jahren, wie die Kunst des Alltags, der Vitalität, der Vegetation habhaft werden könne.

1975 verbringt Brinkmann einige Zeit in Cambridge. Von der anregenden Atmosphäre dort berichtet er Hermann Peter Piwitt am 20. April auf einer Postkarte:

Eine Menge Dichter und Publikationen in kleinen Verlagen, eine erstaunliche Menge Aktivität. Die BRD ist doch ziemlich wüst. Hier zu lesen machte Spaß. Das Feedback ist einfacher.

Drei Tage später, am 23. April 1975, kommt Brinkmann in London ums Leben:

Die Legende behauptet bereits:
Als er in London nachts
eine Straße überqueren wollte,
da er auf der anderen Seite
eine strahlende Herberge sah, die heißt
Shakespeare's Day and Night,
wurde er von einem Auto umgesäbelt,
augenblicklich sei er tot gewesen.

(Günter Herburger: Des Dichters Brinkmann Tod. In: Die Zeit. Hamburg. Nr 25 vom 13. Juni 1975, Seite 36)

11 Nicolas Born und Peter Handke

in Rémuzat/Provence nach der Verleihung des Petrarca-Preises 1975
Photographie von Lilo Fromm
Von links nach rechts: Irmgard Born, Nicolas Born, Peter Handke, Christoph Meckel, Isolde Ohlbaum

Leihgabe: Irmgard Born

1975 erhielt Rolf Dieter Brinkmann postum den von Hubert Burda gestifteten Petrarca-Preis. Die Jury-Mitglieder waren neben Bazon Brock, Michael Krüger und Urs Widmer auch Nicolas Born und Peter Handke. Für die Feierlichkeiten hat man den Mont Ventoux in der Provence gewählt, den Petrarca 1336 bestiegen hatte; die Laudatio hält Nicolas Born unter dem Titel ›Stilleben einer Horrorwelt‹:

Bei Brinkmann werfen die Wörter andere Schatten, mythische. Labormythen der neuen Dinge und Wörter, Struktur-, Molekular- und Datenmythen. Der Kratzer auf der Schallplatte, der gerissene Film, die kaputte Glühbirne – nur in solchen Defekten kommt noch etwas Bewußtsein zum Vorschein. *(Petrarca-Preis 1975–1979. München: Autorenbuchhandlung 1980. Seite 125–128, hier: Seite 127)*

Peter Handke, der ein Jahr zuvor noch an Born geschrieben hatte: »Ich dachte, das wäre wünschenswert: dass Leute wie Du und

145 Irmgard Born, Nicolas Born, Peter Handke, Christoph Meckel und Isolde Ohlbaum (21.11)

Brinkmann immer schreiben und weiterschreiben« (Paris, 6. März 1974. Brief in Privatbesitz) *hält in seinen ›Notizenfragmente[n] zur Laudation‹ über Brinkmann fest:*

»friedlich«, »zärtlich« – bei ihm keine vorgefaßte, keine Gratis-Menschenfreundlichkeit: sondern Spannung zwischen dem realen Hass und der realen Sehnsucht, freundlich sein zu können – so werden seine Gedichte Vorgänge, sind keine Lebens*formen* mehr, nur noch Lebens*momente*, im Gedicht für die Zeit des Gedichts *erweitert.* (Petrarca-Preis 1975–1979. a. a. O., Seite 123)

(Zitat aus der „Publikumsbeschimpfung")

22 ›Die Literatur ist romantisch‹

Der vierundzwanzigjährige Österreicher Peter Handke gerät rasch in das Licht der Öffentlichkeit, als er der Gruppe 47 auf ihrer Tagung in Princeton 1966 »Beschreibungsimpotenz« vorwirft und diesen Vorwurf in der Zeitschrift ›konkret‹ wiederholt. Das veranlaßt Martin Walser dazu, in seiner Abrechnung mit der »Neuesten Stimmung im Westen« McLuhans These »The medium is the message« umzuwandeln und in bezug auf Handke zu sagen: »Der Autor ist die Botschaft«. Tatsächlich ruft Handke schon durch den unberechenbaren Wechsel zwischen inszeniert wirkender Schüchternheit und Aggressivität und durch seine jungenhafte Beatles-Frisur Aufmerksamkeit hervor; darüber hinaus aber machen seine provokanten Theaterstücke ›Publikumsbeschimpfung‹ (Frankfurt am Main: Suhrkamp 1966) und ›Kaspar‹ (ebd., 1967) Furore; in ihnen führt Handke die Macht klischeehafter Formulierungen und den Terror des »Eingesagten« vor. In seinem Essay ›Ich bin ein Bewohner des Elfenbeinturms‹ (1967) erklärt er, daß er von der Literatur ein »Zerbrechen aller endgültig scheinenden Weltbilder« erwarte und daß er nur ein Thema habe: über sich »klarer zu werden«. Handkes Haltung ist wenig beliebt bei denjenigen, die ein unmittelbar politisches Literaturverständnis vertreten. Die intellektuelle Auseinandersetzung mit Handke mündet so wiederum in das Thema »Engagement«. Aufgefordert, sich an der Fiedler-Debatte zu beteiligen, antwortet Handke, der in Filmkritiken Lobeshymnen auf den Western geschrieben hat und schon aus diesem Grund als potentieller Fiedler-Anhänger gelten könnte, ihm seien Fiedlers Thesen sympathisch und befremdlich zugleich. Eine öffentliche Stellungnahme will er damals nicht abgeben.

146 Auf der gegenüberliegenden Seite: Programm. Vorderseite (22.1)

1 ihr Rotzlecker

Programm zur Aufführung von Peter Handkes Sprechstück ›Publikumsbeschimpfung‹ am Landestheater Hannover. Schauspiel. Studio im Künstlerhaus [Spielzeit 1967/68]
Inszenierung: Hermann Treusch. Besetzung: Monica Bleibtreu, Barbara Nüsse, Nikola Weiße, Gerburg Dieter

147 Auf der gegenüberliegenden Seite: Umschlag (22.2)

Im Gegensatz zum Anti-Theater, das die Grenzen zwischen Publikum und Bühne aufzuheben versucht, provoziert Handke 1966, indem er in seinem Sprechstück ›Publikumsbeschimpfung‹ die Rollen von Schauspieler und Zuschauer vertauscht: Das Publikum wird von den Schauspielern kritisiert.

Sie sind keine Zaungäste mehr. Sie sind das Thema. Sie sind im Blickpunkt. Sie sind im Brennpunkt unserer Worte. *(Seite 18)* ... Dadurch, daß wir Sie beschimpfen, werden Sie uns nicht mehr zuhören, Sie werden uns anhören. Der Abstand zwischen uns wird nicht mehr unendlich sein. Dadurch, daß Sie beschimpft werden, wird Ihre Bewegungslosigkeit und Erstarrung endlich am Platz erscheinen. *(Peter Handke: Publikumsbeschimpfung und andere Sprechstücke. Frankfurt am Main: Suhrkamp 1966. Seite 44)*

Das Schimpfen (»ihr geistiges Proletariat«) und das Brechen von Tabus durch den Gebrauch vulgärer Wörter (»ihr Schleimscheißer«) hat in diesen Jahren Konjunktur. In Amerika kommt es zu einer regelrechten »dirty-speech-Bewegung«. Auch die Kunst öffnet sich dem neuen Sprachgebrauch. So entwirft beispielsweise der Maler Sigmar Polke 1968 sein ›Großes Schimpftuch‹. Mit der Wirkungskraft des provokanten Vokabulars wuchernd, wählt das Theater der Stadt Hannover für die Gestaltung des Programmheftes den Begriff »Rotzlecker«, den es in breiten rosa-grünen Lettern auf die Titelseite setzt.
Für Handke steht 1968 fest, daß der theatralisierende Effekt der Studentenbewegung die Theaterlandschaft verändern würde. Seine Hoffnung ist, daß die Berliner Kommune I die neuen Denkmöglichkeiten so lange spielt, »bis auch die Wirklichkeit ein einziger Spielraum geworden ist«. (vgl. Kapitel 9)

2 Peter Handke: Die Literatur ist romantisch

Berlin: Oberbaumpresse 1967
(pamphlet. 1)

Ähnlich provozierend wie die ›Publikumsbeschimpfung‹ wirkt der – in Fraktur gesetzte – Titel dieser Veröffentlichung in der Berliner

Oberbaumpresse, die u. a. die ›Underground Poems‹ und den ›Linkeck Almanach‹ im Programm hat (vgl. Kapitel 10). Handke beschreibt das Verhältnis von Engagement und Literatur nach demselben Muster, wie es Fiedler Walser gegenüber vertritt.

Eine engagierte Literatur gibt es nicht. Der Begriff ist ein Widerspruch in sich. Es gibt engagierte Menschen, aber keine engagierten Schriftsteller. Der Begriff »Engagement« ist politisch. Er ist höchstens anzuwenden auf politische »Schriftsteller«, die aber keine Schriftsteller in dem Sinn sind, wie er uns hier interessiert, sondern Politiker, die schreiben, was sie *sagen* wollen. *(Seite 11)* … Die Literatur ist unwirklich, unrealistisch. Auch die sogenannte engagierte Literatur, obwohl gerade sie sich als realistisch bezeichnet, ist unrealistisch, romantisch. *(Seite 16)*

3 Der Western

Peter Handke im Gespräch mit Klaus Ramm und Di[e]rk Rodewald am 9. November 1967
In: Journaille. Neue Würzburger Studentenzeitung. Jahrgang 2, Nummer 6 vom 29. Januar 1968, Seite 21–24
Aufgeschlagen: Seite 21
Leihgabe: Dierk Rodewald

Neben den Literaturdebatten gibt es zahlreiche Auseinandersetzungen um den Film, an denen sich Schriftsteller als Filmkritiker beteiligen. Auch hier geht es um das Verhältnis von Kunst und Politik. Peter Handke ist von 1967 bis 1969 Kolumnist der Zeitschrift ›Film‹ und widmet sich dort vor allem dem Western-Genre, das zu der Zeit sehr populär ist – die Westernparodie ›Viva Maria‹ mit Jeanne Moreau und Brigitte Bardot in den Hauptrollen, der Lieblingsfilm von Rudi Dutschke und vielen anderen Achtundsechzigern, gibt sogar einer Berliner Kommune und einer SDS-Arbeitsgruppe den Namen. Als Handke zu einer Lesung nach Würzburg kommt, interviewen ihn zwei Germanistikstudenten und Western-Fans für die Studentenzeitung ›Journaille‹:

Frage: Herr Handke, der Western – was ist das für Sie?

Handke: Das ist eine Filmspezies, bei der die Bilder eine viel größere Bedeutung haben als in allen anderen Filmen. ... Der Western hat ein Ritual von Bildabfolgen, er hat ein gewisses, beschränktes Arsenal von Bildern; ...

Frage: Würden Sie da auch einen Unterschied sehen zwischen Dialogen im Western und Dialogen in jedem beliebigen anderen Film?

Handke: Ja, die Funktion von erklärenden Dialogen in sogenannten Problemfilmen übernehmen hier in der Regel Gesten, entweder Großaufnahmen von Sporen an Füßen oder Nahaufnahmen von Händen, Fingern, die kurz vor der Waffe sich bewegen. ...

Frage: Und wie steht es mit direkten politischen Botschaften?

Handke: Ja, da fällt mir ein, ich habe in letzter Zeit einen Film von Ralph Nelsson [›Duell in Diabolo‹] gesehen, der einen Treck zeigt, bei dem ein Schwarzer dabei ist, ein Major der Nordstaaten und auch ein gutherziger Indianer; diese Leute bilden eine fest verschworene Gemeinschaft. Sie ziehen an einen andern Ort, und böse Indianer wollen sie immer überfallen, dezimieren sie und reiben sie auf. In diesem Film hat man das Vietnamkrieg-Bewußtsein der USA ganz genau wiedererkannt, und das Durchhaltebewußtsein – das war ganz, ganz perfid.

Frage: Es gibt ja auch Western gegen den Vietnamkrieg, wie den letzten Film von Brooks [›Die gefürchteten Vier‹]. Oder denken Sie an andere »politische« Western, etwa ›The Ox-Bow Incident‹ [von William A. Wellman] oder ›High Noon‹ [von Fred Zinnemann] – sind das noch gute Western?

Handke: Mich enervieren solche Filme, ich halte auch ›High‹ für keinen der besseren Western. Einen Western mit Botschaft, den habe ich schon abgeschrieben. ... Gut und Böse kommt in Kinderspielen vor. *(Seite 21f.)*

Handke wechselt sich als ›Film‹-Kolumnist mit den Schriftstellern Helmut Heißenbüttel und Günter Herburger ab. Heißenbüttel und

Handke sind sich in ihrem Mißtrauen gegen Vermittlung von »Sinn« und Aufspüren von »Bedeutungsebenen« einig – und damit auch in ihrer Haltung gegen unmittelbar politische Aussagen von Literatur und Kunst. Beide setzen auf das Provokations- und Protestpotential von Sprache und Form als solcher. Dennoch streiten sie untereinander heftig über Kategorien der Filmkritik. In ›Film‹ (Jg 5, 1967, Heft 8, Seite 7) hat Heißenbüttel über den Film ›Blow up‹ von Antonioni berichtet und ein Gespräch zwischen zwei Zuschauern referiert:

Der Film, so wurde argumentiert, habe eine Oberfläche. Auf der spielten sich Szenen aus dem Leben eines Londoner Modefotografen ab. Das sei in sich durchaus interessant, aber wer es so sähe, habe nichts von dem Film begriffen. Dieser Fotograf sei nämlich zugleich viel mehr, seine Tätigkeit ein Sinnbild für die Art, in der der Mensch von heute sich der Welt zu bemächtigen versuche, ... es war dieser Anspruch des Tiefsinns, der mir auch die hinreißend gedrehten Szenen des Films verdarb. ...
Das Anschaun dieser Oberfläche wird verstanden nur als Anregung, die Bilder sollen sich öffnen in eine Tiefe hinein, in der das symbolisch Gemeinte mir erst den wahren Gehalt des Gesehenen vermittelt. ... Wenn es so ist, kann ich vom Standpunkt eines Schriftstellers aus nur sagen: dann bemüht sich also der Film, eine künstlerische Ausdrucksweise einzuholen, mit der die Literatur, die man als aktuell bezeichnen kann, schon lange nichts mehr anfangen kann. ... Der Rückbezug auf symbolische Tiefendimensionen ... in ›Blow up‹ ... bedeutet dann ... nichts anderes als schlechte Literatur.

Handke entgegnet in seiner nächsten Kolumne (Jg 5, 1967, Heft 11, Seite 10), der er den Titel ›Abgedankte Metaphern‹ gibt:

Ich für meine Person nehme mir zumindest vor, nicht als Literat über Filme zu schreiben, sondern als fanatischer, fanatisierter Kinogeher, der nicht nur ins Kino geht, weil irgendwo ein sogenannter »guter« oder »interessanter« Film läuft, sondern weil das Kino zu seinem Leben gehört. Ich interessiere mich im Kino nicht

für ähnliche Techniken in der Literatur, sondern für ähnliche Techniken in anderen Filmen. Deswegen finde ich es zum Beispiel völlig belanglos, wenn Heißenbüttel ›blow up‹, »literarisch besehen« mit den ›Duineser Elegien‹ vergleicht. ...
Ebenso ist das Gegensatzpaar »Oberfläche-Tiefe«, das im Augenblick so oft polemisch gebraucht wird und das auch Heißenbüttel, allergisch gegen »Tiefen«, gebraucht, ganz unbrauchbar: kein chronischer Filmbesucher krankt noch an solchen überholten, hoffnungslos literarischen Kategorien: weil es für ihn schon längst keine *Tiefe* mehr gibt, gibt es für ihn auch schon längst nicht mehr den gefährlichen Begriff *Oberfläche*, ...

Auch in Musikbesprechungen kommt bei beiden Autoren ein postmodernes Kunstverständnis zum Ausdruck. Heißenbüttel beschreibt in seinem Essay über ›Die neue Welle – Singer-Songwriter‹, womit Bob Dylan, Donovan, Leonard Cohen, Judy Collins und Tom Rush gemeint sind, eine amerikanische Erscheinung:

Wenn in Deutschland ein Schlagertexter kein Schlagertexter sein wollte, sondern mehr, so müßte er sich entweder moralisch aufwerten, als Protestsong-Schreiber etwa, oder mit dem Glanz des ästhetisch Ernsthaften etwa eines Kabarettisten oder Chansonisten schmücken. ... Das ist merkwürdigerweise im angloamerikanischen Sprachgebiet anders. ... In Amerika hat sich ... volkstümliches Singen unabgetrennt vom sogenannten seriösen Musikbereich erhalten. Volksliederüberlieferung, Kirchenlied- und *Blues*-Tradition und Verlagerungen indianischer Singpraxis haben da zusammengewirkt. Selbst zwischen Schlager und Volkslied ist keine eindeutige Trennungslinie zu ziehen. ... Daß jedenfalls ... so verschiedene und originelle Varianten von *Songwriter*-Interpreten unter den Schallplattenneuerscheinungen zu finden sind, ist überraschend und bezeichnend dafür, daß auch hier die Dinge in Bewegung sind. *(Der Monat. Frankfurt am Main. Jg 21, 1969, Heft 4, Seite 106ff.)*

Handkes Besprechung einer Beatles-Platte im ›Kölner Stadtanzeiger‹ vom 24. Dezember 1968 ist so angelegt, daß aus der Mu-

148 Auf der gegenüberliegenden Seite: Peter Handke (22.4)

sikkritik eine Kritik der Protestbewegung wird. Die Überschrift lautet: ›John Lennon sagte: Revolutionäre sollen sich selber ändern‹.

Vor allem wegen des Songs ›Revolution‹, den John Lennon geschrieben hat, sind die Beatles von den Revolutionären, die bis dahin auf die Songs der Beatles hörten, geschmäht worden. In ›Revolution‹ wird den Revolutionären geraten, erst einmal sich selber zu ändern. ...

Er [John Lennon] hat nur die Lächerlichkeit von Sätzen erkannt. Und wenn er anfängt, einen Song zu schreiben, sagt John Lennon ..., denkt er nicht in Sätzen, sondern ›dee duh dee duh do doo do do do doo‹. Das besagt: ›Revolution‹ ist ein Rock 'n' Roll-Song, und die Sätze darin besagen ›dee duh dee duh do doo do do do doo‹.

4 Peter Handke

Photographie
Reproduktion aus: ›Film‹. Velber. Jahrgang 5, 1967, Heft 11, Seite 10

5 Peter Handke an Wolfgang Ignée

Düsseldorf, 13. Oktober 1968. Brief, 1 Blatt
Leihgabe: Wolfgang Ignée

Auf Ignées Bitte um eine Stellungnahme zu Fiedlers Proklamation der Postmoderne antwortet Handke am 13. Oktober 1968 und begründet, warum er sich nicht beteiligen wolle:

Heute hab ich mir endlich den Text von Fiedler angeschaut, auch die Texte von Jürgen Becker und Heißenbüttel.
Nehmen Sie es mir bitte nicht übel, wenn ich mich zu einer Stellungnahme nicht überwinden kann. Die Probleme der Literatur, von denen Mr. Fiedler spricht, sind mir bekannt, in der Art aber, in der Mr. Fiedler von ihnen spricht, erscheinen sie mir doch wieder fremd. Jedenfalls plaudert er sicher nicht unangenehm.

Mir geht es immer wieder so, daß ich beim Lesen von ernst, das heißt, eindeutig gemeinten Sätzen, von denen sich einer sprachlogisch vom andern ableitet, immer mehr, je länger ich lese, befremdet werde. Je eindeutiger Sätze und Wörter werden, desto unklarer werden sie mir, und ich verstehe sie nicht mehr. So stoße ich mich dann allmählich an jedem Wort und frage mich, gerade weil es so eindeutig ist, was es wohl bedeute. In Mr. Fiedlers Aufsatz ist es mir nach und nach eigentlich mit jedem Wort so ergangen. Mir schien es, als verlasse er sich auf die Komplizenschaft seines Lesers oder Zuhörers, der schon wisse, was »geistig verwandt« bedeute, was »unernste Literatur«, was »seriös«, was allein schon die Nennung des Namens »Marcel Proust« bedeutet. Alle seine Sätze sind Signale, indem sie sich verlassen, daß im jeweiligen Partner schon ein Antwortsignal vorhanden ist, das bejahend oder abwehrend dann bimmelt: »ich verstehe«.
So schaffen Mr. Fiedlers Sätze und Worte nicht erst durch sich selber Möglichkeiten zum Antworten, sondern müssen sich auf bereits fertige Antworten verlassen. Kurz, es sind Behauptungen, weder wahr noch falsch, aber deswegen eben leicht zu lesen.
Aber Mr. Fiedler meint, Kritik solle Literatur sein. Seine Sätze sind also Literatur. Kritik an seinen Sätzen müßte, nach Mr. Fiedler, Literatur sein. Ich meine freilich, Literatur, die von seinen Sätzen ausgeht, müßte Kritik sein.
Mr. Fiedlers Sätze sind Literatur. Freilich könnte Literatur mit jedem Satz klar machen, daß ein Satz eine Geschichte hat, eine Geschichte von Bedeutungen. Bei Mr. Fiedler scheint es doch so, daß ihm wiederum die Bedeutung seiner Sätze zeitlos zu sein scheint. Seine Sätze haben so einen zeitlos archaischen eindeutigen Sinn, daß sie doch seiner Auffassung von Literatur widersprechen. Seine Kritik ist Literatur. Seine Literatur aber widerspricht seiner Auffassung von Literatur. Seine Sätze machen sich nicht über sich selber lustig, sie machen sich nicht lustig über ihre eigenen formalen Automatismen, über den formalen Automatismus des »Aufsatzes«, den er gerade schreibt. So gesehen, sind Mr. Fiedlers Sätze, seine Kritik, seine Literatur, wenn nicht schlecht, so

doch sicher nicht ganz auf der Höhe dessen, was sie proklamieren. Andrerseits sind sie wohl vielen aus dem Herzen gesprochen, vielleicht auch mir. Aber mir scheint es doch wichtiger, Sätze zu schreiben, die sich nicht drauf verlassen müssen, schon so sehr Signale zu sein und fertig da sein, daß sie anderen aus dem Herzen sprechen können. Zu wenig sind seine Sätze Widerspruchsspiele.

149 Andy Warhols Coca-Cola-Flaschen als Illustration zu Handkes Essay (22.6)

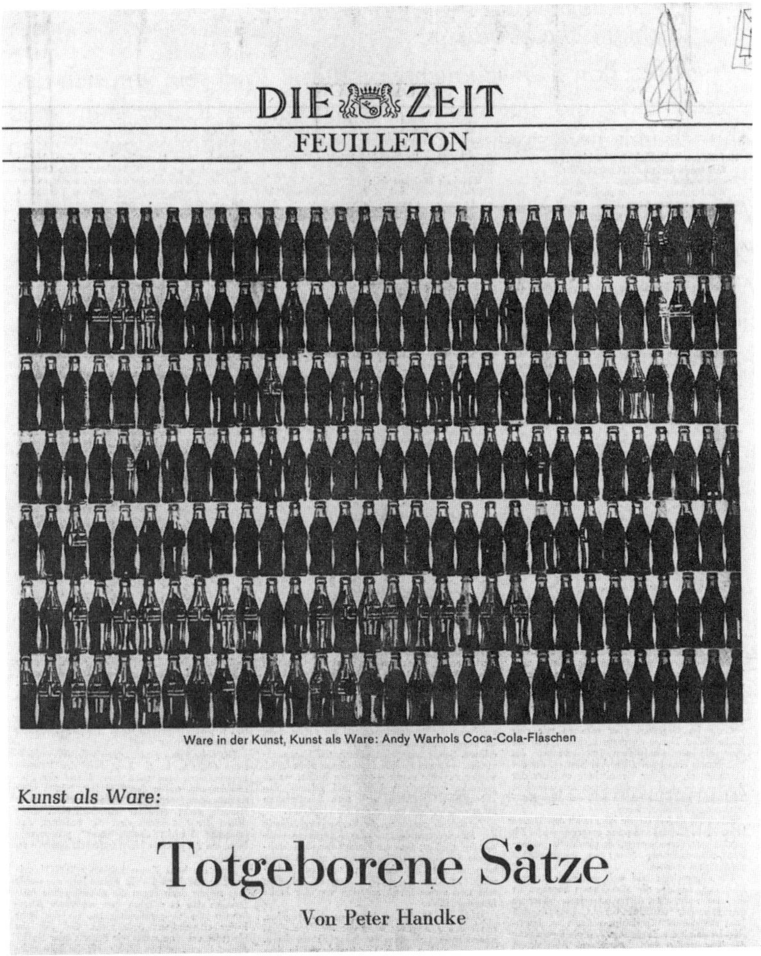

DIE ZEIT

FEUILLETON

Ware in der Kunst, Kunst als Ware: Andy Warhols Coca-Cola-Flaschen

Kunst als Ware:

Totgeborene Sätze

Von Peter Handke

6 Peter Handke: Totgeborene Sätze

Ausschnitt aus: Die Zeit. Hamburg. Jahrgang 23, Nummer 49 vom 6. Dezember 1968, Seite 17

Nach ›Christ und Welt‹ tritt nun die ›Zeit‹ auf den Plan. Rudolf Walter Leonhardt läßt die SDS-Gruppe »Kultur und Revolution« mit einem Beitrag ›Kunst als Ware der Bewußtseinsindustrie‹ zu Wort kommen. Die SDS-Gruppe wirft den Produzenten der Massenkultur vor, sie verführe den Konsumenten zur Aufgabe des Widerstands. Diesmal beteiligt sich Handke öffentlich und argumentiert auf ähnlich sprachkritische Weise:

Man muß schon ziemlich nicht von dieser Welt sein, um sich derart schamlos und stumpfsinnig auszudrücken. Oder: man muß schon ziemlich verzweifelt sein, um sich so schamlos ausdrücken zu können.

Mein erster Gedanke: ...

Meine Schlußfrage:

Warum heißt die SDS-Gruppe »Kultur und Revolution«? Könnte sie nicht ebensogut heißen »Helga und Michael«? Oder »Peter und Sabine«? *(Seite 18)*

7 Uwe Timm: Peter Handke oder sicher in die 70er Jahre

Korrekturfahne für den Abdruck in der Zeitschrift ›Kürbiskern‹. München. Jahrgang 6, 1970, Heft 4, Seite 611–621

Uwe Timm (Jahrgang 1940), der gerade an seiner Dissertation über Camus arbeitet, verfaßt für den ›Kürbiskern‹ aus parteilicher Perspektive eine Abhandlung über das Phänomen Handke. Seiner Polemik gibt er den damaligen Wahlslogan der CDU als Titel: »Sicher in die 70er Jahre«. Als Motto stellt er den Werbetext »Frohen Herzens genießen – HB ist mild und schmeckt« voran.

Während eifrig Literatur geschrieben wird über die Unmöglichkeit, Literatur zu schreiben, während der – wie man munkelt – todsiechen Literatur schon die Kränze bestellt werden und während die literarischen Inquisitoren ihr Autodafé vorbereiten, schreibt Peter Handke Erzählungen, Romane, Theaterstücke, Sprechstücke, Gedichte und Kritiken und bestimmt wie kaum ein anderer Autor die literarische Diskussion in der Bundesrepublik. So kann der Suhrkamp Verlag zu Recht in einem Werbeinserat schreiben: »Die Kritik kritisiert. Peter Handke schreibt.« und »An Peter Handkes Position kommt offensichtlich niemand vorbei.« Die zahlreichen Diskussionen auf den Podien und im Fernsehen über und mit Peter Handke, die Kritiken und Metakritiken zu seinen literarischen Arbeiten scheinen das zu beweisen. Wenn die Position Handkes so unumgänglich wurde, muß man sich fragen, wie das System, das eine solche Position ermöglicht, beschaffen sein muß und warum gerade Handke in diese wichtige Position des Literaturbetriebs kommen konnte. …

Diese Manier Handkes, stets neue Methoden, neue Modelle zu finden, ohne deren Inhalt zu berücksichtigen, korrespondiert auffallend mit einer typischen spätkapitalistischen Erscheinung auf dem Konsumsektor. Um einen optimal profitablen Absatz für ein Produkt zu garantieren, wird für eine ästhetische Aufbereitung der Oberfläche gesorgt, die keinen funktionalen Bezug zum Gebrauchswert des Produkts zu haben braucht; oftmals kann dieser ganz von dem ästhetischen Wert der Verpackung verdrängt werden.

8 Peter Handke: Deutsche Gedichte

Frankfurt am Main: Euphorion 1969
Ausgestellt: Drei Exemplare in den Umschlagfarben schwarz, rot bzw. gold, sowie das »Gedicht« ›Die Lottozahlen‹

Was Uwe Timm als »ästhetische Aufbereitung der Oberfläche« tadelt, zeigt sich als besondere Facette von Handkes Formspielen in dem Bändchen ›Deutsche Gedichte‹. Die ›Deutschen Gedichte‹ erscheinen in einer Auflage von tausend Stück »erstmals in der neuen Form des Umschlagbuches«. In 20 verschlossenen und zum Büchlein gebundenen Briefcouverts liegen u. a. eine Preisliste des Gemüsemarkts, eine Schachpartie, Börsenkurse, eine »Forderung des Beginns einer ernsthaften Entspannungspolitik«, Witze und:

150 Gedicht aus einem »Umschlagbuch« (22.8)

Die Lottozahlen
vom Samstag, dem 3o.11.1968:

2
7
16
24
25
49

Zusatzzahl:
6

Ohne Gewähr

Der Euphorion-Verlag hat dem ungewöhnlichen Umschlagbuch einen Zettel beigelegt, auf dem folgende Erklärung abgedruckt ist:

In unserer heutigen achsoschnellebigenzeit, da kaum jemand versteht, was er liest, wenn überhaupt gelesen wird, da man überliest, was wir mit Sorge und Bestürzung feststellen mußten, haben wir uns entschlossen, als Bremse Bücher zu collagieren, die, wenn sie tatsächlich gelesen werden, so gelesen werden müssen, daß das Verständnis wie der Hund an der Leine bellend auf dem Fuße folgt. Klischees als leere Hülsen, als Klischees, zu entlarven, bedarf es deshalb der Larve sowie des mechanischen Aktes, den dialektischen Umschlag zu zerreißen, auf daß das Wort im neuen Blick zu sich selber finde.

9 G[eno] H[artlaub]: Handke

Ausschnitt aus: Deutsches Allgemeines Sonntagsblatt. Hamburg. Jahrgang 26, Nummer 43 vom 28. Oktober 1973, Seite 21

Handkes Werk wird 1973 mit dem Georg-Büchner-Preis ausgezeichnet. In seiner Ingeborg Bachmann gewidmeten Rede ›Die Geborgenheit unter der Schädeldecke‹ fragt Handke nicht, wie man ein politischer, sondern wie man ein poetischer Mensch werden könne. Geno Hartlaub berichtet über die Preisverleihung:

Als Bekenntnis zur reinen Poesie wurde die Verleihung des Büchner-Preises 1973 der »Deutschen Akademie für Sprache und Dichtung« in Darmstadt an den 31jährigen Lyriker, Prosaschriftsteller und Dramatiker Peter Handke von der Literaturkritik und vom Publikum des Festaktes aufgefaßt. ... In seiner Ansprache anläßlich der Verleihung beschimpfte er sein Publikum nicht wie in seinem ersten erfolgreichen Theaterstück. Vielmehr versuchte er zu beweisen, daß auch eine dichterische Existenz politisch sein kann.

Die ›Süddeutsche Zeitung‹ druckt Handkes Rede am 27. Oktober 1973 ab. Am Ende zitiert und kommentiert Handke eine Stelle aus Brechts ›Arbeitsjournal‹ vom 31. August 1944:

»in augenblicken der verstörung fallen im gemüt die bestände auseinander wie die teile tödlich getroffener reiche. die verständigung zwischen den teilen hört auf (plötzlich wird deutlich, wie das ganze aus teilen besteht), sie haben nur noch die bedeutung, die sie für sich selber haben, das ist wenig bedeutung. es kann passieren, daß ich urplötzlich nicht mehr einen sinn in institutionen wie der musik oder auch der politik sehen kann, die nächststehenden wie fremde sehe usw. gesundheit besteht aus gleichgewicht«. Was Brecht hier, aus kleinlicher Angst vor der Sinnlosigkeit, als Krankheit und Verstörung aburteilt, ist nichts andres als das hoffnungsbestimmte poetische Denken, das die Welt immer wieder neu anfangen läßt, wenn ich sie in meiner Verstocktheit schon für versiegelt hielt, und es ist auch der Grund des Selbstbewußtseins, mit dem ich schreibe.

Re-Visionen

Schriftsteller, die sich in den Zeiten der Studentenbewegung unmittelbar politisch engagiert hatten, wenden sich in den siebziger Jahren von der Dogmatik und den ideologischen Begrifflichkeiten ab, um für ihr künstlerisches Schaffen die eigene Subjektivität und eine eigene Sprache (wieder) zu entdecken. Eigene Utopien werden überdacht und literarisch problematisiert. Gleichzeitig entdeckt die Literaturkritik diejenigen Autoren neu, die sich schon immer auf ihr Ich konzentriert haben. Wer sein eigenes Handeln rückblickend oder gegenwartsbezogen sichtet, dessen Literatur wird rasch mit den irreführenden Etiketten »Neue Innerlichkeit« oder »Tendenzwende« versehen. Zwar herrscht der Gestus des Sich-Abwendens vor; doch das Streben nach Autonomie und die Erkundung des Privaten sind Phänomene, zu deren Ausprägung »1968« entscheidend beigetragen hat.

BERNWARD

VESPER

Die Reise

ROMANESSAY

MÄRZ

bei Zweitausendeins

23 Das »expandierte Ich«

Unter all den Büchern, die die Ereignisse und Stimmungslagen aus den Jahren um 1968 verarbeiten, gilt Bernward Vespers Romanessay ›Die Reise‹ als eine Art Standardwerk. In den Jahren 1969 bis 1971 geschrieben, vereinigen sich in dem 600 Seiten starken Fragment die Erfahrungen des politischen Protestes mit einer durch Drogen intensivierten Selbsterfahrung. Zu der großen Popularität der ›Reise‹ – die erst 1977 veröffentlicht wird und schon innerhalb der ersten vier Jahre zwanzig Auflagen erreicht – tragen die Lebensumstände des Autors ihren Anteil bei – davon war schon in Kapitel 1 die Rede: Der Sohn eines NS-Dichters, der zunächst noch für das Erbe des Vaters eintritt, liiert sich mit Gudrun Ensslin, die später zur Terroristin wird. 1971 nimmt er sich in einer Psychiatrischen Klinik das Leben. Die »Reise«, die Vesper schildert, ist vielfach auslegbar: als tatsächliche Reise nach Jugoslawien, während der große Teile des Romanfragments entstehen, als gedankliche Reise in die vom autoritären Vater beherrschte Kindheit, als psychedelischer »Trip« unter dem Einfluß von Drogen.

151 Auf der gegenüberliegenden Seite: Schutzumschlag

1 Bernward Vesper

im Alter von sechs Jahren mit seiner Schwester, seinem Vater und seiner Großmutter
Photographie. 1944
Mit einer handschriftlichen Datierung von Will Vesper auf der Rückseite: »Februar 1944 / Will, meine Mutter, Henrike u. Bernward«
Nachlaß Agnes Miegel

2 Will Vesper: Letzte Ernte

Erzählungen und Gedichte aus dem Nachlaß
3. Auflage
Triangel: Privat-Verlag 1962

Die Ausstattung im abwaschbaren schwarzen Kunststoff mit Goldprägung erinnert an den »Schott«, das katholische Messbuch. Der nach dem Tod Will Vespers am 11. März 1962 im Mai 1962 in 2000 Exemplaren gedruckte Band, den vermutlich Bernward Vesper mit Gudrun Ensslin herausgegeben hat (siehe Kapitel 1), muß bereits im Juli nachgedruckt werden. Er enthält die Totenmaske Vespers, abgenommen von Armin Funke-Schmidt, Braunschweig, und eine Anzeige »Will Vesper. Werke. Durch jede Buchhandlung« mit acht lieferbaren Titeln, darunter die Anthologie ›Die Ernte‹ im 460. Tausend (Burg Stettenfels: Hünenburg-Verlag). Unter den ›Späten Gedichten‹ die Idylle ›Mein Haus‹:

Die Kinder springen auf dem Altan
und fangen den Tag mit Lachen an
und enden ihn abends mit Singen.
Noch sind wir so jung, noch fliegen wir breit
mit starken Schwingen
im Wind der Zeit.
– Und will uns ein dunkler Tag bedrohn,
und hören wir schon der Gewitter Ton
und das ängstliche Rufen der Schwalben:
Wir fürchten uns nicht.
Und Freude bleibt Pflicht.
Denn die Sorge wohnt sonst allenthalben. *(Seite 80)*

Die verlegerische Bemühung um das Werk Will Vespers geht Hand in Hand mit dem Bemühen, das Verhalten der Generation seines Vaters im Dritten Reich zu begreifen. Vesper studiert inzwischen Soziologie in Berlin und bereitet eine Promotion vor. Als er für die ›Neuen Deutschen Hefte‹, herausgegeben von Joachim Günther, Joachim C. Fests Analyse ›Das Gesicht des Dritten Reiches. Profile einer totalitären Herrschaft‹ rezensiert, evoziert er jene Familienidylle, von der sein Vater in dem zitierten Gedicht spricht:

152 Familienphoto mit Bernward Vesper im Alter von sechs Jahren (23.1)

Die Generation, die Hitler bejahte, wird vielleicht in die Geschichte eingehen als das erste Beispiel einer bis dahin für unmöglich gehaltenen Massenschizophrenie: hier die Familienszene, die außerdienstliche Gemütseinfalt, dort das Henkergeschäft, hier die Feierabendidylle, der eifersüchtig behütete Familienfriede, dort Rassenhaß, Völkerhetze, Befürwortung von Austreibung und Ermordung.
Im Grunde war die Ambivalenz ihrer Verhaltensweise nichts anderes als das untrügliche Zeichen für die totale personale Leere, für die grenzenlose seelische Armut, die vollkommene Richtungs-

losigkeit, die erfreut und überbereit den Appell an die Entpersönlichung aufnahm. *(Jg 10, 1964, Heft 100, Seite 125f.)*

Die im Falle Vespers besonders brisante Auseinandersetzung mit dem Vater und dessen Vergangenheit schlägt sich später in den Kindheitserinnerungen der ›Reise‹ nieder, in denen die autoritäre Herrschaft des Vaters auf dem Familiengut Triangel beschrieben wird. Der Vaterkonflikt ist ein Thema, zu dem in der Zeit um 1968 verstärkt gegriffen wird. Peter Härtling, damals Cheflektor im S. Fischer Verlag, nimmt dies zum Anlaß für einen Sammelband ›Die Väter‹ (1968), zu dem er zahlreiche Schriftsteller um einen Beitrag bittet. Gegenüber Wilhelm Lehmann begründet Härtling sein Vorhaben so:

Sie kennen Franz Kafkas Brief an seinen Vater, strenges Zeugnis einer von einem extremen Geist geführten Auseinandersetzung. Es wäre töricht, hier von einem Generationskonflikt zu sprechen; zwei Geschichten, zwei Personen, zwei Erinnerungen, die ineinander übergehen, prüfen sich aneinander, wobei die eine Erinnerung das Wort führt: der Nachgekommene rechtet mit seiner Herkunft. Die Söhne sind vor die Väter getreten, heute vor allem, man hätschelt sie und hat die Väter in die Reserve gedrängt. *(Nachlaß Wilhelm Lehmann)*

3 Witold Gombrowicz: Das Tagebuch des Witold Gombrowicz

Aus dem Polnischen übersetzt von Walter Tiel
Pfullingen: Neske 1961
Aus der Bibliothek von Bernward Vesper mit einem Besitzvermerk auf dem Vorsatzblatt: »Bernward Vesper / Geschenk v. Prof. Walter Jens / 29.XI.61.«

Vespers Lesespuren in den Gombrowicz-Tagebüchern sind sprechende Beispiele der Selbstvergewisserung. So unterstreicht er die Stelle:

Ich bin mein wichtigstes und wohl gar mein einziges Problem: der einzige aller meiner Helden, an dem mir wirklich gelegen ist. *(Seite 194)*

und kommentiert sie am Fuß der Seite:

Wo bleibt da die zwischenpersonelle Sphäre?

Den folgenden Satz hebt er gleichfalls hervor:

Sich an das Erschaffen seiner selbst heranmachen und aus Gombrowicz eine Gestalt machen – wie Hamlet oder wie Don Quijote – ? – ! –

und stellt fest:

Das ist das, was ich seit Jahren tue – hier wird es ausgesprochen: Die artistische Haltung dem Leben gegenüber.

In der ›Reise‹ macht sich der Autor dann an das Erschaffen seiner selbst.

4 Bernward Vesper: Die Reise

Typoskript, 3 Mappen
Aufgeschlagen: Mappe 1, Rückseite von Blatt 108

Die aufgeschlagene Seite zeigt den handschriftlichen Plan eines Reisetages:

nachmittag 3. (mit gabi, heidi, rausschmiß) kinderbücher
baden
schlafen

fahren
——
stadt
autobahn
essen
schlafen
münsingen

reutlingen
tübingen (hotels!)
——
tübingen
hölderlinweg
markt
kinderladen

Zu den eindrucksvollsten Passagen des Romanfragments gehört die unter Drogen halluzinierte Begegnung mit dem Vater. Bei den in eckige Klammern gesetzten Wörtern handlet es sich um Streichungen des Autors im Typoskript.

Und ich sah im Weiß der Wolke über den Baumkronen den VATER, und ich breitete die Arme aus, kniete [mich] ins Gras und flüsterte: ›Vater, ich bin gekommen, ich bin Jesus!‹ … Ich freute mich, daß ich den Proleten Jesus endlich verstanden hatte, der vor zweitausend Jahren den Gott herausforderte, aber Gott hatte versagt. Und die Religion hatte sich als unbrauchbar erwiesen und wurde zum alten Eisen geworfen auf den Schuttplatz der Weltgeschichte. [Aber es dauerte noch fast zweitausend Jahre, bis es allen klar wurde, er hatte zu früh gelebt.] … Ich dachte an meinen Vater und versöhnte mich mit ihm. Er war ein [armer] Gefangener in dem Gestänge seiner Illusionen, ein weißer Lichtstrahl verband seine Gestalt mit der Gestalt Adolf Hitlers, seines Führers und dem verloschenen Fleck am Himmel seines Gottes. Später nahm ich die Axt … und zerschlug diese Achse in nachträglicher Wut. … Aber das war nur noch eine symbolische Handlung. *(Bernward Vesper: Die Reise. Romanessay. Nach dem unvollendeten Manuskript herausgegeben und mit einer Editions-Chronologie vershen von Jörg Schröder. Frankfurt am Main: März bei Zweitausendeins 1977. Seite 204f.)*

Der Drogenrausch spielt in der Literatur, nicht erst seit Baudelaire, immer wieder eine wichtige Rolle. In den sechziger Jahren gilt ihm verstärktes Interesse. Zum einen wird dieses Interesse durch die neuen Möglichkeiten der synthetischen Herstellung von

Rauschgiften gesteigert, zum anderen durch die Hippiekultur jener Zeit, die mittels Drogen das Bewußtsein zu erweitern sucht. Der Aktualität des Themas eingedenk, wählt die im S. Fischer Verlag erscheinende Zeitschrift ›Der Monat‹ für die April-Ausgabe des Jahres 1969 die Erzählung ›Drogen – Eine Reise wert?‹ von Jerzy S. Sito zur Titelgeschichte. Der Suhrkamp Verlag gibt 1972 unter dem Titel ›Über Haschisch‹ bis dahin noch unveröffentlichte Berichte über Haschisch-Experimente von Walter Benjamin heraus, die er in den Jahren 1927 und 1934 zusammen mit Freunden unternommen hatte. Benjamins ›Über Haschisch‹ findet ebenso seinen Absatz wie zwei Jahre zuvor das Buch eines Autors von ganz anderer Herkunft: ›Annäherungen. Drogen und Rausch‹ von Ernst Jünger, erschienen im Stuttgarter Klett Verlag. Über die soziokulturelle Bedeutung der Drogen schreibt Jünger, der in dem Buch auch eigene Drogenerfahrungen protokolliert:

Die Phantastica finden also im Abendland eine esoterische Aufnahme. Es rankt sich eine eigene Literatur um sie, die sich von der frühen Romantik bis zum Fin de siècle verfolgen läßt. Ein Hauch des Dunklen, Heimlich-Unheimlichen umwittert den Kundigen. Es ist eigentlich kein Laster, dem er frönt, auch kein Verbrechen, zu dem er sich hinreißen läßt. Eher ist es ein Raub an der Gesellschaft, der verübt und verübelt wird – ein Raub, dessen extremste Form der Selbstmord ist. Man ist der Gesellschaft müde – so stößt man mit leichtem Boot aus dem Gewimmel der Häfen ab. ... Übrigens gewährt die Einsamkeit an sich bereits ein Gefühl, das dem Rausch ähnelt – die Segler, die allein den Ozean überqueren, suchen weniger das andere Ufer als diese unerhörte All-Einigkeit. *(Seite 57)*

5 Bernward Vesper an Jörg Schröder

Hamburg-Eppendorf, Psychiatrische Universitätsklinik, 6. März 1971.
Brief, 2 Blatt

153 Bernward Vesper (23.6) *›Logbuch‹ schwebt Vesper als Titel seines Romans vor, doch die »Reise«, die den Einträgen den Stoff liefert, wird immer wieder durch »trips« unterbrochen.*

du wirst von meinem »ausflug« gehört haben. Jetzt bin ich wieder im anflug auf mein (expandiertes) ICH (nicht EGO). unsere termine geraten natürlich ins wanken: aber ich habe die drei noch offenen kapitel im kopf

1. der lange marsch durch die illusionen (1961–1971)
2. ausgeflippt (2)
3. anhang: thesen zu hegel, marx, freud und reich. (dies sind para-

lipomena in dem nächsten buch: die vollendung des dialektischen materialismus – darüber später mehr)

...

übrigens der endgültige titel ist

LOGBUCH.

Vespers »artistische Haltung dem Leben gegenüber« führt zu einer Selbstwahrnehmung von beeindruckender Kraft; sie kennt aber auch immer bedrohlichere Phasen der Selbstzerstörung. Am 21. Februar 1971 wird Vesper in ein Nervenkrankenhaus eingeliefert, nachdem er in der Wohnung von Bekannten randaliert und sich als »Sohn Gottes« bezeichnet hatte. Am 15. Mai 1971 setzt er seinem Leben in der Klinik ein Ende. Vom aufkeimenden Terrorismus, dem sich ein Teil seiner Freunde verschrieben hatte, hat er nur noch die Anfänge wahrgenommen.

6 Bernward Vesper

Photographie. Um 1970
Vesper hält das Buch ›Sexfront‹ von Günter Amendt in den Händen.

7 Thorwald Proll: sicherheit und (m)ordnung

Gedichte
Darmstadt, Neuwied: Luchterhand 1972
(Luchterhand Typoskript)

Thorwald Proll (Jahrgang 1941), lebt seit 1965 in Westberlin und beteiligt sich an Aktionen der Kommune I. Er studiert Germanistik und Theaterwissenschaft. Mit Bernward Vesper ist er befreundet. 1968 wird er – zusammen mit Gudrun Ensslin – im Kaufhausbrand-Prozeß zu drei Jahren Zuchthaus verurteilt; er wird vorzeitig entlassen und taucht ab im westeuropäischen Untergrund. 1970 stellt er sich freiwillig und verbüßt seine Reststrafe bis 1971 im Gefängnis Berlin-Tegel, wo die Gedichte entstehen. Nur selten verläßt das Ich der Gedichte die Welt der Gefangenen und der Vollzugsordnungen, um sich seiner selbst inne zu werden, wie in dem Gedicht ›alle rechte vorbehalten‹:

ich sage nicht ich muß an mich selbst denken
ich sage ich muß mich denken *(Seite 27)*

In einem ›post skriptum‹ mit dem Titel ›alle richter vorbehalten‹ halluziniert Proll eine innere Freiheit, und fühlt sich offenbar von dem frühromantischen Romanfragment ›Die Lehrlinge zu Sais‹ von Novalis (1802) inspiriert. Der »trip« hilft ihm dabei, die »kunst des möglichen« zu entdecken:

um uns feurige mauern
in uns dasselbe gelbe gefühl
eine gewisse innere freiheit die
er privatbesitzt die messer der
unerfüllten wünsche und sais
der jüngling zu NEIIIIINN

und gründeten in amsterdam ihren ona nie frei-staat
jeder ist thronfähig
oder herrschaftsfrei
das künftige ist vernünftig
ich der prollist weiss was sache ist *(Seite 43)*

Am 6. Mai 1971 wird Thorwald Prolls Schwester Astrid verhaftet. Sie wird verdächtigt, zusammen mit Manfred Grashof bei einer Ausweiskontrolle in Frankfurt am 10. Februar 1971 auf einen Polizisten geschossen zu haben. Später stellt sich heraus, daß sie damals unbewaffnet war. Als Bernward Vesper Anfang Mai aus der Zeitung von der Verhaftung erfährt, notiert er – wenige Tage vor seinem Tod:

8. Mai 1971

Vorgestern haben die Bullen hier in der Lessingstraße Astrid Proll festgenommen, BILD zeigte den Fang auf der ersten Seite mit der Hauptschlagzeile an. (›Geschwister Scholl – die weiße Rose des Widerstands – Geschwister Proll, die gelbe Rose der Revolution‹ schrieb ihr Bruder Thorwald, der noch wegen des Kaufhausbrandes seine Reststrafe absitzt.) Sommer 1967: Ich nehme die Tasse vom Tisch und schleudere sie, laß' sie aber nicht los, setzte sie ab und sage: »Am liebsten hätte ich die Tasse an die Wand geschmissen«. Antwort Thorwald: »Uns wäre es lieber, Du hättest sie wirklich geworfen!« *(Bernward Vesper: Die Reise. a.a.O., Seite 588)*

Die Illustrierte ›Stern‹ berichtet am 5. April 1973 über Proll in einem Artikel mit der Überschrift ›Knast-Lyrik: Verse vom Brandstifter‹. Im Gespräch drückt Proll seine Sympathie mit den Terroristen aus und deklariert seine Lyrik als Kampfmittel:

Seine kritische Einstellung zum herrschenden System hat der einstige Germanistikstudent in der Haft nicht geändert. Zu den Baader-Meinhof-Aktivitäten sagt er heute: »Ich finde immer noch, daß das, was der Andreas und die anderen gemacht haben, die radikalste Herausforderung der bürgerlichen Gesellschaft ist.« Mit seiner Lyrik hofft er, politisch-aufklärerisch wirken zu können. Auf die Frage, ob Arbeiter seine Gedichte überhaupt verstehen würden, antwortet er: »Ja, ich glaube, daß ich sie für alle geschrieben habe. Zumindest von der militanten Arbeiterjugend müßten sie verstanden werden.«

8 Hilde Domin an Jean Améry

Heidelberg, 3. August 1972. Brief, 1 Blatt

Die immer radikaleren Aktionen der Leute um Gudrun Ensslin, Andreas Baader und Ulrike Meinhof spalten die der Linken nahestehenden Autoren. Jean Améry (1912–1978), ehemaliger KZ-

Häftling, hält zu den Gefangenen; bei der Emigrantin Hilde Domin, die erst seit 1954 wieder in Deutschland lebt, weckt der Terrorismus Assoziationen zum Jahr 1933. Für sie steht die Tatsache, daß Ensslin und Vesper für die Werke Will Vespers geworben haben, im Vordergrund. Nach Erscheinen eines Artikels im ›Spiegel‹ vom 12. Juni 1972 über die Festnahme von Gudrun Ensslin weist Hilde Domin Jean Améry ausdrücklich darauf hin:

Lieber Jean Améry,

... Was die »Demut« vor diesen Opfern angeht, die ihrerseits in wild romantischer Verantwortungslosigkeit Menschen ums Leben bringen, so möchte ich Sie auf den Spiegelartikel über die Ensslin aufmerksam machen. Danach hat sie, als Freundin des Sohnes von Vesper, noch vor wenigen Jahren (in einem Augenblick wohl, als es fast fashionable schien, den Neonazis Chancen zu geben), mit diesem zusammen, mittels Anzeigen in der Deutschen National- und Soldatenzeitung, die bis dahin unverkäuflichen Druckwerke des Vaters Vesper – um des Profits willen – wieder unter die Leute gebracht. In andern Worten, sie hat Naziliteratur vertrieben, um sich und dem Vesper Geld zu verschaffen, und hat das auch ganz zweckgerecht bei den neuen Nazis unternommen (welche ja z. T. die alten sind).

Ich glaube, unser jüdischer Gerechtigkeitswille sollte hier stoppen.

Am Innenhof der Universität Heidelberg steht »zerschlagt dem Frieden die Schnauze«. Professoren werden mit »Sie obszönes Stück« angeredet oder auch angeschrien, ... Der Weg zur Menschlichkeit führt nicht über die Unmenschlichkeit.

9 Armin Ayren: Die Kinder von Hitler, Marx und LSD

Von den fatalen Wirkungen deutscher Vergangenheit auf eine junge Generation: Bernward Vespers ›Die Reise‹
Ausschnitt aus: Badische Zeitung. Freiburg i.Br. Nummer 23 vom 28./29. Januar 1978, Seite 37

Im Sommer 1977 kommt ›Die Reise‹ heraus, nachdem Jörg Schröder den Manuskripttorso seit 1972 verschiedenen Verlagen angeboten hatte. Als die ›Reise‹ bei ›März/Zweitausendeins‹ in einer Auflage von 3000 Stück erscheint, läuft der Absatz nur schleppend an. Erst nach dem »Deutschen Herbst« von 1977 nimmt die Kritik das Buch wahr und macht es zu einem großen Erfolg. ›Die Reise‹ wird gelesen als monumentales Zeugnis der bewegten Jahre um 1968 und als Dokument, das diese Jahre in ihrem Spannungsverhältnis von Vergangenheitsbewältigung, Sozialismus und Terrorismus zeigt. Die Rezension von Armin Ayren in der ›Badischen Zeitung‹ benennt im Titel drei Faktoren, die auf unterschiedliche Weise Auswirkungen auf die Studentenbewegung hatten.

»Bewältigen« freilich konnte Vesper seine Vergangenheit nicht – so wenig wie seine Gegenwart. Ob er an der Droge, an der Trennung von Gudrun Ensslin oder, wie Kafka, am übermächtigen Vater zugrunde ging, ist letztlich bedeutungslos, denn dahinter steht in jedem Falle als letzte Ursache Hitler. ... Wie sehr Geschichte langfristig in die Gegenwart reicht, wie kurzsichtig ein Denken und Handeln ist, das über Ideologien den Menschen vergißt – auch dies ist bisher kaum je deutlicher geworden als in diesem wichtigen Buch.

Heinrich Böll nennt ›Die Reise‹ in ›konkret‹ (am 22. Dezember 1977) ein wichtiges Dokument für die Ursachenforschung des Terrorismus. Sie lege die Vermutung nahe, daß der Grund für den »selbstzerstörerischen Wirbel und Wahn, in dem Bernward Vesper endete« darin zu suchen sei, daß die Bundesrepublik den Nazismus noch nicht verarbeitet habe. Das hieße, so Böll, daß »wir alle, ob direkt schuldig oder nicht, Hitler's Children« seien, »nicht nur die Terroristen« (Seite 36). Die Theologin Dorothee Sölle nimmt zu Bölls Besprechung Stellung und erklärt in einem Offenen Brief in ›konkret‹ vom 23. Februar 1978:

Wenn Du z.B. den Ausdruck Hitler's Children umfunktionierst, so ist das eine sehr theologische Angelegenheit, die Paulus »das Gesetz der Sünde und des Todes« nennt, ein kollektives Verhängnis, in dem Verschulden und Hereingeborenwerden, Handeln und Zulassen untrennbar sind. Paulus redet allerdings so, nicht nur um leidend und klagend zu beschreiben, sondern im Interesse der Kämpfenden, die das Ende dieser Epoche, das »Ende des Gesetzes« erfahren. Vielleicht ist es dieses Interesse, das ich in Deiner Besprechung nicht deutlich höre. *(Seite 41)*

Zu der Frage, ob die Formel von »Hitlers Kindern« überhaupt eine Berechtigung habe, schreibt Vespers Verleger 1994 in ›Schröder erzählt‹:

Es wird Zeit, einen Begriff ... zu korrigieren ... : die RAF-Leute der ersten Generation seien »Hitlers Kinder« gewesen. Deswegen kam den Erfindern dieser Theorie ja Bernward Vespers ›Die Reise‹ so zupaß, die ich damals selbst verlegte, ohne zu ahnen, daß daraus der Phänotyp des nazistisch indoktrinierten Jugendlichen entstehen würde, der sich in neurotischer Umpolung quasi zwangsläufig zum linken Terroristen entwickeln mußte.

Daran ist erst mal falsch: Vesper war nie an terroristischen Aktionen beteiligt, sondern ein Schriftsteller; zweitens: seine Freundin Gudrun Ensslin stammte aus einem pietistischen Pfarrershaus, sie war, wie Ulrike Meinhof, wenn schon indoktriniert, dann antifaschistisch oder sozialistisch. Nein, die Eltern der RAF der ersten Generation ... waren dezidierte Antifaschisten, Antiimperialisten, Antirassisten. Nur ihre Kinder nahmen sie zu *wörtlich*. ... *(Schröder erzählt. Folge 18: Unterm Dach. Fuchstal-Leeder: MÄRZ Desktop Verlag 1994. Seite 39f)*

24 ›Häutungen‹

Und wir haben uns nie an Literatur überfressen können. Für uns ist Literatur wie tägliches Brot, wie Wasser. Kommt das Leben ohne Brot? Was gehen uns die Parolen der linken Bürgersöhnchen an, Literatur sei Scheiße? Gar nichts. *(Karin Struck: Klassenliebe. Frankfurt am Main: Suhrkamp 1973. Seite 118)*

Auch von einer Virginia Woolf hatten wir nie gehört und nicht von einer Marieluise Fleisser. Ich kann mich nicht erinnern, während meiner Schulzeit je von einer farbigen Autorin gehört zu haben. Der Unterricht war klassisch. Danach, nach 1968, rief die Linke den Tod der bürgerlichen Literatur aus. Was zählte, geschah auf der Straße, in den vollen Kneipen, im Kino und in den Protestsongs. Erst 1972 begann ich wieder zu lesen. Und gemeinsam mit anderen Frauen stellte ich fest, wie ausgehungert wir waren, in welcher Mangelsituation wir lebten. Wir wollten vorkommen, als Subjekte, nicht als die Beschriebenen aus männlicher Sicht. *(Verena Stefan: Häutungen. Mit einem Vorwort zur Neuausgabe. Frankfurt am Main: Fischer Taschenbuch Verlag 1994. Seite 7f.)*

»Frauenliteratur«: 1968 setzt die Neue Frauenbewegung ein, aber erst Mitte der siebziger Jahre wird die Literatur, die sich diesem Impuls verdankt, als eigene Richtung faßbar. Der zeitliche Abstand, die »Verspätung«, hängt eng zusammen mit ihrer Genese aus einer politischen und sozialen Bewegung. Als Teil der Studentenbewegung bedient sich die Frauenbewegung der gleichen Aktions- und Agitationsformen; sie übernimmt das Postulat vom Tod der bürgerlichen Literatur und »übersieht« dabei zwangsläufig Bücher wie ›Die Wand‹ von Marlen Haushofer (1968) oder Ingeborg Bachmanns ›Malina‹ (1971), die erst Anfang der achtziger Jahre in ihrer Bedeutung für die »Frauenliteratur« erkannt werden.

Die Frauen greifen in den ersten Jahren nach '68 ebenfalls zu operativen Literaturformen wie Interview, Bericht, Protokoll oder Reportage, mit dem Ziel, aufzuklären über weibliche Lebensbe-

dingungen. Von 1969 an erscheint eine ganze Reihe solcher dokumentaristischer Publikationen. Sie berichten entweder über die Situation bestimmter Gruppen unter den Frauen – z. B. Mädchen in der Fürsorgeerziehung (Ulrike Meinhof: ›Bambule‹. 1971), Arbeitnehmerinnen (›Liebe Kollegin‹, hrsg. von Brigitte Noeske und Gabriele Röhrer. 1973), Frauen, die ungewollt schwanger geworden sind (›Frauen gegen § 218‹, hrsg. von Alice Schwarzer. 1971) – oder sie geben Auskunft über die »condition féminine«, in der sich mehr oder weniger alle Frauen befinden – dazu gehören Erika Runges ›Frauen‹ (1969) und Alice Schwarzers ›Der »kleine Unterschied« und seine großen Folgen‹ (1975). Diese beiden Titel markieren Beginn und Höhepunkt der frauenspezifischen Protokoll-Literatur.
Schon 1973 hatte sich, etwa gleichzeitig wie in Peter Schneiders ›Lenz‹, in Karin Strucks ›Klassenliebe‹ eine Hinwendung zur eigenen Person, zur »Neuen Subjektivität«, angekündigt, 1975 erscheint mit Verena Stefans ›Häutungen‹ der erste literarische Text der Frauenbewegung. Die Autorin, fast von Anfang an in der Frauenbewegung aktiv, beschreibt darin deren großen Einfluß auf die eigene Bewußtwerdung und langsame Loslösung aus der männerbestimmten linken Szene. Anders als Karin Struck kommt sie zu der Überzeugung, daß eine Frau gleichberechtigt, selbstbestimmt und glücklich nur in der Beziehung mit einer anderen Frau leben kann. Um von ihren Erfahrungen zu erzählen, sucht sie nach einer neuen, einer »weiblichen« Sprache.
Die etablierten Verlage reagieren rasch auf den unerwartet großen Erfolg dieses Buches. Das Marktsegment »Frauenliteratur« war entdeckt und wird bedient, wobei nicht so sehr nach Qualität gefragt wird – Hauptsache: »von Frauen für Frauen«. Die inhaltlich und formal wirklich neuen, interessanten Bücher von Frauen erscheinen in den seit 1976 entstehenden Frauenverlagen.

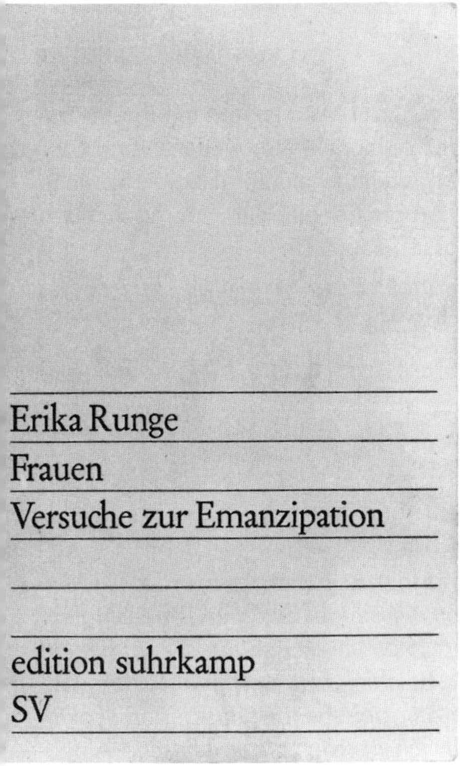

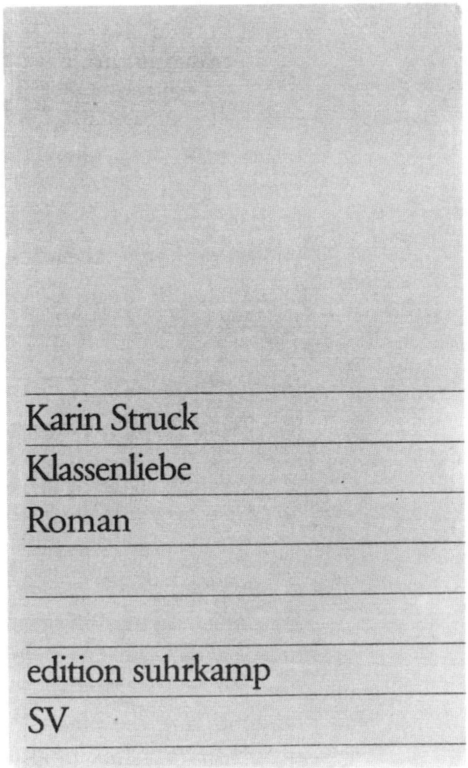

154/155 Schutzumschläge von Willy Fleckhaus (24.2; 24.4)

1 Erika Runge

Photographie von Erica Loos. Aufgenommen am 14. April 1973 auf einer PEN-Tagung in Berlin

Erika Runge (Jahrgang 1939), promovierte Germanistin, wie Günter Wallraff Mitglied der Gruppe 61 und 1970 Mitbegründerin des »Werkkreises Literatur der Arbeitswelt«, plant 1967 ein Fernsehspiel über die Krise des Kohlebergbaus im Ruhrgebiet. Ihre Vorarbeiten dazu, Tonband-Interviews mit Betroffenen aus der Region, veröffentlicht sie 1968 im Suhrkamp Verlag. Diese ›Bottroper Protokolle‹ erscheinen mit einem Vorwort von Martin Walser, der sich darin wünscht, daß Erika Runge sich wieder auf den Weg macht mit ihrem Tonbandgerät, um weitere Bottrops aufzunehmen, weitere von böser Erfahrung geschärfte Aussagen, weitere Seufzer, Flüche, Sprüche und Widersprüche, weitere Zeugnisse einer immer noch nach minderem Recht lebenden Klasse. *(Seite 9f.)*

Er muß nicht lange darauf warten, denn bereits ein Jahr später liegt ihr neuer Protokollband vor.

2 Erika Runge: Frauen

Versuche zur Emanzipation
Frankfurt am Main: Suhrkamp 1969
(edition suhrkamp. 359)

Einen Vorabdruck hat Hans Magnus Enzensberger als Dossier unter dem Titel ›Emanzipationen. Auszüge aus vier Lebensläufen. Protokolliert von Erika Runge‹ 1969 im ›Kursbuch‹ 17 publiziert (Seite 69–89). Er stellt damit ein Beispiel der von ihm in seinen ›Gemeinplätzen, die Neueste Literatur betreffend‹ geforderten »Faktographien« vor, mit denen die Schriftsteller die »politische Alphabetisierung Deutschlands« vorantreiben sollen. (Kursbuch. Frankfurt *am Main. 1969. Nr 15, Seite 196)*
Angeregt und ermutigt durch die seit Herbst 1968 immer stärker werdende Neue Frauenbewegung, hat Erika Runge auch dieses Mal Angehörige einer »noch nach minderem Recht lebenden Klasse« befragt. Ihre Interviewpartnerinnen waren Frauen, zwischen 14 und 84 Jahre alt, und aus ganz unterschiedlichen sozialen Milieus stammend.
Unter der Überschrift ›Der dornige Weg zur Emanzipation‹ beschreibt die Kritikerin Annemarie Czaschke in der ›Frankfurter Rundschau‹ ihre Reaktion auf diese Protokolle:

Eine erste Lektüre dieser so unterschiedlichen Selbstdarstellungen … vermittelt einen deprimierenden Eindruck. Er entsteht durch die Wiederkehr bestimmter rollenstereotyper Verhaltensweisen, die

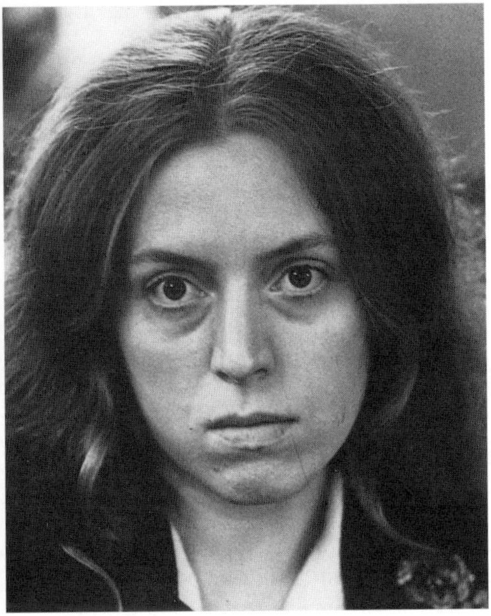

156 Karin Struck (24.3)

157 Erika Runge (24.1)

ein patriarchalischer Sprachgebrauch gern als naturgegebene Geschlechtsmerkmale bezeichnet. Der mythologische Begriff eines sogenannten Ewig-Weiblichen hilft dabei, die Schuld der Gesellschaft an der Diskriminierung des Geschlechts zu verschleiern. ... Frustration, Selbstverstümmelung, Resignation heißen die Stationen auf dem Wege zur gesellschaftlichen Anpassung.

Bei näherem Hinsehen erkennt die Rezensentin aber doch

Signale des Protests, der Courage und des Selbstvertrauens, die freilich wie auf einem doppelt belichteten Film überdeckt werden von der gleichzeitig bestehenden Bereitschaft zur Unterwerfung und Resignation. Dennoch liegt hier ein Moment von Hoffnung, ein möglicher Ansatz zur Emanzipation, der nicht zu übersehen ist. *(Jg 26, Nr 96 vom 25. April 1970, Seite VI)*

Es bedarf ziemlicher Interpretationskunst, aus den vorliegenden Interviews solche Ansätze herauszulesen. Erika Runge selbst ist dies auch nicht gelungen. In ihrem Nachwort bedauert sie:

In diesem Buch wollte ich Beispiele gelungener Emanzipation sammeln; ich wollte Vorbilder zeigen und Mut machen. Aber mein Vorsatz war zu optimistisch. Ich habe keinen Fall solcher Emanzipation gefunden. *(Seite 266)*

Das konnte sie eigentlich auch nicht erwarten, denn sie gehört, nicht zuletzt aufgrund ihrer DKP-Mitgliedschaft, zu der relativ starken Fraktion innerhalb der Frauenbewegung, die der Auffassung ist, daß »das Emanzipationsproblem« kein »Geschlechtsproblem« ist, sondern:

es ist das Klassenproblem. Und solange die Klassenfrage nicht gelöst ist, kann auch die Frage der individuellen Emanzipation nicht gelöst werden. *(Erika Runge in einem Interview mit Werner Hadorn in der Basler National-Zeitung. Nr 36 vom 7. Mai 1972)*

Eine andere Rezension stammt von Karin Bökamp-Struck. Unter der Überschrift ›... um nicht als Hausfrau zu enden‹ weist sie in der ›Deutschen Volkszeitung‹ vor allem auf die Möglichkeiten hin, mit diesem Text politisch zu arbeiten:

Das Buch müßte in der konkreten Bildungsarbeit mit Frauen (z. B. in der gewerkschaftlichen Frauenarbeit) benutzt werden, um die Wirkung zu untersuchen. Außerdem sollten alle progressiven antikapitalistischen Gruppen, die zwar in ihrem Programm über den Zusammenhang zwischen Unterdrückung der Frau und Kapitalismus reden, aber nichts tun, diese Bewußtseinsprotokolle zur Hand nehmen. Die Frau »muß sich behaupten, sich organisieren und durchsetzen lernen«. Je höher der Organisationsgrad der interviewten Frauen, um so bewußter sind sie sich ihrer Lage. Die Studentin Christa G. und die Malerin und Dozentin Ursula D. berichten beide von ihrer Zusammenarbeit mit dem SDS, und beide fallen auf durch ihre selbstbewußte Einschätzung der eigenen Lage. *(Nr 11 vom 13. März 1970, Seite 16)*

Karin Struck (Jahrgang 1947) hat Erika Runge im »Werkkreis Literatur der Arbeitswelt« kennengelernt und sie um Rat für die eigene schriftstellerische Arbeit gefragt. Die beiden Frauen sind einige Jahre lang eng befreundet. Als Karin Struck sich immer mehr einer ausgeprägten Mutterschafts-Ideologie zuwendet, kommt es Ende 1973 zum Bruch.

3 Karin Struck

Photographie von Barbara Klemm. 1975

1953 war die Familie Struck aus Mecklenburg nach Westdeutschland geflüchtet. Der Vater, eigentlich Bauer, wird hier Industriearbeiter. Von den Kindern besucht nur die Tochter Karin die höhere Schule und beginnt nach dem Abitur ein Studium der Germanistik und Romanistik. In dieser Zeit wird sie Mitglied im SDS und tritt 1968 in die neugegründete DKP ein. Im gleichen Jahr heiratet sie, und als 1971 Tochter Sarah zur Welt kommt, setzt sie das Studium aus und beginnt eine Dissertation über Arbeiterliteratur am Beispiel Max von der Grüns. 1972 lernt sie den bereits arrivierten Schriftsteller Arnfried Astel kennen, von dem sie wenig später ein Kind erwartet.

Ich bin zwischen zwei Klassen und habe mich auch wohl mit den Männern beider Klassen abzugeben, einzulassen, bleibt mir nichts anderes übrig, auch Kinder von beiden zu kriegen, leiden an beiden Klassen und schwanger gehen von Männern beider Klassen. Ich leide sehr und fühle mich todelend. *(Karin Struck: Klassenliebe. Frankfurt am Main: Suhrkamp 1973. Seite 174)*

Im Herbst 1972 montiert sie aus Erinnerungen, Träumen, Briefen, Tagebuchnotizen und Zitaten einen fortlaufenden Text und schickt dieses Manuskript an den Suhrkamp Verlag, der es sofort annimmt und bereits im Frühjahr 1973, allerdings mit dem irreführenden Gattungsbegriff »Roman«, in der ansonsten weitgehend theoretischen Texten vorbehaltenen ›edition suhrkamp‹ veröffentlicht.

4 Karin Struck: Klassenliebe

Roman
Frankfurt am Main: Suhrkamp 1973
(edition suhrkamp. 629)

Das Buch wird vom Verlag angepriesen und von den Kritikern fast immer gelesen als eine Art literarischer Begleittext zu den damals stattfindenden Diskussionen und Untersuchungen über die Lebensverhältnisse der Arbeiter, über soziale Sprachbarrieren und kompensatorische Spracherziehung, über fehlende Bildungs- und Aufstiegschancen für Arbeiterkinder. Während in den Kritiken der großen Tages- und Wochenzeitungen wie ›Frankfurter Allgemeine Zeitung‹, ›Süddeutsche Zeitung‹, ›Spiegel‹ oder ›Zeit‹ lobend auf die Sensibilität und Subjektivität des Romans hingewiesen wird, vermissen Strucks Kollegen aus dem »Werkkreis« den festen Klassenstandpunkt und finden alles viel zu privat. Stimmen aus der Frauenbewegung fehlen zunächst, bis Alice Schwarzer in ›Pardon‹ auf eine hämische und diffamierende Kritik antwortet, die Rolv Heuer für ›konkret‹ geschrieben hat. Unter der Überschrift ›Bon jour, Proletariat‹ qualifiziert er das Buch ab als »ein marktgerecht frisiertes literarisches Debüt« und vergleicht Karin Struck mit Françoise Sagan:

Aber während ihre literarische Vorgängerin ... auf ihr privates Leid eine existenzialistische Karosserie schraubte, verkleidet die geschicktere, klügere und modernere Karin Struck ihre Tristesse sozial.

Entstanden sei hier

ein sozial dramatisierter, manirierter Kolportageroman über Liebes- und Eheaffären unter Intellektuellen, die viel über Arbeiter reden. *(1973, Heft 20, Seite 44f.)*

Alice Schwarzer weist diese Einschätzung in ihrer Rezension ›Die mit dem Penis schreiben‹ entschieden zurück. Für sie ist das Buch in einer »starken, ehrlichen, sinnlichen Sprache« verfaßt, und sie erkennt in ihm einen »Selbstfindungsprozeß«, in dem unter dem

Raster des Klassengegensatzes sich immer deutlicher »die Konturen ihrer [Strucks] Betroffenheit als Zugehörige zum weiblichen Geschlecht« abzeichnen. Sie hält den Text für eine »unerhörte Herausforderung«, an der die Männer ganz bewußt vorbeilesen. *(Pardon. Frankfurt am Main. Jg 12, 1973, Heft 7, Seite 18 f.)*

In der österreichischen Literaturzeitschrift ›Literatur und Kritik‹ setzt sich die Autorin und spätere Dozentin für Neuere Deutsche Literatur Mechthild Curtius ausführlich mit ›Klassenliebe‹ auseinander:

Da Karin Struck über ihre eigene Existenz nachdenkt in ›Klassenliebe‹, denkt sie auch über die wesentlichen Probleme der Frauen nach. So ist das Buch unter anderem eines zur Frauenemanzipation. *(1974, Heft 85, Seite 300)*

Auch sie bezieht sich nochmals auf den ›konkret‹-Artikel von Rolv Heuer und stellt ihm die folgenden Fragen:

Was wird mit dem Versuch abgewehrt, ein Buch zur Frauenemanzipation, geschrieben von einer Frau, durch den Vergleich mit einer Sagan lächerlich zu machen? Was ist so beängstigend am, wenn auch nur teilweise, gelungenen Versuch, Gesellschaftsreflexion mit Selbstreflexion zu verbinden? *(Seite 302)*

Obwohl Karin Struck in ihrem Buch viele der Fragen stellt, die seit 1972/73 in der Frauenbewegung diskutiert werden, bleibt ›Klassenliebe‹ dort merkwürdig echolos. Warum gehörte es nicht zu den Texten, die frau las? Wegen des Verlags? Wegen des Etiketts »Arbeiterliteratur«? Weil es die Frauenzeitschriften noch nicht gab, die als Diskussionsforen hätten dienen können? Die Antworten lassen sich vielleicht einem Interview entnehmen, das Regina Heidecke 1976 mit Karin Struck führte. Darin sagt sie:

… ich möchte populär werden. Das ist ein echter Wunsch von mir. … Ich kann mir nicht vorstellen, daß ich in einem Frauenverlag veröffentliche, das wäre für mich unmöglich. Ich fühlte mich da auf jeden Fall eingeengt, weil ich mich mehr als Schriftsteller [sic!] definieren möchte und nicht so sehr primär als Frau. *(Frauenoffensive-Journal. München. 1976, Nr 5, Seite 42 ff.)*

Verena Stefan
Häutungen

Zum literarischen Basistext der Neuen Frauenbewegung avanciert gut zwei Jahre später der Erstling einer gleichaltrigen Deutschschweizer Autorin, die ein Angebot des S. Fischer Verlags ausgeschlagen hat und ihr Buch in einem unbekannten Frauenverlag veröffentlicht.

158 Auf der gegenüberliegenden Seite: Einband (24.6)

5 Verena Stefan

Photographie von Barbara Klemm. Aufgenommen auf einer Pressekonferenz während der Buchmesse 1975 in Frankfurt am Main

Ich wurde 1947 in der Schweiz geboren, ging 1968 nach Berlin und machte eine ausbildung als krankengymnastin. zur frauengruppe »Brot und Rosen« gehörte ich seit ihrer entstehung 1972. im kampf für die ersatzlose streichung des §218 schrieben wir das ›Frauenhandbuch Nr. I‹ über abtreibung und verhütung.
Mit dem schreiben dieses buches begann ich 1974; zur buchmesse 1975 wurde es veröffentlicht. ende 1975 zog ich von Berlin weg aufs land.
Schreiben war für mich immer eine möglichkeit gewesen, aber sie blieb jahrelang ungenutzt. der entschluss zu schreiben und das geschriebene zu veröffentlichen entstand aus meiner arbeit in der frauengruppe, teilweise mit unterstützung der frauen. es war ein experiment, an das ich ohne lehrzeit, ohne handwerkliche erfahrung und ohne fachliche beratung heranging. es gab kein lektorat für dieses buch. es gab noch keine treffen schreibender frauen, keine öffentliche diskussion über frauenliteratur. vor allem gab es damals, wie meistens, wenn projekte aus der frauenbewegung erarbeitet und durchgeführt wurden, kein geld, keine produktionsmittel, keine fachfrauen, keine schlüsselpositionen in den medien.
(Neues Nachwort zu ›Häutungen‹. November 1977. Typoskript im Besitz der Autorin)

6 Verena Stefan: Häutungen

Autobiografische Aufzeichnungen Gedichte Träume Analysen
München: Verlag Frauenoffensive 1975
Umschlag von Antonia Wernery
Exemplar aus der Bibliothek von Erich Fried. Mit handschriftlichen Anmerkungen
Aufgeschlagen: Seite 120/121
Leihgabe: Österreichisches Literaturarchiv der Österreichischen Nationalbibliothek, Wien. Nachlaß Erich Fried

Gunild Feigenwinter, Autorin, Verlagslektorin und 1972 Begründerin der in Basel erscheinenden »Zeitschrift für feministische Agitation«, ›Die Hexenpresse‹, faßt in einer der ersten Rezensionen von ›Häutungen‹ zusammen:

In diesen tagebuchartigen Aufzeichnungen, in denen sich die Erlebnisse der Geschlechterbeziehungen im Licht eines klaren analysierenden Denkens spiegeln, verfolgt die Autorin die Geschichte ihrer eigenen Loslösung aus den zwanghaften Paarverbindungen, aus den »Schrecken der Sexualität« – auf der Suche nach dem verlorenen weiblichen Ich. Ihre Überlegungen, in Lyrik und Prosa, in eigener und aller Frauen Sache, ihr Rechenschaftsbericht zu eigenen Händen liest sich wie ein Lehrstück – ein mitreissendes allerdings – über die notwendige Trennung der Frau aus der privaten emotionalen Abhängigkeit vom Mann. *(Basler National-Zeitung. Nr 389 vom 13. Dezember 1975, Seite II)*

Und Sophie von Behr resümiert im ›Spiegel‹:

Verena Stefans ›Häutungen‹ ist ein beunruhigendes Buch; ... Es zersetzt alle noch legitimen weiblichen Fluchtburgen wie »Liebe«, »Bindung«, »Hingabe«. Zu sich selbst, das ist seine Botschaft, findet man, als Frau, nur partnerlos. *(Jg 29, 1975, Heft 50, Seite 171)*

Erst als das Buch im Frühjahr 1976 bereits im 44. Tausend vorliegt, eine Auflage, die erreicht wurde ohne jegliche Werbung von Seiten des Verlags, wird auch der allgemeine Literaturbetrieb aufmerksam, und es erscheinen in rascher Folge Rezensionen in den großen Tages- und Wochenzeitungen. Anders als bei ›Klas-

senliebe‹ lassen die Feuilletonchefs diesen Titel jedoch fast immer von Frauen besprechen. Eine Vorsichtsmaßnahme, die man angesichts der wenigen Kritiken, die von Männern über dieses Buch verfaßt wurden, gut verstehen kann. Diese lesen den Text gerne als eine Krankengeschichte. Jochen Ziem diagnostiziert in ›Pardon‹:

Der Text ist nichts als unbewußte Selbstdarstellung ihrer nervösen Psyche. ... Verena Stefan braucht ihre Mißerfolge, um sich im alten Lebensgefühl des Abgelehntseins zuhause und »wohlfühlen« zu können. ... Ihre Abwendung vom Mann und ihre Hinwendung zur Frau ist nichts als Flucht vor sich selbst und vor ihren unbewältigten inneren Konflikten. *(Jg 15, 1976, Heft 6, Seite 70)*

Dieter Bachmann bezeichnet sie in der ›Weltwoche‹ als »seelische Spastikerin«, die zwar »Einsichten (hat), die einleuchten«, aber:

Dann flippt sie aus. ... aber wo kommt sie an? Im Keller der Ideologie. Da werkelt auch Verena Stefan an jener Dornenhecke aus Hass, Abscheu und Radikalismen, die den Kral der Feministinnen für Argumente so unzugänglich macht. ... und am Schluss verharrt sie trübsinnig bei den alten Bresten: »der mensch meines lebens bin ich«. Soviel sensible, kluge, reinigende »Häutungen« – und dann kommt am Ende nur der alte egozentrisch-reaktionäre Beelzebub, als Beelzefrau nun, zum Vorschein? *(Nr 30 vom 28. Juli 1976, Seite 27)*

Es ist dieser Satz, der andrerseits den Kritikerinnen so besonders gut gefällt, an dem sich die Wut der Männer entzündet. Auch Peter Paul Zahl läßt er nicht ruhen. Nachdem er Verena Stefan darüber belehrt hat, was und wie sie eigentlich hätte schreiben sollen und ihr überdies klar gemacht hat, warum Männer halt so sind, wie sie sind: »Schau, ich war ein männliches chauvinistisches Schwein wie Millionen andere. Aber dazu wurde ich – von Frauen gemacht, die ihnen und mir feindliche Werte vermittelten«, stellt auch er ihr die Frage:

159 Auf der gegenüberliegenden Seite: Verena Stefan (24.5)

Wer schreibt so einen Satz, fragte ich mich, Gabriele Henkel, Gunter Sachs – oder eine Schwester und Genossin? Ein Buch, das mit solchen Sätzen endet, zeigt mir, der ich im Knast bin, daß es andere Knäste gibt, bei weitem schlimmere als Ossendorf und Stammheim. ... Solange »Du ... der Mensch Deines Lebens« bist, stellst Du zum herrschenden System keine Alternative dar; solange Du noch nicht vom Ich zum Wir gekommen bist, bist Du Farah Dibas unglückliche Schwester; solange die Handke-Pose der »Innenwelt« nicht überwunden ist, stellt *diese* Form von Feminismus keine Gefahr für Patriarchat und Kapitalismus dar.

Er fordert sie zum Eintritt ins »militante Kollektiv« auf, denn: »Die Liebe muß sich bewaffnen, will sie überleben. Oder gar zum Leben gelangen.« (Autonomie. Frankfurt am Main, München. 1976, Nr 4, Seite 29 – 32)

Hans Paeschke, Herausgeber des ›Merkur‹, der in einem wochenlangen Briefwechsel Verena Stefans Nachnamen unbeirrt falsch schreibt, hat Petra von Morstein (Jahrgang 1941), Lyrikerin, Wittgenstein-Übersetzerin und Assistant Professor in Calgary, um eine Besprechung gebeten. In einem Brief vom 8. April 1976 erwähnt er »das beachtliche schriftstellerische Versprechen der Frau« und hält sie »im Vergleich zu den Kanonaden von der Firestone bis Alice Schwarzer« für »eine kleine Virginia Woolf«. Als er die Rezension dann in Händen hält, findet er sie »out of proportion«. Das Buch sei doch nur »ein kleines und zwar symptomatisches, aber auch literarisch ziemlich hilfloses Experiment«. Eine Glosse oder ein paar »kluge Aperçus« würden doch als Hinweis darauf genügen. (Brief vom 9. Juni 1976) Petra von Morstein kündigt daraufhin ihre weitere Mitarbeit im ›Merkur‹ auf. In einem ausführlichen Brief vom 28. Juni 1976 begründet sie ihren Entschluß. Sie hält Paeschke seine widersprüchlichen Aussagen vor, seinen »Schritt vom Vereinfachen zum Bagatellisieren«, seine Gönnerhaftigkeit und seinen Sexismus.

Inhalt und Ton Ihrer Kommentare über feministische Autorinnen in Ihrem Brief berechtigen zu dem Schluss, dass die Gründe dafür

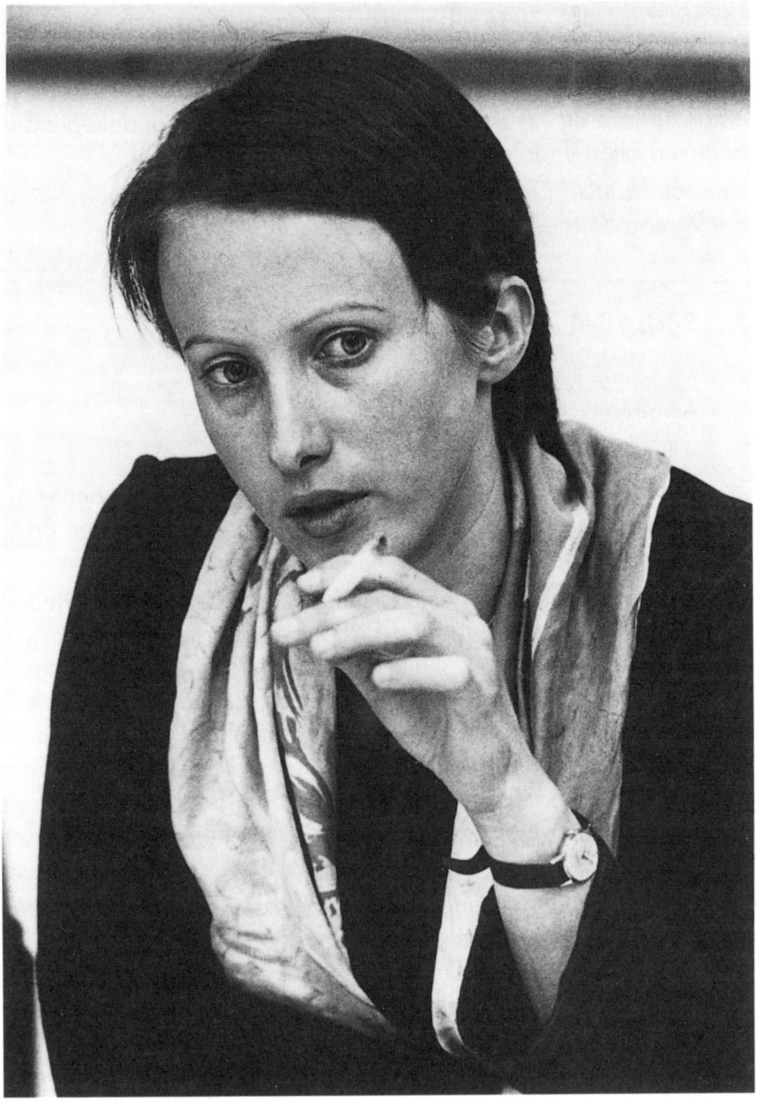

sexistisch sind. ... Ihre Übereinstimmung mit Verena Stefan oder mit dem, was ich zu ihrem Buch zu sagen habe, habe ich nicht erwartet, wohl aber Anzeichen einer ernsthafteren, menschlich emanzipierteren Auseinandersetzung mit zugrundeliegenden Sachverhalten und Problemen. *(Redaktionsarchiv ›Merkur‹)*

Der Schriftsteller Erich Fried (1921–1988) setzt sich sehr ernsthaft mit Verena Stefans ›Häutungen‹ auseinander.

7 Erich Fried an Verena Stefan

London, 6. Februar 1976. Brief, 8 Blatt
Ausgestellt: Blatt 8
Leihgabe: Verena Stefan

Er wendet sich nach der Lektüre sofort an die ihm unbekannte Autorin und schreibt ihr einen achtseitigen, einzeilig getippten Brief. Er stellt sich folgendermaßen vor:

Liebe Verena, weil Du eines der sensitivsten Buecher geschrieben hast, die die Frauenbewegung bisher hervorbrachte und die ich seit Jahren gelesen habe, weil Du Worte und Bilder wie Lichtpelz gebrauchst und die gueltigste und dadurch schoenste Menstruationsbeschreibung (Spekulum), die ich seit Arthur Rimbaud kenne, gegeben hast, – und auch weil ich Gedichte (nicht nur vordergruendig politische wie ueber Vietnam oder gegen die Zionisten) und Prosa geschrieben habe, von denen Du vielleicht etwas kennst, traue ich mich, Dir diesen Brief zu schreiben.

Er hält ihr Buch für einen »linken Bestseller«, den er beeindruckend, aber an vielen Stellen verbesserungswürdig findet. Er nimmt zu einer ganzen Reihe von Passagen auch inhaltlich kritisch Stellung, sein Hauptaugenmerk gilt aber Verena Stefans Sprache. Hier nimmt er nichts aus: grammatische Fehler, stilistische Holprigkeiten, falsche Metaphern, unangebrachter Tempuswechsel. Fried kritisiert hier manchmal Satz für Satz, Wort für Wort, weist auf Fehler hin, macht Änderungsvorschläge, entschul-

digt sich dazwischen für seine Pedanterie. Er verhält sich im nachhinein wie der Lektor, der dem Buch vor seiner Veröffentlichung gefehlt hat. Sein Schlußsatz lautet:

Diese letzten Korrekturen klangen alle besonders kleinlich und pedantisch. Verzeih. Ich hoffe, im Ganzen wirst Du den Brief schon nicht missverstehen.

Daß diese Annahme richtig war, zeigt ihm Verena Stefans Antwortbrief.

8 Verena Stefan an Erich Fried

[Osterrade], 17. Februar 1976. Brief, 3 Blatt
Ausgestellt: Blatt 1
Leihgabe: Österreichisches Literaturarchiv der Österreichischen Nationalbibliothek, Wien. Nachlaß Erich Fried

Sie bedankt sich bei ihm dafür, »daß Du Dir so viel Arbeit gemacht hast!« und fährt fort:

Du bist der erste Mensch, bzw. der erste »Literat«, der sich so ernsthaft mit meinem Buch auseinandergesetzt hat, wie ich immer dachte, daß jemand es tun müßte. Als ich es schrieb, gab es niemanden, der eine lehrreiche Kritik übte, ... Einiges von dem, was Du kritisierst, ist mir einsichtig und war mir schon bei der Fertigstellung des Manuskripts zweifelhaft. Vieles konnte ich nicht mehr verbessern, weil die Entstehung der einzelnen Teile zeitlich völlig unterschiedlich war und meine Distanz zum Geschriebenen entsprechend unterschiedlich ausfiel; ausserdem war ich ungeduldig, es sollte weg von mir an die Öffentlichkeit, ich *mußte* den Text loswerden, sonst wäre ich irre daran geworden. ...
Ich war überrascht, von Dir einen Brief zu bekommen, muss gestehen, daß ich von Dir persönlich nichts gelesen habe (ich hörte früher von Dir, durch Leute aus der Berliner Linken), aber erstaunt feststellte, daß die Übersetzung von ›Ariel‹ von Dir stammt. Sylvia Plath ist eine der Wichtigsten für mich.

Zum Schluß bittet sie ihn um eine öffentliche Rezension:

Da ich einen feministischen – nicht einen linken – Bestseller (?) geschrieben habe, erfahre ich die entsprechenden Reaktionen der Medien: übergehen. Das liegt auch daran, daß ›Häutungen‹ in einem Frauenverlag erschienen ist. Bis jetzt wurde es nur vom ›Spiegel‹ und in der ›Baseler Nationalzeitung‹ besprochen. Mir liegt an einer Rezension in der ›Zeit‹. Was meinst Du?

Dieser Bitte hat Erich Fried nicht entsprochen. Mit Verena Stefan steht er jedoch noch für längere Zeit in brieflichem Austausch.

Von sich aus den Kontakt gesucht hat Verena Stefan zu der in der DDR lebenden Schriftstellerin Irmtraud Morgner. Ihr 1974 erschienener Trobadora-Roman gehört im Bereich der Belletristik zu den ersten Büchern, die in den sich langsam herausbildenden Kanon feministischer Literatur aufgenommen werden.

9 Irmtraud Morgner: Leben und Abenteuer der Trobadora Beatriz nach Zeugnissen ihrer Spielfrau Laura

Roman in dreizehn Büchern und sieben Intermezzos
Berlin: Aufbau-Verlag 1974
Einbandgestaltung: Heinz Hellmis

In den ersten Jahren der »Bewegung« bewältigen die Frauen ein großes Lesepensum. Unter den zur Lektüre empfohlenen Büchern befinden sich jedoch so gut wie keine literarischen Texte. Die Hinwendung zur Literatur beginnt erst von 1972 an, vor allem mit Titeln aus dem englischen und amerikanischen Sprachraum (u. a. Virginia Woolf, Sylvia Plath, Rita Mae Brown, Doris Lessing, Gertrude Stein). Die zeitgenössische deutsche Literatur ist bis Mitte der siebziger Jahre im Grunde nur mit Christa Wolfs ›Nachdenken über Christa T.‹ vertreten, einem Roman, der 1968 im Mitteldeutschen Verlag Halle und 1969 in einer Lizenzausgabe bei Luchterhand erschienen war. Karin Struck versucht sich in ›Klassenliebe‹ in immer neuen Anläufen an einem Essay über dieses Buch, Verena Stefan bezeichnet es heute noch als eines der Bücher, mit denen man damals wochenlang lebte. Der Hanser

Verlag, bei dem Irmtraud Morgner bis dahin veröffentlichte, lehnt eine Lizenzausgabe des Trobadora-Romans ab. Sie erscheint 1976 im Luchterhand Verlag und wird ein außerordentlicher Erfolg.

160 Irmtraud Morgner (24.10)

161 Schutzumschlag (24.9)

10 Irmtraud Morgner

Photographie von Barbara Morgenstern. 1975

Irmtraud Morgner (1933–1990), Tochter eines Chemnitzer Lokomotivführers, nach ihrem Germanistik-Studium von 1952 bis 1958 Redaktionsassistentin bei der Zeitschrift ›Neue deutsche Literatur‹ und von 1958 an freie Schriftstellerin in Berlin, hat die amerikanische und die westdeutsche Frauenbewegung von Beginn an aufmerksam verfolgt. Davon zeugen nicht nur zahlreiche Notizen und Zeitungsausschnitte in ihrem Nachlaß, sie hat in einem Interview mit Alice Schwarzer auch ausdrücklich auf die Einflüsse dieser Bewegung auf ihr schriftstellerisches Werk hingewiesen:

Teile meines Trobadora-Romans sind 1960 bis 1963 entstanden. Den größeren Rest habe ich von 1967 bis 1973 geschrieben. Und dabei hat mich die Frauenbewegung nicht nur ermutigt, sondern mir auch ganz wichtige Denkanstöße gegeben. ... Ohne diese Frauenbewegung hätte es sicher in der DDR diese Literatur nicht gegeben. Und zwar gleich die große Form! Also für mich kann ich sagen, die Denkanstöße der Bewegung haben mir überhaupt erst möglich gemacht, das Thema in einem größeren Zusammenhang anzufassen. *(Emma. Köln. 1990, Heft 2, Seite 34f.)*

Kein Wunder, daß Verena Stefan Anfang 1976 den Kontakt zu ihr sucht und ›Häutungen‹ an sie schickt.

11 Irmtraud Morgner an Verena Stefan

Berlin, 19. April 1976. Brief, 1 Blatt
Leihgabe: Verena Stefan

Irmtraud Morgner entschuldigt sich für ihre späte Antwort und nennt als Gründe ihre persönliche Arbeitsüberlastung durch die »zweite Schicht«, damit sind Kind und Haushalt gemeint, sowie das wochenlange Warten auf ›Häutungen‹, das sie sich schließlich anderweitig habe besorgen lassen. Dann fährt sie fort:

Und eben bin ich mit dem Lesen fertig. Und ich find's interessant und wertvoll als Versuch, als Dokument, als eine Anstrengung unter den vielen, zu sich zu kommen als Individuum und als Art. Ich glaube, es sind sehr viele solche Selbstversuche nötig, um langsam eine weibliche Kultur herauszubilden. Und in Ihrem Buch stehen eine Menge schwerwiegende Sätze drin, die gebraucht werden wie Brot.

Ein von Irmtraud Morgner vorgeschlagenes Treffen in Berlin kommt nie zustande, nicht zuletzt deswegen, weil Verena Stefan

die Stadt inzwischen verlassen hat und fast 15 Jahre lang auf dem Land lebt.
Irmtraud Morgner hat selbst schon seit vielen Jahren »Anstrengungen« unternommen, »um langsam eine weibliche Kultur herauszubilden«.

12 Irmtraud Morgner: ... grundsätzliche Bemerkungen der Spielfrau Laura zum Unternehmen

Manuskript, 4 Blatt
Ausgestellt: Blatt 1

Sie hat schon mehrere Erzählungen und kleinere Romane veröffentlicht, ehe 1974 ihr »episches Monstrum«, der Trobadora-Roman, erscheint. Vorarbeiten dazu reichen mehr als zehn Jahre zurück. Allein vom Anfang sind im Nachlaß zahlreiche Varianten erhalten. Der hier gezeigte Entwurf nennt auf der ersten Seite schon die Themen, die Irmtraud Morgner in allen Äußerungen über sich selbst und ihr Werk als die ihr wichtigsten bezeichnet:

Diese skandalöse, unglaubhaft erscheinende, außerordentliche Geschichte erzählte mir am 11. Mai des Jahres 1967 eine außerordentliche Frau, von der ich im Folgenden zu berichten habe. Um sie dem Gedächtnis unserer Welt, in der sie 1 Jahr und 7 Monate verweilte, aufzunötigen. Um dem Ansehen unseres Landes dienlich zu sein. Nicht zuletzt um Schulden zu bezahlen, die von der Frau beim Aufbau-Verlag gemacht worden waren. Ich habe zu berichten von Beatriz de Dia. Sie trat in die Geschichte ein, indem sie aus der Geschichte austrat. Vor Zeiten. Nämlich, sie wollte die Menschwerdung in Angriff nehmen, das heißt sich Natur aneignen. Zuerst ihre eigene. Ein großer Vorgang, der nicht ohne Gewaltsamkeiten und angestrengte Zustände verlaufen kann. Und wegen des unbedingten Charakters der Trobadora auch nicht erfreulich endete. Keine Frau kann heute bereits ohne Pragmatismus leben.

Auch wenn Beatriz de Dia in der Endfassung des Romans länger in dieser Welt verweilt, so sind die Grundzüge der Handlung schon erkennbar. Comtesse de Dia, eine historisch verbürgte provenzalische Troubadourin, tritt 1160 aus der Historie aus, indem sie sich aus Ärger darüber, daß sie ihren Beruf in einer von Männern beherrschten Welt nicht ausüben kann, von Persephone in einen 810jährigen Schlaf versetzen läßt, und sie tritt – zwei Jahre zu früh durch Baulärm unsanft geweckt – am 6. Mai 1968, also während der Pariser Maiunruhen, wieder in die Geschichte ein. Konfrontiert mit den gesellschaftlichen Zuständen des 20. Jahrhunderts lernt sie rasch, daß sich für die Frauen wenig verändert hat. Als ihr in Paris ein DDR-Bürger erzählt, in seinem Land gäbe es schon die Gleichberechtigung, reist sie sofort dorthin, nimmt sich eine Spielfrau, lernt die DDR gründlich und auf einigen Aventiure-Fahrten Italien und Jugoslawien eher oberflächlich kennen und stürzt am 12. April 1973 beim Fensterputzen zu Tode, weil sie vor Freude über den Sieg der Linksparteien bei den Wahlen zur französischen Nationalversammlung die Balance verliert. Diese Fabel wird angereichert mit einer Vielzahl von Märchen, Legenden, Briefen, Erzählungen, Gedichten, Reden, Zeitungsberichten, und mit den sieben Intermezzi werden außerdem die erhaltenen Bruchstücke von Irmtraud Morgners Roman ›Rumba auf einen Herbst‹, dem 1965 die Druckgenehmigung verweigert worden war, einmontiert.

Diese Romanform wird im Text selbst in einer Diskussion zwischen der Cheflektorin des Aufbau-Verlags und der Spielfrau, die ihr das Manuskript verkaufen will, nicht ohne Ironie kommentiert. Auf den Vorwurf, der »angebotene Roman« sei keiner, sondern eine »Erzählungssammlung«, die sich außerdem auch noch schlecht verkaufen liesse, erwidert Laura:

Die orthodoxe Romanform verlangt Festhalten an einer Konzeption über mehrere Jahre. Das kann angesichts heftiger politischer Bewegungen in der Welt und einer ungeheuerlichen Informationsflut heute nur trägen oder sturen Naturen gelingen. Was ich anbiete, ist die Romanform der Zukunft. Die zum operativen Genre gehört. ... Alle Wünsche des Verlages in Form von Zahlen, Streichungen und Zusätzen könnten berücksichtigt, alle Forderungen und Tonarten der jeweiligen Tagespolitik könnten eingearbeitet werden, ohne das Werk ernstlich zu verletzen. Der operative Montageroman ist ein unverwüstliches Genre.

Diese Form entspreche

dem gesellschaftlich, nicht biologisch bedingten Lebensrhythmus einer gewöhnlichen Frau, die ständig von haushaltbedingten Abhaltungen zerstreut wird. Zeitmangel und nicht berechenbare Störungen zwingen zu schnellen Würfen ohne mähliche Einstimmung. *(Seite 257f.)*

Martin Gregor-Dellin kann daran überhaupt keinen Gefallen finden: Er hält den Roman für ein »episches Monstrum«, in dem die »Chance eines ›Bildungsromans‹« vertan worden sei.

Statt dessen saftlose, kraftlose Montagen, Kürzestkapitel, Berichte, fremde Texte, abgeschriebenes ›Neues Deutschland‹, Bitterfelder Protokolle, sogar ein Gedicht von Paul Wiens [Ehemann von Irmtraud Morgner und Nationalpreisträger].

Diese Technik würde »den experimentellen Roman bis zum Unlesbaren zersetzen«. Sein Resümee: »Viel fruchtlose Anstrengung, bei so teurem Papier«. (Frankfurter Allgemeine Zeitung. Nr 58 vom 10. März 1975, Seite 18)

Irmtraud Morgner hat selbst immer wieder nach einer Definition gesucht, die sie ihrem Roman als Untertitel beigeben wollte. In ihren Papieren finden sich dazu Formulierungen wie »Zettelkasten-Roman«, »Roman in unsortierten Papieren«, aber auch einfach »Frauenroman«. In diese Rubrik, oft erweitert durch die Schlagworte »Feminismus« oder »Emanzipation«, wurde der Roman von der westdeutschen Kritik gerne abgelegt. So spricht Nikolaus Marggraf, alias Wolfram Schütte, in der ›Frankfurter Rundschau‹ von der »Feministin der DDR« und derem »vielfacettierten Roman über Frauenemanzipation« (Nr 118 vom 24. Mai 1975, Seite 4); Monika Sperr sieht in ihm einen »Höhenflug der Emanzipation« (Die Tat. Frankfurt am Main. Nr 25 vom 18. Juni 1976, Seite 10), und

Alice Schwarzer urteilt über das Buch:

Es ist nicht nur literarisch bemerkenswert, sondern auch politisch, denn es gibt Zeugnis von Morgners extremer Sensibilität für alles; was die besondere Betroffenheit von Frauen in einer Männergesellschaft angeht – egal, ob in einer kapitalistischen oder sozialistischen. Dieses Buch ist ein kühner Schritt nach vorn auf dem Weg zur Selbstfindung der Frauen, ist eine Infragestellung männlich geprägter Normen in der Literatur und offensive Einbringung von »Weiblichkeit«,

denn für die »Marxistin Morgner ... sind Geschlechterrollen immer nur historisch und sozial geworden, nie angeboren. ... Denn Irmtraud Morgner ist Feministin und Sozialistin«. *(konkret. Hamburg. 1976, Heft 9, Seite 57f.)*

Walter Jens geht in seiner Laudatio anläßlich der Verleihung des Kasseler Literaturpreises für grotesken Humor an Irmtraud Morgner 1989 zwar auch auf das Thema »Emanzipation der Frauen« ein, stellt das Werk der Autorin aber in einen sehr viel größeren Zusammenhang:

Hier liegt ein Romanzyklus vor, der, sorgfältig bedacht, als das große Gegen-, nein, Mitwerk zur ›Ästhetik des Widerstands‹ von Peter Weiss erscheint: Hier wie dort das Wechselspiel von Geschichte und Mythos; hier wie dort die Verteidigung von Kunst, Traum und Phantasie im Zeitalter des von imperativer Dogmatik gefährdeten Sozialismus; hier wie dort der »Goldglanz der Legende« in der Alltagswirklichkeit; hier wie dort der Rückgriff auf Nothelfer aus dem Bezirk der Antike: Herakles hüben und drüben Pandora. Herakles, Advokat der Plebejer; Pandora, Fürsprecherin uneingeschränkter Humanität; Herakles im Schatten, Pandora in der Helligkeit des Lichtes; Herakles, Trostspender im Dunkel; Pandora, Wegweiserin zum großen Voraus.

(Walter Jens: Die Tausendsassa Irmtraud Morgner. In: Irmtraud Morgner. Texte, Daten, Bilder. Hrsg. von Marlis Gerhardt. Frankfurt am Main: Luchterhand 1990. Seite 100–108, hier: Seite 107)

13 Silvia Bovenschen: Über die Frage: Gibt es eine »weibliche« Ästhetik?

welche seit kurzem im Umlauf die feministischen Gemüter bewegt – gelegentlich auch umgewandelt in die Frage nach den Ursprüngen und Möglichkeiten weiblicher Kreativität
Aus: Ästhetik und Kommunikation. Kronberg/Taunus. Jahrgang 7, 1976, Heft 25, September, Seite 60–75
Kopie aus dem Nachlaß von Irmtraud Morgner mit Anstreichungen und der falschen Angabe »November«

162 Umschlag

163 Umschlag von Sarah Schumann (24.13)

Der Aufsatz von Silvia Bovenschen wird zum wichtigsten Beitrag in einer seit Anfang 1976 zunächst weitgehend nur innerhalb der westdeutschen Frauenbewegung geführten Diskussion über feministische Schreibweisen, weibliche Ästhetik und Kreativität. In der DDR konnte eine solche Debatte nicht öffentlich stattfinden. Daß sich Autorinnen dort jedoch ähnliche Fragen stellten und nach Diskussionsgrundlagen suchten, zeigt die Tatsache, daß Irmtraud Morgner sich Silvia Bovenschens Aufsatz hat besorgen lassen und ihn – das lassen ihre zahlreichen Anstreichungen erkennen – sehr aufmerksam gelesen hat.

Die Diskussionen über »weibliches Schreiben« stehen durchaus in Zusammenhang mit dem Erscheinen von Verena Stefans Buch. ›Häutungen‹ wird nahezu ausschließlich von Frauen gelesen, und zwar in aller Regel nicht als »Literatur« unter ästhetischen Gesichtspunkten, sondern als Wiedergabe von Erfahrungen, Gefühlen, Verletzungen, mit denen sich die Leserinnen mühelos identifizieren können und worüber sie sich nun auf der Grundlage dieses Textes mit anderen Frauen verständigen. Frauen, die sich professionell mit Literatur beschäftigen – Journalistinnen, Lektorinnen, Verlegerinnen, Literaturwissenschaftlerinnen – stellen an den Text jedoch Fragen, die weniger den Inhalt als vielmehr den Stil, die Form und vor allem die Sprache betreffen. Hier reicht die Spannbreite der Urteile von uneingeschränkter Zustimmung, zum Beispiel durch Christa Reinig in der ›alternative‹ (Jg 19, 1976, Heft 108/109, Seite 119f.), bis zur vernichtenden Kritik, wie der von Brigitte Classen und Gabriele Goettle in ›Courage‹. (1976, Heft 1, Seite 45f.)

Innerhalb dieser kontroversen Diskussionen ergeben sich jedoch sehr bald die gleichen zentralen Fragen: »Wie sind die spezifisch weiblichen Formen der Wahrnehmung kommunizierbar?« Brauchen sie eine eigene »ästhetische Transformation«? (Bovenschen) Wie wird, möglicherweise wie soll diese aussehen und wie kann sie poetologisch und ästhetisch beschrieben werden? Die Debatten darüber werden fast zeitgleich auf verschiedenen Ebenen geführt. So findet am 8./9. Mai 1976 in München das erste Treffen schreibender Frauen statt (s. Seite 534). Das Verlagskollektiv der »Frauenoffensive« hat es unter anderem deswegen angeregt und organisiert, weil die Frauen nach dem Erscheinen von ›Häutungen‹ und der Gründung eines eigenen Verlags für Frauen mit Manuskripten überschwemmt werden und nun nach Kriterien für de-

ren Beurteilung suchen. Ein Themenschwerpunkt dieses Treffens lautet folgerichtig ›Feministische Kriterien zur Literatur – Rezensionskritik – Untersuchung des Sprachgebrauchs – neue Ansätze – Schreiben als Arbeit‹. (Frauenoffensive-Journal. München. 1976, Nr 5, Seite 4) Immer wieder wird auch nach Vorarbeiten zu diesen Themen gefragt. Eine erste Antwort darauf versucht eine Doppelnummer der Zeitschrift ›alternative‹ (Jg 19, 1976, Heft 108/109) zu geben. Unter dem Titel ›Das Lächeln der Medusa – Frauenbewegung/Sprache/Psychoanalyse‹ werden hier erstmals in deutscher Übersetzung Texte der französischen Feministinnen Hélène Cixous, Cathérine Clément und Luce Irigaray vorgestellt, die, von der Semiotik und Psychoanalyse herkommend, schon seit längerer Zeit an einer Theorie des weiblichen Schreibens arbeiten. Mit dem Septemberheft von ›Ästhetik und Kommunikation‹ und seinem Dossier ›Frauen/Kunst/Kulturgeschichte‹ liegen nun verschiedene Ansätze vor, die bis dahin »voraussetzungslose« Diskussion (Bovenschen) über weibliche Ästhetik und Kreativität zu führen.

Die Fotos, die Günter Wallmanns Reportage illustrieren, beziehen sich natürlich n i c h t auf die Werft, über die er schreibt. Sie sollen den Lesern, die noch nie eine Werft besucht haben, einen kleinen Einblick vermitteln. METALL weiß, daß unsere Funktionäre, aber auch vernünftige Werftleitungen, bemüht sind, die Arbeit auf der Werft menschlicher zu gestalten. In Schweden ist das durch technische Neuerungen weitgehend gelungen. Auch manche Übelstände, die hier von dem freien Journalisten Günter Wallmann geschildert werden, sind inzwischen dank unserer Organisation beseitigt worden.

Auf der Werft

Reportage von Günter Wallmann (II)

Nebel kriecht vom Wasser hoch und hängt dick in den Straßen. Der Tag läßt noch lange auf sich warten. Zuerst tropft da und dort ein Mensch auf die Straße, zehn Minuten später schon fließen ganze Menschenscharen die Straßen hinunter.

Die Stempeluhren drücken bei der minimalsten Verspätung kein Auge zu, sie stempeln die Zeit automatisch. Gedränge in den Umkleidesälen. Spinde, nicht mal schulterbreit. Warten, bis der Spindnachbar soweit ist, Gereiztheit, kleinliche Reibereien, „den letzten beißen die Hunde". Vor der Schiffsbauhalle ein einziger Frühstücksstand, nur vor der Arbeit ist hier was zu haben. In einer langen Reihe stauen wir uns davor.

Ein italienischer Arbeiter besorgt Tagesproviant „16 Brötchen, mit nix drauf". Das ist einem älteren deutschen Arbeiter zuviel: „Das kann der Kerl allein nie fressen. Der holt wieder für seine ganze Brigade mit. Wenn es nach mir ginge, hätten wir die Brüder längst rausgeprügelt. Wenn jeder deutsche Arbeiter täglich nur eine Stunde länger arbeitet, wären die da längst überflüssig. Das stand auch gestern in der ‚Bild'-Zeitung ..."

Den meisten Arbeitern merkt man an, daß die Schimpftiraden nicht in ihrem Sinne sind, aber sie sagen auch nichts dagegen. Sie warten ja auch, und der Italiener hält wirklich den ganzen Laden auf.

Ein einziger Arbeiter verteidigt den Italiener, er sagt: „Halt endlich die Schnauze! Wenn wir die Ausländer nicht hätten, könnten wir noch mehr schuften. Oder willst du statt drei Überstunden jeden Tag vier dranhängen? — Außerdem machen viele ausländische Arbeiter in punkto Fleiß uns Deutschen noch was vor."

Der die Hetzrede gehalten hat, entgegnet ungerührt nur ein einziges Wort: „Kommunist!"

Schlangestehen vor den Stempeluhren: Oft fünf Minuten warten, bis man an der Reihe ist. Wir können pünktlich am Arbeitsplatz sein und trotzdem zu spät kommen. Sogar der Obermeister findet, daß eine zusätzliche Stempeluhr angebracht wäre. Er hat Anträge an die Werksleitung gestellt, wiederholt, immer ohne Erfolg.

Wogender Andrang mittags vor der Kantine. Auf das Sirenensignal hin wird die Tür von innen aufgestoßen. (Man wundert sich, wie der Türöffner es fertigbringt, immer schnell genug fortzuspringen.) Wir gehen nicht mehr selbst, wir werden hineingerissen. Sich dagegenstemmen ist zwecklos, man wird um die eigene Achse gedreht und landet rückwärts vor der Treppe. Hinfallen ist nicht möglich.

Hier gab's bisher zwei Unfälle. Einem Arbeiter wurde der Arm ausgerenkt, einem zweiten gebrochen. Jeder will natürlich in der Kantine einen Sitzplatz haben. Darum die Stauung vor der Türe. Die Werftleitung könnte leicht Abhilfe schaffen und größere Kantinenräume bauen.

Der für mich zuständige Werkzeugausgeber auf den Helgen wird mit den ausländischen Arbeitern schlecht fertig. Er kennt ihre Sprache nicht und versteht nicht gleich, wenn sie ihm durch Abzählen an den Fingern eine bestimmte Stückzahl klarmachen wollen.

An Kommißzeiten erinnert das „Organisieren" auf der Werft. Manche, die kein Werkzeug zugeteilt erhielten, „besorgen" es sich.

Einer stöpselt dem anderen das Schweißkabel aus, „organisiert" sich vom Kollegen die Druckpumpe, den Hammer oder was er sonst gerade braucht. Morgens schicken die Schiffsbauer dann ihre Helfer aus, um das verlorengegangene Werkzeug vom Vortag in irgendeiner Kammer des verschachtelten Schiffsbauchs wieder aufzutreiben oder andernfalls neues zu „organisieren". Der Schiffsbauer, mit dem ich zusammenarbeite, versteckt abends unser Werkzeug in einer Nische oder unter eine Plane, wobei er genau aufpaßt, daß ihn keiner dabei beobachtet.

Es gibt auf der Werft Angestelltentoiletten und Arbeiterklos. Als Angestellter genießt man den „Luxus" verschließbarer Türen und Brillen auf den Toiletten. Die „Toiletten" für Arbeiter kann man schon nicht mehr als sanitäre Anlage bezeichnen, das Wort „Abtritt" ist hier noch zu vornehm gewählt. Keine Türen und keine Brillen. Warum die Türen fehlen, macht mir ein älterer Arbeiter klar: „Wir könnten uns ja mal ein paar Minuten ausruhen, eine Zigarette rauchen, eben mal wegtreten. So hat man uns selbst dort unter Kontrolle. Das ganze ist zwar Humbug. Wir machen ja Akkord und müssen uns die Zeit selbst einteilen. Aber wir sind eben nur Arbeiter!"

Er erzählt noch, wie es vor 1933 auf der Werft war: „Da waren noch Türen vor. Wenn es dem Meister aber zu lang vorkam, nach drei Minuten in der Regel, kam er mit dem Wasserschlauch und scheuchte uns raus!"

Seitdem ich fort bin, hat sich etwas getan. Ich habe erfahren, daß Türen an den Arbeiterklos angebracht wurden.

(Fortsetzung folgt)

Die Zahl der ausländischen Arbeitnehmer auf den Werften von Hamburg betrug:

Spanier	372
Italiener	273
Türken	582
Griechen	50
18 andere Nationen	358
Insgesamt	1635

Es ist nicht leicht, sich mit den ausländischen Kollegen zu verständigen. Es erfordert viel Geduld. Aber es lohnt sich, sie für uns zu gewinnen.

Stapellauf — Höhepunkt im Alltag der Schiffsbauer (Foto oben). Doch wer von den Ehrengästen im „Stresemann" und im schicken Kostüm denkt dabei an die harte Arbeit der Werftarbeiter? Diese Bilder stammen von der Howaldt-Werft, wo man auf Arbeitssicherheit achtet.

25 »Sprengkraft Phantasie«

164 Auf der gegenüberliegenden Seite: Teil II von Günter Wallmanns [d. i. Wallraff] Reportage in ›Metall‹ (25.1)

»L'imagination au pouvoir« – die Phantasie an die Macht! Auf diese Kraft, auf die französische Studenten mit ihren Wandparolen gesetzt hatten, berufen sich in den siebziger Jahren durchaus sich widerstreitende Parteien. Günter Wallraff (Jahrgang 1942), der wie Erika Runge der Gruppe 61 angehört, initiiert 1970 einen »Werkkreis Literatur«, in dem die Arbeiter selbst ihre eigene Kreativität entdecken und über ihren Alltag berichten sollen. Seine Reportagen aus der Arbeitswelt stehen in der Tradition des »Bundes Proletarisch-Revolutionärer Schriftsteller« der zwanziger und dreißiger Jahre, zu dessen Mitgliedern Ernst Ottwald und Egon Erwin Kisch zählten. Ebenso sind die französischen Arbeiterpriester der ersten Jahrhunderthälfte und die Romane von Upton Sinclair (1878–1968) Vorbilder für Wallraff. Seine Recherchemethoden (er schleust sich maskiert und unter Pseudonym in Betriebe ein) bringen ihn wiederholt vor den Kadi; sie werden zugleich zu großen Bucherfolgen. Peter Schneider (Jahrgang 1940), in den Jahren 1967 bis 1969 Mitglied der SDS-Arbeitsgruppe »Kultur und Revolution« und neben Rudi Dutschke einer der Wortführer der Revolte in Berlin, geht 1970 ebenfalls als Schriftsteller in die Fabrik. Doch anders als Wallraff rückt er in den darauffolgenden Jahren davon ab, Literatur in den Dienst politischer Ziele zu stellen. Die Phantasie als Sprengkraft – das wird um 1970 und danach zum Slogan im fortgesetzten Klassenkampf ebenso wie in der Absage an die dokumentarische und »politische« Literatur.

1 Günter Wallmann: Auf der Werft

Reportage. [Teil] 2
Ausschnitt aus: Metall. Zeitschrift der IG Metall. Frankfurt am Main [1964], Seite 5
Redaktionsarchiv ›Kürbiskern‹

Unter dem Pseudonym Günter Wallmann berichtet Wallraff 1966 über die Arbeit auf der Werft Blohm und Voss. Der Text, den die Gewerkschaftszeitung ›Metall‹ vorabdruckt, erscheint dann im ›Kürbiskern‹ und mit weiteren Industriereportagen in dem Band ›Wir brauchen dich‹ (München: Rütten und Loening 1967). Die kommunistische ›Deutsche Volkszeitung‹ ist voll des Lobes:

Er ist 24 Jahre alt. Er sieht jedoch älter, reifer aus. Das macht: Er hat offenbar intensiver gelebt, als die meisten seines Jahrganges. H. Günter Wallraff hat trotz seiner Jugend eines der wichtigsten Bücher der letzten zehn Jahre in der Bundesrepublik geschrieben: ›Wir brauchen dich‹. ... Hätten wir doch nur von dieser Sorte Schriftsteller mehr in unserem Land! *(9. Juni 1967)*

2 Günter Wallraff: Sinter zwo und wie ich H. kennenlernte

(Text 1). Typoskript, 8 Blatt
Mit handschriftlichen Korrekturen von Günter Wallraff
und seinem Lektor
Ausgestellt: Blatt 1

Leihgabe: Fritz Hüser-Institut, Dortmund

Das Folgende ist nicht erfunden. Um zu verhindern, daß die zufällig hier erlebten Begebenheiten bloß auf dieses eine Großunternehmen bezogen werden, wird der Name des Werkes nicht genannt. *(Seite 1)* ... In der Fabrik gibt es keinen Morgen, keinen Mittag und keinen Abend. Hier ist immer Nacht. ... der pulvrige Metallstaub, Sinter genannt, der hier überall ist, ... wabert unter jedem Schritt, klebt auf der Haut, dringt in Nasenlöcher und Augen ein. In der Staubschicht auf dem Boden verlaufen Fußstapfen. Da steht mit ungelenker Schrift in den Staub gekritzelt: »Alles Scheiße«. Darüber, auf dem Staubbelag eines Stahlträgers, hat jemand eine pornographische Darstellung versucht, keine Rundungen, sondern kantige Formen. Sexualsymbole einer fremden Welt. *(Seite 4)*

Den Arbeitern »Mittel zur kritischen Verarbeitung der Realität« zu geben, ist das Ziel der von Wallraff mitinitiierten »Werkkreise Literatur«. Die ›Recklinghausener Zeitung‹ berichtet am 23. November 1968 über die »heftigste Diskussion in der Dortmunder Gruppe 61, die es je gab«. Die grundlegenden Meinungsverschiedenheiten, die 1970 zur Trennung der »Werkkreis-Literatur« von der Gruppe 61 führen, bahnen sich bereits an:

Der Diskutant Peter Schütt: »Ich sehe nicht ein, warum die Kunst Leuten überlassen wird, die Tatsachen verschleiern! Die Texte von Wallraff und Erika Runge stehen turmhoch über solcher Pseudokunst!« Und Max von der Grün klagte, wann endlich werde der hierzulande falsch verstandene Literaturbegriff begraben? Ihm werde übel, wenn er höre: schöngeistige Literatur. Wieder und wieder wurde eingeworfen, es sei auch nicht wahr, daß die Arbeiter abseits der Kunst stehen. ... [Schließlich] wurde beschlossen: Es werden außerhalb der Dortmunder Gruppe 61 Arbeitsgruppen gebildet mit dem Ziel, die arbeitende Bevölkerung zum Schreiben anzuregen. Der Weg nach »Bitterfeld« (jeder Arbeiter ein Dichter) ward noch weiter abgesteckt, mit der zweiten Forderung: Die arbeitende Bevölkerung soll im Stile von Partisanen agieren.

Der »Bitterfelder Weg«, auf den sich Peter Schütt beruft, bezeichnet die kulturpolitische Programmatik der DDR, nach der die Arbeiterklasse auch auf dem Gebiet der Kultur tätig werden und baldmöglichst die Führung übernehmen sollte. Im Kulturpalast des Elektrochemischen Kombinats Bitterfeld war 1959 die Konferenz »Greif zur Feder, Kumpel! – Die sozialistische Nationalkultur braucht dich!« abgehalten worden.

Hier [in Bitterfeld] wurden die Prinzipien formuliert, die zur Überwindung der aus dem Kapitalismus überkommenen Trennung von Kunst und Leben und zur Schaffung einer sozialistischen Kultur in der sozialistischen Gesellschaft führen sollten. *(Gerd Eversberg: Die Bewegung schreibender Arbeiter in der DDR. In: Ästhetik und Kommunikation. Reinbek. Jg 4, 1973, Heft 13, Seite 38)*

3 Günter Wallraff als Demonstrant

Photographie. Um 1970
In: Weimarer Beiträge. Berlin, Weimar. Jahrgang 20, 1974, Heft 2, zweite Umschlagseite

In der DDR stößt die westdeutsche Literatur aus der Arbeitswelt vor dem Hintergrund der eigenen Kulturpolitik auf lebhaftes Interesse. 1974 führt die Germanistin und Redakteurin Ursula Reinhold für die ›Weimarer Beiträge‹ ein Gespräch mit ›Kürbiskern‹-Mitherausgeber Oskar Neumann unter dem Titel ›Klassenkampf – Kultur – Literatur‹. (In den ›Weimarer Beiträgen‹ waren schon 1965 ›Bemerkungen zum literarischen Schaffen der Dortmunder Gruppe 61‹ erschienen.) Für Ursula Reinhold gehören Wallraffs Berichte »zu den wahrhaftigsten und erschütterndsten Zeugnissen über die Ausbeutung der Arbeiterklasse in Industriebetrieben der BRD.« (Weimarer Beiträge. Berlin, Weimar. Jg 20, 1974, Heft 2, Seite 65)

165 Auf der gegenüberliegenden Seite: Günter Wallraff (25.3)

Im Vorwort zur schwedischen Ausgabe der ›13 unerwünschten Reportagen‹ geht Heinrich Böll 1970 der Frage auf den Grund, wie es Wallraff gelinge, seine Texte »wahrhaftig« wirken zu lassen – und warum sie so umstritten seien:

Wallraff ... dringt in die Situation, über die er schreiben möchte, ein, unterwirft sich ihr und teilt seine Erfahrungen und Ermittlungen in einer Sprache mit, die jede »Überhöhung« vermeidet, sich nicht einmal des Jargons bedient, der ja als poetisch empfunden werden könnte. Daß seine Berichte so umstritten worden sind, hängt wohl damit zusammen, daß er sich weder der Sprache der Beherrschten bedient, die man gemeinhin die Sklavensprache nennt, noch der Sprache der Herrschenden. ... Umstritten worden ist in der Bundesrepublik vor allem Wallraffs Methode, sein Eindringen in bestimmte Situationen unter einem Vorwand oder einem Pseudonym. Betrachtet man seine Berichte genau, so wird in ihnen allen Herrschaft entlarvt, jene Herrschaft, die gewisse Methoden des Recherchierens für gentlemanlike erklärt und andere, Wallraffs Methode, nicht. ... Er unterwirft sich einer Situation und schildert sie vom Standort des Unterworfenen aus. Er ist immer Subjekt. *(In Sachen Wallraff. Hrsg: Christian Linder. Köln: Kiepenheuer & Witsch 1986. Seite 70–73)*

4 Peter Schneider: Rede an die deutschen Leser und ihre Schriftsteller

›Kursbogen‹. Beilage zu: ›Kursbuch‹. Frankfurt am Main. 1969, Nummer 16, März

Im ›Kursbuch‹, bzw. auf dem dort beigefügten ›Kursbogen‹, fordert Peter Schneider in seiner manifestartigen »Rede«, die Kunst für die Sache der Arbeiter nützlich zu machen; er verlangt nicht nur vom Künstler, sondern auch vom Arbeiter ein gehöriges Maß an Phantasie:

wenn der totalen entfaltung der produktivkräfte die völlige verstümmelung der wünsche im spätkapitalismus entspricht, dann muß die kunst die völlige mobilisierung der wünsche gegen die wirklichkeit sein. dazu gehört aber beides: daß sie die wünsche darstellt und daß sie den kapitalismus darstellt, daß sie die konkreten bilder der wirklichkeit gegen die konkreten bilder der möglichkeiten hält, die darin stecken und ersticken. …
die künstler, falls es sich da um leute handelt, die ihre phantasie vom kapital noch nicht haben zerrütten lassen, haben dabei die aufgabe, den arbeitern, schülern, studenten bei der artikulation ihrer wünsche zu helfen und ihnen den weg zu ihrer politischen organisation zu zeigen. …
nicht in den seminaren der germanistikstudenten sollten die gedichte von brecht und majakowski interpretiert werden, sondern in den versammlungen der revolutionären arbeiterräte.

Peter Schneiders schriftstellerischer Umgang mit der Arbeitswelt fällt sehr viel theoretischer aus als der Ansatz von Günter Wallraff. Im ›Kursbuch‹ 16 veröffentlicht er neben seiner Rede auch den Essay ›Die Phantasie im Spätkapitalismus‹. Im ›Kursbuch‹ 21 (1970) folgt sein Arbeitsreport ›Die Frauen bei Bosch‹. ›Kursbuch‹ 26 (1971) wird von Schneider herausgegeben und steht unter dem Thema ›Die Klassenkämpfe in Italien‹.
Schneider, der aufgrund seiner Beteiligung an Aktionen der italienischen Arbeiterbewegung aus Italien ausgewiesen worden war,

166/167
Einband. Vorder- und Rückseite
(25.5)

glaubt damals, die deutsche Arbeiterbewegung könne »aus den italienischen Klassenkämpfen lernen«. Während der »Zwang der deutschen Theoretiker« verhindere, »daß die theoretischen Bedürfnisse praktisch werden können«, bewiesen die italienischen Arbeiterproteste, daß unmittelbar ausgedrückter Zorn die beste Voraussetzung für eine breite Aufnahme der sozialistischen Theorie sei.

In den Jahren darauf verändert sich in den deutschen Literaturdebatten das Verständnis von gesellschaftskritischer Literatur. Die Lyrikerin Ulla Hahn (Jahrgang 1946) macht die Fragestellung der Funktion und Wirkungsabsicht von Literatur 1975 zum Gegen-

stand ihrer Dissertation ›Literatur in der Aktion. Zur Entwicklung operativer Literaturformen in der Bundesrepublik‹. Dort stellt sie fest:

Die 1972/73 begonnene Diskussion um eine Neubestimmung von Funktion, Methode und Wirkungsabsicht der Literatur geht davon aus, daß ästhetische Spezifik und politischer Anspruch eine Einheit bilden sollten. ... Der Stoff wird nicht mehr nur aus den direkten Erscheinungsformen der Klassenauseinandersetzungen genommen, die Aktualität eines Themas nicht länger vordergründig-mechanisch aufgefaßt. Daraus ergibt sich die Erschließung neuer inhaltlicher Bereiche, wie Natur, Freizeit, Familie, Liebesbeziehungen, die sich mit operativen Genres nicht bewältigen lassen. *(Wiesbaden: Athenaion 1975. Seite 200)*

5 Peter Schneider: Lenz

Eine Erzählung
28.-40. Tausend
Berlin: Rotbuch-Verlag 1974
(Rotbuch. 104)
Die erste Auflage erschien 1973.

Er sei Student, erwiderte Lenz, er arbeite hier, um die Lage der Arbeiter kennenzulernen. Man sah ihn an, was er sagte, leuchtete den Frauen ein, das solle sich jeder ruhig einmal ansehen. Aber als er dann weitersprach, hörte man ihm nur noch geduldig zu, ohne ihn zu unterbrechen. ... Ihm war, als könne er was gut machen, eine unbekannte Schuld abtragen. Er sah die Blicke nicht, mit denen sie ihn betrachteten. *(Seite 22)*

Schneiders ›Lenz‹, auf der Suche nach seinem Selbst wie einst Jakob Michael Reinhold Lenz (1752–1806) und wie der seinem Schicksal nachgebildete Lenz in Georg Büchners Fragment einer Erzählung (erschienen aus dem Nachlaß 1850), geht jeden Dienstag zur kommunistischen »Betriebsgruppe«.

Ein Text von Mao Tse-tung wurde gelesen. Lenz konnte sich nicht auf den Text konzentrieren. ... Er hörte immer dieselben Worte, sinnliche Erkenntnis, Bewußtsein, Proletariat, Strategie. In seinem Ohr setzte sich die getragene bruchlose Melodie dieser Sätze fest, es störte ihn, daß es keine Pausen, keine Neuanfänge, keine Anspielungen gab. Es kam ihm alles so artig, so nett vor, er hätte den Sprechern am liebsten lobend übers Haar gestrichen. *(Seite 27)*

Schließlich geht Lenz – wie der Autor der Erzählung – nach Italien. Wie Rolf Dieter Brinkmann findet er, unter ausdrücklicher Anspielung auf Goethes ›Italienische Reise‹, zu einer neuen Wahrnehmung seiner selbst und zu Erlebnissen humaner Selbstverwirklichung, befreit von einem zu Begriffen und Dogmen erstarrten Klassenbewußtsein.

Wenn die Arbeiter um höhere Löhne kämpften, so kämpften sie in meinen Augen schon um die Abschaffung der Lohnarbeit. Wenn sie gegen einen Streikbrecher Gewalt anwandten, so bekannten sie sich endlich zur proletarischen Gewalt, wenn sie einen Gewerkschaftler einen Verräter nannten, so hatten sie den Verrat der Gewerkschaften durchschaut. Ernst nehmen konnte ich eine Einzelheit nur, wenn ich sie in einen Begriff verwandelte, wenn ich sagen konnte, diese Einzelheit bedeutet dasselbe wie jene Einzelheit. Hier in Italien, wo ich mehr Geduld mit den Einzelheiten aufbringe, bemerke ich allmählich die Angst, die einen, was man wahrnimmt, so hastig verschlingen und in Begriffe verwandeln läßt. *(Seite 75f.)*

›Lenz‹ wird innerhalb kurzer Zeit zum Bestseller. Die Kritik feiert das Buch als Signal der Abwendung vom »linken Puritanismus«.

Schneiders Erzählung ... erinnert ... daran, welche damals antiautoritär genannten Impulse 1967 die linke Bewegung vorangebracht haben und wie beflissen die inzwischen abgewürgt wurden, welche Entfremdung sich zwischen den Engagierten und den politischen Zielen, für die sie zu arbeiten meinen, längst eingerichtet hat. Schneiders Lenz ... versucht diese alten Motivationen, Sensibilitäten und Glücksvorstellungen zurückzuholen, zu bewahren und aufzuheben. Das Ende bleibt offen. ...

Auch Karin Struck oder Nicolas Born oder Günter Herburger schreiben gegen den linken Puritanismus an, und schon in Handkes Amerika-Roman hatte jemand versucht, durch alle gängigen Begriffs- und Interpretationssysteme hindurchzureisen, um wieder auf verläßliche eigene Erfahrungen und Hoffnungen zu dringen. *(Reinhard Baumgart: Mit nüchtern aufgerissenen Augen. In: Süddeutsche Zeitung. München. Jg 29, Nr 282 vom 6. Dezember 1973)*

Wolf Biermann rezensiert die Erzählung für den ›Spiegel‹ vom 10. Dezember 1973, noch von Ost-Berlin aus:

Bei aller Verschiedenheit der historischen Bedingungen hat Schneiders Erzählung doch einen Nenner, der auch für die DDR zutreffend ist: ›Lenz‹ ist ein Plädoyer gegen die rotlackierte Selbstgerechtigkeit und für eine Revolution, in der sich die Veränderer auch selbst in Frage stellen und – verändern! *(Jg 27, Nr 50, Seite 142–144, hier: Seite 144)*

Drei Jahre vor seiner Ausbürgerung bekennt sich Biermann zu diesem Ziel: zum Verändern der Veränderer. Er macht sich die Antwort von Lenz, mit der Schneiders Erzählung schließt, zu eigen; Lenz, nach seiner Rückkehr aus Italien in Berlin gefragt, was er denn jetzt tun wolle, sagt: »Dableiben«. Die Überschrift zu Biermanns ›Spiegel‹-Rezension lautet denn auch: ›Das gute Wort »Dableiben«‹.

6 Literatur – Opium ohne Volk

3. Römerberggespräche. Frankfurt am Main, 21. und 22. Mai 1976 im Plenarsaal des Römers. Veranstalter: Kuratorium »Römerberggespräche« im Auftrag des Kulturdezernats der Stadt Frankfurt am Main
Programmheft
Nachlaß Jean Améry

Seit 1974 finden in Frankfurt die »Römerberggespräche« statt, die sich jährlich einem kulturellen Thema widmen. Auf Einladung des Kulturreferenten der Stadt Frankfurt am Main, Hilmar Hoffmann, ta-

gen am 21. und 22. Mai 1976 zahlreiche Schriftsteller und Kritiker zum Thema ›Literatur – Opium ohne Volk?‹ Zu den Rednern gehören Peter Schneider (›Über den Unterschied von Literatur und Politik‹) und Günter Wallraff (›Literatur 1976‹). Wallraffs Rede faßt Alfred Huber im ›Mannheimer Morgen‹ zusammen:

Nachdrücklich kritisierte [Wallraff] jene schreibenden Kollegen, die sich damit begnügten, die Wirklichkeit nur noch zu kolportieren, und verwarf ferner die dokumentarische Literatur, weil diese nur auf überlieferte Aussagen der Herrschenden zurückgreifen könne. ... Als zynisch bezeichnete er es, in solcher Literatur Ausbeutung und Entfremdung ohne den Aspekt möglicher Aufhebung zu zeigen. *(Nr 120 vom 25. Mai 1976, Seite 29)*

Auf der Tagung selbst reagiert der Schriftsteller Hans Christoph Buch (Jahrgang 1944) auf Wallraffs Vortrag und relativiert den »Sonderfall«-Charakter dieser Art von Literatur. Vielmehr weise sie besonders typische Merkmale der Literatur der siebziger Jahre allgemein auf:

Ich finde, daß zwischen Büchern wie ›Lenz‹ ..., ›Klassenliebe‹ oder ... ›Wunschloses Unglück‹ und den Arbeiten von Wallraff gar nicht so ein Abgrund liegt, wie es hier oft erscheint. Ich glaube, daß auch das politische Bücher sind, ... indem sie nämlich ihre eigene Geschichte als eine gesellschaftlich vermittelte verstehen und darstellen. *(Tagungsprotokoll. Historisches Archiv der Stadt Frankfurt am Main. Akte SD 3/296, Seite 338)*

7 Schriftsteller, Demonstranten und Polizei

Photographie von Karin Voigt. Aufgenommen während der 3. Römerberggespräche in Frankfurt am Main, April 1976
In der Mitte: Jean Améry und Erich Fried im Gespräch, hinter Améry: Peter Schneider

Während der Tagung wird vor dem Römer für die Freilassung eines Studenten demonstriert, der Tage zuvor unter dem Verdacht,

3. Römerberggespräche

Literatur — Opium ohne Volk

Referenten:

Jean Améry, Brüssel
Prof. Dr. Pierre Bertaux, Paris
Dr. Hans Magnus Enzensberger, Berlin
Erich Fried, London
Prof. Dr. Martin Greiffenhagen, Stuttgart
Karl Krolow, Darmstadt
Prof. Dr. Hans Mayer, Tübingen
Prof. Dr. Oskar Negt, Hannover
Marcel Reich-Ranicki, Frankfurt/M.
Prof. Dr. Helmut Ridder, Gießen
Peter Rühmkorf, Hamburg
Peter Schneider, Berlin
Günter Wallraff, Köln

Gesprächsteilnehmer:

Jürgen Becker, Köln
Dr. Hans Christoph Buch, Berlin
Prof. Dr. Alexander Mitscherlich, Frankfurt/M.
Prof. Dr. Heinz Schlaffer, Stuttgart
Prof. Ulrich Sonnemann, München
Dr. Friedrich Torberg, Wien
Dr. Siegried Unseld, Frankfurt/M.
Dr. Klaus Wagenbach, Berlin

Moderatoren: Horst Bingel, Frankfurt/M.
Prof. Dr. Helmut Ridder, Gießen

Programm

1. Tag, Freitag 21. Mai 1976

11.00 Uhr
Eröffnung des 3. Römerberggespräches 1976 im Plenarsaal des Römers
Hilmar Hoffmann, Frankfurt am Main

11.30 Uhr
„Fantasieverbot von links? — Erbschaft dieser Zeit"
Oskar Negt, Hannover

11.50 Uhr
„Literatur als Ware"
Pierre Bertaux, Paris

Diskussion

Pause

14.30 Uhr
„Die Lügen der Literatur — Literatur kann Lüge und Wahrheit sein"
Hans Mayer, Tübingen

14.50 Uhr
„Neuer Subjektivismus oder alte Innerlichkeit? — Tendenzen in der Lyrik"
Karl Krolow, Darmstadt

Diskussion

Pause

„Literatur heute — wozu überhaupt?"
Marcel Reich-Ranicki, Frankfurt am Main

Diskussion

18.00 Uhr Pause

19.00 Uhr
„Kritik der Selbstzensur"
Hans Magnus Enzensberger, Berlin

Diskussion

Moderation: Prof. Dr. Helmut Ridder, Gießen

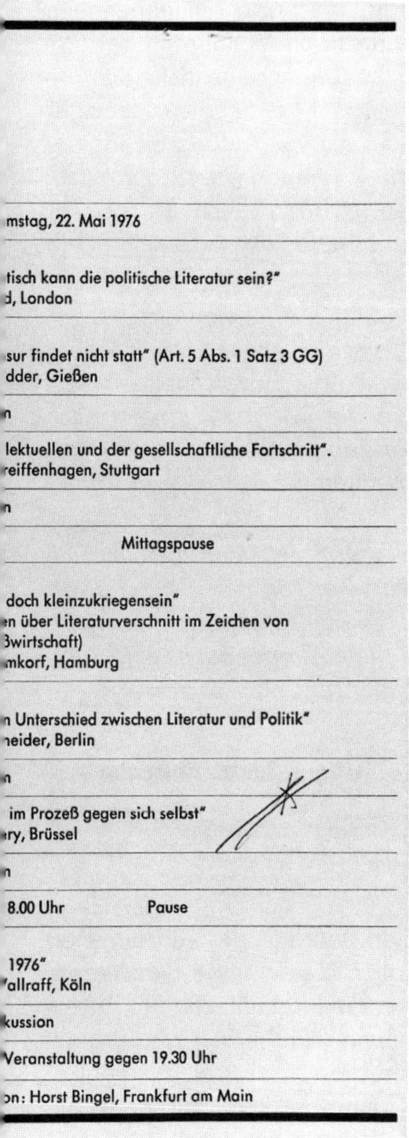
mstag, 22. Mai 1976

tisch kann die politische Literatur sein?"
d, London

sur findet nicht statt" (Art. 5 Abs. 1 Satz 3 GG)
dder, Gießen

n

lektuellen und der gesellschaftliche Fortschritt".
reiffenhagen, Stuttgart

n

Mittagspause

doch kleinzukriegensein"
n über Literaturverschnitt im Zeichen von
3wirtschaft)
mkorf, Hamburg

n Unterschied zwischen Literatur und Politik"
neider, Berlin

n

im Prozeß gegen sich selbst"
ry, Brüssel

n

8.00 Uhr Pause

1976"
allraff, Köln

kussion

Veranstaltung gegen 19.30 Uhr

on: Horst Bingel, Frankfurt am Main

168 Programm der 3. Römerberggespräche (25.6)

Molotow-Cocktails geworfen zu haben, verhaftet wurde. In einer Pause springen Erich Fried und Jean Améry, so der Berichterstatter des ›Mannheimer Morgen‹, »in die Kluft zwischen Theorie und Praxis« und sprechen zu den Demonstranten.

8 Literaturmagazin 5

Das Vergehen von Hören und Sehen. Aspekte der Kulturvernichtung
Herausgegeben von Hermann Peter Piwitt und Peter Rühmkorf
Reinbek: Rowohlt 1976
(das neue buch. 72)

Das selbstkritische Referat Schneiders, in Frankfurt heftig umstritten, erscheint einen Monat später im ›Literaturmagazin‹.

Solange ich aktiv an der Revolte teilnahm, habe ich außer Flugblättern und Reden nichts Nennenswertes zustande gebracht. ... Heute, da auch die politisch aktiven Schriftsteller wieder an ihre alten Arbeitsplätze zurückgekehrt sind, sind wir ein Stück klüger geworden. Erst jetzt nämlich, da die Bewegung aus den Straßen in die Wohngemeinschaften zurückgedrängt ist, kommen die Themen dieser Jahre in der Literatur, den Filmen, der Malerei an. ... Die spannendsten literarischen Produkte brachten in diesen Jahren [den späten sechziger Jahren] diejenigen Künstler zustande, die von Anfang an sagten, daß Politik für sie kein Thema wäre. Ich habe mich also mit dem Gedanken vertraut machen müssen, daß man nicht zu gleicher Zeit eine politische und eine literarische Revolte anzetteln kann. *(Seite 189)*

Die ›Literaturmagazine‹, 1973 begründet, erscheinen in unregelmäßigen Abständen und von unterschiedlichen Herausgebern konzipiert, innerhalb einer Buchreihe, die bezeichnenderweise eben jene Literatur vorstellt, für die die ›Magazine‹ theoretisch eintreten. Die Themen der ersten Ausgaben: ›Für eine neue Literatur‹, ›Von Goethe lernen?‹, ›Phantasie an die Macht‹ und ›Die Literatur nach dem Tod der Literatur‹.

Wagenbachs ›Tintenfisch‹, der seit 1968 erscheint, bemüht sich von anderer Warte aus, dem Schlagwort von der »Tendenzwende« auf den Grund zu gehen. Für die achte Ausgabe planen die Herausgeber, Michael Krüger und Klaus Wagenbach, eine Rückschau auf die Entwicklung der Literatur seit 1967.

9 Klaus Wagenbach und Michael Krüger: Liebe Kollegen ...

Berlin, [1975]. Begleitbrief zu einer Umfrage des Verlags
Klaus Wagenbach, 1 Blatt [Kopie]
Nachlaß Heinar Kipphardt

Wenn wir jetzt die literaturkritischen Beiträge der vergangenen sieben Jahre wiederlesen, dann fallen die Sprünge und Verrenkungen auf, die in nur sieben Jahren die Einschätzung von Literatur begleitet haben: von der Ablehnung von Literatur als bürgerlichem Substrat bis zur Rettung eben dieses Substrats als Vehikel der Emanzipation, von der Verteidigung der Realismus-Konzeption bis zur Ausrufung der Sprengkraft Phantasie.

169 Jean Améry und Erich Fried mit Demonstranten und Polizei (25.7)

Es scheint uns daher angebracht, im ›Tintenfisch 8‹, der in diesem Mai erscheinen soll, eine vorläufige Bilanz der Produzenten zu ziehen, bevor das lustvolle Gerede über die Tendenzwende jede ernsthafte Unterhaltung über Literatur vollends erstickt hat.

Dem Brief liegt eine Liste von Fragen bei. So wollen die Herausgeber wissen:

Haben die dokumentarischen Methoden der vergangenen Jahre (sowohl die durch politische Interessen motivierten als auch die positivistischen) das spezifisch Literarische (oder das behauptete Utopische) ausgeschaltet oder abgelöst als neue nicht-literarische Methode, Literatur zu produzieren? Oder: Von der Ichverstörung zur Authentizität? Ist die behauptete Authentizität (z. B. der Werkkreisliteratur) tatsächlich ein Ausweg oder wird Authentizität wieder nur behauptet?

Als einer von sechs Autoren, die sich an der Umfrage beteiligen, schlägt sich Ernst Jandl (Jahrgang 1925), für eine Literatur als Kunst in die Schanze. Jandl war 1966 mit seinem Gedichtband ›Laut und Luise‹ (Darmstadt, Neuwied: Luchterhand) weithin bekannt geworden. In diesem Band findet sich u. a. das berühmte Gedicht ›lichtung‹: »manche meinen/lechts und rinks/kann man nicht/velwechsern./werch ein illtum!«.

Der nicht-literarischen Methode, Literatur zu produzieren, entspricht die nicht-medizinische Methode, Kranke zu heilen, die nicht-politische Methode, Politik zu machen, überhaupt jede nicht-technische Technik. Die »Ichverstörten«, die ihre Ambitionen mit Fähigkeiten verwechseln, sind allenthalben am Werk. Dann also: durch Nicht-Können zur Kunst! Aber Kunst darf es ja nicht sein, und das wird es auch nie. Doch Authentizität besitzt solches gewiß: der Wolfsrachen des Volksredners, die Querschnittlähmung des Langstreckenläufers. *(Tintenfisch. Berlin. 1975, Heft 8, Seite 87)*

10 Sigmar Polke: Blauer Gedankenkreis

Lack auf Leinwand. 1974. 180 x 149 cm
Leihgabe: Sammlung Uli Knecht, Stuttgart

Seit den sechziger Jahren bestimmt Sigmar Polke (Jahrgang 1941) die deutsche Kunst wesentlich mit. Inspiriert von Pop Art und Fluxus zeigen seine frühen Bilder eine anarchische Haltung, wenn Alltagsobjekte in grotesker Weise übersteigert, dekomponiert oder parodiert werden. Neben gegenständlichen Motiven gilt Polkes Interesse auch abstrakten Mustern, Formen und aggressiven Farben – hieraus zieht der ›blaue Gedankenkreis‹ seine Spannung. Der »Gedanke«, das phantasievolle Subjekt, steht im Mittelpunkt, und wie eine Monade ist er in sich geschlossen und nach außen geöffnet zugleich.

26 Schiffbrüche

Zehn Jahre nach 1968 werden in der Programm-Vorschau des Suhrkamp Verlages für das Herbstprogramm zwei Bücher angekündigt, deren Autoren zu den prominentesten Vertretern engagierter Literatur gezählt haben: Hans Magnus Enzensberger und Peter Weiss. Bei dem Buch von Peter Weiss handelt es sich um den zweiten Band der ›Ästhetik des Widerstands‹, der »Wunschautobiographie« (Weiss im Gespräch. Hrsg. von Rainer Gerlach. Frankfurt am Main: Suhrkamp 1986. Seite 217), der Lebensgeschichte eines Sozialisten in den Jahren 1917 bis 1945; von Hans Magnus Enzensberger erscheint ›Der Untergang der Titanic‹, eine »Komödie« in 33 Gesängen. Beide Bücher beschäftigen sich mit der Gültigkeit der einst so energisch vertretenen Utopien. Weiss setzt der historischen Arbeiterbewegung ein Denkmal; an der sozialistischen Utopie, deren Motivationskraft er nurmehr in der Vergangenheit darstellen kann, hält er trotz aller Niederlagen fest. Enzensberger spricht vom Ende des Fortschrittsglaubens, von der Vergangenheit der Utopie, und collagiert ästhetische Entwürfe der Apokalypse. Die Schiffsmetaphorik spielt in beiden Büchern eine wichtige Rolle. Der Werbetext zur ›Ästhetik des Widerstands‹ lautet:

›Das Floß der Medusa‹, Géricaults großes Gemälde, eine Darstellung der Schiffbrüchigen, wurde im ersten Band als Thema der Ästhetik des Widerstands angegeben. Nun trägt ›Das Floß der Medusa‹ die Handlung hinein in das zweite Buch: Vor diesem Kunstwerk steht der Erzähler im Louvre, während sich ringsum das Bild der Tragödie, die letzten Septembertage des Jahres 1938 abspielen. *(Suhrkamp Programm-Vorschau. Frankfurt am Main. 2. Halbjahr 1978, Seite 5)*

Die Schiffbrüchigen auf dem Floß der Medusa können sich retten. Von den Passagieren der Titanic überlebt dagegen gerade ein Drittel. Über den schiffbrüchigen Erzähler in Enzensbergers ›Untergang der Titanic‹ heißt es im Verlagsprospekt:

Literarisches Programm

Hans Magnus Enzensberger
Der Untergang der Titanic

Etwa 140 Seiten. Pappbd. ca. DM 20,–
ISBN 3-518-02762-X

Der Untergang der Titanic ist ein episches Gedicht. Gehandelt wird darin von einer Geschichte, die, obwohl und weil sie jeder kennt, nichts von ihrer Spannung verloren hat. Das Riesenschiff, das Weltwunder und Ungeheuer, das in einer eisigen Nacht des Jahres 1912 versank, war nämlich ein ganz gewöhnlicher Dampfer – und zugleich ein Mythos: Inbegriff des Fortschritts, wie das neunzehnte Jährhundert ihn verstand und wie das unsrige ihn immer verzweifelter betrieb und über sich ergehen läßt.

In dreiunddreißig Gesängen wird die Katastrophe dargestellt; sie wird erzählt und bewiesen, dokumentiert und bezweifelt, halluziniert und untersucht – mit allen Einzelheiten, mit der Mannschaft und den Passagieren, den Toten und den Überlebenden, der gesellschaftlichen Hierarchie des Schiffs, seiner Architektur, seinen Salongemälden, dem First-Class-Dinner, den Drahtnachrichten, Zeitangaben, Temperaturen und Geräuschen.

Aber dieser Untergang ist nicht nur ein aktenkundiges Unglück aus der Vergangenheit. Als Geisterschiff ist die *Titanic* immer noch unterwegs. Wie gegenwärtig sie ist, das zeigt sich daran, daß ihr Los sich auch heute noch widerspiegelt in Filmen und Alpträumen, in allen Medien der Phantasie. Enzensbergers Gedicht hat es nicht zuletzt mit dieser imaginären *Titanic* zu tun, mit dem »Untergang im Kopf«.

Zwischen die dramatischen, lyrischen und balladesken »Gesänge« treten Texte, die der Handlung sozusagen äußerlich sind, die sie kommentieren: Bildbeschreibungen, polemische Gedichte, erkenntnistheoretische Modelle, Exkurse und Vergleiche.

Es nimmt wunder, wie hier eine literarische Großform, die in unserer Literatur seit mehr als einem Menschenalter ausgestorben schien, scheinbar mühelos wiederaufgenommen und gerettet wird. Galt nicht das »Versepos« als die unlesbarste und obsoleteste aller Gattungen? Nur bei uns zu Lande; anderswo haben Autoren wie Williams und Majakowskij, Perse und Neruda seine Vitalität auch in diesem Jahrhundert unter Beweis gestellt. Wer will, kann sich davon überzeugen, daß die Angst vor dem sehr langen Gedicht abergläubisch war, daß diese Form nicht nur tragfähig ist, sondern einen eigentümlichen Sog entwickelt, und daß sie den Leser nicht weniger verwickeln und in Bewegung setzen kann als ein Roman.

Noch etwas anderes mag an Enzensbergers Gedicht, unter heutigen Produktionsbedingungen, ungewöhnlich anmuten: Nahezu zehn Jahre lang ist hier ein Autor mit seinem Buch umgegangen. Die Langwierigkeit dieser Arbeit ist nicht spurlos an dem Gedicht vorübergegangen. Begonnen 1969 in Cuba, verlorengegangen, hartnäckig wieder aufgenommen, oft verworfen und immer weiterverfolgt, nimmt es manche Erinnerung an, die Jahre und Orte seiner Entstehung in sich auf. Unter die namenlosen Überlebenden der Katastrophe von damals mischen sich die Überlebenden von heute, und unter ihnen befindet sich einer, der Bericht erstattet. Er versteckt sich, er tritt hervor, und der Schauder ist ihm ebensowenig fremd wie die kaltblütige Analyse. Ein komplizierter Humor wechselt ab mit dem Eingeständnis der Todesangst, und dicht neben dem Liebesgedicht steht das bösartige Potpourri. Einfache Gefühle, aber auch andere, die nicht auf die geläufigen Namen hören wollen. Zuweilen ist es die Wut, aus der die Meditation sich speist, oder das Mitleid äußert sich in der Maske des Zynismus. Keine »korrekte Position« wird hier eingenommen; die Gerechtigkeit der Poesie ist nicht von dieser Art; im Zweifelsfall hält sie es mit denen, die untergehen. Kein einzelnes Moment kann in dieser Komödie von Dauer sein, »weil es die Lebenden sind, die den Toten mit ihren Schrekkensnachrichten in den Ohren liegen«. Weil »die Überlebenden nicht müde werden, von Überleben zu fabeln, bis sie es müde sind«. Doch auch dann noch, wenn die Feinde gegangen, die Freunde verloren sind, wenn sich Hoffnung und Geduld verbraucht haben, während andere ertrinken, geht das Überleben weiter, heulend und zähneknirschend, und kaum besiegbar.

Doch auch dann noch, wenn die Feinde gegangen, die Freunde verloren sind, wenn sich Hoffnung und Geduld verbraucht haben, während andere ertrinken, geht das Überleben weiter, heulend und zähneknirschend, und kaum besiegbar. *(a. a. O., Seite 1)*

Freunde und Feinde zu verlieren – das scheint für beide Autoren, Weiss und Enzensberger, eine zentrale Erfahrung der siebziger Jahre zu sein.

170 Auf der gegenüberliegenden Seite: Ankündigung des Suhrkamp Verlags, 2. Halbjahr 1978

1 10 Fragen an den Genossen Peter Weiss

Flugblatt der »Arbeitsgruppe Theater der Uni und Kunstakademie«. Verteilt vor dem Düsseldorfer Schauspielhaus während der Generalprobe zu ›Trotzki im Exil‹ am 20. Januar 1970
Mit handschriftlichen Notizen von Peter Weiss auf der Rückseite
Gezeigt werden beide Seiten, die Vorderseite in Kopie
Leihgabe: Akademie der Künste, Berlin. Nachlaß Peter Weiss

Nach dem ›Vietnam Diskurs‹ (1968) schreibt Peter Weiss 1969 das Revolutionsdrama ›Trotzki im Exil‹. In 15 Szenen wird das Leben Trotzkis von 1900 über die Oktoberrevolution von 1917 bis zu seiner von Stalin angeordneten Ermordung in Mexiko 1940 dargestellt. Die Uraufführung des Stückes übernimmt das neu eröffnete Schauspielhaus Düsseldorf unter der Regie von Harry Buckwitz. Bei der Generalprobe am 20. Januar 1970 kommt es zu Protesten einer studentischen Gruppe, die ihre Kritik in Form von »zehn Fragen an den Genossen Peter Weiss« auf einem Flugblatt verbreitet, das mit dem Aufruf beginnt: »DISKUTIEREN, NICHT KONSUMIEREN! DISKUTIEREN, NICHT KONSUMIEREN!«

Bewacht von 600 Polizisten, von Hunden, Wasserwerfern, Pferden wohnten 1100 »Auserwählte« der Eröffnung des neuen Düsseldorfer Schauspielhauses bei. Wie stehst Du zu derartigen Schauspielen?
Würdest Du Dein Stück auch unter Polizeischutz vor erlesenem Publikum spielen lassen?

171/172 Auf den folgenden Seiten: Flugblatt. Vorder- und Rückseite (26.1)

DISKUTIEREN, NICHT KONSUMIEREN! DISKUTIEREN, NICHT KONSUMIEREN!

10 Fragen an den Genossen Peter Weiss

Bewacht von 600 Polizisten, von Hunden, Wasserwerfern, Pferden wohnten 1100 "Auserwählte" der Eröffnung des neuen Düsseldorfer Schauspielhauses bei. Wie stehst Du zu derartigen Schauspielen?

Würdest Du Dein Stück auch unter Polizeischutz vor erlesenem Publikum spielen lassen?

Entspricht der neue Düsseldorfer Theatertempel und die innere Struktur des Düsseldorfer Schauspielhauses deinen Vorstellungen von zeitgemäßem Theater (Bau und Produktionsverhältnisse)?

Warum läßt Du Dein Stück gerade hier zum ersten Mal aufführen?

Du läßt dein Stück an einem Theater mit herkömmlichem Publikum spielen: das Düsseldorfer Schauspielhaus ist ein Theater für die durch Bildung Privilegierten. Hast Du Dein Stück für diese wenigen geschrieben?

Wie wir am letzten Donnerstag erlebt haben, ist dieses Publikum nicht zur Diskussion im Theater bereit; es will seinen "Kunstgenuß". Glaubst Du, daß Dein Stück für dieses Publikum mehr ist und mehr sein kann als eine beliebig austauschbare Konsumware?

Wenn ja, worin siehst Du die bewußtseinsbildenden Möglichkeiten des "Trotzi im Exil".

Werden die politischen Aussagen des Stücks nicht dadurch irrelevant, daß sich ihnen der Zuschauer ohne Mühe entziehen kann?

Hältst Du Zwischenrufe aus dem Zuschauerraum für unzulässige Störungen, oder willst Du das Publikum auch direkt ansprechen, so daß es antworten, mitspielen, mitdiskutieren muß?

Dein Stück spielen Schauspieler mit zum Teil der Deinen entgegengesetzten Weltanschauung. Werden die politischen Aussagen Deines Stücks nicht durch diese spielerische Reproduktion verfälscht

Kann Dein Stück ohne demokratische Betriebsform am Theater überhaupt richtig gespielt werden?

Eine Frage an das Publikum:

Fühlt Ihr Euch als das oben bezeichnete Publikum, oder wollt Ihr mehr als nur passiv genießen?

Wenn letzteres, dann habt auch Ihr jeder 10 Fragen an Peter Weiss an den Regisseur, die Schauspieler, die Nachbarn...

DISKUTIEREN, NICHT KONSUMIEREN! DISKUTIEREN, NICHT KONSUMIEREN!

Arbeitsgruppe Theater der Uni und Kunstakademie

V.N.

Dieses Schauspiel ist nicht (verboten) vom Theater abgesetzt worden, sondern von der Stadtverwaltung, ~~mit ihrer sozialdemokr. Mehrheit.~~ Sie ist von der Bevölkerung dieser Stadt, also von Ihnen gewählt, und <u>Sie</u> ist für die Ereignisse verantwortlich. ~~Mein Stück ist nicht allein eine Antwort auf die ...~~ Es liegt an Ihnen, die Gesellschaft, in der Sie leben, zu verändern. In meinem Stück wird deutlich (zum Ausdruck kommen,) ~~gezeigt, verziert~~ auf ~~welcher~~ welcher Seite ~~ich~~ ~~stehe~~ ~~die hinter~~ der Barriere ~~wo~~ ich stehe. Ich bin solidarisch mit denen, die gegen diese Art von Fossilen u. korrupten Machthabern protestieren.

Ich habe Stücke geschrieben, die auf der Straße gespielt werden ~~sollen~~, in denen das (Publikum) ~~Zuhörer~~ direkt in die Handlung eingreifen, um sie mitzuformen. Dies ist ein anderer Versuch, in dem ~~es sich~~ ~~vom~~ von Ihnen genaues Zuhören, die Konzentration notwendig ist, und der die Handlung nicht so abgeschlossen ist, dass sie durch Improvisationen verändert werden kann. ~~Das Stück stellt größere Anforderungen an die Schauspieler~~ Deshalb gehen wir davon aus, dass die Diskussion erst nach abgeschlossener Arbeit der Schauspieler stattfindet.

Entspricht der neue Düsseldorfer Theatertempel und die innere Struktur des Düsseldorfer Schauspielhauses deinen Vorstellungen von zeitgemäßem Theater (Bau und Produktionsverhältnisse)?
Warum läßt Du Dein Stück gerade hier zum ersten Mal aufführen?
Du läßt Dein Stück an einem Theater mit herkömmlichem Publikum spielen; das Düsseldorfer Schauspielhaus ist ein Theater für die durch Bildung Privilegierten. Hast Du Dein Stück für diese wenigen geschrieben?
Wie wir am letzten Donnerstag erlebt haben, ist dieses Publikum nicht zur Diskussion im Theater bereit; es will seinen »Kunstgenuß«. Glaubst Du, daß Dein Stück für dieses Publikum mehr ist und mehr sein kann als eine beliebig austauschbare Konsumware?

Wenn ja, worin siehst Du die bewußtseinsbildenden Möglichkeiten des ›Trotzki im Exil‹?
Werden die politischen Aussagen des Stücks nicht dadurch irrelevant, daß sich ihnen der Zuschauer ohne Mühe entziehen kann?
Hältst Du Zwischenrufe aus dem Zuschauerraum für unzulässige Störungen, oder willst Du das Publikum auch direkt ansprechen, so daß es antworten, mitspielen, mitdiskutieren muß?
Dein Stück spielen Schauspieler mit zum Teil der Deinen entgegengesetzten Weltanschauung. Werden die politischen Aussagen Deines Stücks nicht durch diese spielerische Reproduktion verfälscht?
Kann Dein Stück ohne demokratische Betriebsform am Theater überhaupt richtig gespielt werden?

Eine Frage an das Publikum:
Fühlt Ihr Euch als das oben bezeichnete Publikum, oder wollt Ihr mehr als nur passiv genießen?
Wenn letzteres, dann habt auch Ihr jeder 10 Fragen an Peter Weiss, an den Regisseur, die Schauspieler, die Nachbarn …

Für die Diskussion mit den Studenten nach der Generalprobe notierte sich Weiss einige Sätze auf der Rückseite des Flugblatts:

Dieses Schauspiel ist nicht von diesem Theater inszeniert sondern von der Stadtverwaltung, [*gestrichen:* mit ihrer sozialdemokr. Mehrheit]. Sie ist von der Bevölkerung dieser Stadt, also von Ihnen gewählt, und *sie* ist für die Ereignisse verantwortlich. Es liegt an Ihnen, die Gesellschaft, in der solches geschieht, zu verändern. In meinem Stück wird deutlich genug zum Ausdruck kommen, auf welcher Seite der Barriere ich stehe. Ich bin solidarisch mit denen, die gegen diese Art von Fossilen u. korrupten Machtäusserungen protestieren –

Ich habe Stücke geschrieben, die auf der Strasse gespielt werden, in denen das Publikum direkt in die Handlung eingreift, um sie mitzuformen. Dies ist ein aktiver Versuch, in dem das genaue Zuhören, die Konzentration notwendig ist, in dem die Handlung nicht so entworfen ist, dass sie durch Improvisationen verändert werden kann.

2 I. N.: Trotzki-Generalprobe in Düsseldorf abgebrochen

173 Bericht über Tumulte bei der Generalprobe von ›Trotzki im Exil‹ (26.2)

Ausschnitt aus: Süddeutsche Zeitung. München. Jahrgang 26, Nummer 18 vom 21. Januar 1970, Seite 27

Über die Vorfälle bei der Generalprobe berichtet die ›Süddeutsche Zeitung‹ am 21. Januar 1970:

Trotzki-Generalprobe in Düsseldorf abgebrochen

Die Generalprobe zur Uraufführung von Peter Weiss' „Trotzki im Exil" wurde im Düsseldorfer Schauspielhaus abgebrochen. Frei eingelassene Studenten unterbrachen mit Zwischenrufen und Repliken die politischen Diskussionen zwischen Trotzki und Lenin auf der Bühne. Peter Weiss trat dann vor den Vorhang, rügte das Verhalten des Publikums und erklärte, daß er darum bat, die Generalprobe abzubrechen, da die Störungen den Schauspielern nicht zuzumuten wären. Fast bis Mitternacht diskutierte man noch in der Vorhalle und der Kantine des neueröffneten Schauspielhauses mit einigen Studenten weiter. I. N.

FRITZ KORTNERS nächste Inszenierung wird „Emilia Galotti" in Wien, am Theater in der Josefstadt, sein. Die Titelrolle spielt Marianne Nentwich, die Proben werden Mitte Februar beginnen.

MÜNCHNER KULTURBERICHTE AUF SEITE 29

Süddeutsche Zeitung 26. Jg. Nr 18.
Mü. 21. 1. 1970. Seite 27.

›Trotzki im Exil‹ wird in jeder Hinsicht ein Mißerfolg. Nach Düsseldorf wird das Stück nur noch in Hannover gespielt. In der Kritik fällt es als »Schnellkurs in russischer Revolutionsgeschichte« und als zu didaktisch durch. In ›Christ und Welt‹ vom 23. Januar 1970 höhnt Wolfgang Ignée:

Donald Duck, dramatisiert, vor den Kulissen der Oktoberrevolution, verspräche unter heutigen formalen Bedingungen politischeres Theater.

3 Peter Weiss

Photographie von Barbara Morgenstern. 1973

4 Martin Walser an Peter Weiss

29. Dezember 1970. Brief, 15 Blatt
Ausgestellt: Blatt 1
Leihgabe: Akademie der Künste, Berlin. Nachlaß Peter Weiss

Nach dem Mißerfolg des ›Trotzki‹-Stücks bietet Martin Walser, zu der Zeit Berater des Suhrkamp-Theaterverlags, seine Unterstützung für das nächste Theaterstück an. Weiss arbeitet an einem Drama über Hölderlin und dessen revolutionäres Bewußtsein. ›Hölderlin‹ erscheint 1971 im Suhrkamp Verlag.

wir haben an Trotzki gesehen, daß die Bühnen etwas abstoßen, wenn es nicht getrimmt ist. Und alles, was ich Dir vorerst zum Hölderlin beilege, betrifft das bessere Liegen des Stücks im Theaterelement. Ich war wirklich überrascht von der Unfähigkeit unseres Gesamttheaters, auf den Trotzki zu reagieren. Es darf uns nichts Ähnliches mit dem Hölderlin passieren, deshalb bitte ich Dich, meine Anmerkungen durchzulesen und dann vorzuschlagen, wie wir weitermachen.

5 Karl Hossinger an Peter Weiss

Berlin, 24. Februar 1970. Brief, 1 Blatt
Leihgabe: Akademie der Künste, Berlin. Nachlaß Peter Weiss

In seinen Notizbüchern schreibt Weiss mehrmals von der »Trotzki-Niederlage«. Das Stück enttäuscht nicht nur die westdeutsche Kritik, es belastet – bei dem Stoff, den es behandelt, vorhersehbar – vor allem das Verhältnis des Autors zur DDR. Bisher waren alle seine Stücke dort aufgeführt worden; 1965 hatte Weiss die ›10 Arbeitspunkte eines Autors in der geteilten Welt‹ im ›Neuen Deutschland‹ veröffentlicht, 1966 in Ost-Berlin den Heinrich-Mann-Preis erhalten. Jetzt wird ihm, als korrespondierendes Mitglied, nahegelegt, an der Jubiläumsfeier der Ost-Berliner Akademie der Künste nicht teilzunehmen, wie ihm Karl Hossinger, Direktor der Akademie von 1961 bis 1971, mitteilt:

174 Peter Weiss (26.3)

Sehr geehrter Herr Weiss!

Ich beziehe mich auf das Schreiben unserer Sektion Literatur und Sprachpflege vom 23. September 1969 sowie Ihren Antwortbrief vom 18. Oktober 1969 und gestatte mir, Ihnen mitzuteilen, daß die Feierlichkeiten zum 20. Jahrestag unserer Akademie im Zeichen des 100. Geburtstags von Wladimir Iljitsch Lenin unter der Losung ›Die Akademie ehrt Lenin‹ stehen. Sie werden in engster Zusammenarbeit mit unseren sowjetischen Freunden und Genossen vorbereitet und durchgeführt.

Ich nehme an, daß Sie dafür Verständnis haben, daß wir nach der Aufführung Ihres Stückes ›Trotzki im Exil‹, das die Wirklichkeit der Großen Sozialistischen Oktoberrevolution entstellt und verzerrt, Ihnen eine offizielle Einladung nicht übersenden können und auch nicht mit Ihrer Anwesenheit rechnen.

Mit vorzüglicher Hochachtung

Dr. Hossinger.

Die Beziehungen zur DDR stabilisieren sich erst wieder, nachdem sich Weiss am 24. November 1971 im Gästehaus des Zentralkomitees der SED in Ostberlin mit Kurt Hager und Alexander Abusch ausgesprochen hat. Bezüglich des ›Trotzki‹-Stückes gibt es zwar kein Entgegenkommen, doch wird bei den Verhandlungen zu ›Hölderlin‹ eine Annäherung erreicht, als Weiss Textänderungen zusagt.

6 Peter Weiss: Notizbuch

20. Juli 1970 bis 15. Februar 1972
Aufgeschlagen: Seite 74/75
Leihgabe: Akademie der Künste, Berlin. Nachlaß Peter Weiss

Über die Idiotie einer »proletarischen« Kunst, einer Kunst für das Volk

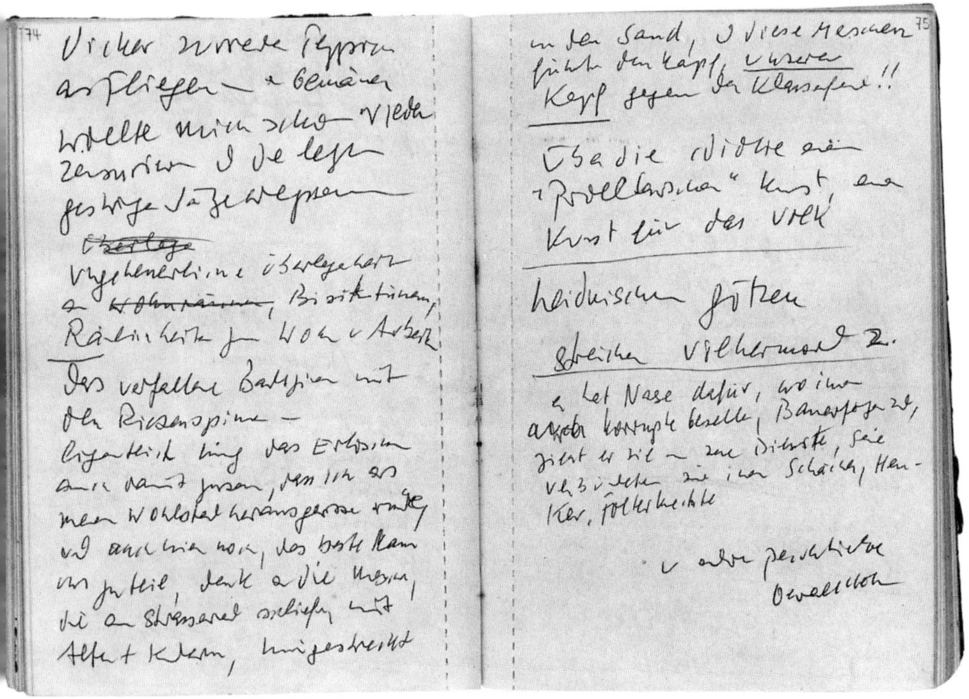

175 Doppelseite aus dem Notizbuch von Peter Weiss (26.6)

7 Peter Weiss: Die Ästhetik des Widerstands

Roman
Band 1–3
Frankfurt am Main: Suhrkamp 1975–1983
Leihgabe: Brigitte Raitz

Der erste Band der ›Ästhetik des Widerstands‹, 1975 erschienen, hat in der Bundesrepublik großen Erfolg. 1978 wird Peter Weiss der Thomas-Dehler-Preis verliehen. Er, der 1934 mit seinen Eltern emigrieren mußte und seit 1945 schwedischer Staatsbürger ist, zögert lange, ihn anzunehmen. Im Notizbuch hält er im April 1978 über sein problematisches Verhältnis zu Deutschland fest:

Mehr als dreißig Jahre nach meinem ersten Wiedersehn mit dem Deutschland, das mich ausgestoßen hatte, erhalte ich nun von der

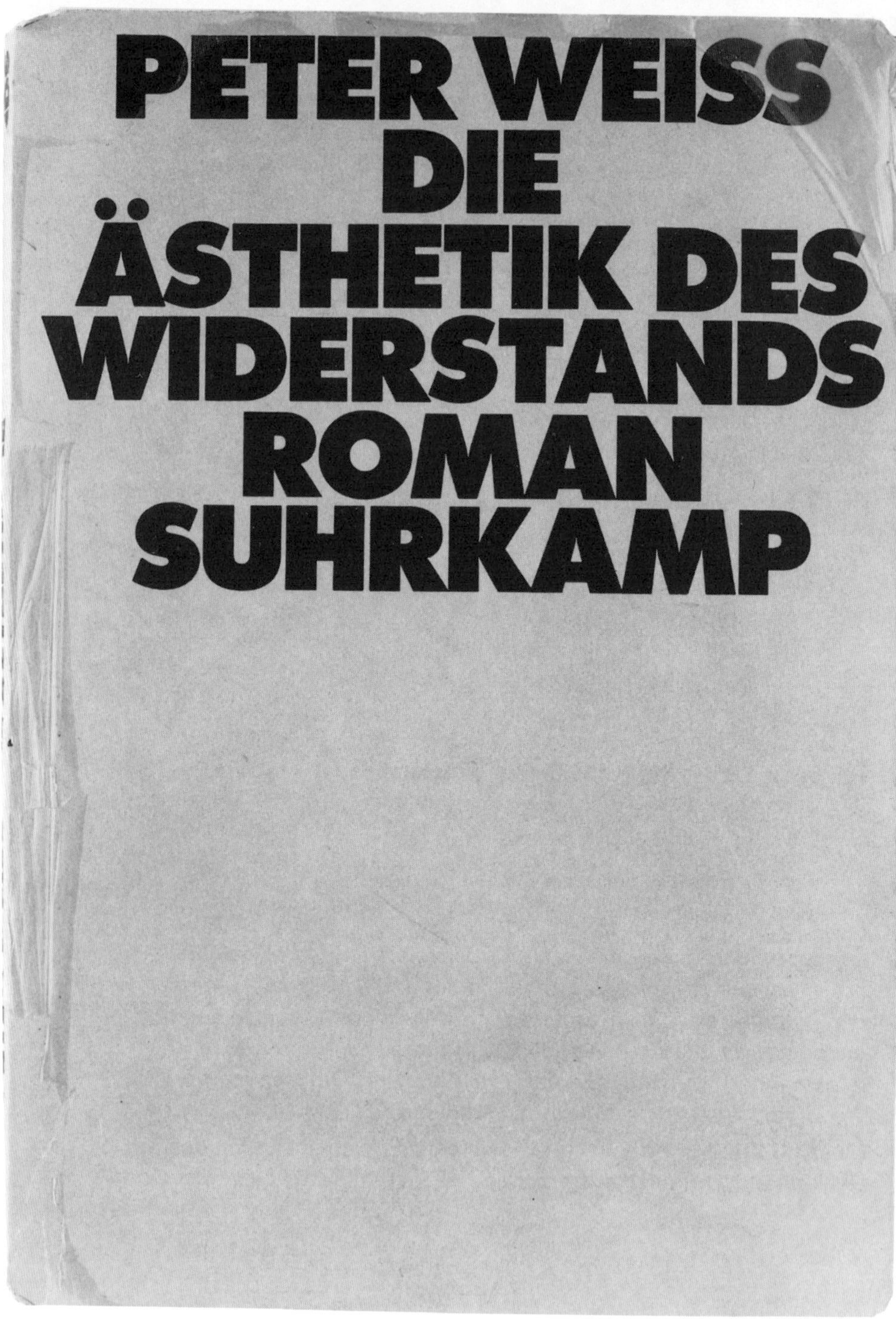
PETER WEISS
DIE
ÄSTHETIK DES
WIDERSTANDS
ROMAN
SUHRKAMP

Bundesrepublik Deutschland eine Honorierung meiner Arbeit. Jedoch nehme ich diesen Preis entgegen als einer, der hier, auf Grund seiner politischen Überzeugung, kein staatliches Lehramt ausüben dürfte. Die Widersprüchlichkeit unsrer gegenseitigen Beziehungen ist aufrecht erhalten geblieben. Ebenso widersprüchlich sind auch meine Beziehungen zur Deutschen Demokratischen Republik.

176 Auf der gegenüberliegenden Seite: Einband (26.7)

Während im Deutschland der freien Marktwirtschaft noch ein Spielraum besteht für gesellschaftskritische Literatur und eine liberale Kritik dafür sorgt, daß sich deren Rahmen, unter dem Druck der reaktionären Kräfte, nicht allzusehr verengt, wird die Gesellschaftskritik eines Sozialisten im Deutschland des real bestehenden Sozialismus schärfster Zensur unterworfen.

Meine Hauptarbeit, der Roman Die Ästhetik des Widerstands, dem bei der Preisverleihung besondre Anerkennung zukommt, darf in dem Land, in dem es viele potentielle Leser dieser Schrift gäbe, noch nicht erscheinen. Im Frühjahr 1970, nach der Aufführung meines Stücks Trotzki im Exil, wurde ich in einem Holzverschlag in den untern Gelassen des Bahnhofs Friedrichstraße festgehalten. Nach stundenlangem Warten erfuhr ich, daß ich in der Deutschen Demokratischen Republik nicht erwünscht sei. Mit der Untersuchung des Vergangnen war ich zu weit gegangen. Was auch immer uns gemeinsam war, in der Auffassung von sozialistischer Geschichtsschreibung unterschieden wir uns voneinander. Mit meinem Stück über Trotzki hatte ich ein Tabu verletzt. Ich wurde ausgewiesen, abgeführt, an den Kontrollschaltern vorbei, durch die Sperren, hinauf zum Bahnsteig ... Zwei Jahre lang war ich persona non grata. *(Peter Weiss: Notizbücher. 1971–1980. Bd 2. Frankfurt am Main: Suhrkamp 1981. Seite 691 f.)*

Wie nicht anders zu erwarten, wird die ›Ästhetik des Widerstands‹ kontrovers diskutiert. Scharf geht Manfred Durzak in der ›Welt‹ vom 25. Oktober 1975 mit ihr ins Gericht:

Die Revolution als ein Nostalgie-Trip? So billig kann man sich mit der Zukunft nicht trösten. Ein merkwürdiger Zwitter also, ideologiegeschichtlicher (und was die Einschätzung der Aktivitäten der kommunistischen Partei betrifft, keineswegs blinder) Traktat, nachgeschriebene Exil-Historie, langatmige Kunstbeschreibung, hochgestimmte Verkündigung – und dennoch ein spannungsloses, vor lauter Gutgemeintheit kaum noch lesbares Prosastück. *(Seite 7)*

Reinhard Lettau ist seit 1967 Professor of Literature an der University of California in La Jolla, an der seit 1965 auch Herbert Marcuse lehrt. Er berichtet Weiss am 11. Februar 1977 von der positiven Resonanz der ›Ästhetik‹ in Amerika.

Lieber Peter,

... Deine Aesthetik des Widerstandes, mit diesem unglaublich provozierenden Titel, liebt Marcuse, den ich taeglich sehe und der eben ein Aesthetikbuch abgeschlossen hat, was Du unbedingt sehn mußt (Die Permanenz der Kunst, Wider eine bestimmte marxistische Aesthetik, bei Hanser demnaechst) – liebt also Marcuse sehr. ...

Gruß, Dein Reinhard Lettau.

(Akademie der Künste, Berlin. Nachlaß Peter Weiss)

Alfred Andersch feiert das Buch in der ›Frankfurter Rundschau‹ vom 20. September 1975 unter dem Titel ›Wie man widersteht‹:

Walter Heist hat in seinem Werk über den Proletarier in der französischen Literatur des 19. und 20. Jahrhunderts ... gezeigt, wie unter den Arbeiter-Schriftstellern diejenigen groß sind, denen es ... »weder um authentische Schilderung des Proletariats, noch um pathetische Herausarbeitung seiner Qualitäten« geht, sondern um den Vorstoß »aus proletarischer Existenz zu einer neuen Wahrhaftigkeit« .... In der *Ästhetik des Widerstands* ist dies nun einmal einem Schriftsteller gelungen, der aus dem Bürgertum kommt. ...

Peter Weiss' Buch ist keine Schrift der Auseinandersetzung der Linken mit ihren Gegnern – deren Anti-Menschlichkeit braucht nicht bewiesen zu werden, sie liegt offen zutage, wird von Weiss nur gelegentlich gezeigt, in infernalischen Bildern – , sondern ein Vorgang, der innerhalb der Linken spielt, sie mit sich selbst konfrontiert. Es ist das Buch eines Linken für die Linke. Es gelingt Weiss, ein Gesamtbild der Linken, ihrer Entwicklung von 1918 bis 1939 zu geben, um ihre innere Problematik vollständig darzustellen. Die ungeheure Spannung von Sozialdemokratismus zu Kommunismus, das Widerspiel von Anarchosyndikalismus, Trotzkismus, Räte-Kommunismus als Demokratieentwurf und Diktatur des Proletariats – hier werden sie ausgedrückt als Kampf um eine endgültige Form. Weiss kennt die Form, er nennt sie Einheit. *(Seite II)*

Aus Stockholm bedankt sich Peter Weiss bei Alfred Andersch am 25. September 1975:

ich möchte Ihnen gern meinen Dank sagen für Ihre Besprechung meines Romans in der Frankfurter Rundschau. Noch nie habe ich eine so adäquate und freundschaftliche Auskunft über eine meiner Arbeiten gelesen, wie diese. Ihnen, und Ihrer Arbeit, alles Gute!

8 Hans Magnus Enzensberger: Der Untergang der Titanic

Eine Komödie
Frankfurt am Main: Suhrkamp 1978
Mit der gedruckten Widmung für Gastón Salvatore:
»Gastón gewidmet«

Auch Hans Magnus Enzensberger konfrontiert die Linke mit sich selbst – anhand seiner eigenen Person. 1969 beginnt er in Havanna die Arbeit am Versepos über den Untergang der Titanic, das er erst 1977 in Berlin fertigstellt. Während Weiss in diesen Jahren nach Möglichkeiten sucht, an der Utopie festzuhalten, blickt Enzensberger gelassen zurück auf die für immer vergangene Utopie, deren Ende er schon 1969 in Form eines gigantischen Eisbergs kommen sieht:

177 Auf der gegenüberliegenden Seite: Einband (26.8)

Damals in Habana blätterte der Putz ab
von den Häusern, am Hafen stand unbeweglich
ein fauler Geruch, üppig verblühte das Alte,
der Mangel nagte Tag und Nacht
sehnsüchtig am Zehnjahresplan, und ich
schrieb am *Untergang der Titanic*.
Schuhe gab es nicht und keine Spielsachen
und keine Glühbirnen und keine Ruhe,
Ruhe schon gar nicht, und die Gerüchte
waren wie Mücken. Damals dachten wir alle:
Morgen wird es besser sein, und wenn nicht
morgen, dann übermorgen. Naja –
vielleicht nicht unbedingt besser,
aber doch anders, vollkommen anders,
auf jeden Fall. Alles wird anders sein.
Ein wunderbares Gefühl. Ich erinnere mich.
...
Damals dachte kaum einer an den Untergang,
nicht einmal in Berlin, das den seinigen
längst hinter sich hatte. Es schwankte
die Insel Cuba nicht unter unsern Füßen.
Es schien uns, als stünde etwas bevor,
etwas von uns zu Erfindendes.
Wir wußten nicht, daß das Fest längst zu Ende,
und alles Übrige eine Sache war
für die Abteilungsleiter der Weltbank
und die Genossen von der Staatssicherheit,
genau wie bei uns und überall sonst auch.
...
Wir sprachen in einem Kauderwelsch,
Spanisch, Russisch und Deutsch,
von der fürchterlichen Zuckerernte
der Zehn Millionen, heute natürlich
spricht kein Mensch mehr davon. Was

Hans Magnus Enzensberger

Der Untergang der Titanic

Suhrkamp Verlag

geht mich der Zucker an, ich bin Tourist!
...
Und ich war zerstreut und blickte hinaus
über die Hafenmauer auf die Karibische See,
und da sah ich ihn, sehr viel größer
und weißer als alles Weiße, weit draußen,
ich allein sah ihn und niemand sonst,
in der dunklen Bucht, die Nacht war wolkenlos
und das Meer schwarz und glatt wie Spiegelglas,
da sah ich den Eisberg, unerhört hoch
und kalt, wie eine kalte Fata Morgana
trieb er langsam, unwiderruflich,
weiß, auf mich zu. *(Seite 14ff.)*

Cuba übt am Ende der sechziger Jahre auf die revolutionäre Linke eine fast mythische Anziehungskraft aus. Es gilt als ein Land, das sich mit eigener Kraft vom »US-Imperialismus« befreit hat. In einem Brief vom 25. Oktober 1967 bittet Enzensberger seinen Freund Weiss, der bereits zwei Monate im Sommer auf Cuba verbracht hatte, um einige Auskünfte, da auch er eine Reise auf die Revolutionsinsel plant:

noch was wollte ich dich fragen. ich möchte unbedingt nach cuba, und ich ließe es ohne weiteres darauf ankommen, daß mein visa für die usa und meine fellowship hier dabei verschütt gehen. nur eines: ich müßte es rechtzeitig wissen, wenn beispielsweise aus der sache im januar etwas werden sollte. dies auch im hinblick auf die berliner springer-aktionen. ich müßte den berlinern rechtzeitig bescheid sagen, wann ich kommen kann und wann nicht. hast du schon termine für cuba? *(Akademie der Künste, Berlin. Nachlaß Peter Weiss)*

Enzensberger, damals Gastdozent an der amerikanischen Wesleyan University in Middletown, Connecticut, fährt erstmals im Januar 1968 für drei Wochen nach Cuba. Nach der Rückkehr gibt er sein amerikanisches Stipendium zurück und begründet seine

Entscheidung in einem Brief vom 31. Januar 1968 an den Präsidenten der Universität. Die ›Zeit‹ druckt den Brief am 1. März 1968 ab:

Sehr geehrter Herr Präsident,

... Der Zustand der Vereinigten Staaten erinnert mich heute, in mehr als einer Hinsicht, an die deutsche Situation in den dreißiger Jahren. ... die Methoden der Unterdrückung haben sich seit jenen primitiven Zeiten phantastisch verfeinert. ... Es hat mich drei Monate gekostet, bis ich einsah, daß die Vergünstigungen, die Sie mir hier eingeräumt haben, darauf hinausliefen, mich zu entwaffnen. ... Ich möchte im Herbst dieses Jahres nach Kuba gehen, um dort für längere Zeit zu arbeiten. Dieser Entschluß ist kein Opfer; ich habe einfach den Eindruck, daß ich den Kubanern von größerem Nutzen sein kann als den Studenten der *Wesleyan University* und daß ich mehr von ihnen zu lernen habe.

9 Enzensberger möchte auf Kuba leben

Ausschnitt aus: Der Tagesspiegel. Berlin. Jahrgang 24, Nr 6823 vom 18. Februar 1968, Seite 4

Enzensbergers Entschluß erregt Aufsehen in den USA. Uwe Johnson, der in dieser Zeit in New York lebt, verfolgt die Berichterstattung in der New York Times und zitiert sie kommentarlos in den ›Jahrestagen‹ am 17. Februar 1968:

»DEUTSCHER DICHTER PREIST ›FREUDE‹ IM LEBEN CUBAS

Middletown, Conn., 16. Feb. (AP)
Der deutsche Dichter Hans Magnus Enzensberger hat ein Stipendium an der Universität Wesleyan aufgegeben mit einem Trompetenstoß gegen die auswärtige Politik der Vereinigten Staaten und mit einem Heil für Cuba, wo er nach seinen Worten leben will. ... Der 38jährige Dichter teilte in dieser Woche einem Publikum von Studenten und Professoren mit, daß ihn kürzlich ein ... Aufenthalt in Cuba überzeugt habe davon, daß das cubanische Volk ein Bewußtsein von ›Freude ... und tieferem Sinn‹ habe.«

© by the New York Times Company
(Band CXVII, Nummer 40,201, Seite 35, Spalte 4) *(Uwe Johnson: Jahrestage. [Bd 2.] Dezember 1967-April 1968. Frankfurt am Main: Suhrkamp 1971. Seite 737f.)*

Johnson verfolgt die Geschehnisse auf Cuba in den folgenden Tagen im Hinblick auf das Schicksal Enzensbergers. So notiert er am 23. Februar 1968:

In Cuba wird an Personen über 13 Jahre keine Milch mehr ausgegeben; hoffentlich ist dies nicht ein Leibgetränk des Dichters Enzensberger. *(a.a.O., Seite 769)*

Enzensbergers Kritik an Amerika veranlaßt Johnson in den ›Jahrestagen‹ immer wieder zu scharfen und ironischen Bemerkungen. Über mehrere Seiten verteidigt er Amerika vor dem Versuch, es mit dem Deutschland der dreißiger Jahre zu vergleichen.
1969 verläßt Enzensberger Kuba und zieht wieder nach Berlin, wo er die Arbeit am ›Untergang der Titanic‹ fortsetzt.
Jahre später, bei den Frankfurter »Römerberggesprächen« von 1976 (vgl. Kapitel 25), spricht Enzensberger erstmals öffentlich über seine negativen Erfahrungen auf Cuba und nimmt sie zum Anlaß, um linke Selbstzensur bewußt zu machen und anzuprangern:

Enzensberger: Vor fast zehn Jahren war ich längere Zeit in Cuba, einem Land, das mir sehr gut gefiel. Ich hatte vor, mich dort so genau wie möglich umzusehen, und über das, was ich vorfand, in Europa Rechenschaft abzulegen. Ich wurde in Cuba ganz vortrefflich aufgenommen, aber mit meinem Buch wuchs auch meine Erbitterung über die cubanische Führung. Mit jedem Tag erfuhr ich mehr über ihre Deformationen, ihre Lügen, über ihren Dilettantismus, ihren Größenwahn, ihren Wirrwarr und ihren Despotismus. Mein Text wuchs sich zur Krankengeschichte einer Revolution aus. Und erst nach meiner Rückkehr erkannte ich, in welches Dilemma ich da geraten war. ... Einer Publikation stand nichts im Wege, das Thema war brisant, an Vorschüssen hätte es nicht gefehlt, das Risiko eines Bucherfolges war durchaus gegeben. Zu meiner eigenen Überraschung stellte ich fest, daß ich nicht die geringste Lust hatte, meine Aufzeichnungen zu veröffentlichen. Was mir in Havanna notwendig erschienen war, in Frankfurt am Main kam es mir überflüssig vor, ja fast obszön. Ich entschloß mich zur Selbstzensur. Das Buch blieb ungedruckt. …

Nach Enzensbergers Vortrag meldet sich Erich Fried zu Wort. Das Protokoll hält den Wortwechsel mit Enzensberger fest:

Fried: … Wenn … ein Gefühl der Betretenheit da war, so glaube ich, ist das weniger auf die Kritik an Cuba zurückzuführen – die ist nicht neu, und es gibt sehr viele von uns, die nicht so leicht schockiert sind, sondern darauf, daß dieses ganze Referat in einer künstlerisch sehr hochstilisierten, … sehr überzogenen Form erfolgte. [Applaus] … Dieser Mißgriff … kommt doch wahrscheinlich aus einer Noch-Situation, in der sich ein denkender und überlegender Mensch heute befinden kann. Ich glaube trotzdem, daß in einem Augenblick, in dem Deutschland sich immer mehr in einen unerträglichen Haufen von Ungerechtigkeiten verwandelt, [Applaus] … daß in diesem Augenblick, so lange diese Kritik noch möglich ist, vielleicht doch in einer direkteren, leichter zugänglichen Form erfolgen sollte, wenn nicht, so wüßte ich gerne, warum Hans Magnus Enzensberger denkt, daß das nicht so ist.

Enzensberger: [Applaus] … Zunächst einmal habe ich gar nicht die Absicht, mich wegen der Form, die ich wähle, zu verteidigen. Ich bin kein Journalist, ich bin kein Leitartikelschreiber, ich seh' auch nicht, wenn hier eine Veranstaltung stattfindet, … wo im Titel von Literatur die Rede ist, … warum ich hier als Vereinfacher auftreten soll, ist mir nicht ganz klar [Applaus und Buh-Rufe], ich halte das auch für eine Unterschätzung des Publikums, wenn man glaubt, dieses Publikum sei nicht imstande, kompliziertere Sätze der deutschen Syntax zu verstehen. Das zur formalen Seite der Sache. … Jemand hat sich hier verunsichert gefühlt. Ich bin kein Versicherungsunternehmer, so fasse ich meine Arbeit nicht auf, das Thema der Selbstzensur ist gerade ein Thema, das wegen seiner enormen Peinlichkeit interessant ist, deswegen scheint es mir nicht unangebracht, wenn hier gewisse Betretenheit über dieses Thema herrscht. *(Historisches Archiv der Stadt Frankfurt am Main. Akte SD 3/296)*

Ulrich Greiner berichtet in der ›Frankfurter Allgemeinen Zeitung‹ vom 24. Mai 1976:

Seit langem war dies sein erster öffentlicher Auftritt, entsprechend groß war das Auditorium im Plenarsaal des Frankfurter Rathauses, entsprechend hell waren die Scheinwerfer des Fernsehens. ›Kritik der Selbstzensur‹ hieß sein Thema, und jeder Linke durfte mit Fug und Recht erwarten, daß der linke Enzensberger ... auf die »rechte« Selbstzensur, auf diejenige im Dienste der herrschenden Zustände, zu sprechen käme.
Daraus wurde nichts. Enzensberger kritisierte nämlich die »linke« Selbstzensur, die Angst vor dem falschen Beifall, die Anpassung an die Erwartungen der Clique, die Selbsttäuschung über das Gefängnis aus Vorurteilen, Interessen und eigener Sozialisation, in dem jeder steckt. ...
Und als Enzensberger mit einem Exempel aus seiner eigenen Biographie schloß, als er erzählte, welche widerstreitenden Überlegungen ihn veranlaßt hätten, seinerzeit seine enttäuschenden kubanischen Erlebnisse nicht zu publizieren ..., als er damit aufhörte und keinen Trost spendete, keinen flammenden Aufruf erließ – da herrschte peinliches Schweigen, und keine Diskussion wollte in Gang kommen. *(Seite 21)*

10 Aurel Schmidt: Das Ende der Utopie

Ausschnitt aus: Basler Zeitung. Nummer 289 vom 11. November 1978, Seite 55

Das Versepos vom ›Untergang der Titanic‹ löst nach seinem Erscheinen im Herbst 1978 als Abkehr von der Fortschrittsutopie Überraschung und ein vielstimmiges Echo aus. Aurel Schmidt stellt in seiner Rezension den ›Untergang der Titanic‹ als Buch vor, das »Anti-Ideologie« betreibe.

Oskar Neumann sieht im Verfasser einen Dissidenten:

Was veranlaßt Enzensberger, mit den Untergangspropheten zu heulen? Er hatte die sozialistische Revolution samt den Mühen der Berge und der Ebenen wohl verwechselt mit den flotten Wandmalereien, Paris 1968: »Die Phantasie an die Macht.« Weil daraus nichts geworden ist, sieht er nun nur noch Eisberge, auch in der Bucht von Havanna. ... Nein, die Unterdrückten, die Ausgebeuteten, die vom Imperialismus zum Untergehen in seinen Krisen und Kriegen Verurteilten können Wandel schaffen, das Steuer übernehmen, mit den Katastrophen Schluß machen. *(Unsere Zeit. Essen. 5. Mai 1979, Seite 7)*

Wolfram Schütte rezensiert das Buch für die ›Frankfurter Rundschau‹ vom 17. Oktober 1978 unter der Überschrift ›Den roten Faden verloren‹:

Da unsere jüngsten Autoren nicht selten mit ihrer Autobiographie debütieren, wird ein doppelt so alter Kollege – der fast schon so etwas wie ein Veteran im wieder mal verlorenen Freiheitskriege, der Linken in der Bundesrepublik ist –, auch mal Bilanz ziehen dürfen, und wenn die ›Der Untergang der Titanic‹ heißt. Es sind überhaupt die Fünfzigjährigen, die, rund um dieses Datum und im Augenblick, Gericht halten über sich, ihre Hoffnungen, Utopien, ihr Leben; und sie alle gelangen zu Negativ-Bilanzen und zu horrenden Verlustanzeigen. ... In gewisser Weise hat Enzensberger, wie andere unserer Schriftsteller in jüngster Zeit vor ihm, die Reise zum eigenen Inneren angetreten. Das sieht selbstverständlich bei einem Artisten und Intellektuellen, der nichts weniger ist als ein psychologischer Voyeur seiner selbst, anders aus als bei den zahlreichen Naturalisten. Die Scham, von sich zu sprechen, als sei er mit sich allein, treibt Enzensberger mindestens so sehr zur Kunst wie diese selbst, weil er Artist ist und sich nie so dumm stellen kann, das auch nur für einen Augenblick zu leugnen. Die Kunst im ›Untergang der Titanic‹ ist jedoch nichts anderes als Ironie und diese eine Ethik der Verzweiflung wider Verzweiflung. Ihre Aufgabe oder Abwesenheit wäre die Kapitulation, sie hieße: Schweigen.

Karl Heinz Bohrer sieht im ›Untergang der Titanic‹ ein Indiz für einen geschichtsphilosophischen Wandel:

Wer geht hier eigentlich unter? ... Klar ist, daß der Dichter beredt Abschied nimmt von den sechziger Jahren zwischen Kuba und Westberlin. ... Ist die leise versteckte Antwort etwa folgende: 1968 war schon das bedeutsame Datum, das weltgeschichtlich konkurrierende, ein historisches jedenfalls. Vielleicht das allerletzte Datum zwischen Geschichte und Post-Geschichte. Aber inzwischen gibt es so viele verlorene Daten, daß dieses letztverlorene auch nicht mehr so emphatisch zu Buche schlägt, wie wirs gerne hätten. *(Merkur. Stuttgart. Jg 32, 1978, Heft 12, Seite 1278)*

Emanzipationen

»Alles Private ist politisch« – 1968 bilden sich unter diesem Leitspruch innerhalb der Studentenbewegung emanzipatorische Strömungen heraus, durch die sich Werte und Sitten dauerhaft verändern. Unterordnung und Autorität, die Rollen von Frau und Mann, Selbstbeschränkung und Glücksanspruch werden heute, auch in der bürgerlichen Gesellschaft, anders bewertet als vor 1968. Diese »Emanzipationen« haben nicht nur den Alltag beeinflußt. Sie haben auch im kulturellen und besonders im literarischen Leben Formen verändert und zu neuen Inhalten geführt – und umgekehrt: die Literatur hat zu diesen Bewegungen stärker beigetragen als es der vermeintliche »Tod der Literatur« hat erwarten lassen.

Die Frauenbewegung knüpft nicht nur ein neues soziales, sondern – mit Verlagen, Zeitschriften und Buchhandlungen – auch ein neues kulturelles Netz für Frauen. Sie bildet den Hintergrund für die im Kapitel ›Häutungen‹ vorgestellte »Frauenliteratur«. Gleiches gilt für die Veränderungen innerhalb der Kinderkultur. Sie stehen in einem engen Wechselverhältnis mit der Bewegung der antiautoritären Erziehung. Und die vielfältigen Erotismen in der Literatur, im Film und auf dem Theater der Zeit sind eng verknüpft mit der sexuellen Revolution der sechziger Jahre.

berliner frauenzeitung

COURAGE

Nr.0 Juni 1976 3.–DM

Frauen im Druckerstreik

Ulrike Meinhof

Prämie für Mütter

27 Frauenoffensive

Die Neue oder Zweite Frauenbewegung – so bezeichnet, weil es in Deutschland Ende des 19. und bis in die dreißiger Jahre unseres Jahrhunderts schon einmal eine Frauenbewegung gegeben hat – entsteht innerhalb der Studentenbewegung und zunächst aus ganz privaten Gründen. Helke Sander, 1937 in Berlin geboren, heute Professorin an der Hochschule für Bildende Künste Hamburg, erfolgreiche Filmregisseurin und Schriftstellerin, lebt von 1958 an als Schauspielerin und Regisseurin und als Ehefrau des Schriftstellers Markku Lahtela in Finnland. 1965 kehrt sie mit ihrem sechsjährigen Sohn Silvo alleine nach Berlin zurück. Von 1966 bis 1969 studiert sie an der Deutschen Film- und Fernsehakademie und dreht dort ihre ersten Kurzfilme. Sie wird Mitglied im SDS. Ihre Teilnahme an politischen Aktionen scheitert nur allzu oft an ihren Verpflichtungen als alleinerziehende Mutter. Als ihr Versuch, innerhalb des SDS einen Frauenarbeitskreis zu initiieren, erfolglos bleibt, sucht sie sich Verbündete dafür außerhalb dieser Organisation. Gemeinsam mit Marianne Herzog, Ludmilla Müller und Dorothea Ridder (ehemaliges Mitglied der Kommune I) lädt sie interessierte Frauen zu einem Treffen ein, das vor allem dazu dienen soll, »das Problem der Kinderversorgung zu lösen, damit Frauen nicht dadurch an politischer Arbeit gehindert werden.« (Pelagea. Berlin. 1971, Heft 2, Seite 3) Diese erste Frauenversammlung findet am 26. Januar 1968 in der TU Berlin statt. Auf dem als Diskussionsgrundlage verteilten Flugblatt ›wir sind neidisch und wir sind traurig gewesen‹ beschreiben die Frauen ihre Situation:

178 Auf der gegenüberliegenden Seite: Umschlag (27.11)

Wir sind neidisch gewesen, weil uns die Gleichberechtigung immer etwas schwerer fiel als unseren männlichen Kommilitonen, weil uns die ersehnten genialen »Höhenflüge« nicht so recht gelingen wollten, und wir sind traurig gewesen, weil wir bei unseren individuellen Versuchen, Studium, Liebe, Kinder zusammenzubringen, uns verzettelten oder einfach verkrusteten. … Wir wurden »links« und stimmten in den Chor unserer männlichen Genossen ein, daß die Emanzipation der Frau nur in einer Gesellschaft verwirklicht werden kann, die frei von Unterdrückung ist. Doch dieser allgemeine Singsang nutzte uns wenig, wenn es an die konkrete Arbeit ging. Wir hinkten ständig hinterher in diesem autoritären antiautoritären Kampf. Und die, die Kinder hatten, konnten nichts weiter tun als mal zu demonstrieren. ... Hier müssen wir aufhören, die Misere individuell lösen zu wollen, oder damit auf Zeiten nach der Revolution zu warten. *(FrauenMediaTurm, Köln)*

Der Zustrom zu diesem ersten Frauentreffen übertrifft alle Erwartungen der vier Initiatorinnen. Wichtigstes Ergebnis ist die Gründung der ersten Kinderläden. In der Folge treffen sich interessierte Frauen, es sind jedes Mal zwischen 50 und 200, immer mittwochs im Republikanischen Club. Sie gründen Arbeitskreise zu bestimmten Themen und nennen sich ab Mai 1968 nicht mehr »Aktionsrat zur Vorbereitung der Befreiung der Frauen«, sondern »Aktionsrat zur Befreiung der Frauen«.
Nur gegen große Widerstände der Männer im SDS hat Helke Sander durchgesetzt, daß sie als Sprecherin des Aktionsrates an der 23. Delegiertenkonferenz des SDS in Frankfurt am Main teilnehmen kann. Als »Aufpasserin« gibt man ihr die von den Männern als linientreu eingeschätzte Genossin Sigrid Rüger mit. Am 13. September 1968 hält sie ihre berühmt gewordene Rede an die »Liebe[n] Genossinnen. Genossen«. Sie berichtet darin ausführlich über die Arbeit des Aktionsrates und fordert den SDS, den sie als die einzige progressive Organisation bezeichnet, dazu auf, die Frauen zu unterstützen, die eigene Einstellung zur Frauenemanzipation zu überprüfen und endlich die Trennung von Privatem und Politischem aufzuheben.

warum sagt ihr nicht endlich, dass ihr kaputt seid vom letzten jahr, dass ihr nicht wisst, wie ihr den stress länger ertragen könnt, euch in politischen aktionen körperlich und geistig zu verausgaben, ohne damit einen lustgewinn zu verbinden. ... warum kauft ihr euch denn alle den Reich? warum sprecht ihr denn hier vom klassenkampf und zu hause von orgasmusschwierigkeiten? ist das kein thema für den SDS? *(helke sander: »aktionsrat zur befreiung der frauen«: liebe genossinnen, genossen. Typoskript im Nachlaß Ernst-Henning Schwedt. Seite 3 f.)*

Sie schließt ihre Rede mit den Worten:

genossen, wenn ihr zu dieser diskussion, die inhaltlich geführt werden muß, nicht bereit seid, dann müssen wir allerdings feststellen, daß der sds nicht[s] weiter ist als ein aufgeblasener konterrevolutionärer hefeteig. Die genossinnen werden dann die konsequenzen zu ziehen wissen. *(Seite 5)*

Als die Delegierten eine Diskussion dieser provozierenden Rede verweigern, wirft Sigrid Rüger einige Tomaten in Richtung Vorstandstisch. Über die Rede und den anschließenden Eklat wird in der linken bis linksliberalen Presse entweder gar nicht oder – in amüsiert bis lächerlichem Tenor – nur am Rande berichtet. Eine Ausnahme bildet Ulrike Meinhofs Kolumne ›Die Frauen im SDS oder In eigener Sache‹ in ›konkret‹.

Die Konsequenz aus Frankfurt kann nur sein, daß mehr Frauen über ihre Probleme nachdenken, sich organisieren, ihre Sachen aufarbeiten und formulieren lernen und dabei von ihren Männern erstmal nichts anderes verlangen, als daß sie sie in dieser Sache in Ruhe lassen und ihre tomatenverkleckerten Hemden mal alleine waschen, vielleicht weil sie gerade Aktionsratssitzung zur Befreiung der Frau hat. *(Jg 10, 1968, Heft 12, Seite 5)*

Diese Konsequenz hatten viele Frauen bereits gezogen und aus Wut und Enttäuschung über die Ignoranz der Männer in verschiedenen Städten sogenannte Weiberräte gegründet.

1 RECHENSCHAFTSBERICHT

des weiberrats der gruppe frankfurt. Verteilt am 16. November 1968 auf der 23. Delegiertenkonferenz des SDS in Hannover
Flugblatt
Nachlaß Ernst-Henning Schwedt

Die in Frankfurt abgehaltene Delegiertenkonferenz hatte zu ihrem eigentlichen Thema, der Organisationsfrage, keinen Beschluß fassen können und sich deshalb auf den 16. November nach Hannover vertagt. Dazu reisen schon Vertreterinnen von acht Frauengruppen an. Der Frankfurter Weiberrat verteilt das mit ›Rechenschaftsbericht‹ überschriebene Flugblatt, dessen wütend-aggressiver Text in der Aufforderung gipfelt: »Befreit die sozialistischen Eminenzen von ihren bürgerlichen Schwänzen!« Entsprechend dieser Devise zeigt die Vorderseite sechs abgehackte männliche Genitalien, die wie Jagdtrophäen an die Wand genagelt sind. Ihnen zugeordnet sind die Namen der führenden Männer im SDS – [Helmut] Schauer, [Peter] Gäng, [Dieter] Kunzelmann, [Hans-Jürgen] Krahl, [Bernd] Rabehl und [Reimut] Reiche. Die Genossen ziehen das Ganze ins Lächerliche und verhindern eine beginnende Diskussion mit dem Argument »Über die Emanzipation der Frau zu reden, das können wir bürgerlichen Soziologen überlassen, ...« (Studentenbewegung 1967–1969. Protokolle und Materialien. Hrsg. von Frank Wolff und Eberhard Windaus. Frankfurt am Main: Verlag Roter Stern 1977. Seite 229)

Auf den in der Frankfurter Rede von Helke Sander noch angedrohten Machtkampf verzichten die Frauen; mit ihrer Voraussage »wir werden diesen machtkampf gewinnen, da wir historisch im recht sind« liegen sie allerdings richtig. Bereits im März 1970 verkündet der SDS-Bundesvorstand seine Auflösung. Der Aufstand der Frauen innerhalb des SDS weitet sich dagegen zu einer Bewegung aus, in der sich immer mehr Frauen engagieren. Hauptursache dafür ist die 1971 von Alice Schwarzer nach französischem Vorbild gestartete Kampagne für die ersatzlose Streichung des Paragraphen 218, der 1871, also vor genau hundert Jahren, ins Strafgesetzbuch aufgenommen worden war und Abtreibung nach wie vor unter Strafe stellt.

179/180 Auf den folgenden Seiten: Flugblatt. Vorder- und Rückseite (27.1)

RECHENSCHAFTSBERICHT

des weiberrats der gruppe frankfurt

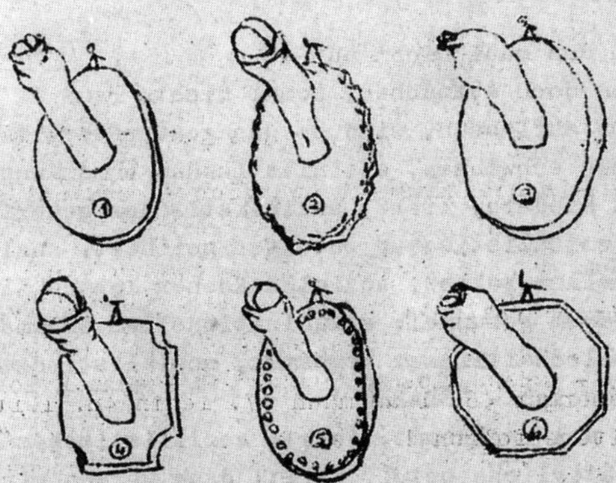

1) schauer
2) gäng
3) kunzelmann
4) krahl
5) rabehl
6) reiche
7) ....

schwanzlos - schwanzlos - schwanzlos - schwanzlos - schwanzlos

wir machen das maul nicht auf !
wenn wir es doch aufmachen, kommt nichts raus !
wenn wir es auflassen, wird es uns gestopft: mit kleinbürgerlichen schwänzen, sozialistischem bumszwang, sozialistischen Kindern, liebe, sozialistischer geworfenheit, schwulst, sozialistischer potenter geilheit, sozialistischem intellektuellem pathos, sozialistischen lebenshilfen, revolutionärem gefummel, sexualrationellen argumenten, gesamtgesellschaftlichem orgasmus, sozialistischem emanzipationsgeseich - GELABER !
wenn's uns mal hochkommt, folgt: sozialistisches schulterklopfen, väterliche betulichkeit; dann werden wir ernst genommen, dann sind wir wundersam, erstaunlich, wir werden gelobt, dann dürfen wir an den stammtisch, dann sind wir identisch; dann tippen wir, verteilen flugblätter, malen wandzeitungen, lecken briefmarken: wir werden theoretisch angeturnt !
kotzen wir's öffentlich aus: sind wir penisneidisch, frustriert, hysterisch, verklemmt, asexuell, lesbisch, frigid, zukurzgekommen, irrational, penisneidisch, lustfeindlich, hart, viril, spitzig, zickig, wir kompensieren, wir überkompensieren, sind penisneidisch, penisneidisch, penisneidisch, penisneidisch, penisneidisch
frauen sind a n d e r s !

BEFREIT DIE SOZIALISTISCHEN EMINENZEN VON IHREN BÜRGERLICHEN SCHWÄNZEN !!!!!!!!!!!!!!!!!!!!!!!

) 7. schmitz-bender 8. wölf(f)e 1-3 9. offe 10. habermas 11. schmierer 12. neusüß 13. noth 14. giese 15. dutschke 16. cohn-bendit 17. salvatore 18. geulen 19. freud 20. achterberg 21. bärmann 22. adorno 23. bechmann 24. wetzel 25. lefèvre 26. riechmann 27. roth 28. semmler 29. deppe 30. neusüß 31. teufel 32. oberlercher 33. mangold 34.... 35. lederer 36. mao 37. petermann 38. lukasik 39. richter 40. dabrowski 41. amendt 42. amendt 43. taubes 44. marx 45. enzensberger 46. lauermann 47. lenin 48. leithäuser

2 Alice Schwarzer: Frauen gegen den § 218

18 Protokolle, aufgezeichnet von Alice Schwarzer
Frankfurt am Main: Suhrkamp 1971
(edition suhrkamp. 546)

Die Protokolle sind das Ergebnis von Gesprächen, die ich im Juni und Juli 1971 mit achtzehn Frauen unterschiedlichen Alters, verschiedener sozialer Herkunft und differierenden Bewußtseinsstandes geführt habe. Keine dieser achtzehn Frauen stellt innerhalb ihres Milieus einen »besonders krassen Fall« dar; keine ist eine Ausnahme, alle entsprechen der Regel. Sie führen ein Leben, das auf den ersten Blick intakt zu sein scheint. Bis auf zwei hatten sich alle diese Frauen bereits vor diesen Berichten öffentlich der Abtreibung bezichtigt und mit der Aktion 218 die bedingungslose Streichung des § 218 gefordert. *(Alice Schwarzer in ihrem Nachwort, Seite 134)*

181 Button (27.4)

Diese öffentlichen Bezichtigungen von insgesamt 374 Frauen waren von der Illustrierten ›Stern‹ am 2. Juni 1971 abgedruckt worden und hatten unter Frauen aller Schichten und aller politischen Richtungen eine große Solidarisierungswelle ausgelöst.

3 Demo-Fähnchen

mit der durchgestrichenen Aufschrift »218«. Auf der Rückseite handschriftlich datiert: »1974«

4 Buttons in verschiedenen Farben mit dem Frauenzeichen

Leihgaben: FFBIZ (Frauenforschungs, -bildungs und -informationszentrum), Berlin

182 Button (27.4)

183 Demo-Fähnchen (27.3)

Von den daraufhin einsetzenden politischen Aktionen waren Demonstrationen, Informationsveranstaltungen, Unterschriftensammlungen und die Einrichtung von Beratungsstellen die wichtigsten. Der Druck auf die SPD/FDP-Regierungskoalition unter Willy Brandt wird schließlich so stark, daß der Bundestag am 26. April 1974 die Einführung der Fristenregelung beschließt.
1970 bilden sich im »Aktionsrat zur Befreiung der Frauen« immer deutlicher zwei unterschiedliche Richtungen heraus. Die eine betrachtet den Klassenkampf als das Mittel zur Emanzipation und setzt vor allem auf theoretische Schulung, die andere sieht ihre Ar-

beitsschwerpunkte nach wie vor in der praktischen Arbeit mit anderen Frauen und Kindern. Nachdem die erste Gruppe deutlich das Übergewicht gewonnen hat, was sich auch in der Namensänderung vom Dezember 1970 ausdrückt – der Aktionsrat nennt sich jetzt »Sozialistischer Frauenbund Westberlin« – treten einige Frauen aus der sogenannten Mütterfraktion aus und bilden unter dem Namen »Brot und Rosen« eine eigene Gruppe. Ihr gehören u. a. Brigitte Mauch, Esther Dayan, Helke Sander, Verena Stefan, Gesine Strempel, Antonia Wernery, Sarah Schumann und Evelyn Kuwertz an. Als Namen für ihre Gruppe wählen die Frauen einen Slogan der 1912 in Lawrence/USA streikenden Textilarbeiterinnen, die auf Plakaten gefordert hatten: »Wir wollen Brot, aber wir wollen auch Rosen.« Die Frauen dieser Gruppe engagieren sich stark in der Kampagne gegen den § 218 und veranstalten im Februar 1974 ein großes Teach-in – mit der erklärten Absicht, die bevorstehende dritte Lesung zur Reform des Paragraphen 218 im Bundestag zu beeinflussen.

5 Teach-in zum § 218

am 6. Februar 1974 im Audi-Max der TU Berlin
Photographie
Zweite von links: Helke Sander, neben ihr im Gespräch Evelyn Kuwertz und Gesine Strempel, ganz rechts: Mee Hellriegel
Leihgabe: Verena Stefan

Auf dieser Veranstaltung erheben die Frauen öffentlich Anklage gegen einige Ärzte, die nachweislich die Notlage von Frauen nicht nur finanziell, sondern auch durch sexuelle Nötigung ausgenutzt haben. In einem Leserbrief an den ›Spiegel‹ empört sich ein gewisser Dr. Dietrich aus Erzingen über das »hemmungslose moralische Untersichlassen einiger Berliner ›Brot und Rosen‹-Weiber« und fragt:

wissen es diese denkungewohnten, enthemmten Weiber des Fortschritts nicht, daß sie mehr als Umweltverschmutzung, Streß und

184 Helke Sander auf dem Teach-in gegen § 218 (27.5)

Übervölkerung unser aller Leben vergiften. Es war schließlich der Mann, der in das weiblich gewahrte Geheimnis des Gebärens eingriff und – nach schweren anfänglichen Mißerfolgen als Neuling – schließlich mit unendlich viel Mühen der Frau das Leben hielt.

Er gibt zu, man habe den Frauen »gegen das bestehende Gesetz« geholfen, aber

unter totalem Einsatz eines über Jahrzehnte erlernten und erworbenen schweren Berufes und somit auch unter Einsatz der Zukunft und Sicherheit der Familie des Arztes. Diese Weiber gehen nun mit ihren Tonbändern in das überfüllte Auditorium der West-Berliner Technischen Universität und schmieren ihre Helfer bei der Justiz an. *(Jg 28, 1974, Heft 10, Seite 7)*

In Gesprächen und Beratungen mit betroffenen Frauen wird »Brot und Rosen« immer wieder mit deren, aber auch mit den eigenen mangelhaften Kenntnissen über Anatomie und Funktion des weiblichen Körpers konfrontiert. Die Gruppe erarbeitet sich dieses Wissen und verfaßt darüber ein Buch.

6 Frauenhandbuch Nr 1: Abtreibung und Verhütungsmittel

Herausgegeben von »Brot und Rosen«
Berlin: Selbstverlag 1972

Wir Frauen müssen uns selbst dazu befähigen, das, was mit uns gemacht wird, fachlich beurteilen zu können. Wir müssen lernen, irgendwelchen Fachidioten, seien es Gynäkologen oder Pillenfabrikanten, Gesetzemachern oder Arbeitgebern auf die Finger zu schauen. Wir müssen unsere Angst verlieren vor Männern, die im Namen irgendeiner Wissenschaft Respekt für sich und ihre Handlungen fordern. Wir müssen es wagen, Fragen zu stellen, so gründlich zu stellen, dass sie uns nicht mehr abtun können wie bisher. *(Aus dem Vorwort, Seite 4)*
Entsprechend dieser Absicht enthält das Buch neben allgemeinen Informationen vor allem kritische Darstellungen von Untersuchungs- und Abtreibungsmethoden sowie der verschiedenen Möglichkeiten der Verhütung. Die Kapitel über die Risiken und teilweise schwerwiegenden Nebenwirkungen der Pille tragen mit dazu bei, daß die erste Pillengeneration in der Zusammensetzung der Wirkstoffe stark verändert und verbessert wird. 1974 erscheint im 110. Tausend eine zweite, ergänzte Auflage.

7 Anne Koedt: Der Mythos vom vaginalen Orgasmus

In: M. und M. Vaerting [d.i. Mathilde Vaerting]: Frauenstaat und Männerstaat. Raubdruck der Ausgabe Karlsruhe 1921
Berlin: Frauenzentrum 1974. (1. Frauenraubdruck)

Vorbildfunktion für die bundesdeutsche Frauenbewegung hat in vielerlei Hinsicht die amerikanische »women's lib«. Es werden nicht nur viele der dort entstandenen Organisations- und Aktionsformen übernommen, sondern auch zahlreiche Texte ins Deutsche übersetzt. Sie werden oft in hohen Auflagen und häufig als Raubdrucke verbreitet. Unter den meist gelesenen und diskutierten rangiert mit an oberster Stelle Anne Koedts in der zweiten Hälfte der sechziger Jahre entstandene Schrift, die zunächst in Amerika, bald aber auch in Deutschland zum feministischen Bestseller wird. Sie fand, neben anderen Texten, ihren Weg selbst in die DDR. Das belegt eine Notiz Irmtraud Morgners vom März 1969:

Ich las Anne Koedt, die Verfasserin eines Heftchens mit dem Titel ›Die Legende vom vaginalen Orgasmus‹, in dem auf 15 Seiten dargelegt wird, daß die Konstitution der Frau sexuelle Befriedigung durch den Mann ausschließt, daß der Mann also im Leben der Frau keine Rolle spielt und, seit es die Möglichkeit der künstlichen Befruchtung gibt, im Frauenleben auch überflüssig geworden ist. Wie man diese Erkenntnis praktisch zu verwerten habe, hat dann Valerie Solanas beschrieben. In ihrem Manifest der »Society for Cutting up Men« schlägt sie die Ausrottung der Männer vor.

Der Hinweis »1. Frauenraubdruck« bezieht sich auf die bereits 1921 erschienene Abhandlung der Soziologin und Pädagogin Mathilde Vaerting (1884–1977), die 1923 nach Mathilde von Wrangell als zweite Frau in Deutschland eine Professur (in Jena) erhielt. Sie beschreibt darin Formen des Matriarchats bei Natur- und Kulturvölkern. Diese Arbeit ist nur ein Beispiel für die vielen vergessenen, unterdrückten Bücher, die nun von Frauen auf der Suche nach ihrer eigenen Geschichte wiederentdeckt und gedruckt werden. Und sie zeigt eindringlich, wie notwendig diese Arbeit ist: obwohl Mathilde Vaerting ihre Professur zehn Jahre lang innehatte, taucht ihr Name in einigen neueren Geschichten der Universität Jena nicht einmal im Register auf.

Nachdem die Frauenbewegung mit der Kampagne gegen den § 218 den begrenzten universitären Raum verlassen hat und zu einer breiten sozialen Bewegung anwächst, wird der Mangel und der Bedarf an eigenen, sozusagen fraueninternen Möglichkeiten der Kommunikation immer deutlicher. In vielen Städten entstehen Frauen vorbehaltene Treffpunkte wie Cafés, Kneipen, Frauen- und Gesundheitszentren. Gleichzeitig wächst der Wunsch nach überregionalem Austausch, nach eigenen Zeitschriften, nach Büchern

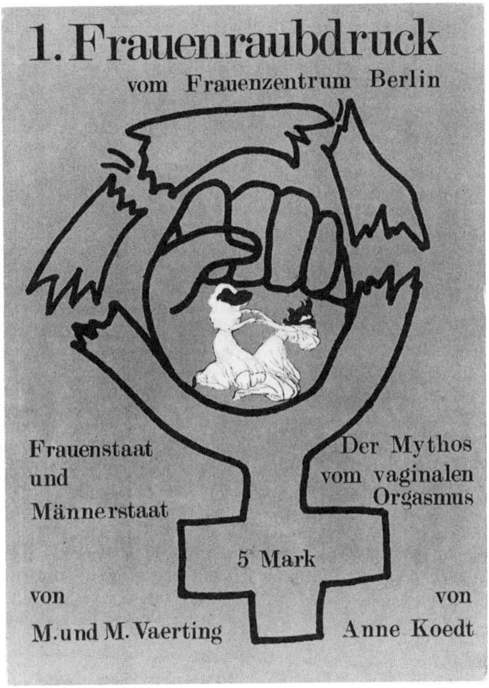

– wiederentdeckten und neuen – mit frauenspezifischen Inhalten. Rasch wird den Frauen klar, daß sie mit solchen Interessen im bestehenden Literaturbetrieb nicht Fuß fassen können und angesichts der dort herrschenden Strukturen und Bedingungen auch nicht wollen. So entsteht im kulturellen Bereich ebenfalls eine weibliche Gegenöffentlichkeit: Frauenkollektive gründen Verlage, Druckereien, Literaturvertriebe, Zeitschriften und Buchhandlungen, sie organisieren eigene Treffen, z. B. von Filmemacherinnen oder schreibenden Frauen, bieten Sommeruniversitäten an.

185/186
Einbände
(27.6; 27.7)

FRAUENOFFENSIVE

Frauen aus verschiedenen Frauengruppen geben eine eigene Reihe heraus: FRAUENOFFENSIVE. Erfahrungen der Frauenbewegung aus anderen Ländern und von hier sollen zugänglich gemacht werden, Diskussionen und Praxis einer sich entwickelnden Bewegung unterstützen. Die Reihe besteht aus Büchern und einer Journal-Reihe (die billiger wird und weniger geschlossen in der Zusammenstellung der Aufsätze). Im Jahr werden je ca. 2 - 3 Titel erscheinen.

Frauen in der Offensive

Buchreihe 1. Titel:

Lohn für die Hausarbeit oder: Auch Berufstätigkeit macht nicht frei

Texte: Power of Woman collectiv, London
Lotta Femminista, Italien
Brigitte Galtier, Paris

8 Frauenoffensive

Werbezettel des Trikont-Verlags München. Handschriftlich datiert: »März '74«

Leihgabe: Verlag Frauenoffensive, München

187 Ausschnitt aus einem Werbezettel (27.8)

Mit diesem Handzettel stellen die Frauen, die im 1967 gegründeten Trikont-Verlag arbeiten, eine eigene Reihe zu Frauenthemen mit dem Titel ›Frauenoffensive‹ vor. Sie kündigen damit ihr erstes Buch ›Lohn für die Hausarbeit oder Auch Berufstätigkeit macht nicht frei‹ an, sowie die Nummer 1 einer geplanten Journal-Reihe mit Themenheften. Im Herbst 1975 erscheint in der »Frauenoffensive« Verena Stefans ›Häutungen‹ (s. Kapitel 24). Der unerwartet große Verkaufserfolg und die Tatsache, daß Verena Stefan die ihr zustehenden Honorare bis auf ein bescheidenes Monatsgehalt dem Verlag überläßt, ermöglicht es den Frauen, sich früher als geplant von Trikont unabhängig zu machen. Am 1. Januar 1976 gründen sie einen eigenen Verlag. Weitere Verlagsgründungen sind nahezu gleichzeitig der »Frauenbuchverlag« in München, organisatorisch noch mit dem Weismann Verlag verbunden, und der »Verlag für Frauenpolitik« in Münster sowie zahlreiche Frauen-Selbstverlage. Die hier verlegten Bücher werden über Frauenvertriebe verteilt und sind vor allem in Frauenbuchläden zu erhalten.

9 Lillemor's Frauenbuchladen in München

mit drei der sechs Gründerinnen: Sabine Holm, Monika Neuser, Susanne Aeckerle mit Tochter Katrin
Photographie von Rolf Hayo
Reproduktion aus ›Bunte‹. Offenburg. 1976, Heft 48, Seite 59

Am 3. November 1975 eröffnen sechs Frauen in der Arcisstraße in München den ersten Frauenbuchladen der Bundesrepublik. Zur Eröffnung liest Verena Stefan aus ihrem gerade erschienenen Buch ›Häutungen‹.

188 Messestand des Verlags Frauenoffensive auf der Frankfurter Buchmesse 1976

10 e f a

emanzipation·frauen·argumente
zeitschrift der neuen frauenbewegung
Verantwortlicher Herausgeber[!]: Heidrun Boeseke
Köln: SOFA [Sozialistisch-feministische Aktion Köln]
1973, Heft 2

In einem Editorial zur ersten Nummer kündigte das Redaktionskollektiv an:

Liebe Frauen, Schwestern, Genossinnen. Wir stellen Euch hiermit e f a vor! Wir haben diese Zeitschrift schnell und spontan entwickelt und deshalb darauf verzichtet, vorher eine große Diskussion mit den einzelnen Frauengruppen zu führen. Wir meinen, daß die Bewegung dringend ein Publikationsorgan braucht. ... Das [Redakions-]Komitee möchte im übrigen in der Zeitschrift sowohl (radikal)-feministische Standpunkte als auch (selbstverständlich!) sozialistisch-feministische Meinungen zu Gehör bringen. *(1973, Heft 1, Seite 1)*

Damit wird erstmals der Anspruch erhoben, eine Zeitschrift für die ganze Frauenbewegung machen zu wollen. Bisher existieren so gut wie keine Zeitschriften mit überregionaler Verbreitung und die bereits bestehenden, wie z. B. ›Pelagea‹ vom »Aktionsrat zur Befreiung der Frauen«, die es seit 1970 gibt, gleichen eher Broschüren mit Materialien zu einzelnen Themen oder – auch hier ist ›Pelagea‹ führend – zu Schulungskursen. Die erste Nummer von ›e f a‹ enthielt ebenfalls kaum Informationen allgemeiner Art, keine Nachrichten aus der bundesdeutschen Frauenbewegung, sondern ausschließlich Berichte und Dokumente zur amerikanischen Bewegung »women's liberation«. Die hier gezeigte Nummer 2 versucht, den im ersten Heft formulierten Anspruch einzulösen und bringt unter dem Themenschwerpunkt ›Frau, Familie und Sexualität‹ Originalbeiträge zur Situation in der Bundesrepublik, dazu Berichte und Selbstdarstellungen einzelner Frauengruppen. Ein kleiner Anhang enthält Terminankündigungen und eine Adressen-

liste. Als erste Zeitung kündigt ›e f a‹ ein regelmäßiges, vierteljährliches Erscheinen an.

Als die Frauen auf ihrem 3. Bundeskongreß 1973 dann über eine überregionale Zeitschrift diskutieren, beschließen sie jedoch die Herausgabe einer neuen Zeitung mit dem Namen ›Frauenzeitung – Frauen gemeinsam sind stark‹. Die Redaktion der einzelnen Nummern soll abwechselnd bei Frauengruppen in verschiedenen Städten liegen. Diese Zeitung erscheint von 1973 bis 1976 mit 189 Vignette (27.10) *12 Nummern und wird dann im Grunde abgelöst von der ersten großen Frauenzeitung ›Courage‹.*

11 Courage

Berliner Frauenzeitung
Berlin: Courage-Frauenverlags GmbH
1976, Nr 0, Juni

Endlich können wir uns mit COURAGE vorstellen! ... COURAGE soll ein Medium werden, in dem Frauen ihre Situation öffentlich darstellen können, ein Medium der Information und Kommunikation, ein Medium von Frauen und für Frauen. Wir wollen über aktuelle Ereignisse informieren, Mißstände aufdecken und anprangern, einzelne Frauen und Gruppen von Frauen zu Wort kommen lassen, über ihre Erfahrungen und Initiativen berichten. Uns interessiert alles: Arbeit, Weiterbildung, Kultur, Gesellschaft und Politik, Frauen in anderen Ländern, Geschichte der Frauen, alte Frauen, Psychologie, Sexualität, Medizin, Frauenbewegung, Justiz.

Ab September 1976 erscheint ›Courage‹ monatlich. Der Erfolg ist enorm. Von Nummer eins bis drei steigt die Auflage von 12 000 auf 22 000. ›Courage‹ wird zum Publikationsorgan der ganzen Frauenbewegung und ist die erste Frauenzeitung, die nicht nur in Frauenzentren und Frauenbuchläden, sondern auch am Kiosk zu erhalten ist. Konsequenterweise lautet ihr Untertitel ab Heft 9/1978 nicht mehr ›Berliner Frauenzeitung‹, sondern ›Aktuelle Frauenzeitung‹.

›Courage‹ wird wie alle Frauenprojekte von den Herausgeberinnen durch unbezahlte Arbeit, Spenden, Kredite finanziert und laviert bis zu ihrer Einstellung 1984 eigentlich immer am finanziellen Existenzminimum. Anders sieht es bei ›Emma‹ aus, die Alice Schwarzer zum Teil mit den Honoraren aus ihrem 1975 erschienenen und überaus erfolgreichen Buch ›Der »kleine Unterschied« und seine großen Folgen‹ (Frankfurt am Main: Fischer Taschenbuch Verlag) finanzieren kann. Sie startet im Januar 1977 mit einer Auflage von 200 000 und ist die einzige Frauenzeitschrift der Neuen Frauenbewegung, die sich bis heute noch hält.

Neben ›Courage‹ und ›Emma‹ existiert auf lokaler Ebene eine Vielzahl kleiner Zeitungen und Informationsblätter. Überregionale Bedeutung gewinnen vor allem die Publikationsorgane der lesbischen Frauengruppen wie ›UKZ – unsere kleine Zeitung‹ (seit 1974) oder ›Lesbenpresse‹ (seit 1975).

Für einige der von den ›Courage‹-Frauen angesprochenen Interessensgebiete entstehen eigene Fachzeitschriften. Zu den ersten gehört 1974 ›Frauen und Film‹, herausgegeben von Helke Sander, die inzwischen ihr Studium an der Deutschen Film- und Fernsehakademie in Berlin beendet hat und als Filmregisseurin arbeitet. Im Bereich der Literatur wagt Monika Walther mit ›mamas pfirsiche‹ in ihrem neu gegründeten Verlag »Frauenpolitik« den

ersten Schritt. Bereits im November 1976 folgt ›Die Schwarze Botin‹ von Gabriele Goettle und Brigitte Classen.

190/191
Umschläge der jeweils ersten Nummer

12 mamas pfirsiche

frauen und literatur
Herausgeberinnen: Christine Steiniger und Monika Walther
Münster: Verl. Frauenpolitik
1976, Nummer 1, April

Die erste Nummer von ›mamas pfirsiche‹ enthält u. a. Helga Novaks ›Ballade von der kastrierten Puppe‹ mit Anmerkungen der Autorin, ein anonymes Tagebuch in Auszügen, einen Beitrag zur feministischen Literaturkritik und eine Analyse des Frauenbilds in der Zeitschrift ›Eltern‹. Diese Mischung, ergänzt durch Rezensionen und einige interessante Gespräche mit Autorinnen (z. B. mit

192 Christa Reinig, Verena Stefan, Antje Kunstmann, Ursula Krechel (27.13)

Karin Struck, Jutta Heinrich, Elfriede Jelinek), findet sich auch in den folgenden Heften. Ende 1978 wird die Zeitschrift bereits eingestellt. Erfolgreicher sind ›Die Schwarze Botin‹ (bis 1984) und ›Schreiben‹ (1977–1988).

13 Erstes Treffen schreibender Frauen

am 8. und 9. Mai 1976 in München
Photographie von Isolde Ohlbaum
Von links (sitzend): Christa Reinig, Verena Stefan, Antje Kunstmann, Ursula Krechel

Leihgabe: Isolde Ohlbaum

Dieses Treffen, an dem etwa 120 Frauen teilnehmen, ist vom Kollektiv des Verlags Frauenoffensive organisiert worden (s. Seite 528)*. Im Anschluß daran werden solche Treffen mehrere Jahre lang jeweils in einer anderen Stadt abgehalten.*

28 ›Erziehung zum Ungehorsam‹

Auf ihrem ersten großen Treffen Ende Januar beschließen die Frauen, in Zukunft eine gemeinsame Kinderbetreuung zu organisieren, um dadurch mehr Zeit für die eigene politische Arbeit zu gewinnen. Schon zwei Wochen später bietet sich mit dem großen Internationalen Vietnamkongreß eine Möglichkeit, diese Absichten in die Tat umzusetzen.

1 Provisorischer Kindergarten im Garderobenraum der TU Berlin

Photographie vom 17. Februar 1968
Leihgabe: Landesbildstelle Berlin

193 Provisorischer Kindergarten (28.1)

Während des Vietnamkongresses im Februar 1968 wurde in der Technischen Universität Berlin ein provisorischer Kindergarten ein-

gerichtet, der es den Genossinnen ermöglichte, an den Veranstaltungen und Aktionen teilzunehmen. Diese Einrichtung rückte zum ersten Mal das Problem der politischen Arbeit von Frauen, die Kinder haben, in das Bewußtsein der männlichen Genossen. Die Initiative zu diesem Kindergarten war ausgegangen vom AKTIONSRAT ZUR BEFREIUNG DER FRAUEN, der sich im Januar auf Betreiben einiger SDS-Genossinnen im Republikanischen Club konstituiert hatte. *(Einleitung zu: Vera Schmidt: 3 Aufsätze. Berlin 1969. Seite 2)*

Dieser provisorische Kindergarten besteht natürlich nur für die Zeit des Kongresses. Was die Frauen brauchen und nun mit viel Schwung organisieren, sind feste, privat betreute Kindergruppen in ihren Wohnquartieren.

2 Übersicht über schon bestehende oder in Entstehung begriffene Kinderläden

Aktionsrat zur Befreiung der Frauen. Berlin, 15. Oktober 1968
Typoskript, 1 Blatt [Kopie]

In einem telefonischen Interview mit Gisa Windhüfel vom 20. Juli 1993 erinnert sich Helke Sander an die Aufbruchsstimmung auf der Frauenversammlung vom 26. Januar 1968: »Nach zwei Stunden hatten wir sieben Kinderläden gegründet. Wir haben gefragt, wer wohnt da und da, und wer möchte helfen – es meldeten sich alle.« (zitiert nach: Gisa Windhüfel: Die Außerparlamentarische Opposition und die Anfänge der Neuen Frauenbewegung ⟨1968–1970⟩. Magisterarbeit. Bochum 1994. Seite 48)

Die Liste vom Oktober 1968 führt schon 12 Kinderläden auf, die Hälfte davon bereits in festen Räumlichkeiten. Meistens handelt es sich dabei um leerstehende Einzelhandelsgeschäfte – deshalb die Bezeichnung »Kinderladen«.

Für einige Monate laufen alle Aktivitäten dieser Kinderladenbewegung über den »Aktionsrat zur Befreiung der Frauen«. Am 10. August 1968 konstituiert sich dann der »Zentralrat der sozialisti-

194 Auf einer Kundgebung gegen den Vietnam-Krieg am 23. März 1968 auf dem Wittenbergplatz in Berlin

schen Kinderläden – West-Berlin«. Hier treten nun plötzlich die Männer auf, die dieses Projekt als lohnendes Aktionsfeld für sich entdecken. Ingrid Schmidt-Harzbach, fast von Anfang an im Aktionsrat dabei, erklärt sich das im Rückblick:

Es ist wohl typisch für patriarchale Aneignungsformen, daß Männer der Linken das von den Frauen erarbeitete Konzept der Kinderläden schlichtweg übernahmen und daraus die Theorie einer sozialistischen und antiautoritären Erziehung entwickelten. … Als es so aussah, daß diese Politik des Aktionsrates eine gewisse Öffentlichkeit bekam und vor allem erfolgreich war – denn jeden Mittwoch kamen hundert neue Frauen – , da auf einmal entdeckten die Männer, wie wichtig die sozialistische Erziehung war. *(In-*

195 Auf der gegenüberliegenden Seite: Verlagsprospekt (28.4)

grid Schmidt-Harzbach: Frauen erhebt euch. Als Frau im SDS und im Aktionsrat. In: Hilke Schlaeger, Hrsg.: Mein Kopf gehört mir. Zwanzig Jahre Frauenbewegung. München: Verlag Frauenoffensive 1988. Seite 52)

3 Kinderladen Charlottenburg I

Photographie von Michael Ruetz. Berlin, 21. Januar 1969. Unter dem Titel ›Jugendfreund‹ abgebildet in ›1968. Ein Zeitalter wird besichtigt‹. Frankfurt am Main: Zweitausendeins 1998. Seite 309

Diesen Kinderladen in der Jebenstraße besuchen ab Sommer 1968 auch die Kinder der Kommune 2.

4 Kommune 2: Versuch zur Revolutionierung des bürgerlichen Individuums

Berlin: Oberbaumverlag 1969
Verlagsprospekt
Leihgabe: Bibliothek für Zeitgeschichte, Stuttgart

Mit diesem Prospekt kündigt der Verlag das Erscheinen des Erfahrungsberichts der Kommune 2 an. Auf dem Hintergrund einer Folge von Photographien sind die Parolen und Forderungen der Kommune-Mitglieder notiert, darunter: »Gemeinsame Kasse«, »Gruppenanalyse«, »Erotisierung von Zusammenleben + gemeinsamer Arbeit«, »Kollektives Leben mit politischer Arbeit verbinden!« Unter dem Titel ›Liebesspiele im Kinderzimmer‹ waren einige der Photographien bereits als ›Kursbogen‹ zum ›Kursbuch‹ 17 erschienen, in dem die Kommune-Mitglieder Christel Bookhagen, Eike Hemmer, Jan Raspe und Eberhard Schultz den Artikel ›Kindererziehung in der Kommune‹ veröffentlichten. (1969, Nr 17, Juni, Seite 147–187)

Dort berichten sie auch über die Entstehung ihrer Gruppe:

KOMMUNE 2 **Versuch zur Revolutionierung des bürgerlichen Individuums**

Sieben Erwachsene und zwei Kinder zogen im Februar 1967 in das Berliner SDS-Zentrum. Sie wollten gemeinsam politisch arbeiten. Doch kurz nach dem Einzug begannen die Privatprobleme das Zusammenleben zu beherrschen. Es war jetzt nicht mehr zu übersehen, daß die Frauen in der Küche kochten, während die Männer politisch diskutierten. ... Hatten wir zunächst geglaubt, daß im Verlauf einer politischen Zusammenarbeit auch die individuellen Schwierigkeiten sich der kollektiven Bearbeitung erschließen würden, so merkten wir schnell: Wir mußten uns erst einmal mit jahrelang abgewehrten individuellen Problemen ... befassen, ehe wir produktiv würden arbeiten können. Bei der Konzentration auf uns selbst störte uns der politische Anspruch, den die SDS-Genossen an uns richteten. Im August 1967 zogen wir aus dem SDS-Zentrum aus. In der neuen Wohnung waren versammelt: vier Männer (drei davon Studenten), drei Frauen und zwei Kinder, damals drei und vier Jahre alt. Von dem Mädchen lebte die Mutter, von dem Jungen der Vater in der Kommune. *(Seite 151)*

Die Kinder besuchen zunächst einen städtischen Kindergarten, können jedoch die Diskrepanz zwischen der dort geforderten Disziplin und Anpassung und den großen Freiräumen innerhalb der Kommune bald nicht mehr bewältigen.

Wir selbst wurden dadurch immer mehr auf die Notwendigkeit gestoßen, ein unseren Vorstellungen entsprechendes Kinderkollektiv selbst zu schaffen. Anfang Februar 1968 legten wir als erstes Produkt unserer Überlegungen V. Schmidts Bericht über das Moskauer Kinderheim neu auf, um die Diskussion über die Probleme in der Kindererziehung zu intensivieren. ... Diese Vorstellung traf sich mit der Arbeit des Aktionsrates zur Befreiung der Frau, der etwa zur gleichen Zeit in Neukölln und Schöneberg die ersten beiden Kinderläden gegründet hatte. *(Seite 171 f.)*

5 Wera Schmidt: Repressionsfreie Erziehung Kinderheim-Laboratorium

ohne Erscheinungsvermerk
Bei diesem Raubdruck handelt es sich nicht um den der Kommune 2, sondern um einen unbekannter Herkunft.

Leihgabe: Winfred Kaminski

Diesen Text hatte die Psychoanalytikerin Wera Schmidt 1924 im Internationalen Psychoanalytischen Verlag unter dem Titel ›Psychoanalytische Erziehung in Sowjetrußland‹ veröffentlicht. Sie berichtet darin über das von ihr am 19. August 1921 in Moskau eröffnete Kinderheim. Dort lebten zwölf Kinder im Alter zwischen drei und fünf Jahren, die aus unterschiedlichen sozialen Schichten stammten. Sie sollten einerseits lernen, im Kollektiv zu leben, ihre Erziehung sollte andererseits aber auch psychoanalytische Erkenntnisse berücksichtigen. Die Erzieherinnen sahen es als entscheidend für die Entwicklung der Kinder an, daß deren infantile Sexualität weder tabuisiert noch unterdrückt wurde. 1925 mußte Wera Schmidt ihr Kinderheim schon wieder schließen. Ihr Kollege, der Psychoanalytiker und Marxist Wilhelm Reich, erinnert sich später an dieses Projekt:

Kommissionen, Überwachungen, Entzug jeder Unterstützung machten ihm ein Ende. Bezeichnenderweise fällt die Auflösung des Kinderheims ungefähr in die gleiche Zeit, in der die allgemeine Bremsung der russischen Sexualrevolution sich durchzusetzen begann.

Es darf nicht unerwähnt bleiben, daß auch die »Internationale Psychoanalytische Vereinigung« dem Versuch Wera Schmidts teilweise skeptisch, teilweise sehr ablehnend gegenüberstand. Die spätere Entwicklung der Psychoanalyse zu einer *anti*sexuellen Lehre prägte sich schon damals in dieser Ablehnung aus. Dennoch war die Arbeit Wera Schmidts der erste Versuch in der Geschichte der Pädagogik, der Theorie von der kindlichen Sexualität praktischen Inhalt zu geben. Man darf diesen Versuch ruhig,

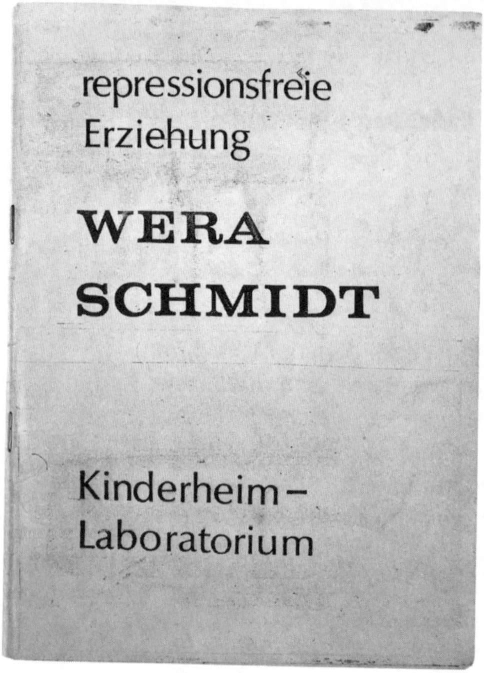

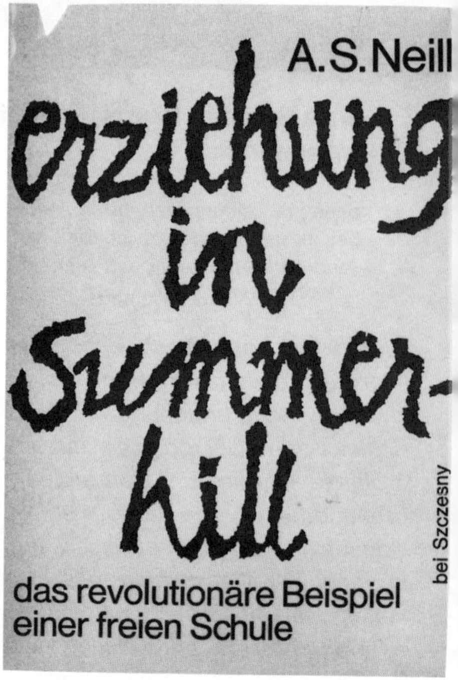

196 Umschlag (28.5)

197 Schutzumschlag (28.6)

wenn auch in anderen Maßen, was seine historische Bedeutung anlangt, mit der Pariser Kommune vergleichen. *(Wilhelm Reich: Die sexuelle Revolution. Frankfurt am Main: Europäische Verlagsanstalt 1966. Seite 304)*

Als ein zweites Modell kollektiver Erziehung diskutieren die in den Kinderläden engagierten Eltern die englische Internatsschule »Summerhill«.

6 Alexander S. Neill: Erziehung in Summerhill

Das revolutionäre Beispiel einer freien Schule
Übersetzung: Herman Schroeder und Paul Horstrup
2. Auflage
München: Szczesny 1966
Schutzumschlag: Uta Maltz
Die erste Auflage erschien 1965.
Leihgabe: Gerhard Szczesny

Im gleichen Jahr, in dem Wera Schmidt in Moskau ihr Kinderheim gegründet hatte, eröffnete der englische Pädagoge Alexander Sutherland Neill (1883–1973) in Leiston, in der englischen Grafschaft Suffolk, eine Schule mit Internat, in der im Durchschnitt 50 bis 70 Kinder im Alter zwischen 4 und 16 Jahren leben. In seinem Buch schildert Neill die Geschichte seiner Schule, in welcher der Besuch des Unterrichts freiwillig ist und alle die Schule und das Zusammenleben betreffenden Beschlüsse von der wöchentlich stattfindenden Schulversammlung getroffen werden. Jedes Kind und jeder Erwachsene hat dabei nur eine Stimme. Neills erklärtes Ziel ist es, die Kinder zu glücklichen Erwachsenen zu erziehen, denn »Verbrechen, Haß, Krieg können auf Unglücklichkeit zurückgeführt werden«. (Seite 20)

Neill, der sich eine pädagogische Provinz geschaffen hat, in der anderes möglich ist als in der Konfrontation mit den gesellschaftlichen Realitäten, weiß wohl, daß die meisten Sozialisationsschäden gesellschaftliche Ursachen haben. Seine repressionsfreie Erziehung im pädagogischen Freiraum jedoch zielt nicht auf die Beseitigung dieser Ursachen. Sie entwickelt Strategien, die es ermöglichen, unter den Bedingungen dieser gesellschaftlichen Mängel als Erwachsener zu leben und zu glauben, es sei das Glück.
(Brigitte und Walter Raitz: Antiautoritäre Erziehung in der Bundesrepublik. In: Buch und Bibliothek. Reutlingen. Jg 23, 1971, Heft 6, Seite 600)

Auf einer Arbeitstagung des SDS vom 8. bis 13. April 1969 in Frankfurt am Main wird unter anderem auch ausführlich über die bisherige und zukünftige Arbeit in den Kinderläden diskutiert und die Ablösung der bloß antiautoritären Erziehung durch eine sozialistische gefordert. In den dazu vorgelegten Arbeitspapieren wird an den Modellen von Wera Schmidt und A. S. Neill heftig Kritik geübt:

Da diese antiautoritäre Erziehung mit ihren Vorbildern in Vera Schmidt und N.[!] S. Neill nicht in der Lage ist, die Kinder auf eine radikale Vertretung und Durchsetzung ihrer Interessen gegenüber dem autoritären und monopolkapitalistischen System vorzubereiten, gilt es zu einer politischeren Erziehung überzugehen, die zum Angriff auf dieses System befähigt. ... Die bloß antiautoritäre Familienerziehung muß deshalb überwunden werden und zur konkreten Erziehung zum Klassenkampf entfaltet werden. *(Typoskript im Nachlaß Ernst-Henning Schwedt)*

Da hierzu zeitgenössische Vorbilder fehlen oder bestehende, wie die Kibbuz-Bewegung, nicht übertragbar sind, rekurriert man auf historische Modelle nichtbürgerlicher Erziehung. Dazu zählt u. a. die österreichische Kinderbewegung (1908–1934), die Erziehungsgemeinschaft »Das proletarische Kind« (Dresden 1925/26) und die kommunistische Kinderbewegung in Deutschland (1920–1933). Die Schriften der wichtigsten Theoretiker, auf deren Erkenntnissen diese pädagogischen Bewegungen beruhten, werden in kürzester Zeit zunächst als Raubdrucke, dann aber auch von regulären Verlagen, z. B. dem März Verlag, herausgebracht. Zu nennen sind hier vor allem Siegfried Bernfeld, Edwin Hoernle, Alice und Otto Rühle, Wilhelm Reich.

Seit 1969 gibt der »Zentralrat der sozialistischen Kinderläden« die Broschürenreihe ›Anleitungen für eine revolutionäre Erziehung‹ heraus. Die erste Nummer enthält neben zwei weiteren Aufsätzen Vera Schmidts den bereits erwähnten Bericht über das Moskauer Kinderheim-Laboratorium, das nächste Heft ist Walter Benjamin gewidmet.

7 Walter Benjamin: Eine kommunistische Paedagogik

Spielzeug und Spielen. Programm eines proletarischen Kindertheaters. Baustelle. + Diskussion + Anhang
Berlin 1969
(Anleitung für eine revolutionäre Erziehung. 2)

In den Kinderladensitzungen wurde ein unveröffentlichtes Manuskript von Walter Benjamin diskutiert, das man einem Schüler von Adorno gestohlen hatte. Es wurde als Raubdruck publiziert, gedruckt auf einer kleinen Maschine, die im Kinderladen stand. Zwischen die Texte von Benjamin waren die Protokolle der Diskussionen eingefügt und Seiten frei gelassen worden für die Gedanken der Leser. Dieses kleine Heft, das unter dem Ladentisch in den Buchhandlungen reißenden Absatz fand, sicherte über lange Zeit die Miete des Kinderladens. *(Ulrike Edschmid: Frau mit Waffe. Zwei Geschichten aus terroristischen Zeiten. Berlin: Rowohlt 1996. Seite 44f.)*

Es ist wohl nicht zuletzt dieser »reißende Absatz«, der den Suhrkamp Verlag zu raschem Handeln bewegt. Noch im gleichen Jahr veröffentlicht er einen Band mit Aufsätzen Walter Benjamins, darunter auch die Texte aus der Zentralrats-Broschüre und vor allem den bisher unpublizierten über das proletarische Kindertheater. (Walter Benjamin: Über Kindheit, Jugend und Erziehung. Frankfurt am Main: Suhrkamp 1969)

Die Herausgeber des Raubdrucks wollen einerseits in die seit Ende 1967 in der Zeitschrift ›alternative‹ geführte Debatte über die Editionspraxis des Frankfurter Benjamin-Archivs eingreifen, andererseits aber auch Stellung beziehen gegen die Dogmatiker in den eigenen Reihen:

Die Publikation dieser Gedanken Walter Benjamins stellt zugleich einen Angriff dar gegen die Parteiideologen, die in ihrem selbstsicheren Stumpfsinn vermeinen, mit ihrem Erziehungsprogramm, das mehr aus Phrasen als aus Klassenbewußtsein aufgebaut ist, würden die Vorstellungen der kommunistischen Theoretiker der 20iger Jahre in Erfüllung gehen. *(Aus dem Vorwort, Seite 5)*

Nicht nur in Berlin, auch in vielen anderen westdeutschen Großstädten entstehen privat organisierte Kindergruppen mit sehr unterschiedlichen Zielen und Erziehungskonzepten. Allen gemeinsam ist ein Erziehungsstil, der, verglichen mit dem in den staatlichen oder konfessionellen Kindergärten, den Kindern sehr viel mehr Freiheiten läßt, mehr auf ihre Bedürfnisse eingeht, nicht mit Strafen und Disziplinierungen arbeitet. Die Medien entwerfen Schreckensbilder der Zügellosigkeit, Verwahrlosung und sexuellen Enthemmtheit. Gerhard Bott, Fernsehjournalist und Mitarbeiter bei ›Panorama‹, versucht eine sachliche Gegendarstellung.

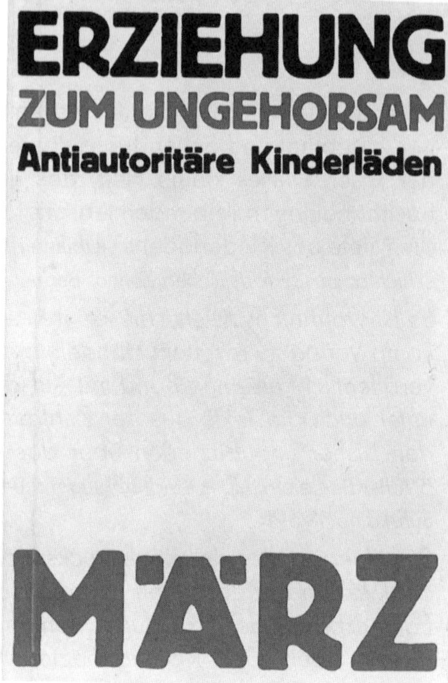

8 Erziehung zum Ungehorsam

Kinderläden berichten aus der Praxis der antiautoritären Erziehung
Herausgegeben von Gerhard Bott
2. Auflage
Frankfurt am Main: März Verlag 1970

198 Umschlag (28.7)
199 Einband (28.8)

Bei den Dreharbeiten zu seinem Fernsehfilm über die Berliner Kommune 2, ›Absage an das Leben zu zweit‹, hat Bott im Sommer 1968 erstmals Einzelheiten über die Arbeit der damals entstehenden Kinderläden erfahren. Sein Vorschlag, darüber ebenfalls einen Film zu drehen, wird abgelehnt.

Zu jener Zeit wollte der »Zentralrat der sozialistischen Kinderläden Westberlin« jede Publizität von den sich gerade entwickelnden emanzipatorischen Erziehungsprojekten fernhalten. Die Initiatoren befürchteten, die Kinderläden könnten, noch ehe sie recht zu arbeiten begonnen hatten, zu Gruselobjekten einer auf Ordnung, Sauberkeit und Gehorsam, d. h. einer auf Autorität fixierten und in ihrer Sexualität tief verängstigten Öffentlichkeit stilisiert werden. *(Gerhard Bott in seinem Vorwort, Seite 7f.)*

Daß diese Einschätzung für lange Zeit gültig bleibt, zeigen die Reaktionen auf das von Bott dann ein Jahr später fertiggestellte Fernsehfeature über verschiedene Kinderläden in Berlin, Frankfurt am Main, Hamburg und Stuttgart, das unter dem Titel ›Erziehung zum Ungehorsam‹ vom NDR am 1. Dezember 1969 ausgestrahlt wird. Etwa 200 Anrufe und 700 Zuschriften erreichen den Sender in den Tagen danach. Die überwiegende Mehrheit äußert sich ablehnend und mit Ausdrücken der Empörung, des Ekels und Abscheus. Die Rede ist u. a. von »entmenschter APO-Pest«; man bezweifelt, »ob diese Aufnahmen wirklich aus Deutschland stammen oder aus irgendwelchen ›Ecken‹ der unter-unter-entwickelten Länder, oder nur gestellt. Das kann es einfach ›hier‹ nicht geben. In solchen Dreckstellen müssen doch Seuchen ausbrechen …«; »Armes Deutschland, wohin gehst du. Diese Sendung mit Ihrer[!] Perversität steht unter dem menschlichen Niveau und würden die ›Schwarzen‹ sich schämen, so etwas zu tun … Das sind doch keine Menschen mehr und der Name ›Tier‹ ist noch viel zu schade für diese Horde.« (Seite 114)

In den Anhang seines »Buchs zum Film« hat Bott neben dem Filmmanuskript eine typische Auswahl aus der Zuschauerpost und den Presseberichten sowie eine kleine Bibliographie zum Thema »Vorschulerziehung« aufgenommen. Im Hauptteil stellen sich drei der gezeigten Projekte ausführlich vor: der Kinderladen der »Aktion Vorschulerziehung« in Stuttgart, die Kinderschule in Frankfurt am Main und der Sozialistische Kinderladen Berlin-Kreuzberg.

Das Konzept einer sozialistischen, proletarischen Erziehung verlangt die Arbeit mit Kindern und Jugendlichen an sozialen Brennpunkten, in Arbeitervierteln. Neben Kinderläden, in denen fast ausschließlich Kinder im Vorschulalter betreut werden, entstehen nun auch Schülerläden und eigene Gruppen z. B. für Mädchen oder Lehrlinge.

9 Schülerladen Rote Freiheit

in Berlin-Kreuzberg, Oranienplatz
Photographie von Klaus Mehner. 6. April 1970

200 Schülerladen Rote Freiheit (28.9) *Im Frühjahr 1969 eröffnet eine Gruppe von Studenten und Studentinnen des Psychologischen Instituts an der Freien Universität Berlin im Rahmen eines Projektstudiums einen Schülerladen in Kreuzberg.*

... wir wollten unsere im Studium erworbenen und noch zu erarbeitenden Kenntnisse und Fähigkeiten im Kampf der Arbeiterklasse gegen die Repression der Sozialisationsinstanzen der bürgerlichen Gesellschaft einsetzen. Genauer, wir sahen die Notwendigkeit, für den Kampf in Erziehungs- und Jugendheimen, Schulen, Kindergärten, Horten, im Konfirmandenunterricht, auf der Straße, in den Familien usw. Arbeiterkinder zu politisieren und sie politisch-organisatorisch zu unterstützen. *(Sozialistische Projektarbeit im Berliner Schülerladen Rote Freiheit. Frankfurt am Main: Fischer Taschenbuch Verlag 1971. Seite 40)*

Im Durchschnitt wird der Schülerladen von zwölf Kindern zwischen 9 und 14 Jahren besucht, die fast alle mit ihren Familien in Obdachlosenasylen wohnen. Trotz hohem persönlichen Einsatz scheitert das Projekt an der Unerfahrenheit und Konzeptionslosigkeit der studentischen Gruppe. Angesichts der enormen Schwierigkeiten schließen die BetreuerInnen bereits im Februar 1970 den Laden, um zunächst ihre Erfahrungen aufzuarbeiten und später möglicherweise mit einem neuen tragfähigeren Ansatz nochmals zu beginnen. Von Anfang an führen die TeilnehmerInnen am Projekt fast täglich über ihre Arbeit Protokoll. Drei Wochen nach der Schließung des Schülerladens wird ein Teil der Papiere im Psychologischen Institut der FU entwendet und Presse, Fernsehen und einzelnen Abgeordneten zugespielt. Eine Hetzkampagne bricht los, an der sich vor allem die »Notgemeinschaft für eine freie Universität« und der Berliner »Demokratische Klub«, eine dezidierte Gegengründung zum linken »Republikanischen Club«, beteiligen. Während sie vordergründig die Arbeit der Projektgruppe angreifen, geht es ihnen in Wahrheit darum, das neue Universitätsgesetz zu diskreditieren und zu Fall zu bringen. Unter der Überschrift ›Berliner Rotlicht-Bestrahlung. Die Kinderladen-Affaire an der »Freien Universität« zeigt eine neue Linksstrategie‹ schreibt Klaus Ritter im ›Rheinischen Merkur‹:

Die gescheiterte »kritische« Anti-Universität hat zu einem guten Teil die Universität erobert und probt deren Umfunktionierung als Kampfmittel gegen den demokratischen Staat. Das Grundrecht der Forschungsfreiheit wird als Waffe gegen den Rechtsstaat umgeschmiedet. Diese Strategie ist nicht auf West-Berlin begrenzt. Die FU ist nur ein Beispiel dafür, was die Universitäten der Bundesrepublik erwartet, wenn [sie] linksradikalen Ideologen das Feld überlassen. *(Nr 16 vom 17. April 1970)*

10 Bo Dan Andersen, Søren Hansen, Jesper Jensen: Das kleine rote schülerbuch

Deutsche Bearbeitung: Peter Jacobi und Lutz Maier

Aus dem Dänischen übertragen von Peter Jacobi und Lutz Maier nach der dritten Auflage von 1969

2. Auflage

Frankfurt am Main: Verlag Neue Kritik 1970

In der Bundesrepublik Deutschland wird das von einem Psychologen und zwei Lehrern verfaßte und in Format und Einbandfarbe der »Mao-Bibel« angeglichene Buch unter SchülerInnen und LehrerInnen ein Bestseller. Es ruft hier aber insgesamt eher moderate Reaktionen hervor.

(Das Büchlein) stellt ... allen Erziehern und Lehrern eine Unzahl echter Fragen, deren Beantwortung nicht immer sonderlich bequem ist. Für kommende Lehrkräfte sollte der Titel in Großauflage gedruckt und zur freundlich verbindlichen Pflichtlektüre gemacht werden. ... Was auf den Seiten 81 bis 107 über »Sex« und »Rauschgift« geschrieben steht, gehört zum Vernünftigsten, was ich in Jahren gelesen habe. *(Heino Plathe in: Bulletin Jugend & Literatur. Weinheim, Berlin, Basel. Jg 1971, Heft 1, Seite 28)*

Anders dagegen in Österreich und in der Schweiz: dort lösen die Seiten, auf denen die Stichworte zu den Themen Sexualität und Drogen behandelt werden, heftige Diskussionen aus.

11 Rudolf Neumann: Eltern, verbrennt dieses Buch!

Maoistische rote Schülerfibel tarnt sich mit Sex und Aufklärung

Ausschnitt aus: Express. Wien. 26. September 1970, Seite 3

Leihgabe: Verlag Neue Kritik, Frankfurt am Main

Rudolf Neumann fragt sich in seiner Besprechung im Wiener ›Express‹, wo die Grenzen der Toleranz auch in einer Demokratie enden müssen:

Eltern, verbrennt dieses Buch!
Maoistische rote Schülerfibel tarnt sich mit Sex und Aufklärung
Das kleine rote Schülerbuch
verlag neue kritik

201 Schlagzeile (28.11)

Zweifellos dort, wo man bei einem Anlaß wie dem gegebenen, den Eltern raten muß: Durchsucht die Taschen Eurer Kinder, findet Ihr ein kleines rotes Büchlein, nämlich ›Das kleine rote schülerbuch‹, dann verbrennt es. Denn dieser Minischmöker, seit kurzem auch in Österreichs Buchhandlungen erhältlich (Gesamtauflage schon mehr als 100.000) ist Gift für Eure Kinder – Gift kommunistischer Provenienz. ... Schmutzige Hände haben ›Das kleine rote schülerbuch‹ geschrieben und herausgegeben. Wer es in seine reinen Hände bekommt, verbrennt es.

Wenig später verbietet das Bundesministerium für Inneres der Republik Österreich Verkauf und Weitergabe dieses »Druckwerks« an unter Sechzehnjährige nicht nur wegen seiner »zersetzenden, jedwede Ordnung untergrabenden allgemeinen Tendenz«, sondern vor allem, weil

diese Textstellen geeignet sind, die sexuelle Phantasie und Begierde jugendlicher Personen unter 16 Jahren übermäßig zu erregen und zu vorzeitiger, exzessiver sexueller Betätigung zu verleiten, wodurch der geordnete Ablauf des sittlichen, geistigen und körperlichen Reifungsprozesses gestört erscheint. *(Bescheid vom 19. Oktober 1970. Typoskript, 2 Blatt. Kopie im Besitz des Verlags Neue Kritik, Frankfurt am Main)*

In der Deutschschweiz wird das Buch mit ähnlichen Begründungen mit einem Einfuhrverbot belegt und mehrfach bei Zollkontrollen beschlagnahmt.

FÜNF FINGER
BASIS
GmbH
1 Berlin 15
Postfach
645
VERLAG

29 ›Fünf Finger sind eine Faust‹

Im Februar 1967 erscheint in den ›Bertelsmann-Briefen‹ ein Artikel von Professor Klaus Doderer (Jahrgang 1925), Gründer und langjähriger Leiter des Instituts für Jugendliteraturforschung an der Universität Frankfurt und ausgewiesener Kenner dieses Teilbereichs der Literatur, in dem er nicht nur ein wachsendes Interesse an Kinder- und Jugendbüchern feststellt, sondern auch allmähliche Veränderungen in deren Inhalt und Form konstatiert:

202 Auf der gegenüberliegenden Seite: Umschlag. Vorderseite (29.2)

Interessanterweise wächst in Deutschland ... in letzter Zeit in demselben Maße das Unbehagen an dem Begriff des »guten Jugendbuchs« und der Zweifel an der Daseinsberechtigung dieser Buchart, wie das Interesse an dem Lesegut unserer Kinder und Jugendlichen offensichtlich zunimmt. ... Wenn mich aber nicht alles täuscht, dann lassen sich in neueren Jugendbüchern Beispiele für die Feststellung finden, daß in der deutschsprachigen Jugendliteratur nach 1945 eine Entsentimentalisierung, eine Abkehr von Pathos und Gefühlsseligkeit und eine Hinwendung zu vernünftiger intellektueller Durchdringung des Daseins und zu kritischer Lebensführung spürbar, ja erkennbar ist. *(1967, Heft 49, Seite 28 f.)*

Er nennt dafür zwei Strömungen, nämlich die des aus Skandinavien kommenden »phantastischen ... Stils und die mit zeitgeschichtlicher Thematik im Stil eines kritischen Realismus«. Zu einer langsamen Weiterentwicklung und Herausbildung dieser neuen Richtungen bleibt keine Zeit. Ausgelöst und beschleunigt durch die innerhalb der Kinderladenbewegung geführten Diskussionen zur Theorie der antiautoritären Erziehung und deren Umsetzung in die Praxis, beginnt von 1970 an eine so stürmische und tiefgreifende Veränderung im Bereich der Kinderliteratur, des Kinderlieds und des Kindertheaters, daß man heute im Rückblick auf die Jahre 1970 bis 1973 von einer einschneidenden Zäsur in der Kinderkultur spricht. Sie läßt sich exemplarisch ablesen an einer Neufassung des deutschen Bilderbuch-Klassikers, dem ›Struwwelpeter‹ von Heinrich Hoffmann.

1 Friedrich Karl Waechter: Der Anti-Struwwelpeter

Text und Illustrationen von Friedrich Karl Waechter
Frankfurt am Main: Melzer 1970

203 Einband
204 Einband (29.1)

Seit seinem Erscheinen 1845 wird das Bilderbuch des Frankfurter Arztes Heinrich Hoffmann (1809–1894) von Parodien, Persiflagen, Um- und Nachdichtungen begleitet. Auch die Achtundsechziger funktionieren es für ihre Zwecke um. 1969 erscheint im Verlag Rütten & Loening München ›Der Struwwelpeter neu frisiert‹ der Kabarettisten Eckart und Rainer Hachfeld. Das Titelbild zeigt den Kommunarden Rainer Langhans als Struwwelpeter; in den einzelnen Geschichten wird vor allem die Politik der Großen Koalition persifliert. Entsprechend lautet der Eröffnungsvers auf dem Vorsatzblatt:

Wenn die Bürger artig sind,/freut sich Bonn und das Christkind./Wenn sie bei den Bundeswahlen/brav ihr schwarzes

Kreuzchen malen,/wenn sie, ohne aufzumucken,/jeden Morgen BILD begucken,/wenn sie frohe Mienen zeigen,/weil die Aktien weiter steigen,/wirkt auf sie als rotes Tuch/dieses schöne Bilderbuch.

Heinrich Hoffmann hatte dagegen gereimt:

Wenn die Kinder artig sind,/kommt zu ihnen das Christkind./ Wenn sie ihre Suppe essen/und das Brot auch nicht vergessen,/wenn sie, ohne Lärm zu machen,/still sind bei den Siebensachen,/beim Spaziergehn auf den Gassen/von Mama sich führen lassen,/bringt es ihnen Guts genug/und ein schönes Bilderbuch.

Hier lautet der Tenor »Geschenke gegen Wohlverhalten«, und in den Moritaten seines Buches zeigt Hoffmann dann drastisch die schrecklichen, aber gerechten Strafen, die Verstöße gegen Ordnung, Sauberkeit, Disziplin und Folgsamkeit nach sich ziehen.

Friedrich Karl Waechter (Jahrgang 1937), seit 1962 Chefgraphiker der satirischen Zeitschrift ›Pardon‹ und Ende der sechziger Jahre selbst in der Kinderladenbewegung engagiert, wünscht sich bei Kindern ganz andere Eigenschaften und entsprechend fallen bei ihm die Eingangsverse aus:

Wenn die Kinder artig sind,/kommt zu ihnen das Christkind;/ wenn sie alles in sich fressen/Spiel' und Späße fast vergessen,/ wenn sie, ohne Lärm zu machen,/still sind bei den Siebensachen,/beim Spaziergehn auf den Gassen/stur und brav sich führen lassen,/dann passiert es nur zu leicht,/daß der Unsinn niemals weicht:/70 Jahre und noch länger/sind sie bange und noch bänger/vor Polente, Nachbarsfrau/Gottes Thron und Kohlenklau./Von den hochgestellten Leuten/lassen sie sich willig beuten./Darum sei nicht fromm und brav/wie ein angepflocktes Schaf,/sondern wie die klugen Kinder/froh und frei. Das ist gesünder.

Waechter geht mit seiner Vorlage sehr frei um – er läßt Episoden weg, erfindet ganz neue hinzu oder zieht zwei in eine zusammen – aber auch seine Geschichten sind Handlungsanweisungen für richtiges Verhalten, die allerdings ganz anders ausfallen als bei Hoffmann. Ein gutes Beispiel dafür ist die ›Geschichte von den Daumenlutschern‹. Konrad frönt nicht mehr alleine und mit schlechtem Gewissen dem verbotenen Daumenlutschen, sondern er lädt, kaum hat die »Frau Mama« den Rücken gekehrt, alle seine Freunde und Freundinnen zu einem gemeinsamen lustvollen Daumenlutschen ein.

Waechters Parodie, sein Spiel mit dem Original, war natürlich vor allem ein Buch für Erwachsene. Mit der Art, wie er freie und frohe Kinder erziehen will, hätte er in den bestehenden staatlichen und konfessionellen Kindergärten so wenig Chancen gehabt wie in solchen Kinderläden, die sich gerade anschickten, von der bloß antiautoritären zur sozialistischen, ja proletarischen Erziehung überzugehen. Für die immer zahlreicher werdenden privat betreuten Kindergruppen, die weder politisch noch weltanschaulich ausgerichtet sind, sondern einfach A. S. Neills Parole folgen wollen, »glückliche Kinder zu glücklichen Erwachsenen« zu erziehen, ist es jedoch das ideale Bilderbuch. Und so ist es vielleicht kein Zufall, daß die von Neill den Kindern von Summerhill erzählte Geschichte ›Die grüne Wolke‹ 1971 im Rowohlt Verlag mit Illustrationen von Waechter erscheint.

In den politisch arbeitenden Kinderläden wird ein anderes Buch zum Klassiker und Longseller:

2 Fünf Finger sind eine Faust

Illustrationen: Brigitte Wengoborski
2., geänderte Auflage
Berlin: Basis Verlag [1970]

Während die fünf Finger der roten Hand sich andauernd streiten, wer von ihnen der schönste und wichtigste sei, halten die Finger der grünen Hand zusammen. Sie bilden eine Bande, die den jeweils einzeln auftretenden roten Fingern immer empfindliche Niederlagen bereitet. Als der kleine rote Finger in einer Schlägerei

fast sein Leben lassen muß, besinnen sich die anderen vier Roten und beim nächsten Ansturm der grünen Finger bilden sie gemeinsam eine Faust, die von diesen nicht geknackt werden kann.
Diese Parabel über Solidarität ist eines der ersten Bücher des mit durchaus symbolischer Absicht am 1. Mai 1970 gegründeten Basis Verlags. Nach dem ersten Jahr seines Bestehens schreibt das Verlagskollektiv in einer Selbstdarstellung:

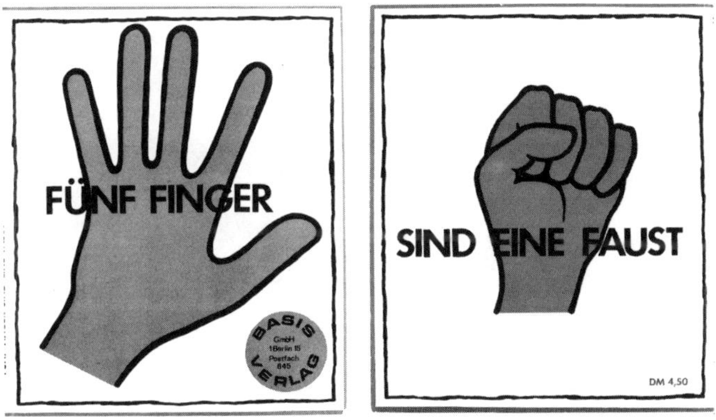

205/206
Umschlag. Vorder- und Rückseite
(29.2)

Der »Basis Verlag« ist entstanden aus den Erfahrungen, die zwei seiner Mitglieder mit ihrer Arbeit in einem West-Berliner Kinderladen gemacht haben. ... Der Verlag gab sich folgendes Programm: Schaffung einer realitätsbezogenen Kinderliteratur, die geeignet ist, eine entsprechende sozialistische Erziehung zu unterstützen. ... Die Bücher wurden kollektiv erarbeitet. In der Praxis sah das so aus, daß ein individuell erarbeiteter Entwurf bei den Redaktionssitzungen durchdiskutiert wurde, um dann vom ursprünglichen Autor oder einem anderen Mitglied des Kollektivs überarbeitet zu werden. Diese Fassung endlich wurde mit Kindern aus einem Kinderladen gemeinsam gelesen, um nach einer durch die Reaktionen der Kinder eventuell notwendig gewordenen Überarbeitung an einer gemieteten A4 Offsetmaschine kollektiv gedruckt zu werden. *(In: Bulletin Jugend & Literatur. Weinheim, Berlin, Basel. 1971, Heft 1, Seite 37)*

Für die praktische Arbeit in den Kinderläden suchen Eltern und BetreuerInnen auf dem gängigen Kinderbuchmarkt vergeblich nach geeigneten Bilderbüchern und Geschichten zum Vorlesen. Aus dieser Mangelsituation heraus bilden sich vor allem in Berlin schon 1969 kleine Kollektive, die eigene Geschichten erfinden, illustrieren und drucken. Da in den Kinderläden vor allem Vorschulkinder betreut werden, handelt es sich zunächst vorwiegend um Bilderbücher. Im allgemeinen zerfielen diese Gruppen, wenn sie ein paar Hefte herausgebracht hatten, schnell wieder. Nur das Basis-Kollektiv wagt eine Verlagsgründung.

207 Motiv aus dem Verlagsprospekt (29.3)

3 bücher aus dem basis verlag berlin

Berlin [1972]
Verlagsprospekt

Dem Basis Verlag gelingt es, mit seinem Programm, das nach drei Jahren etwa 15 Titel umfaßt, auch außerhalb der linken Szene auf Interesse zu stoßen. Dazu trägt nicht zuletzt eine Ausweitung seines Titelangebots auf andere Altersgruppen bei. Dem Verlagsprospekt läßt sich entnehmen, daß zwar nach wie vor die neuen, für Kinder im Vorschulalter gedachten Bücher den Programm-Schwerpunkt bilden, daß aber Titel für ältere Kinder und Jugendliche sowie für bestimmte Zielgruppen, z. B. für Lehrlinge, dazugekommen sind. Originalausgaben überwiegen, werden aber durch Übersetzungen und Raubdrucke vergessener sozialistischer Kinderbücher ergänzt, z. B. Alex Weddings ›Ede und Unku‹ (erstmals 1931 im Malik Verlag gedruckt).

Während man auf der Suche nach historischen Vorbildern und Modellen im Bereich der Erziehungstheorie reiche Entdeckungen machte, bleiben Recherchen nach geeigneten Kinder- und Jugendbüchern nahezu ohne Ergebnis. Selbst die 140 Seiten umfassende Bibliographie ›Erziehung zum Klassenkampf‹ (Berlin 1969. Anleitung für eine revolutionäre Erziehung. Nr 3) führt in der Rubrik ›Sozialistische Kinderbücher‹ nur ganz wenige auf, die für Kinder gedacht sind, z. B. die Märchen der österreichischen Autorin und Übersetzerin Hermynia zur Mühlen (1883–1951). Einige davon erscheinen, teilweise bearbeitet, in unterschiedlichen Raubdruck-Ausgaben.

4 Hermynia zur Mühlen: Die rote Fahne. Die Brillen

Bearbeitet nach Märchen von Hermynia zur Mühlen
Illustrationen: Brigitte Wengoborski
Berlin: Oberbaumverlag 1971
(Das Rote Kinderbuch. 2. Revolutionäre Märchen. 1)
Leihgabe: Brigitte Raitz

In der Ausgabe des Oberbaumverlags schreibt das Redaktionskollektiv im Nachwort:

Als eine besondere Art dieser Literatur [die vom Standpunkt des Proletariats ausging] sind die Märchen von Hermynia zur Mühlen konzipiert und in der Arbeit der kommunistischen Kindergruppen gezielt eingesetzt worden. In den Märchen wird einmal versucht, wesentliche Widersprüche der kapitalistischen Gesellschaft sinnlich – und durch die Märchensituation verfremdet – darzustellen. Zum anderen werden gesellschaftsverändernde revolutionäre Handlungen und Symbole der kommunistischen Bewegung positiv bewertet. Hermynia zur Mühlen ging dabei von Erscheinungsformen des Kapitalismus in der Zeit der Weimarer Republik aus und knüpfte an die Bewußtseinsstrukturen der bürgerlich-ideologisch beeinflußten Kinder an. In der vorliegenden Ausgabe wurden Passagen, die sich an den Erscheinungsformen des Kapitalismus vor 1933 orientierten, überarbeitet.

Die beiden Märchen dieses Bandes setzen auf ganz verschiedenen Problemebenen an. Während das Märchen ›Die Brillen‹ zeigt, wie die herrschende Klasse durch ideologische Beeinflussung die Arbeiterklasse niederhält, werden in ›Die Rote Fahne‹ notwendige Bestandteile des revolutionären Kampfes wie proletarischer Internationalismus und Solidarität der Arbeiter, sowie ein Symbol des Kampfes selbst aus der Handlung entwickelt. ... Diese Märchen haben nichts von ihrer Aktualität verloren: sie dienen dem Kampf gegen bürgerliche Erziehung und bürgerliche Ideologie. *(Seite 45f.)*

Die Verlage Basis und Oberbaum kommen unmittelbar aus der Studentenbewegung, andere Neugründungen in diesem Bereich verdanken ihr entscheidende Anregungen. Dazu gehört neben dem Anrich Verlag, der mit seinem ersten Titel, ›Die grünen und die grauen Felder‹ von Ursula Wölfel (1970), einen entscheidenden Anstoß zur realistischen Darstellung vom Kinderalltag in der Bundesrepublik gibt, der Weismann Verlag in München.

5 Weismann geht durch Marx und Pfennig

Werbeplakat des Weismann Verlags München. 1971

Nach mehr als zweijähriger Vorbereitung gründet am 1. Januar 1970 eine Gruppe von AutorInnen und BuchhändlerInnen in München den Weismann Verlag. Unter dem Motto »Zum Teufel mit dem guten Jugendbuch« wird hier von Anfang an ein Programm für ältere Kinder und Jugendliche entworfen. Wie im Basis Verlag werden die anfallenden Verlagsgeschäfte kollektiv erledigt, Manuskripte erhofft man sich aber von Autoren, die bereits einen Namen haben. In einem Brief an Mitbegründer Hannes Schwenger schlägt Peter Weismann am 28. Februar 1968 etwa fünfzig deutschsprachige Schriftsteller und Schriftstellerinnen vor, bei denen man anfragen könne, ob sie bereit seien, ein Jugendbuch zu schreiben. Bei einigen wird in Klammern schon ein bestimmtes

Thema angeführt, das man ihnen vorschlagen will, so z. B. »Vietnam« bei Erich Fried und Martin Walser, »Arbeitsplatz« bei Günter Wallraff, »Drittes Reich« bei Wolfgang Koeppen, »Antifaschismus/Antisemitismus« bei Paul Schallück und Wolfgang Schnurre. Die Autoren erhalten einen individuell jeweils etwas abgewandelten Standardbrief, in dem ihnen der geplante neue Weismann Verlag vorgestellt wird. Erinnert wird darin auch an die Tradition, an die dieser Verlag anknüpfen möchte. Willi Weismann (1909–1983) hatte 1945 einen pazifistisch und antifaschistisch orientierten Verlag gegründet, in dem er u. a. Hans Henny Jahnn, Hermann Broch und Elias Canetti verlegte. 1954 stellte er die Produktion ein und gründete den Parabel Verlag, einen Kinder- und Jugendbuchverlag mit relativ fortschrittlichem Programm. Dessen »Infrastruktur« – Werbung, Vertrieb, Vertreternetz – steht dem neu gegründeten Weismann Verlag teilweise zur Verfügung.

Unser Plan, im Weismann Verlag eine engagierte, ja politische Jugendliteratur zu verlegen, wird Widerspruch und Ablehnung der Buchhändler, Schulen und auch der öffentlichen Stellen herausfordern. Er ist von vorneherein zum Scheitern verurteilt, wenn es nicht gelingt, wenigstens einige der bedeutenden Schriftsteller, die Rang und Namen in die Waagschale zu werfen haben, für diesen Plan zu gewinnen. Thematisch könnte man unsere Vorstellungen über das Programm etwa mit »Versäumte Lektionen« überschreiben, d. h. alle Themen, worüber die meisten Jugendlichen in Schule und Elternhaus wenig oder falsches erfahren. *(Willi Weismann an Heinar Kipphardt. 22. Juni 1968)*

Allen Briefen wird ein zweiseitiger Aufruf beigelegt, in dem nochmals eindringlich die Forderung nach einer »bewußt linksengagierten Jugendliteratur« erhoben wird, um »das falsche Bewußtsein unserer Gesellschaft zu durchbrechen, um den ›archimedischen Punkt‹ zu liefern für eine umfassendere Emanzipation.« Der letzte Abschnitt benennt mit Namen wie Maxim Gorki, Bertolt Brecht und Arkadi Gaidar Autoren, die auch für Kinder geschrieben haben, und endet mit der Aufforderung: »Jeder Dichter und Schriftsteller sollte versuchen, ein Jugendbuch zu schreiben.«

Das Ergebnis dieser Anfragen ist mehr als enttäuschend. Die meisten Autoren haben trotz Mahnung nicht einmal geantwortet. Wer antwortet, findet die Idee zwar prinzipiell gut, entschuldigt sich im allgemeinen aber mit anstehenden anderen Arbeiten. Peter Weiss zum Beispiel verweist auf sein gerade entstehendes Stück ›Trotzki im Exil‹, das ihn restlos in Anspruch nehme. So tauchen von den vielen Namen im späteren Verlagsprogramm nur Ernst Herhaus und Günter Wallraff auf. Zusammen mit einer Brecht-Anthologie erscheinen sie als die ersten Titel im Frühjahr 1970.

6 Ernst Herhaus: Kinderbuch für kommende Revolutionäre

Mit sechs Bildern von Gabriele Muschel
München: Weismann 1970

Während die Bände ›Herr Bertolt Brecht sagt‹, herausgegeben von Monika und Martin Sperr, illustriert von Guido Zingerl, und Günter Wallraffs ›Von einem der auszog und das Fürchten lernte‹, illustriert von Jürgen Holtfreter, im allgemeinen auf wohlwollende Kritiker stoßen – hier wußte man in etwa, was man zu erwarten hatte – fallen die Reaktionen auf Ernst Herhaus' Kinderbuch kontrovers aus. Auch im Verlagskollektiv ist dieser Titel umstritten:

Das ›Kinderbuch für kommende Revolutionäre‹ von Ernst Herhaus wurde in unserem Kollektiv in heftigem Für und Wider durchgebeutelt, bevor wir uns einigten, es trotz mancher Bedenken doch zu machen. Und gerade dieses Buch hat großes Interesse gefunden. Das Buch ist einseitig, schwierig und ungeordnet. Es ist mehr Bestandsaufnahme eines engagierten, kritischen Bürgers als Nutzanweisung für kommende Revolutionäre. Viele behaupten, es wäre ein Buch nur für Erwachsene. Das stimmt nicht! Es ist ein Buch für junge Leser. Denn es ist ein lustiges Buch, verunsichert etablierte Gemüter und verrät manches von den Tricks der Erwachsenen. *(In: Bulletin Jugend & Literatur. Weinheim, Berlin, Basel. 1971, Heft 2, Seite 35)*

208 Einband (29.6)

209 ›Herr Bertolt Brecht sagt‹. Herausgegeben von Martin und Monika Sperr. München: Weismann 1970 Einband von Guido Zingerl

Am ausführlichsten setzt sich der vehemente Kritiker der überkommenen Kinderliteratur Otto F. Gmelin mit dem Buch auseinander:

In lockerer Anordnung erzählt es die Geschichte der Poppie Höllenarsch, die nacheinander Dienstmädchen, Prostituierte, Frau eines Kapitalisten, schließlich Erbtante wird. Dann das häusliche Leben der beiden Brüder Komik und Erzähler; dieser Erzählstrang mit seinen belehrenden Dialogen durchzieht das Ganze als roter Faden. Im ersten Teil des Buches wird der Besuch in einem antiautoritären Kinderladen geschildert, in dem ein vorlauter Knabe namens Nervengift auftritt. Wäre er die erzählende Hauptfigur (bei ihm gemäßen Texten), so wäre der Titel ›Kinderbuch‹ vielleicht gerechtfertigt. So aber bleibt der Erzähler im diffusen Hintergrund des Räsonnements darüber, was vielleicht not täte. Es wird wohl geschrieben, daß *gehandelt*, die Welt *tätig* verändert werden müsse. Der Erzähler indes bewegt sich nicht. Eher macht er sich über links und rechts gleichermaßen lustig, und sicher ist man ohne hohe Elternintelligenz einigermaßen irritiert, was nun sein soll. *(Otto F. Gmelin: Böses kommt aus Kinderbüchern. München: Kindler 1972. Seite 119)*

Trotz kritischer Einwände meint Gmelin:

Indes: Beim Mangel an Literatur und Texten überhaupt ist das Buch brauchbar, um in den Kindern antiautoritäres, antikapitalistisches Denken in Gang zu bringen. Ergänzt durch andere, mag es seine Wirkung haben – wenn man über das Gelesene redet, alles nicht so genau nimmt, die einzelnen Parabeln weiterspinnt, neue Bücher daraus macht und kollektiv fordert, was der Autor zu tun hätte, dies ihm rückmeldend! *(Seite 122)*

Obwohl der Weismann Verlag im Vergleich mit dem Basis-Kollektiv die besseren Startchancen gehabt hat, muß er bereits 1973 aufgeben. Er wird vom Verlag Werner Raith übernommen, unter dessen Dach er zunehmend an Profil verliert. Peter Weismann betreibt ab 1975 die Rück-Übernahme. In einem undatierten Brief an die »Liebe[n] Freunde und Genossen« bittet er um Darlehen und kündigt zum Jahresende eine Fusion mit dem Basis Verlag an, die aber nicht zustandekommt. Von 1976 an arbeitet der Verlag wieder selbständig unter Peter Weismann in München; angeschlossen ist der neu gegründete »Frauenbuchverlag« von Antje Kunstmann, die in den Jahren davor bei Raith eine Reihe ›Materialien zur Frauenemanzipation‹ herausgegeben hat. 1990 wird dann der Weismann Verlag von ihr übernommen.

Ähnlich wie bei der »Frauenliteratur« entdecken etablierte Verlage nun die Erfolgschancen einer neuen emanzipatorischen Literatur für Kinder. So startet der Verlag Julius Beltz unter Leitung von Hans-Joachim Gelberg (Jahrgang 1930) ein eigenes Kinder- und Jugendliteraturprogramm. Bei Rowohlt gründet Uwe Wandrey (Jahrgang 1939) 1972 mit ›rororo rotfuchs‹ eine Taschenbuchreihe für Kinder und Jugendliche. In einem Interview äußert sich der Herausgeber 1978 über die Konzeption der Rotfuchs-Reihe. Besonders wichtig ist ihm die »Aufklärung über die Umwelt, über das gesellschaftliche Umfeld, in dem Kinder heute und hier le-

ben«. Den Kindern sollen »Orientierungs- und Entscheidungshilfen mit auf den Weg« gegeben werden, notwendig für sie sei aber auch »unterhaltende Literatur, phantasiefördernde oder auch flüchtende Literatur«, damit neue »Kräfte gesammelt werden können«. (In: Börsenblatt des Deutschen Buchhandels. Frankfurt am Main. Jg 34, 1978, Nr 46, Seite 1134–1139)

210 Kinderbuchladen Kreuzberg (29.7)

7 Kinderbuchladen Kreuzberg

Photographie von Brigitte Hellgoth. Berlin, Oktober 1978
Leihgabe: Brigitte Hellgoth

Am 28. Januar 1976 eröffnen drei Frauen in Berlin-Kreuzberg den ersten Kinderbuchladen.

Zwei Jahre später legen sie eine Bücherliste vor. Die darin getroffene Auswahl an Titeln begründen sie in ihrem Vorwort:

Unsere Kriterien zur Beurteilung von Kinderbüchern sind grob gesagt etwa die: Wir halten Kinderbücher für wichtig und unterstützenswert, die es den Kindern ermöglichen, sich mit der sie umgebenden Welt auseinanderzusetzen und sie als kritisier- und veränderbar zu erfahren; Sensiblität für sich und für andere zu entwickeln; Geschichte nicht als einen von oben angeordneten, von Fürsten und Königen ausgerichteten, sondern als einen von Menschen bestimmten und bestimmbaren Prozeß kennenzulernen; offen zu sein für verschiedene Lebensformen und nicht unbedingt die eigenen Erfahrungen absolut zu setzen. Dieser Katalog ist sicher nicht vollständig. Er orientiert sich letztlich an allgemeinen emanzipatorischen Erziehungszielen. Wichtig ist dabei, neben aller kritischen Würdigung der Inhalte, auch die Bedürfnisse der Kinder nach Spaß, Lust, Witz, Phantasie und Spannung zu berücksichtigen. Kritikfähigkeit ohne Phantasie, Veränderung ohne Lust sind undenkbar. Andersherum gesagt: Wir lehnen Kinderbücher ab, die Kinder künstlich kleinhalten; die sie in eine Welt von Wichten und Hexen und Blümlein verbannen und ihnen den Zugang zur wirklichen Welt versperren; die Kinder ängstlich von Konflikten fernhalten und sie wacker an den heiligen Kühen Ordnung, Sauberkeit, Gehorsam festhalten lassen. *(Zwei Jahre Arbeit mit Kinder- und Jugendbüchern. Mit Bücherliste. Hrsg.: Kinderbuchladen Kreuzberg. Berlin 1978. Seite 7)*

In der seit Mitte 1969 verstärkt einsetzenden Arbeit mit proletarischen Kindern und Jugendlichen wird das Theater- und Rollenspiel ganz bewußt zur Darstellung unbewältigter Eindrücke und Erlebnisse eingesetzt. Auch in diesem Bereich der Kinderkultur sind die Theoretiker des »Zentralrats der sozialistischen Kinderläden« auf Spurensuche nach verschütteten Ansätzen und Modellen gegangen. Sie entdeckten Berichte über die in der Sowjetunion von 1920 an in vielen Städten eingerichteten festen Kindertheater und die von Edwin Hoernle beschriebene Arbeit in den kommunisti-

schen Kindergruppen in der Zeit der Weimarer Republik. Viel diskutiert werden die Erinnerungen der lettischen Schauspielerin und Regisseurin Asja Lacis (1891–1979) an das Kindertheater in Orel und das ›Programm eines proletarischen Kindertheaters‹ von Walter Benjamin, dem die Berichte von Asja Lacis zugrunde liegen. Beide Texte werden in Heft 2 der Zentralratsbroschüren veröffentlicht *(s. Seite 544 f.)*.

Die wirklichen Veränderungen im Kindertheater der Bundesrepublik Deutschland, das bis Ende der sechziger Jahre eigentlich nur aus den alljährlich auf den Spielplan gesetzten »Weihnachtsmärchen« bestand, gehen vom GRIPS Theater aus. Seine Vorgeschichte beginnt 1965 mit der Etablierung des sich als linksradikal verstehenden »Reichskabaretts« in Berlin, das sich schon ab 1966 ein ständig spielendes Kindertheater leistet. Das Repertoire hält zunächst fest an märchenhaften Stoffen – man spielt ›Der Teufel mit den drei goldenen Haaren‹, ›Reineke Fuchs‹ oder ›Kaspar und der Löwe Poldi‹ – aber mit kabarettistischen und musicalhaften Einlagen:

Dieses Kindertheater war aus purer Lust am Theaterspielen entstanden, naiv, autodidaktisch, pädagogisch unbeleckt, theoriefern. Die Nähe zum Kabarett machte es kurzweiliger, vielleicht auch perfekter als bisher auf diesem allseits verkommenen Sektor gewohnt. Doch der Inhalt war wenig mehr als Anlaß, sich vergnüglich zu produzieren.

(Volker Ludwig: Kleine Chronik des GRIPS Theaters. In: Das GRIPS Theater. Hrsg. von Wolfgang Kolneder, Volker Ludwig und Klaus Wagenbach. 2., aktualisierte und wesentlich erweiterte Auflage. Berlin: Wagenbach 1983. Seite 10–37, hier: Seite 11)

Theater für Kinder

im Reichskabarett Tel. 881 08 17

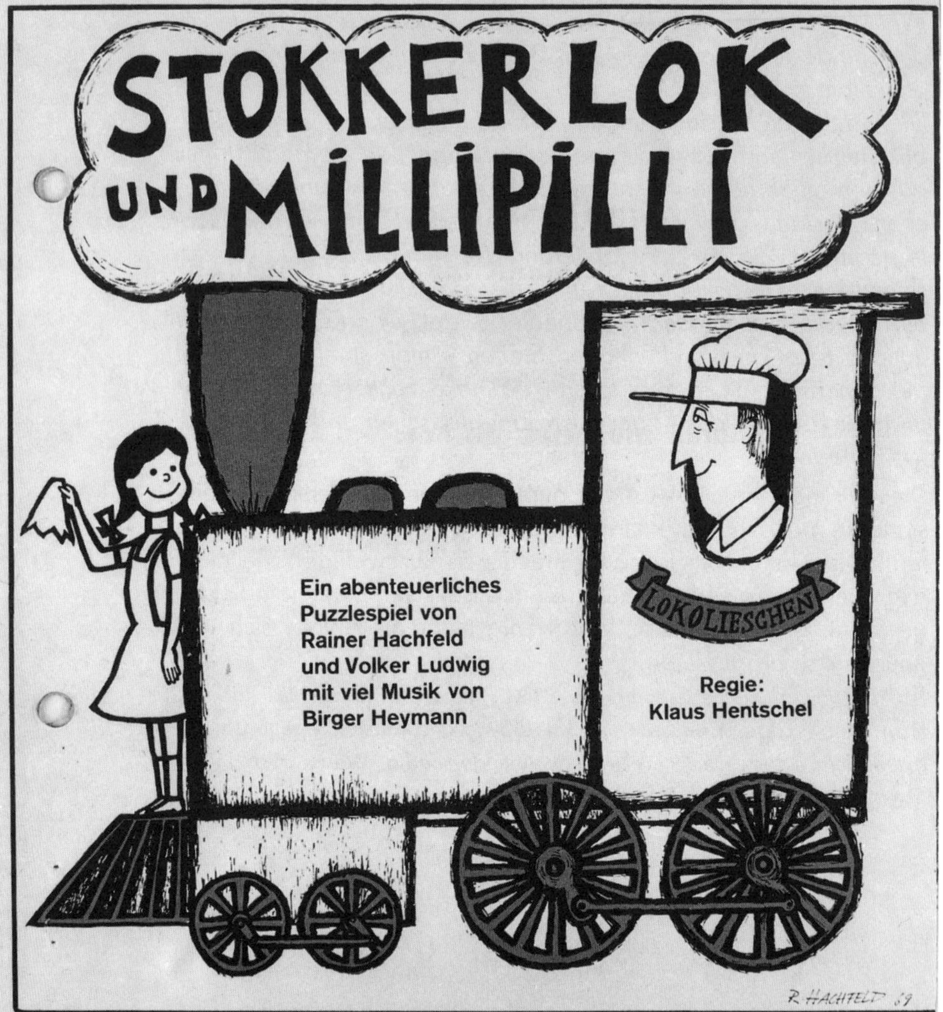

Im Reichskabarett
Berlin-Wilmersdorf
Ludwigkirchstr. 6
Telefon: 881 08 17

Freitags, samstags, sonntags
Beginn 16 Uhr
Vorverkauf an allen Kassen
und im Theater ab 11 Uhr

Es spielen:
Irene Jarosch
Barbara Maasch
Klaus Hentschel
Dieter Kursawe
Theodor Puechel
Knut Reschke
Wolfgang Wiehe

am Piano: Jan T. Berger
Bühnenbild und Kostüme
Hachfeld & Schmollack

8 Rainer Hachfeld und Volker Ludwig: STOKKERLOK UND MILLIPILLI

Programmheft für eine Inszenierung von Klaus Hentschel am Theater für Kinder im Reichskabarett. Berlin 1969

Leihgabe: GRIPS Theater, Berlin

1969 kommt es zum Bruch zwischen dem Reichskabarett und seiner Kindertheatertruppe.

In vier Wochen entsteht ein neues Stück, Mitte Mai 1969 ist Premiere. Mit ihr beginnt eigentlich erst die Geschichte von GRIPS. Kindertheater ist von nun ab wie das Kabarett ein Mittel, auf gesellschaftliche Zustände einzuwirken. Das Stück heißt ›Stokkerlok und Millipilli‹; es hat zwar noch die Form des Stationenmärchens, wird aber inhaltlich mit dem gefüllt, was wir für notwendig halten: Auseinandersetzung mit den Alltagsproblemen, die Kinder mit ihrer näheren Umwelt haben, Parteiergreifen für die Unterdrückten in einem besonders kinderfeindlichen Land. Dabei lassen wir weg, was uns nach den Erfahrungen der ersten Jahre nur für das erwachsene Premierenpublikum als relevant erscheint: Musical- und Balletthaftes, parodistische Gags, gefühlvolle Abendlieder. Und wir holen immer wieder Kinder auf die Probe. Für sie wird das Stück ein Volltreffer. Bei den Kritikern hagelt es dagegen erstmals Verrisse. *(Volker Ludwig: Kleine Chronik der GRIPS Theaters. a. a. O., Seite 11 f.)*

Für ›Stokkerlok und Millipilli‹ erhält das GRIPS Theater den Brüder-Grimm-Preis des Landes Berlin 1969. In seiner Laudatio stellt Robert Wolfgang Schnell (1916–1986) fest:

In dem abenteuerlichen Puzzlespiel ›Stokkerlok und Millipilli‹ wird das Anti-autoritäre nicht um des Prinzips und der modischen Strömung willen gezeigt, sondern entwickelt sich aus der vorgeführten Möglichkeit, endlich selber etwas machen zu können: die Lokomotive bauen.

211 Auf der gegenüberliegenden Seite: Programmheft (29.9)

Zur allgemeinen Situation des Kindertheaters führt er aus:

... die Kindertheater wurschteln sich mit kleinen Mitteln durch, die Schauspieler können für das anstrengende Spielen vor Kindern nur schlecht bezahlt werden. Unsere großen Bühnen haben sich um die Kinder nie gekümmert, hielten es wahrscheinlich in der Zeit, in der es in Berlin noch keine Kindertheater gab, für nicht weltstädtisch genug. Aber im Kindertheater wird der Theaterbesucher von morgen geboren. Wo sonst? *(In: Das GRIPS Buch. Theatergeschichten. Hrsg. von Wolfgang Kolneder und Stefan Fischer-Fels. Berlin: Edition Hentrich 1994. Seite 33)*

Für Volker Ludwig gehört ›Stokkerlok und Millipilli‹, zusammen mit den drei folgenden Stücken ›Maximilian Pfeiferling‹, ›Die Mugnog-Kinder‹ und ›Balle Malle Hupe und Artur‹, zu den »vornehmlich antiautoritären«. Durch Kontakte und Diskussionen mit dem »Kindertheater im Märkischen Viertel« ergeben sich nach 1971 für die GRIPS-Truppe andere Gewichtungen:

Trummi kaputt (November 1971) entsteht in der Absicht, Kindern gesellschaftliche Verhältnisse, die von ihnen erlebt und erlitten werden, durchschaubar zu machen: hauptsächlich das Verhalten der Eltern, die als Opfer gesellschaftlichen Drucks entsprechend bedrückend reagieren. Im Vordergrund steht nun nicht mehr das »Antiautoritäre«, die Steigerung des kindlichen Selbstwertgefühls allein, sondern Einsicht in die gesellschaftlichen Ursachen elterlichen Fehlverhaltens. Was die Kinder durchschauen, nimmt ihnen Angst, macht sie selbstbewußter, bringt ihnen die Eltern näher und macht sie gleichzeitig unabhängiger von deren Zuneigungsschwankungen. *(Volker Ludwig: Kleine Chronik des GRIPS Theaters. a. a. O., Seite 15f.)*

1971 hört das Reichskabarett auf. Erst von jetzt an nennt sich das Kindertheater »GRIPS Theater« und wird unter diesem Namen fast zum Synonym für das Neue Kindertheater, zu dem aber auch Gruppen wie die »Rote Grütze« (eine Abspaltung aus GRIPS!), »Birne«, »Hoffmann's Comic Teater« und das »Kindertheater im Märkischen Viertel« gehören.

In alle Stücke des GRIPS Theaters werden nach brechtscher Art Songs eingebaut, die die Handlung kommentieren und deren Refrains von den Kindern begeistert mitgesungen werden.
Viele dieser »Lieder zum Mitsingen« werden äußerst populär und gehören bald zum festen Repertoire einer neuen Art von Kinderliedern.

9 Der Baggerführer Willibald

Dieter Süverkrüp singt Kinderlieder
Titelgrafik: Dieter Süverkrüp
Dortmund: Verlag »pläne« [1970]
(Peng. 6)
Die Schallplatte enthält außerdem die Lieder ›Ein rotes Kleberlein‹, ›Der Mai ist gekommen‹ und ›Traktorlied‹.
Leihgabe: Brigitte Raitz

Bei Vorarbeiten für eine Schallplatten-Produktion mit Arbeiterliedern der zwanziger Jahre ist Dieter Süverkrüp (Jahrgang 1934) auch auf drei Kinderlieder gestoßen, und es entsteht der Plan, daraus eine Single für Kinder zu machen. Da drei Lieder zu wenig sind, schreibt er ein viertes, den ›Baggerführer Willibald‹. Die Geschichte hat er einige Monate zuvor für seinen Sohn erdacht, der davon überzeugt ist, daß der Baggerführer auch der Besitzer des Baggers sei, deshalb abends mit ihm nach Hause fahre und ihn über Nacht vor seiner Haustür parke.
In einem Telefongespräch im Januar 1998 erinnert sich Dieter Süverkrüp lachend: »Da haben wir dann im Kinderzimmer über die Besitzverhältnisse diskutiert.«
Wolfgang Breuer gibt auf der Rückseite der Plattenhülle Hinweise zur Absicht und für den Gebrauch dieser Lieder:

Über Kindererziehung wird wieder diskutiert. Daß die Pädagogik erneut in den Brennpunkt heißer Debatten rückt, beweist nicht zuletzt den Notstand auf diesem Gebiet. Fortschrittliche Pädagogen wurden jahrzehntelang verketzert; erst langsam mehren sich die

212 Plattenhülle (29.10)

Kräfte, deren Ziel es ist, nicht länger unkritische Untertanen heranzuziehen. Diese Kinderlieder verstehen sich als Beitrag zu dieser Bewegung. Sie sind weder Schlaf-, noch Gute-Nacht-Lieder. Sie wollen weder den Kindern etwas vorgaukeln, noch sie einlullen. Im Gegenteil: Sie wollen die Kinder wachhalten – für ihre Umwelt, deren wirtschaftliche und politische Strukturen immer mehr Unbehagen und Widerstand auslösen. ... ›Der Baggerführer Willibald‹ ... ist ein erster Versuch, ein realistisches, aktuelles Lied für Kinder zu schreiben. ... Aber diese Platte soll auch dazu anregen, daß weitere progressive und kritische Kinderlieder entstehen.

Dieter Süverkrüp ist dieser Aufforderung nicht nachgekommen. Begründer des neuen »progressiven und kritischen Kinderlieds« wird Friedrich Vahle (Jahrgang 1942).

10 Friedrich Vahle

Photographie. Zwischen 1970 und 1975
Leihgabe: Friedrich Vahle

Unter dem Pseudonym ›Fredrik‹ tritt Friedrich Vahle in den ersten Jahren gemeinsam mit Christiane [Knauf] auf. 1973 erscheint ihre erste Schallplatte ›Die Rübe‹. Friedrich Vahle, heute Professor für Deutschdidaktik, ist damals Student und SDS-Mitglied in Gießen. Er schreibt immer noch Lieder für Kinder. In einem Rückblick formuliert er 1987 die damaligen Zielvorstellungen:

In den Liedern versuchten wir, Handlungsmodelle als gereimte Vorlagen für zukünftige Praxis zu entwerfen. Progressive Zielvorstellungen, Denkanstöße, Handlungsimpulse, Emanzipation – alles mußte als vorgegebener Inhalt in den Liedern enthalten sein. Es waren Programm- und Zielvorstellungslieder, die jedoch von manchen der sich kulturrevolutionär gebärdenden SDS-Genossen sehr mißtrauisch betrachtet wurden, denn es war ja Politisierung aller Lebensbereiche angesagt – und Lieder, und erst recht Kinderlieder, hatten trotz anderer Ausrichtung immer noch etwas von bürgerlichem Kinderkram. Zu rein agitatorischen Aufforderungsliedern – wie sie z. B. in den Stücken vom Gripstheater vorkommen – konnte ich mich allerdings schon damals nicht erwärmen. Ich erzählte lieber Geschichten in meinen Liedern, die allerdings meistens ein emanzipatorisches Happy-End hatten. *(Fritz Vahle: Lieder machen für Kinder. In: Kinder – Bücher – Medien. Rüsselsheim. 1987, Heft 29, Seite 12)*

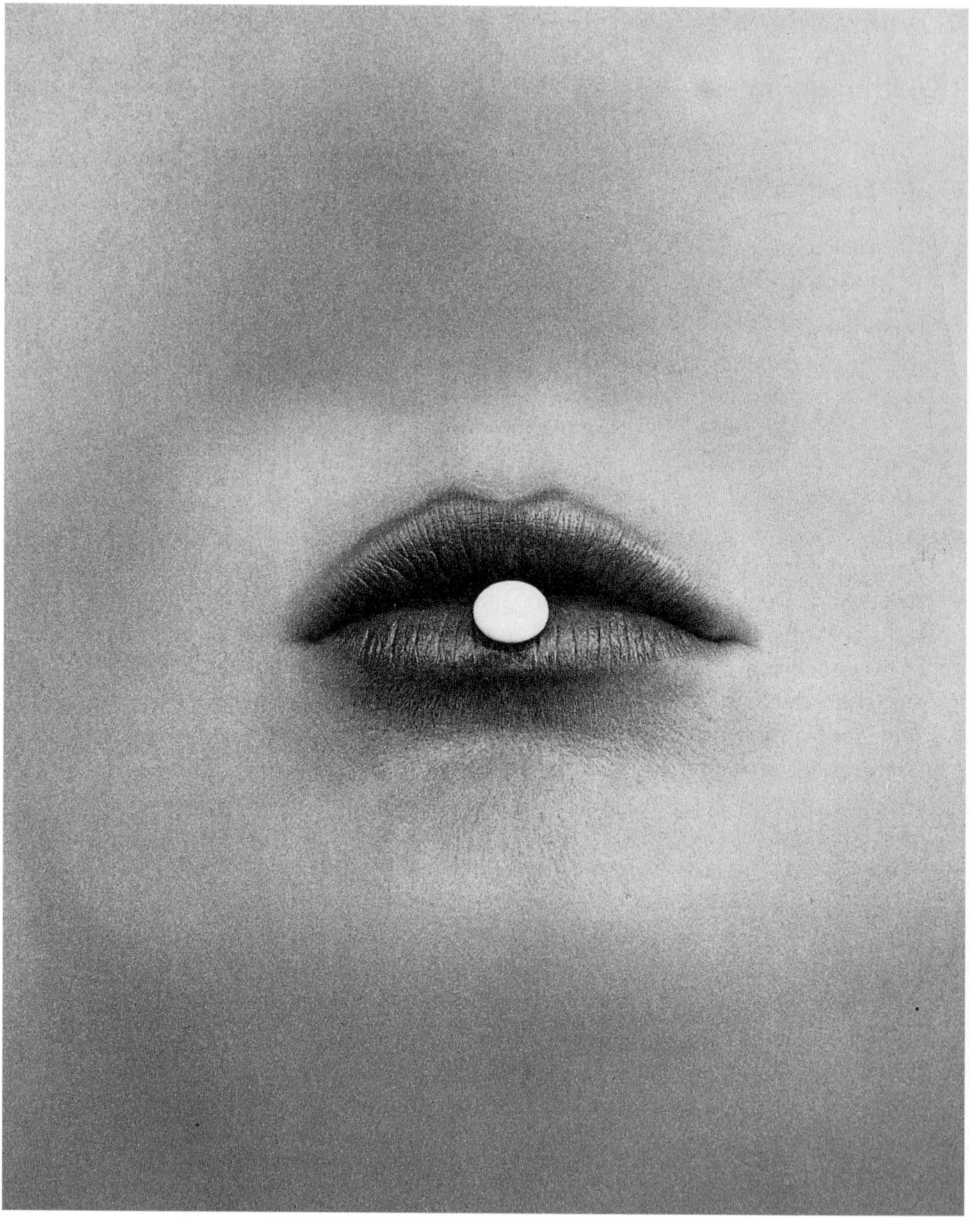

30 ›Sexfront‹

Die frühen Sechziger: die erste deutsche Generation ohne den zerstörerischen Komplex der »Syphilisängste« im Leib und mit eher melancholischer als sentimentaler Gefühlsstruktur, fängt an, sich unter dem Schirm der Pille körperlich zu berühren. Vielleicht ist es dieser Melancholie aus dem Gefühl des Nicht-wieder-gut-machen-Könnens zu verdanken, daß viele schöne Berührungen darunter waren (und nicht bloß der mächtigen Hilfe der Beatles). Es kam zu überraschenden, wirklichen Wahrnehmungen des Selbst und der anderen. Sie transzendierten den Bereich des »Ausprobierens« und der zufälligen schnellen »Erfahrung« tatsächlich »radikal«. Das Leben bekam eine verläßliche körperliche Diesseitigkeit, aus der »wie von selber« veränderte Arten und Weisen, das eigene Leben leben zu wollen, hervorgingen. Ich für mich bin sicher, daß es ein »68« ohne diesen »Vorlauf« nicht gegeben hätte, zumindest nicht so sexualisiert gegeben hätte, wie es dann kam. Eine Sexualität, so »freischwebend«, d.h. gleichgültig gegenüber den Absichten und Zwängen der Familiengründung und des Kindgebärens, war jedenfalls in unserer Kultur vorher nicht da. *(Klaus Theweleit: What did we do to our song, girl ... boy ... In: Die Pille. Von der Lust und von der Liebe. Hrsg. für das Deutsche Hygiene-Museum von Gisela Staupe und Lisa Vieth. Berlin: Rowohlt 1996. Seite 21–49, hier: Seite 34f.)*

213 Auf der gegenüberliegenden Seite: Titelphoto für den ›Spiegel‹ (30.1)

1 Die Pille

Photographie von Chris Riewerts
Vorlage für das Titelbild des ›Spiegel‹ vom 16. März 1970
Leihgabe: Der ›Spiegel‹, Hamburg

Als »Erfinder« der Pille gilt der amerikanische Biochemiker Gregory Pincus (1903–1967), der zusammen mit zwei Kollegen das erste hormonale Verhütungsmittel entwickelte, das 1960 unter dem Handelsnamen ›Enovid‹ auf den amerikanischen Markt kam. In Westdeutschland wird die Pille unter dem Namen ›Anovlar‹ von dem Pharma-Unternehmen Schering AG seit dem 1. Juni 1961 angeboten. Damit ist erstmals in der Geschichte ein zuverlässiger Schutz vor Schwangerschaft möglich. In den ersten Jahren war es nicht leicht, die Pille zu erhalten. Noch im Herbst 1965 wird sie in der ›Ulmer Denkschrift‹ von 400 Ärzten abgelehnt, weil sie »die Schöpfungsordnung« störe, und Papst Paul VI. erneuert in seiner Enzyklika ›Humanae vitae‹ vom 25. Juli 1968 erneut das Verbot jeglicher Verhütungsmittel. Immer häufiger veröffentlichen Studentenzeitungen Listen mit Ärzten, die ohne peinliche Fragen die Pille verschreiben. Im ›Stern‹ vom 26. November 1967 erscheint erstmals ein solches Verzeichnis in einem Massenblatt.

Mitte der sechziger Jahre erreicht die aus Skandinavien kommende Sexwelle die Bundesrepublik. Sex, Erotik und Pornographie werden zunehmend kommerzialisiert. Die Vermarktung beschränkt sich nicht auf die zahllosen Sex-Shops und Porno-Kinos, sie wird auch in der Werbung immer unverhüllter eingesetzt. Und Sex auf dem Titelblatt als Mittel zur Auflagensteigerung verwenden nicht nur die Boulevardpresse und die Illustrierten, sondern auch anspruchsvollere Zeitschriften. Peter Rühmkorf berichtet, was er ›konkret‹ schon 1964 geraten habe:

Herbst 64. Mit der »Gruppe 47« in Schweden, wo Röhl und ich den Stockholmer Mädchen ihre eignen Bellmann-Lieder wieder nahebrachten. Sprachen auch über das ungewisse Schicksal der Zeitschrift ›konkret‹, die gerade auf Kellerfahrt war und wieder hoch und an die Kioske wollte. Entwickelte Röhl aus der Perspektive eines antizipatorischen Kunden (wenn ich mal aus Zufall die Rasierklinge wechsel, verzeichnet der Wirtschaftsteil garantiert zwei Monate später Marktverschiebungen) die Leitlinien des kommenden Durchschnittsgeschmacks. Riet ihm entschieden, nicht weiter links am Lustprinzip vorbeizusegeln, sondern sich ungeniert gewisser Treibsätze, Einwickelpapiere, Trägerraketen,

Deckblätter (und was derlei verfängliche Begriffe mehr sind) zu bedienen. Der gute Rat kam ihn billig, er katapultierte die Zeitschrift fast von einer Nummer auf die andere in die schwindelerregende Auflagenhöhe von 100 000 verkauften Exemplaren (vorher 30 000), auf längere Sicht dann allerdings auch ins Zwielicht. *(Die Jahre die Ihr kennt. Reinbek: Rowohlt 1972. Seite 176 f.)*

Die Sex-Welle ist bereits in vollem Gange, als die Studentenbewegung nicht nur den Muff unter den Talaren, sondern auch den in den elterlichen Schlafzimmern auslüften will und auch hier neue Verhältnisse verlangt und für sich ausprobiert. Als wichtigsten Vordenker entdeckt sie den Psychoanalytiker und Marxist Wilhelm Reich (1897–1957) neu. In einem ›Spiegel-Spezial‹ vom Juni 1988 nennt ihn Harald Wieser einen der »Götter« der Achtundsechziger.

2 Wilhelm Reich

auf einem Badeausflug 1928
Photographie
Vordere Reihe: Josepha Kramer, »Mädi« Olden, Siegfried Bernfeld; hintere Reihe: Richard Kramer, Wilhelm Reich, Sergei Feitelberg, Elisabeth Neumann
Leihgabe: Archiv des Sigmund Freud-Museums, Wien

Von diesem ebenso verwegenen wie eigenbrötlerischen Intellektuellen, der aus einer Gutsbesitzerfamilie in der galizischen Bukowina stammte, … hatte eine kleine Ewigkeit niemand mehr Notiz genommen. Nun aber war der radikalste Schüler Sigmund Freuds, der im Wien der 20er und im Berlin der frühen 30er Jahre das antiautoritäre Lebensgefühl der jungen Linken wie kein anderer vorformuliert hatte, wieder in aller Munde. Seine vergessenen Bücher gingen über Nacht in Raubdrucken von Hand zu Hand, … Bevor die Nazis den »jüdischen Pornographen« 1933 ins skandinavische Exil vertrieben, war er als Mitinitiator der »Sex-Pol-Bewegung« eine Galionsfigur der Moderne. Diese zur

214 Wilhelm Reich und Siegfried Bernfeld (30.2)

Linderung des nicht nur materiellen Elends der Arbeiterjugend gegründete Bewegung forderte bereits in Weimar die »völlige Aufhebung der Abtreibungsverbote«, die »Abschaffung der rechtlichen Unterscheidung zwischen Verheirateten und Ledigen«, die »Ersetzung der Strafen für sexuelle Vergehen durch therapeutische Behandlung«. Vor allem aber war sie gelebter Protest gegen die Erziehungsdiktate der bürgerlichen Autoritäten. Dieses Lebensgefühl schrieben 1968 auch die Studenten auf ihre Fahnen, und so war Reich ihr natürlicher Ahne. In Reich entdeckte die junge Linke eine deutsche Kultur, die ihre Schulbücher verschweigen. Sein Lebensweg erinnerte sie an einen Rebellen, dessen tabubrechende Theorien in keinen Katechismus paßten und den schließlich sogar seine Freunde vor ihre Inquisition zitierten: 1933 wurde Reich, bereits im dänischen Exil, aus der Kommunistischen Partei ausgeschlossen; 1934 setzte ihm auch die Internationale

Psychoanalytische Vereinigung den Stuhl vor die Tür. *(In: Die wilden 68er. Spiegel-Spezial. Hamburg. Juni 1988, Seite 56f.)*

Das wichtigste unter den »vergessenen Büchern« Wilhelm Reichs wird für die Studenten seine bereits 1927 erschienene Schrift ›Die Funktion des Orgasmus‹.

3 Wilhelm Reich: Die Funktion des Orgasmus

Zur Psychopathologie und zur Soziologie des Geschlechtslebens
Amsterdam: de Munter 1965
(Schwarze Reihe. 1)
Raubdruck

Leihgabe: Brigitte Raitz

Herrad Schenk (Jahrgang 1948), die sich theoretisch und literarisch mit der Frauenbewegung auseinandergesetzt hat, faßt in ihrem Buch ›Freie Liebe – wilde Ehe‹ (München: Beck 1987) Reichs zentrale Thesen zusammen:

Reich war davon überzeugt, daß sich die Unterdrückungsmechanismen der kapitalistischen Gesellschaft auch in einer sexuellen Verdrängung niederschlügen. ... Die Sexualverdrängung besteht vor allem darin, die Entwicklung zur »vollen Genitalität«, die Fähigkeit zum Lustgewinn beim Orgasmus zu unterdrücken, Schuldbewußtsein und Sexualangst einzupflanzen. Sexualunterdrückung und kapitalistische Gesellschaftsordnung stützen sich gegenseitig, die repressive, lustfeindliche, sexualverneinende Erziehung bringt Menschen hervor, die angepaßt und autoritätsgläubig sind, die bereitwillig entfremdete Arbeit leisten und sich in die bestehenden Produktions- und Herrschaftsverhältnisse frag- und kritiklos einordnen. Auf solche Menschen ist die kapitalistische Wirtschafts- und Gesellschaftsordnung angewiesen. Der Ort, an dem die Sexualunterdrückung von früher Kindheit an vollzogen wird, ist die Kleinfamilie der bürgerlichen Gesellschaft. *(Seite 194f.)*

WILHELM REICH

DIE FUNKTION DES

ORGASMUS

ZUR PSYCHOPATHOLOGIE
UND ZUR SOZIOLOGIE
DES GESCHLECHTSLEBENS

1

Sie verinnerliche und tradiere diese lustfeindliche Erziehung und produziere so »die bürgerlichen Tugenden: Leistung, Disziplin, Ordnung, Gehorsam«.

215 Auf der gegenüberliegenden Seite: Einband (30.3)

In seiner vielgelesenen Schrift ›Sexualität und Klassenkampf‹ versucht Reimut Reiche, 1966/67 Bundesvorsitzender des SDS, Reichs zentrale Thesen auf die aktuelle politische Situation in der Bundesrepublik zu übertragen. Im Nachwort berichtet er von frühen Diskussionen:

Angeleitet, dieses Buch zu schreiben, wurde ich von dem Arbeitskreis »Sexualität und Herrschaft« des Argument-Klubs in Westberlin 1963 und 1964, von Arbeitskreisen des Sozialistischen Deutschen Studentenbundes (SDS) zu diesem Thema und auf vielen Veranstaltungen, Versammlungen und Seminaren von Gruppen des Aktionszentrums unabhängiger und sozialistischer Schüler (AUSS). *(Seite 173)*

4 Reimut Reiche: Sexualität und Klassenkampf

Zur Abwehr repressiver Entsublimierung
Frankfurt am Main: Verlag Neue Kritik 1968
(Probleme sozialistischer Politik. 9)

Für Rudolf Augstein ist Reiches Versuch, so der Tenor seiner ausführlichen Rezension im ›Spiegel‹, schon in der Darstellung mißlungen:

»Reiche ist kein Freund einfacher, sondern einer soziologisch klischierten und verkauderwelschten Darstellung. Man muß seine Thesen versimpeln, wenn man sie verdolmetschen will.« (Jg 22, 1968, Nr 47, Seite 68)

Auch Wolfgang Fritz Haug, Herausgeber der Zeitschrift ›Argument‹, äußert in einer Besprechung in der ›Neuen Kritik‹, dem Organ des SDS, viele Vorbehalte. Die »Thematisierung der Sache« findet er zwar wichtig, denn »die sozialistische Bewegung darf sich die Reflexion über das Schicksal der Sexualität in der Klas-

sengesellschaft nie wieder nehmen lassen«, die Darstellung hält er jedoch, genau wie Augstein, für äußerst kritikwürdig:

Dem Leser, der, von sozialistischem Vertrauen erfüllt, zu diesem Buch als zur »Theorie« greift, haut der Autor einen bombastischen Wortapparat um die Ohren. *(1969, Heft 51/52, Seite 88)*

Er hält Reiche vor, daß viele Fakten nicht stimmen, marxistische und psychoanalytische Theorien unrichtig wiedergegeben, wissenschaftliche Termini falsch verwendet und Belegstellen sinnentstellend zitiert werden.

So wichtig das Thema ist, das Reiche bearbeitet hat, so richtig er entscheidende gesellschaftliche Tendenzen spürt, und so witzig manche seiner Beispiele und Histörchen sind, – insgesamt stimmt kaum etwas. *(Seite 98)*

Reiche zitiert die Kommune I *(s.Seite 584)* *als einen bemerkenswerten, wenn auch gescheiterten Versuch, die These von Wilhelm Reich, daß nur eine sexuelle Revolution eine wirkliche Veränderung der Gesellschaft herbeiführen könne, in Praxis umzusetzen. Es sei falsch gewesen, Reichs Kritik an der »bürgerlichen Zwangsehe« auf alle Zweierbeziehungen auszudehnen und diese als von vornherein repressiv zu bezeichnen.*

Die Kommunarden sagten: Wir wollen uns nicht länger der repressiven Einehe und ihren zugelassenen Vorläufern und studentischen Surrogaten beugen, – und mußten sich stattdessen promiskuösen Forderungen beugen, für die sie psychisch nicht ausgebildet waren und unter denen sie darum ganz sicher leiden mußten. ... Entsprechend terroristisch – terroristisch nach innen – sind die Resultate ihrer Lebensweise. Wenn auch nur ein Zehntel von dem stimmt, was sie in Interviews veröffentlichen, so würde das bedeuten, daß sie die gesellschaftsüblichen Repressionen bei sich selbst noch nicht einmal zu dem unmittelbar noch notwendigen Existenzniveau an repressiven Zwängen und Verdrängungen abgebaut haben, sondern durch viel grausamere Zwangssysteme ersetzt haben. *(Seite 156)*

Die Kommune I hat ihre Lebensweise tatsächlich in zahlreichen Interviews öffentlich gemacht und sich äußerst medienwirksam und bereitwillig in der Presse zum Bürgerschreck hochstilisieren lassen. 216 Umschlag (30.5)

›Pardon‹ kündigt auf dem Titelblatt des Augustheftes 1967 unter der Schlagzeile ›Erobern Kommunarden Deutschlands Betten? Mehr Sex mit Marx und Mao‹ einen »Horror-Report« über sie an. 217 Schutzumschlag (30.4)

5 Pardon

Die deutsche satirische Monatsschrift
Herausgegeben von Erich Bärmeier und Hans A. Nikel
Frankfurt am Main: Bärmeier & Nikel
Jahrgang 6, 1967, Nummer 8, August

Das Titelbild von Kristian Rein zeigt rechts unten den damaligen Bundespräsidenten Heinrich Lübke mit warnend erhobenem Zei-

gefinger, neben ihm ›Spiegel‹-Herausgeber Rudolf Augstein, dessen heimliche Wunschträume und Gedanken ins Bild gesetzt werden: in einer Wolke über seinem Kopf vergnügen sich einige nackte Frauen und Männer miteinander; einer davon deutlich als Jürgen Habermas zu erkennen. Eine üppige Rothaarige trägt als einziges Kleidungsstück eine rote Armbinde mit dem Hammer-und-Sichel-Emblem. Der Bericht im Heft geht vor allem den sexuellen Beziehungen innerhalb der Kommune nach und läßt auch einzelne Mitglieder zu Wort kommen. Hier hat Reimut Reiche im Ausspruch eines Kommunarden seinen Beleg für die neuen »grausameren Zwangssysteme« gefunden:

Es ist wie bei der Pferdedressur. Erst muß einer das Tier einreiten, dann steht es allen zur Verfügung. Erst ist es Liebe oder so was Ähnliches, nachher nur noch Lust. Der Trick ist schrecklich einfach: Man macht ein Mädchen verliebt, schläft mir ihr und markiert nach einer Weile den Enttäuschten oder Desinteressierten. Dann überläßt man sie der Aufmerksamkeit der anderen und das Ding ist gelaufen. So ist sie vollwertiges Mitglied. *(Seite 22)*

Kaum eine Frau schien Wert auf eine derartige Mitgliedschaft zu legen – die Kommune I litt unter chronischem Frauenmangel. Die Thesen von Wilhelm Reich und die daraus abgeleiteten neuen sexuellen Normen innerhalb der studentischen Linken werden in der Frauenbewegung intensiv diskutiert. Herrad Schenk faßt zusammen:

Was für die männlichen Genossen die »zur vollen Genitalität befreite« sexualrevolutionäre Moral war, stellte sich aus feministischer Sicht als »sozialistischer Bumszwang« dar. Dem Protest der Studentenbewegung gegen Zwangsehe und Dauermonogamie folgte der Protest der Frauenbewegung gegen das Primat der »Penetration«, gegen die Unterdrückung der weiblichen sexuellen und emotionalen Bedürfnisse im Patriarchat. Nicht nur durch den kommerzialisierten Sex und die Schein-Aufklärung würden Frauen in eine Objektrolle gedrängt, sondern auch durch die angeblich progressive, aber chauvinistische Sexualmoral der linken Männer. *(Herrad Schenk: Freie Liebe – wilde Ehe. München: Beck 1987. Seite 199)*

Valie Export (Jahrgang 1940), die österreichische Filmerin, Video- und Aktionskünstlerin, macht sich über die »Vergesellschaftung der Sexualität« ganz andere Gedanken als die Kommune I.

6 Valie Export: Tapp- und Tastkino

Photographie von Werner Schulz. München 1968
Leihgabe: Valie Export

In München, beim ersten europäischen Treffen unabhängiger Filmmacher vom 12. bis 17. September 1968, führt sie auf dem Stachus den ersten »Tapp- und Tastfilm« vor. Dazu hat sie sich einen großen Kasten vor ihren Oberkörper geschnallt. Er hat vorne zwei runde Öffnungen, durch die man hineinfassen und bis zu 12 Sekunden lang ihren nackten Busen betasten kann. Valie Export erläuterte damals ihre Aktion:

die taktile rezeption feit gegen den betrug des voyeurismus. denn solange der bürger mit der reproduzierten kopie sexueller freiheit sich begnügt, erspart sich der staat die reale sexuelle revolution. ... schluß mit der erotik als privatbesitz, vergesellschaftung der sexualität. tapp und tastfilm als erster echter frauenfilm.

Das Tapp und Tastkino sei deshalb »der erste schritt der frau vom objekt zum subjekt«.

sie verfügt frei über ihren busen, befolgt nicht mehr die sozialen vorschriften; dadurch, daß alles auf der straße passiert und der »konsument« jeder sein kann, also mann oder frau, ist das ein unverschleierter einbruch in das tabu der homosexualität. indem ein busen nicht mehr das eigentum des mannes ist, sondern die frau selbständig über ihn verfügt, wird die moralität der staatlichen vorschriften (staat, familie, eigentum) durchbrochen. *(zitiert nach: Anita Prammer: Valie Export. Eine multimediale Künstlerin. Wien: Wiener Frauenverlag 1988. Seite 106)*

218 Auf der gegenüberliegenden Seite: Einband (30.7)

Mit der Sexwelle entsteht ein großer Markt für sexualwissenschaftliche Literatur. Das Spektrum reicht von den populären Aufklärungsbüchern von Oswalt Kolle (Jahrgang 1928) – ›Deine Frau, das unbekannte Wesen‹ (1967), ›Dein Mann, das unbekannte Wesen‹ (1967) – bis zu den aus Amerika kommenden sexualwissenschaftlichen Untersuchungen – ›Die sexuelle Reaktion‹ von Masters und Johnson (1966, in deutscher Übersetzung 1970) und die beiden ›Kinsey-Reports‹ über männliche und weibliche Sexualität (bereits 1954 ins Deutsche übersetzt, aber erst jetzt von einer breiten Öffentlichkeit zur Kenntnis genommen). Auch für Kinder und Jugendliche gibt es, vom Bilderbuch bis zum Lexikon, plötzlich ein breites Angebot an Aufklärungsbüchern. Das umstrittenste unter ihnen erscheint 1970 im März Verlag und wird ein beispielloser Erfolg.

7 Günter Amendt: Sexfront

Unter Mitarbeit von Bernhard Korell und Thomas Bayrle, Günter Degler, Thomas Frank, Gerald Kienast, Alfred von Meysenbug, Thodora Osikowska, Gunter Rambow
Frankfurt am Main: März Verlag 1970

In einer Sammelrezension von Aufklärungsbüchern für Kinder und Jugendliche charakterisiert Angela Zwanzleitner das Buch:

Auf eine ganz unkonventionelle Art, schnoddrig bis »schockierend« deutlich, aber nach anfänglichem Verwundern für den Leser erfrischend und spaßig präsentiert G. Amendt seine Version des Themas. ... Eine neue Wendung, mal nicht so tierisch ernst und Ärztekittel-steril; es entsteht direkt der Eindruck, Vögeln kann Spaß machen und muß sich nicht unbedingt ... im Dunkeln und vor allem mit Ehering abspielen! Dazu gibt es noch basisbezogene, sprich leichtverständlich gehaltene Gesellschaftskritik, Kurzanalyse der Familie, Elternverhalten, Monogamie, Homosexualität, Photos und Comics am Rande und viele kleine Überraschungen ... Der lockere Ton mag nicht jedermanns Sache

AMENDT

SEX FRONT

MÄRZ

sein, denn: wo bleibt denn das Gefühl??? Man sollte es aber auf jeden Fall gelesen haben! *(In: Bulletin Jugend & Literatur. Weinheim, Berlin, Basel. 1971, Heft 1, Seite 27)*

Inhalt und Ton des Buches sind wahrlich »nicht jedermanns Sache«. Schon kurz nach seinem Erscheinen stellt das Sozialministerium von Rheinland-Pfalz bei der Bundesprüfstelle einen Antrag auf Indizierung und Aufnahme in die Liste jugendgefährdender Schriften.

8 Wichtige Mitteilung des März Verlags

an dpa. Mit der Ankündigung der drohenden Indizierung von Günter Amendts ›Sexfront‹. Frankfurt am Main, 19. Januar 1971
Telex, 1 Blatt
März-Archiv

In der Antragsbegründung heißt es:

Mit dieser Parodie auf die Aufklärungsliteratur älterer Observanz beginnt ein zynisches Verführungsbuch, das von nüchternen Gebrauchsanweisungen zu ironischen Verfremdungen eskaliert …, mit deren Aufschlüsselung Jugendliche sicherlich überfordert sind. … Besonders bemüht zeigt sich der Autor 15 Seiten lang (S. 93–107), Hemmungen gegenüber gleichgeschlechtlicher Betätigung abzubauen und dabei auch ausdrücklich zur Verführung Jugendlicher aufzufordern.

Nach einer Reihe von Zitaten aus dem Buch beurteilen die Antragsteller auch die Illustrationen:

Diese Texte werden überhöht durch obszöne Fotografien … und Zeichnungen …, die ebenfalls in der doppelseitigen Glorifizierung der Homosexualität und des Triolenverkehrs gipfeln. Wir halten das Buch in hohem Maße und offenbar für jugendgefährdend. Keiner der Ausnahmetatbestände des § 1 Abs. 2 GjS liegt vor. Insbesondere nehmen die gelegentlich eingestreuten politischen und soziologischen Anspielungen der Schrift nicht den

Charakter der Pornographie. Ein öffentliches Interesse muß schon deswegen verneint werden, weil eindeutig zur homosexuellen Verführung Jugendlicher ermuntert wird. *(Typoskript im März-Archiv)*

Autor und Verlag holen ein Gutachten des renommierten Instituts für Sexualforschung in Hamburg ein. Der Gutachter Gunter Schmidt hebt hervor:

Amendts Buch steht in der sexualpolitischen Tradition der Sexualökonomie von Wilhelm Reich, der kritischen Soziologie der Sexualität von Herbert Marcuse und der antiautoritären Studentenbewegung (u. a. Reimut Reiche) und verbindet diese kritischen Ansätze mit den Ergebnissen der empirischen Sexualwissenschaft (u. a. Kinsey, Masters und Johnson, Giese). ... Amendt tritt für die sexuellen Rechte Jugendlicher ein und bejaht sexuelle Beziehungen Jugendlicher. Diese Forderung ist nicht nur sexualwissenschaftlich unbedenklich, sondern entspricht auch neueren sexualpädagogischen Überlegungen. ... Sexualität ist für Amendt kein isoliertes Phänomen, er diskutiert vielmehr in einem für Aufklärungsbücher ganz ungewöhnlichen Ausmaß immer wieder auch die psychologischen, soziologischen und politischen Implikationen von Sexualität.

Schmidt kommt zu dem Schluß:

Nach einer eingehenden Analyse des Buches und nach Abwägung aller Fakten muß die Frage, ob das Buch ›Sexfront‹ von Günter Amendt geeignet ist, durchschnittliche Kinder und Jugendliche bis zu 18 Jahren sittlich zu gefährden, eindeutig verneint werden. Ebenso eindeutig muß verneint werden, daß das Buch das Verhalten Jugendlicher in einer Weise beeinflussen kann, die als jugendgefährdend zu bezeichnen ist. *(Sexualwissenschaftliches Fachgutachten vom 30. Januar 1971. Typoskript im März-Archiv)*

Aufgrund dieses Plädoyers lehnt die Bundesprüfstelle in der Verhandlung vom 5. Februar 1971 den Antrag ab. Zu seiner eigenen Überraschung kann der Verleger das Buch weiter verkaufen.

In der bundesrepublikanischen Gesellschaft setzen sich in den sechziger Jahren neue sexuelle Normen durch, die von der Recht-

sprechung mit einiger Verzögerung nachvollzogen werden. Das 4. Strafrechtsreformgesetz vom 23. November 1973 faßt u. a. die Paragraphen zu den Straftatbeständen »Kuppelei« und »Homosexualität« neu und liberaler. Viele Gerichtsverfahren begleiten diesen Umbruch; die Urteile über die »sittliche Gefährdung« durch die Darstellung und Beschreibung von Sexualität in Film, Theater und Literatur fallen naturgemäß lange Zeit sehr widersprüchlich aus.

Von der Verbindung »Sex und ...« versprechen sich viele Produzenten erhöhte Aufmerksamkeit und vielleicht auch einen medienträchtigen, Auflagen und Zuschauerzahlen steigernden kleinen Skandal. ›konkret‹ versucht es im November 1968 mit ›Sex & Lyrik‹. In großen Lettern wird unter dieser Überschrift eine neue Rubrik angekündigt, typographisch so gesetzt, daß man leicht »Sexlyrik« lesen kann.

9 Günter Herburger: Progressive Theologin

Fotos: Patrick Ghnassia
(Sex & Lyrik)
In: konkret. Hamburg. 1968, Heft 15, Seite 27–30
Aufgeschlagen: Seite 27

Die »Sexlyrik« entpuppt sich dann als das Gedicht ›Progressive Theologin‹ von Günter Herburger, einmontiert in ausgesprochen »schöne«, hochglanz- und kitschverdächtige Photographien, z. B. ein sehr kleiner weiblicher Rückenakt vor dem mächtigen Pfeiler eines Kirchenportals oder eine Frau mit nacktem Oberkörper, der Busen frei, das Gesicht jedoch von den Haaren verdeckt, vor der Rückenansicht einer breit hingelagerten weiblichen Statue. Der Text mischt Blasphemisches mit Obszönem und hat offenbar keinerlei Aufsehen erregt. ›Sex & Lyrik‹ wird nicht fortgesetzt.

Viele Slogans und Parolen der Zeit nutzen die Verbindung von Sex und Politik, am bekanntesten werden »Fuck the Army« und »Make Love not War«. Verballhornt zu »Bumbsen statt Bombsen«,

tauchen sie in einer Inszenierung der deutschen Fassung des Musicals ›Hair‹ auf.

219
Szenenphoto
aus ›Hair‹ (30.10)

10 Hair

Szenenphoto von Günter Zint aus einer Inszenierung am Operettentheater Hamburg, Spielzeit 1977/78
Konzeption und Gesangstexte von Jerome Ragni und James Rado. Musik von Galt MacDermot. Deutschsprachige Fassung von Ulf von Mechow und Karl-Heinz Freynik. Deutsche Songtexte von Walter Brandin
Leihgabe: Pan-Foto, Hamburg

Claude lebt in Kalifornien in einer Hippie-Kommune und versucht vergeblich, der Einberufung zum Militärdienst zu entgehen. Dort muß er als erstes sein langes Haar, für ihn Ausdruck des Protests gegen seine bürgerliche Umwelt und Zeichen seiner individuellen Freiheit, opfern. Das Musical endet mit seinem Tod in Vietnam.

Von der Uraufführung am New Yorker »Public Theatre« am 29. Oktober 1967 berichtet der ›Spiegel‹:

Mit nackter Haut und wirrem Haar rebellieren im freizügigsten Musical der Broadway-Saison ... Hippie-Darsteller gegen die Tabus der ungeliebten Spießer im Parkett. In aufsässigen, oft obszönen Strophen ... und zu gemäßigtem Dauer-Beat ... rufen sie auf zu Orgien, Rauschgiftgenuß und Rassenvermischung. Sie schänden das Sternenbanner, christliche Riten und erteilen, in voller Blöße, Liebeslehren nach dem Kamasutram. ... In dem häretischen, mit Verve inszenierten Protest-Stück ... erkannte die ›New York Times‹ epochale Qualitäten: »›Hair‹ ist das erste Broadway-Musical, ... das nicht von vorgestern ist«. *(Jg 22, 1968, Heft 20, Seite 176)*

Ein Jahr später, am 24. Oktober 1968, wird die deutsche Fassung am »Theater in der Brienner Straße« in München uraufgeführt. Im Vergleich zum Original sei diese Inszenierung »lieb, lau und ganz von gestern«, denn »der Geist war schwach und Fleisch kaum zu sehen«. (Der Spiegel. Hamburg. Jg 22, 1968, Heft 44, Seite 218) Das Münchner Amt für Öffentliche Ordnung greift dennoch ein und verbietet unter Androhung von Zwangsgeld und Absetzung der Aufführung einige Szenen; ein 15jähriger Darsteller darf nicht mehr auftreten. Ein Vertreter der Staatsanwaltschaft nimmt diese Verfügungen wenig später unter dem Kunstvorbehalt wieder zurück. Wegen des enormen Zuschauerandrangs weicht ›Hair‹ bald in das Münchner »Haus des Sportes« aus: der Auftakt zu einem beispiellosen Erfolg. Das »Schock- und Rock-Musical« mit seiner grellen Mischung aus Sex, Politik, Musik, Tanz und Lichteffekten wird zum erfolgreichsten Stück der nächsten Jahre. Die Proteste sind von der bundesrepublikanischen Normalität eingeholt worden: ein gutes Jahr nach den großen Kongressen und Demonstrationen ist selbst der Vietnamkrieg im Musical angekommen.

220 Wandcollage aus reproduzierten Originalplakaten

Helmuth Kiesel: Literatur um 1968
Politischer Protest und postmoderner Impuls

Die Literatur um 1968 in ein Spannungsfeld zwischen politischem Protest und postmodernem Impuls zu rücken, mag – zumal in dieser schlagwortartigen Formulierung – befremdlich oder fragwürdig erscheinen, und es bedarf auch der Erläuterung. Letztlich aber ist dieser Aspekt der Ausstellung nichts anderes als die Konsequenz aus der Forschung insbesondere des letzten Jahrzehnts. Diese hat deutlich werden lassen, daß »1968« mehr war als nur der Höhepunkt einer politisch motivierten Protestbewegung. Die Jahreszahl »1968« steht auch für das Manifestwerden einer neuen kulturellen Einstellung, die von 1968 an immer häufiger mit der Vokabel »postmodern« belegt wurde.

Die Privilegierung der Jahreszahl »1968« ist allerdings umstritten. »1967, das wir heute ›1968‹ nennen«, heißt es in einem Essay von Urs Widmer, der 1979 in einem Aufsatzband mit dem Titel ›Nach dem Protest‹ erschien. Und wie Widmer weisen auch andere Autoren darauf hin, daß es gute Gründe gäbe, 1967 als das entscheidende Jahr herauszustellen oder der doch etwas längeren zeitlichen Erstreckung der Protestbewegung durch die Nennung zweier Jahreszahlen, etwa »1966 bis 1969« oder »1963 bis 1974«, gerecht zu werden. In der Tat darf »1968« nur als Chiffre für einen Vorgang verstanden werden, der einige Jahre davor einsetzte und einige Jahre danach noch virulent war. Im Hinblick darauf lohnt es sich, die Alternativen zum Etikett »1968« zu bedenken.

In Frage käme zunächst einmal 1967. Am Abend des 2. Juni jenes Jahres wurde in Berlin am Rand einer Demonstration gegen den Besuch des Schahs von Persien der Student Benno Ohnesorg von einem Polizeibeamten erschossen. In den folgenden Tagen kam es in Berlin und in

mehreren westdeutschen Universitätsstädten zu Massenkundgebungen, wie man sie bis dahin noch nicht erlebt hatte. Die Versammlungen und Demonstrationen erreichten nicht nur eine neue Größenordnung, sondern auch einen neuen Grad der Emphase. In vielen autobiographischen Berichten und Romanen über die »Studentenrevolte«, so z. B. in Uwe Timms ›Heißer Sommer‹ (1974) und in Jochen Schimmangs ›Schöner Vogel Phönix‹ (1979), wird die Nachricht vom Tod Ohnesorgs als harter Schock und zugleich als Impuls für die eigene Politisierung und den Anschluß an die Protestbewegung bezeichnet. Laut einer späteren Umfrage waren es nicht weniger als 65 Prozent der deutschen Hochschüler, die durch dieses bestürzende Ereignis und die anschließenden Kundgebungen politisiert wurden. Die bereits laufende Debatte über die Rolle und die Rechte der Bürger in der Demokratie griff auf größere Bevölkerungsgruppen über und wurde schärfer. Vor allem in der jüngeren Generation breitete sich das Gefühl aus, daß es notwendig sei, Mündigkeit gegenüber dem Staat unter allen Umständen zu demonstrieren, und insofern dies nun auch immer häufiger und allgemeiner praktiziert wurde, hat es eine gewisse Richtigkeit, wenn gesagt wird, daß 1967 »der mündige Bürger die politische Bühne der Nachkriegsrepublik betrat« (Rainer Bieling). Aber eine Erfindung von 1967 ist weder der mündige Bürger noch die Bühne, auf der er sich nun hervortun konnte; die ›Protestchronik der Bundesrepublik‹ weist schon für die fünfziger Jahre eine lange Reihe von Mündigkeitsdemonstrationen auf.
Als epochales Datum in Betracht zu ziehen wäre sodann 1966. Am 5. Februar 1966 fand in Berlin die erste große Demonstration gegen den Vietnam-Krieg statt. An ihrem Ende wurden sechs Eier auf das Amerika-Haus geworfen: ein Vorkommnis, das zu heftigen Angriffen auf die studentischen Initiatoren und Teilnehmer der Demonstration und zu weiteren Auseinandersetzungen führte. Der Vietnam-Krieg wurde zum dauerhaften Reizthema. Zugleich kam es zu einer Debatte über die Studiensituation,

die für viele Studenten unbefriedigend war und im Frühjahr 1966 an einigen Fakultäten der Freien Universität durch die Androhung von Zwangsexmatrikulationen verschärft wurde. An der FU wurde deswegen für den 22. Juni 1966 eine studentische Vollversammlung einberufen. Über 3.000 Studenten nahmen an ihr teil, ließen sie – nach dem Beispiel der kalifornischen Studentenproteste – zu einem lang sich hinziehenden »teach-« und »sit-in« werden und stifteten damit ein Vorbild für weitere Kundgebungen in Berlin und andernorts. Mithin ist 1966 als das Jahr zu betrachten, in dem die studentische Protestbewegung mit dem Vietnam-Krieg und der Studienreform ihre ersten bedeutenden Themen fand und in dem sie ihre typischen Formen entwickelte. Die öffentliche Resonanz hielt sich aber – zumal fern von Berlin – bis zum 2. Juni 1967 durchaus in Grenzen; erst danach wurden die Berliner Studentenproteste zu einem bundesrepublikanischen Thema.

Fragt man nicht nach dem öffentlichkeitswirksamen Hervortreten der Protestbewegung, sondern nach ihren weniger beachteten Ursprüngen, so ist auf noch frühere Ereignisse zu verweisen: auf vereinzelt scheinende Kundgebungen wie den Kongreß ›Notstand der Demokratie‹ im Mai 1965; auf die Demonstration deutscher und afrikanischer Studenten gegen den Besuch Tschombés im Dezember 1964; auf die Schwabinger Krawalle vom Juni 1962, eine tagelang sich hinziehende Straßenschlacht zwischen Jugendlichen und der Polizei, die versucht hatte, zwei Straßenmusikanten wegen »ruhestörenden Lärms« festzunehmen; auf die 1960 einsetzenden »Ostermärsche« gegen die Stationierung von Atomwaffen in der Bundesrepublik; auf die ebenfalls 1960 einsetzenden Proteste gegen die geplanten Notstandsgesetze; auf die Radikalisierung des Sozialistischen Deutschen Studentenbunds und seinen Ausschluß aus der Sozialdemokratischen Partei Deutschlands; auf das freiheitsdurstige und formensprengende Auftreten der »Halbstarken« um 1958. Der Studenten- oder Jugendprotest, der sich 1967/68 explosiv äußerte und für viele Zeitgenossen überraschend kam, hatte eine »Inkubationszeit«, die mindestens bis in die Jahre um 1958 zurückreichte, und das heißt: bis in die Zeit, in der – mit dem »Wirtschaftswunder« – die Mobilisierung und die »Amerikanisierung« oder »Westernization« der westdeutschen Gesellschaft einen ersten Höhepunkt erreichte. Konsequenterweise wurde auch schon in Erwägung gezogen, die Jahre um 1960 als die mentalitätsgeschichtlich entscheidende Zäsur oder Umstellungszeit zu betrachten. Dies hat, wie noch zu verdeutlichen ist, manches für sich, kann aber den epochalen Charakter der Jahre 1967/68 nur relativieren, nicht negieren.

*

Daß schließlich »1968« zur »Kennzahl« wurde, hat trotz allem, was dagegen eingewandt worden ist, eine große Plausibilität. 1968 kam es zu Ereignissen, die sich dem Bewußtsein besonders stark einprägten: Am 4. April wurde in Memphis der Führer der amerikanischen Bürgerrechtsbewegung und Friedensnobelpreisträger Martin Luther King ermordet. Eine Woche später, am 11. April, wurde in Berlin ein Mordanschlag auf den prominentesten Sprecher der deutschen Studentenbewegung, Rudi Dutschke, verübt. Im Anschluß an beide Attentate kam es zu massiven und gewalttätig verlaufenden Protestveranstaltungen, die nicht mehr aufhören wollten und einen international wirksamen Mobilisierungseffekt hatten. Sie führten dazu, daß die Protestbewegung im Frühsommer 1968 ihre größte Ausdehnung und Heftigkeit erreichte: In der Bundesrepublik nahmen die Kundgebungen gegen die Notstandsgesetze nach der zweiten Lesung der Vorlage Anfang Mai eine nationale Dimension an: In vielen Betrieben gab es Warnstreiks; an 25 Universitäten wurde der Unterricht boykottiert; am 11. Mai fand ein Sternmarsch auf Bonn statt, an dem sich annäherungsweise 50.000 Menschen beteiligten. Gleichzeitig entfaltete sich in Frankreich der »Pariser« bzw. »Französische Mai«, in dem sich rebellierende Studenten und streikende Arbeiter zu einer starken Front gegen den Staat verbanden, die gesellschaftliche Ordnung grundsätzlich in Frage stellten und das politische System wie die Ordnungskräfte für einige Wochen paralysierten. In der Tschechoslowakei schien mit dem »Prager Frühling« die Reform des Kommunismus zu beginnen. In den Vereinigten Staaten nahmen die Proteste gegen den Vietnam-Krieg zu und erreichten im August in Chicago mit einer großen Yippie-Demonstration gegen den Parteikonvent der Demokraten und mit einem brutalen Polizeieinsatz gegen die Yippies einen neuen und aufrüttelnden Höhepunkt.

Als wirklich erfolgreich erwiesen sich die Protestaktionen indessen nicht: Die Notstandsgesetze wurden am 30. Mai vom Deutschen Bundestag mit überwältigender Mehrheit (384 : 100 Stimmen) verabschiedet. Der »Pariser Mai« führte nicht zu einer neuen politischen und sozialen Ordnung in Frankreich, sondern zu einer Stabilisierung des Systems und Ende Juni zu einem einzigartig hohen Wahlsieg der Gaullisten. Der »Prager Frühling« wurde am 21. August durch eine militärische Intervention der »sozialistischen Bruderländer« beendet. In den Vereinigten Staaten wurde im Herbst der law-and-order-Politiker Richard Nixon zum Präsidenten gewählt, und an der Vietnam-Politik änderte sich vorerst nichts. So zeigte sich auf dem Höhepunkt der Proteste, daß die Protestbewegung nirgendwo in der Lage war, kurzfristig eine grundlegende Änderung der gesellschaftlichen Ordnung oder auch nur der politischen Richtung herbeizuführen und daß es nirgendwo auch nur im entferntesten jene »revolutionäre Situation« gab, von der die Anführer der Protestbewegung so oft geträumt und gesprochen hatten. Ernüchterung kehrte ein und Enttäuschung machte sich breit. Protestneigung und Mitwirkungsbereitschaft ließen spürbar nach. In der Debatte über das weitere Vorgehen zerfiel der SDS im Herbst 1968 / Frühjahr 1969 in mehrere Fraktionen, die sich verschiedenen Konzepten verschrieben.

Die Protestbewegung war damit noch nicht zu Ende. Neue »Kadergruppen« mit zumeist leninistischen Vorstellungen entstanden und versuchten, die Protestbereitschaft durch »Basisarbeit« in Betrieben und Schulen sowie durch »Aufklärungskampagnen« aufrechtzuerhalten und möglichst wieder zu steigern. Mit der gewalttätigen Befreiung von Andreas Baader begann im Mai 1970 der »bewaffnete Kampf« der »Roten Armee Fraktion« und bald auch anderer Gruppen, der bis zum »Deutschen Herbst« 1977 fast 50 Menschen das Leben kostete. Wie in anderen Ländern der westlichen Welt kam es auch in der Bundesrepublik bis zur Mitte der siebziger Jahre immer wieder zu Unruhen und Protestkundgebungen. Aber der Glaube, daß man in der Lage sei, die Welt in absehbarer Zeit in sozialistischem Sinn zu verändern, hatte nach dem »heißen«, aber politisch letztlich wenig verändernden Sommer des Jahres 1968 eine deutliche Abschwächung erfahren, und zugleich hatte der Sozialismus durch die Unterdrückung des Prager Reformversuchs an Idealität verloren. Im übrigen war mit der Bildung der sozialliberalen Koalition im Herbst 1969, und das heißt auch: mit dem Ausscheiden der mißliebigen C-Parteien aus der Bundesregierung, ein wichtiges Feindbild weggebrochen und schien die Notwendigkeit einer »außerparlamentarischen Opposition« für viele ihrer Vertreter und Anhänger beendet zu sein; die Manifestationen des Protests gingen nach der Bildung der sozialliberalen Koalition jedenfalls deutlich zurück.

*

Die Protestbewegung hatte vielerlei Quellen (in gesellschaftlichen Mentalitäten und kulturellen Dispositionen) und Motive (in aktuellen politischen Vorgängen und in Gegebenheiten des gesellschaftlichen Lebens). Wie jeder Versuch einer Beschreibung ist auch der folgende, zumal in seiner Kürze, unvermeidlicherweise reduktionistisch und konstruktivistisch: vernachlässigt manches, was auch eine Rolle gespielt haben mag, und suggeriert mehr Einheitlichkeit, als die Bewegung in Wahrheit hatte.

Erinnerungsliteratur und historisch-soziologische Analysen weisen vor allem auf folgende Quellen hin: auf eine sozialistische Denkrichtung, die sich zu Beginn der sechziger Jahre organisatorisch und theoretisch erneuerte und profilierte; auf eine staats- und kapitalismuskritische Haltung in den Kirchen, insbesondere in der protestantischen; auf kulturkritisches oder kulturpessimistisches Denken, wie es sich in konservativen Kreisen des Bürgertums, aber auch bei der Frankfurter Schule fand; auf den Freudo-Marxismus, der sich insbesondere auf die Schriften von Wilhelm Reich und Herbert Marcuse stützte; auf die »Subkulturen« der fünfziger und sechziger Jahre, die der »herrschenden« oder dominierenden und allgemeineren Kultur eigene Vorlieben, Werte, Formen und Institutionen entgegensetzten, also nicht nur »Teilkulturen« waren, sondern auch den Charakter von »Gegenkulturen« hatten. Gemeint sind vor allem jene amerikanischen Bewegungen, die sich – aneinander anschließend – seit Mitte der fünfziger Jahre von der Gesellschaft abwandten und sich ihr teilweise entgegenstellten: die »Beatniks«, die, »geschlagen« (beaten) von der kapitalistischen und kriegerischen Gesellschaft, das »Glück« (beatitude) in einem möglichst freien, unkonventionellen, bedürfnislosen und freundschaftlich organisierten Leben suchten; die »Hippies«, die es für »weise« (hip) hielten, sich den Zwängen einer auf Leistung und Ordnung fixierten Gesellschaft zu entziehen und ihr vorzuführen, daß es sich ohne Karriere und großes Einkommen viel gelassener, glücklicher und kreativer leben ließ, zumal mit Hilfe der schon von den »Beatniks« eingeführten, unter den »Hippies« aber stark sich verbreitenden Drogen; die Anhänger der »Youth International Party« (YIP), die sich »Yippies« nannten, eine »volkstümliche« Revolution anstrebten und sie durch eine Vielzahl von friedlichen Aktionen – Straßentheater, Tanz, Workshops – vorbereiten wollten. Diesen und einigen verwandten subkulturellen Bewegungen, die sich mit unterschiedlicher Intensität auch über Europa verbreiteten, verdankt auch die deutsche Protestbewegung um 1968 sowohl einen Teil ihrer Erscheinungs- und Demonstrationsformen als auch einen guten Teil ihrer Werthaltungen: nicht nur die Ablehnung von »bürgerlichen« Tugenden wie Ordnung, Sauberkeit, Pünktlichkeit, Sparsamkeit und Fleiß, sondern auch die Wertschätzung von Unkonventionalität, Spontaneität, Kreativität, Sexualität, Drogengenuß und ungehinderter Selbstverwirklichung.

*

›The Greening of America‹ lautet der Titel eines Buches von 1970, das von dem amerikanischen Rechtswissenschaftler Charles Reich stammt und alsbald ein internationaler Bestseller wurde. Auf deutsch erschien es 1971 unter dem allgemeineren, gleichwohl sehr zutreffenden Titel ›Die Welt wird jung‹. Die Hauptthese dieses Buches lautet, daß sich in den subkulturellen Bewegungen die Jugend als eine eigene Generation formierte und ein Bewußtsein entwickelte, das dazu angetan war, den Staat und die Gesellschaft »ohne Gewalt, ohne politische Machtergreifung« und »ohne die Unterwerfung einer Gruppe von Menschen« nachhaltig zu verändern. Die Jugend erschien als Avantgarde zwar nicht einer veritablen Revolution, aber doch einer deutlich spürbaren sozialen, politischen und kulturellen Evolution, von der viele erwarteten, daß sie zur Überwindung der Klassengesellschaft führen werde, und zwar unter Beibehaltung des Kapitalismus.

Die Jugendforschung der siebziger und achtziger Jahre hat diese Thesen und Erwartungen in Frage gestellt und relativiert. Es wird daran gezweifelt, daß die »Jugend« tatsächlich erst in den fünfziger Jahren dieses Jahrhunderts als eine eigene Lebensstufe und Lebensform entdeckt und anerkannt wurde. Ebenso wird daran gezweifelt, daß die neue Jugendkultur tatsächlich ein klassenübergreifendes Phänomen war und einen entsprechenden gesellschaftlichen Effekt hatte. Vieles spricht dafür,

daß auch die Jugendkultur – oder eigentlich: die Jugendkulturen – der sechziger und siebziger Jahre Klassencharakter hatte bzw. hatten, auch wenn sich ihre Ingredienzen auf eine Weise mischten, die es schwer macht, soziologische Unterscheidungen zu treffen. Insbesondere wurde darauf verwiesen, daß sich die Protestbewegung der sechziger Jahre vorzugsweise aus dem Nachwuchs der gebildeten und einigermaßen begüterten Mittelschicht rekrutierte. Ihre Etikettierung als »Wohlstandsrevolution« oder als »Revolte der Wohlstandskinder« ist nicht abwegig; einer der Exponenten der internationalen Protestbewegung, Gastón Salvatore, hat ihr im Rückblick von 1988 ausdrücklich zugestimmt.
Trotz dieser Zweifel und Einwände ist aber zu konstatieren, daß es in der Nachkriegszeit aufgrund spezifischer sozialer Gegebenheiten (Dezimierung der Vätergeneration durch den Krieg; steigende Familieneinkünfte und damit auch bessere finanzielle Ausstattung der Jugendlichen; anhaltender ökonomischer Aufschwung) zur Entwicklung einer qualitativ neuen Jugendkultur kam. Ein Teil davon formierte sich in zwei Wellen (zunächst über Drogen und Sex, dann über Politik) als »Gegenkultur«, wurde für eine gewisse Zeit zur Herausforderung für das »Establishment« und bewirkte zwar nicht eine fundamentale Veränderung der politischen und sozialen Verhältnisse, wohl aber eine »Lifestyle«-Revolution. Das antiautoritäre, permissive oder »swingende«, weniger besitz- als konsumorientierte Verhalten bildete sich heraus und fand in der jungen Generation eine starke Verbreitung. Traditionalisten sahen in diesem Vorgang eine Bedrohung der bürgerlichen Welt, Vertreter der »Gegenkultur« einen entscheidenden Schritt auf dem Weg zur Überwindung der kapitalistischen Gesellschaft; aus heutiger Sicht kann er indessen als eine Flexibilisierung des sozialen und ökonomischen Verhaltens ganz im Sinne des technologisch und organisatorisch avancierten Kapitalismus verstanden werden (den seine Gegner damals, als wäre sein baldiger Untergang eine historisch ausge-

machte Sache gewesen, zuversichtlich »Spätkapitalismus« nannten).

*

Das erstaunlich weit gespannte und in sich disparate Spektrum der Quellen, aus denen die Protestbewegung Energien zog, beschrieb schon 1968 sehr treffend ein Zwischentitel von Jean-Luc Godards Film ›Masculin-Féminin‹, der die Angehörigen der jungen Generation als »Kinder von Karl Marx und Coca Cola« apostrophierte. Aber nicht nur die Disparatheit der Quellen wurde mit dieser vielzitierten Formel deutlich gemacht, sondern auch ihre überraschende und manchmal paradox wirkende Mischung innerhalb verschiedener Gruppen oder gar in einzelnen Personen der Protestbewegung. Besonders augenfällig wird dies in der Verbindung von Gudrun Ensslin, der Pastorentochter, Atomwaffengegnerin und schließlich RAF-Terroristin, mit Bernward Vesper, der als Sohn eines prominenten NS-Dichters und Stipendiat der Studienstiftung zum Verfasser der eindringlichsten und eindrucksvollsten literarischen Selbstreflexion der subkulturell geprägten und postmodern tingierten Protestbewegung wurde. Ein hellsichtiger Rezensent seiner ›Reise‹ wies darauf hin, daß die Namen »Marx« und »Cola« nicht ausreichen, um die von Vesper ansichtig gemachten Quellen des Protestverhaltens zu umfassen; mit der Erweiterung der Godardschen Formel um »LSD« und »Hitler« wurde der subkulturelle Aspekt der Protestbewegung verdeutlicht und das Quellenspektrum um den für die deutsche Protestbewegung so wichtigen NS-Komplex ergänzt.

*

So vielfältig wie die Quellen der Protestbewegung waren ihre Motive und Themen: der Vietnam-Krieg; das Schah-Regime; die Ausbeutung der Dritten Welt; die Fragwürdigkeit der Konsumgesellschaft; die Bildungskatastrophe; das Elend der Universitäten zwischen »Ordinarienwirtschaft« und Massenandrang; die Notstandsgesetzgebung; die Auseinandersetzung mit der NS-

Vergangenheit; der Anti-Kommunismus der Adenauer-Zeit; der »restaurative« oder gar »faschistoide« Charakter der Bundesrepublik. Das kann und muß hier nicht im einzelnen ausgebreitet werden. Ein Komplex bedarf jedoch der Erörterung, weil er für die historische Wertung der Protestbewegung von entscheidender Bedeutung ist: die Einschätzung der Bundesrepublik als »restaurativ« oder gar »faschistoid«, als nicht-demokratisch und unreformierbar.

Der Restaurationsvorwurf ist keine Erfindung der Protestbewegung. Er eilte der Bundesrepublik voraus. Erstmals erhoben wurde er im Winter 1946/47 von Hans Werner Richter in der Zeitschrift ›Der Ruf‹. Im Kern besagt er, daß die Entwicklung in Westdeutschland auf eine Wiederherstellung jener gesellschaftlichen Verhältnisse hinauslaufe, die schon einmal in den Faschismus geführt hätten. In aufsehenerregender Weise erneuert und verschärft wurde diese Restaurationsthese 1950 von Walter Dirks in den ›Frankfurter Heften‹. Ein Relativierungsversuch, den Eugen Kogon 1952 in derselben Zeitschrift publizierte, und ein Widerlegungsversuch des Schweizer Journalisten Fritz René Allemann, der 1956 unter dem Titel ›Bonn ist nicht Weimar‹ erschien, fanden hingegen wenig Resonanz. Spätestens zu Beginn der sechziger Jahre galt die Bundesrepublik in weiten Kreisen der politischen Publizistik, der einschlägigen wissenschaftlichen Disziplinen und der zunehmend zeit- und gesellschaftskritisch sich gerierenden Literatur als »restaurativ«: als ein autoritärer Verwaltungsstaat, in dem viele Machtpositionen mit ehemaligen Nazis besetzt waren und dessen Demokratisierung nur auf dem Papier stand, also nicht in das Bewußtsein und Verhalten der Bürger eingegangen war, sondern immer in Gefahr schwebte, durch die Politikvergessenheit der konsumorientierten Bevölkerung und die Machenschaften reaktionärer Politiker und Unternehmer, rückgängig gemacht zu werden. Der mit der Protestbewegung aufkommende Vorwurf, daß die Bundesrepublik »faschistoid« sei, also an der Grenze zum tatsächlichen und offenen Faschismus sich bewege, ist nur eine Verschärfung der Restaurationsthese. Untermauert wurde dieser Vorwurf nicht nur mit Verweisen auf eine Neigung zum autoritären Verhalten, wie man sie vielfach beobachten konnte, sondern auch mit Hinweisen auf die unzulängliche Aufarbeitung der NS-Vergangenheit und einen als hysterisch eingestuften Anti-Kommunismus, der sich weniger demokratischen als vielmehr faschistischen Motiven zu verdanken schien; zudem mit der These, daß die westliche Demokratie ohnehin nur eine »Formal-Demokratie« sei, in der sich die »Herrschenden« der Wahlen und der parlamentarischen Prozeduren nur bedienten, um ihr oligarchisches und autoritäres Walten durch die »manipulierten« Massen und ihre »korrumpierten« Repräsentanten »schein-demokratisch« legitimieren zu lassen.

Nun soll nicht bestritten werden, daß das politische und kulturelle Leben in der frühen Bundesrepublik Züge hatte, die als restaurativ empfunden werden konnten, und daß diese Züge sich in manchen Milieus auf eine autoritär wirkende Weise verdichteten oder sich in bestimmten Momenten auf eine beklemmende Weise in den Vordergrund schoben. Dennoch ist der Vorwurf, daß die Bundesrepublik vor 1968 insgesamt »restaurativ« oder gar »faschistoid« gewesen sei, zurückzuweisen, ebenso die milderen Varianten dieses Vorwurfs, daß nämlich die Bundesrepublik vor 1968 nicht eigentlich demokratisch und zivil oder zivilisiert gewesen sei. Alle diese Vorwürfe verkennen, daß mit der Erarbeitung und Verkündigung der Länderverfassungen und des Grundgesetzes der Bundesrepublik ein stabiler und zugleich flexibler demokratischer Rahmen für die Entwicklung einer pluralistischen Zivilgesellschaft mit einer Vielzahl von unabhängigen Institutionen, Körperschaften, Vereinen und Milieus geschaffen worden war. Und sie verkennen, daß diese Zivilgesellschaft mit ihren vielen Möglichkeiten der Lebensgestaltung, der politischen Mitwirkung oder

Nicht-Mitwirkung, des kooperativen wie des nonkonformistischen Verhaltens, der beruflichen Entfaltung und des sozialen Aufstiegs, nicht erst 1968 in Erscheinung trat, sondern schon Mitte der fünfziger Jahre deutlich erkennbar war: Martin Walsers Roman ›Ehen in Philippsburg‹ von 1957 ist – gerade auch in der kritischen Beleuchtung der in Bewegung geratenen Gesellschaft – das epochale Dokument dieser Umstellung. Kurz – : Weder die Demokratisierung noch die Zivilisierung der Bundesrepublik begann 1968; die 68er-Zeit bedeutete nur eine Intensivierung und Modifizierung, und zwar keine unproblematische. Selbst Hans Werner Richter, der den Restaurationsvorwurf auf den Weg gebracht hatte, fühlte sich Anfang der siebziger Jahre veranlaßt, die Bundesrepublik gegen die Delegitimierungsversuche in Schutz zu nehmen; sein 1974 erschienenes Buch ›Von Erfahrungen und Utopien: Briefe an einen jungen Sozialisten‹ ist eine Revokation des Restaurationsvorwurfs als des Ausdrucks einer Fehleinschätzung der Entwicklung der Bundesrepublik.

Die 68er-Zeit war indessen von der Vorstellung erfüllt, daß die politische und gesellschaftliche Entwicklung der Bundesrepublik auf eine katastrophale Weise verfehlt oder »vermurkst« sei. »Kinder von Murks und Coca-Cola«, so nannte Bernward Vesper unter dem Datum des 4. Mai 1971 seine Generation. Enzensberger hatte das »System der Bundesrepublik« schon 1967 als »jenseits aller Reparatur« bezeichnet und hatte gemeint, man könne es nur unverändert akzeptieren oder durch ein ganz neues ersetzen, aber nicht reformieren. In Rolf Dieter Brinkmanns Roman ›Keiner weiß mehr‹, der 1968 erschien und ein eindrucksvolles Zeugnis individueller Ratlosigkeit ist, erhielt die Verwerfung der Bundesrepublik eine letzte, vom »dirty speech movement« potenzierte Radikalität und Drastik: »Gut ausgedacht von so Scheißhaufen da am Rhein, über die zu reden schon gar nicht mehr lohnte. ... Besser wäre es jedoch gewesen, wenn die andren nach Hitler das hier einfach ausgelöscht hätten.

Und hoffentlich holten bald irgendwelche das mal nach und löschten das alles hier aus, endgültig, ein für allemal. ... Deutschland, verrecke. Mit deinen ordentlichen Leuten in Massen sonntags nachmittags auf den Straßen. ... Mit den langweiligen Büchern, den langweiligen Filmen. ... Argumentieren lohnt sich schon nicht mehr. Zusammenficken sollte man alles, zusammenficken.«

*

Typisch für die 68er-Zeit ist Brinkmanns aggressiv ausformulierte Perspektivenlosigkeit allerdings nicht. Es gab ja einleuchtende Analysen der »deutschen Misere« – man denke nur an das 1967 erschienene Buch ›Die Unfähigkeit zu trauern‹ von Alexander und Margarete Mitscherlich – und überzeugend wirkende Vorschläge für die Gewinnung einer besseren Zukunft. Durch die »Politisierung« des Bewußtseins und die »Demokratisierung« aller Lebensbereiche, durch »begrenzte«, aber auch progressive »Regelverletzungen« und notfalls »Gewalt gegen Sachen« sollten – Marx folgend – »die versteinerten Verhältnisse zum Tanzen« gebracht und die – Marcuse zufolge – »repressive Toleranz« der »bürgerlichen Gesellschaft«, die den Protest durch verständnisvolles Gewährenlassen neutralisieren zu wollen schien, ausgehebelt werden. Als Wegbereiterin der politischen Revolution wurde von vielen die moralisch-sexuelle Emanzipation betrachtet. In der neuen Gesellschaft, die einen neuen Menschen implizierte, sollte es keinerlei Verklemmung, Unterwürfigkeit, Dienstbarkeit, Frustration, Unkreativität mehr geben. Vielen erschien diese neue Gesellschaft in Gestalt eines antiautoritären, libertinären und hedonistischen Sozialismus, in dem sich die Kreativität des Menschen ungehindert entfalten konnte. Der »Pariser Mai«, der bisweilen Züge eines revolutionären Volksfests annahm, fand dafür die vielzitierte Formel »L'imagination au pouvoir«/»Die Phantasie an die Macht«.

*

Das ›Kursbuch‹ gab den Wortführern der Berliner Studentenbewegung im Herbst 1967 Gelegenheit, ihre Vorstellungen von der zukünftigen Gesellschaft und vom Weg dahin zu entwickeln. Hans Magnus Enzensberger stellte die Fragen; Rudi Dutschke, Bernd Rabehl und Christian Semler antworteten. Enzensberger legte Wert darauf, daß nicht über ferne, utopische Zeiten gesprochen wurde, sondern über die nächste Zukunft, über »eine Zukunft in der Gegenwart«, wie Dutschke zustimmend sagte. Das Gespräch wurde im Oktober 1967 geführt; es erschien im August 1968 im ›Kursbuch‹ 14.
Der Traum von Enzensbergers Gesprächspartnern hieß »Räterepublik West-Berlin«: »Selbstverwaltung der Produzenten, Produzentengesellschaft, direkte Demokratie«. Rabehl meinte, die Stadt könne »in viele einzelne Kollektive von jeweils drei-, vier-, fünftausend Menschen« aufgegliedert werden. Die Produzentenkollektive sollten sich »um eine Fabrik zentrieren«, doch sollte diese Fabrik »nicht nur Arbeitszentrum« sein, »sondern alle Möglichkeiten zur Entfaltung des Lebens bieten«, »gleichzeitig auch Schule, gleichzeitig auch Universität sein«. Die Kooperation zwischen diesen »dezentralisierten Kommunen« sollte durch einen »obersten Städterat« organisiert und kontrolliert werden. Dabei sollte »Autonomie, und zwar radikale menschliche und produktive Autonomie, mit Zentralismus und Planung« so verbunden werden, daß »ein Höchstmaß an Effektivität« erreicht werden konnte. Bei der Entwicklung von »Wirtschaftsplänen« und »städtebaulichen Projekten« sollte eine »neue Technologie« genutzt werden: »Man nimmt Computer zu Hilfe, um zu berechnen, was gebaut werden muß, wie die Pläne aussehen müssen, welche Gefahren auftauchen.« Dies schien auch den Vorteil zu haben, daß auf die Spezialisten der alten Bürokratie, die immer auch Machthaber waren, verzichtet werden konnte. Semler: »Wenn es die Computer nicht gäbe, müßten sie förmlich erfunden werden für die Räteverfassung. Nur sie ermöglichen es, Informationen zu sammeln, die die Sachent-

scheidungen der bisherigen Bürokratie ersetzen, und zwar dergestalt, daß es überhaupt keine bürokratische Position mehr gibt, die nicht innerhalb von vierzehn Tagen umbesetzbar wäre.«

In den Fabrik-Universitäten des »befreiten Berlin« sollten hochwertige Geräte vor allem für den Vertrieb in der Dritten Welt gefertigt werden. Auf Landwirtschaft glaubte man verzichten zu können, obwohl Mao, wie Rabehl gegen den entsprechenden Vorschlag von Dutschke einwandte, vier Berufe für notwendig hielt: »Arbeiter, Bauer, Soldat, Intelligenzler.« Die Arbeitszeit sollte möglichst auf fünf Stunden pro Tag reduziert werden, so daß jeder die Möglichkeit hätte bekommen können, »zum Politiker« zu werden und sich seinen künstlerischen Neigungen hinzugeben. »Großküchen« sollten eingerichtet werden, »die sich« – so Dutschke – »nicht durch Einfachheit auszeichnen, sondern hochentwickelte Bedürfnisse entfalten« sollten. Die Frauen sollten »von der Entfremdung der Arbeit« und »aus ihrer blockierten Stellung in der Familie« befreit werden.

Ausgesprochene Problemkörper für die erträumte »Transformation« der »Frontstadt« Berlin in eine »befreite« Räte-Stadt sah man in den vielen alten Bewohnern und in den kaum weniger vielen Angehörigen der »Bürokratie«, die – Rabehl zufolge – »zum großen Teil aus Frauen, aus verkrüppelten Frauen« bestand. Die Alten hoffte man durch Reintegration in die Fabrik-Kommunen aus ihrem apathischen Warten auf den Tod herausholen und wieder zu einem produktiven Faktor in den Betrieben machen zu können. Hinsichtlich der Angehörigen der »Bürokratie« sah Rabehl dafür keine Chance: »Die Bürokraten sind gar nicht so ohne weiteres in der Produktion verwendbar. Sie sind einfach derartig in der Hörigkeit gefangen, daß sie gar nicht selbsttätig werden können. Ein Großteil der Bürokraten wird nach Westdeutschland emigrieren müssen.« Dem widersprach der aus der DDR vertriebene Dutschke, aber nicht etwa, weil er Rabehls Vorschlag für faschistoid gehalten hätte, sondern weil er wußte, was durch eine solche »Emigration« verlorengegangen wäre: »Halten wir fest: Die Bürokratie als Gewaltorganisation muß zerstört werden. Die Tausende und Zehntausende von menschlichen Arbeitsvermögen, die heute in der Bürokratie absorbiert sind, müssen aber produktiv ausgebildet werden. Da ist nichts mit dem bloßen Wegschicken getan, absolut nichts. Wir haben keine Bourgeoisie, die wir in die Wüste schicken können, wir haben aber zigtausende von Menschen, die ausgebildet werden müssen, und zwar sehr schnell, sobald die Gewaltorganisationen zerstört sind. Niemand darf weggeschickt werden, sondern alle sind produktive Kräfte.« Das zeitgemäße Wort für diese produktive Aus- oder Umbildung von Menschenmassen hieß »Kulturrevolution«; in der Volksrepublik China, dem leuchtenden Vorbild der deutschen Revolutionstheoretiker, war sie seit zwei Jahren im Gang.

*

Die Art und Weise, wie die »Transformation« der Gesellschaft in Gang zu bringen sei, wurde in der permanenten »Organisationsdebatte«, die 1967 einsetzte, unablässig erörtert. Vier Wege, die gleichzeitig zu begehen waren, wurden favorisiert: (1.) Anhänger der Protestbewegung sollten sich auf den »langen Marsch durch die Institutionen« begeben und sich dabei als »Partisanen im Apparat« betätigen, also den Apparat möglichst okkupieren und umfunktionieren. (2.) »Basisgruppen« sollten in Betrieben und Schulen für die »Politisierung des Bewußtseins« sorgen und die Anhängerschaft verbreitern. (3.) Ein repressionsfreies Gegenmilieu sollte aufgebaut werden, um die Alternative zur bestehenden Gesellschaft konkret werden zu lassen und um zu verhindern, daß die Aktivisten von der bürgerlichen Gesellschaft aufgesogen würden. (4.) Durch »direkte Aktionen« mit möglichst hohem Provokations- und Symbolwert sollte – für Anhänger wie Gegner – die Schlagkraft der Protestbewegung demonstriert werden. Zugleich sollte die bürgerli-

che Gesellschaft verunsichert werden und sollte die Entstehung einer »revolutionären Situation« gefördert werden. Ob hierbei auch Gewalt »gegen Sachen« und vielleicht sogar »gegen Personen« angewendet werden durfte, wurde vielfach und heftig diskutiert – auch noch zu einer Zeit, als Gewalt bereits Anwendung gefunden hatte und deutlich geworden war, daß die Trennung von »Gewalt gegen Sachen« und »Gewalt gegen Personen« kaum aufrechtzuerhalten war.
Die Wirkung der »direkten Aktionen« war auf die Berichterstattung durch die Medien angewiesen, und diese blieb nicht aus, zumal einzelne Gruppen der Protestbewegung ihre Aktionen bewußt medienwirksam gestalteten. In der Berliner Kommune I begann der Tag regelmäßig mit einer Auswertung der Zeitungsberichte, die dann auch archiviert wurden, und bald wurde, um die eigene Erscheinung studieren und optimieren zu können, ein Fernsehgerät angeschafft. Immer war man auf der Suche nach neuen subversiven und zugleich medienwirksamen Gags. Im Rückblick bezeichnete ein früheres Mitglied die Kommune I deswegen als »Show-Truppe«, und nicht ganz zu Unrecht ist gesagt worden, die 68er-Bewegung sei »eine TV-Bewegung« gewesen. Ihr Selbstverständnis und ihr Zusammengehörigkeitsgefühl bildete sich nicht zuletzt über die Bilder, die das Fernsehen in manchen Wochen fast täglich von ihr lieferte: von ihren symbolkräftigen Kundgebungen und von ihren eloquenten Wortführern, insbesondere von Dutschke, der nachgerade zum Medienstar wurde. Medienpräsenz war allerdings nicht das eigentliche Ziel, sondern nur Mittel zum politischen Zweck.

*

Am 21./22. Mai 1967 brannte in Brüssel das Kaufhaus ›A l'Innovation‹ ab, das eben eine Ausstellung amerikanischer Waren gezeigt hatte. Mehr als 300 Menschen fanden den Tod. Das Gerücht ging um, der Brand sei von Kritikern des Vietnam-Kriegs gelegt worden. Wenige Tage nach der Brüsseler Katastrophe verteilten in Berlin die

Angehörigen der Kommune I jenes berühmt-berüchtigte Flugblatt Nr. 8, das mit der Frage begann »Wann brennen die Berliner Kaufhäuser?« und – nach einem ausdrücklichen Verweis auf Brüssel – mit dem Ausruf endete »burn, ware-house, burn!«: ein problematischer Versuch, das letztlich folgenlose Verhallen der Proteste gegen den Vietnam-Krieg, das in den vorausgehenden Flugblättern beklagt worden war, durch eine dramatische Verschärfung der Kritik zu beenden. Auf den Gedanken, daß das Flugblatt als Aufforderung und Anleitung zur Brandstiftung verstanden werden mochte (»man zündet sich diskret eine Zigarette in der Ankleidekabine an«), wollten die Verfasser nicht gekommen sein. Als der Staatsanwalt im späteren Prozeß gegen die Kommunarden Langhans und Teufel die Möglichkeit eines solchen Verständnisses unterstellte, antwortete Teufel: »Ich muß sagen, es ist keiner auf den Gedanken gekommen, daß man das tun könnte – bis auf den Herrn Staatsanwalt. Der hat es aber auch nicht getan, sondern eine Anklageschrift verfaßt.« Auch die publizistik- und literaturwissenschaftlichen Gutachter, die von der Verteidigung bemüht worden waren, bescheinigten den Flugblättern einen literarisch-praxisfernen Charakter und versuchten, durch Hinweise auf spektakuläre Auftritte und Texte von Avantgardisten wie Marinetti und Breton deutlich zu machen, daß die Kommune-Flugblätter futuristischen und surrealistischen Mustern verpflichtet seien. Der Religionswissenschaftler Jacob Taubes schloß deswegen sein Gutachten, das im November 1967 in der Zeitschrift ›Merkur‹ unter der Überschrift ›Surrealistische Provokation‹ publiziert wurde, mit dem Satz: »Die ›Kommune 1‹ ist ein Objekt für die Religionsgeschichte und Literaturwissenschaft, aber nicht für Staatsanwalt und Gericht.«

Darüber mag man verschiedener Meinung sein. Richtig ist aber in jedem Fall, daß die Flugblätter und Aktionen der Kommune I und einiger anderer Gruppen Ähnlichkeit mit Texten und Auftritten von Futuristen, Dadaisten und

Surrealisten hatten. Parodistische Verspottung der Selbstgefälligkeit der Gesellschaft, satirische Überbietung ihrer Selbstgerechtigkeit, aggressive Wendung gegen ihre Saturiertheit und Indolenz, schockierende Äußerung von Destruktionsgelüsten, radikale Verwerfung des Bestehenden und furioses Rufen nach einem ganz anderen, nicht bürgerlich entfremdeten und gehemmten Leben finden sich hier wie dort. Als bewußte Anlehnung der Protestbewegung an die künstlerische Avantgarde der ersten Jahrhunderthälfte muß dies nicht unbedingt interpretiert werden; ähnliche Verhältnisse oder Problemlagen drängen wohl zu ähnlichen Reaktionen, die sich dann der Audrucksformen, die dank der kulturellen Überlieferung präsent sind, bedienen, ohne immer auch nach dem Woher zu fragen. Im Fall der Kommune I, deren Aktionen eine gewisse Vorbildlichkeit für die Protestbewegung hatten, ist aber ein Traditionszusammenhang mit dem Surrealismus erkennbar. Er führt über die »Situationistische Internationale«.

Als »Situationisten« bezeichneten sich einige – vorwiegend französische, italienische und holländische – Künstler, die in den fünfziger Jahren auf die Methoden des Dadaismus und Surrealismus zurückgriffen und sich zugleich dem Marxismus öffneten. Der Begriff »Situation«, der dem Namen zugrunde liegt, ist ein künstlerischer und näherhin theatralischer Terminus, der in der Ästhetik von Hegel über Kierkegaard bis zu Heidegger und Sartre vielfach reflektiert wurde. Vereinfachend kann man sagen: Er bezeichnet den Moment, in dem plötzlich sichtbar wird, welche Kräfte sich in einem Vorgang begegnen und wohin sie tendieren, ohne daß indessen der Ausgang schon abzusehen ist. Das Interesse der Situationisten galt der Veränderung des gesellschaftlichen Lebens durch die »Konstruktion« von »Situationen«, die geeignet schienen, die Beschaffenheit des gesellschaftlichen Lebens mit seinen Defiziten wie mit seinen Möglichkeiten deutlich werden zu lassen, also seine Veränderungsbedürftigkeit und seine Veränderungs-

möglichkeit zu zeigen. In einer programmatischen Schrift der Situationisten hieß es, es gehe darum, »bei jeder Gelegenheit konkret dem Spiegelbild der kapitalistischen Lebensweise andere, wünschenswerte Lebensweisen entgegen[zu]setzen«. Wichtiger als die Entwicklung positiver Gegenbilder war aber die Destruktion der eingebürgerten Wertvorstellungen durch eine humoristische oder ironische Beleuchtung, durch eine respektlos-parodistische und lächerlich machende Vorführung – oder durch Methoden des »Terrors«. *(Guy Debord)*
In der Absicht, eine »revolutionäre Front in der Kultur« zu bilden, gründeten die Situationisten 1957 die »Situationistische Internationale« und nahmen Kontakte mit gleichgesinnt scheinenden Künstlern auf, 1959 auch mit einer Münchener Maler- und Bildhauergruppe »Spur«, der sich 1960 Dieter Kunzelmann anschloß. Zwar wurde die »Gruppe Spur« 1962 wieder aus der »Situationistischen Internationale« ausgeschlossen; aber zuvor hatte Kunzelmann an ihren Kongressen teilgenommen, und insbesondere darauf dürften die surrealistischen und situationistischen Momente zurückzuführen sein, die sich in den Verlautbarungen und Inszenierungen der späteren Gruppen um Kunzelmann, also der 1962 in München gegründeten »Subversiven Aktion« und der 1967 in Berlin gegründeten Kommune I, finden. Eine ausdrückliche Bezugnahme auf die frühere Avantgarde gibt es in den ›Unverbindlichen Richtlinien 2‹ der »Subversiven Aktion« von 1963, wo am Ende einer längeren Aufzählung der vielen und unterschiedlichen Quellen, aus denen der »HOMO SUBVERSIVUS« Anregungen beziehen sollte, auf die »Anliegen der subversiven Literatur und einiger künstlerischer Bewegungen (Dadaismus, Futurismus, Surrealismus und Beat)« verwiesen wird. Das ist aus zwei Gründen bemerkenswert: zum einen, weil es den Befund der Gutachter, daß die »Brandflugblätter« als Ausdruck einer surrealistischen Haltung zu verstehen sind, bestätigt; zum andern, weil es deutlich macht, daß der Protest der Kommune I außer dem politischen einen

subversiv-ästhetischen Ursprung hat und eine – durch den Situationismus vermittelte und möglicherweise durch Walter Benjamins ›Sürrealismus‹-Essay (Neudruck 1966) zusätzlich inspirierte – Fortführung der genannten avantgardistischen Bewegungen ist. Dasselbe gilt für den »Pariser Mai«, der zweifellos den Höhepunkt dieser Fortführung bildete: die Verunsicherungskraft der subversiv-ästhetischen Revolte auf frappierende Weise deutlich werden ließ – und zugleich ihre Unfähigkeit zur wirklichen Veränderung offenbarte.

*

Mitten im »heißen Sommer« des Jahres 1968, am letzten Juni-Wochenende, fand in Freiburg i. Br. ein Symposion statt, auf dem deutsche und amerikanische Literaturwissenschaftler und Autoren zum Thema ›Für und wider die zeitgenössische Literatur in Europa und Amerika‹ sprachen. Damit sollte der »Zürcher Literaturstreit« fortgesetzt werden, der 1966 ausgetragen wurde und als eine erste Manifestation eines Konflikts zwischen einem traditionalistischen und einem dezidiert modernen Literaturverständnis zu begreifen ist. In Freiburg wurde diese Umstellung einen entscheidenden Schritt weitergeführt und mit einem Namen bedacht. Dies geschah durch einen Vortrag des amerikanischen Literaturwissenschaftlers, Romanautors und Essayisten Leslie A. Fiedler; sein Titel lautete ›The Case for Post-Modernism‹, also etwa ›Plädoyer für eine nach-moderne Epoche‹ oder »Haltung«. Fiedlers Vortrag erschien im August 1968 unter dem Titel ›Das Zeitalter der neuen Literatur‹ zunächst in der damals größten deutschen Wochenzeitung, ›Christ und Welt‹, dann, im Dezember 1969 unter dem mottoartigen und deswegen berühmt gewordenen Titel ›Cross the border, close the gap‹ im ›Playboy‹-Magazin. Diese Doppelpublikation ist bis heute verwunderlich, erweist sich aber bei genauerem Zusehen als durchaus plausibel: Fiedler sprach sowohl vom Siegeszug der Pornographie als auch vom Beginn einer »permanenten religiösen

Revolution« und begriff beides als Ausdruck menschlicher Befindlichkeiten und Sehnsüchte. Er reflektierte damit auf die oben schon beschriebene Disparatheit der Motive, die sich in der Aufbruchsbewegung um 1968 mischten, und machte zugleich die manchmal paradox wirkende Verbindung dieser Motive als eine neue, nach- oder postmoderne Haltung kenntlich. Daß der »Postmodernismus«, von dem zuvor nur ein paar Spezialisten gesprochen hatten, im »heißen Sommer« 1968 konturiert und als Dominante einer neuen kulturellen Epoche ausgerufen wurde, verdankt sich mithin nicht dem Zufall, sondern dem Zug der Zeit und dem diagnostischen Blick und konzeptionellen Denken eines hellsichtigen Zeitgenossen.

Nun soll nicht etwa eine Identität zwischen der Protestbewegung und dem, was seit Fiedlers »Plädoyer« als »Postmodernismus« oder »Postmoderne« gilt, behauptet werden. Gleichwohl sind einige Konvergenzen festzustellen, vor allem auf folgenden Feldern: in der Kritik an den traditionellen bürgerlichen Normen und in der Zuwendung zu neuen Werten und Vorbildern aus ganz unterschiedlichen Sphären; in der besonderen Aufmerksamkeit für Minderheiten; in der Aufwertung feministischer Positionen; in der Entwicklung einer pluralistischen Denk- und Lebensform; in der Ästhetisierung des Alltags in Form einer neuen Massenkultur, die keinen Unterschied mehr zwischen hoher und trivialer Kunst kennt.

Diese Konvergenzen zwischen Protestbewegung und Postmoderne sind nicht zufällig, sondern genetisch bedingt: Die postmoderne Kultur entfaltete sich – wie Andreas Huyssen gezeigt hat – in den Vereinigten Staaten im engen Zusammenhang mit der politisch-sozialen Protestbewegung, und wie in der Protestbewegung finden sich auch in der postmodernen Kultur Motive und Muster der früheren Avantgarden vom Dadaismus und Surrealismus bis zum Situationismus. Insbesondere gilt dies für zwei Momente: für die Wendung gegen die großen, alles vereinnehmen wollenden Sinnentwürfe der Moderne und für den Versuch, den Unterschied zwischen Kunst und Leben aufzuheben.

»Postmoderne« ist allerdings ein Begriff, der sehr unterschiedlich verstanden und verwendet wird. Oft wird »Postmoderne« – unter Verweis auf die 1975 von dem Wissenschaftstheoretiker Paul Feyerabend geprägte Formel »Anything goes!« – auf Vokabeln wie »fröhliche Unvernunft«, »Irrationalismus«, »Beliebigkeit«, »Eklektizismus«, »Potpourri«, »Spielerei« und »Richtungslosigkeit« reduziert. Diese Verkürzungen kommen zwar nicht von ungefähr, verkennen aber die Seriosität, die den Motiven und Bewegungen des postmodernen Denkens innewohnt. Postmoderne ist, wie am deutlichsten Wolfgang Welsch dargelegt hat, der in den sechziger Jahren sich verdichtende Versuch, die Moderne auf zwei Wegen zu überbieten: zum einen durch die Destruktion ihres universalistischen Anspruchs und ihres teleologischen Denkens; zum andern durch die weitere Entfaltung von Prinzipien wie Autonomie und Pluralität, die schon für die frühe Moderne konstitutive Bedeutung hatten. Postmoderne ist, anders gesagt, der Versuch, die Moderne möglichst umfassend zu realisieren und sie zum Lebensstil der Massen, nicht nur der Eliten werden zu lassen. Von manchen Beobachtern wird die Postmoderne als kulturelle Entsprechung der von Daniel Bell so genannten »postindustriellen Gesellschaft« und des »multinationalen Kapitalismus« (Fredric Jameson) aufgefaßt; ihr Verhältnis zur ökonomischen und politischen Entwicklung ist aber nicht einfach affirmativ, wie oft behauptet wird. Wie das frühere avantgardistische Denken hat auch das postmoderne Denken einen ausgesprochen subversiven Zug; seine Skepsis gilt allerdings nicht nur dem Machbarkeitswahn und den Freiheitsversprechungen des Kapitalismus, sondern auch dem Machbarkeitswahn und den Gleichheitsversprechungen der antikapitalistischen Utopien.

Das impliziert, daß sich der subversive Impetus des postmodernen Denkens auch gegen einige Motive und Tendenzen der Protestbewegung richtete: gegen ihren emphatischen Utopismus und Messianismus; gegen ihre alles begreifenden Geschichtsdeutungen; gegen den autoritären Gestus, mit dem diese oft verkündet wurden; gegen die totalitären Implikationen mancher antikapitalistischer und antiliberaler Konzepte; gegen den Zwang, alles »politisch« sehen zu müssen und permanent sich »engagieren« zu müssen. Symptomatisch dafür ist Fiedlers Haltung gegenüber der Forderung nach Engagement: Er wollte sich zwar, wenn es ihm nötig schien, als Bürger seines Landes engagieren, nicht aber als Schriftsteller; Literatur sollte nicht im politischen und sozialen Engagement aufgehen und ihm schon gar nicht geopfert werden. Darin ein Zeichen von Politikvergessenheit oder Neokonservativismus zu sehen, wie es immer wieder geschah, ist verfehlt; vielmehr manifestiert sich in Fiedlers Worten das Bestreben, die Freiheit der Kunst und des Denkens gegenüber allen politischen und sozialen Ansprüchen zu wahren. Dem folgte der Punk der späten siebziger Jahre, in dem das postmoderne Denken in popularisierter Form als Gruppenkultur in Erscheinung trat und sich als Protest nicht nur gegen das Establishment in Szene setzte, sondern auch als Protest gegen das Gegen-Establishment.

*

Die Literatur hat – in der Bundesrepublik nicht weniger als in den anderen westlichen Ländern – die Protestbewegung mit hervorgebracht. Wichtige Themen der deutschen Protestbewegung waren von der Literatur der fünfziger und sechziger Jahre ins Bewußtsein gehoben worden. Die oben schon erörterte These, daß die Bundesrepublik als Produkt einer »Restauration« sozial wie ideologisch noch stark der NS-Zeit verhaftet sei, wurde seit Wolfgang Koeppens ›Treibhaus‹ (1953) und ›Tod in Rom‹ (1954) über Heinrich Bölls ›Billard um halb zehn‹ (1959) bis zu Alfred Anderschs ›Ephraim‹ (1967) in einer Vielzahl von Gesellschaftsromanen, Dramen und Gedichten ausgebreitet; in den meisten Literaturgeschichten erscheint denn auch die Kritik der »Nachkriegs-Restauration« (Ludwig Fischer) und des »NS-Kontinuums« (Klaus Briegleb) als »Hauptgeschäft« und größte Leistung der deutschen Literatur bis 1968. Der verwaltungsmäßig geplante und fabrikmäßig betriebene Judenmord, der als entlarvende Konsequenz einer unauflösbar scheinenden Verbindung von Kapitalismus und Faschismus verstanden wurde, war durch Rolf Hochhuth (›Der Stellvertreter‹, 1963), Peter Weiss (›Die Ermittlung‹, 1965) und Martin Walser (›Unser Auschwitz‹, 1965) auf wirkungsvolle Weise thematisiert worden. An den Kampagnen gegen Atombewaffnung und Notstandsgesetze beteiligten sich viele und renommierte Schriftsteller wie Hans Henny Jahnn, Erich Kästner, Hans Magnus Enzensberger und Ingeborg Bachmann. Mit Bezugnahme auf die ›Göttinger Erklärung‹ von 18 Atomwissenschaftlern, die von einer atomaren Bewaffnung der Bundeswehr abrieten, entwickelte Peter Rühmkorf schon im Mai 1957 die Idee, daß die Opposition von einer »außerparlamentarischen [!] Gruppe«, die nicht niedergestimmt werden könne, übernommen werden müsse, und in der Ostermarschbewegung, aber auch im gemeinschaftlichen Eintreten von Schriftstellern für »eine neue Regierung« (1961 und 1965) fand diese Idee einer außerparlamentarischen Opposition Realisierung. Die Kritik am manipulativen Charakter der Kulturindustrie und an der mangelnden politischen »Alphabetisierung« der Bundesrepublik wurde von Hans Magnus Enzensberger seit 1957 in einer Vielzahl von wirkungsreichen Gedichten und Essays ausformuliert. Daß die bundesrepublikanische Gesellschaft immer noch eine »Klassengesellschaft« sei und zu einer Rückkehr zum »Klassenkampf« zwinge, hat 1965 Rolf Hochhuth in einem aufsehenerregenden und heftig diskutierten ›Spiegel‹-Artikel behauptet. Die »Ausbeutung der Dritten Welt« war 1965 Gegenstand des eben gegründeten ›Kursbuchs‹ und des vielbeachteten Weiss'schen ›Gesangs vom lusitanischen Popanz‹. Den Viet-

nam-Krieg haben die Berliner Studenten mit der großen Demonstration vom 3./4. Februar 1966 zum Thema der Protestbewegung gemacht; aber noch im Herbst desselben Jahrs erschien Erich Frieds erschütternder Gedichtband ›und VIETNAM und‹, und im Juni begann Peter Weiss mit der Arbeit an seinem ›Viet Nam Diskurs‹, der dann 1968 publiziert und aufgeführt wurde.
Trotz dieser Affinitäten zwischen Literatur und Protestbewegung kam es 1967/68 aber nicht zu einem generellen »Schulterschluß«, sondern zum Konflikt. Deutlich sichtbar wurde er während der Tagung der Gruppe 47 vom 5. bis 8. Oktober 1967 im Gasthof Pulvermühle bei Waischenfeld nördlich von Erlangen. Bereits am ersten Tag der Lesungen, am 6. Oktober, erschienen Mitglieder des Erlanger SDS, verlangten die Zustimmung der Gruppe zu den Anti-Springer-Parolen (»Enteignet Springer!«), apostrophierten die Schriftsteller als harmlose »Dichter« und die Tagung als »Klassenkampf-Fasching«, ließen 30 Bildzeitungen in Flammen aufgehen und störten die Lesungen in einem solchen Maß, daß einige der Autoren die Polizei rufen wollten. Über die Forderungen und Vorschläge der Studenten kam es unter den Autoren zu starken Meinungsverschiedenheiten: Ein Teil der Autoren wollte sich die Forderungen der Studenten zu eigen machen; ein anderer Teil lehnte sie als zu radikal ab und kritisierte das Vorgehen der Studenten als »kaputtmacherisch«. Die Gruppe zerbrach darüber nicht gleich; vielmehr konnte in der Nacht vom 6. zum 7. Oktober eine Anti-Springer-Resolution erarbeitet werden, der ein großer Teil der Tagungsteilnehmer zustimmen mochte. Der Anschein der Homogenität der Gruppe wie der Übereinstimmung der gesellschaftskritischen 47er-Autoren mit der Protestbewegung war gewahrt; gleichwohl war im Gasthof Pulvermühle deutlich geworden, daß die Protestbewegung radikaler war als die meisten Autoren der Gruppe 47 und daß diese ihr Verhältnis zur Protestbewegung überdenken und genauer bestimmen mußten. Ein Teil ging auf Distanz und wurde für die Protestbewe-

gung zum Bestandteil des »Establishments«. Ein anderer Teil, repräsentiert z. B. durch Lettau, Fried und Enzensberger, näherte sich weiter der Protestbewegung und begann die 47er-Literatur als harmlose, systemkonforme und systemstabilisierende Opposition zu kritisieren: »Alibi im Überbau«, heißt es in Enzensbergers ›Gemeinplätzen, die Neueste Literatur betreffend‹, die im November 1968 im ›Kursbuch‹ 15 erschienen und mit dem mißverständlichen Wort vom »Tod der Literatur« den Höhepunkt der politisch avanciert sich dünkenden Kritik an der 47er-Literatur markierten. Vorausgegangen waren – im ›Kursbuch‹ 11 und 13 vom Januar bzw. Juni 1968 – die ›Berliner Gemeinplätze‹, die der »reformistischen« deutschen Linksintelligenz insgesamt vorwarfen, die Notwendigkeit einer revolutionären Veränderung des »nicht mehr reparabel« gewordenen »politischen Systems« der Bundesrepublik verkannt und verschleiert zu haben. Den Kontext dieser Attacken bildeten Feuilleton-Debatten über die gesellschaftliche Rolle der Literatur (›Kunst als Ware‹-Debatte in der ›Zeit‹ vom Herbst 1968) und Versuche, die Literatur zu einem Organon der Revolution zu machen: durch Entwicklung alternativer, nicht vom Kapital kontrollierter Produktions- und Vertriebsweisen und durch die Reaktivierung und Weiterentwicklung agitatorischer Formen wie Reportage, Lied und Song, Agit-Prop-Lyrik und Agit-Prop-Theater, Lehrstück (Neuausgabe von Brechts ›Maßnahme‹ 1972). Als innovativ und zugleich zeittypisch darf insbesondere das »epigrammatische Lehrgedicht« (Peter Rühmkorf) gelten, das politische Ansichten mit klassenkämpferischer Tendenz in der Form gedichtartiger Sinnsprüche bot.
Neben der politisch motivierten Front unter den insgesamt gesellschaftskritischen Schriftstellern bildete sich 1968 eine zweite, die eher künstlerisch motiviert war. Ihre Exponenten waren Rolf Dieter Brinkmann, Peter Handke und Martin Walser. Brinkmann, der sich für die amerikanische Underground-Literatur begeistert hatte und eben die ›ACID‹-Anthologie (1969) vorbereitete, be-

schimpfte in der ›Christ und Welt‹-Debatte über Fiedlers Freiburger Postmoderne-Vortrag im November 1968 die 47er-Autoren als »Schlampen«, die zu bequem gewesen seien, sich dem Fortschritt der internationalen Zivilisation zu stellen und eine zeitgemäße Literatur zu entwickeln. Zugleich plädierte Brinkmann für eine neue Literatur: popartig durch die Vermischung verschiedenster Formen, Materialien und Techniken; postmodern in der Verabschiedung der gängigen »gedanklichen Alternativen« (Natur – Kunst – Gesellschaft usw.); psychedelisch durch die Verwendung halluzinogener Drogen; vom Wahn mehr fasziniert als von der Vernunft; nicht unpolitisch, aber an der Erkundung des eigenen Innern mehr interessiert als an der Veränderung der äußeren Welt. Fast zur selben Zeit wandte sich Handke, der 1966 die Autoren der Gruppe 47 der »Beschreibungsimpotenz« bezichtigt hatte, gegen die Berliner SDS-Gruppe ›Kultur und Revolution‹, mit deren Beitrag die ›Kunst als Ware‹-Debatte in der ›Zeit‹ eröffnet worden war, und warf ihr vor, nur »totgeborene Sätze« produziert zu haben: Sätze, die nichts Neues sagten, sondern nur alte Klischees wiederholten, nur auf Agitation aus waren – und bei Handke nicht mehr als einen »Denkkrampf« erzeugten. Walser, der von Brinkmann den »Schlampen« und »zynischen alten Männern des Kulturbetriebs« zugerechnet worden war, interpretierte in seinem Essay ›Über die Neueste Stimmung im Westen‹, der im März 1970 im ›Kursbuch‹ 20 erschien, die schroffen Äußerungen von Brinkmann und Handke als Zeichen von »Verwilderung oder Asozialität« und zynischem »Narzißmus«; auch befürchtete er, »daß in diesen Neuesten Stimmungen die Bewußtseinspräparate für die neueste Form des Faschismus hergestellt werden« könnten.

*

Die Erklärungen von Brinkmann, Handke und Walser waren nicht nur Artikulation einer momentanen Stimmung oder Gereiztheit. Vielmehr zeigen sich in ihnen drei verschiedene Vorstellungen von Literatur, die bei den genannten Autoren schon vor 1968 vorhanden waren, aber erst durch die Politisierungspostulate des Jahres 1968 vollends herausgetrieben wurden. Walser machte mit seiner Stellungnahme zu Fiedlers Postmoderne-Vortrag und in seinem folgenden Essay noch einmal einen Literaturbegriff geltend, wie er sich im Umkreis der Gruppe 47 herausgebildet hatte: Literatur als Versuch, »die Welt ... mit Hilfe kritischer Abbilder« zu »korrigieren« oder als »ein Mittel zur Ausbildung eines kritischen und dadurch zur Veränderung drängenden Bewußtseins vom gesellschaftlichen Zustand«. Aber mit dieser Art von Literatur hatte Brinkmann wohl schon 1962 gebrochen, als er in einem Gedicht mit dem Titel ›Kulturgüter‹ Böll, Andersch, die ›Frankfurter Allgemeine Zeitung‹ und ihren Kritiker Enzensberger kurzerhand in ein und denselben Sack steckte und gemeinsam als »Ohrenschmalz« abtat; er hatte offensichtlich schon damals eine Literatur im Sinn, die nicht auf die reformerische oder rektifizierende Auseinandersetzung mit Politik und Gesellschaft fixiert und eingeschränkt war, sondern Ausdruck der ganzen problematischen Befindlichkeit eines modernen Individuums (oder eigentlich: Multidividuums) sein sollte, und er profilierte diese Vorstellung von Literatur in der Beschäftigung mit der »ausgeflippten« amerikanischen Underground-Literatur, mit Postmoderne-Konzepten – und im Rückgriff auf die ästhetischen Prinzipien, die der avancierteste deutsche »Modernist«, Gottfried Benn, 1950 in den ästhetischen Passagen seiner Autobiographie ›Doppelleben‹ entwickelt hatte (»Orangenstil«). Auch bei Handke begann der Protest gegen die gesellschafts- und politikfixierte Literatur nicht erst im Jahr 1968, sondern 1966 mit der Kritik am gesellschaftlich engagierten »Realismus« der Gruppe 47, und fand eine erste programmatische Formulierung in dem 1966 entstandenen Essay ›Ich bin ein Bewohner des Elfenbeinturms‹, in dem es heißt, »daß es in der Literatur nicht darum gehen kann, politisch bedeutungsgeladene Dinge beim Namen zu nennen, sondern vielmehr von ihnen zu abstrahieren«. Und auch: »Ein engagierter Autor kann ich nicht sein, weil ich keine politische Alternative weiß zu dem, was ist, hier und woanders, (höchstens eine anarchistische). Ich weiß nicht, was sein soll. Ich kenne nur konkrete Einzelheiten, die ich anders wünsche, ich kann nichts *ganz* anderes, Abstraktes, nennen. Im übrigen interessiert es mich als Autor auch nicht so sehr.« Im Kern enthält der Essay von 1966 bereits die Büchner-Preis-Rede von 1973, in der Handke zwar mit der Frage einsetzte »Wie wird man ein politischer Mensch?«, dann aber den Wert der »begriffsauflösenden und damit zukunftsmächtigen Kraft des poetischen Denkens« beschwor und schließlich zu dem Befund kam, daß es wichtiger sei, zu fragen: »Wie wird man ein poetischer Mensch?«

Die Vergegenwärtigung dieser Positionen ergibt zweierlei: zum einen, daß die literarische Situation um 1968 sehr divergierende Tendenzen aufwies und durch das oft verwendete Etikett »Politisierung« nur unzulänglich charakterisiert wird, auch wenn der Zug zur politischen Instrumentalisierung der Literatur dominant war; zum andern, daß die sogenannte »Tendenzwende«, die sich zwischen 1972 und 1975 abzeichnete und die oft als »Entpolitisierung« der Literatur beschrieben wurde, keine eigentliche Tendenzwende war, und schon gar keine konservative, sondern das Dominantwerden eines Literaturverständnisses, das schon vor 1968 in der Auseinandersetzung mit der Gruppe 47, mit der politischen Protestbewegung und mit den subkulturellen Bewegungen entwickelt worden war. Dieses Literaturverständnis trieb keinen Keil zwischen die Literatur und die Politik, negierte nicht die politischen Aspekte und die politische Bedeutung der Literatur. Im Gegenteil: Es ging davon aus und bestand darauf, daß Literatur auch dann politisch war und wirkte, wenn sie sich nicht um politische Theorien kümmerte und nicht nach politischen Zusammenhängen und Hintergründen fragte, sondern sich einer nicht politisch determinierten Reflexion ihrer Gegenstände überließ und nach einer nicht politisch vorgeprägten Artikulation suchte. Mustergültig hat dies Handke vorgeführt – und wurde dafür häufig kritisiert, fand aber auch Anerkennung, nicht zuletzt bei seinem früheren Kritiker Walser. In Walsers Essay ›Vormittag eines Schriftstellers‹ (1990) , einem Pendant zu Handkes Erzählung ›Nachmittag eines Schriftstellers‹ (1987), heißt es bei Gelegenheit einer inneren Auseinandersetzung mit den Angriffen, die Walser wegen seines Eintretens für die Wiedervereinigung zu ertragen hatte: »Es gibt natürlich Hilfe. Peter Handke, zum Beispiel. Das ›Gewicht der Welt‹. Schon daß ich zu diesem Buch greife, genieße ich als Geste einer entspannenden Demut. Meine Erinnerung an dieses Buch: reichhaltig wie eine homöopathische Apotheke. Und schon steht da: ›Ich denke oft so falsch, so ungültig, weil ich so denke, als spräche ich dabei zu jemand anderem.‹ Genau. Dieses rechthabenmüssende Erwiderungsgespräch abbrechen. Meinungen meiden. Keine Beweisführung, keine Theorie, bloß kein Diskurs, nur eine persönliche Notwendigkeit, in der die Frage mitflüstern darf, ob es anderen auch so gehe.«

Die Literatur gewann, indem sie sich um 1973 dem von Handke vertretenen Literaturverständnis öffnete, an Bewegungsfreiheit, wurde thematisch und formal vielfältiger und interessanter, insbesondere durch die Thematisierung spezifisch weiblicher Erfahrungen und durch die Zuwendung zum Alltag; sie folgte nicht mehr dem politischen Denken, sondern durchkreuzte und bereicherte es. Alle Versuche, das Dominantwerden des genuin poetischen Denkens in der Literatur unter je einzelnen Etiketten wie »Entpolitisierung«, »quietistischer Rückzug«, »existentialistische Wende«, »Neue Subjektivität«, »Romantischer Rückfall« usw. zu begreifen, können der Kontinuität und Vielschichtigkeit dieses Vorgangs nicht gerecht werden. Es ging nicht einfach »gegen Politik« oder um den »Rückzug aus der Politik«, sondern um »mehr als Politik«: um Dichtung.

*

1973 begann die Zeit der epischen Aufhebung der Protestbewegung. Aktivisten und Beobachter begannen, in Erzählungen und Romanen Bilanz zu ziehen, weiterführende Perspektiven zu eröffnen, zu retten, zu verabschieden. Einige Beispiele:
1973: ›Lenz. Eine Erzählung‹ von Peter Schneider, einem der Protagonisten der Berliner Studentenrevolte: eine erzählerische Reflexion der Erfahrungen eines Berliner Aktivisten, der in der italienischen Revolte das Zusammenwirken von Intellektuellen und Arbeitern und die Übereinstimmung von Theorie und Praxis erlebt; der Held kehrt zwar nach Berlin zurück, ist aber der Berliner Bewegung sichtlich entfremdet.
1974: ›Heißer Sommer. Roman‹ von Uwe Timm, der sich als Mitglied des SDS in der Protestbewegung engagiert hatte: eine biographisch aufgezogene und umsichtige Rekapitulation der Studentenrevolte; der Held durchläuft mehr oder minder alle Phasen und Spielarten der Revolte und beschließt zuletzt, Volksschullehrer zu werden, um endlich ernsthaft auf die Verbesserung des Menschen und der Gesellschaft hinwirken zu können.
1979: ›Der schöne Vogel Phönix. Erinnerungen eines Dreißigjährigen‹ von Jochen Schimmang, der die späte Phase der Studentenrevolte in Berlin miterlebte: eine eindringliche Vergegenwärtigung der frustrierenden und deformierenden Arbeit in einer Kadergruppe; erst spät entdeckt der Held wieder seine »eigenen Bedürfnisse« und kann sich glücklich der aufzehrenden Bewegung entziehen.
Das poetisch reizvollste dieser Aufhebungsbücher erschien 1978, war aber schon neun Jahre zuvor an einem ausgewählten Ort der Revolution begonnen worden: Hans Magnus Enzensbergers ›Untergang der Titanic‹, ein pasticheartiges (und darin ausgesprochen postmodernes) Poem in 33 Gesängen und 16 eingeschobenen Gedichten mit dem Untertitel »Eine Komödie«. Der Held dieses Buches ist ein Eisberg, der dem hellsichtigen Autor noch während der »sonderbar leichten Tage der Eupho-

rie« von 1969 ausgerechnet beim Blick über die Hafenmauer von La Habana hinaus auf die Karibische See vor das visionäre Auge gekommen sein soll: »unerhört hoch / und kalt, wie eine kalte Fata Morgana / trieb er langsam, unwiderruflich, weiß, auf mich zu«. Es war der Eisberg der real existierenden westlich-kapitalistischen Gesellschaft, und er schlitzte der Titanic Utopie, wie ihr feinfühligster Passagier spürte, im Vorübergleiten die Flanke auf, so daß sie mit Wasser voll lief und kurze Zeit später in die Tiefe schoß. Nicht alle Passagiere kamen dabei ums Leben, auch der Autor nicht; aber noch 1977, als er das Untergangspoem in Berlin abschließt, fühlt er sich als Schiffbrüchiger, schwimmend im unabänderlichen »Nieselwetter« der alsbald ausgerufenen »Posthistoire« und umgeben von »Abertausenden von klatschnassen Koffern« (vermutlich angefüllt mit den ›Berliner Gemeinplätzen‹ und einem größeren Posten revolutionstauglicher Lederjacken):

Alles, heule ich, wie gehabt, alles schlingert, alles
unter Kontrolle, alles läuft, die Personen vermutlich ertrunken
im schrägen Regen, schade, macht nichts, zum Heulen, auch gut,
undeutlich, schwer zu sagen, warum, heule und schwimme ich
weiter.

Man versteht den Katzenjammer. 1967/68: »Das politische System der Bundesrepublik ist jenseits aller Reparatur. Man kann ihm zustimmen, oder man muß es durch ein neues ersetzen. Tertium non dabitur.« 1977/78 blieb nur noch das erste. Enzensberger bemerkte, daß alle Bemühungen, das »politische Analphabetentum« in der Bundesrepublik zu beseitigen, vergeblich waren – weil die Bevölkerung längst lesen konnte und auch genau wußte, was sie lesen wollte. Intellektuellen-Dämmerung, 1987 in einem Gespräch mit Hellmuth Karasek eingestanden: »Sie [= die Intellektuellen] glaubten, sie hätten die Erkenntnis, die gesellschaftliche Einsicht für sich gepachtet. (Karasek: Und auch die Moral.) Nun wird es in einer diffusen, dezentralisierten Gesellschaft den Intellektuellen nicht anders ergehen als den Politikern: auch ihre Autorität wird relativiert, auch ihre privilegierte Position ist im Schwinden.« Und dann, im Schlußessay des 1988 erschienenen Essaybands ›Mittelmaß und Wahn‹, die Verwerfung der Restaurationsthese und die Rehabilitierung der Bundesrepublik: »Die Rede von der Restauration, ein in den fünfziger Jahren beliebter Topos, beruhte, wie wir heute wissen, auf einer Augentäuschung. Zwar taten die alten Nazi-Kader, was sie konnten, um als Bürokraten, Unternehmer und Richter das Gemeinwesen nach ihren Gesinnungen einzurichten, doch erwies sich das Projekt des ›Wiederaufbaus‹ als aussichtslos und die Rückkehr zur Vorkriegszeit als Chimäre. Als in den sechziger Jahren die Gerüste fielen, war eine völlige Neukonstruktion zu besichtigen.« – »Das Verbot, sich auf die Vorzüge der Bundesrepublik zu berufen, wurzelt im schlechten Gewissen.« – »Soziologisch und kulturell ist die Republik durch die unangefochtene Hegemonie der *middle class* gekennzeichnet.« – »Was ist das Ergebnis dieser sozialen und kulturellen Mediatisierung? Nicht der beschrieene oder ersehnte Einheitsbrei, sondern ein Gemeinwesen von seltener Buntscheckigkeit. Das Mittelmaß, das in dieser Republik herrscht, zeichnet sich durch ein Maximum an Variation und Differenzierung aus.«

*

»Als in den sechziger Jahren die Gerüste fielen, war eine völlige Neukonstruktion zu besichtigen.« Interpretiert man richtig, was mit dem Wort »Gerüste« nur gemeint sein kann, nämlich äußere Baugerüste mit verhüllenden Bretterwänden und Planen, dann sagt diese Baumetapher präzise, was die Protestbewegung geleistet hat: Sie hat die traditionalistischen Drapierungen der Bundesrepublik und ihrer Gesellschaft, Talare und Uniformen, Konventionen und Reglements, moralische Gebote und strafgesetzliche Verbote, so weit wie möglich abgeschafft und hat dadurch deutlich werden lassen, was zwischen 1945 und 1949 auf den Weg gebracht worden war: ein demokratischer Staat mit einer autonomen und pluralistischen Zivil- oder Bürgergesellschaft, getragen von einer Bevölkerung, die sich mehrheitlich keineswegs nach alten Zeiten sehnte, sondern mehrheitlich demokratisch und modern sein wollte. Die immer noch umgehende Rede von der »Fundamentaldemokratisierung« und »Zivilisierung« der Bundesrepublik durch die 68er-Zeit beruht nicht weniger als die Restaurationsthese auf einer »Augentäuschung« derjenigen, die sie in die Welt gesetzt haben. Die Fundamentaldemokratisierung und Zivilisierung der westdeutschen Gesellschaft begann 1945 mit den Reeducation-Programmen der westlichen Besatzungsmächte und wurde mit der Verabschiedung des Grundgesetzes kodifiziert. Und beides blieb nicht auf dem Papier stehen, sondern wurde sofort institutionelle Wirklichkeit und bestimmte, wie die Politische Kultur- und Wertewandelforschung gezeigt hat, immer mehr auch das politische Bewußtsein und Verhalten der Bevölkerung. Die sechziger Jahre brachten, wie die Wertewandelforschung ebenfalls gezeigt hat, unter dem Druck eines kräftigen ökonomischen und technologischen Modernisierungsschubs eine Umstellung von »Pflicht- und Akzeptanzwerten« auf »Selbstentfaltungswerte« (Helmut Klages): eine Rangminderung von Werten wie Disziplin, Gehorsam, Pflichterfüllung, Unterordnung, Fleiß, Bescheidenheit, Selbstbeherrschung, Enthaltsamkeit, Fügsamkeit, und komplementär dazu eine Rangerhöhung von Werten wie Freiheit von Autoritäten, Autonomie der Einzelpersonen, Anerkennung der Individualität, Selbstverwirklichung, Ungebundenheit, Spontaneität, Kreativität, zugleich aber auch Partizipation und Mitbestimmung. Dieser Prozeß der Modernisierung und des Wertewandels setzte zu Beginn der sechziger Jahre ein und vollzog sich in der ganzen westlichen Welt. Die 68er sind nicht seine Urheber, sondern »ein verhältnismäßig frühes Produkt« (Helmut Klages). Aber mit ihren utopistisch-sozialistischen Aspirationen und mit ihren avantgardistischen Provokationstechniken trugen die deutschen 68er dazu bei, daß dieser Wertewandel, dem sich die Bevölkerung keineswegs verschlossen hatte, in der Bundesrepublik einen besonders dramatischen Charakter annahm. In der Frage, welche Notwendigkeit diese Dramatisierung hatte und wie ihre Effekte zu bewerten sind, ist das letzte Wort noch lange nicht gesprochen. Fest steht indessen, daß die Entwicklung einen andern Weg nahm als den, den die deutschen 68er erhofften und absteckten. Die Helden der antikapitalistischen Revolte haben, ohne es zu wissen und zu wollen, auch die postmoderne Flexibilisierung und Pluralisierung vorangetrieben.

Verwendete Forschungsliteratur (ohne literarische und sonstige Quellentexte):

Allerbeck, Klaus: Soziologie radikaler Studentenbewegungen. Eine vergleichende Untersuchung in der Bundesrepublik Deutschland und den Vereinigten Staaten. München, Wien: Oldenbourg 1973

Angriff auf das Herz des Staates. Soziale Entwicklung und Terrorismus. Analysen von Henner Hess, Martin Moerings, Dieter Paas, Sebastian Scheerer und Heinz Steinert. 2 Bde. Frankfurt am Main: Suhrkamp 1988

Anz, Thomas: Von der Studentenrevolte bis zur deutschen Einheit. Das Jahr 1968 und die Folgen für Literatur und Gesellschaft. In: Zeitschrift zur politischen Bildung 31 (1994), H. 3, S. 89–94

Arnold, Heinz Ludwig: Die westdeutsche Literatur 1945 bis 1990. Ein kritischer Überblick. München: Deutscher Taschenbuch Verlag 1993

Aust, Stefan: Der Baader-Meinhof-Komplex. München: Droemer Knaur 1989

Behr, Wolfgang: Jugendkrise und Jugendprotest. Stuttgart, Berlin, Köln, Mainz: Kohlhammer 1982

Beyme, Klaus von: Theorie der Politik im 20. Jahrhundert. Von der Moderne zur Postmoderne. Frankfurt am Main: Suhrkamp 1991

Bezzola, Tobia: Das Lachen der Beatles und das Schweigen von Marcel Duchamp. Massenbohemisierung und bohemische Massenkultur. In: Ästhetik & Kommunikation 23 (1994), S. 97–101

Bieling, Rainer: Die Tränen der Revolution. Die 68er zwanzig Jahre danach. Berlin: Siedler 1988

Bohrer, Karl Heinz: Die mißverstandene Rebellion. In: Merkur 22 (1968), S. 33–44

– 1968: Die Phantasie an die Macht? Studentenbewegung – Walter Benjamin – Surrealismus. In: Merkur 51 (1997), S. 1069–1080

Bondy, François: Auf dem Weg zur postmodernen Neo-Avantgarde. In: F.B.: Aus nächster Ferne. Berichte eines Literaten in Paris. München: Hanser 1970. S. 263–275

Bopp, Jörg: Geliebt und doch gehaßt. Über den Umgang der Studentenbewegung mit Theorie. In: Kursbuch 78 (1984), S. 121–142

Brake, Mike: Soziologie der jugendlichen Subkulturen. Eine Einführung. Frankfurt am Main, New York: Campus 1981

Brand, Karl-Werner u. a.: Aufbruch in eine andere Gesellschaft. Neue soziale Bewegungen in der Bundesrepublik. Frankfurt am Main, New York: Campus 1983

Briegleb, Klaus: 1968. Literatur in der antiautoritären Bewegung. Frankfurt am Main: Suhrkamp 1993

– Unmittelbar zur Epoche des NS-Faschismus. Arbeiten zur politischen Philologie 1978–1988. Frankfurt am Main: Suhrkamp 1989

Bubner, Rüdiger: Ästhetische Erfahrung. Frankfurt am Main: Suhrkamp 1989

Bude, Heinz: Das Altern einer Generation. Die Jahrgänge 1938–1948. Frankfurt am Main: Suhrkamp 1997

Das pazifistische Programm ist abgestürzt – 25 Jahre '68. Eine Diskussion über die Aus- und Nebenwirkung von '68 mit Peter Chotjewitz u. a., moderiert von Frank Raddatz. In: Theater der Zeit 3 (1994), S. 60–65

Daum, Thomas: Die 2. Kultur. Alternativliteratur in der Bundesrepublik. Mainz: NewLit 1981

Deutschsprachige Literatur der 70er und 80er Jahre. Autoren, Tendenzen, Gattungen. Hrsg. von Walter Delabar und Erhard Schütz. Darmstadt: Wissenschaftliche Buchgesellschaft 1997

Die 68er (I). In: DER SPIEGEL 23/1997

Die 68er (II). In: DER SPIEGEL 24/1997

Die 68er (III). In: DER SPIEGEL 25/1997

Die 68er (IV). In: DER SPIEGEL 26/1997

Die 68er (V). In: DER SPIEGEL 27/1997

Die 68er. Das Fest der Rebellion. Hrsg. von Carsten Seibold. München: Knaur 1988

Die Früchte der Revolte. Über die Veränderung der politischen Kultur durch die Studentenbewegung. Berlin: Wagenbach 1988

Die Gruppe 47. Bericht. Kritik. Polemik. Ein Handbuch. Hrsg. von Reinhard Lettau. Berlin, Neuwied: Luchterhand 1967

Die Gruppe 47. Ein kritischer Grundriß. Hrsg. von Heinz Ludwig Arnold. München: Text + Kritik 1980

Die Nacht hat zwölf Stunden, dann kommt schon der Tag. Antifaschismus. Geschichte und Neubewertung. Berlin: Aufbau Taschenbuch Verlag 1996

»Die schießen auf uns alle.« Spiegel-Gespräch mit Bommi Baumann, Till Meyer und Anne Reiche, moderiert von Michael Sontheimer und Barbara Supp. In: Die 68er (IV) (s. o.), S. 106–112

Die wilden 68er. Die SPIEGEL-Serie über die Studenten-Revolution. Hamburg: Spiegel 1988

Dienstjubiläum einer Revolte. »1968« und 25 Jahre. Hrsg. von Franz Schneider. München: von Hase und Koehler 1992

Eagleton, Terry: Die Illusionen der Postmoderne. Ein Essay. Aus dem Englischen von Jürgen Pelzer. Stuttgart, Weimar: Metzler 1997

Eichelberg, Ingrid: Mai '68 in der Literatur. Die Suche nach menschlichem Glück in einer besseren Gesellschaft. Marburg: Hitzeroth 1987

»Es waren eben junge Leute.« Dutschke, Ohnesorg und Horlemann über ihre toten Väter und das Erbe der 68er. Spiegel-Gespräch, moderiert von Thomas Hüetlin, Alexander Smoltczyk und Michael Sontheimer. In: Die 68er (I) (s. o.), S. 118–123

Fleischmann, Wolfgang Bernhard: Die »Beat Generation« und ihre Nachwirkung. In: Die amerikanische Literatur der Gegenwart. Hrsg. von Hans Bungert. Stuttgart: Reclam 1977

Frei, Norbert: Vergangenheitspolitik. Die Anfänge der Bundesrepublik und die NS-Vergangenheit. München: Beck 1996

Gegenwartsliteratur seit 1968. Hrsg. von Klaus Briegleb und Sigrid Weigel. München: Deutscher Taschenbuch Verlag 1992 (Hansers Sozialgeschichte der deutschen Literatur vom 16. Jahrhundert bis zur Gegenwart. Bd 12)

Gensicke, Thomas und Klages, Helmut: 1968 als Aufbruch in den Wertewandel? Weitverbreitete Fehleinschätzungen im gesellschaftlichen Selbstverständnis. In: Zeitschrift zur politischen Bildung 31 (1994), H. 3, S. 5–14

GeRAFtes. Analysen zur Darstellung der RAF und des Linksterrorismus in der deutschen Literatur. Hrsg. von Bianca Dombrowa u. a. Bamberg: Otto-Friedrich-Universität (Fußnoten zur Literatur. 27)

Geschichte der deutschen Literatur von 1945 bis zur Gegenwart. Hrsg. von Wilfried Barner. München: Beck 1994 (Geschichte der deutschen Literatur von den Anfängen bis zur Gegenwart. Bd 12)

Gilcher-Holtey, Ingrid: »Die Phantasie an die Macht«. Mai 68 in Frankreich. Frankfurt am Main: Suhrkamp 1997

Grenzverschiebung. Neue Tendenzen in der deutschen Literatur der 60er Jahre. Hrsg. und mit einem Vorwort von Renate Matthaei. Köln, Berlin: Kiepenheuer & Witsch 1970

Habermas, Jürgen: Protestbewegung und Hochschulreform. Frankfurt am Main: Suhrkamp 1969

Hahn, Ulla: Literatur in der Aktion. Zur Entwicklung operativer Literaturformen in der Bundesrepublik. Wiesbaden: Athenaion 1978

Hartung, Harald: Pop als postmoderne Literatur. Die deutsche Szene: Brinkmann und andere. In: Neue Rundschau 82 (1971), H. 3, S. 723–742

Hartung, Klaus: Versuch, die Krise der antiautoritären Bewegung wieder zur Sprache zu bringen. In: Kursbuch 47 (1977), S. 14–43

Heißenbüttel, Helmut: Der Erfolg der Kunst 1968. In: H. H.: Zur Tradition der Moderne. Aufsätze und Anmerkungen 1964–1971. Neuwied, Berlin: Luchterhand 1972. S. 136–151

Hermand, Jost: Pop International. Eine kritische Analyse. Frankfurt am Main: Athenäum 1971

Herzinger, Richard: Wandlungen eines Mythos. Die Kulturrevolutionäre von 1968 – Garanten der liberalen Kultur in Deutschland? In: Die Nacht hat zwölf Stunden (s. o.), S. 252–266

Hollstein, Walter: Die Gegengesellschaft. Alternative Lebensformen. Reinbek: Rowohlt Taschenbuch Verlag 1981

Horx, Matthias: Die wilden Achtziger. Eine Zeitgeist-Reise durch die Bundesrepublik. München: Hanser 1987

Hubert, Martin: Politisierung der Literatur – Ästhetisierung der Politik. Eine Studie zur literaturgeschichtlichen Bedeutung der 68er-Bewegung in der Bundesrepublik Deutschland. Frankfurt am Main, Bern, New York, Paris: Lang 1992

Hüetlin, Thomas: Die Tage der Kommune. In: Die 68er (V) (s. o.), S. 100–109

Huyssen, Andreas: Postmoderne – eine amerikanische Internationale? In: Postmoderne (s. u.), S. 13–44

Jameson, Fredric: Postmoderne – zur Logik der Kultur im Spätkapitalismus. In: Postmoderne (s. u.), S. 45–102

Jesse, Eckhard: Ambivalenzen der Nach-68er-Protestbewegungen. In: Zeitschrift zur politischen Bildung 31 (1994), H. 3, S. 68–74

Jogschies, Rainer: Wer zweimal mit derselben pennt. . . Die befreiten Sechziger. Frankfurt am Main, Berlin: Ullstein 1991

Jugendkultur als Widerstand. Milieus, Rituale, Provokationen. Hrsg. von Axel Honneth, Rolf Lindner und Rainer Paris. Frankfurt am Main: Syndikat 1979

Kaase, Max: Demokratische Einstellungen in der Bundesrepublik Deutschland. In: Sozialwissenschaftliches Jahrbuch für Politik. Hrsg. von Rudolf Wildenmann. München, Wien: Olzog 1971. S. 119–325

Kiesel, Helmuth: Die Restaurationsthese als Problem für die Literaturgeschichtsschreibung. In: Zwei Wendezeiten (s. u.), S. 13–45

– »So ist unser Gedächtnis jetzt angefüllt mit Furchtbarem«. Literaturgeschichtliche Anmerkungen zum »Historikerstreit« und zu der von Martin Broszat beklagten »Beziehungslosigkeit zwischen Literatur und Geschichte bei der Verarbeitung der Nazizeit«. In: Historikerstreit und politische Bildung. Hrsg. von Klaus Oesterle und Siegfried Schiele. Stuttgart: Metzler 1989. S. 42–94

Klages, Helmut: Häutungen der Demokratie. Zürich: Edition Interfrom; Osnabrück: Fromm 1993

Koenen, Gerd: Die großen Gesänge. Lenin, Stalin, Mao Tse-tung. Führerkulte und Heldenmythen des 20. Jahrhunderts. Frankfurt am Main: Eichborn 1991

Krämer-Badoni, Thomas: Die nachrevolutionäre Privatheit. Fragmente einer Analyse des Lebensstils der Generation von 1968. In: Nachmärz. Der Ursprung der ästhetischen Moderne in einer nachrevolutionären Konstellation. Hrsg. von Thomas Koebner und Sigrid Weigel. Opladen: Westdeutscher Verlag 1996. S. 375–383

Kraushaar, Wolfgang: Die Protest-Chronik 1949–1959. 4 Bde. Hamburg: Rogner & Bernhard 1996

– Von der Totalitarismus- zur Faschismustheorie. Zu einem Paradigmenwechsel in der Theoriepolitik der bundesdeutschen Studentenbewegung. In: Die Nacht hat zwölf Stunden, dann kommt schon der Tag (s. o.), S. 234–251

Kreuzer, Helmut: Die Boheme. Beiträge zu ihrer Beschreibung. Stuttgart: Metzler 1968

Krueger, Merle Curtis: Authors and the opposition. West german writers and the social democratic party from 1945 to 1969. Stuttgart: Akademischer Verlag 1982

Lamparter, Christiane: Der Exodus der Politik aus der bundesrepublikanischen Gegenwartsliteratur. Frankfurt am Main, Bern, New York: Lang 1992

Langguth, Gerd: Protestbewegung. Entwicklung – Niedergang – Renaissance. Die Neue Linke seit 1968. Köln: Nottbeck 1983

Leinemann, Jürgen: Am Ende des langen Marsches. In: Die 68er (III) (s. o.), S. 110–119

Lhotta, Roland: Sind wir »gelinkt« worden? Zum Eindringen von 68er-Vokabular in die Gemein- und Bildungssprache. In: Sprache und Literatur 20 (1989), H. 2, S. 70–94

Literatur in der Bundesrepublik Deutschland bis 1967. Hrsg. von Ludwig Fischer. München: Deutscher Taschenbuch Verlag 1986 (Hansers Sozialgeschichte der deutschen Literatur vom 16. Jahrhundert bis zur Gegenwart. Bd 10)

Literaturmagazin 4. Die Literatur nach dem Tod der Literatur. Bilanz der Politisierung. Hrsg. von Hans Christoph Buch. Reinbek: Rowohlt Taschenbuch Verlag 1975

Löwenthal, Richard: Der romantische Rückfall. Stuttgart, Berlin, Köln, Mainz: Kohlhammer 1970

Maier, Hans: Geistige Umbrüche in Deutschland 1945–1995. In: Internationale katholische Zeitschrift ›Communio‹ 25 (1996), S. 561–576

Marcus, Greil: Lipstick Traces. Von Dada bis Punk – kulturelle Avantgarden und ihre Wege aus dem 20. Jahrhundert. Deutsch von Hans M. Herzog und Friedrich Schneider. Hamburg: Rogner & Bernhard 1992

Markovits, Andrei S./Gorski, Philip S.: Grün schlägt Rot. Die deutsche Linke nach 1945. Aus dem Englischen von Ilse Utz. Hamburg: Rotbuch 1997

Mediengenerationen. Hrsg. von Jochen Hörisch. Frankfurt am Main: Suhrkamp 1997

Meulemann, Heiner: Werte und Wertewandel. Zur Identität einer geteilten und wieder vereinten Nation. München, Weinheim: Juventa 1996

Moderne oder Postmoderne? Zur Signatur des gegenwärtigen Zeitalters. Hrsg. von Peter Koslowski, Robert Spaemann und Reinhard Löw. Weinheim: VCH 1986

Modernisierung im Wiederaufbau. Die westdeutsche Gesellschaft der fünfziger Jahre. Hrsg. von Axel Schildt und Arnold Sywottek. Bonn: Dietz 1993

Moralische Nüchternheit. Peter Huemer im Gespräch mit Gastón Salvatore. In: Wespennest 71 (1988), S. 40–45

Mündemann, Tobias: Die 68er … und was aus ihnen geworden ist. München: Heyne 1988

Nach dem Protest. Literatur im Umbruch. Hrsg. von Martin W. Lüdke. Frankfurt am Main: Suhrkamp 1979

Negt, Oskar und Kluge, Alexander: Öffentlichkeit und Erfahrung. Zur Organisationsanalyse von bürgerlicher und proletarischer Öffentlichkeit. Frankfurt am Main: Suhrkamp 1978

Neubauer, Paul: Die Rezeption der US-amerikanischen Literatur der Postmoderne im deutschsprachigen Raum. Frankfurt am Main, Bern, New York, Paris: Lang 1991

Niethammer, Lutz: Posthistoire. Ist die Geschichte zu Ende? Reinbek: Rowohlt Taschenbuch Verlag 1989

Ohrt, Roberto: Phantom Avantgarde. Eine Geschichte der Situationistischen Internationale und der modernen Kunst. Hamburg: Edition Nautilus 1990

Otto, Karl A.: APO. Außerparlamentarische Opposition in Quellen und Dokumenten (1960–1970). Köln: Pahl-Rugenstein 1989

Poschardt, Ulf: 1968er-Aufstand, Popkultur und Technik. Eine fast vergessene Geschichte. In: Zeitschrift zur politischen Bildung 31 (1994), H. 3, S. 81–88

Postmoderne. Zeichen eines kulturellen Wandels. Hrsg. von Andreas Huyssen und Klaus R. Scherpe. Reinbek: Rowohlt Taschenbuch Verlag 1986

Raschke, Joachim: Soziale Bewegungen. Ein historisch-systematischer Grundriß. Frankfurt am Main, New York: Campus 1985

Rebellion der Studenten oder die neue Opposition. Eine Analyse von Uwe Bergmann, Rudi Dutschke, Wolfgang Lefèvre und Bernd Rabehl. Reinbek: Rowohlt Taschenbuch Verlag 1968

Reich, Charles: Die Welt wird jung. The Greening of America. Der gewaltlose Aufstand der neuen Generation. Aus dem Amerikanischen übertragen von Axel Kaun und Christiane Taema. Reinbek: Rowohlt Taschenbuch Verlag 1973

Renner, Rolf Günter: Die postmoderne Konstellation. Theorie, Text und Kunst im Ausgang der Moderne. Freiburg: Rombach 1988

Roberts, David: Tendenzwenden. Die sechziger und siebziger Jahre in literaturhistorischer Perspektive. In: Deutsche Vierteljahrsschrift für Literaturwissenschaft und Geistesgeschichte 56 (1982), S. 290–313

Rudolph, Hermann: Mehr als Stagnation und Revolte. Zur politischen Kultur der sechziger Jahre. In: Zäsuren nach 1945. Essays zur Periodisierung der deutschen Nachkriegsgeschichte. Hrsg. von Martin Broszat. München: Oldenbourg 1990. S. 141–151

Rühmkorf, Peter: Kein Apolloprogramm für Lyrik. In: Ders.: Strömungslehre I. Poesie. Reinbek: Rowohlt Taschenbuch Verlag 1978. S. 83–92

Scheerer, Sebastian: Deutschland: Die ausgebürgerte Linke. In: Angriff auf das Herz des Staates 1 (s. o.), S. 193–429

Scherer, Stefan: Gegenwartsliteratur und Sozialgeschichte der Literatur. Eine Problemskizze aus Anlaß von Briegleb/Weigels Gegenwartsliteratur seit 1968. In: Internationales Archiv für Sozialgeschichte der deutschen Literatur 20 (1995), H. 1, S. 179–202

– Literarische Modernisierung in der Restauration. Martin Walsers Ehen in Philippsburg. In: Zwischen Kontinuität und Rekonstruktion. Literatur und Film in Deutschland und Italien zwischen 1945 und 1961. Hrsg. von Italo M. Battafarano und Hansgeorg Schmidt-Bergmann. Tübingen: Niemeyer (erscheint im Herbst 1998)

Scherpe, Klaus R.: Dramatisierung und Entdramatisierung des Untergangs – zum ästhetischen Bewußtsein von Moderne und Postmoderne. In: Postmoderne (s. o.), S. 270–302

Schnibben, Cordt: Die Achtundsechziger. Vollstrecker des Weltgewissens. In: Die 68er (I) (s. o.), S. 108–117

Schülein, Johann August: Von der Studentenrevolte zur Tendenzwende oder der Rückzug ins Private. Eine sozialpsychologische Analyse. In: Kursbuch 47 (1977), S. 101–117

Schulze, Gerhard: Die Erlebnisgesellschaft. Kultursoziologie der Gegenwart. Frankfurt am Main, New York: Campus 1997

Schwan, Gesine: Die Auswirkungen von 1968 auf die deutsche politische Kultur. In: Zeitschrift zur politischen Bildung 31 (1994), H. 3, S. 15–23

Smirnov, Igor P.: Sein und Kreativität oder Das Ende der Postmoderne. Aus dem Russ. von Arne Ackermann und Dirk Uffelmann. Ostfildern: Edition Tertium 1997

Steiner, Uwe C.: »68–98«. Literarische und mediale Wendungen der Wende. In: Mediengenerationen (s. o.), S. 16–59

Straßner, Erich: 1968 und die sprachlichen Folgen. In: Sprache und politische Kultur in der Demokratie. Hans Gerd Schumann zum Gedenken. Hrsg. von Dieter Emig, Christoph Hüttig und Lutz Raphael. Frankfurt am Main, Berlin, Bern, New York, Paris, Wien: Lang 1992

Subversive Aktion. Der Sinn der Organisation ist ihr Scheitern. Hrsg. und kommentiert von Frank Böckelmann und Herbert Nagel. Frankfurt am Main: Verlag Neue Kritik 1976

Technologisches Zeitalter oder Postmoderne? Hrsg. von Walther Ch. Zimmerli. München: Fink 1991

Totalitarismus. Eine Ideengeschichte des 20. Jahrhunderts. Hrsg. von Alfons Söllner, Ralf Walkenhaus und Karin Wieland. Berlin: Akademie Verlag 1997

Uslar, Moritz von: Einer, der gern saß [über Fritz Teufel]. In: Die 68er (II) (s. o.), S. 72–81

Vaterland, Muttersprache. Deutsche Schriftsteller und ihr Staat seit 1945. Ein Nachlesebuch für die Oberstufe. Zusammengestellt von Klaus Wagenbach u. a. Berlin: Wagenbach 1979

Vattimo, Gianni: Die transparente Gesellschaft. Aus dem Italienischen von Carolin Klein und Alma Vallaza. Wien: Passagen 1992

Wagner, Peter: Soziologie der Moderne. Freiheit und Disziplin. Frankfurt am Main, New York: Campus 1995

Wege aus der Moderne. Schlüsseltexte der Postmoderne-Diskussion. Hrsg. von Wolfgang Welsch. Weinheim: VCH 1988

Weigt, Peter: Revolutions-Lexikon. Taschenbuch der außerparlamentarischen Aktion. Frankfurt am Main: Bärmeier & Nikel 1968

Wellmer, Albrecht: Zur Dialektik von Moderne und Postmoderne. Vernunftkritik nach Adorno. Frankfurt am Main: Suhrkamp 1985

Welsch, Wolfgang: Unsere postmoderne Moderne. Weinheim: VCH 1987

Wengeler, Martin: »1968« als sprachgeschichtliche Zäsur. In: Kontroverse Begriffe. Geschichte des öffentlichen Sprachgebrauchs in der Bundesrepublik Deutschland. Hrsg. von Georg Stötzel und Martin Wengeler. Berlin, New York: de Gruyter 1995. S. 383–404

Willms, Bernhard: Postmoderne und Politik. In: Der Staat. Zeitschrift für Staatslehre, öffentliches Recht und Verfassungsgeschichte. 28 (1989), S. 321–352

Wörter als Waffen. Sprache als Mittel der Politik. Hrsg. von Wolfgang Bergsdorf. Stuttgart: Bonn Aktuell 1979

Wyss, Beat: Die Welt als T-Shirt. Zur Ästhetik und Geschichte der Medien. Köln: DuMont 1997

Zima, Peter V.: Moderne / Postmoderne. Gesellschaft, Philosophie, Literatur. Tübingen, Basel: Francke 1997

Zwei Wendezeiten. Blicke auf die deutsche Literatur 1945 und 1989. Hrsg. von Walter Erhart und Dirk Niefanger. Tübingen: Niemeyer 1997

Für 1998 sind zu dem Thema folgende Titel angekündigt, die in dem vorliegenden Essay nicht mehr berücksichtigt werden konnten:

'68 und die Folgen. Ein unvollständiges Lexikon. Berlin: Argon 1998

Berman, Paul: Zappa meets Havel. 1968 und die Folgen. Eine politische Reise. Aus dem Amerik. von Hans-Joachim Maas. Hamburg: Rotbuch 1998

Danneberg, Bärbel / Aly Machalicky / Fritz Keller / Julius Mende (Hrsg.): Die 68er. Eine Generation und ihr Erbe. Wien: Döcker 1998

Kraushaar, Wolfgang: Frankfurter Schule und Studentenbewegung. Von der Flaschenpost zum Molotowcocktail 1946–1995. 3 Bände. Frankfurt am Main: Rogner & Bernhard bei Zweitausendeins 1998

Lönnendonker, Siegward (Hrsg.): Linksintellektueller Aufbruch zwischen »Kulturrevolution« und »Kultureller Zerstörung«. Der SDS in der Nachkriegsgeschichte (1946–1969). Opladen: Westdeutscher Verlag 1998

Wolff, K. D. (Hrsg.): Studentenbewegung 1967–1969. Protokolle und Materialien. Mit einem Essay von Klaus Theweleit. Frankfurt am Main: Stroemfeld 1998

Zum Katalog

Die Zitate folgen Manuskripten, Briefen und anderen Dokumenten unter Angabe der Sammlungen und Bestände im Deutschen Literaturarchiv bzw. der Archive, die uns Leihgaben zur Verfügung gestellt haben.

Wir danken allen Autoren und den Inhabern von Urheberrechten für die Erlaubnis, Zitate abzudrucken und Bilder wiederzugeben; dieser Dank gilt auch den wenigen, deren Adressen wir trotz aller Bemühungen nicht haben ermitteln können. Orthographie und Interpunktion der Originale sind in der Regel bis auf offensichtliche Schreibversehen beibehalten worden. Gelegentliche Ergänzungen stehen in eckigen Klammern. Auslassungen im zitierten Text sind durch drei Punkte gekennzeichnet, am Anfang und Ende jedoch nur, wenn der Satz nicht vollständig wiedergegeben ist. Die kommentierenden Texte sind kursiv gesetzt, ebenso kürzere Zitate, die dann in doppelten Anführungszeichen stehen; Buch- und Zeitschriftentitel sind in einfache Anführungszeichen gesetzt, während längere Zitate ohne An- und Ausführungszeichen recta wiedergegeben werden.

Die Abbildungen geben die Originale vollständig und mit allen individuellen Besonderheiten wieder, wenn der Ton mitreproduziert ist. Bei Bildzitaten, also Auszügen aus dem Zusammenhang einer Vorlage, werden diese als Strichzeichnung, ohne Fond, reproduziert.

Verzeichnis der Leihgeber und Leihgeberinnen

Theodor W. Adorno-Archiv, Frankfurt am Main (2.5, 7.7, 7.8)

Akademie der Künste, Berlin (6.3, 6.4, 6.5, 6.6, 6.7, 6.8, 6.9, 26.1, 26.4, 26.5, 26.6)

Archiv des Sigmund Freud-Museums, Wien (30.2)

Archiv Sohm in der Staatsgalerie Stuttgart (9.1, 9.3, 10.1, 10.2, 10.3, 10.4)

Heimo Bachstein, Markt Heidenfeld (1.3)

Frank Benseler, Borchen (16.1)

Bibliothek für Zeitgeschichte, Stuttgart (1.2, 2.9, 28.4)

Frank Böckelmann, München (9.5, 9.6, 9.7, 9.8)

Börsenverein des Deutschen Buchhandels, Archiv der Stiftung Friedenspreis, Frankfurt am Main (15.1, 15.4)

Jean Bollack, Paris (8.6)

Irmgard Born, Berlin (21.11)

Hans Magnus Enzensberger, München (5.3, 5.7)

Valie Export, Wien (30.6)

Marie Fauser, Frankfurt am Main (10.10 und Photographie auf Seite 218)

FFBIZ (Frauenforschungs, -bildungs und -informationszentrum), Berlin (27.3, 27.4)

Leslie A. Fiedler, Buffalo (19.1, 19.4)

Franz Gauker, Bremen (13.2, 13.3)

GRIPS Theater, Berlin (29.9)

Peter Heller, Williamsville, N.Y. (19.2, 20.2)

Brigitte Hellgoth, Haan (29.7)

Georg Heusch, Sammlung Hubert Fichte, Köln (12.8)

Friedrich Hitzer, Wolfratshausen (20.6, 20.8, 20.9)

Fritz Hüser-Institut, Dortmund (25.2)

Wolfgang Ignée, Neuhausen (20.3, 22.5)

Henning John von Freyend, Erfstadt/Liblar (21.10)

Susanne Kahn-Ackermann, München (Photographie auf Seite 529)

Winfred Kaminski, Frankfurt am Main (28.5)

Sammlung Uli Knecht, Stuttgart (25.10)

Landesbildstelle Berlin (3.1, 28.1 und Photographie auf Seite 537)

Luchterhand Literaturverlag, München (16.7)

Leonore Mau, Hamburg (12.12, 12.13)
Jochen Meyer, Marbach (1.7, 1.10)
Bruce Nauman, Galisteo, N.M. (19.9)
Rainer Noltenius, Dortmund (8.7)
Uschi Obermaier, Topanga, Cal. (8.9)
Österreichisches Literaturarchiv der Österreichischen Nationalbibliothek, Wien (24.6, 24.8)
Isolde Ohlbaum, München (27.13)
Pan-Foto e.V., Hamburg (30.10)
Bernd Pfütze, Ludwigshafen (14.1)
Hermann Peter Piwitt, Hamburg (21.5)
Playboy, Chicago (19.6)
Chlodwig Poth, Frankfurt am Main (8.8)
Brigitte Raitz, Murr (26.7, 29.4, 29.10, 30.3)
Dierk Rodewald, Berlin (22.3)
Rowohlt Verlag, Hamburg (21.6, 21.7)
Peter Rühmkorf, Hamburg (3.2, 5.4)
Michael Ruetz, Berlin (8.2)
Ralf-Rainer Rygulla, Frankfurt am Main (11.2, 11.9, 12.1)
Fanja Scholem, Jerusalem (7.3)
Gary Smith, Berlin (7.2)
Der ›Spiegel‹, Hamburg (30.1)
Staats- und Universitätsbibliothek Hamburg (12.7, 12.10, 12.12, 12.13)
State University of New York at Buffalo (19.3)
Verena Stefan, München (24.7, 24.11, 27,5)
Süddeutscher Rundfunk, Historisches Archiv, Stuttgart (21.8)
Gerhard Szczesny, Grünwald (28.6)
Ullstein Bilderdienst, Berlin (8.15, 9.9)
Timm Ulrichs, Hannover (10.9)
Universitätsbibliothek Mannheim (19.5, 20.4, 21.1)
Friedrich Vahle, Lollar (29.11)
Verlag der Autoren, Frankfurt am Main (16.4)
Verlag Frauenoffensive, München (27.8)
Verlag Kiepenheuer & Witsch, Köln (12.4)
Verlag Neue Kritik, Frankfurt am Main (9.4, 28.11)

Personenregister

Die kursiv gesetzten Ziffern verweisen auf Photographien. Indirekte Erwähnungen wurden berücksichtigt.

Inhaltsverzeichnis

›Marbacher Kataloge‹ zu Jahresausstellungen

Begründet unter dem Titel ›Sonderausstellungen des Schiller-Nationalmuseums‹, 1956ff., hrsg. von Bernhard Zeller; 1986ff. hrsg. von Ulrich Ott; 1990ff. hrsg. von Ulrich Ott und Friedrich Pfäfflin. – Die Ziffern bezeichnen die Bände in der fortlaufenden Reihennumerierung.

7 **Expressionismus. Literatur und Kunst. 1910–1923.** Ausstellung und Katalog: Paul Raabe und H. L. Greve unter Mitarbeit von Ingrid Grüninger. 5., nicht gekennzeichnete Auflage 1990. 22.–23. Tausend. 356 Seiten, 29 Abbildungen. DM 25,–. ISBN 3-928882-76-7

23 **»Als der Krieg zu Ende war«. Literarisch-politische Publizistik 1945–1950.** Ausstellung und Katalog: Gerhard Hay, Hartmut Rambaldo, Joachim W. Storck. 4., unveränderte Auflage 1995. 571 Seiten, 60 Abbildungen. DM 30,–. ISBN 3-929146-27-4

25 **Eduard Mörike. 1804 · 1875 · 1975.** Gedenkausstellung zum 100. Todestag. Texte und Dokumente. Ausstellung und Katalog: Bernhard Zeller, Walter Scheffler, Hans-Ulrich Simon, Anneliese Hofmann, Anneliese Kunz, Jutta Salchow. 2., durchgesehene Auflage 1990. 4.–5. Tausend. 528 Seiten, 49 Abbildungen. DM 30,–. ISBN 3-928882-79-1

27 **Hätte ich das Kino! Die Schriftsteller und der Stummfilm.** Ausstellung und Katalog: Ludwig Greve, Margot Pehle, Heidi Westhoff. 1976. 444 Seiten, 16 unpag. Seiten. 85 Abbildungen. DM 25,–. ISBN 3-928882-80-5

29 **Rudolf Borchardt · Alfred Walter Heymel · Rudolf Alexander Schröder.** Ausstellung und Katalog: Reinhard Tgahrt und Werner Volke, Eva Dambacher, Hildegard Dieke. 1978. 640 Seiten, 265 Abbildungen. DM 25,–. ISBN 3-928882-82-1

30 **Alfred Döblin. 1878 · 1978.** Ausstellung und Katalog: Jochen Meyer in Zusammenarbeit mit Ute Doster. 4., veränderte Auflage 1998. 7. und 8. Tausend. 552 Seiten, 250 Abbildungen, Broschiert DM 30,–. ISBN 3-929146-83-X.

37 **Weltliteratur. Die Lust am Übersetzen im Jahrhundert Goethes.** Ausstellung und Katalog: Reinhard Tgahrt in Zusammenarbeit mit Ingrid Belke, Viktoria Fuchs, Huguette Herrmann, Irina Renz und Dieter Sulzer. 2., durchgesehene Auflage 1989. 4.–5. Tausend. 712 Seiten, 285 Abbildungen. DM 36,–. ISBN 3-928882-91-0

39 **Schau-Bühne. Schillers Dramen 1945–1984.** Eine Ausstellung des Deutschen Literaturarchivs und des Theatermuseums der Universität zu Köln. Ausstellung und Katalog: Hans-Dieter Mück und Helmut Grosse in Zusammenarbeit mit Viktoria Fuchs und Margot Pehle (Deutsches Literaturarchiv Marbach am Neckar), Ulrike Köhler, Uwe Schareck, Sabine Barth und Horst Rondorf, (Theatermuseum der Universität Köln). 1984. 707 Seiten. 111 z.T. farbige Abbildungen. DM 30,–. ISBN 3-928882-92-9

43 **Harry Graf Kessler. Tagebuch eines Weltmannes.** Ausstellung und Katalog: Gerhard Schuster und Margot Pehle. 3., durchgesehene Auflage 1996. 6.–7. Tausend. 544 Seiten, 216 z.T. farbige Abbildungen. DM 35,–. ISBN 3-928882-96-1

44 **»O Freyheit! Silberton dem Ohre...« Französische Revolution und deutsche Literatur. 1789–1799.** Ausstellung und Katalog: Werner Volke, Ingrid Kussmaul und Brigitte Schillbach. 2., durchgesehene Auflage 1989. 4.–5. Tausend. 528 Seiten, 185 z.T. farbige Abbildungen. DM 30,–. ISBN 3-928882-97-X

46 **Johannes Bobrowski oder Landschaft mit Leuten.** Ausstellung und Katalog: Reinhard Tgahrt in Zusammenarbeit mit Ute Doster. 1993. 834 Seiten, 277 z.T. farbige Abbildungen. DM 40,–. ISBN 3-928882-99-6

47 **Ricarda Huch. 1867–1947.** Ausstellung und Katalog: Jutta Bendt und Karin Schmidgall. Unter Mitarbeit von Ursula Weigl. 1994. 464 Seiten, 185 z.T. farbige Abbildungen. DM 30,–. ISBN 3-929146-13-4

48 **Konstellationen. Literatur um 1955.** Ausstellung und Katalog: Michael Davidis, Bernhard Fischer, Gunther Nickel, Brigitte Raitz. 1995. 479 Seiten, 180 Abbildungen, DM 36,–. ISBN 3-929146-28-2

49 **Carl Zuckmayer. 1896–1977. »Ich wollte nur Theater machen«.** Ausstellung und Katalog: Gunther Nickel und Ulrike Weiß. 1996. 528 Seiten, 176 z.T. farbige Abbildungen. DM 32,–. ISBN 3-929146-48-7

50 **»Fremde Nähe«. Paul Celan als Übersetzer.** In Verbindung mit dem Präsidialdepartement der Stadt Zürich. Ausstellung und Katalog: Axel Gellhaus und Rolf Bücher, Sabria Filali, Peter Goßens, Ute Harbusch, Thomas Heck, Christine Ivanović, Andreas Lohr, Barbara Wiedemann, unter Mitarbeit von Petra Plättner. 3., durchgesehene Auflage 1998. 6.–7. Tausend. 628 Seiten, 293 z.T. farbige Abbildungen. DM 40,–. ISBN 3-929146-66-5

51 **Protest! Literatur um 1968.** Eine Ausstellung des Deutschen Literaturarchivs in Verbindung mit dem Germanistischen Seminar der Universität Heidelberg und dem Deutschen Rundfunkarchiv. Ausstellung und Katalog: Ralf Bentz, Sabine Brtnik, Christoph König, Roman Luckscheiter, Ulrich Ott, Brigitte Raitz. Mit einem Essay von Helmuth Kiesel. 672 Seiten, 220 z.T. farbige Abbildungen. Broschiert DM 40,– ISBN 3-929146-69-X

Internationaler Vietnam-Kongreß an der TU Berlin (17./18.2.) – Gründung des »Aktionsrats zur Befreiung der Frauen« in Westberlin (Mai) – Vom 27. bis 31. Mai wird das Germanische Seminar der FU Berlin besetzt und in »Rosa-Luxemburg-Institut« umbenannt – »Literarische Messe 1968« in den Frankfurter Römerhallen: Avantgarde und Underground werden vorgestellt (Mai/Juni) – Leslie A. Fiedler plädiert in Freiburg für einen literarischen »Postmodernismus« (Juni): Beginn der Postmoderne-Debatte in ›Christ und Welt‹ – Andy Warhol wird bei einem Attentat durch fünf Schüsse der Feministin Valerie Solanas schwer verletzt (3.6.) – Gründung des »Zentralrats der sozialistischen Kinderläden – West-Berlin« (10.8.) – Das ›Kursbuch‹ 15 (November) reflektiert die Möglichkeiten einer politischen literarischen Ästhetik – 23. SDS-Delegiertenkonferenz in Frankfurt am Main: Helke Sander hält ihre berühmte Rede an die »Lieben Genossinnen, Genossen«, sie gilt als der Beginn der Neuen Frauenbewegung (13. September) – Frankfurter Buchmesse: Die Dokumentation der Kommune I ›Klau mich‹ wird beschlagnahmt; Studenten stören die Verleihung des Friedenspreises des Deutschen Buchhandels an Léopold Sédar Senghor (Senegal), der als Neokolonialist gilt; die Polizei schließt vorübergehend die Messehalle 6 – Das für Prag im Oktober geplante Treffen der Gruppe 47 fällt aus – Rolf Dieter Brinkmann sprengt in neo-surrealistischer Manier eine Diskussionsrunde in der Akademie der Künste, Berlin – Sigmar Polke malt das ›Große Schimpftuch‹ – Gründung des Frankurter »Weiberrats« (12.11.): in Hannover verteilen die Frauen auf der Fortsetzung der 23. Delegiertenkonferenz des SDS das Flugblatt ›Befreit die sozialistischen Eminenzen von ihren bürgerlichen Schwänzen!‹ (16.11.) – Alfred Andersch fühlt sich von der Parole »Tod der Literatur« in seiner Existenz bedroht und wehrt sich in der Silvesterumfrage der ›Süddeutschen Zeitung‹ dagegen – Im Bremer Theater am Goetheplatz ist Peter Steins Inszenierung von Goethes ›Torquato Tasso‹ mit Bruno Ganz in der Titelrolle zu sehen (Spielzeit 1968/1969)

1969 CSSR: der Student Jan Palach verbrennt sich auf dem Wenzelsplatz in Prag; große Demonstration gegen die Besatzer – Höhepunkt des Vietnamkriegs: die USA haben 543 400 Soldaten stationiert – 9. Parteitag der KP Chinas: die Kulturrevolution wird offiziell für beendet erklärt – CSSR: Gustáv Husák löst Alexander Dubček in der Parteiführung ab – Ho Chi Minh stirbt (3.9.) – Willy Brandt wird Bundeskanzler einer Koalition aus SPD und FDP (Oktober)

Frank Benseler spricht vor dem Schutzverband Deutscher Schriftsteller in der Amerika-Gedenkbibliothek in Berlin ›Über literarische Produktionsverhältnisse‹ (10.1.) – Walter Boehlich, Urs Widmer und Peter Urban scheiden aus dem Lektorat bei Suhrkamp aus: Der »Verlag der Autoren« wird gegründet – Eine Gruppe von Verlegern und Verlagsmitarbeitern will die Reform des Börsenvereins vorantreiben und lädt zu einer öffentlichen Arbeitskonferenz nach Frankfurt ein (22.2.) – Beginn der »Literaturproduzenten«-Bewegung – Jörg Schröder gründet den März Verlag

(18.3.), zu dem auch Karl-Dietrich Wolff gehört, und eröffnet die deutsche Filiale der New Yorker Olympia Press – Premiere von ›Stokkerlok und Millipilli‹, dem ersten antiautoritären Stück des Kindertheaters im Reichskabarett Berlin, dem späteren GRIPS Theater (13. Mai) – Woodstock-Festival in den USA unter dem Motto »Love and Peace« (August) – Intensive Korrespondenz zwischen Marcuse und Adorno, der im August stirbt – ›ACID‹ erscheint – ›Erziehung zum Ungehorsam‹, ein Fernsehfeature des NDR über Kinderläden, ruft empörte Reaktionen hervor (1.12.)

1970 In Frankreich bekennen sich Frauen öffentlich dazu, daß sie abgetrieben haben – SDS-Bundesvorstand löst sich formell auf (März) – Andreas Baader wird mit Waffengewalt aus der Haft befreit (14.5.): Geburtsstunde der »Rote Armee Fraktion« (RAF) – Chile: Salvador Allende wird zum Staatspräsidenten gewählt (24.10.)

Proteste bei der Düsseldorfer Generalprobe zu ›Trotzki im Exil‹ von Peter Weiss – Martin Walser schreibt im ›Kursbuch‹ 20 (März) über die ›Neueste Stimmung im Westen‹ – Neugründung des Weismann Verlags in München durch ein Buchhändler- und Autorenkollektiv (1.1.) – Erste Demonstration zur ersatzlosen Streichung des § 218 in Frankfurt am Main (8.3.) – In München verabschieden die »Literaturproduzenten« auf ihrer dritten Arbeitstagung eine Resolution zugunsten von Raubdrucken (5.4.) – Gründung des Basis Verlags in Berlin durch ein Kollektiv mit einem Programm antiautoritärer Kinderbücher (1.5.) – Der Verband deutscher Schriftsteller wird gegründet – Der »Werkkreis Literatur« spaltet sich von der Gruppe 61 ab – Antrag an die Bundesprüfstelle, ›Sexfront‹ von Günter Amendt in die Liste jugendgefährdender Schriften aufzunehmen (26.11.) – Unter der Regie von Manfred Karge und Matthias Langhoff werden in der Ostberliner Volksbühne Schillers ›Räuber‹ gezeigt (Spielzeit 1970/1971)

1971 Kampagne von Alice Schwarzer zur Abschaffung des § 218: »Mein Bauch gehört mir« – Willy Brandt erhält den Friedensnobelpreis für seine Ostpolitik (20.10.)

Franz Tumler rekonstruiert in Berlin das Attentat auf Dutschke – Enzensberger gibt in seinem Roman ›Der kurze Sommer der Anarchie‹ über Leben und Tod des spanischen Anarchisten Durruti ein Exempel der von ihm 1968 geforderten »politischen Alphabetisierung«: er montiert Zeitzeugenberichte und glossiert sie

1972 Der »Radikalenerlaß« wird verabschiedet (28.1.) – Bombenanschlag der RAF auf das US-Hauptquartier in Heidelberg (3 Tote) (24.5.) – Festnahme von Andreas Baader, Holger Meins, Jan-Carl Raspe, Gudrun Ensslin und Ulrike Meinhof (1.–16.6.) – Die israelische Olympiamannschaft wird von palästinensischen Terroristen (Organisation »Schwarzer September«) überfallen (5.9.)

Gründung der Frauengruppe »Brot und Rosen« – Rolf Dieter Brinkmann als Stipendiat der Villa Massimo in Rom – Von Joseph Beuys erscheint das Plakat ›La rivoluzione siamo Noi/Wir sind die Revolution‹ – »AutorenEdition« bei Bertelsmann gegründet – In der Ostberliner Zeitschrift ›Sinn und Form‹ werden ›Die neuen Leiden des jungen W.‹ von Ulrich Plenzdorf vorabgedruckt

1973 Waffenstillstandsabkommen zwischen den USA und Nordvietnam in Paris unterzeichnet (27.1.) – Chile: General Pinochet putscht gegen Allende; Allende wird ermordet (11.9.)

Erste Autorenbuchhandlung in München – In der ›edition suhrkamp‹ erscheint ›Klassenliebe‹ von Karin Struck, im Rotbuch Verlag die Erzählung ›Lenz‹ von Peter Schneider – Peter Handke erhält den Georg-Büchner-Preis – Peter Szondis universitätspolitische Stellungnahmen erscheinen gesammelt unter dem Titel ›Über eine »Freie (d.h. freie) Universität«‹

1974 Großveranstaltung gegen den § 218 im Audimax der TU Berlin (6.2.) – Brandt tritt nach der Guillaume–Affäre als Bundeskanzler zurück (6.5.) – Nixon tritt nach dem Watergate-Skandal zurück (8.8.) – Holger Meins stirbt nach mehrwöchigem Hungerstreik im Gefängnis (9.11.)

1975 Ende des Vietnam-Krieges (30.4.) – Beginn des Prozesses gegen Andreas Baader, Gudrun Ensslin, Ulrike Meinhof und Jan-Carl Raspe (21.5.)

In der Reihe ›Frauenoffensive‹ des Trikont-Verlags München erscheint ›Häutungen‹ von Verena Stefan – Der erste Band der ›Ästhetik des Widerstands‹ von Peter Weiss liegt vor – Eröffnung von Lillemor's Frauenbuchladen in München (3.11.)

1976 Ulrike Meinhof erhängt sich in ihrer Zelle (9.5.) – Aufhebung des Radikalenerlasses (19.5.) – Mao Tse-tung stirbt (9.9.)

Gründung des Verlags Frauenoffensive in München (1.1.) – Erstes Treffen schreibender Frauen in München (8./9.5.) – 0-Nummer der Frauenzeitschrift ›Courage‹ (Juni) – Frankfurter Römerberggespräche (21./22.5.): Peter Schneider spricht über den ›Unterschied von Literatur und Politik‹ und Enzensberger über »linke Selbstzensur« – Autorenbeirat im Luchterhand Verlag konstituiert sich (25.8.)

1977 Andreas Baader, Gudrun Ensslin und Jan-Carl Raspe werden zu lebenslänglicher Haft verurteilt (28.4.) – Hanns-Martin Schleyer wird von der RAF entführt (5.9.) – Lufthansa-Maschine »Landshut« wird entführt und von der GSG 9 gestürmt (17.10.) – Selbstmord von Andreas Baader, Gudrun Ensslin und Jan-Carl Raspe (18.10.) – Hanns-Martin Schleyer wird ermordet aufgefunden (19.10.)

Erste Ausgabe von ›Emma‹ (Februar) – Bernward Vespers Romanfragment ›Die Reise‹ erscheint postum

1978 ›Der Untergang der Titanic‹ von Hans Magnus Enzensberger, 1969 auf Kuba begonnen, erscheint: ein Abgesang auf Utopien

1979 Rudi Dutschke stirbt an den Spätfolgen des Attentats von 1968 (24.12.)